三国兴衰录

从钱唐到赤壁

舒均盛 著

杭州出版社

图书在版编目（CIP）数据

三国兴衰录 ：从钱唐到赤壁 / 舒均盛著. -- 杭州 ：杭州出版社，2025. 4. -- ISBN 978-7-5565-2862-2

Ⅰ. K236.09

中国国家版本馆CIP数据核字第2025DD8814号

SANGUO XINGSHUAI LU：CONG QIANTANG DAO CHIBI

三国兴衰录：从钱唐到赤壁

舒均盛 著

责任编辑　王晓磊
美术编辑　章雨洁
责任校对　陈铭杰
责任印务　姚　霖
出版发行　杭州出版社（杭州市西湖文化广场32号6楼）
　　　　　电话：0571-87997719　邮编：310014
　　　　　网址：www.hzcbs.com
印　　刷　浙江新华数码印务有限公司
经　　销　新华书店
开　　本　710 mm×1000 mm　1/16
印　　张　39.75
字　　数　512千
版 印 次　2025年4月第1版　2025年4月第1次印刷
书　　号　ISBN 978-7-5565-2862-2
定　　价　120.00元

目录

☾ 自序

第一部分　三国前夜·初露锋芒

第二部分　天下大乱·汉失权柄

第三部分　讨伐董卓·群雄并起

第四部分　诸侯割据·袁曹当先

第五部分 鲸吞江东·翦灭群雄

第六部分　决战官渡·统一北方

第七部分　火烧乌林·大战荆州

自　序

　　文学巨著《三国演义》脍炙人口，深得大家喜欢。我自幼爱看《三国演义》，对诸葛亮的智慧、关羽的忠义勇武、赵云的忠肝义胆、曹操的奸诈、周瑜的心胸狭隘印象深刻。诸葛亮、关羽、赵云成了我小时候的偶像，探索研究三国历史成为我的梦想。

　　金庸先生非常喜欢《三国演义》，并且高度评价《三国演义》，但对罗贯中把东吴写得极为平庸耿耿于怀。金庸先生欲为东吴鸣不平，想写一本以东吴为主线的《三国演义》，我对此非常期待，可惜老人家已经仙逝，未能如愿。

　　我受金庸先生的启发，近年来认真研读《后汉书》、裴松之注《三国志》、《三国志集解》、《晋书》、《资治通鉴》等书籍，深感金庸先生所言非虚，东吴在三国历史中具有举足轻重的地位。同时，我对三国历史的许多谜团进行探索揭秘，偶有心得，于是想继承金庸先生的遗志，尝试着开始创作本书。

　　本书与《三国演义》同属历史小说，但在创作中恪守三个原则：一是历史事件发生的时间、地点、过程参照史籍记载；二是人物的个性、出场顺序、官职及升迁、主要贡献、生死时间等注重与史料呼应；三是各集团间的关系、人物间的关系尽可能贴合历史脉络。在此基础上，本书为弥补史书叙述不清、不连贯进行一定的铺垫延伸，另外还虚构一些细节以增强可读性。本书对史书互相抵触、矛盾情节也进行了适当地处理。因此本书可谓是根据正史创作的历史小说。

　　本书不像《三国演义》七分真实三分虚构，尊刘抑曹，贬低东吴。本书对魏、蜀、吴三家均不贬低，不讲究正统与非正统，只要有利于百姓，在当时起进步作用的都给予正面评价。本书对所有的英雄人物均以褒扬为主，对曹魏、孙吴、蜀汉集团进行全面客观公正的描写，去掉无限拔高、美化、神化蜀汉集团的情节，不将历史人物偶像化、神化，让《三国演义》中的历史人物由神回归到人。本书涉及三国历史的政治、军事、经济、哲学、宗教、诗词、书法、音乐、医学……力求真实地、完整地、多角度地还原当时的社会情况。

本书从孙坚出道开始，描写了孙坚、曹操年轻时的情况，朝政的黑暗、腐败以及后宫混乱，黄巾起义，何进谋诛宦官，董卓进京乱政，曹操、袁绍、孙坚讨伐董卓，诸侯混战，袁绍得冀州，曹操兖州得失，孙策开拓江东，刘表坐拥荆州自守，曹操迎奉天子，挟天子令诸侯，官渡之战，曹操统一北方，赤壁之战等重大历史事件……计划一直写到西晋统一。

读者通过本书可以了解到许多《三国演义》以外的鲜为人知的历史。读者可能会对曹操的雄才大略赞叹不已，也对其品行低下嗤之以鼻；可能对孙氏父子佩服得五体投地，也为孙坚、孙策的早逝唏嘘不已；至于褪去光环、回归本真的刘备，读者可能会有点失望……面对这一切，读者可能会在忍俊不禁的同时重新审视历史和人性的复杂性。

正如莎士比亚所说的 "一千个读者眼中就会有一千个哈姆雷特"，三国历史也是如此。对同一个人物、同一个历史事件，不同的人有不同的看法，从不同的角度观察会得出不同的结论。我在创作过程中也尝试过许多方案，在本书中呈现的是我认为相对合理、比较好的方案，但也可能与历史的实际情况仍有差距。我在写作时不可能将《三国志》等史书的全部人物和历史事件纳入本书，不得不对一些人物和历史事件进行取舍，同时为了情节的需要，需要虚构一些情节和人物，这样的处理不一定完美。再加上我历史文化功底不深，对三国历史的了解还不够全面深刻，写作能力有限，同时创作本书是极其艰巨、庞大、繁杂的工程，远非我的能力所企及，错误在所难免。我怀着虔诚的心，诚惶诚恐地将一家之言呈现在各位面前，希望各位专家、学者、读者不吝指教，批评指正。好了，不多说了，就让我们从一千八百多年前的孙坚钱唐除海盗开始，开启三国之旅吧……

舒均盛

写于浙江丽水

落日映孤舟，把酒临风话旧秋。千古兴亡多少事，悠悠，不尽长江滚滚流。

合榻草庐谋，烈焰东风破九州。盛夏夷陵一炬尽，回眸，坐断东南战未休。

遥想孙曹刘，烈士扬鞭壮志遒。试问英雄谁敌手？何求，鼎尽樽空笑旧仇！

——南乡子·忆三国有怀

三国前夜

初露锋芒

第一章　孙坚钱唐杀贼，于吉吴会传道

要干成大事，或凭天时，或凭地利，或凭人和，或兼而有之，但都是顺势而为，谋划在先，不屈不饶，经历千难万险，一茬接着一茬干，方能有所成就。打天下如此，做其它事亦如此。

东汉末年，宦官与外戚轮流专权，朝政腐败，党锢祸起，社会危机四伏，人民处于水深火热之中……

建宁四年（公元 171 年）春，浙江风平浪静，江水静静地流淌。一艘客船从富春出发，缓缓地开往钱唐，船上有一青年名叫孙坚，年方十七，相貌英俊，身穿皂衣，腰跨佩刀，威风凛凛。坐在孙坚旁边那位中年人是孙坚的父亲，名叫孙钟。孙坚刚当上小吏，对未来充满憧憬。忽然远方传来一声："海盗抢劫，救命啊！"

众人放眼望去，但见一伙海盗在岸边将商队前后堵住，执刀抢劫财物，顿时哭喊声连成一片。匪首命令把商队所有人押到一边，由几个执刀海盗看管，又差人在四周望风，一切布置停当，其余海盗将把财物集中起来，由匪首作主，就地分赃。

孙坚对父亲说道："这些强盗可以捉拿住，让我去干吧！"孙钟道："对方人多，这种事不是你能干得了的。"孙坚坚决地对船家说道："你快把船开过去，我去救人！"船家道："小伙子，我劝你还是别管，他们可是海盗胡玉手下，远近闻名，你会吃亏的。"孙坚拔刀出鞘，敲打着船舷，怒道："我给朝廷办事，捉拿盗贼是我的本份。你只要把船靠岸就行了，剩下的事我来管，不会连累到你！"孙坚见船家无动于衷，掏出两枚铜钱抛向空中，纵身一跃，闪电般连出两刀，只听"咔、咔"两声，两枚铜钱一分为二，孙坚插刀入鞘，双脚轻落船上，众人齐声大叫："好身手！"船家连忙依命而行。

孙坚纵身一跃上了岸，健步走向海盗，海盗见有人打抱不平，呼喊着提刀迎了上来，说时迟那时快，孙坚挥刀冲向海盗，一海盗举刀砍来，孙坚侧身闪过，对着海盗就是一刀，钢刀刺透海盗胸膛，海盗倒地而亡，余下几人拔腿就逃。匪首马上召集众海盗拔刀慢慢地围了过来。孙坚毫不畏惧，呼喊着，用手挥东指西，好像指挥军队围剿的样子，孙坚不退反进，挥舞着钢刀迎着匪首冲了过去。匪首大惊，扭头就跑，慌乱中带着二十几个海盗跳上海盗船，驾船逃跑了。

商家取回财物，对孙坚千言万谢。孙坚取下海盗首级，由众人陪同到钱唐县衙报案，县令大喜，上报吴郡，郡中任命孙坚为假尉，掌管钱唐治安，孙坚就这样开始出名。孙坚字文台，盖兵圣孙武之后，吴郡富春人氏，自幼习武。孙钟，家贫，以种瓜为生。

一日休沐，孙坚到了郊外，一位道士手拿算命幌子信步走了过来，对孙坚道："贫道沛国朱建平，这位小哥相貌堂堂、红光满面、印堂发亮，要走桃花运和官运了，欲知运道如何，请听贫道跟你慢慢细讲……"孙坚哈哈一笑，抽出佩刀说道："我知道，我的运道全在这刀里！"道士连忙闪开。边走边道："此人定是王侯之相，可惜过于刚猛，易折啊！"

孙坚继续往前走，只见精舍排列有序，前面有一高台，一位三十多岁彪形大汉在高台上传道，高台前人山人海。只见那位大汉高声说道："道可道，非常道。今天我要来传道。道道道，太玄妙。何谓道，实难道。不是道，都知道……贫道乃'大贤良师'张角，各位，现在社会为什么越来越差？你们的日子为什么越来越不好过？那是因为宦官当权，宦官任人唯亲，依仗权势任意夺人财产，让你们无地可种，到处流浪，无家可归，你们服不服？"台下的人大声回应道："我们不服！"张角大声问道："这一切合不合道？"众人回应道："不合！"张角大声喊道："那些宦官、豪强锦衣玉食，你们忍饥挨饿，你们服不服？"台下的人大声回应道："我们不服！"张角大声问道："这是不是道？"众人回应道："不是！"张角大声喊道："那些地主、豪强他们妻妾成群，你们娶不到老婆，你们服不服？"台下的人大声回应道："我们不服！"张角大声问道："这是不是道？"众人回应道："不是！"……张角不断地抨击朝廷，抨击社会弊端，引得台下的人群情激奋。

孙坚暗忖："张角这厮看起来蛮有趣的，可他妖言惑众，蛊惑人心！我得盯着点。"只听张角接着问道："什么不是道、什么不合道，现在你们都清楚了没有？"台下人回应道："清楚了！"张角道："什么是符合道的社会，什么是道，下面有请我的师父于吉老神仙登台传道！"

这时，只见一位鹤发童颜的老者走上高台，台下顿时欢呼起来，众人喊道："神仙来了，神仙来了！"老者目光如炬，伸出双手示意，台下顿时鸦雀无声，老者缓缓地说道："老君曰：'大道无形，生育天地，大道无情，运行日月，大道无名，长养万物……'我们黄老道信奉黄帝和老子，黄帝时的天下是太平世界，是人类最美好的社会，在那个太平世界里，既无剥削压迫，也无饥寒病灾，更无诈骗偷盗，人人自由幸福。我们黄老道的目标是建立一个"致太平"的社会，在这个社会里君明官贤，轻徭薄赋，每个人都必须劳动。每个人都会互相帮助，富人都会帮助穷人……贫道乃黄老道道长于吉，想要带你们去建立这样的社会，你们愿意去吗？愿意去的，过一会儿请到南边等候。"台下顿时欢声雷动。

孙坚心道："于吉老神仙学富五车，不慕钱财，无私无欲，甘于奉献，乐于助人，真是个大好人，要是人人都像于老神仙一样，这世道就太平了。"孙坚正想着，忽见众人闭上眼睛，齐刷刷地跪下。孙坚环视四周，猛然发现信徒中一位大眼姑娘皮肤白晰、样貌美丽，穿着素雅，惊为天人，孙坚感觉周围的空气仿佛都凝固了，贪婪地凝视着大眼姑娘。只听于吉念念有词道："灵宝符命，普告九天，斩妖缚邪，度人万千。天师神咒，却病延年，凶秽消散，道炁长存，众神相助，符咒灵验！"只见于吉将灵符烧了，放入水中，用剑在水中搅拌两下。说道："符水已经备好了，请各位睁开眼睛。符水可以有病治病，没病防病。你们思过越彻底，符水越灵验。"小道将符水分给众信徒。小道来到大眼姑娘面前，用小碗舀出一碗符水，大眼姑娘磕头谢过，眼睛闪着亮光，双手接过，盯着碗里的符水，缓缓地喝下。

远方几辆马车缓缓而来，车上跳下几位男子，把车上的东西抬了下来，用几条长案围着。道场中不知谁喊了一声，"饭来啦！"众人一拥而上，把长案挤得水泄不通。只见那位大眼女子走到几位男子中间，大声叫道："你们排好队，保证每人都能吃饱！我家正缺人手，你们愿意到我家干活的，饭后请跟我走……"众人那里肯听，生怕没有迟了就没有东西吃，依旧拼命往前挤，顿时场面一片混乱。孙坚见状，扒开众人，大喊着，连踢带摔，三下五除二，一下子就把队伍整得井然有序，大眼姑娘微笑着，麻利地给信徒分发馒头。

所有的信徒都有了馒头，大眼姑娘转头对孙坚道："这位官家小哥，这是你的，谢谢你了。"孙坚支吾着说道："我不信道。"大眼姑娘道："你信不信道没有关系，我相信你的肚子一定饿了，来，不要客气。肚子饿了就要吃东西，这就是道，你不信也得信！"

孙坚私下向人打听，原来这位姑娘名叫吴春，老家吴县，乃季札之后，是吴郡名门望族，刚迁居钱唐不久。吴春父母亡故，由家兄继承吴县的财产，弟弟吴景尚未成年，便分到很多钱财。由于钱唐偏僻落后，土地价格便宜，又有族人已经在钱唐安家落户，吴景遂与吴春从吴县迁至钱唐安家。

孙坚拜见县令，禀道："现在于吉老神仙在我钱唐传道，道场鱼龙混杂，乱糟糟的，治安不好，唯恐出了乱子，是不是应该把他们驱赶到别的地方。"县令道："不可。先帝尊崇老子，事奉黄老道，在濯龙宫以最隆重的礼仪祭祀老子。上有所好，下必甚焉，先帝身边的人自然而然也信了道教。先帝还特意下旨州郡，严令任何人不得阻拦传道，还要尽可能提供方便，我们不得违背先帝旨意。"县令喝了一口茶，接着说道："于吉老神仙著有《太平清领书》，洋洋洒洒数十万言，几十年前就已进献给朝廷，朝廷非常重视，可谓大名鼎鼎，就连五斗米道的天师张衡父子也只能望其项背。于吉老神仙长期在吴郡、会稽传道，名声远扬，信众如云。他们还给民众治病，民众把他们奉若神明，要是驱赶，岂非惹了众怒，大失民心。他们呆不了多长时间就走了，治安不好，你加派人手，多给我看着点便是，不要因噎废食。"孙坚道："可于吉有个徒弟名唤张角，哗众取宠，妖言惑众，经常讥讽朝廷，揭露社会阴暗面，是否应该把他抓起来。"县令叹道："如今社会矛盾重重，盗贼横行，我也对宦官外戚不满，更何况底层民众。传道之人夸大其词，说点风趣的话，无非是博人眼球，要是一切都照本宣科，谁愿意听啊，由他去吧。"

过了几天，孙坚请媒人到吴家提亲，吴景说道："我们是饱学的官宦诗书之家，姐姐要嫁一个门当户对的。您在钱唐鼎鼎有名，还是另找良家女子吧。"孙坚碰了一鼻子灰。也不气馁，还隔三差五在吴家附近徘徊，日子久了，孙坚便与吴家相识。吴春是大家闺秀，求亲的人络绎不绝，孙坚见状，找到提亲人的家里说道："吴家姑娘我看上了，你们不得提亲。"如有不从，孙坚马上拔刀相向，一下子再也没人敢到吴家提亲了。

孙坚到道场转悠，盼望着能与吴春偶遇，顺便套个近乎，孙坚东张西望，耐心地候着，不想吴春始终没有出现。忽然，乌云密布，电闪雷鸣，大雨倾盆，把孙坚浇成了落汤鸡。孙坚匆忙逃回住处歇息，不想雨根本没有停下的意思，下得孙坚心急如焚。

次日清早，一阵急促的堂鼓声打碎孙坚的美梦，孙坚骨碌而起，急奔县衙。只见县衙里来了不少人，县令早已在里面接待。县令见孙坚来了，急呼道："文台，快过来，出大事了！"孙坚连忙上前询问，原来铁器坊被盗，所有铁器不翼而飞。

孙坚和众衙役直奔现场，但见坊门被撬，里面一片狼藉。孙坚四处探寻盘查可疑之人，结果一无所获。孙坚心道，罪犯可真会挑时间，专挑雷雨天作案，一来就是弄出动静也很难发现，二来路上没行人可以掩人耳目，路上纵然留下车辙，只要雨水一冲，也就没了痕迹。孙策顿时陷入困局，县令一听头大，鉴于铁器乃朝廷专营，不但关乎财税民生，更关乎一方平安，县令马上向上禀报，请求附近各地协查。

孙坚问店主道："你们的财货销售可有异样？""最近钢铁销量大增？""销往何处？""好像是句章。""句章？句章在什么地方？""会稽郡。""嘿，奇怪，句章怎么会到钱唐采购钢铁？"

孙坚辞别了店主，到了道场。只见张角对台下的人大声喊道"你们谁想富贵，请到台上来。"一个衣衫褴褛的年轻人快步上台，傻傻地说道："我要富贵。"张角哈哈一笑，说道："这有何难。"张角问道："请问你有什么本事？"年轻人道："我什么本事也没有，你有什么办法吗？"只见张角"嗖"地拔出利刃，朝着那人裆部刺去，年轻人大惊失色，四处躲藏，不想被张角一把抓住，年轻人扑通一声跪在台上，求饶道："大贤良师，你就饶了我吧。"张角轻轻地把他拎起，说道："你想要想富贵也不难，我这就把你阉了，你去当宦官，不就马上富贵了吗！"众人哄堂大笑，年轻人用手紧紧地捂着裆部道："我不当宦官，我不要富贵，求你放了我吧。"张角刚一松开手，年轻人你连滚带爬地跑到台下，众人又是一阵大笑。张角大声说道："这样的求富贵之法，你们愿意吗？"台下的人大喊道："不愿意。""我们信道之人，崇尚自然，顺其自然，以伤害自己的身体，换取富贵不可取，这不符合道，此非信道之人所为……"孙坚看了哈哈一笑，竟直向于吉走去，行了一礼，说道："您对吴会两地最熟悉，最近钱唐大量钢铁销往句章，请问谁最可能购买？""句章许氏。"于吉脱口而出道。

孙坚到了句章，径直前往许氏庄园，但见庄园防守严密，四周设有箭楼，大门配有岗哨。孙坚心道："奇怪，这里怎么如同军营一般，我看贸然前往不妥。"于是当即返回客栈，打扮成杂役的样子混入庄园。孙坚到处探寻刺探，听闻后院传来阵阵喊杀声，好奇地往门缝里张望，忽然，孙坚的肩膀被人重重地拍了一下，只听一声："小子，这里是禁地，未经许可，不得入内，快点给我滚！"孙坚只得作罢。

次日一早，孙坚登上附近的山头窥视，但见许氏后院的兵丁时而舞刀弄枪，时而排兵列阵。三更时分，孙坚穿上夜行衣，偷偷摸到许氏庄园。孙坚见四下无人，当即翻墙入内，借着微弱的月光，在后院内细细搜寻，孙坚打开仓库大门，见里面摆满了长矛、长剑、环首刀、盾牌、弓弩……各种兵器应有尽有。孙坚轻声打了火折，点上蜡烛，仔细端详，但见兵器做工精良，堪称上品。孙坚随意取出一柄长剑，顿感寒光闪闪，吹毛立断，孙坚默默赞道："好剑！"

孙坚神不知鬼不觉地离开许氏庄园，心道，这些武器究竟是从什么地方来呢？我得一探究竟。孙坚离开句章，经鄞县、章安、永宁，沿瓯江逆流而上，深入不毛，过紧水滩到了龙渊"欧冶子宝剑铺"。

孙坚道："我要一把最好的宝剑和钢矛！上阵杀敌用的。"掌柜懒洋洋道："没有问题，你可随意挑选。"孙坚在宝剑铺内四处游逛，将宝剑、刀具一把一把拔出细看，把长矛拿出来挥舞把玩。孙坚叫来掌柜，讹诈道："这些武器是为我句章人造的吗？句章许家派我来监督进度。"掌柜连忙恭恭敬敬行礼道："哎呦我的财神爷，这些全是。"孙坚道："我要细细核对一下，看看有没有问题。"掌柜满脸堆笑着说道："小的明白，现在钢矛还差八十支，环首刀还差一百把，长剑还差五把……订单已完成过半，保证能够按时完成，可是没有那么多钢铁，我为难啊！"孙坚道："你快点帮我打造长剑，钢矛，我要赶回去复命。"掌柜道："放心，我马上亲自为您打造。"

孙坚购得宝剑、长矛，当即一试身手，但见矛如雨点，剑若雪花，矛尖所向，无坚不摧，剑锋所过，锐不可挡。这时天空下起毛毛细雨，雨水沿着矛杆沥下，孙坚为长矛取名"沥水"。转眼间雨越下越大，长剑把屋檐水击得四向溅开，发出阵阵啸声，有如龙吟，孙坚为宝剑取名"龙泉"。孙坚对兵器爱不释手，喜道："我得如此利器，当无敌于天下！"

孙坚直奔山阴，拜见会稽太守尹端，禀明事由，孙坚道："在下怀疑句章许氏在龙渊订做大量兵器，可能与钱唐钢铁失窃案有关联，句章会有事变发生，还望尹太守进一步查明。" 尹端暗道："钱唐发生的事，想要会稽处理，真亏你想得出来，如此一来，你们脱身了，岂非一切都成我会稽的事了。"于是请主薄朱儁商议，朱儁，字公伟，会稽上虞人，大富豪。尹端道："句章情况复杂，公伟，不知你有什么看法？"朱儁道："我有五百家兵，也有大量武器。许氏在句章也是望族，就算他们真的购些兵器，养点家兵，也很正常，不过是看家护院罢了。"孙坚见两人不采纳自己的意见，于是起身告辞。那么孙坚下一步将干些什么，会稽又有什么事情发生呢？且听下文分解。

第二章　句章许氏造反，孙坚固守钱唐

　　孙坚回到钱唐复命，向县令禀报句章许氏之事。县令抚须舒了一口气道："这下子本县的压力轻多了，此案既与会稽有涉，非我钱唐可管，文台速拟文书，报于州郡！"孙坚虽武艺高强，可疏于文墨，这下子犯难了，思来想去只好硬着头皮求助于吴家。吴春一肚子学问没有地方使，便试着提笔草就文书，一字一句读给孙坚听。孙坚听罢，拍案道："你再写上：'卑职断定句章许氏私蓄兵甲，定要谋反，当以谋逆论处！'"吴春蹙眉道："举报告发须有真凭实据，俗话说捉贼拿赃，钱唐的案子你没抓到罪犯，也没找到赃物。反而咬定遥远的句章许氏意欲谋反，有你这样破案的吗？这只不过是自己的奇思妙想罢了，太武断了，这可关乎人命，我建议你不要这样写！"孙坚霍地站了起来说道："句章许氏暗藏兵甲，又在龙渊订做大量兵器，按大汉律令，已为死罪。他们甘冒死罪，如果不是谋反，难道还有别的什么可能？速给我写上！"吴春反唇相讥道："朱儁也有家兵，也有武器，那么朱儁呢？"孙坚支吾着强词夺理道："朱儁忠于朝廷，大大方方拥有武器，公开保家护院，尹太守心知肚明，岂是句章许氏鬼祟之流可比，可另当别论。"吴春略一思索，立即加上三言两语把孙坚打发了。

　　不久，吴郡太守臧旻来到钱唐，县令向臧旻汇报钱唐之事，并将孙坚的报告呈上。臧旻道："我看文台写的文书分析推理能力极强，想像力丰富。依老夫之见，文台武艺高强，很适合从军。"臧旻当即把孙坚调到部队，去信向会稽太守尹端和扬州刺史把句章许氏之事一说了事。

孙坚天生爱武，一到了部队就如鱼得水，处处得心应手，整天不是操练兵马就是研究排兵布阵，没有多少时间，便在军中名声鹊起。

句章许氏是当地望族，拥有大量的土地和财富，信奉黄老之道。许氏家族的族长名叫许生，其子名叫许昌，其孙名叫许韶。熹平元年（公元172年）十一月，许生假托越王显灵，起兵造反，杀死县令，占领句章、鄞县。尹端率领两千兵马征讨，被叛军打得大败，只得逃回山阴固守，连忙向吴郡和朝廷求救。叛军顺势引兵攻占上虞、余姚，将山阴城池团团包围。许生自称越王，建立越国，定都句章。越王封许昌为大将军，统率所有兵马。

吴郡太守臧旻闻知句章许氏起事，连忙召集手下商议。孙坚建议道："妖贼势力发展很快，我们宜马上出兵支援，否则后果不堪设想。"小吏许贡道："按照朝廷规矩，我们接到朝廷命令方可进兵，如果擅自出兵会受处罚，轻则降级、重则免职。为今之计，我们能做的就是做好支援会稽准备。"臧旻道："众将听令，我们马上扩军、演兵，只要朝廷一声令下，马上进兵会稽，支援尹端。"

孙坚马上写信回家招兵，不久，其弟孙静率领徐真、祖茂等富春精壮青年五百前来投军。孙静，字幼台。

孙坚一身戎装，异常威武，将军队开到吴家门口，把吴家团团围住，在四周列阵操练，喊杀之声不绝于耳。吴家族人以为吴家拒绝孙坚求亲前来报复，慌忙来找吴景、吴春，说道："那个轻狂狡诈的孙坚带着军队寻衅滋事来了，你们赶紧躲避一下吧！"吴景手足无措地望着吴春，吴春道："你们不要怕，要牺牲就牺牲我一人吧，要是我遇到坏丈夫，就当是我命不好。我虽是女儿家，绝不能为全族人引来祸灾，你们去把文台迎进来吧。"吴景连忙将孙坚迎入，怯生生地问道："孙兄因何到此？""求婚！"吴景将孙坚引入吴春闺房，孙坚向吴春行了一礼，说道："我带着军队经过你家，可能不久就要开赴战场，此去生死未卜，我想在出发之前完成最后一个心愿，特向你求婚！"吴春满脸通红，羞答答地低着头，奉上美酒一杯，道了个万福，说道："承蒙先生错爱，这么长时间对小女子不离不弃，小女子无以为报，此生愿为先生洗衣煮饭。"孙坚大喜过望，将美酒一饮而尽，吴春献上一个精美的荷包，孙坚接过放入怀中，孙坚一把把吴春拉出吴家家门，对着手下士兵道："这是我未过门的夫人，你们快来见过嫂子。"士兵们一下子嘻嘻哈哈地围了过来。吴春行了一礼，说道："小女子给你们行礼了，今天我请客！"

吴家杀猪宰羊招待孙坚一行，众人酒饱饭足，孙坚起身告辞，说道："我军务在身，不便久留，我看婚事就算订了。我此去对付会稽妖贼，如能平安回来，马上就来迎娶。如果遭遇不测，就当没有今日之事。"吴春道："婚姻大事，岂同儿戏，切莫负我，我等着你！"孙坚翻身上马，绝尘而去。

吴景对吴春道："你不是看不上孙文台吗，怎么一下子就改变主意？"吴春道："我以前嫌他没文化，可我发现他有智慧，文台绝非寻常之人，岂是你我这样的人可比，放眼钱唐没人比得上他，是我们高攀了，以后休得再提此事！"

且说尹端的奏折到了京师洛阳，司徒许栩奏道："会稽句章许生自称'越王'，聚众过万，围攻山阴，请圣上定夺。"皇帝刘宏问道："句章这么多人造反，这是为何？"许栩奏道："此乃不法豪强与县令狼狈为奸，贪赃枉法，为非作歹，欺压百姓。豪强许生不堪欺压，起兵造反。"刘宏问道："爱卿的意思是县令有明显失职之处，这才引起事变，朕还是第一次听到这种事，这是真的吗？"宦官王甫奏道："司徒许栩颠倒黑白，一派胡言，我大汉官员兢兢业业，怎么会欺压百姓？会稽乃未开化的蛮荒之地，定是百姓刁蛮彪悍，不服朝廷管束所致。"许栩道："太守尹端多次上奏反映句章情况，弹劾句章县令，朝廷一直没有答复。"刘宏道："我看此事一定要深究。"王甫道："句章县令已被那些野蛮人杀了，现在深究有何意义？眼下当务之急是派兵征剿，平定叛乱。"刘宏道："不知谁可领兵平叛？"尚书令桥玄奏道："会稽与吴郡和丹阳相临，吴郡太守臧旻早就上奏说句章许氏要谋反，现已厉兵秣马，做好出兵准备，微臣保举臧旻为主将领兵征讨。"刘宏问特进、大长秋、宦官曹节道："不知爱卿意下如何。"曹节道："桥玄说得有道理，微臣附议，圣上可命丹阳太守陈夤为副将。"刘宏道："就依爱卿所言，命吴郡太守臧旻兼任扬州刺史，以臧旻为主将、丹阳太守陈夤为副将出兵征讨。"

桥玄奏道："如今天下民变四起，规模一次比一次大，实乃不祥之兆。三年前丹阳百姓起事，围攻丹阳。前年济南贼起，攻打东平陵。如今会稽句章豪强许生起事，围攻山阴。还请圣上以天下苍生为念，体恤百姓疾苦，让百姓安居乐业，如此可保天下永远太平。"王甫道："我皇登基以来，诛杀陈蕃、窦武，朝政清明。大破西羌，功盖千古。禁锢党人，风清气正。可那些百姓，谁会体谅圣上的难处啊，朝廷开销这么大，那一个愿意多交赋税，多服徭役，为朝廷分忧啊？桥令君，你是朝廷命官，理应当为圣上分忧，为圣上说话，您怎么为那些无知的百姓说话啊？"曹节道："王甫说得对，去年圣上刚刚亲政，黄河水就变清了，此乃圣人临朝之兆，当今圣上乃是圣人。我们理当唯圣上之命是从！"王甫上奏道："会稽出了这么大的事，需要有人承担责任。"刘宏道："免去司徒许栩职务，任命大鸿胪袁隗为司徒。"正说话间，宦官张让急步跑了过来，对刘宏道："圣上，斗鸡已准备好了，就等您过去开局呢。"刘宏马上跳了起来，大喜道："退朝！"

熹平二年（173）春，圣旨到了吴郡，臧旻马上召集部下商议，手下人建议道："叛军已达两万，我们失去最佳平叛时机，能将叛军挡在浙江以南就不错了。"臧旻道："可叛军围攻山阴，山阴危在旦夕，救兵如救火！这可如何是好啊？"众将面面相觑，孙坚道："将军勿忧，末将愿率本部人马解救尹太守。"许贡道："现在去救，如同送死，还请臧刺史三思！"孙坚道："死有何惧！就是龙潭虎穴，我也要去闯一闯！"臧旻大喜，命孙坚为吴郡司马出兵会稽。

孙坚率军渡过浙江，昼伏夜出直奔山阴，五日后拂晓，孙坚对城北越军营寨发动猛攻，越军猝不及防，仓皇应战，被孙坚打得大败，逃入城东营寨。孙坚随即进攻城东营寨，徐真手执盾牌短刀，当先劈开营寨大门，高呼着冲入营寨。祖茂手持长矛随后跟进，率军一边进攻一边放火，顿时火光冲天，把越军烧得四散而逃。徐真、祖茂在越军营寨内左冲右突，如入无人之境。忽然前面出现一军，为首一将乃许昌之子许韶，但见越军手执长矛，结成方阵，喊着口号，踏着整齐的步伐滚滚而来，所过之处无人能挡。孙坚一声令下，将人员快速收拢，列成战阵，组成密集枪林，迎着越军猛烈冲杀，所过之处血肉横飞，天昏地暗。两军杀得难解难分，谁都不愿后退半步。正在危急之时，只听一通鼓响，会稽太守尹端与主簿朱儁率军从城内冲出，直扑越军背后，越军腹背受敌，顿时阵脚大乱。孙坚大喜，大喊一声，连挑数人，一马当先杀入敌阵，直取许韶。许韶大惊，连忙引军退走。

孙坚与尹端、朱儁合兵一处，尹端道："城内无粮，你要是不来相救，我可要葬身于此了。"孙坚道："贼兵势大，此地不可久留，我们还是撤到吴郡吧。"于是孙坚率军在前开路，尹端率领会稽官员和山阴百姓紧跟其后，朱儁率军断后，大家一同撤往吴郡。越军占领山阴，会稽沦陷，越军势力到达浙江南岸。

尹端拜见扬州刺史臧旻道："叛军实在太厉害了，有勇有谋，请使君一定不能轻敌。"臧旻道："尹太守请放心，朝廷自有安排。"尹端道："多亏了您及时出兵相救，我才突出重围，可我丢了会稽，实在无颜面对朝廷。"臧旻道："你知道就好。"说着起身宣旨："会稽太守尹端治理无方，致使句章妖贼许生叛乱，生灵涂炭，罪不可赦，马上停职查办，押往洛阳听候发落，所属人马全部交扬州刺史臧旻统领。着扬州刺史查明会稽情况，据实上报朝廷，不得有误。钦此！"尹端汗出如浆，朱儁大声叫道："尹太守忠于职守，何罪之有？有罪的是那些宦官！"臧旻道："公伟休得多言，我只不过奉旨行事，我对尹使君也很同情，决定尹使君命运的是朝廷，你还是到洛阳想想办法吧。"臧旻用囚车将尹端押往洛阳，朱儁携带巨金走小路暗中跟随护送。

臧旻对孙坚大加赞赏，命朱治辅佐孙坚，从此两人开始美好的合作。朱治，字君理，丹阳故鄣人，原为小吏，由丹阳太守陈夤举孝廉，推荐给臧旻。孙坚、朱治两人马上加强浙江江防，加固钱唐、富春城池。吴郡兵马与越军在浙江两岸对峙。

许昌占领了会稽全境，越国形势一片大好。一日，许生正在议事，忽有吴郡密使来报："越国故地乌程、由拳、海盐等地民众欲起事迎接越军。"许生大喜道："看来复兴越国易如反掌！"

越国从甬江、曹娥江等地征调船只，意欲北伐。许昌命令水军渡江进攻，不想军队刚登岸就被孙坚消灭，许昌面对着浙江一筹莫展。许生急命胡玉率四百水军前来助战，许昌大喜，将胡玉迎入大帐。原来海盗胡玉见越国势力强大，率海盗船队投靠越国，越王许生大喜，封胡玉为横江将军。胡玉向许昌献计道："大将军你率一部分军队与孙坚隔江对峙，我率水军从上虞出发，偷偷地将军队运送到海盐，然后从北向南进攻，何愁钱唐不下？"许昌马上采纳，命许韶为主将，胡玉为副将，组织水军渡海登陆，许韶、胡玉一举占领海盐，附近各县民众纷纷响应，许韶顺利占领由拳。

孙坚获知战况后大吃一惊，当即与钱唐县令四处征粮。孙坚对吴景、吴春道："越军下一步必然攻打钱唐，现在形势危急，我与县令登门拜访，特来借粮。"吴春道："既然情况危急，我当献粮。"吴春见吴景还在犹豫，说道："此事不可迟疑，如果越军来了，我们的粮食全没有了。"吴景心中不乐，见姐姐如此，只好勉强答应，县令大喜道："你们吴家深明大义，本官马上备好借条，据实向上禀报，日后定当如数奉还。"

孙坚和县令对钱唐大户人家挨家挨户索粮，其他人家哪里有吴家明白事理，死活不肯，孙坚把脸一沉，指挥军队把粮食搬得一干二净。钱唐县令指挥衙役把百姓四向疏散，孙坚安排手下将吴春、吴景护送到吴县，同行的吴氏族人讥笑道："别人嫁人都得到好处，就你们，人还没有嫁出去，把家里的钱粮全赔出去了，害得我们的粮食也被强征，这不让人笑话吗！"

不久，许韶亲率大军一万直取钱唐，将钱唐围得水泄不通。许韶命令军队日夜攻城，无奈钱唐城池坚固，孙坚、朱治凭城固守，许韶久攻不下。越军粮草接济不上，急从海盐、由拳调运。运粮车队走至半路，徐真、祖茂趁着夜色率军偷袭，把粮草烧得一干二净。原来孙坚事先命徐真、祖茂率兵二百在城外山中隐蔽埋伏。徐真探知越军运粮，当即出击，一击成功。许韶因无粮一筹莫展，忽有斥候来报，吴郡太守臧旻率军四千直奔由拳，许韶长叹一口气，只得下令撤军，迎战臧旻。

徐真率军回城，孙坚大喜道："我欲将姐姐许配与你，不知你意下如何？"徐真连忙谢过，立即去孙家下聘礼迎娶。孙坚握着祖茂的手道："你随我征战立有大功，我奖励你稻谷百斛。你以后就跟着我，我们有饭同吃，有衣同穿。"祖茂跪谢道："您就是我的主公，我愿跟随鞍前马后，生死相随！"

且说许韶回军由拳，与臧旻在由拳城下对垒，许韶见官军兵少，率军发起猛攻。官军训练有素，战斗力极强，防守有方，双方大战半日，越军占不到半点便宜。许韶急命一队人马绕至臧旻后部进攻，官军一下子乱了阵脚。臧旻急忙从前方调军回防，许韶命敢死队猛攻，插入官军战阵，官军战阵终于开始动摇，臧旻只得边打边撤。许韶怎肯善罢甘休，率军穷追猛打，臧旻大败，军队损失近半，只得逃回吴县休整。不久越军占领娄县，丹阳郡百姓纷纷起兵响应，越军兵锋直逼吴县。欲知臧旻如何应对，且听下文分解。

第三章　豪强联合反越，孙坚奇袭会稽

　　且说臧旻战败，越军四处出击，吴郡大片土地为越国占领。越军兵锋正盛，臧旻深感难以取胜，于是另想他法。

　　臧旻备好厚礼登门拜访陆褒，陆褒之子陆康将臧旻迎入庄园。双方落席而坐，臧旻对陆褒道："陆老先生乃吴郡首屈一指的名士，学识渊博，德高望重。如今越军势大，晚生才疏学浅，屡战屡败，有负圣恩，特来向您请教，还望先生指点迷津！"陆褒问道："参加越军的是什么人？"臧旻答道："大部分是社会底层无业人员、农民、奴隶。"陆褒又问道："有没有名门望族参加？"臧旻答道："没有。"陆褒这才对臧旻道："使君不必担心，不论句章许氏怎么厉害，没有名门望族支持，仅仅依靠社会底层百姓造反，越军必败！"臧旻道："话虽如此，可眼下越军逼近吴县，晚生担心吴县守不住啊。"陆褒道："他们既然自称越军，借口复兴越国。以前吴县乃吴国国都，越国灭吴，吴人一直不服，您何不加以利用，激起吴人抗越之心？如此一来，吴人必定众志成城，何愁吴县守不住啊！"臧旻大喜，问道："请问应该采取什么方法才能战胜越军？"陆褒笑而不答，将目光缓缓转向陆康，向陆康示意，陆康站起来说道："我们家族认为，目前越军人多粮少，我军兵少粮多，我们利于久战，越军利于速战。将军您应暂时避其锋芒，坚守不出。同时您可联络豪强，广纳贤才，让他们共同对付越国。豪强手里有钱有粮，只要他们与朝廷一条心，区区妖贼许生不在话下。"臧旻道："此计甚妙，正合我意，我马上就办。吴郡的豪强我都认识，不知有何贤人可用？"陆康道："您只要得到这两个人帮助，一定可以成功。"臧旻行了一礼，急问道："这两个人是谁？"陆康道："一个是黄老道的于吉，另一个是顾氏家族的顾综。于吉在吴会两地一呼百应，特别是社会底层的百姓对他更是推崇备至。现在越军有大量黄老道信徒，只要请他站出来反对许生，许生必败，更何况许生也是黄老道信徒。至于顾综，他是越王勾践的后代，好读诗书，在吴越两地鼎鼎有名，只要他站出来振臂一呼，反对许生建立越国，越国就失去存在的理由。"臧旻大喜道："我马上就去顾家拜访，不过我有一事相求。"陆褒道："何事？"臧旻道："你们正是我渴求的贤才，我想请你们出来当官。"陆褒道："我儿陆纡已在洛阳担任城门校尉，现在宦官当道，社会黑暗，我看这个就免了吧。"臧旻道："现在越军势大，如果越军图谋得逞，我们吴郡岂非生灵涂炭，到时候恐怕你们陆家也不能幸免。还望您以大局为重，救百姓于水火。"陆褒叹了一口气道："陆康，你跟臧刺史走吧。"臧旻马上举陆康为茂才，就这样，年近五旬的陆康出仕为官。

臧旻来到顾家拜访，笑着问顾综道："现在妖贼许生作乱，自称越王，建立越国。听闻您是越王勾践的后人，怎么不去帮助越国啊？"顾综道："越国早就亡国了，我的祖先归顺大汉已有几百年，我们早就认可大汉王朝。"臧旻道："既然如此，请您与许生的越国划清界限。"顾综道："妖贼许生盗用越王勾践和越国名号，这是玷污我的先祖和越国的名誉。我海盐的族人来信说，海盗胡玉抢了他们的粮食。我顾姓族人与他们势不两立！"臧旻道："我想铲除妖贼，还您先祖清白，请您助我一臂之力，戳穿他们的伎俩，不知能应允否？"顾综道："既是使君亲自登门相求，在下理应竭尽所能为使君分忧。在下准备写檄文讨伐许生，指责许生不是越王勾践后代，没有资格建立越国，没有资格当越王，让他失去立国之基。另外，我准备振臂一呼，让我的族人做内应，与您的大军里应外合，如此越军定然可破。"臧旻大喜，乃辟顾综。

越军打败臧旻后形势一片大好，一日，越王许生正在议事。于吉、张角飘然而至，于吉道："尊敬的越王，我不知道该如何称呼您？"许生道："我们是老朋友，不要拘泥于称谓，还是叫许生吧。"于吉道："您过去对黄老道屡有赞助，现在您还信黄老之道吗？"许生道："还信。"于吉道："既然如此，您不该带领这么多人起来造反，这样会死很多人的。"许生道："朝廷不守道，这是官逼民反。难道这不是道吗？"于吉道："我们修道之人第一要义是珍惜生命，而不是视生命如草菅。"许生道："守道不是一个人的事，首先是朝廷应该带头遵守，然后天下人共同遵守，如此道才能通行天下。我看这样，为了使道能在我越国发扬光大，我想请您担任丞相，不知老神仙能否屈就？"于吉推辞道："我就是那种乌龟，喜欢在烂泥里生活，不喜欢在朝堂上供着。"许生道："您找我还有什么事吗？"于吉道："越国目前的形势很好，可您有没有想过物极必反，月圆之后就是月缺？以目前越国的实力，能斗得过大汉吗？"许生沉思片刻道："这个道理我明白，但是开弓没有回头箭，我们越人敢做敢当，苟且偷生岂是越人性格？现在天下民怨沸腾，要是别的地方也有人响应，说不定越国进可以争霸天下，退可以自保无虞。"于吉道："以贫道之见，大汉是一栋年久失修的房子，越国只是柱子上的蛀虫而已，越国现在还无法撼动大汉。所以贫道希望您能够为自己留好后路。"许生叹了一口气道："现在不可能有后路！您的意思不过是两条：第一条，投降，这是死路。第二条流亡或退隐山林，我如果是生活在底层的民众，可以这样选择。但我句章许氏也算是名门望族，如果流亡或退隐山林，我还不如去死。"于吉道："实不相瞒，贫道希望您停止战争，让越国百姓免遭战火。贫道希望你避世，但不是退隐于山林。贫道希望你学习徐福，带上越人出海后向东北走，到倭国去，去做倭国的王。也可以出海后往东南走，到夷州（今台湾）称王。只要你去这两个地方，定可与大汉相安无事，以您的才能完全可以开创一片新的天地，让道在大汉域外传播。一旦形势有变，您的后人还可以返回句章。"许生道："谢谢你的好意，到倭国去，我岂不成了倭人？到夷州去，我岂不成了夷人？这些都不是我的愿望。"于吉道："我说的话全说完了，我追求的道与您追求的道不一样！"许生眼眶湿润，对于吉道："来，我们干了这碗酒，以后就各走各的道吧！"于吉接过酒，叹道："最后的结果我也预料到了。我只是不死心啊！"

且说顾综写好讨越檄文，将越王勾践的家族世系写得清清楚楚，指责许生没有资格做越王，号召吴越地区的百姓不要上当受骗，与许生划清界限，共同推翻越国。臧旻命人抄写檄文，到越国四处宣扬。

于吉开设道场，号召信道之人不要参加越国军队，珍爱生命，远离战争，越国逐渐人心不稳。张角道："许氏一族是黄老道的忠实信徒，我不忍心看到他们灭亡。"于吉叹道："天意难违啊！"张角对师父于吉不满，于是向于吉告辞道："弟子跟随师父学道多年，想回冀州老家传道，还望师父恩准。"于吉道："你既然要走，你一定要好好传播黄老道，不枉你我师徒一场。"张角应允，临行，于吉送张角《太平清领书》。

许韶提兵进攻钱唐，孙坚应对有方，钱唐安若泰山，越军徒劳无功，占不到半点便宜。臧旻守住吴县，在由拳、乌程等地频频出击，越军苦不堪言。

越国的形势越来越严峻。许昌见越国逐渐没有号召力，于是拜见许生，希望放弃越国的国号，不当越王，改当皇帝，号召天下百姓起来推翻大汉，许生死活不同意，大怒，把许昌大骂了一通。许昌不服，于是在会稽自称阳明皇帝，设置文武百官，封许生为"越王"，许韶为吴王兼大将军，胡玉为水军都督，其余官员各升一级，于是许生父子心生芥蒂。许昌在会稽大兴土木建造皇宫，广招良家女子充实后宫，生活豪华奢侈，百姓颇有怨言。

许韶的军队不断有人逃跑，于是不断从会稽调兵增援。丹阳太守陈夤一步一步平定郡内叛军，命水军驾着楼船和艨艟战舰从浙江上游顺流而下来到钱唐，在江中恣肆驰骋，胡玉水军不是对手，见到艨艟战舰就四处躲避。艨艟战舰不时开到涌金门、清波门，钱唐军民见了信心大增。又过一个月，陈夤率军两千，水陆并进，进攻许韶。孙坚、朱治趁机从钱唐城内杀出。双方里外夹击，许韶战败，向北遁走，钱唐之围遂解。

孙坚将陈夤军队迎入城中。三日后夜晚，城外一人紧急求见孙坚，对孙坚道："小人受扬州刺史臧旻和顾综之托暗中监视越军，欣闻官军在钱唐城下大胜。现在越军水师船只全部集中在海盐，我日夜兼程特来报信，希望你们把他们一网打尽。"孙坚大喜，马上与朱治一道来找陈夤，孙坚道："末将建议马上进兵海盐歼灭胡玉水军，然后进攻会稽，直取许氏父子，如此大局可定！"陈夤道："我得到的军令是解除钱唐之围，然后与刺史臧旻南北夹击，一举消灭叛军。"孙坚道："臧刺史的计划虽好，末将还是建议陈使君避实击虚，如此一战可定。"陈夤道："愿闻其详。"孙坚道："如今越军主力尽在吴郡，会稽空虚，只要消灭胡玉的水军，吴会两郡也就失去联系。然后我们走海路，从背后向越国发动进攻。我军经甬江直取句章，擒拿越王。经曹娥江直取山阴，一旦成功，叛军立败，此乃千载难逢之机！"陈夤问朱治道："文台欲偷袭会稽，我看这是很好的奇思妙想，可是风险太大。朱治，我见你平日做事谨慎，你看此计是否可行？"朱治道："依末将之见，我军值得冒险。"陈夤道："既然如此，将在外君命有所不受，我们就这么干！"孙坚道："如此甚好，机不可失，兵贵神速，我们今晚马上行动。"

孙坚军队昼伏夜出，偃旗息鼓，两日后黎明时分到达胡玉水军驻地。孙坚率军突然发动袭击，胡玉毫无防备，越国水军非死即降，叛军船只悉数缴获，胡玉稀里糊涂当了俘虏。

孙坚与朱治换上越军服饰，率军三百，登上越军船只，伪装成越军，打着胡玉旗号，扬帆往南而去。船队行至甬江，沿甬江逆流而上，孙坚趁着月色来到句章城下，命人将飞爪抛上城头，用绳索攀爬入内，轻声打开城门，全军悄然入内。孙坚带人翻墙进入越王宫殿，但见一老者秉烛审批奏章，孙坚提剑走到近前，用剑指着许生，轻声道："不许出声，跟我走。"许生颤抖着骂道："许昌，你这个畜生，竟然敢对你老爸下手，你不得好死！"朱治道："老实点，把你的玉玺交出来。"许生缓缓站起道："我真想不到自己的儿子竟会这样对我。"许生指了指后边的柜子，朱治取出玉玺包好。孙坚道："越王，我们马上走吧。"许生道："左边有我的安车，我得留个字条给手下。"说罢挥笔写道："我去山阴。"朱治命人架起许生，塞入安车，匆忙离去。

孙坚对朱治道："妖贼许生还以为我们是许昌派来抓他的。干脆我们将计就计。"朱治道："你想怎么样？"孙坚道："我们不如冒充许生、许昌手下，大摇大摆地前往山阴。只要我们进入山阴，一切就好办了。"朱治道："如此甚好。"孙坚道："我打仗多，可能会被人认出，你口才好，有文化，一路上你走在前面，由你对付沿途的官员和百姓。我们预先想好路上会出现什么情况，想好应对之策，以备不时之需。你再模仿越王许生的口气写一道圣旨去抓许昌。我们不费吹灰之力，光明正大地把许昌抓住。"朱治补充道："我们还要对押送许生的人员严加训练，以防出现意外，防止露出马脚。"孙坚、朱治两人相视而笑。

孙坚率军直奔山阴，孙坚刚到曹娥江，早有徐真候着，孙坚率军先行，命徐真远远地跟在后面接应。孙坚有惊无险到达山阴城下，山阴南门守城士兵见大队人马到来，马上收起吊桥盘问。朱治孤身入城，对守城士兵道："我等是越王随从，奉阳明皇帝之命到山阴参见陛下。"守城士兵跟随朱治出城，到安车前拜见许生，卫兵卷起车帘，守城士兵见越王端坐其中，于是放下吊桥，朱治、孙坚率军鱼贯而入。

孙坚刚刚进入山阴，祖茂马上率领士兵控制城门，孙坚率军径直冲入皇宫。阳明皇帝许昌和群臣正在早朝，孙坚飞身冲上龙椅，一把将许昌拽了下来，大叫道："我奉越王命令，特来捉拿叛贼许昌，无关人员给我闪开。"朱治当即宣读伪造的越王圣旨，将圣旨扔在许昌面前。还没等许昌反应过来，士兵一拥而上，将许昌绑得严严实实。众大臣战战兢兢，面面相觑，吓得话都说不出来。这时一个大臣喊道："他是孙坚，他们是官军！"顿时宫内大乱，许昌回过神来，大喊道："你们不要管朕，朕命令你们一定要将他们全部斩尽杀绝！"许昌的卫队从四面八方冲了过来，孙坚军队押着许昌，边战边退，撤到南门，叛军守城军队倾巢出动，拼尽全力前来攻打。徐真当即率军入城增援，孙坚马上组成密集战阵，死死守住南门，双方打得难分难解。

双方打了大半日，打得疲惫不堪，正在危急之时，陈寅率军赶到，入城大杀四方，山阴守城军队战败投降。

陈寅用许生、许昌名义下令会稽各县叛军投降，会稽遂平。陈寅、孙坚押着许生、许昌拜见臧旻。臧旻大喜，亲自出营相迎。臧旻拉着孙坚的手道："我当初真的没有看错你，真没想到几年之间你已经成为威震江东的猛虎，要是没有你，恐怕我吴郡也守不住啊。"于是"江东猛虎"成了孙坚的绰号。

臧旻、陈寅、孙坚率领大军到乌程攻打许韶。臧旻用槛车将许生、许昌推到城下，许韶大惊失色，臧旻道："会稽已经被我攻占，妖贼许生、许昌已被官军生擒，你们赶快投降吧，不要再作无谓的牺牲，凡是主动投降者，本刺史网开一面，饶你们不死。是死是活，你们自己选择吧！"说完，臧旻收兵回营，过不了几日，许韶的手下纷纷出城投降。

许韶见败局已定，心神大乱，召集手下残兵饱餐一顿，打开城门，拼死杀向臧旻军阵。臧旻一声令下，顿时箭雨如飞，许韶的叛军成片成片倒下。接着一通鼓响，臧旻率领全军杀向叛军。孙坚提矛跃马直取许韶，一矛把许韶挑落马下，士兵一拥而上，把许韶绑得严严实实。陈夤大叫道："投降者生，抵抗者死。"许韶部下全部放下武器投降。吴郡其他地方传檄而定，句章之乱就此结束。

孙坚听闻吴景一家回到钱唐，于是马上迎娶吴春，一时间香车宝马云集，到处张灯结彩，钱唐热闹非凡。

熹平三年（174）十一月，许氏祖孙三人在会稽被斩首，传首洛阳，吴会之地恢复太平。臧旻上奏朝廷，朝廷任命孙坚为盐渎县丞，孙坚携妻及五百富春精壮青年一同赴任。

且说朱儁到了洛阳，到处送厚礼为尹端求情。一日，朱儁听说臧旻的奏章已到，遂花重金买通保管奏章的小吏，小吏将奏章偷偷带出。朱儁见奏章最后写道："……此为会稽沦陷之经过，尹太守对会稽之败难辞其咎，微臣据实上奏，请陛下圣断。"朱儁前思后想，模仿臧旻的笔迹和口气，在奏章后面加了几句："然妖贼许生狡诈，造反之事蓄谋已久，此非常人所能预料，若非尹太守拼死守卫山阴，妖贼许生早已越过浙江进入吴郡，如此后果不堪设想，还请陛下明鉴。"朱儁还是担心尹端难免一死，又花重金收买经办的官员，有钱能使鬼推磨，众人先把奏折扣下。不久，传来许韶击败臧旻的消息，朱儁长舒一口气，请求将臧旻战败和臧旻弹劾尹端的奏折一起往上递送，最后尹端免死，得以输作左校（服苦役）。尹端大喜，认为朝廷对他从轻发落，心中疑惑，不知为何得以减轻罪过，朱儁也从来没有对任何人提起。洛阳的官员看在眼里，大家都敬佩朱儁为了保全上司的生命花费如此心力、如此巨资，感叹人才难得。句章之乱平定以后，朝廷任命议郎徐珪为会稽太守，徐珪非常器重朱儁，推举朱儁为孝廉，朱儁政绩突出，没过几年就调任兰陵县令。此后，朱儁平步青云。

就在平定句章许氏之时，远在京都洛阳的另一位重量级英雄人物曹操已经闪亮登场，他把十常侍蹇硕的叔父蹇图打死了，引起轩然大波。我们暂且放下孙坚等江东群雄不表，先来说说曹操，欲知曹操引起的这场轩然大波究竟如何，且听下文分解。

第四章 曹操棒杀蹇图，群儒东观校书

要说曹操得从其祖上说起，曹操的曾祖父名叫曹萌，字元伟，沛国谯人，仁慈敦厚。曹萌育有四子，家贫，日子实在过不下去，就让小儿子曹腾进宫净身当了宦官。曹腾，字季兴，为人厚道，年轻机灵，做事谨慎小心，深得邓太后喜爱，邓太后让他侍候太子刘保读书。曹腾用尽心思小心侍候，刘保对他特别喜爱，把他当成心腹，给的赏赐比别人多。后来刘保即位，是为汉顺帝，很快就把曹腾提升为小黄门，后来又提升为中常侍，曹腾一下子成为炙手可热的人。刘保驾崩以后，曹腾因为拥立汉桓帝刘志有功，被封为费亭侯，升任大长秋，加位特进。

曹腾在宫里供职三十多年，从未有过失，向朝廷推荐的都是天下知名的人士，张温、张奂就是他推荐的。曹腾为人胸怀宽广，益州刺史种暠曾经弹劾曹腾，曹腾非但不计较，还时常称赞种暠是个能干的官吏，当时的人都赞美他。俗话说，一人得道，鸡犬升天，自从曹腾发达以后，他的兄弟也就跟着当官了，曹家一跃成了很有实力的大家族。

曹腾入宫后与吴夫人结为“对食”夫妻，可他毕竟是宦官，不能生育，曹腾也想享受天伦之乐，于是曹腾的兄弟把曹嵩过继给曹腾为子。曹嵩，字巨高，为人圆滑，处事得体，依靠曹腾的关系，先后担任司隶校尉、大鸿胪、大司农等要职。曹嵩与养父曹腾完全不一样，他是大贪官，爱财如命，善于利用手中权力谋取私利。曹嵩为官多年，曹家成为富甲一方的大富豪。曹嵩娶妻丁氏，曹操就是他的长子。

曹操，字孟德，一名吉利，小字阿瞒。曹操少年时喜欢飞鹰走狗，过着放荡无度的生活，经常在外面犯事，干一些乌七八糟的缺德事。曹操的叔父经常向曹嵩打小报告，曹嵩每次都狠狠地教训他。曹操很厌烦叔父，想改变现状。一日，曹操遇见叔父，一头栽倒在地，眼歪嘴斜流着口水，叔父感到奇怪，慌忙上前相问，曹操抽搐着结结巴巴说道："我中风了。"叔父赶紧跑去告诉曹嵩，曹嵩很吃惊，命人把曹操叫来，问道："叔父说你中风了，怎么现在好了？"曹操道："我本来就没中风。叔父不喜欢我，经常对你说些无中生有的事情。"于是曹嵩起疑，此后叔父再打小报告，曹嵩都不再理会，曹操因此更加肆意妄为。

曹操年轻时特别机智警敏，有随机权衡应变的能力。曹嵩不是很重视教育，曹家没有良好的学习氛围，再加上曹操调皮捣蛋，不好好学习，而是喜欢习武，任性好侠、放荡不羁，不修品行，当时的人都不认为他有什么特别的才能。

后来曹嵩带着曹操找到司空桥玄，希望桥玄能教导曹操。桥玄与曹操交谈片刻，发现曹操聪明绝顶，非常有想法，就对曹操说道："你以后的才能远远高于我，现在天下就要大乱了，不是命世之才是不能救的，能使天下安定之人，应该就是你啊！"曹嵩和曹操都蒙了，从来没有一个人对曹操有这么高的评价。曹操受到桥玄如此褒奖，敬重之心油然而生，从此投在桥玄门下学习，成了桥玄的学生。桥玄，字公祖，梁国睢阳县人，性格刚烈，谦恭俭约，礼贤下士，品德高尚，提倡以法治国，唯才是举。桥玄是高官，更是大儒，著有《礼记章句》四十九篇，号称"桥君学"。

曹操自从拜桥玄为师，经常出入桥府，很快就与桥玄的幕僚混熟，经常向他们请教，就这样曹操结识了大儒蔡邕。蔡邕，字伯喈，陈留圉县人，著名的书法家、文学家、历史学家、音乐家。蔡邕对曹操非常欣赏，两人成了忘年交。曹操得到桥玄、蔡邕等人的指点，学业大进，在同龄人中出类拔萃。

南阳何颙对曹操有一个评价："汉室将亡，安天下者，必此人也！"但是曹操在洛阳的名气还不够大，桥玄对曹操道："你请许劭点评一下，马上就可以出名了。"许劭，字子将，认为世道不好，不愿当官，喜欢评论人物，而且每月换一个题目，在月初时发布，时称"月旦评"。由于评论客观准确，官府有时直接采用他的评论作为人员的任免依据，时人以能够得到许劭的评论为荣，求许劭评论的人多如牛毛。曹操采办厚礼登门请求许劭评论，许劭婉言拒绝。

一日，许劭乘车出行，被曹操、袁绍和一帮高官子弟截住，曹操一把将许劭拎下车，威胁道："今天你要是不对我评价，就休想离开！"许劭一看架势不对，迫不得已说道："你是清平之奸贼，乱世之英雄。"众人以为曹操一定会把许劭猛揍一顿，没想到曹操听了极为高兴，哈哈一笑走了。

曹嵩见曹操学有所成，就让老朋友吕伯奢推举曹操为孝廉，这样曹操有了当官的资格。熹平三年（174），洛阳令司马防推荐曹操担任洛阳北部尉，掌管洛阳北部治安。

洛阳北部达官贵人多，治安很难管理。曹操一上任就制订管理规则，到处张榜公布，三令五申，接着制造五色大棒十余根，悬于衙门左右，下令道："凡有犯禁者，都用这些棒责打。"在曹操的铁腕管理下，辖区的治安有了明显改善，曹操得到大家的一致肯定。

一日半夜，曹操带着手下巡夜，一辆豪华马车缓缓而来，众人上前拦住，车上伸出一个脑袋，满嘴酒气，醉醺醺地叫道："快让开，我是十常侍蹇硕的叔父蹇图。"曹操道："违禁夜行，你可知罪？"蹇图叫嚣道："我夜行又怎的，违禁又怎的，你能把我怎么样！"曹操大喊道："给我拿下！"手下人犹豫不前，曹操厉声喊道："尊令者奖！违令者罚！"众人一拥而上，把蹇图绑了，押至公堂。曹操对宦官及其亲属的胡作非为早就非常不满，下令道："你违禁夜行，按律重打二十棍！"手下不由分说把蹇图按倒在地，举着五色棒对着蹇图就是一顿暴打，打得蹇图皮开肉绽，连连求饶。曹操将蹇图投入大牢，不想蹇图年岁大，挨打后躺在牢里动弹不得，接着一阵呕吐，次日一早噎死了。这下子京师的人都说曹操把蹇图打死了，于是再也没人敢犯禁，曹操由此出名。桥玄知道曹操打死蹇图，大喜，将曹操叫到跟前，赞道："治乱世当用重典，以后国家就靠你了。"

自从曹操打死蹇图，蹇硕对曹操怀恨在心，一心想为叔父报仇，动用各种势力试图将曹操治罪。曹嵩连忙低声下气地向蹇硕赔罪、赔钱，想方设法为曹操开脱。蹇硕碍于曹嵩的关系，加上桥玄等人为曹操撑腰，也没有发现曹操什么把柄，自己孤掌难鸣，拿曹操没办法。蹇硕实在咽不下这口气，得知曹操是洛阳令司马防推荐的，司马防平日对曹操关爱有加，于是就把司马防免职了事。

熹平四年（175）三月，议郎蔡邕向皇帝刘宏上奏道："微臣在东观校书已达六年，发现儒家典籍距圣人著述的年代久远，流传中出现很多文字错误，被俗儒牵强附会。兰台漆书已经年久腐败，后人竟然将其偷改。皇家藏书都出现这么严重的问题，更不要说天下其他书籍了。儒家经典出现错误，定将贻误天下，微臣请求陛下下诏组织校正，刻于石碑之上，立于太学之外，作为标准，确保儒家经典万古流传，永不出错！"皇帝刘宏道："众爱卿有什么看法？"五官中郎将堂溪典，光禄大夫杨赐，谏议大夫马日磾，议郎张驯、韩说，太史令单飏等人齐声奏道："臣附议。"刘宏道："校正儒家经典由议郎蔡邕主持，杨赐、卢植、马日磾、韩说等人共同参加。"

众人在东观翻阅典籍，夜以继日校书，第一批文字校正工作很快完成，共有八千多字，由蔡邕用红笔以隶书写在碑上，每块碑高约一丈，宽约四尺，共四十六块碑，石碑刻好后立于洛阳城南开阳门外太学门前，用红布盖着。皇帝刘宏选好良辰吉日亲自揭幕，结果一千多辆车争相前往观看，太学附近发生严重的交通堵塞，太学内人山人海，水泄不通，儒生们更是备好纸笔抄录，一时传为美谈。

三日后休沐，蔡邕、杨赐、卢植、马日䃅、韩说聚于东观，设宴置酒，开怀畅饮。席毕，众人半醉半醒之间生火煮茶，茶水煮开，茶香四溢。

卢植为众人倒满茶，望着蔡邕道："校书初见成效，现已成为全国儒生议论的焦点，影响之大远超我们想像。伯喈兄，我看您对校书工作好像是另有深意啊？"卢植，字子干，涿郡涿县人，身长八尺二寸，声如洪钟，性格刚毅，品德高尚，师从太尉陈球、大儒马融，是著名的经学家、将领，文武全才。

蔡邕轻呷一口茶，笑道："是的，我想通过此项工作，唤醒天子重视儒学，重用儒生，按照儒家理论治理国家，确保国家长治久安。"

卢植道："校正儒家经典只是弘扬儒家文化而已，要达到你的目标，恐怕很困难。"

蔡邕道："不瞒诸位，我认为还要续写汉史，特别是最近几十年以来的历史，要把宦官和外戚轮流专权的危害写清楚，这样天子定能直接吸取教训，避免历史悲剧重演。"

卢植道："我认为续写汉史更重要，效果更好。"

韩说道："伯喈兄，我认为天子很有可能不会像你设想的那样，他一定不会听从你的引导。历史悲剧很可能会反复重演，我们做臣子的尽到自己的本分就行了。"韩说，字叔儒，会稽山阴人，博通五经，兼通道家，尤善图纬之学。

蔡邕道："何以见得？"

　　韩说道：“我建议关起门来放开议论，所论内容一概不能对外提起。出了这个门就当什么事都没有发生过。”说着韩说起身，打发众侍从回家，将所有的门一一关上。韩说道：“现在的天子是怎么被推上皇位的？”

　　马日磾道：“先帝无子，先帝驾崩后皇后窦妙被尊为皇太后，窦太后与其父城门校尉窦武为了确保荣华富贵可以延续，在众多有资格继承大统的皇室候选人中推举无能、贪玩、未成年的解渎亭侯当皇帝。”马日磾，字翁叔，扶风茂陵人，经学大师马融的族子和传人之一。

　　韩说道：“先帝刘志也是这样上位的，这叫逆淘汰，宗室里贤能的人是不可能被推举为帝的。依目前的表现来看，我认为当今圣上很可能是昏君。”

　　蔡邕道：“天子文章写得很不错，很聪明的。”

　　韩说道：“请问夏桀、殷纣哪一个不聪明？一个皇帝是明君还是昏君，不是看文章写得好不好，人是不是聪明，而是看他任用什么人，干了什么事。当今圣上刚一继位，听信宦官之言，把窦武和德高望重的太傅陈蕃杀了，把朝廷大事交给宦官处理，终日与宦官玩乐。请问这样的皇帝不是昏君是什么？如果不是宦官为非作歹，怎么会出现句章之乱？”

　　杨赐放下茶碗，说道：“诸位兄台，天子虽有做得不好的地方，还请你们打住话题，不要说这些大逆不道的话，至少天子还是我的学生，我希望天子能向好的方向转变。”杨赐，字伯献，弘农华阴人，出身弘农杨氏，少年时就研习儒学，祖父杨震、父亲杨秉官至太尉。杨赐也担任过三公之职。

　　韩说道：“你是帝师，我希望天子能听从你的教导，可我感觉天子虽然也学儒学，却学而不用，根本不按儒家理论治理国家。对了，伯嗜兄，曹操是你的学生，听说他也像天子一样，学的是儒家经典，行为却与儒家的要求格格不入。”

　　蔡邕道：“你说得不完全对，曹孟德是桥公桥玄的关门弟子，桥公对他比对家人还好，我怎么能与桥公争学生呢？所以我和孟德虽有师徒之实，但无师徒之名，可谓是亦师亦友。"

杨赐道："我对桥公佩服之至，可我不明白桥公人品如此高洁，怎么会收曹操这样不修品行之人为徒。收徒应当以德为先。"

蔡邕道："曹操聪明机敏，有奇节，桥公认定他是稀世大才，欲将毕生所学倾囊相授。桥公说了，当今社会不缺德行好的人，缺的是能够扭转乾坤的人。"

杨赐道："品行不好，能力越大，破坏力也越大。不知究竟是扭转乾坤，还是断送乾坤！你对曹操怎么看？"

蔡邕道："曹操主要向我学习儒家经典、书法、写作。我只教了一点点，没有想到他能举一反三，他的聪明实乃世所罕见，只要继续努力，用不了多长时间，肯定会超过我。只可惜他对学习并不专注，喜欢声色犬马。不过，依我看他的未来不可限量。"

杨赐道："伯喈兄，你认为曹操能够达到什么程度？"

蔡邕道："就其能力而言，达到位极人臣的地步应该不在话下。但曹操品行顽劣，最好能有德高望重的人镇住他，如此方能两全其美。"

韩说问卢植道："听说你也收了一个弟子，好像叫公孙瓒什么的？"

卢植道："我的确收徒了，公孙瓒也的确在我门下学习，但他在刘文饶（刘宽）门下学了很久，是文饶的弟子，文饶和伯献兄一样，也是帝师，我总不好意思与他争学生吧！我最近收了一个弟子叫刘备，另一个叫刘德然，他们俩是我的老乡。"

蔡邕问道："你的弟子怎么样？"

卢植叹气道："我很喜欢刘备这个小老乡，可这家伙让我伤透了脑筋。"

杨赐笑道："子幹兄，怎么也会有人让你伤透脑筋？"

卢植道："刘备很聪明，我在他身上花了很多工夫，不但教给他儒家的学问，还授以兵法、行军布阵之要，希望他能文武兼备，成为我的衣钵传人。可他不好好学习，只学个大意，却喜欢狗马、音乐和漂亮衣服。"

蔡邕道："这一点与曹操很像。"

卢植道："他现在才十五岁，就混迹于社会，小小年纪就与社会上各种层次的人交朋友，黑白两道的人都买他的账。我实在看不下去，对他严厉训斥，可他收敛几天后依然如故。"

杨赐道："你可谓桃李满天下，门下名士众多，不乏出类拔萃之人。这种弟子我看不要也罢，何必浪费精力？"

卢植道："我认为刘备可不是一般人物。他话不多，喜怒不形于色，意志顽强，志向远大，特别能团结人，已经有一大批人围在他身边了。我感觉刘备天生就是领袖，身上有一股魔力，所有与他接触的人都认为他很好，都愿意为他付出。刘备如果能够认真学习，前途不可限量。"

蔡邕道："子幹兄，放宽心。年轻人学习不努力也很正常，长大了就懂事了，以后定会认真学习的。"

卢植道："他现在不认真学，我看以后就没机会了。"

马日磾道："这是怎么回事啊？"

卢植叹道："他父亲早逝，家贫，交不起学费，是由同宗刘德然之父资助的。"

杨赐嗔道："刘备这样也太不应该了，爱学就学，不学拉倒，我劝你也别操这份心了，好学生多的是。"

韩说道："如果是这样，我看不学也罢，即使学有所成，也很难有出头之日。现在推举孝廉，提拔官员，涉及巨大的利益输送，要向推荐人送礼送钱，而且逢年过节都要送，这已成为一种社会风气。更要命的是，很多官员都推举提拔自己的亲人，或者是官员之间彼此推举提拔子弟，现如今已形成很多官僚集团、官僚世家。大凡官僚世家子弟，没有本事也照样可以当官。桓帝时有一个童谣：'举秀才，不知书。举孝廉，父别居。寒素清白浊如泥，高第良将怯如鸡。'社会底层的人，即使非常优秀，也很难通过正常的途径上升到高层。"

马日磾道："我看袁氏一族就是这样的世家大族，他们权倾朝野，门生故吏遍天下，还与宦官勾结，他家的人只要不是傻子都能当官。"

卢植叹道："这样看来刘备这样的人必定仕途艰难，朝廷不以儒家之道施政，很多人才都被埋没了。"

蔡邕道："是的，现在学习儒家经典的人很难有出头之日，前几年有一千多名太学生被捕，像马融、郑玄这样的大儒都遭禁锢，子干兄就不要强求了。"

马日磾道："伯献兄，天子是你的学生，你讲话有分量，你最好教导天子远离宦官，重用儒者，如此方能重整朝纲，救大汉于水火。"

杨赐将茶猛地一口喝完，叹道："谈何容易啊，我不知道说了多少次，可惜都没有效果。我愧为帝师啊！"

蔡邕摇着头道："现在天下民变四起，灾祸连连。我们这些儒者，理当校好典籍，修好汉史，以振兴天下为己任，为了朝廷的安危，为了天下苍生的平安，以自己的方式规劝天子改弦易辙。天子如果再不改变，恐怕就要亡国了，上天的警告已经很明显了……"

后来，庐江郡发生蛮族叛乱，卢植以前当过九江太守，对当地人有恩威信义，很快将九江叛乱平定。于是朝廷拜卢植为庐江郡太守，卢植到任后又很快平定叛乱。一年以后，朝廷将卢植召回，再次担任议郎，继续在东观校勘儒家经典。这时，蔡邕等人已经开始续写《汉记》（史称《东观汉记》），卢植大喜，一起参加《汉记》的编写。

朝廷认为卢植能文能武，品德高尚，欲提拔为侍中、尚书。卢植心想，当今皇帝身边宦官弄权，侍中、尚书离皇帝和宦官太近，自己性格刚毅，不喜欢奉迎，遂以校书、修史工作太忙为由婉拒。皇帝刘宏亲自对卢植道："这些不是什么紧要的工作，侍中、尚书是极为重要的机要岗位，朕身边正缺少像你这样的大臣，你就不要推辞了。"卢植无奈，只得走马上任。

就在群儒校正儒家经典之时，远在七百里外的南阳宛城发生了一件奇怪的事情，屠夫何进千方百计想把妹妹送入后宫。何进究竟能否成功呢？且听下文分解。

第五章　何进献妹入宫，蔡邕因言获罪

　　且说南阳郡宛城有一屠夫名叫何进，字遂高，此人仪表堂堂，能言会道，举止得体，深得大家喜欢。何进幼年丧母，不久，其父何真为何进娶了一位漂亮的后妈。后妈原来嫁给一位姓朱的人家，生有一子名叫朱苗，因其夫亡故，带着朱苗改嫁何真，于是朱苗改名何苗。几年以后，后妈又连续为何进生了两个妹妹，长妹名叫何琳，小妹名叫何瑶。何真一家过得紧巴巴的，好在何真做事勤快，也算比上不足比下有余，日子勉强还能过下去。不过，何进刚刚成年，父亲何真就因病去世，全家的重担一下子全落到何进一个人肩上。何进没什么大的本事，生活一下子变得非常艰难，即使这样何进对后妈和弟弟妹妹都很好，大家都夸何进是孝顺的人。日子就这样一天天过去，几年以后，何进的两个妹妹逐渐长大，出落得亭亭玉立，唇红齿白，国色天香。尤其是何琳，长得身材高挑，风姿绰绰，妩媚动人。远近的达官贵人、豪强、富户无不对何进的两个妹妹垂涎三尺，提亲的人更是络绎不绝，但都被何进一一回绝。

　　一日，何进看到一个告示，大意是朝廷要选良家女子入宫，希望符合条件的都去报名。何进眼睛一亮，马上到官衙替妹妹何琳报名。登记的小吏问道："你是何出身？"何进道："屠夫。"小吏又问："你和妹妹读过什么书？"何进道：

"也就识得几个字，会记账之类的。"小吏道："你的出身和文化水平都不符合报名条件。我们要选官宦之家、名门望族、诗书之家的女子，请回吧。"何进碰了一鼻子灰，心有不甘，向郡里的功曹打听，功曹告诉何进道："负责招收宫女的是宦官郭胜，郭胜是十常侍之一，也是宛城人。"何进一想，要是妹妹入了宫，那就有俸禄，要是被皇帝恩宠，那可就飞黄腾达了，于是狠下心来，一咬牙，把祖上留下来的家产卖掉大半，托人把钱给郭胜送去。郭胜收了钱，答应在驿馆见见何进。

何进来到驿馆，只见郭胜懒洋洋地半躺在榻上，郭胜道："你可是何进？""正是小民。""招收宫女的规矩你知道吗？""小的知道。""宫里办事是非常严格的，一切都是有规矩的，要不然是会掉脑袋的，你送的那些钱还是拿回去吧。""这些小的都知道，小的也是为明公着想，才来求见明公。明公您是本郡人氏，为了本郡费心费力，日夜操劳，本郡百姓无不对您感恩戴德。明公啊，任何规矩都不是十全十美的，这不，我的妹妹虽然不符合规矩，但是我给她算过命，算命的说她是皇后的命，我要不挺身而出把名给报上，那不就是欺君罔上吗！那些小吏都没眼光，要是您看了也认为不行，那我就认了。万一您看了要是觉得还可以呢，岂不是好事一桩吗！明公啊，您可得为小民做主啊！"郭胜听了很受用，说道："你说的也有道理，好吧，那就把妹妹带进来吧。"

何进连忙唤何琳拜见郭胜，何琳怯生生地走了进来，郭胜的眼光一下子被何琳吸引，从榻上不由自主地站了起来，走到何琳身边，围着何琳转了几圈，眼光一刻也没有离开何琳。郭胜看得目瞪口呆，咽了几口口水，心想天下怎么会有如此漂亮的姑娘啊！郭胜虽然是宦官，心里仍有一种控制不住的莫名冲动，一种爱怜之心油然而生。

何进对郭胜轻声地说道："明公啊，我妹妹长得特别漂亮，本郡的人都说那是天下第一啊！追求我妹妹的达官贵人数不胜数，他们都想娶我妹妹为妻，他们都是为自己着想。可他们哪有明公您的眼光高啊，您心里只有天子。我心里也只想着天子，想把妹妹献给天子，所以就一直没有答应他们。明公您就帮个忙，把我妹妹带入宫中，要是真的被天子看上，那是她的命，更是明公您的功劳。如果天子看不上，明公您就随便让她当个宫女，当您的奴婢，全都听您使唤，这不也是很好吗？这对明公您可是一点损害也没有啊，明公您看呢？"郭胜回过神来，爽快地说道："遂高，你对天子忠心可嘉。这事我看可以，不过一切还得看她的命。"

次日，郭胜把南阳太守叫来，示意他们把何进全家改了出身，出好证明文书，由郡里请人对何进和两个妹妹进行紧急培训，吩咐太守一定要好好关照何进一家。这下子可把太守乐坏了，他连忙给何进家送钱送礼，想着法子结交何进。接着，太守请当地有名的老师指导何进妹妹学习。不过，何琳、何瑶对读书识字一点也不感兴趣。正好有个卞氏俳优百戏在当地表演歌舞，年轻人趋之若鹜，太守召见头领卞高，请他给何琳、何瑶两姐妹教习唱歌跳舞，卞高欣然从命，带着侄女卞瑾对她俩培训，她俩倒也学了一些歌舞。

转眼过了三个月，郭胜带着何琳启程前往洛阳，一到洛阳，何琳就与大批姑娘一起学习宫中礼仪和规矩。又过了三个月，郭胜将何琳带入宫中，不久何琳被皇帝刘宏看中并得到宠幸，很快有了身孕。

郭胜将消息带到宛城，传何进全家去洛阳候命。何进一到洛阳，郭胜马上安排何进住进豪宅，顺便送给何进大量钱财。次日，何进登门感谢郭胜，郭胜对何进道："如今天子对何琳宠爱有加，为了使何琳地位更加稳固，你得把小妹何瑶献给中常侍张让，这样无论何琳生男生女，定会处处占先，否则，何琳的前途还说不准。"何进拿不定主意，问道："中常侍张让是宦官，我把妹妹献给他，我妹妹是不是吃亏？"郭胜道："我是看在你我同乡的分上，才为你如此谋划，天子整天只知道玩乐，根本不管事，什么事都听张让的。张让是皇帝的大红人，是真正掌握大汉权柄的人。"何进刚刚进京，也没什么主意，只好应允。何进回到住处，硬着头皮跟何瑶商量，何瑶死活不同意。何进只好与后母商量，后母也没有办法，为了何琳，只能逼迫何瑶，何瑶无奈，只得听从安排。

休沐，郭胜带着何进、何瑶驱车前往张让府上拜访，只见张让府前密密麻麻停了几百辆车子，挤得水泄不通，根本无法通行。郭胜正在犹豫之间，张让的奴监带着一群家奴飞奔而来，把他们的车子高高举过头顶，抬进张府。郭胜将何进引荐给张让，何进对张让恭维一番，恭恭敬敬地将妹妹献上。张让什么也没说，郭胜领着何进起身告辞。

张让见何瑶长相标致，十分喜欢，命何瑶日夜伺候自己。张让的养子张奉对何瑶垂涎三尺，死皮赖脸地求张让把何瑶让给自己，张让不同意，两人闹得不可开交，差点断绝父子关系。张让寝食不安，思前想后，实在没有办法，只好把何瑶让给张奉，就这样张奉娶何瑶为妻。

何进自张让府上返回，张让命人给何进送来大量金银珠宝。不出一个月，何琳晋升为贵人，何进官拜郎中。熹平五年（176），何琳生下了皇子刘辩。刘宏以前有过好几个小孩，可惜都没有养大，生怕刘辩也养不大，便把他寄养在道士史子眇家中，史称"史侯"。从此，何琳更得皇帝宠爱，何进晋升为虎贲中郎将，开启了快速升迁之路。

再说曹操洛阳北部尉任期届满，因成绩突出升为顿丘令，曹操怒气冲冲地回到家中，对父亲曹嵩道："一定是那些宦官搞的名堂，将我明升暗降，顿丘怎么能与洛阳相比，你还是想点法子，让我留在洛阳吧。"曹嵩不同意，说道："顿丘是个好地方，你还是去吧。"

曹操闷闷不乐，在街上漫无目的地走着，不知不觉来到蔡邕府上。曹操信步入门，但见蔡邕指导钟繇、卫觊练习书法。蔡邕抬头见是曹操来了，笑着问道："孟德，今天学点什么啊？"曹操道："都是宦官搞的鬼，将我调任顿丘令，我来告别！"蔡邕道："县令很重要，当好县令很不容易啊！"曹操道："那个地方我不喜欢，哪有洛阳好啊！"蔡邕道："县令工作繁杂，干好了大有出息。你正好可以将所学的本领用于治理地方，造福一方百姓，岂非妙哉？你看钟繇的书法很有创新，以后肯定超过我。卫觊的书法非同一般，日后必成大器。你的书法也不在他们之下，只要你一直练习下去，一定大有长进。你闲暇时还可以看看书，写写文章……"曹操道："我心里烦得很。"蔡邕道："好，我来为你弹奏一曲。"说毕，蔡邕在琴前坐下，正了正身子，一曲《文王操》飘然而出，曲罢，曹操道："您对我的期望我心领了。"蔡邕道："小弟，你是国士，学什么像什么，只要努力，一直坚持做下去，干什么都能成就一番伟业，以后的日子还长着呢。钟繇、卫觊虽比你年长，也是杰出的人才，可他们都比不上你，以后还要仰仗你呢。"蔡邕几句美言，曹操开开心心地赴任去了。

熹平六年（177）四月，大旱，七州出现蝗灾，皇帝下诏认错自责，令群臣各自陈说治理国家的举措。蔡邕奉上密奏，根据儒家经典陈说应该施行的七件事：一、应按照以前典章要求进行祭祀；二、国家想要兴盛，应倾听好的建议；三、访求贤能……皇帝刘宏欣然接受，按蔡邕密奏改正，蔡邕大喜，对众人道："圣上能纳忠言，我大汉国运定会好转。"

光和元年（178）春，皇帝刘宏设置鸿都门学，里面悬挂孔子及其七十二弟子像，却不设置任何儒家课程，而是设置辞赋、写作、尺牍、字画等文化艺术类课程。士人都说这是挂羊头卖狗肉，这根本不是儒家之学，而是一所艺术学校。

刘宏下诏，命州郡三公推举征召学生，所征召的大多是士族看不起的社会地位不高的平民子弟。他们从鸿都门学出来后有的出任刺史、太守，有的入朝担任尚书、侍中，有的竟然封侯赐爵，士人都以与他们一起为耻。刘宏的态度非常坚决，就是不用儒生。

六月二十九日，一团黑气坠落于皇帝居住的温明殿东庭，黑如车盖，一下子飞了起来，出现五色，突然冒出一个头来，形貌好像是龙，体长十余丈。七月，皇帝刘宏下诏召蔡邕与光禄大夫杨赐、谏议大夫马日磾、议郎张华、太史令单飏至金商门，入崇德殿，询问产生灾异和变故的原因和消除方法，众人心里明白，却都三缄其口。蔡邕上前详细问清现象，对皇帝刘宏道："这不是龙，龙有足和尾。"刘宏问道："此为何物？"蔡邕道："此乃'蜺'，这是上天投蜺之兆。"皇帝问道："'投蜺'预示着什么？"蔡邕道："'投蜺'的意思是天降虹霓，预示天下将乱！"刘宏急问："这怎么解释啊？"蔡邕引经据典道："龙有德，蜺无德，蜺以色相亲。虹出，预示着后妃暗中威胁陛下。'五色迭至，照于宫殿，有兵革之事。'这预示着天子对外苦于兵祸，权威在内宫被夺走，大臣不忠诚，这样就会出现上天投蜺。"刘宏问道："为什么会出现这种现象啊？"蔡邕道："蜺者，斗之精气也。当天下失度，投蜺就出现了。"刘宏心惊，问杨彪道："真的是这样吗？"杨彪道："伯喈所言非虚，天投蜺，天下怨，海内乱。"刘宏对蔡邕的学识十分敬佩。

次日，皇帝刘宏又将蔡邕召入皇宫，问道："近来灾异变故频频发生，不知是什么罪咎引起的，朕心里害怕。朕问遍群公卿士，想听到一些忠言，但他们守口如瓶，不肯尽心。你经学功底深厚，朕特意召你相问，你应该阐明得失，指出为政要点，不要唯唯诺诺，怀疑恐惧。你一定要按照经典，据实对答，就是说错了，朕也不会怪你。为了保密起见，你上书时用皂囊封上，只有朕才能打开，别人不会知道的。"蔡邕心喜，从皇宫出来走路轻飘飘的，卢植追了上来，喊道："伯喈兄留步！"蔡邕问道："何事？"卢植道："现在朝廷奸佞当道，天子偏听小人，曹节、王甫对你昨日之言不满，说要治你，您可要注意啊！"蔡邕道："我一心为了天子，为了江山社稷，现在天子问我，我据实而言，又有何惧！"

蔡邕上书直言，认为出现怪异现象的根本原因是宦官干预政事，并多次提及曹节、王甫、程璜等宦官干政之罪，弹劾太尉张颢、光禄勋玮璋、长水校尉赵玹、屯骑校尉盖升等人贪赃枉法，最后向皇帝举荐廷尉郭禧、光禄大夫桥玄、前太尉刘宠，认为可以向他们咨议朝政。刘宏看了奏章发出一声叹息，起身如厕，不想蔡邕的奏章被身后的曹节偷看，曹节惊出一身冷汗。原来蔡邕弹劾的人都是宦官的同党，全是宦官举荐的，蔡邕推荐的人都对宦官有意见。

曹节将奏章内容泄露给蔡邕认为应该废黜之人，这些人都非常恨蔡邕，企图打击报复。曹节又暗中对中常侍程璜道："蔡邕对我们很不利，你应该想想办法。"程璜大怒，当即指使他人写匿名信诬告蔡邕公报私仇，蔡邕因此被捕入狱。定为"仇怨奉公，谋害大臣"之罪，应当弃市。原来程璜的大养女嫁给司徒刘郃，小养女嫁给阳球，刘郃、阳球与蔡邕家族有矛盾，如今蔡邕招惹程璜，程璜当即痛下杀手。接着，曹节等宦官又将矛头对准杨赐，欲置杨赐于死地，杨赐凭着帝师身份幸免于难。

蔡邕在狱中上书申辩道："陛下，您对微臣说上奏的内容保密，让微臣大胆直言，现在微臣因言获罪，冤枉啊！"刘宏猛然想起自己对蔡邕说的话，感觉蔡邕的申辩有一定道理，于是询问中常侍吕强。吕强为人正直，对蔡邕非常同情，当即说道："陛下，微臣以为伯喈说得有道理。伯喈学富五车，就是有罪，也不至于弃市，还望陛下明察！"刘宏下诏将蔡邕免死，全家流放朔方，不得赦免。

阳球一不做二不休，派刺客史阿刺杀蔡邕，史阿暗中一路跟随，见蔡邕人品高洁，琴技高超，遂放弃刺杀念头。史阿对蔡邕道："我受人之托行刺先生，先生乃一代大儒，沿途名士无不争相相送，像您这样受欢迎的人天下罕有。先生的琴技举世无双，正如我的剑术天下无双一样，如此高超的技艺没有良好的人品和内在修为根本不可能达到。我决定不刺杀你，但派我刺杀的人一定不会善罢甘休，请先生日后多加小心。"蔡邕问道："是谁派你来的？"史阿道："江湖有江湖的规矩，刺客有刺客的原则，请先生不要再问。"说完飘然而去。

蔡邕到达朔方，阳球又派人到朔方贿赂官员毒害蔡邕，受贿的人反而把消息告诉蔡邕，要他提高警惕，蔡邕因此平安无事。

蔡邕本与卢植、韩说等人在东观撰补《汉记》，没来得及写成，就遭流放。蔡邕向皇帝上书所著十意（志），分别首目，附在书尾。刘宏看了很高兴，爱惜蔡邕之才，次年大赦，宽免蔡邕之罪，准许返回原籍。

蔡邕启程回老家，五原太守王智设宴为蔡邕饯行，酒酣，王智为蔡邕起舞，蔡邕不答理，王智很没面子，大骂道："你只不过是罪犯而已，也敢轻侮我！"蔡邕不屑与王智相争，振衣而去。王智为宾客所笑，怀恨在心，于是上书朝廷，诬告蔡邕在流放期间心生怨恨，诽谤朝廷，皇帝身边的宦官也很厌恶蔡邕。蔡邕担心再次被害，于是亡命江海，远走吴会。

一代大儒蔡邕的遭遇和命运令人同情，然而就在蔡邕发配朔方期间，众宦官在后宫酝酿着更大的阴谋，宋皇后因此而死。受此影响，曹操整个家族全被免官。那么这究竟是怎么回事呢？且听下文分解。

第六章　宦官谋杀宋皇后，两夏侯义救曹操

且说宋皇后自从登上皇后宝座，尽心尽力管理后宫，把后宫打理得井井有条，深得世人好评。宋皇后经常规劝刘宏远离宦官，多理朝政，刘宏全当耳边风，还觉得她烦，对她不满。

宋皇后不会献媚邀宠，得不到皇帝刘宏宠幸，一直没有生育。其他嫔妃慑于宋皇后的地位，表面上对她客客气气，心里却不屑一顾，总想取而代之。何琳很得刘宏欢心，生有皇子刘辩，于是对皇后之位有了想法。

汉桓帝刘志有个弟弟名叫刘悝，与宦官王甫结仇，熹平元年（172）七月，王甫指示他人诬陷刘悝愤恨哥哥刘志没有传位给自己，想带兵抢夺迎驾诏书，中常侍郑飒、中黄门董腾欲阴谋篡位，立刘悝为帝。于是刘悝被捕入狱，不堪拷打，自杀身亡，全家百余人死于狱中。刘悝的妻子宋氏就是宋皇后的姑妈。王甫担心宋皇后怨恨自己，以后为姑妈翻案，一心想除掉宋皇后。

于是王甫与太中大夫程阿一起编造谎言陷害宋皇后，王甫向皇帝刘宏进谗言道："宋皇后长期得不到宠幸，一直对陛下怀恨在心，经常用巫蛊诅咒陛下，希望陛下早点驾崩。"刘宏大怒，命人到宋皇后寝宫搜查，一下子查出很多"罪证"。原来宦官早就串通一气，事先做了手脚，将巫蛊之物偷偷放在宋皇后寝宫。宋皇

后有口难辩，刘宏信以为真，于是众嫔妃一拥而上，纷纷落井下石，诋毁宋皇后。曹节、赵忠、张让等人趁机劝说刘宏罢黜皇后。刘宏对宋皇后毫无感情，早就对宋皇后的管束和说教不满。光和元年（178）十月，刘宏下令将宋皇后打入冷宫，收回皇后的玺绶，将宋父关进大牢。

众大臣感觉事出蹊跷，纷纷上奏要求进一步调查，刘宏不听，韩说奏道："微臣近日夜观天象，紫微暗弱，似有小人谋害中宫，当今皇后品行高贵、温婉贤淑、足以母仪天下，微臣恳请对皇后一事彻底调查，没有调查清楚以前不宜收回玺绶，打入冷宫。"刘宏道："朕自有主张，爱卿不要多言。"韩说道："陛下，皇后遭此劫难，本月晦日必有日食，还请陛下三思！"刘宏惊道："可有此事？"韩说道："朝堂之上岂有戏言，微臣愿以项上人头担保。"侍中卢植奏道："韩说博古通今，上知天文、下知地理，所出之言均有经典依据，还请陛下三思！"刘宏道："既然如此，废后之事以后再议。"

刘宏退朝回到后宫，王甫、赵忠、张让早就候着。王甫道："宋皇后囚禁后怨恨陛下，屡屡恶言相加。今日朝堂之上韩说为她说情，定是宋氏一族背后操纵。这是对陛下不满，如果不采取措施，必对陛下不利。"赵忠道："王甫说的对。请陛下定夺。"刘宏心中犹疑不定，转头望着张让，张让道："陛下，微臣别的什么都不说，不论皇后以前有没有过错，经过这场风波，再恢复皇后大位，难道她就不会怨恨陛下吗？还请陛下三思！陛下您已经下了决心，怎么能听那帮大臣的胡说八道呢，这可有损陛下您的威严啊！"刘宏大喜道："朕意已决，将宋氏一门全部贬为庶民。"这时一宦官慌慌张张跑来报告："启禀陛下，宋皇后死了。"刘宏问道："她是怎么死的？"宦官回道："忧郁而死。"刘宏怒道："忧郁而死？好端端的一个人怎么可能忧郁而死！"大长秋曹节道："陛下，定是皇后自知罪不可赦，才会这样。人死不能复生，我看宋氏一族留着必有后患。"刘宏道：

"是啊。你说得有道理，不知谁可处理此事？"曹节道："非王甫不可，以前诛陈蕃、窦武就是他干的。"刘宏道："那就交给王甫处理吧。"王甫领命，将宋氏一族全家八十余口诛杀得一干二净。

蹇硕见报仇的机会来了，趁机向刘宏进谗言道："曹炽的女儿（曹仁之姐）嫁给宋皇后之兄宋奇，微臣听说曹氏一族对宋皇后一事心生不满，怨言不断。"刘宏怒道："那就全部罢免，送回原籍。"就这样，曹操的族人受到牵连，全被免职。曹嵩知道这是蹇硕搞的鬼，马上准备厚礼求见曹节、赵忠、张让，极尽阿谀奉承之能，以求网开一面。曹家在洛阳待不住了，曹嵩只得带着全家老小返回老家。

再说到了十月晦日，众大臣盛装上朝。韩说奏道："启禀陛下，微臣说过，今日必有日食，还请陛下见证！"刘宏坐立不安道："朕与众爱卿一同观看便是。"辰末，一宦官禀报道："启禀陛下，真的出现日食了！"刘宏脸色苍白，只见太阳慢慢变得残缺不全，天色逐渐变暗，直到漆黑一团，这时，不知是谁喊了一声，"宋皇后冤枉啊！"接着有人喊道："这是上天要惩罚我大汉啊！"刘宏心神不宁，目光呆滞，侍中卢植上奏道："这是上天对大汉的警示，微臣请陛下惩治幕后凶手！"太中大夫、名将段颎，一直曲意迎奉王甫，连忙为上前为宦官解围，段颎上奏道："微臣以为日食与宋皇后之死无关。今年前几月也出现过日食、地震，微臣以为这是大臣执政无能所致，陛下应当罢免太尉陈球，以谢天下！"刘宏马上缓过气来，说道："准奏，太尉陈球免职。"韩说不依不饶地上前奏道："陛下啊，如果不依天意，上天再过一段时间还会进一步警示，此后天灾不断！"刘宏慌了神，众宦官连忙扶刘宏逃回寝宫歇息。自此，刘宏对宋皇后之死有了悔意，对王甫有疏远之意。

宦官奸恶肆虐，玩弄权术，煽惑朝廷内外，卫尉阳球用手拍着大腿怒道："如果有一天我阳球担任司隶校尉，绝不容这群宦官崽子如此横行！"陈球对宦官的倒行逆施非常痛恨，司徒刘郃的哥哥侍中刘儵此前被宦官害死，也对宦官非常痛恨。陈球暗中与司徒刘郃谋划诛灭宦官，两人结为同盟。陈球对刘郃说："卫尉阳球很能干，对宦官非常不满，你可以上表天子，推荐阳球为司隶校尉，不妨让他对付宦官。"刘郃犹豫再三，最终点头同意。不久阳球调任司隶校尉。

太尉桥玄的幼子年方十岁，独自外出玩耍，突然，一群绑匪持刀将他劫持，到桥家索取赎金，桥玄不给。阳球闻讯与洛阳令周异率军围住桥府，阳球等人担心伤及桥玄幼子性命，不敢逼迫匪徒。桥玄瞪着眼睛喊叫道："这些奸人没有王法，我怎能因儿子的性命放掉匪徒！"于是敦促他们进兵，全歼匪徒，桥玄的儿子也不幸被杀。桥玄流着泪道："要是曹操管理洛阳，怎么会发生这种事情啊！"于是桥玄抱病上奏道："以后凡有匪徒抢劫人质，匪徒要全部杀掉，不得用财宝赎人，不得给匪徒留下奸邪之路。"刘宏准奏，诏告天下，从此京师再也没有出现抢劫人质之事。

再说曹操一回到家乡，好友夏侯惇、夏侯渊马上登门拜访。夏侯惇，字元让，前汉开国功臣夏侯婴之后。夏侯渊，字妙才，夏侯惇族弟。三人谈文论武极为投缘。

以前曹操顽劣，曹嵩觉得妻子丁氏非常能干，会持家，特意为曹操从丁氏家族中娶了一位姑娘为妻，这就是丁夫人。丁夫人为人正派，个性刚强，曹嵩希望丁夫人能够管束曹操，不让曹操胡作非为。丁夫人果然不负曹嵩重托，深得曹嵩的喜欢与信任。曹操对丁夫人非常敬重，两人感情融洽，美中不足的是丁夫人不能生育，没有为曹家增添一儿半女。丁夫人有一个侍女姓刘，容貌秀丽，陪嫁到曹家，与丁夫人情同姐妹，丁夫人遂让曹操纳她为妾，这就是刘氏。曹家离开洛阳时刘氏已有身孕，丁夫人为了照顾刘氏，未与曹操同行。

曹操在老家日久，没了妻子的管束，到处寻找刺激。一日，曹操与夏侯惇、夏侯渊策马出游，一阵悦耳的歌声飘进曹操耳里，三人循声而行，只见一位姑娘在高台上边歌边舞，台下黑压压的。曹操下马拨开人群挤到前面，只见那姑娘面目清秀，身姿婀娜，舞姿翩翩，举手投足之间韵味十足，一颦一笑之间令人怦然心动。曹操是见过大世面的，从来没有见过如此美丽的女子。台下不时传来阵阵喝彩声，不断有人往台上扔钱，曹操解下一串钱扔了过去，那姑娘向曹操微微点头致谢，瞥了曹操一眼，曹操顿时心潮澎湃，热血沸腾。

演出结束，一位老者来到曹操面前，弯腰行礼，恭恭敬敬地对曹操道："小人琅玡卞高，初到贵地，承蒙公子厚赏，特来谢过。"曹操问道："台上何人？"卞高道："此乃侄女卞瑾。"曹操道："我家离此不到二十里，明日你们到我家演出。"卞高满口应允。

次日，卞高带着一群俳优百戏艺人来到曹家，曹家老小终日观看演出，其乐融融。曹操看着卞瑾唱歌跳舞心猿意马，情难自禁。曹操问卞高道："请问你家侄女可曾婚配？"卞高道："待字闺中。"曹操行了一礼道："我欲纳她为妾，不知可否？""不可。""为何？""侄女出生时有异象，以前专门请人给她算过命，说她是女中凤凰，长大以后要当皇后。既然天命如此，小人不敢违背，竭尽所能，尽心教养，让她熟读诗书，学有所成。如今她已长大成人，小人欲让她进宫。"曹操闻言，心中一震，叹道："原来如此，怪不得有如仙女下凡！"卞高忽然跪在曹操面前，磕头道："小人有一事相求！"曹操连忙将卞高扶起，问道："何事？"卞高道："小的世代从事卑贱职业，不是歌者就是舞伎。我侄女聪明贤淑，知书达礼，满腹诗书，可惜没资格入选宫中。眼看就要过了进宫的年龄，小的心急如焚。你家是望族，在朝中担任高官，与宫中关系密切，小的恳请您推荐侄女入宫，他日如有出头之日，我愿为您做牛做马！"曹操道："我已贬官，此事无能为力。"

晚上，曹操辗转反侧，怎么也睡不着，起身点灯作诗一首：

低吟浅唱兮，余音绕梁。

舞姿曼妙兮，艳压群芳。

明眸善睐兮，使我沦亡。

娉婷佳人兮，情归何方？

凤飞翱翔兮，孜孜求凰。

纵然九死兮，安可阻挡。

盼长相守兮，慰我彷徨。

夜不能寐兮，诗述衷肠。

次日一早太阳刚刚出来，卞瑾正在竹林里练声习舞，曹操飘然而至，将诗送给卞瑾，卞瑾说道："这首情诗写得真好，不知谁这么出色，让诗人如此痴狂，我依着《凤求凰》的谱子唱给您听。"曹操道："这是我特意为你写的《凤求凰》，表达我对你的相思之苦！今后我愿为你赴汤蹈火，粉身碎骨，死而后已！"卞瑾闻言，脸一下子红了，看着五短身材、其貌不扬的曹操说道："这绝不可能，您已婚配，我岂能为妾？我的梦想是入宫……"曹操道："你想当皇后啊，你只知道当皇后的权势和荣耀，却不知道皇后的命运有多悲惨。就拿最近的三位皇后说吧，第一位是邓皇后，当年先帝对她宠爱有加，邓皇后可谓春风得意，要什么就有什么。后来先帝另有新欢，邓皇后失宠，与郭贵人相互诬陷诽谤，最后被废，送入暴室，忧郁而死。其族人有的下狱而死，有的免官削爵返回原籍，财物全部没收充公。第二位是窦皇后，先帝在位时风光无限，当今圣上即位后整个家族被诛，自己也被宦官毒死。如今宋皇后刚刚去世不久，她一辈子都没得到圣上宠幸，最后被宦官害死，整个家族被诛，我也受到连累，罢官回乡。说不定以后的皇后命运也好不到哪里去。"卞瑾听后，愣了良久，低头幽幽地说道："算命的说我是皇后的命，皇后的命运如此悲惨，还不如不当呢。"曹操道："我也算过命，说我能当帝王，你看是不是很好笑，我这个帝王配你这皇后岂不美哉！"

卞高见曹操看上卞瑾，心想我惹不起，我还躲不起吗，于是带领艺人离开谯，来到鄪县。曹操多日不见卞瑾，若有所失，带上家丁与夏侯惇、夏侯渊四处寻找。终于找到卞氏俳优百戏，曹操见卞瑾唱着自己写的诗，旋律和缓动听，听得如痴如醉。突然一群年轻人大大咧咧挤了进来，为首一人衣着华贵，一看便知非富即贵。曹操反感地看了对方一眼，那人见曹操衣冠楚楚，不屑地回瞪一眼，旁若无人地喝彩鼓掌，大笑着抓了一把钱撒了出去，曹操非常生气。过了一会儿，卞瑾起身而舞，身姿曼妙，那人笑着对手下道："我想纳此女为侍妾，趁她跳舞时偷偷绕到后面，一把搂住小蛮腰，一手摸她前胸，轻轻地扳过头，狠狠地亲她，那才是享受！"那人手下马上跟着起哄，曹操大怒。

演出结束，卞高过来对那人道："承蒙公子厚赏，小人特来谢过。"那人道："老东西，你来干什么，叫美女过来！"卞高转身示意，卞瑾细步而来，道了一个万福，说道："公子，小女子这厢有礼了。"那人道："让我亲一下，给你一串钱。"卞高道："我们卖艺不卖身。"卞瑾道："小女子愿再唱一曲，为公子助兴。"那人道："我说的是亲，不是唱。"说着就去摸卞瑾的脸，曹操眼疾手快一把抓住那人手臂道："公子，她是我的人，请你高抬贵手，放过她吧。"那人道："你是谁啊，我不认识你，凭什么给你面子啊？"曹操道："沛国没有人不认识我，难道你是瞎子？"那人道："哟呵，好大的口气，这沛国可是我的天下！"曹操道："那就让你认识认识我是谁！"曹操对着那人面门猛挥一拳，把那人打得仰面朝天，笑道："这下子认识了吧！"那人大怒，冲了过来要打曹操，曹操略一躲闪，飞起一脚，正中那人小腹，那人痛苦地倒在地上，那人大叫着，用手一挥，随从一下子扑了过来，曹操的手下也不闲着，双方扭打成一团，顿时现场大乱。那人来打曹操，夏侯渊担心曹操吃亏，大叫着冲了出来，挡在曹操前面，三拳两脚把那人打倒在地。曹操对着那人的太阳穴连连猛踢，那人挣扎着翻滚几下就死了。

曹操慌了神，夏侯惇道："曹兄先去报官自首，我们再想办法把你救出来。卞家的人也去当一下证人。"曹操到了县衙，当日就被收监。夏侯惇连忙差人报告曹嵩，曹家以为花钱可以摆平，也没有放在心上。过了三日，鄤县传来消息，死者乃沛国国相王吉之子王利，夏侯惇马上感到事态之严重。原来王吉是宦官王甫的养子，著名的酷吏，为人冷酷凶残，草菅人命，沛国百姓对其恨之入骨。王吉听闻儿子被曹操打死，大怒，欲置曹操于死地。

夏侯惇、夏侯渊来到鄤县县令家拜访。夏侯惇道："曹家乃沛国第一望族，对家乡有大恩。曹孟德乃国之英才，来日前途不可限量，还望明公手下留情。"县令道："曹操打死王吉之子，王吉是我顶头上司，王家也不好惹，此案我当依律秉公办理。"夏侯惇道："那个狗官王吉是酷吏，我们沛国百姓恨不得吃他的肉，剥他的皮，你知道吗？""我当然知道。""王利平日欺男霸女，无恶不作，这样的人早就该死，打死王利是为民除害！""我听说曹操品行也不怎么样，平日做事蛮横无理，坏事也没少干，依本官看，这是两个恶徒相斗，闹出人命，应该依律惩治。"夏侯惇道："你别无他路，必须要网开一面，为曹家办事，把孟德伺候好，不得受到任何委屈，不能受到半点伤害，保孟德平安！如有差错，我找你算帐。"县令怒道："你算什么东西，不过是豪强而已，敢对本官如此说话！"夏侯渊猛地拔出短剑，奋力甩在案上，一把抓住县令前襟，勃然道："我取你小命易如反掌！"县令大惊失色道："壮士，你这是威胁朝廷命官，犯上作乱。"夏侯惇连忙道："妙才休得无礼，他现在还没有完全拒绝我们。"夏侯渊松开县令，怒道："我哥是沛国首屈一指的义士。当年其师受恶霸污辱，他独身一人就把恶霸杀了。"夏侯惇道："好汉不提当年勇，过去的事就别提了。"夏侯渊道："不，我就要说，我不说这厮不知道你的厉害。"夏侯渊接着说道："那是九年前的事了，王洪是沛国豪强，自恃武艺高强，家资丰厚，没有人能够制得住他，于是横行乡里，无恶不作，官府也拿他没有办法，人称沛国第一恶霸。哥哥的老师看不惯，准备越级告发，不想被他知道，王洪让家丁把他抓住，按入茅坑吃粪，老师满身是粪，被人嗤笑。老师遭此大辱，欲一死了之。哥哥用水把老师洗干净，好言安慰道：'老师，别人羞辱您就是羞辱我，您要好好活着，我三日内把他杀了，为您报仇！'别人谁也不把哥哥的话当回事。没想到哥哥身怀利刃终日在王洪家附近游荡，终于候到王洪单独出门，当即靠近过去一刀刺向王洪胸口，王洪血流如注，与哥哥打斗起来，哥哥毫不畏惧，浑身是伤，最后手刃王洪，为老师报了仇。那一年哥哥才十四岁。"夏侯惇道："我杀了王洪后马上逃走，流亡他乡，官府出告示到处通缉，曹家知道后暗中把我接到洛阳，安排我到一个僻静的地方读书。过了几年曹家看风声已过，乘着大赦之时，打通各种关节，把我的罪名抹去，让我得以重归故里。"夏侯惇接着说道："俗话说滴水之恩当以涌泉相报，曹家对我有救命之恩，现在曹家有难，我定当以死相报，这才是正人君子之所为。如果曹孟德少一根毫毛，我唯你是问。沛国与曹家交好的人都得到了好处，与曹家交恶的人都没有好下场，我该说的话都对你说了，我这不是求你，只是把话说在前头，下面的事你看着办吧！"说完，夏侯惇用拳猛击柱子，柱子轰的一声，梁上的灰尘洒满一地。夏侯渊道："我哥哥想在乡里称霸易如反掌，哥哥不是不霸，只是不想霸而已。"说完，夏侯惇、夏侯渊飘然而去，县令一脸茫然，怔怔地站在那里。

过了二十日，县令暗地里差人对夏侯惇道："曹操的案子本县实在没有办法，能否找一个人顶替，把罪责揽下，如此方能将他救出。"夏侯惇大喜，连忙送重礼谢过县令。夏侯惇欲为曹操顶罪，来找夏侯渊商议，夏侯渊道："元让哥哥，还是我去顶罪吧，我比你更合适，孟德打架时我参加了，大家都看到的。你有那么大的家业要处理，我是光棍一个，赖命一条。不过，我的弟弟还没成年，求哥哥代我把他们抚养成人。"夏侯惇紧握着夏侯渊的手道："妙才，您放心，哥哥定会全力周旋到底，曹家也不会坐视不管，如果你有什么三长两短，哥哥岂有脸面独活世上？"

夏侯渊昂首走进县衙投案"自首"，声称王利是他所杀。县令长舒一口气，暗暗为自己的谋划叫好，心想这下子两边都不得罪了，于是下令将夏侯渊收押，曹操终于重获自由。

王吉闻讯怒不可遏，不肯善罢甘休，派督邮到鄹县督办。督邮命人对夏侯渊严刑拷打，逼夏侯渊供出曹操，夏侯渊抱着必死之心死硬扛。县令差人来找曹操和夏侯惇道："有督邮在此，下官实在无能为力啊！再这样下去，夏侯渊必死无疑。我看妙才是一条汉子，王吉还是意在曹公啊，请你们速做决断！"

曹操对曹嵩道："妙才对我有恩，我一定要救他，为今之计只有扳倒王甫、王吉父子，我家才能平安。"曹嵩叹了口气说："我看也只有这样了。王甫罪大恶极，也该和他算一算账了。"

曹操听说阳球当了司隶校尉，心里有了主意，马上给阳球写匿名信，举报王甫贪赃枉法、受贿之事。曹嵩也命人暗中到各县收集王吉的罪行，一一向上呈报。

光和二年（179）春，大疫，三月京兆地震。四月甲戌朔（四月初一），又出现日食，当晚皇帝刘宏做了一梦，梦见桓帝刘志怒气冲冲责备道："宋皇后有何罪过，你听从那些邪孽坏话，把她无缘无故逼死。现在宋皇后已向天庭控诉，上帝震怒，你罪孽深重，不可挽救……"刘宏从梦中惊醒，出了一身冷汗，连忙问计于羽林左监许永，许永道："天道明白清楚，不受蒙蔽，鬼神怎么欺骗得了啊！"刘宏这才认定宋皇后冤屈，惶惶不可终日。

阳球本来就对宦官不满，欲收拾宦官，收到举报信后大喜，马上入宫觐见刘宏，举报王甫等人犯下的不法之事。刘宏问侍中杨彪道："王甫真的是这样吗？"杨彪，字文先，乃杨赐之子。杨彪启奏道："阳球说的没错，王甫罪大恶极，有过之而无不及，我这里还有他的犯罪证据！"杨彪也将证据呈上，于是刘宏对阳球道："既然如此，你就依法办理吧。"

辛巳（四月初八），阳球将中常侍冠军侯王甫投入大牢，又将太尉新丰侯段颎等人一并收监，王甫之子沛国相王吉、少府王萌等人也一同入狱。阳球亲自审问王甫父子，在审问中将王甫活活打死，受牵连的一批宦官也一同处死，段颎在狱中自杀身亡。阳球下令将王甫的尸体车裂成好几块，陈尸于夏门外，并用大木板写着"贼臣王甫"。百姓看了无不拍手称快。

丁酉，司徒刘郃上奏道："如今罪臣王甫伏诛，陛下可大赦天下，如此可保天下太平。"刘宏大喜，当即准奏。大赦的布告刚到郏县，曹家就把夏侯渊救出，曹操为了感谢夏侯渊舍身相救，亲自做媒将丁氏的堂妹许配给夏侯渊。夏侯渊一跃成为曹操的亲戚，此后有曹家和丁家大力帮助，很快从贫穷之家变成了当地富豪。

曹操出狱后欲纳卞瑾为妾，曹嵩大怒，对曹操道："你这好色之徒，为了此女招致大难，还差一点丢了性命，我不同意！"曹操不听，愤然道："如果没有她，生命有何意义，我宁愿去死。"于是曹操我行我素，强纳卞瑾，曹嵩不认，不让卞瑾进家门。曹操只得将卞瑾安置在夏侯惇家，曹操对卞瑾很好，卞瑾没有办法，也就慢慢地接受了曹操。就在曹操回到老家后不久，远在洛阳的刘氏生下了长子曹昂。

王甫一死，曹家所有人员返回洛阳，卞瑾不容于曹嵩，曹操又担心不容于丁氏，便将卞瑾留在谯县，很久以后才想办法把她接到洛阳。

刘宏问桥玄道："朕最近写了一些文章，请爱卿赐教。"桥玄道："微臣年事已高，老眼昏花，病魔缠身，还请陛下允许我回家养病。"刘宏道："爱卿能否给朕推荐一位像您这样的文坛高手，让朕可以随时请教？"桥玄道："曹操才思敏捷，文采飞扬，陛下如有什么不明白的地方可以问他。"刘宏大喜，征曹操为议郎。

阳球诛杀王甫之后，大家都以为朝廷会向好的方向发展，然而谁都没有想到，众宦官极力反扑，昏庸的皇帝与宦官把大汉带到了历史上最为黑暗的时代，这究竟是怎么回事呢？且听下文分解。

第七章　大昏君卖官鬻爵，何皇后横行后宫

再说司隶校尉阳球杀死王甫，信心大增，下一步准备处理曹节等宦官，便对敕中都官从事道："暂且先干掉大头，其次再搞定豪右。"权门听了，没有一个胆敢出声，连那些奢侈的名贵物品都不敢陈设，顿时京师震动。

顺帝的虞贵人出殡，百官全部参加葬礼，大长秋曹节回来时路过夏门，见王甫的尸体摆在路边，野狗舔食着王甫的尸骨，曹节见同伴落到如此下场，抹着眼泪道："我们怎能够自相残食，怎能让狗舔食王甫尸身上的汤汁呢？"于是大声对众常侍道："今天不要回家了，我们全部进宫！"曹节领着众人径直进宫拜见皇帝刘宏，曹节道："阳球原是残暴的酷吏，以前三府上奏要将他免职，因在九江略有微功，又被提拔任用。像他这种罪过很多、执意妄为之人，不宜担任司隶校尉，以免放纵他的暴虐。陛下啊，太尉段颎战功卓著，举世无双，却被阳球逼死了。段颎这样的有功之臣，怎能死于酷吏之手啊！以后谁能为我大汉平定边患啊！陛下，阳球下一步不知道又要杀谁，如今朝廷官员无不提心吊胆，这样下去谁敢当官啊？"刘宏马上下诏，任命阳球为卫尉。

阳球接到诏令，马上求见皇帝刘宏，叩头道："微臣无清高之行，意外承担鹰犬之任。前段时间虽诛王甫、段颎，只不过是简单地抓了几只狐狸，还不足以

宣示天下。微臣恳请圣上再给一个月时间，我一定要让那些豺狼鸱枭各伏各的罪行。"刘宏不允，阳球跪地叩头叩得鲜血直流。刘宏大骂道："不当卫尉，难道你想抗旨吗？"阳球不得不上任。

曹节携带重金去找程璜，厉声道："阳球一伙准备对我们采取行动，要是我们都出事了，你想想看，你能独自幸免吗？我们大家一损俱损啊，只有我们平安无事，你才能平安无事。现在我与阳球势不两立，已弹劾阳球，不让他当司隶校尉了。阳球、刘郃都是你的女婿，你是与阳球他们站在一起，还是与我站在一起，你做个选择吧。不过我先把话挑明，如果你不与我站在一起，我连你也一起弹劾。如果你与我站在一起，这些钱全是你的，过去的事我一概不究。"程璜心中害怕，扑通一声跪在曹节面前，将阳球的诛杀宦官计划全盘托出，曹节听了倒吸一口冷气道："好，既然你心里向着我，你对谁也不得声张。这段时间你就好好待在家里，不得外出，不得见任何人。"

曹节拜见皇帝刘宏，上奏道："刘郃经常与藩国来往，多次假称董太后需要金钱，接受很多贿赂。刘郃与陈球、卫尉阳球书信往来密切，他们这是结党营私，图谋不轨！"刘宏大怒，将刘郃免职。光和二年（179）十月十四日，司徒刘郃、少府陈球、卫尉阳球等人被逮捕下狱，死于狱中，从此再也没有人敢在皇帝面前说宦官的坏话了。

刘宏爱财，老是觉得钱不够用，心里烦闷。其母董太后出身卑微，也很贪财。董太后知道刘宏的心事，于是对刘宏道："你是天子，整个天下都是你的，你想要钱还不容易吗！"刘宏问道："不知您有什么办法？"董太后道："你看那些高官，他们向你推荐官员，哪个不收钱啊？天下那么多人想做官，你只要出卖官位就可以了。"刘宏大喜，马上开放西邸卖官。刘宏设置了卖官价目表，二千石的高官价格为二千万钱，四百石的官员价格四百万钱，对于仅仅是德行差一点的人可以半价或三分之一价，刘宏又在西园建立金库，存放卖官钱。后来有人上书建议：不同的县价格应该不一样，穷的地方便宜一点，富的地方价钱贵一点。富人先送钱再上任，穷一点的可以先上任，到任后再加倍出钱。刘宏又命令宦官出卖爵位，公爵千万，卿爵五百万；关内侯、虎贲、羽林都可以出钱买到。

刘宏找到生财之道，常常调侃桓帝不懂经营家产，没有存下钱。刘宏觉得亲自卖官太麻烦，于是交给身边的宦官办理。有识之士对此无不深恶痛绝。一日，刘宏问侍中杨奇："朕与桓帝相比怎么样？"杨奇道："陛下您与桓帝相比，就好像虞舜与唐尧比德。"刘宏心知桓帝是个昏君，非常不高兴，说道："你的脖子真硬啊，真是杨震的子孙。"遂将杨奇调离身边，担任汝南太守。从此以后，整个官僚体系出现大问题，官员花大钱买官，到任后要把买官的钱捞回来，于是把手伸向百姓，不断加重百姓负担，百姓苦不堪言。

且说宋皇后死后，众嫔妃都盯着皇后之位，中常侍张让上奏道："宋皇后去世已经三年，后宫不可一日无主，何贵人已生皇子，自古母以子贵，微臣建议立何贵人为皇后。"光和三年（180）十二月，刘宏力排众议，册立何琳为皇后。何进奉调入京，任侍中、将作大匠。

刘宏对何皇后愈加宠爱，次年追封其父何真为车骑将军、舞阳宣德侯，其母为舞阳君。张让在立何皇后过程中出力最多，深得何皇后信任，何氏一族与张让相互勾结，相互利用，狼狈为奸。不久，曹节去世，刘宏追授曹节为车骑将军，刘宏命赵忠为大长秋。张让、赵忠取代曹节，成为刘宏最信赖的人。刘宏更是对人说："张让是我爸，赵忠是我妈。"

何皇后嫉妒心强，阴险狠毒，对刘宏百般奉迎，对宫中其他女人尖酸刻薄，凶狠残忍。何皇后知道自己没什么能力，为了保住地位，想方设法不让其他后妃怀孕。一旦发现其他女人怀孕，马上命人暴打，后宫没有一个嫔妃不怕她的。这时大家才想起宋皇后的好。

且说后宫有一美人，姓王名荣，不但长得漂亮，而且聪明、有才华，以良家子入选掖庭，刘宏非常喜欢她。王美人有了身孕，怕何皇后对己不利，多次吃打胎药，想把孩子打掉，可是孩子命大，在肚子里安然不动，怎么也打不下来。王美人好几次做梦，梦见自己背着太阳行走，于是打消了打胎的念头，光和四年（181）王美人生皇子刘协。

强大的竞争对手终于出现了，何皇后把心一横，鸩杀了王美人。事情很快败露，刘宏大怒，把何皇后抓了起来，想要废黜她。张让、赵忠领着众宦官跪在刘宏面前苦苦求情，张让道："陛下，何皇后不能废啊，何皇后要是不在，谁来养育皇子啊！您不能让两个皇子都没有母亲啊！"刘宏与何皇后都是很会玩的主，玩乐时意气相投，刘宏心里一软，赦免何皇后。何进对张让非常感激，张让也拼命巴结何氏一族。

董太后担心何皇后对刘协下毒手，于是亲自抚养，董太后处处提防，何皇后没有可乘之机，刘协得以健康成长。因为刘协是董太后养大的，史称"董侯"。董太后与何皇后的矛盾就此埋下。

刘宏有了钱以后大兴土木，修建毕圭苑、灵昆苑。司徒杨赐上书劝阻道："先帝创立制度，左边开辟鸿池，右边兴建上林苑，既不算奢侈，也不算十分节约，正好符合礼仪法度。如今规划大片城郊土地作为皇家苑囿，畜养飞禽走兽，不符合爱民如子的大义。更何况皇家苑囿已经有五六个，足够陛下任情游乐，还望陛下体恤百姓劳苦。"刘宏打算停止兴建，特意询问侍中任芝、乐松。任、乐二人道："过去周文王的苑囿方圆一百里，人们尚且认为太小；齐宣王的苑囿方圆只有区区五里，人们却认为太大。如果陛下和老百姓共同享用，那就没有什么妨碍了。"刘宏听了非常高兴，马上下令继续兴建。

刘宏爱玩，在后宫建了许多商业店铺，让宫女们穿着漂亮的衣服做生意贩卖物品，所有物品都是各地进贡的奇珍异宝。刘宏一会儿穿上商人的服装，扮演店主开店，一会儿扮演顾客到处购物，一会儿到酒肆饮酒作乐，一会儿与卖唱的引吭高歌，一会儿与耍猴的厮混。刘宏乐此不疲，宫女们却见财起意，相互盗窃，争斗不断，将奇珍异宝纷纷偷盗出宫。

刘宏喜欢骏马，设置骤骥厩丞，管理从郡国征发来的骏马。豪强大族垄断骏马交易，一匹马价格涨到二百万。刘宏又在西园玩狗，狗的头上戴着文官的帽子，身上披着绶带。刘宏喜欢驾驶战车，宦官担心出事，用毛驴代替战马。刘宏手执缰绳，亲自驾驶着四头驴拉的车子，在园内来回奔驰。洛阳人竞相仿效，致使驴的售价与马相等。

刘宏不问朝政，终日玩乐，宦官掌握朝廷大权，天下危机四伏，民不聊生，叛乱经常发生。

光和元年（178），交趾人梁龙率众数万和南海太守孔芝一起反叛，攻破郡县，朝廷不能平定。朱儁在兰陵县政绩突出，显示出过人的才能，东海相向朝廷上表推荐朱儁。光和四年（181），朝廷任命朱儁为交趾刺史，朱儁到会稽带上家兵再加上朝廷的军队共五千人出兵征剿。朱儁两路大军到了交趾边界，按兵不前，先派使者到郡里观察叛军虚实，宣扬朝廷威德，震慑叛军之心。四月，朱儁调动七郡兵马合进，逼迫各路叛军，一个月之内平定叛乱，斩杀叛军首领梁龙，叛军投降的就有好几万人。朱儁因功受封都亭侯，食邑一千五百户，赐黄金五十斤，朝廷征召朱儁为谏议大夫。

曹操自从当上议郎，经常与刘宏接触交流，刘宏在曹操的帮助下写了《追德赋》《令仪颂》，表达对王美人的追思。曹操借着与皇帝刘宏交流文章之机进谏道："当初大将军窦武、太傅陈蕃谋划诛杀宦官是对的，那些宦官本就该杀。宦官曹节、王甫诛杀窦武、陈蕃是错的。曹节专权致使奸邪之徒充满朝廷，忠良之人得不到重用。微臣请求为窦武、陈蕃平反。"曹操引经据典，言辞恳切，刘宏根本不信，双方各执己见，争论起来。曹操见刘宏不采纳，担心遭到宦官报复，马上改口道："其实这些都是听别人说的，不是微臣的意见，只不过有此一说罢了，还请陛下三思。"此后，曹操多次上书进谏，虽然小事偶有成效，但是大事皆无多大改观。时间久了，曹操也就不再进谏了。曹操面对昏庸无能的皇帝，看到朝政如此腐败，感到大汉江山已经无法匡正，大汉王朝这座大厦的倾倒已经无法避免了。

光和四年（181），司徒杨赐看到郡县纷纷上书，张角利用旁门左道扇动诱惑百姓，天下人纷纷扶老携幼归附。郡县抓捕张角入狱，道众就将郡县围住，冲击郡县，二月，恰逢大赦，郡县长官顺水推舟把张角放了。不久，张角又聚众闹事。张角人多势众，郡县长官不敢应对。六月，杨赐召来掾属刘陶商议，杨赐道："张角大赦出狱不思悔悟，反而变本加厉，如今若是下令州郡逮捕讨伐，恐会引起更大的骚乱，加速祸患的形成。我想上奏天子，严令刺史及二千石官员，派人把流民送回原籍，借机削弱其党羽，然后诛其首领，如此可不费力气平定，你看如何？"刘陶道："这就是孙子所说的'不战而屈人之兵'。"杨赐于是写了奏疏陈说此计，不想北宫东掖庭永巷署发生火灾，皇帝将杨赐罢免，奏疏便被留在宫中，没了下文。

那么张角又是怎么回事呢？且听下文分解。

天下大乱
汉失权柄

第八章　张角创立太平道，朝廷镇压黄巾军

第一回　张角创立太平道，朝廷部署剿黄巾

且说张角辞别师父于吉，回到家乡冀州巨鹿，早有兄弟张宝、张梁候着，于是三人开始传道。兄弟三人阅读《太平清领书》，利用书中内容对黄老道加以改良。因改良的内容来自《太平清领书》，最终目标是实现"致太平"，为了区别原来的黄老道，遂将改良后的黄老道教称为"太平道"。张角自命为教主，自称大贤良师，张梁、张宝自称大医。太平道反对剥削、敛财，主张平等互爱。

当时冀州灾情频发，大量灾民生活困难，张角经常手持九节杖，施展医术，并以符水、咒语为灾民看病，同时宣扬太平道，于是灾民信道者越来越多。张角大量招收学生、培养弟子。太平道在冀州风行一时。

张角见太平道大受欢迎，遂派出弟子前往青、徐、幽、荆、扬、兖、豫七州传道，由于百姓生活艰难，太平道发展迅速，教众数量大增。没几年工夫，原来按州郡划分的管理模式已经跟不上形势变化。于是张角把全国分为三十六方，每方设渠帅，由张角直接管理，各方渠帅必须无条件听命于张角。各方再设管理机构，管理本方事务。

东汉末年，宦官横行，卖官鬻爵，朝政混乱，民不聊生，大量的百姓流离失所，太平道成为许多底层人民的精神支柱，百姓对太平道趋之若鹜。又经过几年发展，张角威望越来越高，教众对其更是顶礼膜拜，唯命是从。有的信徒变卖家产投奔张角，他们如同蚂蚁一样塞满道路，有些人还没有见到张角就死在途中，据说这样死亡的人数以万计。

地方豪强欺压百姓时有发生，只要是信徒受到欺压，太平道就召集道友为信徒出头，保护信徒利益，豪强见了太平道头痛不已。张角一声令下就能马上召集几千信徒，很快引起官府的注意。

官府将张角抓捕入狱，太平道信徒就将官衙围住，官府对太平道无可奈何，借着大赦天下之机赦免张角。张角出狱后依然我行我素，没有丝毫改变，终于引起司徒杨赐的警惕，于是杨赐上书要求处理，可惜没有引起朝廷的重视。

此后太平道势力迅速壮大，大方人数超过一万人，小方也有六七千人，太平道的成员也越来越复杂，上至朝廷高官，下至黎民百姓，应有尽有。太平道的势力几乎渗透到社会每一个角落。太平道不断地冲击贪官污吏，令贪官污吏闻风丧胆，官府看到太平道信徒集结心惊胆战，生怕出事，对太平道相关事宜往往采取息事宁人的态度，不敢向上报告，只在官员口头交流时才会提到太平道和张角。

光和六年（183）刘宏久闻刘陶大名，几次召见刘陶，刘陶与奉车都尉乐松、议郎袁贡联名上疏道："先圣先王用天下人的耳目去看去听，所以没有看不见或听不到的事物。现在巨鹿张角假托大道，党羽不可胜数。以前司徒杨赐请得诏书，切责州郡，保护遣送流民，但因杨赐不在位，没有逮捕张角的党羽。张角虽然被捕，但很快遇上赦令，所以其党羽没有散去。各方的情报都说张角等人潜入京师，刺探朝廷政事，他们怀着禽兽之心，互相呼应。现在州郡害怕，不敢报告朝廷。只是你告诉我，我告诉你，不肯诉诸文字。陛下，您应该明确下诏，有抓住张角的，奖赏为国士。如有看到张角不捉拿的，与张角同罪。"刘宏道："几个信道之人算得了什么，张角能有什么本事啊，先帝也信道，《太平清领书》朕看过，不必搞这么大的动静。"皇帝始终不听刘陶之言，却下诏要刘陶整理《春秋》条例。

张角见许多官员、宦官加入太平道，愿为太平道内应，认为太平道的力量已经足够强大，起事时机成熟，于是秘密对道众宣扬道："苍天已死，黄天当立，岁在甲子，天下大吉。"手下人不解，问道："这是什么意思？"张角道："'苍天已死'，表示大汉已死。'黄天当立'表示代表黄天的太平道一定会取代汉朝，因为汉朝属火，其色为红，太平道新建的王朝为土，其色为黄，故乃火生土。'岁在甲子'表示此事发生在甲子年甲子日。'天下大吉'表示会迎来天下太平。"张角道："凡我太平道信徒当于甲子年甲子日，每人头裹黄色头巾，依约同时起事，共同推翻汉朝。"不久，官署、官府的大门、墙上出现用石灰写的"甲子"二字。世人看了不解其意。

张角、张宝、张梁分头到各地部署起事。张角委派马元义到荆州、扬州召集信徒数万到邺城集结准备，并陆续到达洛阳。又多次派人到洛阳与宦官封谞、徐奉联络，由他俩率众于甲子日同时起事，准备里应外合，一举攻占洛阳，占领皇宫，捉拿皇帝刘宏，逼他退位，全国各级政权由太平道接管取代。

张角为了起事日夜忙碌，然而一件意想不到的事情彻底打乱了整个计划。张角的弟子唐周表面上对张角俯首帖耳，绝对服从，内心却有不同意见，经过剧烈的思想斗争和反复权衡，于中平元年（184）二月向官府上书告发。

皇帝刘宏急命侍中、河南尹何进负责处理。何进获悉马元义与宦官封谞、徐奉暗中会面，商议起事事宜，带兵将三人当场抓住。何进日夜审问，封谞、徐奉经不起刑罚，将起义之事和盘托出，张角起事彻底暴露。何进感到事态严重，马上进宫上奏皇帝刘宏。刘宏大怒，下令将马元义车裂，把唐周的奏章下发给三公、司隶校尉，派钩盾令周斌带领三府官员查办皇宫、朝廷官员、禁军将士以及百姓中信奉张角太平道的，一口气杀了一千多人。与此同时，朝廷马上在冀州追查太平道，缉拿张角兄弟及太平道主要头目。何进因功封慎侯。

张角见事情已经败露，于是不分昼夜地派人迅速通告各方，下令提前起事。张角自称"天公将军"，弟弟张宝为"地公将军"，张梁为"人公将军"，当即在冀州魏郡烧毁官府，杀死官吏祭天，宣布起义。

安平、甘陵的道众挟持安平王刘续、清河王刘忠起事响应。各地起义军冲击官府，杀死官吏，劫略城邑，纷纷攻占写有"甲子"标记的地方，许多县、郡、州失守，各地官员闻风而逃。这时大家才明白原来写"甲子"的意义。因为起义军头裹黄巾，所以称为"黄巾军"，又称"蛾贼"。这次起义史称黄巾起义或黄巾之乱。短短十来天时间，天下响应，京师震动。黄巾军势如破竹，大有推翻朝廷之势。

刘宏紧急召开御前会议，北地太守皇甫嵩上奏道："陛下，您应该解除党禁，拿出宫中钱财、西园厩马赏赐军士，然后起用天下精兵，广选将帅，如此定可破贼。"刘宏马上采纳。皇甫嵩，字义真，安定朝那人。司徒袁隗上奏道："现在国家危急，可命各州郡修理城池关隘，制造军械，加强防备。微臣建议赶紧调集全国能征善战之人和各地精兵共同灭贼。"刘宏马上准奏。袁隗，字次阳，汝南汝阳人。

中常侍吕强向刘宏上奏道："党锢之人非常有能耐，长期不能出来为朝廷做事，他们内心都有怨愤，如果陛下不赦免他们，他们要是与张角同流合污，事情就会变得更加危险，到那时朝廷就没法挽救了。微臣请您先诛杀身边的贪腐分子，大赦天下党锢之人，清理检查刺史、二千石官员能否胜任，将没有能力的官员罢免，这样叛乱就没有不平息的。"刘宏马上采纳，大赦天下党人。

刘宏问太尉杨赐道："三军不可无帅，谁可挂帅统领全军？"太尉杨赐上奏道："侍中何进揭发张角阴谋、捕杀马元义有功，陛下可任命何进为大将军，总领所有军务。"刘宏马上准奏，刘宏又问道："谁可为将率军平叛？"杨赐道："侍中卢植，文武双全，以前征剿九江、庐江南蛮叛乱立有大功。都亭侯谏议大夫朱儁征讨交趾梁龙叛乱立有大功。北地太守皇甫嵩乃将门之后，文武全才，此三人可领兵平叛。"刘宏大喜，任命卢植为北中郎将，护乌桓中郎将宗员任其副手，率北军五校讨伐张角。任命皇甫嵩为左中郎将、持节，朱儁为右中郎将、持节，各率两万人马讨伐颍川黄巾军。

何进率兵屯驻都亭，设置函谷、广城、伊阙、大谷、辕辕、旋门、小平津、孟津八关都尉官，筹备粮草，修理器械，守卫京师，居中统领协调各路平叛大军。何进先后辟边让、孔融、袁绍、刘表、何颙、许攸、陈琳、王匡、荀攸、蒯越等名士人为掾属，一时风光无二。

那么众将征讨黄巾军的情况究竟怎么样呢？且听下文分解。

第二回　孙文台应召投军，皇甫嵩大战长社

且说朱儁领兵二万刚进入颍川，忽有斥候来报："波才率黄巾军主力直奔洛阳，正好经过附近。"朱儁当即下令列阵迎击。黄巾军滚滚而来，人多势众，作战勇猛，朱儁首战失利，退守长社，连忙向朝廷求援。

话说孙坚先后担任盐渎、盱眙、下邳县丞，所到之处，颇有声望，官吏百姓无不亲近顺服。朱儁表请孙坚为佐军司马，孙坚即刻在淮、泗一带募兵，再加上长期跟随的同乡青年，共得精兵一千余人。孙坚写信请朱治前来相助，一起率军

到达寿春，把家眷稍作安顿，北上投奔朱儁。

孙坚一路前行，忽见前方尘土飞扬，一队官军骑兵飞驰而过，阵后一将容貌出众，勒马对着孙坚大喊："蛾贼来了，快跑！"孙坚问道："对方多少人？"那人上气不接下气道："骑兵二千。""你因何到此？"那人不屑一顾道："我刚冲出重围，勉强脱身，蛾贼追了我五里。"孙坚道："如此歼敌良机，我当举兵相迎，怎能逃跑！"那人笑道："你们身材矮小，军械不整，岂是妖贼对手。""蛾贼乃强弩之末，这里正是我的用兵之地！"孙坚当即大喊道："前军随我在道路中间列阵拒敌，后军随朱治在前方草丛设伏。"转眼之间完成部署。

孙坚军阵盾牌密布、长矛林立，黄巾骑兵滚滚而来，连续几番冲杀均无功而返，如同撞在墙上一般，不能前进半步。黄巾军攻势稍一缓和，孙坚大喊一声，摧动军阵迎着骑兵不断突击刺杀，朱治当即率军从路边草丛杀出，从后方攻打黄巾军，黄巾军首尾不能兼顾，乱成一团。孙坚率军猛冲猛打，黄巾军不敌，大败而逃。

原先那将见孙坚胜了一阵，大喜，率骑兵杀回，一路追击黄巾军，眼看黄巾军逃得越来越远，只见山坡上闪出一队人马，拦住去路，为首一将弯弓搭箭，左右开弓，黄巾军无不应弦而倒，黄巾军大怒，连续几次冲击均不能突破。后面那将又率骑兵尾随而至，黄巾军只得返身与官军厮杀。不久，孙坚率军赶到，结阵冲杀，不几个回合，将黄巾军悉数歼灭。

那将过来对孙坚行了一礼，说道："在下右北平郡土垠程普，字德谋。请问将军高姓大名？"孙坚道："在下吴郡富春孙坚，字文台，"程普惊问道："莫非您就是人称江东猛虎的孙坚？"孙坚笑道："正是在下，不过那是别人瞎吹嘘的，不足为信。"程普道："末将早就听说您的大名，今日一见，果然名不虚传！"山坡上的将军说道："末将辽西郡令支韩当，字义公，见过两位将军。"孙坚道："多亏将军拦住匪徒，否则岂能全歼蛾贼。"程普问孙坚道："刚才您为何不撤退，而以步兵迎战骑兵？"孙坚道："骑兵无非是跑得快，对方一口气追了五里，应是强弩之末。我的军队经历过句章之战，作战经验丰富、纪律严明、配合默契，只要把对方死死堵住，不让对方跑起来，骑兵岂是我步兵的对手？"程普问孙坚道："如果有机会重新再打一场，是否还有别的方法可以战胜对方？"孙坚笑道："此地草木枯黄，还未发绿，如果事先谋划，当以火攻为上，只需一把火，不管对方来多少军队，我定叫他有来无回！"程普拍手叫好道："此计甚妙，以后我跟着您一起打仗，如何？"孙坚道："如此甚好，我正缺骑兵。"于是三人合兵一处，往长社而去。

过了两日，忽见一支官军衣甲鲜明，装备精良，阵容严整，浩浩荡荡地开了过来，当先一面杏黄大旗迎风飘扬，上书"皇甫"两字，旗下一员儒将容光焕发，虎目如炬，此人正是皇甫嵩。原来朝廷获悉朱儁初战失利，命左中郎将皇甫嵩率军增援。孙坚连忙上前通报姓名，与皇甫嵩合兵一处。皇甫嵩听说孙坚刚刚打了一个胜仗，召孙坚相问，孙坚一五一十地向皇甫嵩汇报，皇甫嵩问孙坚道："文台，请问有什么方法可破蛾贼？"孙坚道："以现在的天时地利，当以火攻为上。"皇甫嵩大喜道："此计正合我意。"

皇甫嵩、孙坚一行到了长社。孙坚向朱儁报到，朱儁将程普、韩当编入孙坚麾下。朱儁见孙坚战马羸弱，命人牵来一匹骏马，对孙坚道："你试一下，看看能不能驾驭。"孙坚见此马通体雪白，高大健壮，心中喜欢，当即飞身上马，绝尘而去。过了半个时辰，孙坚策马而回，对朱儁道："我从来没有见过这么好的骏马。"朱儁道："此马名叫'白光'，是我从天子的骒骥厩挑选出来的，脚力惊人，快如闪电，性烈，易惊，我骑不习惯，你要是喜欢，我将此马送给你。"孙坚大喜，连忙谢过。

汝南黄巾在邵陵打败汝南太守赵谦，马上到长社增援波才。黄巾军将朱儁、皇甫嵩包围在长社，形势危急。朝廷上下一片恐慌。

桥玄病危，曹操登门探望，桥玄道："如今天下大乱，你不要待在皇帝身边舞文弄墨，最好上战场建功立业，如此方能救大汉于水火。"曹操道："我谨遵师命。"桥玄道："为师恐不久于人世，希望你以后注意品行修养，这是你欠缺的，成大事者首先应该关注品行修养，为人处世不能只图一时之快，不考虑长远。"曹操道："您说得对，我一定收敛自己，提高品行。"桥玄道："爱美之心人皆有之，为师希望你一定要管好自己。"曹操道："师父啊！没有美女，哪有美文。没有好酒，哪有好诗。我看到漂亮女人就喜欢，情难自禁啊！"桥玄坐了起来，正色说道："你如果处理不好，可能会招来灾难啊！你不记得老家纳妾之事吗？差一点你就没命了，令尊一直耿耿于怀。家事都处理不好，怎能处理天下大事？管不住自己怎么管理天下？"曹操流着泪道："我遵命便是。"桥玄道："你是为师最得意的学生，为师相信，这天下只有你能救，你切莫辜负为师的期望！"不久，桥玄与世长辞。

曹嵩马上给张让送礼，请求让曹操带兵出征，张让对刘宏道："议郎曹操熟读兵书，精通兵法，当下正是用人之际，可派往前线杀敌立功。"刘宏马上同意，任命曹操为骑都尉，率领骑兵五千前往长社增援。

时间一晃到了五月，官军见到城外到处是黄巾军，城内存粮一天比一天减少，军心开始动摇。皇甫嵩召集众将，大声说道："用兵主要在于奇变，不在兵多兵少。我看蛾贼依草结营，容易因风起火。如果趁黑夜放火焚烧，敌人一定惊恐散乱，我们出兵攻击，四面合围，定可一战而胜，建立田单那样的功劳！"

当晚上正好大风，亥时，皇甫嵩令军士用绳子系在腰间，从城墙上往下放，悄无声息地出了城。这些精锐之士每人抱着一捆干草，潜到黄巾军营栅附近埋伏。次日子时，皇甫嵩在城头举火为号，埋伏的士兵一齐点火，顿时风助火势，大火一下子烧进黄巾军军营。皇甫嵩亲擂战鼓，长社城门大开，官军呼喊着大杀而出。

火光之中孙坚率部直奔波才大营，向波才大营展开一轮又一轮进攻，终于将大营撕开一个缺口，孙坚率部杀入，直奔波才中军大帐，波才指挥黄巾军列阵相迎。孙坚率军猛冲猛打，连续冲杀，波才招架不住，带着亲随弃营逃跑。孙坚顾不了许多，急忙带着身边数骑追了过去。波才一口气逃了十余里，月光下见孙坚数人紧追不放，急命其弟波霸断后，自己策马扬鞭溜走了。

波霸有万夫不当之勇，率领亲随迎头拦截孙坚，孙坚毫无惧色，带着数骑挺矛冲杀过去，双方大战十余回合，孙坚身中数创，从者皆亡。波霸只剩两骑，挥矛并排杀向孙坚，孙坚闪过一矛，回手一矛刺死一骑，说时迟那时快，波霸看准时机，一矛将孙坚挑落马下，孙坚疼痛难忍，双脚无法起身站立。波霸大喜，举矛连连猛捅孙坚，孙坚躺在地上不断地翻滚着、挣扎着用矛奋力抵挡。战马白光见主人窘迫，飞速冲向波霸战马，嘶鸣着立起身子，奋蹄连连乱踩波霸马头。波霸大怒，举矛欲刺白光，孙坚大喊一声，猛地扔出手戟，扑哧一声正中波霸面颊，孙坚一击得手，当即滚到波霸马下，举矛刺向马肚，波霸战马哀鸣着一节一节倒下。白光岂肯放过如此良机，转过屁股，扬起后蹄，一下子把波霸踢飞，孙坚爬了过去，拔出龙泉剑刺死波霸，这才松了一口气，顿时晕了过去。

话分两头，黄巾军失去统帅，群龙无首，乱成一团，烈火将黄巾军的营寨烧得荡然无存，大批黄巾将士葬身火海。朱儁、皇甫嵩率领官军恣意斩杀，黄巾军大败。

且说骑都尉曹操率军离开洛阳，日夜兼程奔往长社，半夜时分，曹操见长社方向火光冲天，马上挥军杀奔长社，正赶上黄巾军溃败，曹操一马当先，率军一路掩杀，斩首万余级。

此战官军大获全胜，斩杀黄巾军数万。皇甫嵩向朝廷奏报，把功劳归于朱儁，朱儁受封西乡侯，升镇贼中郎将，皇甫嵩受封都乡侯。

朱儁清点将领，唯独不见孙坚，命人四处搜寻毫无结果。傍晚时分，朱治、程普、韩当见白光在城外刨地嘶鸣，似乎在呼唤他们，连忙引军跟随白光，白光带着众人来到孙坚坠马之地，只见孙坚仰卧在草丛中，双脚红肿，不能站立，众人把孙坚抬回营地。韩当见孙坚伤重，全身疼痛不能动弹，终日在孙坚榻前伺候，韩当含着眼泪说道："将军，我们不能没有您啊！您不能不顾自己的性命，要是有个三长两短，我们这些人该怎么办啊！如果真的要献出生命，也是我们这些人先献出生命啊！将军啊，以后不能这样了。您不在，我心里就发慌啊！"

波才军队往南逃跑，皇甫嵩、朱儁一路追到汝南，乘胜进讨汝南、陈国黄巾军。官军追击波才于阳翟，攻击渠帅彭脱于西华，全部都取得了胜利，就这样官军平定颍川、汝南、陈国三郡。不久，皇帝诏令朱儁进兵南阳，皇甫嵩进兵东郡。

八月，皇甫嵩挥师东郡仓亭，与黄巾军在黄河岸边对阵，护军司马傅燮身先士卒，率军冲入敌军战阵，生擒黄巾军渠帅卜巳、张伯、梁仲宁三人，皇甫嵩随后率军猛攻，斩首七千多级。傅燮，字南容，北地灵州人，身长八尺，面有威容，师从太尉刘宽，孝廉出身。皇甫嵩正准备前去增援朱儁，不想突然接到诏令，要求火速进兵冀州讨伐张角。原来领兵讨伐张角的是北中郎将卢植，现在却让皇甫嵩讨伐，这又是怎么回事呢？且听下文分解。

第三回　皇甫嵩大破黄巾，张角三兄弟身亡

再说北中郎将卢植率北军五校讨伐张角。北军五校是大汉保卫京师洛阳的精锐之师，兵种齐全、训练有素、装备精良、战斗力极强，黄巾军根本不是对手。卢植、宗员高歌猛进，连战连捷，把张角围困在广宗。卢植见广宗城墙又高又厚，护城河又宽又深，一时难以攻破。于是命令军队在城外开挖壕沟，营造堡垒，制造攻城器械，伺机夺取广宗。

张角面对军官的围困心急如焚。原来豪气冲天、信心满满、雄姿勃发的张角，如今完全变成了另一个人。张角吃不下饭，睡不着觉，不喜欢见人，还经常无缘无故地大发脾气。张角面对危局失去了信心，寄希望于别的黄巾军来解救自己，硬着头皮在广宗死守。

皇帝刘宏闻知卢植将张角围困在广宗，大喜，派小黄门左丰到军中了解战况。左丰在军营转了一大圈，伸手向卢植索要贿赂，宗员劝道："宦官是皇帝耳目，将军不如花点钱，让他在皇帝面前专讲好话。"卢植拒绝道："我卢植做事光明磊落，一心只为朝廷着想，没有什么可以害怕的，岂能做这种勾当！"左丰没讨到半点好处，对卢植怀恨在心。六月，左丰返回洛阳，向刘宏进言道："臣看广宗很容易攻破，可卢植就是按兵不动，难道他是想等老天来诛杀张角吗？"刘宏大怒，下诏将卢植用囚车押回洛阳，判处减死罪一等，关入大牢。刘宏任命董卓为东中郎将，前往广宗接替卢植。董卓，字仲颖，陇西临洮人。

董卓到达广宗，见城池一时难以攻下，于是放弃广宗，率主力北上攻打下曲阳。下曲阳由张宝镇守，董卓围攻两个月毫无进展，朝廷震怒，将董卓押回洛阳，移交廷尉审理，判处减死罪一等，关入大牢。

且说董卓在广宗撤围，张角本应重新振作起来，加紧整顿军队，协调全国各

方黄巾军，伺机再与官军决一死战。可张角见大批黄巾军死于官军之手，不断自责，郁郁寡欢，不久身患绝症，一命呜呼。张角死后，张梁接替张角统率全军，张梁忙于为张角操办丧事，办完丧事以后又无所事事。全国各地的黄巾军一盘散沙，各自为战，最后贻误战机。

八月初三，朝廷命左中郎将皇甫嵩北上冀州。十月，皇甫嵩到达广宗城下，张梁马上出城与皇甫嵩交战，黄巾军精锐尽出，人多势众，皇甫嵩不能取胜，只得边战边退，撤回营寨固守。次日，张梁率黄巾军主力在营外列阵呐喊挑战，皇甫嵩高挂免战牌置之不理，命令全军休息，闭营不出，自己一直在暗中观察黄巾军的动静。皇甫嵩见对方直到天黑才收兵回营，部队疲惫松懈，当晚深夜，当即整顿军队，悄然向黄巾军发动进攻。

官军顺利地摸掉黄巾军的岗哨，悄无声息地进入张梁大营，突然发动进攻，张梁根本没有提防，慌乱中被官军一刀砍成两段，一命呜呼。黄巾军很快反应过来，整军与官军对战，两军从黑夜打到天明，又从天明鏖战至中午，战场上尸横遍野，鲜血染红了大地。黄巾军损失惨重，死了三万多人，终于再也支撑不住，全军败退。

官军将领劝皇甫嵩道："我们打了这么久，饭都没吃一口，又累又饿，实在打不动了，不如明日再战。"皇甫嵩怒道："此等战机岂可错过，全军将士马上追击！今天就是饿死累死也不能下战场！"于是亲擂战鼓，官军跟在黄巾军后面一路追杀。

黄巾军拼命逃跑，好不容易逃入广宗城，混乱中还没来得及关闭城门，官军一拥而入，大砍大杀。黄巾军大惊，慌乱中从广宗逃出，逃了半晌，不想被清河挡住去路。皇甫嵩挥军随后杀到，就像驱赶牛羊一样把他们往清河里赶，淹死的黄巾军多达到五万。两军战至天黑，广宗黄巾悉数被歼，黄巾军的家属全部被俘，三万多车辆辎重全部焚毁，皇甫嵩这才下令收兵回营。

皇甫嵩命人挖开张角坟墓，把张角尸体拖出，用刀枪剑戟乱戮，割下首级，传首京师。

十一月，皇甫嵩与巨鹿太守郭典联手攻克下曲阳，斩杀张角之弟张宝，斩首黄巾军十几万。皇甫嵩因功封为左车骑将军，领冀州牧，封槐里侯，食槐里、美阳两县，合八千户。

皇甫嵩见冀州百姓生活艰难，上奏朝廷申请减免一年田租，用于救济饥民，皇帝刘宏马上同意。老百姓作了一首歌："天下大乱兮市为墟，母不保子兮妻失夫，赖得皇甫兮复安居。"皇甫嵩爱护士卒，很得人心，每次行军休息，要等全军营帐建好后才进自己的大帐。军士都吃了，自己才吃饭。前信都令汉阳人阎忠，善于察人，经过一段时间观察，认为皇甫嵩德高望重、功盖天下、爱民如子，是个仁君，贸然游说皇甫嵩道："当今朝廷宦官专权，不可救药，将军立有不世之功，您应该推翻朝廷，自己称帝。否则您功高震主，必受到朝廷猜忌，不会有好下场！"皇甫嵩道："我世食汉禄，理当尽忠本朝，恪守臣节。虽说朝廷谗言很多，大不了遭到流放而已，那样我同样还有好名声。这种反常的言论，我不敢听从。"阎忠见计谋不被采用，马上逃跑。

不久皇甫嵩回到洛阳，上书刘宏，将平定冀州的功劳推给卢植，卢植得以官复原职。

第四回　朱儁鏖战南阳，孙坚宛城先登

话分两头，再说朱儁率军攻打南阳。南阳号称天下第一郡，人口众多，百姓富裕，经济发达。当初，马元义车裂后，南阳渠帅张曼成立即起义，自称"神上使"，聚集黄巾军数万，一举攻陷南阳郡治宛城，南阳太守褚贡被杀。南阳是富庶之地，张曼成小富即安，得了宛城后不思进取，终日在城里无所事事，吃喝玩乐，就这样舒舒服服地过了一百多日。朝廷任命江夏都尉秦颉继任南阳太守，荆州刺史徐璆与秦颉联手突袭宛城，斩杀张曼成，将黄巾军赶出宛城。徐璆，字孟玉，广陵海西人。秦颉，字初起，南阳郡县人。不久黄巾军推举赵弘为帅继续作战，赵弘趁机收编从颍川、汝南、陈国等地逃来的黄巾军，部众多达十余万。有人就有底气，赵弘率军攻打宛城，一下子就打败秦颉，重新攻占宛城。

朱儁大军到达南阳，徐璆、秦颉前来投奔，两军合兵一处，部众达到一万八千人。赵弘欺朱儁兵少，率军出城进攻，却被朱儁打得大败，赵弘这才见识到官军的厉害，无奈之下只得固守宛城。宛城城池高大坚固，城内黄巾军远远多于官军，朱儁率军围攻毫无战果，无奈之下只好围而不攻，在城外挖沟筑垒，以待时机，就这样从六月一直耗到八月。

消息传到朝廷，宛城是何皇后的老家，何进非常着急，上书弹劾朱儁。刘宏道："既然朱儁没有能力攻下宛城，那就召回，换别人攻城！"司空张温连忙劝谏道："从前秦国用白起，燕国用乐毅，都是经年累岁才克敌制胜。朱儁讨伐颍川、汝南立有大功，现挥师南阳，未有败绩。如果临战换将，实乃兵家大忌。以前用董卓替换卢植，结果冀州毫无起色。微臣认为应该再给朱儁一些时日，催他速战速决。"

消息传到南阳，朱儁无奈，只得亲率大军强攻，连攻数日毫无进展。朱儁召

集众将商议，朱儁道："如今卢子幹、董仲颖都已免职查办，朝廷命我马上攻下宛城，你们有何良策，谁可攻城破敌？"朱儁连问三遍，众将面面相觑，没人敢抬头。这时孙坚站了起来，大声说道："明公勿忧，末将愿意领兵破敌。"朱儁眼睛一亮，问道："文台有何良策？"孙坚道："也不是什么良策，末将愿先登攻城，其余人紧跟在末将身后，末将愿拼死为将军拿下宛城！"朱儁道："千军易得，良将难求。将军都是统率军队指挥作战的，哪有亲自攀爬城墙先登攻城的道理？"孙坚道："目前敌众我寡，宛城绝非一般人能攻上去的，就是攻上去了也非死即伤，要想在城头上立足，简直比登天还难，这些根本不是一般的士兵能够做到的，就算是武艺高强的将军也不一定能够做到啊！"朱儁连连点头，孙坚接着说道："明公对末将有知遇之恩，现在明公有困难，末将自当赴汤蹈火，为明公舍生解难，岂能让明公受到天子的质疑！"朱儁大为感动，问道："你的伤怎么样了？"孙坚道："明公勿忧，差不多好了，已无大碍。"朱儁道："你有什么需要我做吗？"孙坚道："这是我部草拟的攻城方案，需要全军配合，请明公指挥协调，务求一战而胜。"朱儁看后叹了一口气，说道："我看也没有别的办法，只能如此了。"

孙坚回营挑选精壮之士组成敢死队，由程普组织演练。当晚孙坚叫来朱治，吩咐道："如有意外，兄弟们由你带回，我的家小就托付给你了。"朱治含泪道："将军勿忧，我一定不负重托。"次日一早，众将士饱餐一顿，孙坚召集全体将士道："今日之战，我为先登，如有不测，程普代我，程普之后，韩当代替，城下人员由朱治统一指挥。无论前方出现什么情况，所有将士必须舍生忘死，奋勇直前。凡退缩不前者，一律阵前斩首。我江东子弟就算剩下一个人，也要攻下宛城！"说毕，每人倒酒一碗，将士们喊声雷动，一饮而尽。

孙坚来到城东，韩当早已布置强弩百张恭候。朱儁见所有军队布置妥当，握着孙坚的手道："今日之事全拜托您了！"说完，一声令下，各部开始佯攻，攻击声浪一阵高过一阵。顿时城上城下乱箭齐飞，双方战成一团。

孙坚大喊一声："攻城！"朱儁亲自擂鼓，一队队士兵一手举着盾牌一手抬着云梯密密麻麻地向前推进，不一会儿官军将云梯竖起。孙坚全身披挂，举着小盾，腰悬龙泉，飞身上梯，城头上的黄巾军连忙举石下砸，孙坚用盾一一挡开，韩当见状连忙下令放箭，将城头上的黄巾军一一射死。孙坚登至梯子顶部，盾牌一扔，抓起城垛上的尸体，往城下扔去，说时迟那时快，一个黄巾军挺矛刺来，孙坚侧身避过，顺势抓住黄巾军猛力一拉，将黄巾军拽出城垛，坠地而亡，孙坚借势跃上城垛，两支长矛向他迎面刺来。孙坚侧身闪过，举着龙泉猛砍，长矛应声而断。孙坚跳入城中，一群黄巾军挺矛杀了过来。孙坚双手挥舞龙泉，与黄巾军战成一团。孙坚不断地砍杀着，残肢断臂如雨点般地掉落城下。孙坚一口气杀了十多人，身前躺满黄巾军躯体，不断地抽搐着、呻吟着，鲜血洒了一地。黄巾军大骇，谁也不敢上前，孙坚趁机上前一大步，继续砍杀黄巾军。这时祖茂飞身入城，大喊："主公，我来了！"原来黄巾军死死地把孙坚压制在城垛附近，身后的祖茂受到阻挡硬是不能上来。祖茂挥舞着长矛，一下子刺死两人，程普随即跃入城中，护在孙坚身边，手中长矛就像银龙飞舞，不断吞噬着黄巾军。孙坚终于喘了一口气，插剑入鞘，随手捡起长矛，三人围成一圈，死死守住城垛。身后的士兵就像蚂蚁一样源源不断地涌入，防守圈越来越大。孙坚将城头士兵一分为二，自率一队结阵往北进攻，程普率一队结阵往南进攻。韩当见孙坚登城成功，大喜，命令部下即刻登城。韩当在城头上飞奔，弯弓搭箭，箭无虚发，黄巾军无不应弦而倒。

宛城一片大乱，赵弘得到消息急率精兵汹涌而来，猛攻孙坚。孙坚死战不退，双方杀得难解难分。程普身先士卒，浑身是伤，终于攻下东门，全歼守门敌军，当即打开城门，放下吊桥，恭迎朱儁。朱儁大喜，大呼一声，一马当先，亲率五千精兵杀入宛城。赵弘见东门失守，于是无心恋战，想要撤退，孙坚趁机猛攻，当胸一矛将赵弘刺死。黄巾军大骇，四向突围逃离宛城。

朱儁攻下宛城，马上上表朝廷，升孙坚为别部司马，程普、韩当、朱治、祖茂等人也各有升迁和封赏，江东将士皆大欢喜。

朱儁率军反复攻打黄巾军，经历数次宛城争夺，把黄巾军打得大败而逃，一直追到西鄂精山，直到年底终于将黄巾军彻底击败打散。朱儁凯旋回朝，朝廷任命朱儁为右车骑将军，任光禄大夫，增邑五千，改封钱唐侯，加位特进。

孙坚军功卓著，引起朝廷重视，调往洛阳候命，朝廷命令所有招募的地方部队返回原籍。孙坚设宴为程普、韩当、朱治送行，孙坚举杯道："我与诸位出生入死，实乃三生有幸。如今一别，不知何日才能相见。"程普、韩当含泪道："承蒙将军厚爱，把我们当自家兄弟，依末将看，孙将军定会步步高升，日后还望提携。"孙坚道："我是一介武夫，只会行军打仗，最需要你们这样的战将。"程普、韩当大喜道："如有事，召必来。"次日，程普、韩当与孙坚依依惜别。孙坚命朱治将手下带回江东。

半年后朝廷论功行赏，一共封了二十多个侯，结果有十二个宦官封侯，在皇帝刘宏眼里，镇压黄巾军的主要功臣竟然是宦官。曹操、傅燮、孙坚等有功之人都没有封侯，天下舆论一片哗然。

按理说黄巾起义暴发，天下乱成一团，皇帝刘宏理应改弦易辙，远离宦官，关心民生，重整朝政，可实际情况又是怎么呢？且听下文分解。

第九章　献忠言群贤被害，征边章张温挂帅

第一回　献忠言群贤被害，建南宫宦官发财

话说黄巾军主力已败，皇帝刘宏认为天下又恢复了太平，于是在过年之前大赦天下，董卓得以官复原职。刘宏将年号改为中平，意思是中国又恢复了太平，此后又可以安享太平了，公元 184 年就是中平元年。

天下真的太平了吗？不！天下已经烽烟四起，东汉王朝已岌岌可危，从此再无太平之日。昏庸的皇帝刘宏已经一步一步将大汉带到了深渊。

就在皇甫嵩、朱儁、卢植出兵攻打黄巾军期间，皇帝刘宏本应痛改前非，顺应民意，方能扭转乾坤，可他却黑白颠倒，继续昏庸下去。

刘宏本想听从中常侍吕强的建议，诛杀身边的贪腐分子，清理没有能力的官员，可是这些都是宦官的人。于是中常侍纷纷要求告退回老家，并把各州郡的宗亲子弟召回。大长秋赵忠和中常侍夏恽等宦官联合起来，向刘宏诬告道："吕强以前经常与党人私下谤议朝廷，经常读《霍光传》，他的兄弟都贪污。"刘宏听了很不高兴，马上让中黄门带兵抓捕吕强。吕强获知消息，愤然说道："我死后，天下就要开始乱了，大丈夫想为国家尽忠，怎么能去坐牢呢！"说罢，自杀身亡。

赵忠、夏恽进一步诬陷道："吕强听到陛下召他，也不知道陛下要问他什么话就自杀了，这不明摆着有罪吗！"于是刘宏下令把吕强的宗亲全部抓了起来。

侍中向栩、张钧上书道："黄巾之乱的根源在十常侍，请陛下将十常侍和族人全部处死以谢天下，这样黄巾军自会烟消云散。"刘宏把张钧的奏章给张让等人看，张让一伙惊恐地脱掉帽子、靴子叩头请罪，乞求道："让我们去洛阳监狱，把我们的家财充当军资平息民愤吧。"刘宏命他们全都戴上帽子，穿起靴子，和以前一样工作。刘宏很生气，对张钧说道："你真是一个疯子，十常侍硬是没一个好的吗？"张钧又再次上书，还是和上次的奏章一样。刘宏下诏廷尉、侍御史调查哪些人信奉太平道，张让趁机让他们诬告向栩、张钧信奉太平道，就这样向栩、张钧死于狱中。

太尉杨赐上书为吕强鸣不平，要求继续反腐败，清除无能的官员。刘宏对杨赐早就看不顺眼，借口三公要为黄巾起义承担责任，将太尉杨赐、司空张济免职，任太仆邓盛为太尉、大司农张温为司空。反贪腐、整顿吏治的工作就这样做不下去了。

话说豫州刺史王允讨伐黄巾别部大获全胜，数战有功。王允与皇甫嵩、朱儁在豫州接受贼众数十万投降，意外发现张让的宾客与黄巾军有书信来往，原来张让委托宾客与黄巾军私下联络，想投靠黄巾军，为自己留条后路。王允将书信上交刘宏，刘宏震怒，责备张让，张让连忙跪地磕头谢罪，辩称是门客投靠黄巾军，自己并不知情，刘宏竟然又信了，张让并没有获罪。张让对王允怀恨在心，经常在刘宏前面说王允坏话。平定黄巾军后，王允刚回洛阳就被捕入狱，正好碰上大赦天下，没坐几天大牢，就出狱了。张让知道后非常生气，很快又捏造其他罪名把王允送入大牢。杨赐、何进、袁隗纷纷上书为王允求情，王允在狱中关押了一年多才重获自由。王允知道张让还要害他，于是远走他乡。王允，字子师，太原祁县人，文武全才，精通韬略。

中平二年（185）正月，刘宏闲来无事移居南宫，无意中发现当年司徒杨赐上奏解决太平道的奏疏，刘宏大为感慨，封杨赐为临晋侯，食邑一千五百户。刘宏又发现很多平时没有看到的奏疏，全是检举十常侍的。刘宏长叹一声道："怎么会这样啊！"韩说上奏道："陛下，微臣认为南宫一个月内必有灾难，您应尽快返回北宫。"刘宏回到北宫不到一个月，南宫果然发生大火，大火足足烧了半个月，检举十常侍的奏疏悉数烧光。

刘宏决定重修南宫。为了筹集经费，张让、赵忠向刘宏建议，百姓除了正常交税以外，每亩增加十钱税收，刘宏马上采纳。为了筹集建造南宫的材料，刘宏下诏令各州郡进献珍贵的木材和纹理漂亮的石料，就这样大批建材源源不断地送往京都洛阳。负责接收建材的是宦官，他们随意提高质量标准，对建材百般挑剔，略有瑕疵就拒不接收，强迫州郡官员运回。其实建材的运费远远超过采购费，各州郡没有办法，只得就地处理。宦官强行规定进贡之物不得卖给别人，只能卖给宦官，就这样这些建材以原价一成的价格落到宦官手里。宦官得到高档建材毫无顾忌，纷纷仿照皇宫的样子建造宅第。刘宏经常登上永安侯台远眺，宦官们担心皇帝看到自己的豪宅，于是让中大人尚但进谏道："天子不当登高，登高则百姓虚散。"刘宏信以为真，从此就不再登高了，这是后话。

为了修南宫，刘宏派遣西园的皇家卫士到各州郡督促办理各项事务，这些人趁机恐吓州郡官府，收受大量贿赂。各地刺史、太守没有别的办法，趁机私自增加百姓赋税，从中贪污，中饱私囊，人民怨声载道。

重修南宫之事不断蔓延，刘宏规定，刺史、二千石官员以及茂才、孝廉升迁和赴任都要交纳"修宫"钱。大郡的太守要交两三千万钱，其余的依官职等级高低均有规定。凡是新委任的官员，都要先去西园议定钱数方能赴任。有些清廉之士请求辞职不干，皇帝刘宏不同意，逼着他们交钱。重修南宫却在宦官的刁难下进展缓慢，多年以后仍未修成。

这时，河内人司马直赴任巨鹿太守，因他平素清廉，特意将钱额减少到三百万。司马直怅然说道："为民父母反而剥削百姓，我不忍啊。"于是请辞，朝廷不同意。司马直没有办法筹钱，走到孟津，上书直陈当世之失，随即服药自杀。朝廷收到上书，刘宏这才暂停向官员收钱，但是向老百姓征收的修宫钱一分都没有减少。由于军费开支暴增，刘宏又向老百姓征收额外的钱财，老百姓的负担不断增加，日子越来越难过。

朝政的混乱暂且不表，就在皇甫嵩平定冀州期间，西北凉州的少数民族响应张角，爆发了大规模的起义，一下子成为朝廷的又一心腹大患。那么凉州的起义究竟是怎么回事呢？且听下文分解。

第二回　边章凉州起事，盖勋苦守阿阳

凉州历来是多民族聚居地区，战事连绵不断，近十多年来局势已趋于平静，湟中义从胡、先零羌等少数民族名义上已归顺大汉。后来，太平道传入凉州，凉州信众如云。张角起事后，派人鼓动他们一同造反。他们推举北宫伯玉和李文侯为将军，于中平元年（184）冬起兵，杀死护羌校尉泠征，响应黄巾起义。

北宫伯玉和李文侯很有自知之明，深感自己能力不足，担心不能长期与官军对抗，两人一合计，认为凉州督军从事边允和凉州从事韩约既有能力，又有威望，只要他俩加入，大事一定可成。于是派使者求见凉州刺史左昌，假称愿意与朝廷谈判，请左昌派边允、韩约和谈。边允、韩约一到，北宫伯玉将他俩扣为人质，

强迫两人出谋划策，马上挥军进攻官军。

当初，左昌抗击北宫伯玉和李文侯，曾经偷盗军粮数万石，盖勋坚决劝阻，左昌对盖勋怀恨在心。现在叛军进攻官军，左昌趁机报复，命令盖勋与从事辛曾、孔常等与自己有矛盾的官员率少量官军前往阿阳县驻防，欲借北宫伯玉之手除掉他们。盖勋明知左昌陷害自己，却视死如归，与部下众志成城，拼死抵抗，北宫伯玉屡攻不下，无奈之下挥军奔袭四百里外的金城郡，就这样盖勋奇迹般地守住城池。盖勋，字元固，敦煌广至人，为人正直，为官刚正不阿。

金城太守陈懿见北宫伯玉突然来袭，只得一边苦守城池，一边派人向左昌求救。盖勋建议左昌率军救援，左昌见北宫伯玉势大，没有采纳，不久金城陷落，金城太守陈懿被俘。

边允是金城人氏，全家被俘，韩约也有亲戚被擒。北宫伯玉命边允杀死陈懿，边允严词拒绝，北宫伯玉命人把刀架在边允父亲脖子上，以杀死其父相威胁。边允无奈，含泪一刀砍死陈懿。叛军依葫芦画瓢，威逼韩约杀死金城长史。边允、韩约无路可退，这才加入叛军，成为叛军将领。从此，边允更名为边章，韩约更名为韩遂。北宫伯玉大喜，为两人设宴压惊，率领众将推举边章为帅。

边章率军攻打凉州治所冀县，冀县危急，左昌急召盖勋救援。盖勋召集部下商议，辛曾道："左刺史以前想害死我们，现在又想叫我们去送死，我们兵力太少，根本救不了，将军应该回绝，让他自取灭亡！"孔常对此表示赞同，盖勋怒道："这是军令，救得了要救，救不了也要救，请勿迟疑！"于是整军而出。盖勋到达冀县，双方列阵相对，盖勋出阵，怒骂边章背叛朝廷，晓以大义，劝边章投降。北宫伯玉请战道："我们冲杀过去，他们必成刀下之鬼！"边章不同意，叱责道："你们既然推我为帅，应该听我的指挥，否则我就不干！"于是出阵对盖勋道："假如左刺史早些听从您的意见，出兵救援金城，或许我还能有机会改过自新。如今我罪过已重，不能归降了。"说完，边章放声大哭，下令撤军而去，冀县之围遂解。

边章率军包围护羌校尉夏育，左昌、盖勋联合州郡兵马前往救援，这下子边章不再忍让，愤然出击，把他们打得大败，盖勋身负重伤。此后边章的军队迅速发展壮大，人数超过十万。边章打着"诛杀宦官"的旗号杀向三辅地区，逼近皇家园陵，告急文书如雪片一般飞向洛阳。

中平二年（185）三月，皇帝刘宏以左车骑将军皇甫嵩为主将、中郎将董卓为副将、陶谦为扬武校尉率军讨伐边章。两军在三辅地区大战，双方互有胜负，战事陷入僵局。

司徒崔烈向皇帝刘宏建议道："边章势大，凉州已失，三辅地区战争旷日持久，军费开支巨大，现在国库缺钱，微臣建议放弃三辅地区。"皇帝刘宏犹豫不决，议郎傅燮力谏道："凉州是地方官治理失当导致全州造反。如果胡人到三辅地区居住，他们兵强马壮，铠甲坚实，趁机作乱，天下危矣！朝廷危矣！崔烈身为司徒，不为国家考虑如何平定叛乱，反而要舍弃广袤万里的国土。崔烈当斩！"刘宏听从傅燮的劝谏，决定不放弃西北地区。此后数年，西北成为全国首屈一指的主战场，那么西北战局又会出现什么变化呢？且听下文分解。

第三回　征边章张温挂帅，攻榆中孙坚献计

当初，皇甫嵩征讨张角途经邺城，见中常侍赵忠的房屋高大，逾制，于是上奏朝廷，予以没收。中常侍张让私下向皇甫嵩索贿五千万钱，皇甫嵩不给。于是赵、张二人痛恨皇甫嵩。七月，两人向刘宏进谗言道："皇甫嵩打仗用了那么多

钱，却没有什么功劳，他究竟在西北干些什么！"刘宏大怒，下令召回皇甫嵩，免去左车骑将军一职，削户六千，改封都乡侯。

朝廷改派朱儁征讨边章，朱儁母丧守制不能成行。司空张温给刘宏送钱，刘宏遂以张温为车骑将军、假节，执金吾袁滂为副将，中郎将董卓为破虏将军，周慎为荡寇将军，出兵讨伐边章、北宫伯玉。张温，字伯慎，南阳穰县人。

张温从来没有带过兵、打过仗，毫无作战经验，于是登门向朱儁求教，朱儁道："您把孙文台带在身边，随时向他咨询，他计谋多，很会打仗，可保您战无不胜！"张温道："孙文台我略有耳闻，不知他是怎样一个人啊？"朱儁道："孙文台忠心耿耿，智谋出众，勇猛无双，可堪大任。我手下那么多将领，他们与文台相比，根本不是同一档次，我在某些方面也自愧不如啊。"于是张温上表孙坚为参军事。

张温率部到达长安，用皇帝诏书召见董卓，董卓过了好几天才慢吞吞赶到。张温责备董卓，董卓傲慢地说道："明公你真的不懂军事啊，真是站着讲话不腰疼。我军务繁忙，怎能随便脱得了身呢？边章势力那么大，我们才这么一点人马，这不是送死吗？"说完傲然转身就走，张温怔怔地呆在那里不知所措。参军事孙坚走到张温旁边，对张温耳语道："董卓出言狂妄，不遵军令，应当以'不按时应召前来'之罪，杀掉他。"张温道："董卓在陇、蜀一带颇有威名，对凉州的情况非常熟悉，现在杀掉，西进讨伐岂不是失去依靠？"孙坚道："您亲领朝廷军队，威震天下，依赖什么董卓？我看董卓今天的言行，根本不想听您指挥，军人以服从命令为天职，董卓如此轻上无礼，这是第一条罪状。边章、韩遂胡作非为已一年多，应当及时进讨，董卓反说不可，沮丧军心，疑惑将士，这是第二条罪状。董卓接受重任而毫无战功，召其前来又滞缓不前，反倒狂妄自傲，这是第三条罪状。古代名将，带兵临阵，无不果断地处斩违犯军纪者显扬威严，因此有穰苴斩庄贾、魏绛杀杨干。现在您对董卓留情，不立即斩杀，军威必然受损，以后还会有人违反军令，如此下去就无法指挥全军了。"参军事陶谦道："董仲颖虽然有不对的地方，毕竟是我方重要将领，如果还没有碰到敌人，就先把自己的大将杀了，以后这仗没有办法打啊！"张温不忍执行军法，于是对孙坚道："你暂且回营歇息，此事休得再提，免得董卓怀疑你。"

张温统率步、骑十余万进军美阳，与叛军交战，张温首战失利。孙坚对张温道："敌人远道而来，粮草供应困难，意在速胜，不如我们就地坚守，如果情况有变，再相机行事。"张温马上采纳，双方在美阳对峙。边章果然逐渐感到粮草供应困难，心里有撤军之意。到了严冬十一月，北风呼啸，天寒地冻，一天夜晚，天上流星雨点般地落下，光芒十余丈，整个夜空亮如白昼。边章、韩遂军中驴马受惊，嘶鸣不止。边章找来巫师询问，巫师道："此乃不祥之兆！"于是边章想回金城。早有细作向董卓报告，董卓大喜，边章的军队刚开始撤军，董卓马上与右扶风鲍鸿合兵进攻，斩杀敌军首级数千级。张温大喜，命令军队全线进击，边章大败，叛军落荒而逃。

张温召集众将商议，张温道："我欲令周慎将军追击边章，董仲颖将军进剿先零羌部落，本帅率领其余人马居中策应，如此方可彻底平定凉州，不知各位将军意下如何？"董卓不屑一顾道："末将身为陇西人，对凉州情况非常熟悉，我们不能掉以轻心，应该小心为上。边章的老巢在金城，金城与我军大本营美阳远隔千里，周将军孤军深入，万一被边章截断退路，后果不堪设想。末将建议周将军在前，末将跟随在后，作为周将军的后续军队，一则可以支援周将军，二则可以保护周将军后路，为周将军提供后勤保障，使周将军无后顾之忧。我们只要打败边章，占领金城，就算取得彻底胜利。我们回师时再进剿先零羌部落也不迟。"张温问孙坚道："文台，你有什么看法？"孙坚道："董将军说得对，边章虽败，实力尚在，现在不宜分兵，还望将军三思。"周慎贪功，对张温道："张将军之计甚妙，边章不过是匹夫之勇，叛军不过是乌合之众，如今他们已成惊弓之鸟，望风而逃，末将愿效仿霍去病，率军狂飙猛进，像狂风扫落叶一样横扫千军。"

张温大喜道："金城路远，我看就不必麻烦董将军了。众将听令，按原计划行事！"

董卓怒道："你这是瞎指挥！"张温勃然而起道："这是军令，违令者，斩！"

董卓不服，当晚写了奏章分析形势利弊，陈说己见，快马送往洛阳。

边章、韩遂败逃到榆中，周慎率领三万人马随后就到，将榆中城池包围。参军事孙坚向周慎建议道："城内叛军众多，粮草一定不足，不可能持久，敌人的当务之急是从城外运粮。请将军给我一万人马，末将愿率军截断敌军粮道，劫掠敌人的粮食作为我们的军资，然后趁机占领金城，俘获他们的家属。如此，叛军必定无意坚守榆中，他们定会不战而降。"周慎没有采纳。不久边章命令韩遂分兵驻守葵园峡，保护好粮道，守住通往金城必经之路。边章调集兵马截断官军粮道，周慎见军粮供应不上，内心恐慌，后悔没听孙坚的建议，只得匆匆撤军。边章率军一路追击掩杀，周慎大败，损失惨重，所有辎重全部丢弃。

再说董卓率领三万人马讨伐先零羌部落。董卓命校尉邹靖率军四千驻扎在安定郡，多插旗帜，虚张声势，自率牛辅、李傕、郭汜、张济等将领进军汉阳，攻打先零羌部落。边章、韩遂击败周慎后率领羌人、胡人滚滚而来，在望垣以北与董卓隔河对峙。董卓缺粮，见边章人多势众，心知不能取胜，想将军队安全撤回，于是派兵在上游筑起堤堰，假装捕鱼充饥。几日后深夜，董卓悄然率军撤退。次日，羌人发觉后马上追赶，董军将堤堰决开，顿时河水猛然暴涨，边章无法过河。待到河水消退，董卓军队早已不知去向。董卓全军而回，驻军右扶风，皇帝刘宏加封董卓为鳌乡侯，食邑一千户。

张温马上给刘宏送钱，上书隐瞒败绩，声称西征大获全胜，边章、北宫伯玉不足为患。刘宏大喜，任命张温为太尉。洛阳人听说孙坚指陈董卓三条罪状，劝张温诛杀董卓，感到非常震惊。朝廷拜孙坚为议郎。

话说边章、韩遂率军打败张温，自身损失也很严重。此后韩遂对边章不服，两人矛盾不断加深。中平三年（186），韩遂发动兵变，杀死边章、北宫伯玉、李文侯及其亲信数百人，自己掌握大权。韩遂，字文约，金城人。

三月，皇帝刘宏诏令中常侍、车骑将军赵忠再次评定讨伐黄巾军的有功之臣。执金吾甄举等人向赵忠推荐道："傅燮跟随皇甫嵩出征东郡，立有战功却未封侯，这不是让天下人失望吗？如今将军您亲自评定战功，应该厚赏傅燮，顺应大家的期望。"赵忠认为有道理，派弟弟城门校尉赵延拜访傅燮，对傅燮道："只要你以后少管中常侍的事，就算万户侯也不难封啊！"傅燮与中常侍势若水火，严词拒绝道："我未封侯只不过是命运不济罢了，我绝不会私下求官！"赵延悻悻而归。赵忠闻言愈加愤恨，于是将傅燮外调出京，担任凉州汉阳太守，欲借叛军之手除掉傅燮。傅燮到任后体恤百姓，采取宽松政策，着力减轻百姓负担，善待并抚恤羌人、胡人。叛乱的羌人被他感动，纷纷到汉阳郡归降，傅燮安排他们在城外屯田。

中平四年（187）三月，韩遂率军十余万，进军陇西。凉州刺史耿鄙征调六郡兵马讨伐，汉阳太守傅燮劝阻道："您到职时间不长，贼军人多势众，骁勇善战，锋锐难挡。我军由六郡军队临时拼凑而成，号令不一，内部缺乏协调，相互配合生疏，不如进行训练休整。到时候您率领训练好的军队征伐贼军，一定可以大功告成！"耿鄙不听，依旧出兵征讨，结果连战连败，士气低落，军心不稳，不久军队哗变，陇西太守李相如、酒泉太守黄衍与韩遂联合，反叛耿鄙，凉州司马扶风人马腾也拥兵反叛，耿鄙被部下所杀。

汉阳人王国自称合众将军，与韩遂联合，进军包围汉阳。胡人对傅燮感恩，在城外叩头，愿送傅燮离开，傅燮严词拒绝。傅燮的儿子傅干年方十三岁，晓得父亲性情刚正，不会屈服，劝道："皇帝昏乱，您在朝中无法容身。如今兵少，无法坚守。您应该听从羌、胡人的请求，回归故乡，训练那些有气节的羌胡人，一旦遇上贤明的君主，您再出来辅佐，拯救天下……"傅燮叹了一口气，打断傅干道："我食汉禄，当守节操，遇到战乱怎能想着逃跑？大丈夫应当忠于职守，人在城在。你有才干，一定要努力！"傅干哽咽着说不出话来，左右都泪流不止，傅燮命人把傅干偷偷送出汉阳。

王国请求傅燮当他们的统帅，傅燮一口回绝。王国率军攻破汉阳，傅燮战死。赵忠就这样害死了傅燮。韩遂等人共推王国为主帅，王国率军攻掠三辅地区，太尉张温因此免职。西凉战事暂且不表，那么曹操此时又怎么样呢？且听下文分解。

第四回　袁曹纵论朝政，孟德愤然辞官

话说曹操镇压黄巾军后升为济南相，曹操雷厉风行，一上任就重拳打击贪官污吏，济南国共有十多个县，长吏大多巴结权贵，贪赃枉法，曹操一口气奏免了其中八个，济南国震动，贪官污吏纷纷逃窜。那些依仗权势、贪赃枉法、遗留已久的案子被曹操一一翻了出来全部办理终结。曹操禁止官吏民众胡乱祭祀，下令拆除祠堂六百多处，济南国"政教大行，一郡清平"，面貌焕然一新，百姓无不拍手称快！

不久，朝廷征曹操为东郡太守，曹操不愿意花钱买官，也不愿意巴结宦官，干脆赖着不去上任。曹操心里明白，自己老是这样，可能会给家里带来灾祸，于是要求调回洛阳，就这样曹操又到朝廷担任议郎。曹操见朝廷政治黑暗，常常称病不上朝。

休沐，曹操登门拜访好友袁绍。袁绍，字本初，汝南汝阳人，出身于四世三公的"汝南袁氏"。宾主双方落座，相谈甚欢。曹操问道："你不是不想出来当官吗，怎么反悔了，到大将军何进府上做事？"袁绍道："其实我实在不想去，大将军差人请了我很多次，我都没有答应，后来何进亲自备了重礼，恭恭敬敬地率领掾属到我府上聘我，我故意为难他，想让他死了这条心，于是对何进道：'你要我出来做官，你要答应我三个条件。'"曹操问道："哪三个条件？"袁绍道："第一，你想请我出来做事，你要听从我的意见。"曹操道："他是上级，你要他听从你的意见，那你不成大将军了吗？"袁绍道："谁知何进说：'我既然相请，当听你言，望勿生疑。'这个杀猪佬竟然同意了。"曹操道："那第二条呢？"袁绍道："我的地位不能比袁公路低，我的好友何颙、许攸都是党人，你既然要请我，这两个人你也必须得请，而且待遇不能低。"曹操道："你还真的把自己当成大将军，自己任命掾属了。"袁绍道："没想到何进想都没有想，又同意了。"曹操道："那第三条呢？"袁绍道："我本来想叫何进与我合诛宦官，但是一想，这样说不合适，于是就改成：'到时候要是我不想干了，你要随时同意，而且要给我考评优秀，推荐我去担任高官。'"曹操道："这一条我认为可以同意。不过你还没有开始工作，却要对方先把你的评语写好，这样也太不合适。"袁绍道："何进对我的条件全盘接受，我就不好推辞了。于是我就说：'我袁绍何德何能，蒙大将军亲临鄙舍。既然大将军如此看得起我，我袁绍愿效犬马之劳，调动我家门生故吏、天下豪强共同对付黄巾军。'就这样，我就成了何进的掾属。"曹操问道："何进对你怎么样？"袁绍得意道："我与大将军互为表里，大将军为表，我为里。大将军对我言听计从，凡有不能决断之事皆来问我，以我的想法为准。"

袁绍问曹操道"贤弟来访有何贵干？"曹操道"我在济南发现地方吏治混乱，根源全在朝廷，现在回到朝廷一看，与黄巾起事前没什么两样，还是那么黑暗。

现在天下如此混乱，东方黄巾余部有二十几支，大的两三万人，小的也有六七千人。皇帝却在大兴土木，修建南宫，宦官仍在专权，我实在看不下去，不想与他们为伍，想要称病辞官回家，特来向你辞行。"袁绍道："我希望能将宦官一网打尽，这样朝廷才能脱胎换骨，重新焕发生机。"曹操叹道："你的想法虽好，可圣上宠信宦官，清除宦官根本做不到啊！"袁绍道："那就改立明君，一切问题都可以解决。"曹操道："当今天子在位多年，改立新君大逆不道，不但会引来杀身之祸，恐怕会引起更大的混乱。"袁绍反问曹操道："请问孟德老弟，你有什么高见吗？"曹操道："在下惭愧，面对现在的局势，我不断献言，可天子就是不听，我实在无计可施。我希望能够出现霍光那样的人，重整河山。"袁绍道："是啊，时局无解。不过霍光那样的人是不可能出现的，霍光的后代都被诛杀了，历史怎么会再次重演呢？"曹操道："你有更好的办法吗？"袁绍道："如今大汉气数将尽，当今天子失德，民心尽失，我认为应该是禅让。"曹操道："这话可不能随便说。要说禅让，肯定花落你们袁家，你知道王莽家族篡汉前的地位吗？恐怕你们袁家比不了吧？王莽最后死于非命，现在他的头骨还在仓库里放着呢，不知你是否想去看看？"袁绍倒吸一口冷气道："我也就只是随便说说。"

　　曹操辞官回到老家谯，与卞氏读书、吟诗、唱曲，与夏侯惇、夏侯渊游玩打猎，过着神仙般的生活。中平四年（187），冀州刺史王芬差人来信，想把皇帝刘宏废掉，改立刘宏之弟合肥侯为帝，希望曹操一同参加。这究竟是怎么一回事呢？此事说来话长，得从襄楷说起。襄楷到王芬府上做客，王芬请前太傅陈蕃之子陈逸作陪。襄楷对两人道："贫道夜观天象，紫微附近的星辰暗弱无光，呈现摇摇欲坠之势，天象显示不利于皇帝和身边的宦官。贫道还做了一个梦，梦见皇宫起火，所有的宦官全被杀光。我看宦官这回真的要灭族了，这个很灵验的。"王芬、陈逸大喜，王芬手舞足蹈地说道："如果真的是这样，我愿意为天下人除掉他们！"

襄楷走后，王芬与南阳人许攸、沛国人周旌谋划，结交冀州豪杰，暗中准备行动。许攸对王芬道："曹孟德是我的朋友，我知道他对宦官不满。"于是王芬写信给曹操，希望曹操也参加。许攸，字子远，南阳人，年轻时与袁绍、曹操交好。

曹操把信拿给卞氏看，卞氏道："这些人不能成事！"曹操问道："为什么？"卞氏道："合肥侯自己都不知道，也不知道会不会同意，他们瞎忙什么啊？他们的地位也不高，能成什么事？"曹操喜道："你的想法与我一样，我对大汉忠心耿耿，只是对当今皇帝和宦官不满而已，那些人的见解还不如我的爱妾。"于是回信拒绝。后来王芬担心事情败露，自杀身亡。

同年年底，卞氏为曹操生下儿子曹丕。曹丕，字子桓。就在这一年，曹嵩花钱一亿买官，终于登上太尉宝座，然而不到半年，曹嵩就被免职。曹嵩想明白了，当官为了赚钱，自己的钱怎么都花不完了，于是告老还乡，从此不问政事。

曹操赋闲在家，直到皇帝刘宏设立西园八校尉才回到朝廷，那么孙坚究竟怎么样了呢？且听下文分解。

第十章　孙文台威震荆南，大将军暗斗皇帝

第一回　孙文台威震荆南，张仲景长沙坐堂

中平四年（187），长沙人区星反叛，自称将军，聚众一万，攻围城邑，长沙太守、都尉战死。荆州刺史王叡前往讨伐，也被打得大败。

朝廷任命孙坚为长沙太守征剿区星。孙坚前往汉寿县拜访荆州刺史王叡，王叡道："朝廷给你调拨多少兵马，多少钱粮？"孙坚道："如今朝廷忙于应对西北战事和东方黄巾军，兵力紧缺，国库空虚，让末将一切自行解决。末将准备从家乡吴郡调私兵一千平叛。"王叡不屑一顾道："我五千兵马都失败了，你一千私兵算个屁。"孙坚问道："官军战斗力比叛军强，不知什么原因导致州郡官兵失败？"王叡道："我从来没有败得这样窝囊，区星来无影去无踪，专门攻打我意想不到的地方。"孙坚道："将军既然已经知道区星为什么胜利，末将以为一定可以找到应对之策。"王叡道："是的，本刺史计划调集荆州各郡兵马，步步为营，稳扎稳打，如此方能取胜。"孙坚道："现在各郡都有盗贼，征调人马谈何容易。末将身为长沙太守，讨伐区星乃职责所在，还是让末将来对付区星吧，如果末将对付不了，再由将军出马也不迟！"王叡道："你可不要忘记前任长沙

太守是怎么死的。"孙坚道："末将没有别的能耐，也就打仗可以，末将数历生死，岂会贪生怕死！"王叡怒道："你如果擅自行动，一切后果自负！"

孙坚到了长沙郡治临湘，亲自检选官吏，过了十日，朱治、吴景、孙贲带领私兵乘坐战船赶到，孙坚大喜，召集郡中官员宣布，五日后全军攻打罗县，郡中官吏纷纷反对，孙坚道："你们只管善待百姓，好好处理官曹文书，一切按规矩办事。郡中盗贼全由我负责，你们不要多言！"

五日后申时，孙坚率军登上战船沿湘江而下，只留吴景率领老弱士兵和郡中官吏留守临湘。行至天黑，孙坚下令停船，留下郡兵由朱治率领继续前行，自率江东私兵返回，埋伏于临湘以南密林。

三日后巳时，叛军首领区尝率二千匪徒攻打临湘，途经孙坚设伏之地，孙坚一声令下，林中弓弩齐发，叛军猝不及防，纷纷中箭倒地。随后一通鼓响，孙坚、孙贲从林中杀出，区尝大惊，急欲突围，孙贲拍马赶上，一矛将区尝刺落马下。孙贲，字伯阳，乃孙坚亡兄孙羌之子。孙坚激战半个时辰，全歼匪徒。原来孙坚部队刚一出发，就有斥候报与区星之弟区尝，区尝贪功，马上起兵进攻临湘，不想孙坚留有后手，将计就计，大获全胜。

孙坚率军沿江南下，两日后夜晚抵达湘南，向导向城里喊话："我们是从临湘回来的，快点开门！"城里匪徒喊话问道："临湘打下来了吗？"向导道："打下来，太轻松了。"匪徒打开城门，孙坚率军进入湘南，一千多叛军稀里糊涂当了俘虏，孙坚活捉匪首区胆。

再说朱治船队来到罗县，命令全军擂鼓大喊，区星闻讯慌忙出城列阵迎战，朱治却命士兵待在船中蓄精养锐。夜晚，朱治又擂鼓大喊，区星又准备迎战，朱治依旧按兵不出，如此这般，区星叛军日夜不得安宁，疲惫不堪。一连几天，双方就这样对峙着，官兵在船上待得不耐烦了，欲登岸作战，朱治拔出宝剑怒道：

"孙太守有令，谁也不许登岸，违令者斩！"

如此过了十日，孙坚率军偷偷来到罗县附近，趁着区星与朱治船队日夜对峙，放松陆上警惕之机，派人暗中潜入城中潜伏，趁机攻占城门，孙坚率军杀入城中。区星听闻城中出事，大惊，急忙撤军回城。区星刚到城门，正遇孙坚率军从城中杀出。孙坚大喊一声，奋力一矛，将区星刺落马下。孙坚随即冲入敌阵，左冲右突如入无人之境，叛军乱成一团，纷纷退向湘水。朱治当即命令船队弓弩齐发，杀向叛军。孙军水陆夹击，叛军大败，只得向孙坚投降。孙坚旬月之间歼灭区星，长沙局势很快安定。

匪首周朝围攻零陵治所泉陵，泉陵危在旦夕，零陵太守急忙向荆州刺史王叡、长沙太守孙坚求救。孙坚召集部下商议，郡丞苏代道："依大汉制度，当奉朝廷之命或刺史王叡命令才能出兵相救，我们赶紧请示吧。"孙坚道："这是陋规。当年句章之乱，本有机会马上平叛，结果却因等待命令错失良机。如今零陵有难，岂能见死不救，重蹈覆辙！我想马上出兵，可有其他制度让我成行？"功曹桓阶建议道："周朝与区星本为同伙，区星死后，很多部下都投奔周朝、郭石去了，可用追击区星残部的名义出兵。"桓阶，字伯绪，长沙临湘人。孙坚又问朱治，朱治道："应该可以。"孙坚大喜，对苏代道："救兵如救火，我马上率兵出征。你代我上报王刺史，就说我到零陵、桂阳追剿区星残部，恳请王刺史一同进兵。"桓阶道："我对周围地形地貌、风土人情了如指掌，请使君带我同行。"孙坚道："既然如此，你为参军，跟随左右，为我出谋划策。"

孙坚率军登船南下，桓阶建议道："周朝的大本营在泉陵以北三十里，我们可以先打他的大本营。"孙坚道："此计正合我意！"船行十日，孙坚命孙贲领兵五百直奔周朝大本营，自率军队在半路山岭设下埋伏。

孙贲突袭周朝大本营，周朝守军不敌，连忙派人向周朝求救。周朝正在全力攻打泉陵，忽闻孙坚率军来犯，急命其弟周夕率军两千回援。周夕的军队不知不觉地进入伏击圈，孙坚一声令下，前方巨石从山上滚下，挡住周夕去路，孙坚率军截住周夕退路，朱治从山上冲杀下来，将叛军截成数段，双方战不多时，周夕中箭身亡，其余叛军全部投降。

孙坚率军急奔泉陵，杀入周朝阵中，双方战成一团，零陵太守见状，马上率军从城中杀出。官军内外夹击，叛军抵挡不住，周朝见势不妙，策马就逃。零陵太守身边闪出将军黄盖，大喊一声，奋力将矛投向周朝，周朝躲闪不及，长矛扎入后背穿胸而出，当即坠马而亡。零陵太守赞道："黄孝廉，好身手！"叛军见主帅已死，无心恋战，纷纷投降。黄盖，字公覆，零陵泉陵人，孝廉出身。

零陵太守将孙军迎入泉陵，大摆宴席款待孙军，宾主觥筹交错，握手言欢，热闹非凡。孙坚对零陵太守道："我估计桂阳的情况也与你们相似，我想出兵桂阳，您可否助我一臂之力？"零陵太守道："零陵官兵的命都是你救的，有什么吩咐尽管开口！"孙坚道："那就派黄盖随我到桂阳平叛吧！"零陵太守叫来黄盖，吩咐道："你率精兵两百，跟随孙将军，听候孙将军调遣！"

次日，孙坚率军登船前往桂阳，不出半月，孙坚又大破叛军，斩杀匪首郭石。于是长沙、陵零、桂阳三郡都恢复了秩序，叛军销声匿迹，百姓又恢复了正常生活。

孙坚回到临湘，马上向朝廷报捷，尽述众人功劳，表朱治为都尉，孙贲为湘南县令，吴景为长史。同时奏报朝廷减免一年赋税，郡中百姓对孙坚感恩戴德。

再说荆州刺史王叡接到苏代的报告后不同意孙坚出兵。不久，孙坚在零陵、桂阳大胜的消息相继传来。王叡心里不是滋味，于是上书弹劾孙坚，王叡奏道："启禀陛下，孙坚用人不当，任用自己子弟、亲友为郡县官员，违反六条问事第四条。孙坚豢养私兵，违反兵制。孙坚不听号令，私自越过郡界出兵，违反军令。臣荆州刺史王叡建议按六条问事、律令、军法处置孙坚，以儆效尤！"

零陵、桂阳两郡太守闻知王叡弹劾孙坚，大怒，马上上表讲述孙坚的功劳，阐明两郡危局，极力为孙坚开脱。同时又上书弹劾王叡见死不救。从此王叡与孙坚结怨，零陵、桂阳两郡太守则唯孙坚马首是瞻。

次年叛军围攻扬州宜春，宜春危在旦夕。宜春与长沙郡相邻，宜春县令乃陆康从子，听闻孙坚可以依赖，情急之下试着向孙坚求救。孙坚召集部下商议，主簿劝道："去年使君越郡界征讨，已被王叡弹劾，如今越州界征讨，必遭荆、扬两州弹劾，望使君明察。"孙坚道："我身为太守没有什么文德，只以征伐为功。我越界征讨，是为保全江山社稷，一心只为朝廷，别无他意。倘若以此获罪，我无愧于天下！"于是下令整顿部伍，起兵驰援，孙坚刚到宜春，叛军听说孙坚来了，马上一哄而散，不知所终。

再说王叡和零陵、桂阳两郡太守的奏疏到了朝廷，朝廷下旨表扬王叡弹劾得好。接着又下旨嘉奖孙坚做得好。朝廷检录孙坚自句章之战直到平定荆州三郡前后的战功，认为孙坚早就应该封侯，于是皇帝刘宏加封孙坚为"乌程侯"。

话说孙坚见长沙战后伤病员数不胜数，马上差人寻找华佗医治，过了月余，有一名医相投，名医道："我与华元化先生相识，元化有事到北方去了，推荐我到长沙治病。"孙坚问道："请问先生高姓大名？"那人道："鄙人姓张名机，字仲景，信奉黄老之道，华佗是我的道友。"孙坚问道："如今长沙刚刚结束战乱，伤病员多，该如何医治？"张仲景起身行了一礼，说道："依在下愚见，伤病员的治理事小，防疫事大。大战之后必有大疫，一旦瘟疫起来，死者数都数不过来。当年长社、广宗、下曲阳、南阳等地都是如此，瘟死的人比战死的人多得多。"孙坚恭请张仲景上座，说道："先生一定要救我长沙百姓，我愿调动本郡所有资源全力配合。"张仲景掏出一块锦帛递给孙坚道："使君，这是我的医治伤员计划和防疫计划，按此施行，可保长沙太平。"孙坚吩咐恒阶道："伯绪，你全力配合仲景先生，要人给人，要钱给钱，不得怠慢！"恒阶对孙坚道："我看计划上说要有很大的诊疗场地。"孙坚道："这个好办，我把太守府衙让给张医生当诊所便是！"恒阶、仲景连忙说道："这可使不得，这是您的办公之地啊。"孙坚道："有何使不得，我要是在府衙里坐堂，一见那么多的公文，头都要痛起来，时间久了还不憋出病来？以后有什么公文你们直接送到内室，让我夫人和我儿孙策处理便是。"于是张仲景就在太守府衙坐诊，长沙百姓都到太守府衙看病。张仲景果然不负孙坚重托，长沙没有出现疫情，伤病员也都很快康复，一时传为佳话。

孙坚终日忙于劝农、训练郡兵，长沙秩序井然，很快出现繁荣景象。秋后，乌程侯国派人禀报，声称今年税收已经收好了，请君侯示下。孙坚大喜道："五成运至钱唐、富春，由吴景、朱治、孙贲招兵买马，到龙渊购买精兵利器。五成运至长沙，用来招兵买马。"于是命朱治、吴景、孙贲率兵返回吴郡，朱治、吴景、孙贲回去后受到重用。孙坚认为桓阶德才俱佳，举桓阶为孝廉，到朝廷担任尚书郎。

孙坚在长沙和荆南一带叱咤风云、风生水起暂且不表，那么朝廷的情况究竟怎么样了呢？且听下文分解。

第二回　大将军暗斗皇帝，刘太常议立州牧

且说皇帝刘宏酒色过度，身体一天比一天差，早早进入了暮年。随着太子刘辩越来越大，刘宏越来越不喜欢他，认为刘辩行为轻佻，讲话语无伦次，没有帝王的威仪，不适合继承皇位。刘宏更加喜欢皇子刘协，认为刘协聪明伶俐，会读诗书，堪为人君。董太后与何皇后矛盾极深，势如水火，不能相容，极力怂恿刘

宏改立刘协为太子，于是刘宏有了改立太子的想法。

大将军何进手下汇集一大批杰出人才，威望极高，权倾朝野。其弟何苗统军讨伐荥阳盗贼，立有小功，凭着国舅身份，刘宏任命何苗为车骑将军，封济阳侯。何家兵权在握，权势熏天。刘宏深知改立太子必遭到何氏一族强烈反对，刘宏对此顾虑重重，生怕引起变故，不敢贸然行动。

王国、韩遂在凉州越闹越凶，刘宏命令大将军何进领兵征讨，何进接受命令，马上筹备进军。宦官郭胜偷偷来到大将军府，对何进道："天子让您出征，目的是借机削你兵权，改立太子。"何进大吃一惊，手中的毛笔惊落地上。何进急召袁绍商议，袁绍道："朝廷的军队四处征战，天下局势只有您最清楚，您找个正当事由拖延便是。"何进认为有道理，上奏道："陛下，如今全国各地烽烟四起，上次张伯慎统兵十万讨伐凉州都没有成功，我们现在的兵力远远不够啊，微臣以为应该马上募兵，严加训练，待朝廷扩军后方可出兵。"刘宏问道："爱卿认为谁去招兵合适？"何进说："都尉毌丘毅、张辽等十人可以。"刘宏马上批准。

皇帝刘宏心里明白，自己已经调动不了大将军何进，于是在原来的军事指挥体系以外设置新的军事指挥体系。中平五年（188）八月，刘宏根据高官子弟的威望和能力亲自任命八个校尉：小黄门蹇硕为上军校尉，虎贲中郎将袁绍为中军校尉，屯骑校尉鲍鸿为下军校尉，议郎曹操为典军校尉，赵融为助军左校尉，冯芳为助军右校尉，谏议大夫夏牟为左校尉，淳于琼为右校尉，这就是历史上著名的"西园八校尉"。刘宏认为蹇硕壮健有武略，特别亲信，任命为元帅，统率司隶校尉以下所有人员，大将军何进也归他领导，同时又任命董太后侄子卫尉董重为骠骑将军，以此削弱大将军何进的权力。

蹇硕马上着手扩充实力，将骑都尉丁原作为亲信，调丁原的军队进京，丁原带着主簿吕布，从事张辽、张杨进驻洛阳。吕布，字奉先，五原郡九原人，弓马娴熟，骁勇善战。张辽，字文远，雁门马邑人。张杨，又名张扬，字稚叔，并州云中人。蹇硕又将各地勇士纳入自己麾下，极力在军队安插亲信。

太常刘焉向皇帝刘宏上疏道："现在天下大乱，刺史职权太小，没有能力制止暴乱。现在的刺史、太守都是通过贿赂得到职位，他们到任后盘剥百姓，引起叛乱。微臣建议改刺史为牧伯，恭请陛下慎重挑选德高望重、担任重要职位的大臣担任牧伯，镇抚一方，这样可保天下太平。"刘焉，字君郎，江夏郡竟陵县人，皇室宗亲。皇帝刘宏鉴于并州刺史张懿、凉州刺史耿鄙均遭叛军杀害，认为刘焉说得有道理，最终批准。此后朝廷与州牧的权力此消彼长，州牧的权力逐渐增大，最终演变为一方诸侯，此乃后话。

这时有望气的人认为京师会有大兵祸，南北两宫流血。大将军府司马许凉、假司马伍宕对何进道："《太公六韬》说天子阅兵可以威震四方。"何进认为有道理，于是入朝向刘宏汇报。刘宏马上同意，诏令何进征调各地军队，在平乐观下举行盛大的阅兵仪式。

何进命人筑了一大坛，上面兴建十二层五彩华盖，高十余丈，又在大坛东北筑小坛，再兴建九层华盖，高九丈。何进调集步骑数万进入阅兵营操练。一切准备完毕，皇帝刘宏披戴甲胄立于大华盖下，何进立于小华盖下检阅，数万军队浩浩荡荡地从皇帝面前列阵走过。皇帝刘宏骑着有护甲的高头战马，自称"无上将军"，绕军阵巡视三圈后返回，将武器授予何进，诏令何进率领全军进驻观下。

刘焉结合天下的形势认为待在京城洛阳有灾难，想到外面避祸。刘焉认为交趾偏僻，是理想的避祸之地，于是想谋求交趾牧一职。侍中、广汉人董扶私下对刘焉道："京城洛阳将要发生大乱。根据天象，益州将出现新的皇帝。"刘焉认为益州更好，于是改变主意要求去益州。

益州刺史郗俭大肆敛财，贪婪成性，恶名远播，刘宏极为不满。刘宏任命刘焉为监军使者、益州牧，封阳城侯，命其前往益州逮捕郗俭，整顿吏治。董扶闻知刘焉前往益州，请求担任蜀郡西部属国都尉，太仓令巴西人赵韪闻讯，马上辞官请求同去，于是刘焉带着两人前往益州赴任。

全国各地到处都是叛乱，刘焉赴任受阻，不能及时到达。这时益州人马相、赵祗等人召集疲惫的服劳役百姓，仅用一二日聚众数千，自称"黄巾军"，先杀绵竹令李升，吏民纷纷响应，部众过万，于是马相进攻雒县，杀死益州刺史郗俭，不到一个月连续攻下蜀郡、犍为、巴郡三郡，巴郡太守赵部战死，马相自称"天子"，部众多达数万。益州从事贾龙在犍为东部率领家兵数百，聚集吏民千余人，猛然发动进攻，仅用数日打败马相，益州恢复太平，贾龙派人迎接刘焉进入益州，刘焉把治所设在绵竹，任命贾龙为校尉。

再说蹇硕虽然专掌兵权，仍旧非常忌惮何进。中平五年（188）十一月，王国、韩遂率军入侵三辅，包围陈仓。蹇硕与各常侍共同劝说皇帝刘宏，请求再派何进西击王国、韩遂。刘宏赏赐何进兵车百辆，虎贲斧钺，命何进出征。何进内心惶恐，上奏道："徐、兖二州叛军势大，微臣请求派袁绍东进讨伐，等袁绍返回，微臣马上出兵。"刘宏实在没有办法，只好下诏任命皇甫嵩为左将军，命皇甫嵩、董卓各自领兵二万，以皇甫嵩为主将，出兵抵御王国、韩遂。任命陶谦为徐州刺史，镇压徐州叛军。那么皇甫嵩、董卓作战是否顺利？且听下文分解。

第三回　皇甫嵩讨伐王国，董仲颖拒交兵权

且说皇甫嵩到了右扶风，董卓建议道："陈仓危急，我们应该尽快救援。"

皇甫嵩道："百战百胜，不如不战而胜。陈仓虽小，但城垣坚固，守卫严密，不容易攻破，根本用不着救援！不如待王国部众疲乏，我们再发动攻击，以逸待劳，这才是获得彻底胜利的策略！"王国围攻陈仓八十余天，果然未能攻破。

中平六年（189）二月，王国的军队疲惫不堪，解围撤退。皇甫嵩下令进军追击，董卓劝阻道："不能追击。兵法上说：'穷寇勿迫，归众勿追。'"皇甫嵩道："不是这样，以前我们不进攻，是避其锐气；现在发动进攻，是因为他们士气低落。我们现在攻击的是疲惫之师，而不是'归众'；王国的军队正要溜走，已无斗志，并不是'穷寇'。"董卓不服，劝谏道："王国狡诈，如果追击，我军必败，张伯慎就是前车之鉴，还望将军三思！"皇甫嵩道："战机稍纵即逝，我当以雷霆之势横扫叛军，不容对方有任何喘息之机，岂可让叛军从容撤退？"董卓怒道："我长期与他们打交道，熟悉他们的战法，你不听我的建议，我要上表弹劾你！"皇甫嵩怒道："我生在凉州，对叛军战法了如指掌，比你更清楚，既然你不听将令，不敢追击，你就跟在后面作为后援，我去追击！"于是皇甫嵩独自进击，连续进攻，大获全胜，斩杀叛军一万多人，可惜没有董卓支持，皇甫嵩不能扩大战果。董卓又惭愧又嫉恨，从此与皇甫嵩结怨。

王国战败回到凉州，韩遂、马腾等人共同废黜王国。他们认为汉阳人阎忠有能力，胁迫阎忠担任首领，阎忠誓死不从，绝食而死。阎忠一死，韩遂等人互不相让，争权夺利，继而互相攻杀，于是叛军逐渐衰落。

朝廷见董卓不服皇甫嵩将令，下旨征召董卓为少府，把他调离军队。董卓不肯就任，上书辩解道："臣手下全是羌胡兵，他们对臣说：'现在军队粮饷不齐，朝廷下发的东西断绝了，家里的老婆孩子挨饿受冻。'这些人扶着臣的车子，使臣不能上路。羌胡人狼心狗肺，微臣不能禁止，只好斗胆违背旨意顺应他们进行安抚。"朝廷管不住董卓，对董卓很担心。

这时皇帝刘宏已经得病，下诏改任董卓为并州牧，让他把兵权交给皇甫嵩。董卓又上书道："臣既无深谋远虑，又无壮举，承蒙陛下错爱，使臣掌管兵马十余年。士卒与臣亲近日久，留恋臣对他们的养育之恩，都愿意为臣尽力。他们求微臣带他们去并州，效力边疆。"董卓还是不肯交出兵权，私自率领五千精锐前往并州。董卓行至河东郡，听闻刘宏病危，马上安营扎寨，止步不前。

皇甫嵩的侄儿皇甫郦向皇甫嵩建议道："本朝动乱，政治腐败，人民疾苦万分，能够挽回危局的只有您与董卓两人而已。现在你们已经结怨，势不两立。董卓奉诏交兵权给您，却上书不交，这是违反皇帝的命令。他见京师动乱，迟迟不走，这是怀奸。您今为元帅，应该依靠国威讨伐，强行解除他的兵权，对上显示您的忠义，对下除掉凶害，这是齐桓公、晋文公那样的功业啊！"皇甫嵩道："董卓不听命虽然有罪，但我专诛也有责任。不如正大光明地上奏朝廷，让朝廷处理吧。"于是上书朝廷，董卓更加怨恨皇甫嵩。刘宏大怒，下诏叱责董卓，董卓仍不服从，仍旧驻军河东，观察朝局的变化。那么朝局究竟又会发生什么变化呢？且听下文分解。

第十一章 何进谋诛宦官，董卓进京乱政

第一回 何进谋诛宦官，袁氏血洗皇宫

且说刘宏病危，召蹇硕至病榻前，将刘协托付给蹇硕，让蹇硕保刘协登上皇位。中平六年（189）四月，刘宏于南宫嘉德殿驾崩，时年三十三岁，谥号为灵帝。这个昏庸无道的皇帝留下的是千疮百孔的江山、一个危机四伏的朝廷、一群占据高位而无能大臣、一个混乱不堪的后宫，大汉到了生死存亡的紧要关头。

蹇硕受领遗诏，准备先杀何进，再立刘协为帝，于是派人邀请何进入宫议事。何进即刻乘车进宫，蹇硕的司马潘隐与何进友好，迎接时而用眼色暗示何进，何进知道潘隐有话相告，潘隐如厕，何进声言内急，连忙跟了过去，潘隐小声说道："大将军快走，蹇硕已在大殿埋伏刀斧手，准备取您性命！"何进惊恐，推说有东西落在车上，慌忙出宫，骑马从近道跑到自己嫡系部队军营，带兵入驻百郡邸，托病不再进宫。

蹇硕的计谋没有得逞，过了两日，众大臣拥年仅十四岁的太子刘辩即皇帝位，史称少帝，尊母亲何皇后为皇太后，尊祖母董氏为太皇太后。由于少帝年少，何太后临朝听政。皇帝下旨，改年号为光熹，大赦天下，封九岁的皇弟刘协为勃海

王，后改封为陈留王，封后将军袁隗为太傅，与大将军何进参录尚书事，何进掌握朝政。

袁绍早有诛杀宦官之心，劝何进道："黄门常侍权重已久，大将军当务之急是诛杀宦官为国家除害。然后选拔贤才，整顿天下，大汉才能复兴。"何进久知宦官为天下人所恶，加上痛恨蹇硕想要谋害自己，于是马上采纳，暗中部署诛灭宦官。

袁氏一族历代有人担任高官，得到天下人拥护。袁绍向来善于养士，豪杰之士也愿为所用。虎贲中郎袁术讲义气，为人豪侠。因此何进重用并厚待袁绍、袁术。袁术，字公路，乃袁绍同父异母之弟。何进征聘智谋人士何颙、荀攸及河南人郑泰等二十人，任命何颙为北军中侯，荀攸为黄门侍郎，郑泰为尚书，把他们作为心腹。郑泰，字公业。荀攸，字公达，颖川颖阴人。何进听说王允返回洛阳为灵帝吊丧，马上召见王允，说明意图，王允感激何进的救命之恩，满口答应，何进命王允入宫担任从事中郎。

蹇硕疑虑不安，央求大长秋赵忠、中常侍宋典道："大将军何进兄弟掌控朝政，独断专行，如今与党人策划，想要诛杀我们。只因我统率禁军，所以还在迟疑，没有动手。我们应该一起动手，关闭宫门，赶快将何进逮捕处死。"中常侍郭胜与赵忠等人商议，拒绝蹇硕的提议，并向何进告发。何进大怒，下令逮捕蹇硕，将他处死。丁原原为蹇硕部下，但也憎恨宦官，何进赏识丁原，任命丁原为执金吾，掌管皇宫外围防卫。

袁绍见丁原也归何进指挥，认为诛杀宦官时机成熟，劝何进道："宦官为害朝廷多年，天下士人无不恨之入骨。如今大将军兄弟同时统率全国的军队和禁军，您的部下将领官吏都是俊杰名士，乐于效命，一切全在掌握之中，此乃天赐良机。大将军应该一举诛灭宦官，为天下除去大害，这样必能垂名后世，您可不要错过啊！"东曹掾蒯越道："袁本初说的对，在下认为铲除宦官应该先发制人，快刀斩乱麻，此乃上策。"何进认为有道理，马上同意。袁绍又劝道："以前窦武诛杀宦官，反而被害，现在先帝灵柩放在前殿，将军受诏统率禁兵，最好不要随便出入皇宫，以防不测。"于是何进托病，不入宫为先皇陪丧，也不送葬。

太皇太后董氏以前经常干预政事，灵帝刘宏死后依然收不住手，还想继续干政。皇太后何氏与婆婆矛盾极深，现在终于熬出头了，董氏每次干预政事，何氏都禁止阻拦。董氏非常气愤，责骂道："你这么强横跋扈，还不是依仗哥哥的权势。我应当敕令骠骑将军董重砍了何进的头。"何氏马上告诉何进。何进便与三公以及车骑将军何苗等人上奏道："太皇太后指使前中常侍夏恽、永乐太仆封谞等人交结州郡，搜罗各地珍宝财货，全部送进永乐宫。根据过去的惯例，藩王之后不得留住京城，舆车服饰有一定的规章，饮食也有品级要求。臣等恳请把太皇太后的宫室迁回封国。"何氏当即以皇帝刘辩的名义同意。何进随即派兵包围骠骑将军董重府第，拘捕董重，五月初六，董重在狱中自杀。六月初七，何太后将太皇太后毒杀在返回封国的路上。

何进日夜与袁绍商议诛杀宦官，商定后向何太后汇报，何进道："天下人都痛恨宦官，我想将他们诛杀，然后委派三署郎官代替他们的职务。"何太后不同意，说道："宦官统领禁省是汉家老规矩，先帝刚刚去世，我怎能衣冠整齐地与士人共事？"何进不敢违背何太后旨意，于是先退一步，准备先诛杀最跋扈、民愤最大的宦官。

何太后的母亲舞阳君和车骑将军何苗多次接受宦官贿赂，知道何进要诛杀宦官，屡次向何太后进言道："我们能有今天的地位全靠宦官帮助，难道我们何家要成为忘恩负义的人吗？宦官不能杀啊！"何太后完全赞同。舞阳君和何苗又道："现在大将军擅自杀害左右近臣，专权独断，这是削弱国家啊！"再加上何进不为先皇陪丧，也不送葬，何太后认为母亲和二哥的话有道理，对何进的所作所为非常不满。

袁绍见何进没有行动，又对何进道："宦官最亲近太后和皇帝，百官的奏章、皇帝诏命都由他们来回传递，现在不彻底除掉，将来必有后患。"何进以前得到宦官很多帮助和好处，对宦官既尊敬又畏惧，虽然贪图得到诛杀宦官的美名，但又不能当机立断，因此事情也就慢慢拖了下来，很久也没有决定。东曹掾蒯越见何进迟迟没有行动，担心何进失败，于是请求出任汝阳令，蒯越就这样离开何进。

袁绍又为何进出谋划策，劝道："大将军可以召集各地猛将和英雄豪杰，让他们打着要求诛杀宦官的旗号，率军向京城洛阳进发，表明杀宦官不是大将军您的主意，而是天下人的意见。这样何太后就不得不同意了！"典军校尉曹操指着袁绍的鼻子，怒道："竖子不足与谋，你这是馊主意！这样不可能保密，后果不堪设想。"何进却对曹操道："我认为本初说得对！"曹操笑着劝何进道："阉竖宦官古今都应该有，只是君王不应给予大权和过分宠信，让他们发展到现在这种程度。既然要惩治他们，应当除掉首恶，这种事情只要一个狱吏就够了，以前诛杀王甫不就是这样吗？至于纷纷攘攘地征召各地军队吗！如此大规模、声势浩大地行动，事情必定泄露，我看这样下去要失败！"何进家族是宦官统治的最大受益者，要是把宦官一个个抓起来拷打审问，宦官一定会把事情全部抖出来，何进自己也脸上无光，家族威望必受到影响，于是何进不纳曹操之言。

主簿陈琳劝阻何进道："国家大事怎么可以用欺诈的方法办成呢？如今将军集皇家威望于一身，手握兵权，龙行虎步，为所欲为。只要您以雷霆万钧之势当机立断，发号施令，那么上应天意，下顺民心，就好比是用炉火去烧毛发，很容易达到目的。您如今放弃手中的权柄，反而征求外援，等到各地大军都来了，到时候是强者称雄，这样做好比倒拿武器，把手柄交给别人，必定不会成功，只会带来大乱。"何进道："此事就依本初所言，不必再议！"

何进召集大家商议召谁的军队进京，何进道："董卓的军队离洛阳最近，我看先召董卓。"侍御史郑泰劝谏道："董卓为人强悍，不讲仁义，贪得无厌。假如朝廷依靠董卓支持，授以兵权，他将为所欲为，必定威胁到朝廷安全。明公您作为皇亲国戚，掌握国家大权，可以依照本意独断独行，诛灭那些有罪之人，实在不应该把董卓作为外援啊！此事拖得太久，定会起变化，先前窦武的教训并不久远，请大将军赶快决断！"何进不听。郑泰非常生气，辞职而去，对荀攸道："何进是个不容易辅佐的人，真是烂泥扶不上墙！"

尚书卢植急了，劝谏何进道："董卓像虎狼一样，不可委以重任，更不可让他率军进京。董卓要是进京，那就全乱套了，他根本不讲政治、不听号令，先帝都拿他没有办法，您拿他有什么办法？董卓的军队更是难以管理，他们来自少数民族，只愿为董卓一人效命，其他人根本指挥不动。如此必出大乱，迟早是个祸害，还请大将军收回成命！"何进不听。卢植瞪着何进，跺着脚，怒道："何进！你要诛杀宦官就该堂堂正正地去做，假装是别人要诛杀宦官，还要召董卓进京，何必多此一举，你太虚伪了，竖子不足与谋！你会自食其果的。"说完拂袖而去。

何进的僚属王匡与骑都尉鲍信都是泰山人，何进让他们以"诛灭宦官"的名义回乡招募军队。何进又命令东郡太守桥瑁屯兵城皋，丁原率领数千人马进军河内，焚烧黄河渡口孟津，孟津顿时火光冲天，洛阳城都可以看到，他们全说要"消灭宦官"。

董卓接到何进的命令立刻出发，上书道："中常侍张让等人利用皇帝宠幸之机扰乱天下。我听说扬汤止沸不如釜底抽薪，疮痈割破虽然疼痛，但胜于向内侵蚀脏腑。从前赵鞅统率晋阳的军队清除君王身边的恶人，如今我敲响钟鼓到洛阳来，请求逮捕张让这些宦官，清除奸邪！"何太后仍然不答应。

何苗对何进道："我们出身贫贱，当初从南阳来到洛阳，全靠宦官扶持帮助，才有今天的富贵。国家大事谈何容易，到时覆水难收，您应该多加考虑。还是暂且与宦官和解吧。"这样何进又犹豫不决了。

这时董卓已到渑池，何进连忙派谏议大夫种邵拿着皇帝诏书阻止。董卓不接受诏命，一直进军到河南。种邵无奈，送给董卓军队很多慰问品，以迎接尉劳董卓军队的方式劝他退军。董卓怀疑洛阳政局发生变动，命部下拿着武器威胁种邵。种邵大怒，以皇帝的名义严加叱责，士兵都害怕散开。种邵上前当面责问董卓，董卓理屈词穷，只好撤到夕阳亭。

事情到了这一步，诛杀宦官之事全洛阳都知道了。袁绍怕何进改变主意，威胁何进道："现在行动计划暴露了，大将军还想等什么，快做决断吧。事情拖得太久会发生变化，就要重演窦武被害的惨剧了！"于是何进任命袁绍为司隶校尉，假节，授予杀伐的权力，任命从事中郎王允为河南尹。

袁绍命洛阳的方略武吏侦察宦官动静，催促董卓等人派驿使紧急上奏，命他们上奏时声言进军平乐观，袁绍这是让董卓兵谏。这下子何太后彻底怕了，赶紧把中常侍、小黄门等宦官全部罢免回家，只留一些何进信任的宦官守在宫中。

诸常侍、小黄门都去向何进请罪，表示一切听从何进处置。何进又在宦官面前装好人，对他们道："天下动荡不定，他们只是厌恨你们。如今董卓马上就要来了，你们为什么不早日回到自己的封国去呢！"宦官们刚走出门，袁绍连忙入内，劝道："现在宦官都到您的府上来了，大将军应该趁机把他们杀了。"何进坚决不同意，袁绍再三哀求，何进置之不理。袁绍假借何进的名义，用公文通知各州、郡官府，要他们逮捕宦官的亲属。宦官们恐惧，心知已无路可退，于是准备最后一搏。

张让的儿媳何瑶是何太后的妹妹，张让跪在何瑶面前叩头道："我犯下罪责，理应全家回到家乡。我家几代蒙受皇恩，如今要远离皇宫，心中不舍。我想再入宫侍候一次，看一下太后和天子，如此再也没有遗憾了！"何瑶向母亲舞阳君说情，舞阳君入宫向何太后求情。于是何太后下诏，让诸常侍入宫服侍。

八月二十五日，何进率军来到宫外，独身进入长乐宫。何进奏告何太后，请求诛杀全体中常侍。众宦官见何进进宫，互相转告道："大将军称病不陪丧，不送葬，现在忽然来到宫中，他想干什么？难道想重演窦氏之事吗？"于是张让派人窃听，何进的意图暴露无遗。张让大怒，马上召集段珪、毕岚等几十人，拿着兵器悄悄从侧门进入，埋伏于宫中。不久何进出来，宦官假称太后召何进进见。何进刚刚返回，猛见大门突然关闭，张让率领众宦官从四面八方涌出。何进大惊失色，手足无措，惊问道："你们这是为何？"张让等人逼住何进，责问道："天下大乱，也不单是我们宦官的罪过。先帝曾经跟太后生气，几乎废黜太后，我们流着泪解救，各人都献出家财千万作为礼物，使先帝缓和下来，我们不过是想托身于你门下罢了。如今你竟想把我们杀死灭族，不也太过分了吗！"何进刚想分辩，尚方监渠穆一剑刺向何进，众宦官一拥而上，当即在喜德殿前斩杀何进。张让、段珪写下诏书，任命前太尉樊陵为司隶校尉，少府许相为河南尹。尚书看到诏书，觉得可疑，说道："如此大事请大将军何进共同商议。"中黄门将何进首级扔给尚书，说道："何进谋反，已被处死！"

何进的部下吴匡、张璋在皇宫外等候，忽闻何进被杀，打算率军冲入宫中，无奈宫门紧闭，众人无计可施。这时虎贲中郎将袁术率军赶到，下令进攻皇宫，吴匡、张璋马上响应。宫外的军队用刀斧劈砍宫门，宫内的中黄门手持武器，死死守住。这时天色已近黄昏，袁术命令放火焚烧南宫九龙门及东西宫，胁迫宫中交出张让等人。

张让等人担心南宫保不住了，连忙跑到长乐宫禀告何太后："大将军何进部下谋反，纵火烧宫，进攻尚书门。"没等何太后开口说话，众宦官裹胁着何太后、少帝、陈留王刘协，劫持宫内其他官员从天桥阁道逃向北宫。尚书卢植手持长矛站在阁道窗下，仰头厉声斥责宦官道："你们往那里跑，还不快快束手就擒！"段珪惊恐害怕，何太后趁机一把将他推开，纵身从窗口一跃而下，逃离虎口。

袁绍与叔父袁隗赶到宫外，假传圣旨，召来樊陵、许相，两人一到，刀斧手一拥而上，当场将他们斩杀。袁绍与何苗、吴匡率军驻扎在朱雀阙下，捉住赵忠，当即一刀将他砍死。吴匡等人怨恨何苗不与何进同心，怀疑何苗与宦官同谋，大声对部下喊道"杀死大将军的人就是车骑将军何苗，将士们能为大将军报仇吗？"大家流泪道："愿拼死为大将军报仇！"于是吴匡率兵进攻何苗，两军短兵相接，打得不可开交。奉车都尉董旻绕至何苗身后，挺矛猛刺，长矛穿心而过，何苗顿时毙命，何苗部下尽降。众人随即把何苗的尸体扔在一边，浇上几泡小便，继续进攻皇宫。董旻，字叔颖，乃董卓之弟。

袁绍命军队守住北宫大门，不让宫内人出来，趁势率军进攻，士兵爬上北宫墙顶，翻墙跳入宫内，打开宫门，众人蜂捅而入。袁绍指挥军队捉拿扫荡宦官，不论老少，见了就杀，很多人因为没有胡须惨遭误杀，其他没有胡须的赶紧把裤子脱了，露出下半身，这才得免，共有二千余人死于非命。

张让、段珪等人困迫不堪，吓得瑟瑟发抖，到处东躲西藏。二十七日夜晚，张让与几十个宦官带着少帝、陈留王刘协偷偷从谷门溜出。往北跌跌撞撞逃到小平津，前面的黄河挡住去路。张让一行过不去，只好躲进芦苇丛。

尚书卢植发现皇帝不见了，立即策马追赶。卢植到达黄河岸边，大呼道："陛下，您在哪里？微臣卢植迎驾来了。"不一会儿河南中部掾闵贡小跑着跟了过来，卢植大喜，命闵贡往下游寻找，自己往上游搜寻。

闵贡一手举着火把，一手提着宝剑，一边呼喊一边搜寻。大约过了半个时辰，

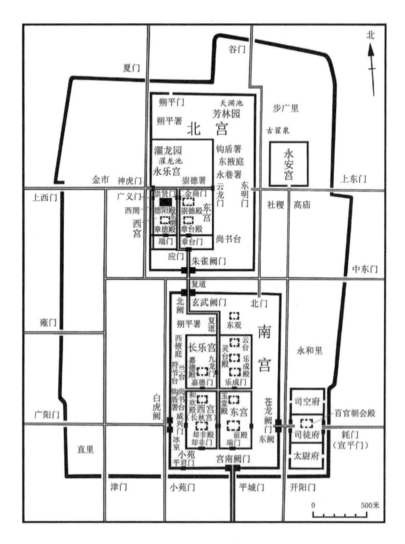

洛阳城地图 1*

闵贡猛然发现芦苇丛微微动了一下，发出一阵窸窣声，闵贡当即用剑拨开芦苇，见张让等人全部躲在里面，于是厉声斥责道："你们这群祸国殃民的东西，我要把你们全部杀死！"说着挥舞宝剑，一口气刺死数名宦官。张让等人又惊又怕，

---

* 赵国祥：《东汉洛阳都城的空间格局复原研究》，《华夏考古》2022 年第 3 期。

哭着向少帝刘辩叩头辞别道："我们去死了，天下就要大乱了，请陛下自己保重！"说完几十个宦官投河而死。

闵贡扶着少帝与陈留王刘协，借着萤火虫的微光徒步向南走，想要回到宫中。三人走了几里地，找来一辆百姓家的板车，大家一齐上车，到达洛舍歇息。二十八日，闵贡找到两匹马，少帝骑一匹，陈留王刘协和闵贡合骑一匹，三人从洛舍向南走，这时才有公卿逐渐赶来。

董卓率军赶到显阳苑，远远望见洛阳起火，知道发生重大变故，于是统军急

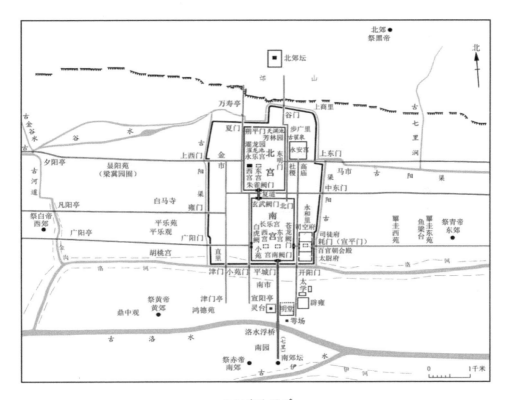

洛阳城地图 2*

---

* 赵国祥：《东汉洛阳都城的空间格局复原研究》，《华夏考古》2022 年第 3 期。

进。天还没亮，董卓便来到城西，听说少帝在北边，马上率军到北芒阪下奉迎少帝。少帝见董卓大军涌来，吓得哭了起来。大臣们对董卓道："皇帝有诏，要军队后撤。"董卓一愣，反问道："你们身为国家大臣，不能辅佐王室，致使皇帝流亡在外，凭什么要军队后撤！"众卿无言以对。董卓一身戎装上前参见少帝，少帝害怕，说起话来语无伦次。董卓又问陈留王刘协，刘协将事变经过一一作答，从始至终毫无遗漏。董卓十分高兴，觉得刘协贤能，而且又是由董太后养大，董卓自以为与董太后同族，于是有了废黜少帝改立刘协的念头。

谁都没有想到，襄楷和望气者预言的两宫流血竟然以这样的方式呈现。那么董卓改立皇帝能不能成功呢？且听下文分解。

第二回　吕布刺杀丁原，董卓进京乱政

董卓大军护送少帝一到洛阳，早有城门校尉伍琼在城外恭候，迎接少帝和董卓大军入城。董卓一行接近皇宫，执金吾丁原率军将董卓拦住，丁原大声制止道："此乃皇宫，任何军队不得入内！"董卓道："我奉大将军何进之命进京诛杀宦官，你不得阻拦！"丁原道："宦官全部杀光了，这里没你的事！"董卓怒道："我护送天子回宫，你给我让开！"丁原道："我是执金吾丁原，保卫京城、皇宫是我的职责。天子出行理应由我负责仪仗和警卫。既然现在天子已经回到洛阳，剩下的事交给我，你可以回去了！"董卓大怒，挥手就是一鞭，狠狠地抽打在丁原脸上，丁原脸上顿时泛起一道红印，鲜血慢慢地渗了出来。董卓两眼圆睁，厉声骂道："好你个执金吾丁原，有人攻打皇宫的时候你到哪里去了！天子被宦官劫持出宫你又到哪里去了！是你失职才让天子受这么大的苦。你有什么资格在这里

迎候天子？你有什么资格在这里保卫皇宫？你有重罪，我现在就可以杀了你！"
丁原待在原地一动也不敢动，董卓又举鞭抽向丁原，丁原身后蓦地闪出一将，一
把将董卓手腕扣住，怒目瞪着董卓说道："谁敢对我义父无礼，我吕布马上杀了
他！"董卓的手被吕布抓得隐隐作痛，急着想要抽回，可是无论怎么用力，竟然
丝毫动弹不得。忽然，吕布猛地用力一摔，董卓跟跟跄跄倒退好几步，一下子为
丁原解了围。吕布转身操起长矛，挡在丁原前面，矛尖直指董卓，骂道："匹夫，
你给我滚出洛阳，从哪里来滚回哪里去！"董卓身后的牛辅、郭汜急忙拔剑来助，
吕布大喝一声，长矛闪电般左右一击，只听叮当两声，没等牛、郭两人反应过来，
手中宝剑已被震得脱手而飞。吕布长矛直抵董卓颈脖，董卓冷汗直冒，一动也不
敢动。双方将士纷纷亮出兵器，准备大打出手，顿时剑拔弩张，周围的一切仿佛
都凝固了似的。这时宫内传来一个苍老的声音："各位都给我住手，还不赶快护
送陛下回宫！"众人转眼一看，原来是太傅袁隗率领百官赶到。袁隗来到跟前，
众人舒了一口气，缓缓地收回兵器，董卓、丁原连忙参见袁隗。袁隗来到少帝跟
前，跪请少帝刘辩登舆车回宫，没等刘辩反应过来，董卓一把抓住刘辩的手，扶
着刘辩一起登上皇帝的车驾，奉车都尉董旻领着车驾起驾回宫。众人面面相觑，
赶紧在后面跟着。董卓的军队与丁原的军队共同守卫皇宫。

　　董卓与众将进入皇宫，袁隗与众大臣战战兢兢地立在大殿两旁，董卓扶刘辩
坐好，大声说道："我听说洛阳六月以来一直下雨，这是为何啊？一定是朝廷做
错了什么。现在何进、何苗都死了，陛下流落宫外，你们这些大臣谁出来承担责
任啊？"众大臣都低着头，一声也不敢吭。于是董卓废司空刘弘，自任司空，任
命闵贡为郎中，封都亭侯。

　　董卓西征凉州时与周慎相识，命周慎之子周毖为侍中，对周毖特别亲近。城
门校尉伍琼对董卓大军一路放行，董卓对他也很信任。董卓刚进京，对洛阳的情

况不清楚，于是问他俩有什么人才可以任用，周毖、伍琼道："蔡邕、郑泰、何颙可以。"董卓早就知道蔡邕名气大，于是下令征召，蔡邕看不上董卓，推说有病不去上任。董卓大怒，骂道："蔡邕纵然骄傲，我有灭人三族的权力，诛他一家就像用脚踩死蚂蚁一样简单。"蔡邕无奈，只得前去报到，任代理祭酒。蔡邕见董卓虽然粗暴，却对自己很敬重，于是对董卓非常客气。

当日骑都尉鲍信与部下于禁恰好从泰山郡募兵归来，鲍信获悉何进、何苗已死，劝袁绍道："董卓统率强兵，定然有不轨的打算。将军您现在不早作打算，必会被他所制。您在军中地位最高，应该趁他刚到，兵马疲惫，人地两生，马上统领洛阳军队，联合执金吾丁原，再加上我带回来的军队，我们突然袭击，董卓一战可擒！"袁绍畏惧董卓，说道："董卓是我坚持请来诛杀宦官的，今日护送陛下回宫虽然无礼，却是有功，现在也没有什么大错，不能贸然攻打他。"鲍信央求道："先下手为强，后下手遭殃！"袁绍不为所动。鲍信担心自己遭到伤害，连忙和于禁率军返回泰山郡。鲍信，字允诚，泰山平阳人。于禁，字文则，泰山巨平人。

当晚，董卓召集手下商议，董卓道："执金吾丁原对孤无礼，他的军队整天守在宫外，孤欲诛之，不知有何良策？"董旻献计道："丁原的义子吕布，勇猛异常，世之虎将，贪得无厌，可以游说吕布，晓以利害，让吕布把他除掉。"李肃道："吕布弓马娴熟、武艺高强、骁勇善战，一直没有受到朝廷重用。小人与吕布同乡，愿为说客，劝他来投。"董卓大喜道："如此甚好，孤可以多得一员猛将。"

董卓的女婿牛辅道："我们才三千人马，末将担心控制不了局势。"董卓马上差人火速前往河东郡、右扶风调动自己的军队进京。董卓唤过牛辅，在牛辅的耳边轻声说如此如此，牛辅领命而去。当夜牛辅偷偷把军队开到城外扎营，天亮后大张旗鼓地进城，大家都以为董卓的军队又到了，如此连续五天，直到董卓完全控制朝政和军队。

李肃策马来到吕布住所，吕布问道："故人从何而来？"李肃哈哈大笑道："我受董仲颖将军之命前来问候将军。"吕布冷笑道："你的脖子是不是很硬，想试试我的宝剑是不是锋利吗？我念你是同乡，不想杀你，你快点走吧，免得伤了和气。"李肃道："将军武功盖世，我为您感到骄傲！您怎么只想着我脖子硬不硬，怎么不想想自己的死期马上就要到了呢！"吕布惊问李肃道："此话怎讲？"李肃郑重地说道："丁原身为执金吾，没有保卫好皇宫，任由袁术等人攻打而无动于衷，致使皇帝蒙尘，其罪当诛！您是他的义子，肯定脱不了干系，一定会受到牵连！""此话当真？""千真万确！今日丁原截住董公，两军在宫外差点打起来。董公现已升为司空，依在下愚见，陛下和董司空马上就要捉拿丁原问罪。我们是老乡，所以深夜赶来通知您。"吕布连忙谢过，说道："既然如此，我当逃命要紧，要是迟了，可能走不了了！"李肃道："我有一策，不但可以让将军脱开干系，还可让将军立功领赏，从今往后飞黄腾达，拜将封侯。"吕布大喜，问道："可有如此好事？您何不早说呢！"李肃眼睛眯成一条缝，轻声说道："你取丁原项上人头，献与董司空，对董司空说：'丁原下令不去保卫皇宫，不去保卫陛下，任由他人胡作非为，现已将他处死。'这样您不但无罪，而且还有功，更重要的是，只牺牲丁原一人，所有的并州猛士都可以保全。"吕布为难地说道："我冒犯了董将军，董将军会不会记恨于我？"李肃笑道："董司空爱惜人才，仰慕将军，早就想与将军倾心结交，您看这是他的书信以及送给您的礼物。"吕布打开礼物，见是金银珠宝，顿时眼睛发直，吕布看着书信，不由自主地双手发抖。吕布激动地握着李肃的手道："董司空慷慨豪爽，如此看重我，我愿为董司空效命，就算是赴汤蹈火也在所不辞！"

次日（二十九日）一早，吕布执矛进入丁原府衙，丁原问道："奉先以前来得迟，今日何故来得早？"吕布不答话，上前一矛刺向丁原，众人面面相觑，吕布大声道："执金吾丁原不能保护皇宫，不能保护天子，其罪当诛，我奉命诛贼，其他人等既往不咎。"吕布取下丁原首级，大步而去，众人不敢阻挡。吕布将丁原首级献给董卓，董卓大喜，封吕布为骑都尉，暂领丁原的军队。董卓就这样吞并丁原的军队，实力大增。

董卓下令削除曹节等宦官的爵位，罚没所有财产，并诛杀其后人。蔡邕举高第，补侍御史。下令受宦官迫害的人士进京为官，宣布停止卖官。

当晚，董卓召集大臣商议废掉皇帝刘辩，立刘协为帝。董卓对袁绍道："统治天下的君主，应当由贤明的人担任。我每次想到灵帝，都感到愤恨。董侯好像还可以，应当立他为皇帝，不知能否胜过'史侯'，有的人小事聪明，大事糊涂，谁知道他又会怎样？如果他也不行，刘氏不应该再统治了！"袁绍道："大汉统治天下四百年，恩德深厚，万民拥戴。当今天子年纪正轻，没有什么错误传扬于天下，假使您不顾礼法，随心所欲，废掉嫡嗣立庶子为皇帝，恐怕大家都不会赞同！"董卓手按佩剑怒斥道："你这小子胆敢这样说话！天下的事情，难道不是由我说了算吗？我想这样做，谁敢不从！你以为我董卓的刀不锋利吗！"袁绍勃然大怒道："天下的英雄豪杰，难道只有你董卓！"说着横陈宝刀，一躬到底，径自出门而去，边走边喊："此等国家大事，您还是同太傅一块商议吧！"袁绍将符节悬挂于上东门，逃奔冀州。

董卓想要缉拿袁绍，伍琼连忙替袁绍向董卓求情道："废立皇帝如此大事，不是一般人能够参与的。袁绍不懂大局，恐惧出逃，并非有其他想法。现在急着悬赏缉拿，势必引起变故。袁氏四代普施恩惠，门生故吏遍布天下，一旦收罗豪杰，聚集兵众，英雄之士跟着兴兵，恐怕山东就不属于您了。不如赦免袁绍，封他做个郡守，他见免去罪责，一定高兴，必定不会发生祸患。"董卓认为伍琼说的有道理，当即采纳，于是派人任命袁绍为勃海太守，封邟乡侯，名义上还兼着司隶校尉。

董卓又把洛阳附近的领军将领调到更高的职位，让自己亲近的人掌军。

三十日上午，董卓任命蔡邕为持书御史，收袁绍符节，正式兼并何进、何苗的军队。下午，董卓大会群臣，大声说道："当今皇帝暗弱，不可以奉宗庙，做统治天下的君主。如今我想依照伊尹、霍光的前例，改立陈留王为帝，你们觉得怎样？"众大臣惶恐不安，没有人敢回答。董卓高声道："从前霍光定下废立大计，田延年手握剑柄，准备诛杀反对者。现在谁胆敢反对，都以军法处置！"众人无不震骇。尚书卢植不紧不慢地站了出来，劝道："从前太甲继位昏庸不明，昌邑王有千条罪状，所以才有废立之事。现在皇帝年幼，行为没有过失，不能与前例相比。"虎贲中郎将孔融也上前帮着卢植说话。孔融，字文举，鲁国人，孔子二十世孙。卢植与董卓论理，董卓理穷词屈，大怒，气得离座而去。过了片刻，董卓召来吕布，指着卢植道："你难道连当今皇帝和陈留王哪一个更加贤明都分不出来吗？你枉为一代大儒，一派胡言，睁着眼睛说瞎话，我今天就把你杀了。"吕布持矛欲刺卢植，蔡邕大喊一声："且慢！"飞身挡在卢植面前，蔡邕恭恭敬敬地向董卓行了一礼，劝阻道："卢尚书是全国闻名的大儒，受人尊敬爱戴。现在杀了他，天下的读书人必将恐慌。董公，您最爱人才，如今天下纷乱，正是用人之际，不可轻易杀人啊！"董卓怒气稍平，这才命吕布退下，当即下令免去卢植的官职。董卓又问袁隗废立之事，袁隗战战兢兢说道："可以是可以，但是要何太后同意。"董卓带人闯进后宫，对何太后道："当今天子不孝，无人子之心，威仪不像人君的样子，我准备把他废为弘农王，改立陈留王刘协为帝，请太后批准！"何太后怒道："刘辩是我的儿子，从来没有做过什么坏事，也没有做过什么决定，怎么就不能当皇帝？我不同意！"董卓轻蔑地反问道："他做过什么好事，您说说看？"何太后无言以对，董卓命人收了太后玺绶，大步出宫，独留何太后在后宫哭泣。

九月一日，董卓在崇德前殿大会群臣，董卓命人宣读太后懿旨："天子不孝，无人子之心，废为弘农王，改立陈留王刘协为帝！"袁隗上前取下少帝玺绶，转奉给陈留王刘协，然后扶弘农王下殿，扶刘协上殿，弘农王北面称臣。何太后在帘后哽咽流涕，群臣内心悲痛，没人敢出来说话，从此大汉名存实亡。

接着，董卓提议道："何太后害死永乐太皇太后，违背婆媳之礼，没有孝顺的品质，应该把她迁到永安宫！"君臣均无异议。董卓下令大赦天下，将年号改为永汉。

董卓任命蔡邕接替卢植担任尚书一职，蔡邕三日之内遍历三台。

卢植年老多病，请求告老还乡，董卓马上同意。卢植担心董卓不肯善罢甘休，自己恐遭董卓迫害，于是假装走轘辕道，暗中改走小路。董卓果然派人追杀，结果没有追上。此后卢植隐居上谷，不与世人来往。

董卓对孔融怀恨在心，让孔融转为议郎，不久又示意三府，把孔融派到黄巾军最为猖獗的青州北海国担任国相，欲借黄巾军之手除掉孔融。

九月三日，董卓命人鸩杀何太后，下令打开何苗棺材，将其尸体拖出，肢解成一小段一小段的，丢弃在路边喂野狗，接着，董卓下令杀了何苗之母舞阳君，把尸体扔在御树篱墙的枳苑中。至此，宦官统治的最大受益者何氏一族灭亡。

董卓命令公卿大臣举荐自己的子弟为郎，到宫中办事，弥补诛灭宦官后各机构空缺。不久董卓自任为太尉、兼领前将军，假节，赐斧钺、虎贲，封郿侯。董卓命太中大夫杨彪为司空、豫州牧黄琬为司徒，遥封刘虞为大司马。刘虞，字伯安，东海郯县人，汉室宗亲。

九月底，董卓率三公及群臣上书，要求为陈蕃、窦武等人平反，恢复陈蕃、窦武等人的爵位，提拔其子孙，以顺应民意。袁隗代皇帝刘协同意批准。

宦官的势力都已清理，各地出现大批官职空缺。董卓问周毖、伍琼、郑泰何人可以胜任，三人举荐没有当过官但学识超群的荀爽，受党锢牵连的陈纪、韩融，这些人就这样成了列卿。三人又推荐尚书韩馥为冀州刺史，侍中刘岱为兖州刺史，陈留孔伷为豫州刺史，颍川张咨为南阳太守，董卓都一一任命。董卓的亲信并不处于显要职位，只是将校而已。董卓为了笼络袁家，任命袁术为后将军；为了拉拢曹操，任命曹操为骁骑校尉；其余达官贵人也都有官可当。董卓以为这样天下就可以安定了，但是局势很快就失去控制。

董卓把这一切忙完，已是冬十月。这时何太后尸体已经腐烂发臭、尸水下流。十月初三，董卓命人开启文陵（汉灵帝刘宏陵墓），将何太后与汉灵帝合葬。董卓见灵帝墓葬内满是珍宝，大喜，指使手下将珍宝洗劫一空，百官无不目瞪口呆，而这仅仅是开始。

当初，董卓大军刚到洛阳，还比较重视军纪，现在董卓完全掌控朝廷，对手下就不再严格约束了。董卓手下大部分是少数民族，他们没有什么道德约束，现在到了洛阳这个花花世界，帝王将相的豪宅一座挨着一座，家家都很有钱，他们很快控制不住自己，冲进他们家里，奸淫掳掠妇女，抢劫财物，把这叫作"搜牢"，弄得洛阳人心惶惶，人人朝不保夕。董卓借口洛阳治安不好，派人在朝廷高官门前站岗巡逻，乘机控制威慑高官。

董卓自己更不检点，经常夜宿皇宫，霸占宫女。董卓滥用酷刑，有仇的一定杀死。侍御史扰龙宗拜见董卓时忘记解下佩剑，董卓大怒，污蔑他想要行刺，下令活活打死。董卓的统治令朝廷内外人人自危。

十一月一日，董卓进封相国，可以入朝不趋，剑履上殿。董卓封母亲为池阳君，为她设置令丞官吏，董卓的地位达到了顶点。吕布拜董卓为义父，董卓任命吕布为中郎将，封都亭侯。

那么董卓的权势能够持久吗？且听下文分解。

讨伐董卓
群雄并起

第十二章　曹孟德首举义兵，袁本初就任盟主

第一回　曹孟德首举义兵，关东诸侯讨董卓

话说洛阳士大夫对董卓的暴行敢怒不敢言，这时京师洛阳出现童谣："千里草，何青青。十日卜，不得生。"千里草即为"董"，十日卜即为"卓"，童谣的意思是董卓不得生，洛阳百姓对董卓的怨恨之情由此可见一斑，大家都巴不得董卓早点死。曹操见董卓乱政，洛阳混乱不堪，认定董卓必败，于是设计逃出洛阳，一路向东逃奔。董卓大怒，马上派兵追赶曹操。

曹操出了旋门关，身边只剩数骑，来到成皋故人吕伯奢家，吕伯奢大喜，迎曹操一行入内。吕伯奢道："孟德，你今天既然来了，一定要多住几天。"曹操满口答应。吕伯奢转身进入里屋，轻声对着家人说了几句，过了片刻，吕伯奢出来对曹操道："家中无好酒，老夫先去弄点酒来。"说完，骑上毛驴出门去了。曹操一路奔波，疲惫不堪，躺下就睡。迷迷糊糊之中，一随从将曹操轻轻推醒，用手指着屋后向曹操示意，但闻里面传来阵阵磨刀声。曹操大惊，翻身而起，两人提剑潜入屋后草堂，只听到里面一人说道："快点，等一下绑了就杀。"另一人说道："好的，等我把刀磨好就动手。"曹操轻声对随从道："吕伯奢定是请

帮手去了，我们要是不先下手，说不定就要受害了！"于是两人仗剑冲入，不问男女，全部杀死。两人连忙叫醒同伴，取了行装，马上就走。众人行至门前小院，但见院子里放着杀猪凳、褪猪桶，一头猪正在悠闲地走着，曹操长叹一声："今日误杀好人了！"说罢，众人匆匆离去。曹操刚走两里，见吕伯奢骑着毛驴缓缓而来。吕伯奢喊道："贤侄，你怎么要走啊，不是说好要住几天吗？"曹操道："我有急事，不能久住！"吕伯奢道："我已吩咐儿子杀猪相待，我打了好酒，你先跟我回去，吃饱喝足了再说！"曹操走到吕伯奢跟前，用手指着吕伯奢身后道："你后面跟着的人是谁啊？"吕伯奢刚一回头，曹操一剑将他刺死于驴下。随从大惊，问道："刚才误杀八人，现在又杀人，这是为何？"曹操道："他回到家，见我们杀了这么多人，岂肯善罢甘休？要是率人来追，我必定遭殃。"随从道："知道错了还故意杀故人，不义啊！"曹操厉声说道："宁愿我负人，毋要人负我。"

曹操一行昼伏夜出，往东奔去，一亭长巡夜，见曹操形迹可疑，衣衫沾满血迹，遂将曹操一行抓住，扭送至中牟县衙，当即关入大牢。正好，捉拿曹操的通缉令也到了中牟。

中牟功曹到狱中提审曹操，曹操道："我是过路客商，路过贵地，还请明公高抬贵手，放我前行。"功曹沉吟半晌，冷不防在曹操身后猛叫一声："曹操！"曹操不由自主地应了一声："诺。"话一出口，曹操自知露了马脚，连忙掩饰道："你叫谁啊，是叫我吗？在下姓晁，晁错的晁，单名一个超字，超过的超。"功曹道："装，你真能装，你就认了吧。"功曹拔出曹操佩剑，说道："你自己也不看看，宝剑上刻着谁的名字。"曹操知道宝剑刻着自己的大名，实在无法抵赖，说道："你就把我抓去领赏吧！"功曹对着曹操就是一拳，把曹操打翻在地，唾了一口吐沫，骂道："装什么英雄，你这个无赖，也敢冒充曹操，人家曹操可是董相国手下的大红人，怎么会到这种小地方来？你这个盗贼，竟然偷了别人的宝剑，还想据为己有，看我不打死你！"说完又踢了曹操两脚，功曹吩咐狱卒严加看管，自己提着曹操的宝剑走了。

当晚，曹操押至官衙后堂审讯，县令杨原命人关好大门，屏退左右，问道："你可是曹操？""正是。"杨原对曹操深鞠一躬，说道："不知曹将军到此，今日多有冒犯，请受下官一拜。""想杀就杀，想剐就剐，何必多此一举！""这是抓捕你的通缉令，现在到处通缉你，曹将军身居高位，怎会落到如此地步啊？"曹操道："我世食汉禄，理当忠于大汉。如今董卓无道，天良丧尽，我欲诛之而后快，岂能与篡国盗贼同流合污？"杨原问道："将军下一步有何打算？""我当兴义兵讨伐董贼，为国除害。不想今日被你们这帮狗贼抓住，可惜我壮志未酬，真是上天要亡我大汉啊！"杨原和功曹上前为曹操松绑，功曹道："您是天下的大英雄，难道天下就没有别的英雄吗？我们两人有心报国，怎会与董卓之流同流合污，我俩岂会贪图荣华富贵杀害您？"杨原道："曹将军，下官绝不能让英雄埋骨于此，我马上差人送您出城，至于以后有什么结果，那就全凭您自己了。"曹操跪谢道："今日之恩，曹某必当厚报！"杨原当即归还宝剑，送上盘缠，曹操就此脱险。

曹操终于逃到陈留，马上拜访老朋友陈留太守张邈。张邈，字孟卓，东平寿张人，乃"八厨"之一，所谓"厨者"，就是能以钱财救人，接济贫困，助人为乐的人。张邈见曹操狼狈不堪，形同乞丐，马上吩咐手下给曹操烧水洗澡，换上干净的衣服。张邈设宴款待曹操，席间张邈好奇地问道："孟德怎么会落到如此地步啊？"曹操声泪俱下道："董卓胡作非为，草菅人命。我与董贼势不两立，好不容易从洛阳逃了出来，路上危机四伏，差一点连命都没了，今日能活着见到府君，已经是万幸了。"张邈问道："您有什么打算？""如今天下混乱，男子汉大丈夫当以天下为己任，我欲举兵讨伐董卓！""既然您要起兵，我助您一臂之力，来人，将后院仓库打开，把钱财分一半给孟德。"曹操大喜道："多谢张兄资助，如此大恩，日后定当厚报。"张邈道："老朋友啊，你就不要见外了，待你起兵以后，我定当响应！"

张邈为什么这么痛快地支持曹操起兵讨伐董卓呢？这事还得从臧洪说起。臧洪，字子源，乃匈奴中郎将臧旻之子，孝廉出身，当过县令，黄巾之乱时辞官回家。张邈之弟广陵太守张超认为臧洪不同凡响，聘为功曹。董卓进京乱政，臧洪预感天下必将大乱，于是劝张超道："明府祖上世受国恩，你们兄弟两人手握一方大郡，现在汉室经历劫难，乱臣贼子却未受惩处，这正是天下义烈之士报恩效命之时。眼下广陵安定，郡内富裕，略加动员至少可得二万人马，以此诛杀国贼，给天下人做个榜样，这是最大的节义啊！"张超马上同意，两人一起来找张邈，商议起兵之事。兄弟两人一拍即合，马上分头筹备兵马粮草。原来张邈早就谋划讨伐董卓。

曹操辞别张邈，来到襄邑卫兹家中拜访。卫兹与曹家有旧，曾在何苗帐下任职。卫兹问道："曹将军到此有何贵干？""董卓作恶多端，我欲举兵讨伐！"卫兹道："卫某愿倾囊相助！"于是卫兹马上散尽家财，为曹操招兵买马。

曹操写信给夏侯惇，夏侯惇马上召夏侯渊、曹洪、曹邵等人相议。众人为曹操四处奔走，招兵买马。曹嵩见局势不安，写信劝曹操不得妄动，自己带着家人逃往琅玡避祸。

曹操准备回家乡起兵，豫州牧闻讯马上派兵截杀。曹操刚进谯县，大队官军蜂拥而至，曹操身边的护卫先后战死，曹操情急之下逃入曹邵家中躲避。曹邵见形势危急，连忙与曹操调换衣帽，将曹操藏于柴房，用柴草刚盖了一半，忽闻官兵敲砸院门，曹邵匆忙跃上曹操坐骑，挥鞭从后门逃出。官兵误将曹邵当成曹操，策马追上，与曹邵厮杀在一起，曹邵伤重落马，官兵一拥而上，将曹邵杀死，取下首级，报功领赏去了。曹操藏了许久，见官兵走远，天色已暗，用锅底灰抹脸，趁着夜色逃回陈留。

袁术将曹操死讯传到曹府，曹家上下顿时大乱，家眷们哭成一团，唯卞氏音容不变，手下纷纷整理行装准备散伙回家，卞氏张开双臂，在大门口将众人挡住，噙着眼泪大声制止道："现在局势混乱不堪，各种消息满天飞，我夫君吉凶你们怎么这样草率就信了呢？今天大家都跑回家，明天如果孟德还活着，我们还有什么脸面见他？如果真的大祸临头了，我们跟着他一起去死又有何惧！"于是大家把行装放回。忽然门外来了一群"搜牢"的士兵，卞氏顿时涕泪俱下，放声号哭道："孟德啊，你死得好惨啊，这可叫我怎么活啊！"卞氏迎着士兵哭求道："军爷啊，千错万错都是孟德的错，如今我家孟德已死，全家无依无靠，你们行行好，跟董相国说说，就让我们回老家去吧！"边哭边将一块黄金塞了过去……不久，丁夫人和卞氏借着"曹操死讯"带着众人逃离洛阳。后来曹操脱险消息传来，众人都对卞氏佩服得五体投地。

夏侯惇、夏侯渊、曹洪率军与曹操会合，曹操大喜，命夏侯惇为司马，夏侯渊为别部司马、骑都尉。中平六年（189）十二月，曹操在陈留郡己吾县率五千兵马以讨伐董卓为名首举义兵，陈留太守张邈当先响应。

再说袁绍一到勃海就摩拳擦掌，招兵买马，意欲起兵反对董卓。冀州牧韩馥见人心归附袁绍，担心袁绍起兵对付自己，派了几个从事日夜监视袁绍，不让袁绍起兵。韩馥，字文节，颍川人，乃袁氏门生。东郡太守桥瑁乃前太尉桥玄的族子，见曹操起兵，马上伪造三公文书，传驿各州郡，诉说董卓罪恶，命令各地大兴义兵，共赴国难，复兴汉室。韩馥接到文书，召集部下商议，韩馥道："如今应当助袁氏还是助董氏？"治中从事刘子惠严肃地说道："兴兵是为国家，说什么袁氏、董氏！"韩馥语塞，脸有愧色。韩馥迫于形势写信给袁绍，表示支持袁绍起兵。

初平元年（190）正月，袁绍于勃海起兵，与此同时，后将军袁术、冀州牧韩馥、豫州刺史孔伷、兖州刺史刘岱、广陵太守张超、河内太守王匡、山阳太守袁遗、东郡太守桥瑁、济北相鲍信等人起兵，部众各有几万人。

各路诸侯向洛阳方向开进，袁绍与王匡驻守河内，孔伷驻守颍川，韩馥留守邺城，后将军袁术屯驻鲁阳，兖州刺史刘岱、陈留太守张邈、广陵太守张超、东郡太守桥瑁、山阳太守袁遗、济北相鲍信与曹操屯兵酸枣。

各路诸侯起兵反董，那么董卓会采取什么办法应对呢？且听下文分解。

第二回　皇甫嵩自投罗网，董仲颖迁都长安

且说董卓听说各地起兵，担心弘农王刘辩复辟，马上将刘辩囚禁在阁楼。初平元年（190）正月十二日，董卓派郎中令李儒进献毒酒，李儒道："服此药，可以辟邪。"刘辩道："我没有病，这是想杀我！"李儒见刘辩不肯喝，拔出宝剑道："要剑还是酒，您自己选吧！"刘辩不得已，与妻唐姬及随从宫人饮酒道别，弘农王泪流满面悲歌道："天道易兮我何艰！弃万乘兮退守蕃。逆臣见迫兮命不延，逝将去汝兮适幽玄！"李儒等得不耐烦，不断催促。刘辩根本不理会，又令唐姬起舞。唐姬举袖而歌，边舞边唱，唱了片刻，泪水不由自主地流了下来。唐姬哽咽着，实在唱不下去了。弘农王刘辩对唐姬道："你是王者之妃，以后不能嫁给吏民为妻，请自爱，我们就此长辞！"于是刘辩喝毒酒而死，年仅十五岁。

董卓召集文武百官商议，打算马上出兵攻打山东诸侯。群臣都很害怕，不敢出声反对，尚书郑泰担心董卓军队兵多，强悍难制，山东之兵刚起，战斗力不强，不是董卓军队对手，想为山东诸侯争取时间，于是上奏道："微臣反对出兵！"董卓怒火顿起，想杀郑泰，气愤地说道："难道山东之兵会自己撤退吗？"郑泰道："为政在于德，不在于兵多。"董卓勃然大怒，厉声道："照你这么讲，军队就没有用吗？"众人无不变色，害怕地发抖，郑泰灵机一动，言不由衷地编了一套假话，欺骗董卓道："不是这个意思，微臣认为山东不值得出动大军讨伐！您在西边崛起，年轻时就出任将帅，熟悉军事，名震当世，人人害怕您、服从您，这是其一。袁绍是公卿子弟，生长在京城；张邈是东平郡的忠厚长者，坐在堂上，眼睛都不会东张西望；孔伷就会高谈阔论，褒贬是非；这帮兔崽子全无军事才能，临阵交锋绝不是您的对手，这是其二。他们的官职都是自己封的，未经朝廷任命，没有尊卑次序。如果两军对阵，这些人必将各自保存实力，以观成败，不肯同心合力，共进共退，这是其三。山东地区太平的时间很长，百姓不熟悉作战，关西地区新近受过羌人攻击，连妇女都能弯弓杀敌。天下人最畏惧的无非是并州、凉州的军队和羌、胡之人，而您恰好拥有并州、凉州的军队作为爪牙，打起仗来犹如驱赶老虎猛兽捕捉狗和羊，刮起强风扫除枯叶，试看天下谁能抵抗！这是其四……从前燕、赵、齐、梁不是不强盛，终究被秦国灭国；吴、楚七国不是兵不多，终究被周亚夫打败。何况现在德政昭彰，贤良辅佐，郑玄、邴原那样的高士难道会赞成他们的谋划，制造叛乱，助长寇害吗？一定不会，这是其十。如果我所说的以上十点，只要有一点是对的，那就没有必要出兵惊动天下，使得怕服兵役的人聚集作乱。放弃德政而依仗势力，这是损害自己的威望。"董卓听了很高兴，于是任命尚书郑泰为将军，统兵对抗山东诸侯。后来有人对董卓道："郑泰智略过人，其实暗中与敌人合谋，给他兵马就是让他交给同党。"董卓大惊，于是收回兵权，改拜郑泰为议郎，任命徐荣为将军，统兵对抗山东诸侯。

　　董卓感到洛阳不安全，内心害怕，想要迁都长安，于是召集公卿大臣商议。太尉黄琬、司徒杨彪、朱儁等人坚决反对，言辞激烈。董卓大怒，司空荀爽担心董卓会把他们杀了，为了缓和气氛，说道："难道董相国喜欢这样做吗？山东诸侯起兵，不是一朝一夕可以平定的，所以要先迁都应对。这与秦朝和汉初的情况相同。"董卓的怒气这才稍有平息，盛怒之下还是将黄琬、杨彪两人免职。董卓虽然厌恶朱儁和自己作对，但贪图朱儁的高名，于是上表奏请朱儁为太仆，做自己的副手，朱儁坚决推辞，不肯接受。董卓任命光禄勋赵谦为太尉，太仆王允为司徒。

　　伍琼、周毖极力劝阻董卓迁都，董卓大怒道："当初，我刚刚入朝，你们二人劝我用有德之士，我采纳了，他们却举兵背叛我。就是你们两位出卖我，我有什么对不起他们的！"于是下令斩了伍琼、周毖。杨彪、黄琬害怕，到董卓那里道歉道："小人只是留恋旧地，不是想要阻止国家大事，请治我们考虑不周之罪。"董卓杀了伍琼、周毖，很快后悔，于是上表任命杨彪、黄琬为光禄大夫，迁都长安之事就这样定了下来。

　　然而另一棘手的事情却摆在董卓面前，控制长安的并非董卓，而是京兆尹盖勋。就在董卓鸩杀何太后之后不久，盖勋给董卓写信道："从前伊尹和霍光有那么大的功劳，结局仍然令人寒心，你只是小丑，凭什么下场比他们好？祝贺的人在你门外，吊丧的人就在你坟前！你还不小心一点！"董卓看罢，心惊肉跳，半天说不出一句话来。

　　长安西边是右扶风，由皇甫嵩统兵三万驻守。皇甫嵩乃世之名将，实力强悍，董卓最为忌惮，万一皇甫嵩也起兵讨伐董卓，董卓自感不是对手。

　　如今东方诸侯已反，局势已不可收拾，董卓只能死马当活马医，抱着试试看的态度，硬着头皮以皇帝刘协的名义下诏调盖勋到洛阳任议郎，调皇甫嵩到洛阳任城门校尉。

盖勋接到诏书，知道董卓醉翁之意不在酒，马上给皇甫嵩写密信道："董卓盗取大汉权柄危害天下，现在山东诸侯已反，放眼天下只有将军您德高望重，有能力力挽狂澜，扶大汉江山于将倾。望将军登高一呼，兴义兵响应山东诸侯，董贼一定可以手到擒来，如此大汉可兴，我盖勋愿率本部人马一万为前锋，任凭将军驱使！董卓最忌惮将军，如今想把您调到洛阳，意在夺取兵权，置您于死地，将军您千万不能去啊！"皇甫嵩回信道："我身为大将只听命于皇帝，如今是皇帝诏我而非董卓诏我，我定当领命！"盖勋收到回信，含泪长叹一声："皇甫将军枉为一代名将，大汉最后的一点希望也没了，您必为董贼所害啊！"盖勋见皇甫嵩不愿起兵反董，自己兵少孤掌难鸣，只得到洛阳赴任。

皇甫嵩应召欲行，长史梁衍劝道："以前汉朝微弱，宦官乱朝，董卓虽然杀了宦官，却不能尽忠于汉室，掳掠京师邑县，废立皇帝，全凭自己个人意愿。如今征召将军，将军您就是不遭大祸也要受到困辱啊！现在董卓在洛阳，天子要从洛阳向西而来，将军可率本部精兵三万迎接天子，然后奉令讨伐叛逆，向天下发布命令，征集兵力，集合诸帅，袁氏从东面打他，将军自西面打他，捉拿董卓不成问题。望将军三思！"皇甫嵩不听，执意前往洛阳。皇甫嵩一到，马上被抓，董卓最大的隐忧就这样迎刃而解。

皇甫嵩的儿子皇甫坚寿和董卓有交情，听闻父亲出事，董卓想要杀他，连忙从长安跑到洛阳求情。董卓正大摆宴席，大会宾朋，皇甫坚寿闯了进去，抢步上前，与董卓辩理，晓之以大义，为父亲苦苦哀求，叩头叩得血流满面。在座的宾客无不动容，纷纷替皇甫嵩求情。董卓心想皇甫嵩已无兵权，纵然有天大的本事也掀不起风浪，西部已经被自己手下接管，自己的目的已经达到，于是离席而起，对皇甫坚寿道："既然有诸位相求，我也相信皇甫将军一定无罪，我是开明的人，我为你做主。"董卓拉皇甫坚寿和自己同坐，派人将皇甫嵩押来，董卓亲自为皇甫嵩松绑，假惺惺地说道："皇甫将军，让您受惊了，有人告状，说您要造反，现在大家都为您求情，我想这个事情可能有误会。这样吧，暂时委屈您一下，您就先当议郎，等事情调查清楚再说吧。"皇甫嵩连忙谢恩，董卓命人添加案几，赐予皇甫嵩酒肉，与大家一起饮酒，后来皇甫嵩升任御史中丞。

二月二十七日，董卓正式下令迁都长安，董卓是一介武夫，根本没有对迁都一事进行周密安排，洛阳百姓更是不愿离开，董卓命令军队强行驱赶，大批百姓在路上活活饿死、冻死、被踩死，尸体成堆摆放在道路两旁，酿成一场前所未有的灾难。此后洛阳方圆两百里荒芜凋敝，渺无人烟。东观、辟雍、兰台、石室、宣明，鸿都的储藏、典策、文章、图书在西迁中损失惨重，造成中国文化史上少有的灾难。董卓自己则留守洛阳毕圭苑，对抗山东联军。山东联军和董卓之间下一步究竟会怎样发展呢？且听下文分解。

第三回　袁本初就任盟主，曹孟德大败荥阳

话说山东诸侯摩拳擦掌，欲与董卓一决雌雄，曹操道："三军不可无帅，当下应该先盟誓，推举盟主，由盟主号令全军，一同西进，共诛董卓老贼。"众人马上同意，在酸枣设坛结盟，可是谁也没有想到，各诸侯你推我让，都不愿带头盟誓，最后大家公推臧洪为主盟。

臧洪提起衣服升坛，歃血盟誓道："汉室不幸，皇纲失统，贼臣董卓乘衅纵害，祸加至尊，虐流百姓，大惧沦丧社稷，翦覆四海。兖州刺史岱、豫州刺史伷、陈

留太守邈、东郡太守瑁、广陵太守超等，纠合义兵，并赴国难。凡我同盟，齐心勠力，以致臣节，殒首丧元，必无二志。有渝此盟，俾坠其命，无克遗育。皇天后土，祖宗明灵，实皆鉴之！"臧洪慷慨陈词，涕泪横下，听了誓言的人，就是最底层的奴仆，也没有一个人不精神振奋激扬的，大家都想着尽忠效节。

各路诸侯认为袁绍四世三公，号召力最强，铲除宦官时立过功，与董卓势不两立，公推袁绍为盟主。袁绍自称车骑将军，领司隶校尉。袁绍任命曹操为奋武将军。曹操与袁绍上表推举鲍信担任破虏将军，鲍信之弟鲍韬担任裨将军。天下豪强和名士认为袁绍名声大，纷纷前来投奔，袁绍实力大增，一时风光无二。

董卓得到消息，担心袁隗与袁绍相通，命令西京长安朝廷将太傅袁隗、太仆袁基处死，将两家灭族，又把袁绍、袁术在洛阳的族人全部杀光。五月，董卓心生悔意，派大鸿胪韩融、少府阴循、执金吾胡母班（王匡的妹夫）、将作大匠吴循、越骑校尉王瑰东行，晓谕各路诸侯，要求他们退兵。袁绍指派王匡杀了胡母班、王瑰、吴循。袁术也在鲁阳杀了阴循，只有韩融因德高望重免于一死。

韩融返回洛阳，向董卓如实禀报，董卓不由得长叹一声，心想这下子联军要大举进攻了。然而情况并非董卓料想的那样，盟军内部暗流涌动，矛盾重重，一盘散沙。自从袁绍成为盟主，时常傲慢矜持、不可一世，张邈看到袁绍这种样子，经常直言责备。袁绍心生不满，写信给曹操，让曹操杀张邈，曹操不从，反而责怪袁绍道："孟卓是我们的好朋友，您应该容得下他。如今天下大乱，不应自相残杀！"张邈后来知道此事，十分敬重曹操。鲍信认为袁绍无能，不堪大任，认为只有曹操才能统领群雄。

刘协是董卓所立，袁绍不想承认刘协为帝，想为刘辩复辟。可如今刘辩已死，袁绍心想，即使联军打败董卓，大家还是要奉刘协为帝，于是心有不甘，不想进兵。袁绍心里明白，董卓原来的军队实力强劲，现在又吞并了禁军和洛阳周围的军队、皇甫嵩的精兵，担心自己不是董卓的对手，不敢进军。其他诸侯也有同样的担心，于是大家只是观望，不提进军之事。诸侯们整天饮酒高歌、寻欢作乐、无所事事、不思进取。

曹操见诸侯联军这个样子，十分生气，于是找袁绍理论，催促袁绍出兵。袁绍正大摆宴席，大宴宾客，曹操气哄哄地对袁绍道："董贼为害天下，挟制天子，您的家族同宗被董贼灭门。您与董贼有不共戴天之仇，怎么有心在此饮酒作乐啊！"袁绍道："董贼势大，我们应暂避锋芒，静观其变，待其劳顿，我定当出击！"曹操道："我们好不容易集中这么多诸侯，正可谓人多势众，理当速战速决，如果拖久了，我方人多，粮草定会供应不上，到时候更加不利，还望三思！"袁绍道："孟德贤弟勿虑，你远道而来，请先入席，我们慢慢商议出兵之事。"席间袁绍高谈阔论，手下人恭维之声不绝于耳，如此一连三日，袁绍绝口不提进兵之事，曹操心中有气，怒道："本初兄，我以为您整天谋划进兵之事，没有想到您终日饮酒作乐，请问在酒桌上能打败董卓吗？"袁绍不耐烦地说道："孟德贤弟何出此言！我好酒好饭款待你，哪里没有礼数啊？就你有本事，你想进军，你就进军好了，我不拦你！"

曹操气得直跺脚，怒气匆匆回到酸枣。曹操与鲍信、鲍韬、卫兹率本部人马举兵西进。曹操走了两日，到中牟安营扎寨。次日一早，曹操正准备下令开拔，只听营寨外人声鼎沸，门人来报，中牟县令杨原和主簿任峻率兵五千来投。曹操大喜，亲自与鲍信出寨相迎，曹操道："中牟一别，匆匆数月，没想到您也起兵了，让我们同商讨董大计，共诛董贼。"曹操将杨原、任峻引入大帐，设宴盛情款待。

当初，曹操离开中牟，中牟县令杨原认为天下将要大乱，心中恐惧，打算弃官逃走。任峻劝道："董卓作乱，天下无人不怨恨，现在还没人起兵讨伐，不是没有这个心思，只不过是形势所迫，不敢做而已。明府您威望高，如果站出来倡议，一定有人响应。"杨原问道："我该怎么做？"任峻道："现在关东有十多个县，可以参军的不下万人，如果您暂时以河南尹的身份行事，集中起来调遣，没有事情是不能完成的。"杨原大喜，当即任命任峻为主簿，任峻为杨原发布文告，自领河南尹，命各县坚守辖地。不久曹操起兵讨伐董卓，各路诸侯纷纷响应，于是杨原乘机起义兵。曹操向西进兵，路过中牟，杨原不知道是否应该跟从，任峻好言力劝，杨原带领部众归附曹操。

曹操与杨原合兵一处，表杨原为中郎将。任峻征集宗族、宾客以及家丁共几百人跟随曹操。曹操表任峻为骑都尉，后来把从妹许配给他，对他格外信任。

曹操一路西行，各地义军纷纷来投，军队如滚雪球一般快速壮大。曹操壮怀激烈，意气风发，发誓要击败董卓。早有斥候将曹操的动向报告徐荣，徐荣大怒，率华雄、吕布领兵三万相迎，两军在荥阳相遇。

曹操列阵拒敌，徐荣令吕布、华雄冲杀过去，双方打了半日，杨原部队缺乏训练，当先不敌，只得退却。吕布帐下小将高顺拍马而出，直奔杨原，一矛将杨原刺死，杨原的部众四散而逃。曹操抵挡不住，只好且战且退。吕布见鲍韬正在指挥作战，弯弓搭箭，一箭将鲍韬射落马下。鲍信见势不妙，调转马头急走，吕布又施一箭，射中鲍信后背，鲍信负伤而逃。吕布率军追赶，鲍信狼狈不堪，忽见于禁率军列阵而来，鲍信急忙喊道："文则救我！"于禁大喊道："主公快走，我来断后！"说着截住吕布军队厮杀，鲍信这才保住性命。

华雄率军冲入曹操战阵，曹操命夏侯渊迎战，华雄兵强，夏侯渊不敌，大败而逃。华雄奋力追赶，正遇卫兹，卫兹弯弓搭箭怒射华雄，华雄低头闪过，拍马冲至卫兹跟前，一刀将卫兹斩落马下，华雄扭转马头挥刀直奔曹操，曹操连忙率军急退，夏侯惇率军拼死杀出，截住华雄厮杀。徐荣见曹军退却，下令全军进攻。徐荣大军几番冲杀，夏侯惇溃不成军。曹操战马为弩矢所伤，倒地不起，将曹操重重地摔在地上，曹操动弹不得。华雄见状大喜，拍马直取曹操，眼见曹操就要死于华雄刀下，说时迟，那时快，只见曹洪从斜刺里杀了出来，截住华雄厮杀，华雄提刀与曹洪交战，双方大战二十余回合，曹洪身中数刀，鲜血直流，华雄道："壮士，你不是我的对手，我敬你是一条好汉，放你一条生路，你走吧！"曹洪毫不畏惧，笑道："我岂是贪生怕死之徒。你想杀我主公，就得先杀我。来吧！放马过来，我们决一死战！"说着拍马举矛杀了过去。华雄的部下纷纷赶来，直奔曹操，恰好小吏乐进率部赶到，挡住敌军。乐进急忙对曹洪喊道："子廉将军速回，快点护送主公离开，这里让我来对付！"说着率军迎了上去，直奔华雄，乐进死死缠住华雄厮杀。曹洪乘机脱身，下马扶起曹操，将爱驹"白鹄"献上，曹洪道："请主公快上马！"曹操推辞不受道："战马就像性命一样重要，我怎么能要你的马呢，这不是要你的命吗！"曹洪道："天下可以没有我曹洪，不能没有主公您啊！"说着，曹洪扶曹操上马，提矛一路步行护着曹操逃到汴水边。曹洪见水深流急，不能过河，又沿着河岸搜寻，好不容易找到一艘渡船，曹洪扶曹操登船坐好，自己操桨划船，终于渡河逃脱。徐荣战至天黑，下令鸣金收兵。

此战曹军大部分战死，曹操、鲍信、曹洪负伤，夏侯惇、夏侯渊、乐进、任峻等少量人马得以幸存。曹操铩羽而归，兖州刺史刘岱笑着对曹操道："孟德贤弟，打仗可不是吟诗作赋，不听盟主之言，单独冒进，一不小心可是要搭上性命的哦！"曹操气得浑身发抖，怒道："你们不要幸灾乐祸，我败就败了，我看徐荣马上要攻打酸枣，你们也高兴不了几天，快点想办法破敌吧！"大家面面相觑，一时语塞。曹操暗忖董卓很难对付，不是一下子可以打败，于是出谋划策道："我有一计，可破董卓！董卓强大，我们应该避其锋芒，各据要地，然后偷偷分兵西入武关，董卓首尾难顾，必定自乱，我军乘机进兵攻击，如此大事可成。"其他诸侯哪里肯听，笑道："如今你是败军之将，我们怎能听命于你？"曹操气得颤抖道："我们以义起兵，却迟疑不进，令天下人大失所望，我为你们感到羞耻啊！"

曹操回到大营，夏侯惇劝道："我们没有兵马，与其在这里观望不前，还不如先去募兵。"乐进自告奋勇道："末将愿回乡为主公募兵一千。"曹操叹了一口气道："看来我们只能这样了。"于是曹操带着曹洪、夏侯兄弟奔往扬州。

再说徐荣大获全胜，董卓问道："我们马上进兵酸枣，如何？"徐荣道："我军虽然大胜，自己损失也很大，东方诸侯战力不弱啊，依末将看，曹操他们能与我军打一整天，以我们目前的兵力，酸枣恐难攻下，不如从长计议。"董卓闻言，再也不提攻打东方诸侯之事。

董卓与山东联军的战争暂告一段落，此时远在二千八百里外长沙太守孙坚已经起兵讨伐董卓，那么孙坚讨伐董卓究竟又是怎么回事呢？且听下文分解。

第十三章　孙坚举兵讨董卓，众诸侯各怀异心

第一回　孙坚兴兵讨董卓，升堂拜母遇知音

且说董卓在洛阳独擅朝政，横恣京城，孙坚闻讯长叹一声："要是张公当年采纳我的建议，朝廷不会经历这样的劫难啊！"各州郡举义兵讨伐董卓的消息传到长沙，孙坚当即差人前往零陵、桂阳、武陵，商讨出兵讨董事宜，三郡太守当即表示愿意出兵相助。

荆州刺史王叡连忙找部下商议，王叡道："孙坚要起兵讨伐董卓，我该怎么办？"大将黄祖道："您身为朝廷命官，当然要听朝廷的。"王叡道："这也是我的想法。那我们应该如何应对？"黄祖道："孙坚那厮向来对您不服，不听您的号令，不把您放在眼里，如果孙坚胆敢起兵反对朝廷，我们正好乘机把他拿下！""此计正合我意，可孙坚势大，这可如何是好啊？"黄祖道："您职位比他高，可以假装答应一起讨伐董卓，然后相机行事，一旦有机会，您就砍下孙坚首级，吞并他的军队，如此大事可成，荆州可定，此为上策。"王叡马上给孙坚写信，邀请孙坚一同北上讨伐董卓。

初平元年（190）春，零陵太守命黄盖率军五百、桂阳太守派兵一千来助孙坚，孙坚命苏代暂代自己管理长沙，自己尽起长沙之兵北上，同时差人联系朱治、吴

景、孙贲、程普、韩当共同起兵。

过了三日，孙坚来到汉寿城下，王叡连忙下令关闭城门。孙坚请求率军入城，王叡不同意，在城头喊话道："我现在不能跟你走，君侯你先把武陵太守曹寅杀了，我方能与你一起出发。"孙坚道："曹寅答应跟我一同讨伐董卓，是我们同盟，使君，您怎么说出这种话啊？"王叡道："曹寅与我有仇，我的治所建在他的地盘，待我大军一走，曹寅定会夺我治所。"孙坚道："曹太守马上也要走了，绝不会干这种事情。"王叡道："既然你不同意，那就不要怪我，我绝不跟你走！"孙坚心中有火，在城下休整一日，率军继续前行，孙坚越想越不放心王叡。

武陵的治所临沅与汉寿仅隔三十里，消息传到曹寅耳中，曹寅大惊，连忙找部下商议，长史建议道："王刺史不让孙坚入城，定是改了主意，不讨伐董卓了。我担心孙文台一走，王刺史以反叛的罪名攻打我们武陵，这样我们就无路可走了。"曹寅惊出一身冷汗，问道："我们该当如何？"长史道："要想进兵讨伐董卓，必先除掉刺史王叡，以绝后患！"曹寅道："如何除法？"长史附在曹寅耳边献计道："孙坚与刺史王叡矛盾很深，他也担心王叡，您可加以利用，我们何不来个借刀杀人！"

于是曹寅命人伪造案行使者光禄大夫温毅写了檄文，下达给孙坚，檄文诉说王叡罪状，命令孙坚将王叡处死。孙坚见到檄文，大喜，立即率领五百士兵返回汉寿城下。

王叡听说有军队到来，登上城楼观望，问道："你们来此何为？"士兵道："我们长久奔波在外，劳苦不堪，吃不饱穿不暖。想请您开恩，赏些吃的和穿的给我们。"这种事王叡见多了，于是对城下士兵喊道："你们排好队伍，我打开城门，放你们进来，你们拿些东西马上离开，不得停留！"士兵道："我们谨遵您的号令！"王叡命人把士兵带到库房，说道："你们进去看看，有什么能用的，随便拿一点吧！"士兵纷纷涌进仓库，王叡猛然发现孙坚也在里面，惊问道："士兵请求赏赐，孙府君怎么也在这里？"孙坚道："奉行使者檄文，特来取你首级！"王叡浑身瘫软，心想一定是事情泄漏了，问道："我犯何罪？"孙坚将檄文扔在地上，说道："你自己看吧！"王叡颤抖着捡起檄文看了一遍，孙坚拔出宝剑说道："要我动手，还是你自己来！"王叡走投无路，吞金自杀。黄祖闻讯连忙率军逃走。

再说孙坚离开长沙，吴夫人连忙收拾金银细软，在长子孙策的保护下追赶孙坚。孙策一行来到汉寿，问孙坚道："孩儿听说王叡死了，这是怎么回事？"孙坚命人取来檄文，孙策仔细看了一遍，将孙坚拉至僻静之处，说道："檄文是假的！"孙坚问道："何以见得？"孙策道："檄文不是发给你一个人的，而是发给全天下的，要杀荆州刺史王叡，有必要发檄文吗？如果温毅要你杀王叡，应该下公文或者写密信给您才对，绝对不会对外声张。"孙坚一听马上明白，说道："我已经猜到是谁了，我中计了。此事关系重大，不可再提！"

孙坚大军刚到了江夏郡界，见江夏太守刘祥率领属下早早候着，孙坚上前行礼道："我欲讨伐董卓，刘太守能否高抬贵手，借路通行！"刘祥连忙回礼道："我已修好道路，备好粮草，请君侯跟我来，我愿为您牵马引路！"孙坚大喜，连忙谢过。刘祥一直将孙坚送出郡界，刘祥道："送君千里，终有一别，请君侯多保重！"孙坚道："董卓残暴，您与我一见如故，何不与我一起讨伐董卓？""我正有此意，我愿跟着君侯共保大汉社稷，请容我先回去，待我点了兵马，马上就来相投！"

孙坚走了半个月到达寿春，下令全军驻扎休整。孙坚广发讨董檄文，到处招兵买马。孙坚以前在这里附近长期任职，威望极高，淮泗子弟纷纷前来投军，孙坚军队一下子扩充到两万多人。不久，曹寅、朱治、吴景、孙贲、孙香、徐琨陆续率军来投，徐琨乃徐真之子。孙坚大喜，命令全军日夜操练，准备进兵南阳。

孙策向孙坚建议道："父亲，我们已远离长沙，长沙的粮草已供应不及，孩儿建议长期占据寿春，作为我军后方基地。"孙策，字伯符，刚到弱冠之年，武艺高强，知书达理，谋略深远，非一般人可比，已成为孙坚左膀右臂。孙坚道："此地离洛阳太远，我们应以南阳为基地。"孙策道："孩儿愿为父亲攻取南阳！"孙坚道："战场险恶，你就不要去了，家中的一切全赖你照顾。"孙策道："好男儿志在四方，建功立业是孩儿的理想，我岂能在后方待着？"孙坚道："如今天下不太平，没有你护着家人，你母亲、弟弟怎么办？为父怎么能安心出征？"孙策坚持要跟着军队出征，令孙坚左右为难。

且说寿春以南三百五十里外的庐江舒县物产丰富，人杰地灵。舒县有一位青年，名叫周瑜。周瑜，字公瑾，身长八尺，相貌俊美，文采飞扬，在周围一带非常有名。周瑜听说寿春来了一位青年名叫孙策，英俊潇洒，为人豪爽，风趣幽默，在寿春广交名士，名声远播。附近的年轻人特别是年轻的姑娘都争相前往观看，一时传为美谈。周瑜听后坐不住了，对母亲舒氏道："听说寿春里来了一位英俊少年名叫孙策，是乌程侯、长沙太守孙坚的儿子，他是我同窗好友，我想拜访他。"舒氏听了喜出望外道："如果真的是他，你请他全家都来做客，这么多年了，我很想念他们。"

当初黄巾起义，寿春一带局势相对安定，孙坚出征时把家小都留在寿春。周瑜之母舒氏带着全家到寿春避难。吴夫人与舒氏正好是邻居，两人刚到寿春举目无亲，很快就成为好友，情同姐妹，亲密无间。吴夫人家里人多，儿女成群，实在忙不过来，舒氏经常帮衬吴夫人照理家事。孙策、周瑜刚好十岁，两人在寿春一起上学读书，因孙策月份略大，舒氏让周瑜称孙策为兄。孙策、周瑜这哥俩每天放学就一起玩耍，爬树下水无所不能，风筝纸鸢无所不精，泥马瓦当爱不释手，两人在寿春度过一段美好时光。

黄巾起义后大量农民弃田逃亡，土地价格低廉，粮食价格飞涨。吴夫人见周家富裕，有钱有粮，建议舒氏把家中粮食全部高价售出，大量购买土地，舒氏对吴夫人言听计从。

孙策在寿春待了一年，黄巾军主力已被消灭，孙坚派孙河把家小接到洛阳，周瑜和孙策依依惜别，两人相约再次相会。不久，舒氏、周瑜全家回到舒县，周瑜一家财富暴增。一年后蔡邕来到舒县，见周瑜聪明好学，爱好音乐，遂授以鼓琴之法，临行又赠以琴谱，周瑜潜心钻研，琴艺大进，每当鼓琴之时，总会想起孙策，想鼓琴给他听。

周瑜备好车马，一路风尘来到寿春。孙策正在寿春县衙内舞刀弄枪，忽闻门外传来一声："里面的可是孙策！"孙策抬头一看，见是周瑜，喜出望外，两人久别重逢，握手言欢，须臾，孙策引周瑜入内拜见孙坚和吴夫人，吴夫人大喜，设宴款待周瑜，席间周瑜请吴夫人、孙策一家移居舒县，吴夫人、孙策见是朋友相邀，欣然应允。孙坚大喜，心中的一块石头终于落地，过了两日，孙坚命孙贲领兵二百，携带金银细软，护送家小直奔舒县。

吴夫人、孙策一行到达周瑜家，吴夫人赠舒氏以湘绣，舒氏将自家住的大宅院让给孙策一家居住。舒氏、周瑜杀牛宰羊设宴款待吴夫人、孙策。酒过三巡，菜过五味，周瑜命人取来古琴，离座举杯对孙策道："我来弹奏一曲，以助酒兴！"只见周瑜拨弄着琴弦，琴声宛如水滴轻轻流出，慢慢地变成涓涓细流，再变成江河入海，孙策起身问道："这可是高山流水？"周瑜道："孙兄，没想到你也认得此曲！"孙策对周瑜道："让我为你舞剑助兴，可好！"说着拔出佩剑，随着琴声舞了起来，只见孙策身手矫健，步履轻盈，剑若游龙，时而像溪水静静流淌，时而像激流奔腾一泻千里。周瑜琴声奔放，孙策剑气激荡，两人琴剑相通，有如天作之合。一曲终了，孙策道："好美妙的琴声！"周瑜道："好漂亮的剑法！"两人相视而笑。吴夫人对舒氏道："想不到公瑾琴艺举世无双，太难得了！"舒氏对吴夫人道："没想到伯符武艺如此了得，世所罕见！"吴夫人一点也不谦虚，自豪地说道："现在他还经常帮着父亲批阅公文、处理政务呢，起码顶得上半个太守了。我看策儿一定比我夫君强。"

次日一早，周瑜来到孙策宅院拜见吴夫人，称呼吴夫人为"母亲"，向吴夫人请安，吴夫人乐道："我又多了一个儿子，真是太好了！"孙策也拜见舒氏，称呼舒氏为"母亲"，向舒氏请安，舒氏大喜道："我也多了一个儿子！"孙策、周瑜正式结为兄弟，孙策赠周瑜以佩剑，周瑜赠孙策以玉佩。从此孙策、周瑜两人推结分好，义同断金，正式以兄弟相称。这就是"升堂拜母"成语的由来。正是：升堂拜母遇知音，矢志不渝献终身。自此，孙、周两家交好，互通有无。

周瑜带着孙策纵马巡游周家庄园，只见庄园道路四通八达，亭台楼阁错落有致。孙策问道："我看周家庄园与城池无异。不知是谁在管理。"周瑜道："是在下和哥哥一起管理。"孙策道："没想到你们年纪轻轻就能管理这么大的庄园，太厉害了！"周瑜道："没有办法，我们家族遭到灭顶之灾，我只好勉强为之。"孙策惊问道："为何？"周瑜道："以前是我族兄周晖管理庄园，周晖像我父亲一样，当过洛阳令，管理过洛阳，周晖才华横溢、性格刚烈，不满宦官当政愤然辞官回乡，从此不问政事，专门管理庄园。"孙策道："原来如此。"周瑜道："后来董卓乱政，诸侯反董，我族父大司农周忠表面服从董卓，实则想要诛杀董卓，族兄周晖担心父亲安危，带了族人驾着一百多辆车前往洛阳接他回乡避祸，没想到刚进洛阳就被董卓手下扣留，董卓以扰乱军心之罪下令将他斩杀，同行的族人没有一人幸免，我周氏家族遭此大劫实力大减，损失惨重。我家只得承担起管理庄园的重担。"

孙、周两人信步而行，路边突然闪出一妇人，对孙策道："来的可是孙郎？"孙策行礼道："正是！"那妇人哭道："我与董卓不同戴天，我愿献出家产，取董卓狗命！"周瑜道："这是我的族嫂，族兄周晖之妻。"孙策上前安慰道："请您放心，我父此去专为朝廷除贼，定要将那董贼碎尸万段！"周晖妻子道："如此令尊就是我家大恩人！"

过了三日，孙策对周瑜道："为兄我想遍访官宦名士，与他们结交，游说他们反对董卓，支持我父讨伐董贼。"周瑜道："庐江太守陆康德高望重，不如我们先去拜访。"孙策当即同意，孙、周两人带着厚礼前往二十里外的庐江郡治舒县拜见陆康，孙策奉上名刺请门人通报，过了许久，陆康让主簿出来对孙策道："陆太守不在，请回吧！"孙策、周瑜悻悻而归。孙策遂与周瑜告别，独自拜访江、淮一带官宦名士，为讨伐董卓奔走呼号，筹钱筹粮，一时名动江淮。

过了几个月，孙策、周瑜再去拜访陆康，陆康还是不见。周瑜托熟人了解情况，熟人偷偷对周瑜道："陆太守提醒你不要和他来往！要不是孙策住在你家，碍于周家的面子，陆太守早就把他抓起来了！"周瑜大吃一惊，连忙与孙策商议，孙策道："看来此地不宜久留。我得另寻他处。"周瑜将孙策一家护送出庐江，孙策保护着家人到处流浪。那么孙坚的情况又是怎样呢？且听下文分解。

第二回　孙文台投奔袁术，众诸侯各怀异心

再说孙坚率军离开寿春，一路北上到达南阳，不久程普、韩当率部来投，孙坚军队人数已达三万。

孙坚军队粮草供应紧张，无奈之下只得向南阳太守张咨求助。张咨召集手下

人商议，主簿笑道："孙文台也太无礼了，竟然给您下公文，把您当成他的下属，哪有这样求人的？真是贻笑大方。"长史道："孙坚不过是郡守，您也是郡守，孙坚无权征调粮草。"张咨认为手下说得对，对孙坚不予理睬。

孙坚率幕僚以牛酒之礼拜访张咨，次日，张咨按照礼数率幕僚到孙坚军营答谢。孙坚设宴款待张咨，酒酣，主簿进来禀报："先前有文书传给南阳太守，如今道路尚未修整，军饷钱粮尚未备足，请君侯将他逮捕，交给在下问个明白。"张咨见势不妙正想离席，朱治一声令下，四周伏兵尽起，将张咨拉扯下去。不一会儿工夫，主簿进来请示道："南阳太守使义兵滞留，不能按时讨伐董贼，请按军法从事！"孙坚道："可以！"过了片刻，主簿将张咨首级献上，南阳官员大惊失色。孙坚厉声道："我受先皇隆恩，受封乌程侯，如今董贼当道，我身为国家柱石，理当挽救朝廷于水火。张咨虽为太守，却是董贼所封，实为董贼走狗。朝廷出了天大的事，张咨竟然无动于衷，还敢阻挡我的讨董大业，我今天诛杀他，实为朝廷除贼！各位如不与孤同心，张咨就是你们的榜样！何去何从，你们看着办！"南阳官员吓得浑身发抖，孙坚接着说道："现在首恶已诛，其他人等只要愿意与我孙坚一起讨伐董卓，既往不咎，欢迎诸位为讨董大业出力！"南阳官员如释重负，连忙跪拜道："我等愿为君侯效力！"孙坚道："既然你们愿意与我一条心，共同讨伐董卓，你们理应听命于我，按时提供军需粮饷，不得有误！"说罢，孙坚立即起兵，南阳官员战战兢兢在前，孙坚大军紧随在后，浩浩汤汤进入宛城，孙坚占据南阳。

不久孙坚北上鲁阳，投奔袁术，袁术大喜道："我得文台，大事可成矣！"袁术表孙坚为破虏将军，兼领豫州刺史。袁术实力大增，遂有争夺盟主之意。袁术、孙坚致信河内、酸枣各路诸侯，请求联手出兵讨伐董卓。

且说幽州牧刘虞治理幽州数年，身体力行推崇节俭，自己穿着粗旧的衣服，一顿饭不吃一道以上的荤菜。远近原本作风奢侈的豪族，全都被他感化，幽州风气大变。刘虞推行宽政，劝导百姓耕作，开放市场与外族交易，开采渔阳的盐铁矿增加收入。幽州原为穷乡，财政开支需从青、冀两州调入，经过刘虞一番治理，省下大量军费，压缩大量行政开支，官府收入不断增加，财政收支出现大量盈余。百余万青州、徐州百姓流亡到幽州，在此安居乐业。

刘虞的名声越来越大，皇帝刘宏派使者升刘虞为太尉，封容丘侯。刘虞一再辞让并推荐他人。刘宏知道刘虞清廉，特意免去刘虞买官钱，刘虞还是不肯上任。董卓进京后又封刘虞为襄贲侯，先后任命刘虞为大司马、太尉，召他入朝任职，但因道路阻塞，任命不能到达。

袁绍心里盘算着，董卓与自己有灭族之仇，刘协年幼，为董卓所立，自己绝对不能认可他们，于是想要另立新君。袁绍在刘姓宗室中细细筛选，认为刘虞与自己向来友好，是个谦谦君子，为人友善，仁厚爱民，是公认的贤人，更是理想的贤君。如果自己拥立刘虞为帝，一定会得到好处。以刘虞的才能，几年之间就把局面混乱的幽州治理得井井有条，一旦登基为帝，有自己辅佐，一定可以应对天下乱局，带领大汉走向复兴。于是袁绍打定主意推举刘虞为帝。

再说曹操一行到扬州募兵，曹洪与扬州刺史陈温有旧，陈温给了两千兵马，丹阳太守周昕也给兵二千。曹操大喜，带着四千兵马返回。曹操刚出扬州，来到豫州龙亢，手下士兵不愿远离故土，出现叛乱，一哄而散，曹操好不容易收拢一千余人，可怜巴巴地往酸枣进发。

酸枣各路诸侯粮食越来越少，兖州刺史刘岱向东郡太守桥瑁借粮，桥瑁当即应允，过了一段时间，桥瑁军粮供应不上，向刘岱讨要军粮，刘岱不给，于是桥、刘两军为了军粮大打出手。刘岱大怒，想要除掉桥瑁，于是设宴向桥瑁赔罪，桥瑁不知是计，率官员赴宴，酒至半酣，刘岱及陪同人员起身更衣，刀斧手四向杀出，桥瑁当场死于非命。刘岱任命部将王肱领东郡太守。

曹操听闻桥瑁被杀，酸枣乱成一锅粥，不由得长叹一声，带着人马到河内投奔袁绍。袁绍见曹操来投，大喜，马上设宴款待，酒过三巡，菜过五味，袁绍对曹操道："董卓挟持幼帝迁都长安，公卿官吏媚事董卓，朝廷大事全由董卓老贼做主，我们如何信得过幼帝？不如我们派兵驻守关津要塞，让他自生自灭。我袁氏家室惨遭屠戮，决不能再北面事之。依愚兄之见，我们可在东边另立忠厚长者为帝，如此太平之日指日可待。"曹操道："我们反对董卓老贼，如今刘辩已死，刘协是唯一合法的皇位继承人，如果另立新君，天下必将分裂，此事万万不可，我们的唯一要务是讨伐董卓以正朝纲，如果讨伐成功，只要我们这些有能力的人尽心辅佐，天下一样可以太平！"袁绍碰一鼻子灰，反正曹操没有实力，也就不把曹操的话当一回事，于是袁绍写信与其他诸侯商议。

袁绍另立新君之事暂且不表，袁术、孙坚请求各路诸侯联手讨伐董卓，各路诸侯会响应吗？且听下文分解。

第三回　孙坚急摆空城计，袁本初谋立新君

且说袁绍接到袁术、孙坚来信，要求共同出兵讨伐董卓，袁绍召集众诸侯商议。王匡大喜道："孙文台乃世之名将，我们应该马上出兵，文台出兵于南，我们出兵于北，两军南北夹击，董卓老贼首尾不能兼顾，如此大事一定可成！"曹操也表示赞同。袁绍心里打着自己的算盘，有了异心，再也不想讨伐董卓了，于是冷冰冰地对王匡道："董卓岂是这么容易对付？此事应从长计议。公路、文台要讨伐董卓，就让他们讨伐好了，反正我不出兵。王太守你想出兵，您自己掂量着办

吧！"王匡气得发抖，怒骂道："选你这个无能之人当盟主，众诸侯真是瞎了眼！"

王匡给袁术、孙坚写信，愿进兵黄河北岸孟津、河阳津，虚张声势，吸引董卓兵力，请孙坚率军北上，共同讨伐董卓，孙坚大喜，马上挥军北上阳城。早有探子报与董卓，董卓令东郡太守胡轸领兵三万进攻孙坚，自率大军来拒王匡。

入冬时节，北风猎猎，黄盖率军在阳城外训练。孙坚派长史公仇称去鲁阳催粮，在阳城东门外设帐摆宴为公仇称钱行。胡轸率军偷袭，带着两百多先遣骑兵突然冲至孙坚帐前。孙坚部下发现来的是董卓军队，无不惊慌失措。孙坚示意众人坐下，命令侍从把帐篷布幕撤去。胡轸见孙坚饮酒从容不迫、谈笑自如，担心有诈，不敢贸然进攻，孙坚起身举杯对胡轸大喊道："胡将军别来无恙，孙某早就在此恭候多时了，快点过来入席，我们一起痛饮几杯！"胡轸大吃一惊，心有疑惑，不知孙坚葫芦里卖什么药，担心中了孙坚圈套，扭转马头急忙逃跑，胡轸部下劝道："将军，他们没几个人，我们冲杀过去，一顿乱砍就可以马上把他们全部杀掉。"胡轸道："孙坚向来诡计多端，我们岂能掉以轻心？"孙坚见胡轸急退而去，急令部下靠拢列阵。

胡轸没跑多远，正遇大群骑兵滚滚而来，胡轸大喜，马上掉转马头杀了过来。但见孙坚身后军阵严整，城头上士兵弯弓搭箭，蓄势待发，孙坚起身慢慢离开席位，对胡轸道："胡将军，孙某请您吃，您这么拘谨，不愿入席，转身跑了，我还以为您不来吃了呢。没想到您喊了这么多人来吃，我这点酒不够啊。既然这样，我下次请您吧。"胡轸见孙坚已有防备，自忖占不到便宜，于是撤军而去。

公仇称惊魂未定，说道："天下可以没有我们，不能没有君侯啊，刚才您应该赶紧逃命！"孙坚道："我之所以不马上离座逃命，是担心士兵恐慌自相践踏，这样谁都进不了城，敌人离我们近在咫尺，只要一个冲击，我们不都得成为刀下鬼！"

胡轸没有战功，回军时正逢土地庙举办大型庙会，于是命令军队把男人全都杀死，把所有的妇女掳走，把财物全部洗劫一空，胡轸的军队车辕挂满首级，一路高歌回到洛阳，胡轸向董卓谎报战功。

再说董卓亲率大军到黄河南岸与王匡对峙，大张声势在平阴县收集船只，装出想要渡河的样子，王匡命部将韩浩日夜死守黄河北岸。韩浩，字元嗣，河内人。董卓命张济率领精兵从小平津趁夜偷渡黄河，从韩浩后方突然发起进攻，王匡全军覆灭，董卓北边的威胁解除。王匡只得返乡招兵买马，转投陈留张邈。夏侯惇与韩浩交谈，发现韩浩很有才能，把韩浩引荐给曹操，留在自己手下任职。

孙坚闻知王匡已败，只得引军回到鲁阳。过了一个月，孙坚的话传到董卓军中，胡轸后悔不已，董卓气得暴跳如雷。

再说袁绍致信韩馥、袁术和各路诸侯商议另立刘虞为帝。袁术与袁绍乃同父异母兄弟，父亲为袁逢，袁绍为兄，乃小妾所生，为庶子，袁术是正室所生，为嫡子。袁逢的哥哥左中郎将袁成早逝，袁逢将长子袁绍过继给袁成，袁绍成了袁成唯一的儿子。袁绍深得家族长辈的喜爱，袁术却看不起袁绍，两人势同水火，谁也不服谁。袁术见汉室衰微，心怀异志，刘虞是长君，有才能，袁术不想拥他为帝，于是回信以公义拒绝。韩馥回信认为可行，于是袁绍与韩馥派乐浪太守张岐前往幽州，劝说刘虞称帝。张岐劝道："现在新帝年幼，受制于董贼，远隔关塞，也不知道是死是活。如今天下大乱，您是刘氏宗室的长者，德高望重，在此国家危亡的关键时刻，我们公推您为天下共主。您应该即皇帝位，我们大家愿意听您号令。"刘虞厉声叱责张岐道："现在天下崩乱，主上蒙尘。我身为宗室，世代蒙受大汉隆恩，理应忠于天子，为朝廷分忧。你们各据州郡，理应同心勠力，尽心王室，现在反而想出如此叛逆的主意，你们是想来玷污坑害我吗！"刘虞坚决不接受，张岐失望而归。袁绍、韩馥没有办法，无奈之下又想了一招，派使者请刘虞领尚书事，以皇帝名义给他们封官拜爵。刘虞大怒，骂道："你们这群厚颜无耻之徒，原来你们造反就是为了这个啊！"于是命令左右将使者推出门外斩首。

刘虞备好精美的车辆、朝贡物资，招募田畴为从事，精选军卒，准备轰轰烈烈地出使长安。田畴，字子泰，右北平无终人。田畴道："您交代的任务我领了，可是按您的方式，我到不了长安。"刘虞问道："这是什么原因啊？"田畴道："现在天下大乱，道路不通，寇虏纵横，以官府的名义出使，焉能到达？请允许我自己决定出行方式，我必不辱使命。"田畴回家精选二十名勇壮之士，备好马匹粮草，暗中前往长安。刘虞设宴为田畴饯行，送田畴至郊外，行至僻静之处，田畴对刘虞道："现在天下大乱，公孙瓒心怀异志，宜早图之，否则必有后患。"刘虞道："我以仁爱治理幽州，幽州大定，深得百姓拥戴，谅他公孙瓒也不敢造次。"

田畴走了一程，马上改变行程，出塞外，傍北山，取道朔方，历经艰难险阻，终于抵达长安，将幽州之事上奏朝廷。朝廷对刘虞和田畴大加赞赏，诏拜田畴为骑都尉。田畴认为天子蒙尘未安，不可以荷佩荣宠，坚决推辞不受，三公府联合举荐田畴，也被田畴拒绝。朝廷高度褒扬田畴的义举。

刘虞之子刘和官居侍中，常侍刘协左右。自从董卓迁都长安，刘协时时想要东归，听说刘虞派来使者，大喜，命刘和悄悄前往幽州，请刘虞带兵把救他出长安。

刘和领命，一路东行，潜出武关，千辛万苦来到南阳拜见袁术，传达皇帝刘协的想法。袁术想让刘虞帮助自己，当即把刘和扣下，命刘和给父亲刘虞写信，请刘虞派来兵马，让刘和带兵一起到长安迎接刘协。

刘虞收到书信找公孙瓒商议。公孙瓒，字伯圭，辽西令支人，相貌俊美，声音洪亮，机智善辩，先后师从刘宽、卢植，家中世代为二千石高官。公孙瓒曾经担任过涿县令，在平定张纯、张举叛乱和对少数民族作战中异常勇猛、不畏生死，数立战功，官拜降虏校尉，封都亭侯，兼领属国长史。公孙瓒担心有诈，劝道："袁公路心怀异志，扣留你儿可能另有所图，您断不可派兵！"刘虞不听，派了几千兵马前往南阳。公孙瓒与刘虞向来政见不合，两人谁也不服谁，公孙瓒担心袁术知道自己的态度怨恨自己，命从弟公孙越率领一千骑兵前往南阳协助袁术。袁术见刘虞、公孙瓒兵马来了，大喜，逢人就说："你看，孙坚来投我，刘虞、公孙瓒也派兵助我，如此大事一定可成。"公孙越暗中对袁术道："伯圭有一书信请后将军亲启。"袁术打开书信，只见上面写道："刘虞胸有大志，后将军不可让刘和前往长安，万一真的把刘协接出来，刘虞一定位极人臣，掌握朝政，你扣留刘和，定会受到责罚，小弟建议您小心行事！"袁术马上把刘虞的军队吞并，把刘和关了起来。就这样刘虞和公孙瓒的矛盾进一步加深，袁术却与公孙瓒盟好。于是，袁术敞开心扉给公孙瓒写信道："袁绍不是袁氏子孙，只有我袁术才能真正代表袁氏家族。"公孙瓒收到书信哈哈一笑道："袁公路还真自以为是！"

韩馥部将麹义对韩馥不满，对手下道："韩馥实在无能，像狗一样舔刘虞的屁股，求刘虞当皇帝，真是大逆不道，这种人肯定兔子尾巴长不了。"韩馥非常生气，派人指责麹义，要麹义认错，麹义严词拒绝。韩馥大怒，率兵攻打麹义。麹义乃武威郡姑臧人，长期在西凉生活，精通羌人战法，手下的士兵皆为精锐之士，虽然兵少，却把韩馥打得落花流水，大败而逃。

袁绍素来有入主冀州之心，马上派逢纪游说麹义，于是袁绍与麹义结盟。逢纪，字元图，南阳人。韩馥内心恐慌，怨恨袁绍，不给袁绍提供足额粮草，袁绍经常缺粮，苦不堪言，袁、韩矛盾重重。于是袁绍开始谋取冀州。

袁绍谋取冀州之事暂且不表。孙坚见讨伐董卓无人响应，遂独自进军，孙坚讨伐董卓顺利吗？且听下文分解。

第十四章　孙文台力斩华雄，江东军大破董卓

第一回　换头巾祖茂救主，斩华雄孙坚逞威

初平二年（191）二月初，孙坚进军讨伐董卓。孙坚自率少量兵马先行，与颍川太守李旻在梁县会师。董卓军中无粮，徐荣、李蒙、华雄、吕布刚好在梁县一带掳掠，四人闻知孙坚与李旻会师，当即发起进攻。华雄、吕布率精骑突袭，颍川太守李旻猝不及防，军队一下子被冲得七零八落。李旻策马逃跑，吕布猛施一箭，正中李旻后背，李旻翻身落马，董军一拥而上，将李旻绑了。李旻的军队不是被杀就是被俘。

孙坚带着随从拼死杀出重围，华雄率军紧追不放，华雄手下大喊道："戴红头巾的是孙坚，千万不能让他跑了，抓住孙坚者，封万户侯！"祖茂大惊，对孙坚喊道："将军快把头巾给我！"孙坚无奈，过拐弯时把头巾扔给祖茂。祖茂戴上红头巾独自往前跑，孙坚乘机带着随从走小路脱身。

祖茂不识路，跑入山林，见前方无路可走，猛见乱坟堆有一烧柱，急中生智将头巾系在烧柱上，下马猛抽一鞭，战马嘶鸣着飞奔离去。祖茂顺势一滚，潜入草丛，屏声静气躲了起来。不一会儿，追兵将"红头巾"围了好几重，华雄策马

走到近前，一把扯下头巾，怒喊道："孙坚，我是华雄，有种你就出来，我要与你决一死战！"华雄连喊几声，见无人应答，命人四向搜索，过了半晌，华雄料定孙坚已经走远，这才下令收兵回营。祖茂在草丛伏了大半天，待华雄走远，钻出草丛来寻孙坚。孙坚一路回奔，正巧碰上大军，连忙派出军队四处接应，将祖茂平安接回。

徐荣押着二千俘虏拜见董卓，董卓大喜，马上把军队集合起来，架起大锅，将李旻当场烹了，又将俘虏用布缠裹，倒挂着，用热油浇灌烫死，俘虏惨叫声不绝于耳，令人毛骨悚然。董卓洋洋得意道："孙坚已被我军打得大败而逃，这就是反对孤的下场！"

当晚，董卓获悉辽东太守已死，当即唤来徐荣，问道："你是辽东人，有什么人可以出任辽东太守？"徐荣推荐道："公孙度可以。"董卓当即采纳。

孙坚经过简短的休整，继续率军北上。董卓正在大帐议事，忽闻斥候来报："孙贼先头军队已经逼近太谷关，请相国定夺。"董卓问道："孙坚大概多少兵马？"徐荣道："三万左右。"董卓大惊道："我们不是刚刚把孙坚打败吗？怎么还有这么多兵马！这可如何是好？"长史刘艾奉承道："我军兵强马壮，军力远超孙坚。孙坚与我军交锋，两次都差一点丢了性命。如今孙坚不识趣，自己送上门来找死，我们正好可以将他击败，拿他立威，如此各路诸侯必然知难而退！"董卓转头问手下诸将道："众将有何良策可破孙坚？"胡轸道："末将认为应该派遣精骑绕到孙军背后袭击，攻其不备，把他粮道切断，待其缺粮后撤，我们马上全面进攻，如此方可大获全胜。"董卓问徐荣道："不知徐将军有何高见？"徐荣道："胡将军之计甚妙，我完全赞成。"董卓道："不知谁可领兵破敌？"吕布请战道："骑兵作战乃末将所长，末将愿领兵破敌，为义父分忧！"胡轸请战道："上次末将袭击阳城，孙坚就在眼前，末将有绝好的机会把他杀了，可惜功亏一篑，请相国再给末将一次机会，这次定能将功补过，一击成功。"吕布笑道："既然你已失败过一次，这次理应由我领兵出战！"华雄取出孙坚的红头巾，不屑一顾道："孙坚的头巾在此，他是我的手下败将，杀鸡焉用牛刀，主公应让末将出战，末将上次取他头巾，这次取他首级！"董卓大喜道："孤命你们三人一同前往，直取阳人，定叫孙坚有来无回！"于是董卓命胡轸为主将、华雄为都督、吕布为骑督，领精骑五千偷袭阳人。

董卓亲自将胡轸送出大帐，吩咐道："孙文台乃世之名将，千万不可掉以轻心，只要你一击得手，我马上亲率大军进攻，我们前后夹击，如此大事可成！"长史刘艾道："我看孙坚比不上李傕、郭汜，胡将军出马对付孙坚绰绰有余！"董卓道："当年文台与孤在凉州共事，他的计谋与孤差不多，周慎要是采纳他的建议，绝不会败。你们给我记住，文台打仗敢冒险，经常出乎常理。你们一定要多一个心眼，如此方能大获全胜。"

二月十二日一早，胡轸率军出发，吕布的军队拖拖拉拉落在后面，胡轸性急，怒骂道："这次作战谁要是磨磨蹭蹭，不听我的号令，不论他的官职有多高，我都要斩了他。"吕布非常生气，心道："这不明摆着说我，要给我难堪吗！"胡轸一路狂奔，黄昏时分到达广城，命令全军歇息，生火造饭。

胡轸资历不高，吕布向来不服，众将也对胡轸颇为不满。吕布想坏胡轸的事，和众将一起对胡轸道："听说阳人没有什么敌兵，我们应该快点赶到，马上占领。"胡轸道："此去阳人还有几十里路，我们跑了一天，按计划应该马上歇息，明日一早赶到，马上发动攻击。"吕布道："我担心夜长梦多，要是今天有孙坚军队入驻，明日恐怕就没机会了！"于是胡轸在吕布唆使下马上出发，借着月光连夜偷袭阳人。

孙坚正在巡城，忽闻城下人叫马嘶，当即击鼓鸣号准备应战。胡轸见城中守备严密，偷袭不可能成功，于是下令回军广城。

胡轸好不容易走了十几里路，已是人困马乏，军队实在走不动了，士兵怨声载道，胡轸下令就地宿营。士兵累得连营栅都懒得立，倒地就睡。这时吕布命人散布谣言，说孙坚率军趁夜来袭，胡轸部下人心浮动，提心吊胆，不敢睡觉。很多士兵不辨真假，盔甲都来不及穿，武器都来不及带就跑了，跑了十几里后发现没事，于是又摸黑跑了回来。

再说孙坚见胡轸的军队匆匆退走，马上命令斥候远远跟着。斥候将胡轸宿营地报与孙坚，孙坚马上集合全城仅有的两千兵马偷袭，孙香劝道："现在天黑，军队无法作战，不如我们马上将程普、韩当、黄盖从前方调回，明日将他们围歼，此乃万全之策。"孙坚叹道："哪有什么万全之策啊，战机稍纵即逝，只有舍生忘死，奋力搏杀，才能取胜啊！"

月落时分，孙坚率军偷偷摸到胡轸营地，胡轸上下呼呼大睡，毫无防范。孙军突然四向杀入，胡轸上下措手不及，各自为战，大部分被歼。战至东方微微发白，胡轸、华雄、吕布好不容易才收拢残兵败将，组织起有效抵抗，三人指挥骑兵四下冲击，企图冲出包围圈。

祖茂对孙坚道："那个高个子就是华雄，那个射箭的就是吕布。"孙坚大喜道："我今天正好将他们一网打尽！"正说着，华雄发现了红头巾，对着孙坚猛冲过来，祖茂道："让我先去会他一下。"说着策马迎了上去，华雄奋力猛砍一刀，祖茂举矛格挡，虎口震得发麻，自知不是对手，马上逃跑，华雄紧追过去。孙坚大喊道："孙坚在此，谁敢与我决一死战！"华雄呼的一声回马冲了过来。孙坚一声令下，身后的士兵弯弓怒射，华雄身穿两层重甲，将刀挥舞得密不透风，弓箭竟伤他不得，华雄越来越近，孙坚抓起帐篷连扔过去，帐篷如一张张巨网飞向华雄，华雄胯下战马受惊立起，踟蹰不前。说时迟那时快，孙坚飞身而上，迎着战马挥舞龙泉猛劈，将战马前脚砍成两段，战马没跑两步轰然倒地，华雄重重地摔在地下，挣扎着试图站起来，孙坚大喊一声，一剑猛刺华雄，利剑穿过胸膛，鲜血喷射而出，孙坚随后又是一剑，将华雄首级砍下。孙坚高举华雄首级大喊："华雄已死，你们还不快快投降！"胡轸部下纷纷放下武器。胡轸长叹一声："看来我今天就要死在这里了。"

吕布大喊道："想活命的跟我来！"只见张辽率军奋不顾身地冲向包围圈，与孙坚部队战成一团，高顺指挥士卒用盾牌搭起一座斜桥，吕布催动赤兔马飞奔而上，一跃而出。吕布没跑几步，调转马头折身返回，挥动长矛从外侧攻击。张辽、高顺带着士兵左冲右突，与吕布密切配合，内外夹击，好不容易撕开一个缺口。胡轸等人慌忙从缺口蜂拥而出，逃往洛阳。孙坚叹道："吕布勇猛，此人不除，必有后患！"正是：江东孙坚胆气壮，力斩华雄世无双。可怜飞将吕奉先，骑着赤兔逃命忙。

孙坚将捷报送到鲁阳，袁术沾沾自喜道："这下子诸侯应该知道我袁术比袁绍那小子厉害了吧，他们应该知道要归附谁了吧！"大将刘勋道："后将军说的对。可是孙破虏将军经此一役名声大震，威望更高，倘若再打败董卓占据洛阳，将军您的威望恐怕也比不上他啊。如果任由孙将军发展势力，将军您难以制约。岂不是除却一狼，又增一虎吗！"袁术连忙问道："为之奈何？"刘勋道："孙将军是一头猛虎，只要您手里拿着肉，但不要喂饱，他想吃肉才能乖乖地听您。如果您给他很多肉，让他吃得很饱，岂能听命于将军？为今之计只要不给军粮，限制他，让他有求于您，如此方能为您所用。"袁术当即采纳。

孙坚无粮焦虑万分，策马直奔鲁阳。袁术正在大摆宴席，见孙坚面有怒色闯了进来，当即胆怯，假意问道："孙将军到此所为何事？"孙坚嗖的一声拔出龙泉，众人吓得瑟瑟发抖，袁术惊问道："孙将军，这是为何？"孙坚用剑飞快地在地上画出一幅地图，大声对袁术道："现在我的军队在这，董卓的军队在那，洛阳在那，我离洛阳不到百里，如今我已打败胡轸，斩了华雄，下一步就要攻打董卓。可是将军不给粮草，我怎能打败董卓！"袁术自知理亏，一句话也说不出来，孙坚接着说道："我之所以奋不顾身讨伐董卓，上为国家铲除逆贼，下为将军报家门私仇，我孙坚与董卓并无刻骨仇恨，如今我的长沙已被刘表占据，我的家人居无定所，我这是图什么啊？"孙坚指着袁术的鼻子怒道："现在将军听信小人拨弄是非，对我起疑，这是什么道理！我大军在前方舍生忘死征战，将军却不提供军粮，这形势跟当年吴起泪洒西河、乐毅功败垂成难道有什么不一样吗？请将军明察，早做决断！"袁术满脸堆笑对孙坚道："文台兄，你多虑了，我正全力筹集粮草，既然前方粮草不足，我先把自己的粮草给你送去，不知孙将军意下如何？"孙坚道："既然这样，我军务在身，马上返回前方。"袁术道："孙将军，马上就要天黑了，您终日奔波，不如留下来喝一杯，明日再走，如何？"孙坚道："军中不可一日无帅，待我破了董卓老贼，再与将军把酒言欢。"袁术斟满酒，双手端给孙坚道："既如此，请将军满饮此杯，权当为将军送行！"孙坚双手接过，一饮而尽，大步往外走，袁术慌忙小跑着把孙坚送至门外。袁术见孙坚走远，仍然站在那里一动也不敢动，长史李丰见袁术浑身是汗，搀扶袁术返回入席。

徐州刺史陶谦听说孙坚斩了华雄，大喜，对部下道："当年我征战凉州，与孙文台同僚，没想到文台如此厉害，把华雄杀了。现在看来，董卓可能要被孙坚打败，我想与他结交。"别驾赵昱道："孙文台的家小就在扬州北部漂泊，居无定所，他的儿子到处结交名士，我们何不将他迎到徐州？"陶谦大喜道："好，只要傍上孙文台，有孙文台相助，我们徐州的黄巾军根本不在话下。"于是陶谦派人恭迎孙坚家小，孙策大喜，把家人迁到江都。陶谦马上写信向孙坚示好，请求孙坚帮助剿灭黄巾军。

孙坚既已斩了华雄，那么董卓究竟是如何应对呢？且听下文分解。

第二回　江东军大破董卓，吕布盗陵毁洛阳

且说胡轸、吕布带着数百残部大败而回，董卓听说华雄被斩，惊得连话都说不出来，身子一软，瘫坐地上，左右连忙扶起，董卓喃喃自语道："孤宁失千军，也不愿失去华雄，华雄不在，还有谁为孤冲锋陷阵啊！"胡轸、吕布大气不敢出，连忙伏在地上请罪，董卓大怒，下令将两人推出去斩首。徐荣连忙劝道："胜败乃兵家常事，明公不如留着两位将军，让他们将功赎罪。如果两位将军再败，明公您再杀他俩也不迟。"董卓对胡轸、吕布道："战败之事暂且记下，下次再败，绝不轻饶！"

董卓召集部下商议，董卓道："如今孙坚初战告捷，声势浩大，步步紧逼，诸位有何破敌良策？"李傕道："两虎相争必有一伤。依末将之见，不如化干戈为玉帛。我看孙坚才华卓著，屈居于纨绔子弟袁术之下，这个有违常理。不如劝他来投，如有孙坚相助，天下无人能与主公抗争！"董卓大喜道："此计甚妙，正合孤意，如得孙坚相助，天下自会太平！"董卓问道："游说孙坚，不知谁可担此重任？"李傕道："末将不才，愿为主公分忧。"

孙坚正在大帐议事，门人来报："董卓帐下大将李傕，自称是将军的老朋友，特来拜访。"孙坚笑道："李傕这家伙，他来干什么？呼他进来！"

李傕一进大帐，连忙笑着对孙坚道："君侯啊，几年不见，没有想到您现在都封县侯了，末将专门来给您道喜来了。"孙坚问道："何喜之有？"李傕道："董

相国小女聪明贤惠，待字闺中。听说将军有一子，文武双全，英俊豪爽，尚未娶亲。董相国愿将小女相许，与将军结为秦晋之好。此等美事，末将当然要争着前来向将军道贺，此乃其一。两家既是亲家，董相国知人善任，听说君侯一族有很多出类拔萃的人才，请君侯开列名单，董相国答应一一保举任用，此乃其二。君侯您战功卓著、治民有方，董相国想请您担任三公之职，如果您不满意三公之职，大将军也是可以的，董相国想与您共同辅佐天子，共保天下太平！此乃其三。"

孙坚道："董卓有什么条件？"李傕道："啊呀，将军您多虑了，董相国豪爽，根本没有条件。如果将军答应两家交好，咱们两家人自然就成一家人了，一家人不打一家人嘛，否则岂不是让天下人嗤笑！"孙坚道："原来是要我撤兵。"李傕道："不不不，不是撤兵，是双方不打了，两家罢兵，我们以和为贵，这样天下自然就没有战乱了。以后董相国主朝廷内的事，您主朝廷外的事，如此两人联手，天下太平指日可待！"孙坚拍案而起，怒道："董卓老贼大逆不道，荡覆王室，如今不诛他三族，示众全国，我死不瞑目，难道还要与他成为亲家吗！"李傕陡然变了脸色，回道："董相国对皇室怎么样另当别论，对你可是知人善任、仁至义尽。你与袁术那些人搅和在一起，请问君侯，他们能给你什么？董相国把能给的都答应给你了！这是任何人都梦寐以求的，就是当今天子也做不到，请问你还求什么？山东诸侯哪一个是为朝廷着想？他们都打着自己的小算盘，为自己谋私利，难道你不知道吗？"孙坚答不上来，怒道："把李傕推出去斩了！"左右一拥而上将李傕按住，朱治连忙劝道："君侯息怒，两军相争，不斩来使，李将军与您也算是老相识，不过奉命行事，还望君侯把他放了。"孙坚对李傕道："你滚回去转告董贼，让他把自己绑了，来我帐上请罪，或许我心里一软，饶他一命，否则我一定要诛杀他，叫他死无葬身之地。"李傕用手指着孙坚骂道："孙坚，你这个竖子，你不要执迷不悟，论行军打仗你根本不是董相国的对手。万一你打胜了，你又能怎么样啊？你能得到什么？以前我和你在凉州并肩作战，共同经历过生死，我实话告诉你，袁绍、袁术他们没有一个好东西，你在袁术手下只有死路一条！"说完，李傕愤然走出大帐，一边走一边说道："可叹啊，可叹！可惜啊，可惜！"

李傕回报董卓，董卓大怒，马上下令进兵，徐荣劝董卓道："孙坚气势正盛，不如我们回避一下，退守洛阳。"董卓道："如今朝贡断绝，洛阳无粮，无法坚守。孤的西凉精兵长于野战，守城并非我军所长，不能以孤之短与敌较量。要是我们被孙坚围在洛阳，长安局势一定会发生变化。孤想速胜孙坚，这样山东诸侯不敢进兵。要是我们与孙坚打得不分胜负，山东诸侯必定蜂拥而至，我们双拳难敌四手，到时候就麻烦了。为今之计，我们应该快速调集所有力量，主动寻找战机，与孙坚速战速决。"于是，董卓亲率精兵五万来战孙坚，两军在太谷关外相遇。

两军列阵相对，孙坚命曹寅、黄盖率荆州兵在阵前防守，命韩当、徐琨率豫州兵手持弓弩次之，程普、孙贲率骑兵居后，孙坚自与朱治率江东精兵居中。黄盖命人在军阵四周布满拒马，再在拒马之后放置各种车辆，配以精壮之士防守。

董卓自恃兵多，实力强劲，命吕布率领骑兵冲击孙坚战阵。吕布骑兵越来越近，韩当一声令下，强弓劲弩齐发，吕布的骑兵纷纷中箭倒下，吕布率军拼死前冲，受到拒马、车辆阻挡，不能前进，只能与孙坚军队对射，郭汜见孙坚的士兵有大盾保护，吕布骑兵伤不到孙军，连忙向董卓建议道："末将愿为主公扫除路障，如此方可进攻！"董卓连忙鸣金将吕布召回。

郭汜率领步兵，手执大盾短刀前来破阵。孙坚一通鼓响，曹寅、黄盖率军前进，与郭汜步兵隔着车辆、拒马对战。郭汜舍生忘死，损失惨重，好不容易才将车辆、拒马清除干净，双方鸣金收兵。

董卓命令胡轸骑兵在前、李傕步兵在后猛烈冲击孙坚军阵，孙坚军阵巍然不动，董军损失惨重。程普向孙坚请战道："他们打得这么热闹，末将却在这里休息，实在是憋得慌，不如让末将带领骑兵杀过去，将董卓老贼擒来！"孙坚笑道："德谋，你安心休息，打仗少不了你的，你先下去吧！"程普悻悻而回。

两军战至中午，孙坚差人对曹寅、徐琨、黄盖、韩当等人道："如此下去，董贼一定会撤，不如露出破绽，吸引董卓继续攻击。"众将心领神会。韩当、徐琨命弓弩手休息，曹寅、黄盖将老弱士兵布置在外围。

董卓命张济、张绣率军猛攻，孙坚的外围战阵开始动摇，黄盖带领亲兵上阵拼杀，这才守住阵脚，程普见状心急，请战道："黄盖坚持不住了，我率骑兵杀过去支援！"孙坚道："不急，还请德谋将军安心休息。"程普怒道："靠防守能打胜仗吗！"

董卓命令樊稠、张辽率军进攻，孙坚的军阵危而不破，董军损失越来越大，孙坚差人对曹寅、徐琨、黄盖、韩当道："如此下去，董卓一定会撤，不如让董军攻进阵来！"孙坚军阵慢慢变成凹阵，董军如楔子一般插了进去。董卓大喜，下令全军猛攻。孙坚命令韩当、程普慢慢退出阵外。眼看董军就要攻穿阵底，孙坚命祖茂、孙河率军死死抵住，命韩当向阵中不断放箭，命朱治、孙香率江东精兵绕至董军后部猛攻，顿时攻守之势逆转，孙军将董军围在阵中。

孙军向中心猛烈突击，江东军兵器异常锋利，董军在江东猛士攻击下就像割草一样纷纷地倒下。董卓发现处境不妙，急命吕布、胡轸、李傕往洛阳方向突围。武陵太守曹寅见状，马上率军顶住，死战不退，部下对曹寅道："曹使君，对手太厉害了，我们扛不住啊！"曹寅道："胜败就在此时，我武陵男儿岂能退却，扛不住也得扛！孙将军对我有知遇之恩，我当以死相报！"说罢，曹寅亲自带领亲兵加入战斗，想把阵脚稳住。吕布左冲右突，所向无敌，迎着曹寅杀了过来，曹寅挺矛力刺，吕布侧身闪过，反手一矛将曹寅刺落马下，这才杀出一条血路，董卓军队如溃堤之水汹涌而出。孙坚对程普、孙贲大声喊道："你们快率骑兵追击，有进无退，务必将董贼擒住！"程普大喜，领命而去。董卓大军逃出五成，孙坚亲自率军加入战斗，将突破口死死堵住。孙军反复进攻冲杀，包围圈内的董军不是被杀就是投降。

程普、孙贲率领骑兵一路掩杀，董军尸体塞满了道路，程普一口气追杀了二十里。李傕、吕布重整军队返身杀回，双方骑兵对冲厮杀，不到十个回合，两军死伤无数，程普身中数创。程普望见吕布勇猛无敌，对孙贲道："你来指挥军队，我去会一会吕布！"说着带着亲兵直奔吕布，程普、吕布大战五十回合不分胜负，两人铠甲尽破、伤痕累累。吕布寻思，如此打下去不知何时才能取胜，于是卖了一个破绽佯败而走。程普大喜，策马就追。吕布马快，一下子拉开一段距离，说时迟那时快，吕布回首弯弓就是一箭，程普把头一低，利箭贴着头盔飞了过去，程普惊出一身冷汗，回马就走。吕布在后面追了上来，弯弓又是一箭，正中程普后背，程普身披两重铠甲，幸无大碍。程普大怒，返身又追吕布。吕布马上就跑，始终不与程普正面打斗，只在远处频频放箭，程普无奈，只得与吕布对射，顿时处于下风。程普连连中箭，伤痕累累，吕布大喜，执矛来取程普。程普心道："我命休矣！"忽闻一声弦响，一支利箭呼啸着飞向吕布面门，吕布大惊，连忙避让，程普趁机脱身。原来韩当拍马赶到，一箭为程普解了围。韩当与吕布弯弓互射，双方你来我往，难分高下。

孙坚率领大军逐渐追了上来。李傕、吕布见势不妙，急令撤退。程普拜见孙坚，哭道："我的骑兵全没了。"孙坚见程普浑身是伤，拍着程普的肩膀道："德谋，你放心，马上给你添加兵马，你要多少孤就给你多少。你有伤，先到后方休息吧！"程普血流不止，跺着脚道："不行，这点伤算什么！我还能打，我要找吕布报仇！"不想一头栽倒在地，晕了过去。

孙坚大怒，命全军扔掉辎重，轻装追击。半夜时分，孙军追上董卓残部，当即对董军发起攻击，双方在夜里摸黑大战，打得精疲力竭。这时，黄盖趁人不备，率军偷偷绕至董卓军阵西北，顺风放火，顿时风助火势，浓烟滚滚，大火一下子蔓延开来，烧到董卓后军，董军被大火烧得四向逃窜，乱成一团，孙坚大军列阵恣肆猎杀董卓士兵。董卓无可奈何，灰头土脸，带着一万残兵败将逃回洛阳。

董卓无力再战，命吕布在洛阳断后，自率数千亲随逃往长安。吕布命令军队挖开皇陵、贵族坟墓，将墓内珍宝洗劫一空。过了三日，孙坚大军到达洛阳外围，在皇陵附近与吕布盗墓军队激战，吕布战败，退入洛阳。孙坚挥军进攻宣阳门，吕布自知不是孙坚的对手，下令一把火把洛阳烧了，率军往西逃走。

董卓急忙从长安等地调兵，命中郎将董越屯兵渑池，中郎将段煨屯兵华阴。段煨，字忠明，武威姑臧人。中郎将牛辅屯兵安邑，其余中郎将、校尉驻守在洛阳至长安沿途各县。

孙坚命令军队扑救洛阳大火，将皇陵的遗骨埋回，清扫汉室宗庙，用太牢之礼祭祀。

数年前孙坚初到洛阳，洛阳是人间天堂，现在一切化为灰烬，只留下断壁残垣、满城瓦砾，方圆数百里没有人烟。孙坚见此惨状，无限惆怅，忍不住潸然泪下。

孙坚见洛阳城内无法驻军，于是将大军驻扎在洛阳东南。孙坚见军队饮水困难，命令士兵在驻地附近打井。当地一老者见状，对士兵道："附近甄官署内有一废井，名唤'甄官井'，井深三丈，井水清洌甘美，可修而用之。"士兵问道："如此好井因何废弃？"老者道："两年前的一个晚上，洛阳来了很多军队，在甄官署杀了很多人，一把火将甄官署烧了，此后甄官署夷为平地，不再使用，甄官井也就废了。"

士兵把甄官署整理一番，把压在井上的墙体移开，下到井里清扫。不一会儿，士兵从井里捞出很多奇珍异宝。孙坚得到消息亲自前往观看。只见士兵捞出一个镏金匣子，内有一方玉玺，玉玺方圆四寸，上纽交五龙，旁边缺一小角，用金镶补。下有篆文，镌着"受命于天，既寿永昌"八字。朱治道："此乃传国玉玺，作于秦，至今已有四百年。"孙坚大喜，拿着传国玉玺把玩。公仇称道："这是上天送给将军的礼物，此乃祥瑞！"孙坚大喜道："既是祥瑞，那就暂时由我保管吧。"

　　孙坚既已大胜董卓，离成功不过咫尺之遥，那么下一步究竟会怎样发展呢？且听下文分解。

诸侯割据
袁曹当先

第十五章　孙文台命殒襄阳，袁本初谋取冀州

第一回　刘景升初定荆州，孙文台命殒襄阳

且说袁绍听闻孙坚斩了华雄，心里不是滋味，马上给荆州刘表写信，共话当年情谊，祝贺刘表成功平定荆州，声称愿助刘表夺回南阳，希望双方结盟共图天下。刘表大喜，马上应允。那么刘表是怎么得到荆州呢？此事说来话长。

当初，孙坚逼死荆州刺史王叡，董卓任命北军中侯刘表为荆州刺史。刘表，字景升，山阳高平人，身长八尺余，姿貌温厚伟壮，年轻时便知名于世，名列"八俊"之一，乃汉室宗室。刘表的后妻乃蔡讽的二女儿。蔡讽是荆州豪强、名士，蔡讽之姐为张温之妻。蔡讽长女嫁给襄阳名士黄承彦为妻。

刘表得到任命，见袁术屯兵南阳，交通阻断，于是隐姓埋名，独自一人骑马穿过南阳。刘表来到南郡宜城，出示任命文书和印信，招小舅子蔡瑁、中庐名士蒯良、蒯越兄弟到帐下任职。蔡瑁，字德珪，襄阳蔡州人，乃蔡讽之子。蒯良，字子柔，襄阳中庐人。蒯越，字异度。不久，黄祖率军前来投奔。刘表问四人道："现在宗贼横行，民众不附，袁术在南阳蠢蠢欲动，祸乱难以解决。我想在这里征兵，唯恐民众不愿从军，不知有何对策？"蒯越道："治平者以仁义为先，治

乱者以权谋为先。兵不在多，在于能得到贤能之人。袁术勇而无断，苏代、贝羽乃一介武夫，不足为虑。宗贼首领大多贪婪残暴，部下对他们心存忧虑。我手下有一些具备良好修养的人才，可派遣他们到宗贼首领那里，利诱他们，他们必定会一起来。使君乘机诛杀那些残暴无道之人，再安抚收编他们的部众。本州之人听闻您的盛德，必定扶老携弱前来投奔。然后军队集结，民众归附，南据江陵，北守襄阳，荆州八郡可传檄而定。袁术就是来了，亦无能为力。"刘表大喜道："此计甚妙，我当依计而行，请助我一臂之力。"

蒯越派手下人诱请宗贼首领五十五人至宜城赴宴，酒酣耳热之际，刘表起身离去更衣。刀斧手一齐冲出，将宗贼首领全部砍杀干净。蔡瑁、蒯越、黄祖马上进兵袭击他们的地盘，兼并他们的部众。江夏贼张虎、陈生拥兵据守襄阳，蒯越单骑劝其归降。于是刘表任命蒯越为章陵太守、封樊亭侯，蔡瑁为南郡太守，黄祖为江夏太守。刘表深感袁术强大，不敢与其争锋，于是上表袁术为南阳太守，默认袁术占据南阳。刘表对袁术低声下气，刘表、袁术互不相争。

长沙太守苏代不服刘表，公开说道："我奉乌程侯孙坚之命代守长沙，岂能听命于刘表！"刘表大怒，命蔡瑁、蒯越率军讨伐，长沙军队都被孙坚带走，苏代手下全是新兵，苏代不敌败走，刘表任命张羡为长沙太守。荆州各郡守县长纷纷抛下印绶逃走，刘表就这样控制了荆州七郡，于是在襄阳招兵买马，以观时变。刘表的崛起让袁术如芒在背。

袁绍听闻孙坚大胜董卓，进军洛阳，当即召集部下商议。曹操、许攸道："我们应该马上出兵帮助孙坚，共同进攻董卓，如此董贼指日可擒！"颜良、文丑道："兵马都已备好，只要主公一声令下，我们可以立即出发，踏平长安！"袁绍道："董卓已败，我们没有敌人了，大展拳脚的时机终于到了。"

袁绍任命会稽太守周昂为豫州刺史，密令周昂率领八千兵马渡过黄河，南下偷袭阳城。阳城乃孙坚地盘，孙坚的粮草军资皆屯于此，是攻打董卓的前进基地。谁也没有料想到袁绍竟然不是攻打董卓，而是攻打袁术、孙坚。周昂偷袭得手，一下子拿下阳城，袁术闻讯大怒道："小妾生的畜生实在可恶，竟然干出如此见不得人的勾当，是可忍，孰不可忍！"于是命桥蕤率军攻打周昂，公孙越自告奋勇率本部人马同行。两人攻了半个多月毫无进展，公孙越身中流矢而亡。

刘表早就在襄阳秣马厉兵，整军备战，见袁绍得了阳城，袁术军队已去争夺，如今南阳空虚，有机可乘，于是命令黄祖渡过沔水，占领樊城、邓县，矛头直指袁术，袁术腹背受敌，无奈之下只得向孙坚求援。

再说孙坚一切安排妥当，准备进兵函谷关，西取长安。孙坚命令军队向新安、渑池等地发动进攻，新安指日可下。如今阳城被袁绍军队占领，粮草供应不上，袁术又连番求援，孙坚叹道："我们同举义兵，是为了挽救江山社稷，现在马上可以打败逆贼，没想到这帮可恶的诸侯竟然如此无耻，干出这种事情，普天之下谁能与我同心勠力啊！"孙坚的眼泪情不自禁地涌了出来，孙坚对着长安方向凝望良久，只得下令撤军。

孙坚回军阳城，马上调整攻城方式，孙坚大军攻势凌厉，阳城危在旦夕。周昂望见孙坚旗帜，知道孙坚已到阳城，自知不敌，连忙趁着夜色率军逃走。

袁绍闻讯大怒，马上召集部下商议，袁绍道："袁术虽为我的兄弟，却不与我同心，处处与我作对，他比董卓更可恶。我想亲率大军把他除掉，不知各位意下如何？"逄纪劝谏道："不可！袁术兵强马壮，能把董卓打败，实力不可小觑。如果主公与袁术相争，我们很难取胜。袁术地盘小，人口也不多，打赢了得利不大，望主公明察！"袁绍道："那我们下一步应该怎么办？"逄纪道："依在下愚见，要做大事业，不占领一个州，没法站稳脚跟。现在冀州强大充实，韩馥平庸，主公最好往冀州发展。一旦有了冀州作为依托，何愁大事不成！"袁绍屡屡因粮草问题受制于韩馥，早就对韩馥不满，当即采纳。

孙坚回师鲁阳，袁术亲自出城三十里相迎，孙坚向袁术献上战俘、良马以及各种战利品。袁术大喜，设宴欢迎孙坚凯旋，酒过三巡，袁术问道："孙将军大胜而归，缴获无数，为何不见传国玉玺啊？"孙坚道："传国玉玺乃朝廷重宝，一向由朝廷严加保管，现在朝廷西迁长安，我怎么会有传国玉玺呢？后将军真会说笑。"袁术道："大家都说你在洛阳得了传国玉玺，此事尽人皆知，我看还是把传国玉玺交给我，暂时由我保管为宜。"孙坚道："传国玉玺乃朝廷重宝，此乃公器，只能公用，理应归朝廷所有，由朝廷保管。"纪灵抽出宝剑，怒骂道："孙坚，你不要敬酒不吃吃罚酒。你要是不把传国玉玺交出来，休怪我无礼！"程普毫不相让，马上拔出宝剑，针锋相对地说道："谁对我主公无礼，我这就砍了他！"双方将领纷纷亮出兵器，气氛骤然紧张起来。袁术连忙阻止道："各位不必多言，我们都是一家人，我绝对相信孙将军，他说没有就没有。"于是各位将领重新入席。袁术对孙坚道："刘表已成气候，如今刘表大军进入南阳邓县，你看我们应该怎么办？"孙坚怒道："刘表是董贼爪牙，趁我不在，占我长沙，是可忍孰不可忍，我当出兵讨伐！"袁术大喜道："我敬孙将军一杯，祝你旗开得胜！如果打败刘表，我就没有后顾之忧了，我们再提兵攻打袁绍那个畜生，以报偷袭阳城之仇。"

孙坚收到陶谦来信，马上与袁术商议，表朱治行督军校尉，率领步骑三千援助陶谦，朱治一到徐州，陶谦马上与黄巾主力决战，朱治一马当先冲入敌阵，陶谦随后挥军跟进，大破徐州黄巾，从此陶谦与袁术盟好。

初平二年（191）四月，孙坚经过短暂的休整，率军直扑樊城。孙坚趁着夜色进攻，一举歼灭刘表水军，缴获全部船只。接着，孙坚围住樊城攻打，樊城守将陈生、张虎抵挡不住，连忙向邓县黄祖求救。

两日后傍晚，黄祖提兵来救樊城，不想刚出城就被斥候发现。孙坚马上命令程普、孙贲率精骑夜袭邓县，自己与黄盖、韩当半路设伏截杀黄祖。二更时分，黄祖大军进入伏击圈，只听一通鼓响，孙军蜂拥而出，一举将黄祖军队消灭，黄祖带着少量亲随逃回襄阳。

再说程普率少量军队来到邓县城下，对守城将士喊道："黄将军担心弓箭不够，特命我等来取。"守城将士不辨真伪，打开城门，程普大杀而入，马上占领城门，孙贲率军快速占领邓县。

次日，孙坚把俘虏押至樊城城下，命人喊道："你们的援军已被消灭，快投降吧，负隅顽抗只有死路一条！"张虎、陈生大惊失色，樊城守军军心不稳，士兵趁着夜色用绳索吊着出城投降。孙坚大喜，下令军队全力攻城，不出两日，孙坚攻克樊城，张虎、陈生战死。

孙军乘胜渡过沔水，兵临襄阳，刘表不敢出战，紧闭城门死守，孙坚三面包围襄阳。襄阳城小，城墙低矮，孙坚率军猛攻，刘表军队苦苦支撑。刘表无奈，只得派黄祖趁夜出城去搬救兵。过了半个月，黄祖带兵来救襄阳，当即向孙军发起猛攻，蔡瑁在城头看得真切，大喜，打开城门，率军杀向孙军。孙坚命徐琨、孙贲、黄盖截住蔡瑁厮杀，自率大军迎击黄祖。双方战至傍晚，黄祖军队经受不住孙坚大军的反复攻打冲击，败象已现，黄祖只得命令军队向岘山方向边打边撤。孙坚望见黄祖在阵中指挥，率领精锐猛扑过去，转眼攻至黄祖近前，黄祖大惊，连忙丢下军队逃跑。孙坚当即追了过去。

孙坚马快，离黄祖越来越近，不知不觉将部下远远地抛在身后，黄祖跑入岘山，刚过拐弯正遇吕公，黄祖大叫道："吕将军救我，后面来的就是孙坚。"吕公道："黄将军快走，这里由我应对。"说完急命手下埋伏于路边竹林，不一会儿，孙坚单骑追入岘山，吕公一声令下，顿时乱箭齐发，孙坚中箭身亡，一代名将就此陨落，时年三十七岁。

黄祖命人将孙坚尸首抬走，率军来到阵前。大喊道："孙坚已死，头盔和战马在此！"孙军大惊，马上收兵回营。

次日，刘表将孙坚的尸体绑在木板上，立于城头，部下见孙坚浑身是箭，无不放声大哭。孙贲命令全军缟素，将士哭喊着拼死攻城，刘表见到这一幕心惊肉跳，襄阳城危如累卵。

尚书郎桓阶因父亲去世回长沙奔丧，正好经过襄阳，听闻孙坚战死，连忙见过孙坚手下诸将，单骑进入襄阳拜见刘表，桓阶道："我愿为您和袁术调解争端，令袁术大军退回南阳。"刘表道："请问伯绪有何高见？"桓阶道："我有一策可令孙坚部下马上退兵。"刘表站起来行了一礼，问道："不知先生有何妙计？"桓阶道："您把孙坚尸首还给对方，他们必会马上退兵。"刘表问道："这是何道理？"桓阶道："孙坚大军如此攻城，就是因为孙坚的尸首在您手上。孙坚手下皆是忠勇之士，您不还他尸首，他们岂能善罢甘休？只要您把尸首还给他们，他们一定急于运回老家安葬，让他魂归故里，如此一来，定会退兵。"蔡瑁用剑指着桓阶道："小子，你这是故意帮助袁术！如此伎俩怎能骗得过我们，现在我们就把你砍了！"桓阶不慌不忙地说道："尸首对你们有什么用？这仗要是继续打下去，胜负还真的不好说呢。他们失去了主帅，一旦撤军就前功尽弃，就是他们输。你们如果不见好就收，万一襄阳沦陷，你们谁都活不了，最后输的是你们。这个道理我想诸位都很清楚，无须我多言。"蒯越认为桓阶说得有道理，刘表马上命人把孙坚的尸首清理干净，用上好的棺材装好，由桓阶扶着灵枢运送至孙坚大营。

程普、韩当、黄盖将军队撤至宛城。孙贲、吴景、祖茂、孙河、孙香等人率军一千，将孙坚灵枢运至曲阿，朱治护送孙坚家小早已从江都来到曲阿恭候。灵枢一到，吴夫人、孙策等人早已哭成一团，孙贲、吴景、祖茂、孙河跪在吴夫人面前哭道："我们没有保护好主公，这是我们的罪过啊！"吴夫人哭道："不是你们的过错，这是上天对我孙家不公啊！"众人将孙坚遗体安葬在曲阿。朱治哽咽着对孙策道："少主公，这是我跟随君侯征战的详细记录，我睹物思人，不能自己，还是留给少主公吧，请少主公收下。"孙策泣道："朱叔父，您对我家最好，我年少无能，以后还要仰仗叔父，他日若有出头之日，定当厚报！"

孙策、祖茂、孙河在孙坚墓前结庐而居。孙贲、孙香、朱治前来道别，祖茂含泪对三人道："我以前终日跟随孙将军，要是那天我也能紧紧跟着，主公也许不会死，要是真的遇到危险，也许我能代主公死，一切都是我的错啊！现在主公什么地方都去不了了，我终于可以日日夜夜陪伴主公，再也不用担心跟不上主公的步伐了，你们忙你们的吧。"祖茂从此退出征战，一直为孙坚守墓，直至终老。

孙坚之死暂且不表，那么公孙越死后，袁绍与公孙瓒的关系会如何发展呢？且听下文分解。

第二回　公孙瓒喜得勃海，刘玄德怒打督邮

且说公孙瓒闻知公孙越的死讯，怒道："袁绍害死我从弟，我要报仇！"于是气势汹汹地率军进驻磐河。袁绍大惊，担心袁术与公孙瓒同时来犯，急召部下商议对策。许攸道："公孙瓒的从弟公孙范在主公帐下任职，不如将勃海太守之位让给他，这样可化解仇恨，与公孙瓒结盟。"袁绍道："如果这样，我吃大亏了，不行！"许攸道："如今我军远离勃海，勃海空虚，公孙瓒只要出兵进攻，我军鞭长莫及，勃海概莫能救，实难保全。"逢纪道："许子远说得对，与其守

不住，双方结怨，不如直接让给他，双方结盟。您把勃海让给公孙范，那就等于让给公孙瓒。我看公孙瓒乃一介武夫，头脑简单，贪得无厌，俗话说拿人家的手短，吃人家的嘴软，公孙瓒得了勃海一定对您感恩戴德，到时候我们巧加利用，或许还可谋取别的好处。"袁绍马上采纳。

袁绍召来公孙范，好言好语对公孙范道："我与伯圭素无怨仇，不想公孙越在阳城意外身亡，此乃误会，绝非我的本意。我根本不知道公孙越在阳城，可是战场刀剑无情，利箭无眼，不该发生的事情还是发生了，如今人死不能复生，还望您与伯圭节哀顺变。为了表达我的歉意，我将勃海太守之位让给您作为补偿，万望不要推辞。"说着双手奉上印绶，公孙范不敢相信自己的耳朵，紧紧抓住印绶，喜出望外地推辞道："公孙越之事情有可原，实乃意外，将军您真是太慷慨了，这叫我怎么过意得去啊！"袁绍松开印绶道："我想与伯圭永结盟好。请您助我谋成此事。"公孙范忙把印绶揣在怀里道："结盟之事包在我身上！"

公孙范到达勃海治所南皮，马上联系公孙瓒。公孙瓒唯恐袁绍反悔，生出枝节，亲率大军进驻勃海。公孙瓒意外得此大郡，意气风发，走路带风，心情畅快，做梦都在笑，愉悦之情不可言表。

一日，公孙瓒正在议事，忽闻高唐令刘备遣使求见。公孙瓒大喜，马上中断议事召见，使者道："我主刘玄德听闻将军已得勃海，率吏民前来投奔。"公孙瓒急问道："玄德到什么地方了？"使者道："刚渡过黄河，命小人特来报信。"公孙瓒吩咐手下道："马上给我备好宴席，众将随我迎接刘玄德。"大将严纲嗤笑着阻止道："区区一个县令来投，何劳君侯屈尊相迎，派两个从事接引，顺便送点粮草过去，便是给他面子。"公孙瓒道："严将军不可妄言，刘玄德是我的好友，我日夜想着他，巴不得早点相见。"那么刘备究竟是怎样一个人，为何会投奔公孙瓒，公孙瓒为何如此看重刘备呢？此事说来话长。

话说幽州涿郡涿县有一青年名叫刘备，字玄德，身长七尺五寸，两手下垂可到膝盖，眼睛能看见自己的耳朵。刘备的祖先可追溯到汉景帝刘启，刘启封儿子刘胜为中山靖王，刘胜之子刘贞受封陆城侯。汉武帝刘彻祭祀宗庙，要各诸侯献酎金助祭，刘彻以进献酎金的分量不足、成色不好为借口，一口气削去一百多人的爵位，刘贞也位列其中，史称"酎金夺爵"。刘贞失去爵位，其后人就在原封地（陆城）附近繁衍生息，刘备就是他的后代。刘备的祖父刘雄被举为孝廉，官至东郡范县县令。刘备的父亲刘弘早亡，少年刘备生活艰苦，与母亲一起以贩卖草鞋、编织草席营生。刘备家东南角篱上有一桑树高五丈，从远处看好像车盖一样，来往的人都觉得这棵树长得不像凡间之物，认为此家必出贵人。

刘备的同宗刘元起认定刘备是非常之人，把他当儿子一样看待，出资让刘备和自己儿子刘德然一起到洛阳读书，拜同郡大儒卢植为师。恰好公孙瓒也在卢植门下学习，刘备把公孙瓒当哥哥一样对待，公孙瓒对刘备格外亲近。卢植对刘备悉心教诲，可刘备不怎么喜欢读书学习，而是喜欢音乐、漂亮衣服，还整天带着猎狗骑马打猎。

后来刘备辞别恩师回到家乡，很快踏入"江湖"。刘备话不多，喜欢降低身份到处结交豪杰，附近的年轻人争相依附刘备，社会上有什么摆不平的事都找刘备帮忙，只要刘备出面，一切都能得到公平合理的解决。

涿郡有一青年姓张名飞，字益德，此人身长八尺，皮肤白净，长得一表人才。张飞文武全才，能诗善赋，能书会画，武艺高强。张飞爱结交朋友，自从认识了刘备，两人很快就成为密友。张飞对刘备恭敬有加，佩服得五体投地。

河东解县有一青年，姓关名羽，本字长生，后改字云长，关羽身材高大魁梧，胡子长得特别漂亮，人称为"美髯公"。关羽在家乡打死恶霸，背负命案，逃离家乡，流落至幽州涿郡。刘备见关羽孔武有力，熟读《春秋》，于是倾心相交。

刘备虽然自己没多少钱，仍然全心全意地帮助关羽，让关羽感到前所未有的温暖，关羽对刘备感恩戴德。关羽年长，张飞把关羽当哥哥一样对待。

后来公孙瓒因功升任涿县令，对刘备照顾有加，两人相处得极为融洽。中山大商人张世平、苏双家资丰厚，经常到涿郡贩马，有事求刘备帮忙，刘备从来都不推辞。张、苏两人见刘备与众不同，于是给了很多金银财宝，刘备用这些钱招纳部众，拉起一支人马。

恰逢黄巾军起义爆发，刘备与关羽、张飞带着部众投在校尉邹靖帐下效力。刘备在征讨黄巾军过程中立有军功，被任命为中山国安喜县县尉，刘备本来就是豪杰，管理治安自然不在话下，很快就把当地治理得井井有条。

后来，镇压黄巾军立功的人实在太多，于是朝廷下令对因功成为官吏者进行筛选甄别，功劳大的予以保留，功劳不大的予以淘汰。因为朝廷腐败，卖官成风，只要往上送点钱打点一下就可保留官职。刘备为人正直，与民众秋毫无犯，没有巴结上司，再加上军功并不特别显著，因此位于被淘汰官吏之列，刘备对此已有耳闻。

中山国相派督邮来安喜县巡视，刘备、关羽、张飞一早就去驿馆求见，督邮的门人入内通报，不一会儿门人出来对刘备道："督邮今天身体不好，您请回吧。"刘备心有不甘，继续在门口候着。过了一会儿，县令带着厚礼拜访，门人马上把县令引入，馆内不时传来阵阵笑声，过了半个时辰，县令面带微笑从驿馆出来。刘备又请门人入内通报求见，过了一会儿，门人出来道："督邮今天身体不适，您还是请回吧。"刘备知道督邮借故推托。过了片刻，县丞又拎着礼物前来拜访，门人又请县丞入内。不久，刘备见县丞出来，上前问道："督邮身体安好？"县丞道："督邮身体好着呢，为何有此一问？"关羽、张飞劝刘备道："我看督邮不愿见我们，我们还是回去吧。"刘备不听，依旧候在门外。刘备从早候到晚，诸曹掾史全都见了督邮，刘备又一次请求门人通报，门人出来依旧对刘备道："督邮今天身体不好，您还是请回吧。"

刘备勃然大怒，一把推开门人，大呼着径直入内，见督邮半躺在榻上，对着督邮喊道："害民贼！我是刘备，认得我吗！"没等督邮开口，刘备对着督邮面门就是通通两拳，打得督邮满脸鲜血。督邮大声呼救，随从急忙赶来相助，关羽、张飞三拳两脚将他们打翻在地，躺在地上动弹不得。

刘备把督邮从榻上拎了下来，连扇几个耳光，督邮想要反抗，刘备一拳将他打倒在地，刘备拿起木棍暴打督邮，边打边骂道："你这个贪官污吏，我立有战功，凭什么要裁减我！战功比我小的人可以当官，凭什么我不能当官，全县的官吏你都见了，凭什么不肯见我！"刘备把督邮打得嗷嗷直叫。刘备还不解气，大呼着把督邮拖到驿馆门前，绑到拴马柱上，引得百姓纷至沓来，驻足围观。刘备一边骂着，一边挥棍暴打督邮，一连打了两百多下，把督邮打得皮开肉绽，体无完肤。刘备拔出宝剑要杀督邮，关羽上前抱住刘备，劝道："不管怎么说督邮也算是长官，罪不至死，杀人可要偿命。"督邮浑身是伤，满嘴是血，连忙苦苦哀求道："我那里有资格裁人啊，我只是奉命行事而已。我的确借公务之便乘机收取礼物，天下那么大，现在官员哪一个不收礼啊？我上有老下有小的，壮士您就高抬贵手，饶我一命吧！"刘备从腰间解下官印，挂在督邮脖子上，连甩两个耳光，怒叱道："这官我不当了！"傲然与关羽、张飞踏上流亡之路。督邮回到中山，向国相诉说安喜县的经历，国相大怒，下令通缉刘备。

刘备与关羽、张飞为了逃避官府抓捕，只得远走他乡。三人到处流浪，居无定所，日子过得异常艰难。无论刘备走到那里，关羽、张飞始终跟着，对刘备不离不弃。刘、关、张三人食则同桌，睡则同席，如同亲兄弟一般。关羽、张飞认定刘备是当世英雄，定有东山再起之机，就这样熬过一天又一天。

都尉毌丘毅奉大将军何进之命到丹阳募兵，张榜招募随从人员。刘、关、张三人更名换姓前去应招。毌丘毅见三人气度非凡、身材高大、说话彬彬有礼，遂对他们另眼相看，当即让三人跟随自己前往丹阳。

毌丘毅一行三十骑刚到下邳地界，忽然窜出一群盗贼，将众人拦住，毌丘毅见对方人多势众，吓得不知所措。刘备悄然对关、张两人道："我保护毌丘大人，云长负责突围，益德负责断后，我们一起冲出去！"说罢，刘备挺身护在毌丘毅身边。关羽大呼一声，纵马而出，挥舞着长矛杀向盗贼，关羽力大无穷，武艺超群，盗贼无人能挡。刘备跟在关羽身后，保护着毌丘毅一冲而出。贼首大怒，率众追了上来，张飞毫不含糊，回马来战贼首，仅仅交战两个回合，一矛将贼首刺落马下，余下的盗贼一哄而散。

毌丘毅见刘、关、张如此勇猛，恭恭敬敬地问刘备道："我看您不是一般人，为何会屈身当我随从？"刘备这才将自己的师承、征剿黄巾军、棍打督邮等事一一相告，毌丘毅叹道："卢植乃当世名儒，又是大将，你是他的学生，有这样的能力也就不足为奇了。这个世道真不公平啊！"毌丘毅与刘备聊了一路，两人越聊越投机。

毌丘毅从丹阳募兵回来，问刘备道："我看你才能不错，以后想干点什么？"刘备道："当今天下大乱，当以治民安民为先。"毌丘毅道："我与青州刺史焦和有旧，那里黄巾军最为猖獗，郡县官吏朝不保夕，死伤大半。只要你愿意，我就把你推荐给他。不过你断不可让他知道殴打督邮之事。"刘备大喜道："一切愿听将军安排。"于是毌丘毅写信向焦和推荐刘备。刘备谢过毌丘毅，奔往青州。

刘备到了青州，此时的青州早已乱成一团，青州刺史焦和无能，好立虚名，尚清谈，根本不是黄巾军的对手，黄巾军横行青州，乌桓丘力居大军也到青州一带劫掠。焦和命刘备担任北海国下密县丞，黄巾军势大，刘备无法应付，于是三十六计走为上计，只得弃官逃跑。过了一段时间，焦和又命刘备担任高唐尉、高唐令。

焦和无法在青州立足，正好诸侯起兵讨伐董卓，声势浩大，于是干脆也宣布起兵参加讨董联军。焦和带着残兵败将奔赴酸枣，没想到刚离开青州就一病不起，没过几天就一命呜呼。如此一来，青州群龙无首，黄巾军愈发无法控制，一下子发展到三十余万。黄巾军势大，每到一地就把所有的东西都抢光、吃光，寸草不留，青州官吏和百姓无不闻风而逃。

刘备见黄巾军直奔高唐，又要弃官离去，关羽、张飞劝道："您好不容易当上县令，我们还没有打仗抵抗又要逃跑，这也太不应该吧。"刘备道："天不得时，日月无光；地不得时，草木不生；水不得时，风浪不平。最近几年，我空有一番雄心壮志，可如今还是一事无成，寸功不立。我不得时，万事不通啊，此地不可久留！我们要是与黄巾军硬拼，或许能杀他一万八千的，但是不可能取胜，我们最后还是要走，结果都是一样！俗话说'留得青山在，不怕没柴烧'，我们什么都不要留恋了！现在最重要的是保护下属和百姓！我听说公孙大哥已到勃海，我们正好可以投奔，从此不再受那窝囊气。"于是刘备带着关羽、张飞以及高唐县的官吏、军队、百姓渡过黄河北上，投奔公孙瓒。

公孙瓒亲自出城三十里迎接刘备，两人久别重逢，共话当年情谊，开开心心聊了一路，并肩骑马入城，高兴之情不可言表。公孙瓒为刘备一行接风洗尘，酒过三巡，刘备道："伯圭兄，依小弟愚见，青州黄巾马上要沿勃海湾北上，欲与黑山军汇合，如果他们两军合兵一处，那就不好对付了，还望早做准备。"公孙瓒道："我马上整军备战，定叫他们有来无回！"那么公孙瓒能打败青州黄巾军吗？且听下文分解。

第三回　公孙瓒大破黄巾，袁本初谋取冀州

不久，青州黄巾军果如刘备所料，渡过黄河往北进入勃海郡，公孙瓒率步骑两万迎击。两军在东光南相遇，刘备见黄巾军阵形疏散，对公孙瓒道："刘某愿打头阵！"公孙瓒道："还是老同学靠得住。"刘备率关羽、张飞杀入敌阵，黄巾军大乱。公孙瓒见状大喜，命令严纲、公孙范攻其左，田楷、单经攻其右，自率精骑跟着刘备杀了过去，黄巾军抵挡不住，大败，抛下三万余具尸体夺路而逃。黄巾军一直逃到河边，正准备渡河，公孙瓒大军随后追到，黄巾军心惊胆战，纷纷争相渡河，当场淹死无数。公孙瓒列阵发动猛攻，又杀死黄巾军数万，俘获七万，缴获辎重、车辆、盔甲、财物数不胜数，公孙瓒威名大震，拜奋武将军，封蓟侯，仍归刘虞节制。

公孙瓒表刘备为别部司马，挥军进入青州。刘备、关羽、张飞一马当先进入平原，南渡黄河，跟随公孙瓒四处征战，数立战功。公孙瓒表田楷为青州刺史，刘备为田楷手下猛将。

再说酸枣诸侯粮尽，见袁绍攻打袁术，大惊，大家一哄而散。当初，兖州各地起兵讨伐董卓，兖州空虚，兖州黄巾军趁机迅猛发展，声势浩大。兖州刺史刘岱深感黄巾军不好对付，见公孙瓒兵强马壮，马上写信求援。公孙瓒踌躇满志，派单经、从事范方率军西进兖州，帮助刘岱征剿黄巾军。

逢纪向袁绍献计道："我们可以暗中与公孙瓒相约，让他袭击冀州。待他大军一动，韩馥必然惊慌失措，我们再趁机派遣能言善辩之人向他说明利害关系，不怕他不让出冀州来，此乃反客为主之计。"袁绍大喜，写信给公孙瓒，请他一起讨伐董卓。公孙瓒大喜，欣然应允，马上率军进入冀州。韩馥大惊，连忙派兵

拦截，却被公孙瓒打得大败。公孙瓒表严纲为冀州刺史，设置郡县官史，韩馥惶惶不可终日。

袁绍闻知公孙瓒出兵，大喜，马上率军从西往东进入冀州。至此讨伐董卓的所有诸侯全部离开。韩馥听说袁绍大军也来了，心中更加恐慌。

袁绍派外甥高干携带重金来到邺城。高干，字元才，陈留圉县人，出身于东汉望族陈留高氏。高干早就听说田丰的威名，带着厚礼登门招揽田丰，高干言辞谦恭，晓之以理。田丰在韩馥手下一直没有得到重用，当即决定投奔袁绍。田丰，字元皓，巨鹿人，天姿聪慧，为人正直。

高干拜访荀谌、辛评、郭图，晓以利害，众人纷纷表示愿为袁绍所用。荀谌，字友若，颍川颍阴人。辛评，字仲治，颍川阳翟人。郭图，字公则，颍川人。荀谌是韩馥的谋主，深得韩馥信赖，荀谌劝说韩馥道："现在公孙瓒乘胜南下，诸郡望风而降。袁车骑也领兵向东而来，他的意图难以预料，我私下很为主公担忧啊！"韩馥倒吸一口冷气，急切地问道："既然如此，那该怎么办？"荀谌不作正面回答，反问道："依将军看，对人宽厚仁爱方面，您比袁本初怎么样？"韩馥道："我不如。""临危决策，智勇过人方面，您比袁氏怎么样？"韩馥又道："我不如。""累世广施恩德，使天下人得到好处方面，您比袁氏又怎么样？"韩馥摇摇头，还是说道："我不如。"荀谌这才对韩馥道："勃海虽是一郡，其实相当于州。现在将军您在三方面不如袁绍，却长期居于袁绍之上，袁绍是当代豪杰，必然不肯屈居在明公之下。公孙瓒率领燕、代精锐之众，兵锋不可抵挡。冀州是国家赖以生存的重地，如果袁氏、公孙瓒两雄合力与将军交兵城下，将军的危亡立刻就会到来。袁氏乃将军旧交，你们是同盟，为今之计不如把冀州让给袁氏。袁氏得到冀州一定会厚待将军，公孙瓒也不能和他抗争。那样将军不但能获得让贤的美名，而且您比泰山还要安稳。希望将军不要疑惑！"韩馥又问辛评、郭图，两人道："友若说得有理，无论为了主公的身家性命和前途，还是为冀州百姓，主公都应让贤。"韩馥生性怯懦，缺少主见，听他们这么一说，也就同意了。

韩馥的长史耿武、别驾闵纯、骑都尉沮授连忙劝阻道："主公啊！冀州虽然狭小，能披甲上阵的足有百万之众，粮食可支撑十年。袁绍一个外来人，率领穷困的军队，必须仰仗我们的鼻息生存，就好比婴儿在大人的股掌上面，不给他喂奶，立刻可以将其饿死。为什么要把冀州送给他呢？"韩馥道："我过去是袁氏的属吏，才能比不上袁绍。我估量自己的德行而谦让，这是古人所看重的啊。你们为什么觉得不好呢？"

韩馥的从事赵浮、程涣统领一万能开强弩的精兵驻守河阳，闻讯大惊，马上带领军队乘坐几百艘战船飞速赶回，请求韩馥抵御袁绍。赵浮、程涣劝谏道："袁绍军无斗粮，各自离散，虽有张扬、於扶罗军队新附，他们未必肯尽全力，不足为敌。我们这些人率领现有兵马抵抗，只需十来日，袁绍必定必土崩瓦解。将军您只管敞开房门高枕睡觉，有什么可以担忧，又有什么可以恐惧的呢？"韩馥又没有听从。

韩馥让出官位，腾出官邸，搬到中常侍赵忠的旧宅居住，派儿子给袁绍送去印绶。于是袁绍代领冀州牧，自称承制，率领军队进入邺城。韩馥的长史耿武、别驾闵纯执刀阻挡，袁绍命田丰率军把两人杀了。

袁绍得了冀州，以沮授为别驾从事。袁绍问沮授道："如今贼军作乱，朝廷西迁，我袁家世代受恩，我决心竭尽全力兴复汉室。然而齐桓公如果没有管仲不能成为霸主，勾践没有范蠡也不能保住越国。我想与您同心勠力，共安社稷，不知您有什么妙策？"沮授道："将军您年少入朝，就扬名海内。您在董卓废立皇帝之际，能发扬忠义之心；您单骑出走，能使董卓惊恐。您渡河北上，则勃海归顺；您拥有一郡的军队，就能聚集冀州兵马。您的威名越过河朔，名望重于天下！

如今将军您如首先兴军向东讨伐，就可以平定黄巾军；您回军讨黑山军，就可以消灭张燕。然后回师北征，则公孙瓒必擒；您以威势胁迫戎狄，则匈奴马上可以平定。这样您就横扫黄河以北，收复四州地盘，收揽英雄之士，坐拥百万之众。您再到长安迎回天子，在洛阳恢复宗庙，以此号令天下，诛讨不服从的人，以这种方法争锋，谁抵御得了！建立这样的功业并不困难，用不了几年。"袁绍听了高兴地说道："这正是我的心愿啊！"随即加封沮授为奋威将军，命他监护诸将。袁绍又用田丰为别驾、审配为治中。审配，字正南，魏郡阴安人，为人正直。用许攸、逢纪、荀谌等人为谋士，冀州就这样名义上归袁绍所有。

袁绍封韩馥为奋威将军，可是既无下属，也无兵众，只是一个空头衔。袁绍手下有一都官从事，名叫朱汉，以前遭到韩馥冷遇，一直耿耿于怀。如今见韩馥失势可欺，带兵包围韩馥住所，手持利刃破门而入。韩馥逃到楼上躲起来，朱汉抓住韩馥长子，一阵棍棒，把他两条腿都打断了。袁绍闻讯下令杀死朱汉。韩馥深受刺激，见原来的下属受到重用欢欣鼓舞，自己竟然如此悲惨，于是离开冀州投奔陈留张邈。一日，张邈正在议事，韩馥见袁绍派来使者，使者对张邈附耳低语，韩馥心中升起一团疑云，以为袁绍要让张邈对付自己，顿时感到大难临头，于是借口上厕所，用刮削简牍的书刀自杀，一头栽进茅厕而亡。

鲍信见此情形对曹操道："现在奸臣颠覆皇室，英雄豪杰愤然对抗。天下响应的原因是大义所在。如今袁绍当了盟主，利用权力为己谋私，看来将要发生动乱，以在下愚见，另一个董卓就要产生了。如果我们对抗他，恐怕力不从心，如果跟他同流合污，那又怎么说得过去？不如我们离开这里，到黄河以南静观其变。"曹操深表赞同。此时魏、东两郡有黄巾军十万，东郡太守王肱不能抵挡。曹操拜见袁绍，请求前往兖州东郡讨伐黄巾军，袁绍马上同意。曹操率军在濮阳大败黄巾军白绕部，袁绍大喜，表曹操为东郡太守，治所设在东武阳。曹操上表袁绍，让鲍信重新担任兖州济北相，袁绍马上同意。两人就这样离开了袁绍。

袁绍把公孙瓒当枪使，轻易得了冀州，那么公孙瓒会善罢甘休吗？且听下文分解。

第十六章 袁本初界桥大胜，曹孟德入主兖州

第一回 公孙瓒进军冀州，袁本初界桥大胜

公孙瓒早就对冀州垂涎三尺，没想到自己白忙了一阵，冀州却为袁绍轻松所得，这才知道自己被袁绍利用。公孙瓒又气又恼，整顿军队，摩拳擦掌，要与袁绍决个高低，于是向冀州进军，同时写奏折上表朝廷要求征伐袁绍，还广发讨袁檄文，列举袁绍十大罪状，号召各路诸侯共讨袁绍。

一日，公孙瓒安营扎寨准备休息，忽闻大队人马前来投奔，公孙瓒马上率领亲随出营相迎。公孙瓒刚到大营门口，只见一银盔小将翻身下马，单膝跪拜道："常山赵云率义从吏兵二千投奔明公。"公孙瓒大喜，连忙扶起赵云，问道："我听说你们冀州人都想依附袁绍，怎么唯独你们常山国能迷途知返啊？"赵云道："如今天下大乱，不知道谁是明主，百姓有倒悬之危。前段时间冀州刚刚易主，常山国不知何去何从。我们看了您的讨袁檄文，认定袁绍绝非良善之辈。我国上下经过商议，决定追随能够实施仁政的明主。幽州牧刘虞就是这样的人，将军乃幽州牧刘虞的部下，所以偏向将军您。"公孙瓒道："真没想到我一纸檄文能换

来一国之兵！"公孙瓒很喜欢赵云，命赵云到平原协助刘备。赵云，字子龙，常山真定人，身长八尺，姿颜雄伟，智勇双全。

公孙瓒大军气势如虹，所过郡县大都不战而降。巨鹿太守李邵和郡中官员也想转投公孙瓒。袁绍闻讯大急，沮授建议道："董昭才能出众，可命董昭为巨鹿太守。"袁绍马上采纳。董昭，字公仁，济阴定陶人，孝廉出身，现为袁绍参军事。袁绍马上召来董昭，问道："公仁，你准备用什么办法驾驭巨鹿官吏？"董昭道："凭我一人的微力，不能消除众人的疑虑，我先诱导他们说出真实想法，再附和他们，等我掌握实情，然后根据具体情况驾驭他们。计谋只能根据具体情况而定，现在怎么能预先谈论呢？"袁绍亲自将董昭送出邺城。

董昭一到巨鹿，马上摸清大姓豪族孙伉等几十人是主要策划者，他们到处鼓动官吏和百姓投奔公孙瓒。董昭伪造袁绍檄文，告诉全郡人道："得到贼寇的口供，他们马上就要进攻巨鹿，孝廉孙伉等人为贼寇内应。此檄文一到，立即将孙伉等人逮捕，依军法从事，只惩罚他们本人！"董昭按假檄文将孙伉等人立即斩首，顿时全郡惶恐，董昭马上安抚慰问他们，巨鹿全郡很快安定下来。事后董昭向袁绍汇报，袁绍连连叫好。

兖州刺史刘岱与袁绍、公孙瓒两家和亲，交情非同一般。袁绍将妻子儿女寄居在刘岱家中，公孙瓒派从事范方率领骑兵协助刘岱对付黄巾军。讨袁檄文到了兖州，公孙瓒写信给范方道："如果刘岱不交出袁绍家眷，你就带兵返回。等孤平定袁绍，再找刘岱算账。"范方拜见刘岱，说道："我主待您不薄。现已讨伐袁绍，还望兖州出兵相助，事成之后我们共分冀州。"刘岱推辞道："兖州黄巾势大，我不能自保，哪里还有能力帮助你家主公啊！"范方道："既然刘使君不能出兵相助，请您与袁贼断绝关系，将袁贼家眷交给我家主公！"刘岱道："此事关系重大，请容我仔细斟酌。"

刘岱马上召集部下商议，众人议论纷纷，互不相让，莫衷一是，一连几天都没结果，别驾王彧道："程昱有谋，能断大事，使君何不问程昱呢？"刘岱道："我早就听说过他，也屡次辟他，他都不应，如何肯助我？"王彧道："我与程昱有旧，明公可与我一起登门拜访。"刘岱大喜，马上备好厚礼，与王彧一道来问程昱。

程昱，字仲德，东郡东阿人，身长八尺三，美须髯。黄巾起事时，东阿县丞王度响应，烧掉县里仓库，占领东阿县城。东阿县令大惊，匆忙逃走，不知所终，百姓扶老携幼向东逃到渠丘山。程昱命人偷偷观察王度，发现王度不是凭城坚守，而是在城西五六里外驻扎。于是程昱对大户薛房等人道："如今王度得到城池却不驻扎，他是想趁机掳掠财物，没有长期打仗的想法。我们何不回去据城自守？东阿城高郭厚，又多谷米，如果找回县令，共同坚守，王度必然不能长久，那时再向他攻击，王度定然可破！"薛房等人认为对，但是百姓死活不肯跟随，大家都说道："贼人在西，我们只能往东走。"程昱对薛房道："愚民怎么可以一起商议呢？"程昱密遣数骑在东边山上高举黄巾旗幡，令薛房等人看见，然后大呼："贼兵到了，贼兵到了，马上就要下山取城了。"于是百姓跟随程昱偷偷进城，最后找到县令，一起坚守城池。后来王度等人来攻，程昱凭城固守，王度怎么也不能攻破城池。王度无计可施，想要退走，程昱率吏民出城追击，把王度打得大败而逃，东阿因此得以保全。

程昱见刘岱、王彧来问，对刘岱道："如果放弃袁绍的近援而求公孙瓒的远助，就好像派人到遥远的越地去请游泳能手拯救溺水的儿童，这有何用？袁绍四世三公，现在天下有才干的人都投奔他，可谓天下归心，实力雄厚。公孙瓒军力虽强，连连击败袁绍，以我之见最终绝非袁绍的对手，必为袁绍所擒。如果取其一朝一夕的形势而不考虑长远的计划，将军您必败无疑！"刘岱马上采纳。

刘岱差人将袁绍的家小恭恭敬敬地送往邺城，召来范方道："袁车骑和公孙将军都是我的亲家，手心手背都是肉，我不能伤害他们，把袁车骑的家眷交给公孙将军实属不义，我刘岱绝不能这样，还望您转告公孙将军，请他谅解。"范方道："既如此，我马上率军离开兖州，回公孙将军帐下效命。"刘岱道："恕不远送！"范方嘲笑道："没有我家主公帮助，你们兖州岂是黄巾军的对手，你好自为之吧！"

袁绍看到公孙瓒的檄文，气得说不出话来。袁绍见公孙瓒势大，所向披靡，心中害怕，召集部下商议，袁绍道："公孙伯圭军力强大，我想避其锋芒。"麹义劝谏道："袁公怎能一让再让，避而不战呢？如此岂不凉了兄弟们的心？公孙瓒大军已经到了广宗，再不出战，整个冀州都要归他了。"逢纪也劝道："主公应该与公孙瓒一决高下！"袁绍于是出兵对阵公孙瓒。

初平二年（191）冬，两军在离界桥二十里处相遇。公孙瓒将三万步兵排列成方阵，两翼各配骑兵五千。袁绍见公孙瓒军容整齐，兵强马壮，旌旗猎猎，衣甲鲜明，不免有点后悔。麹义请战道："末将愿为先登，出战公孙瓒，挫挫他的锐气！"袁绍大喜，命麹义率本部八百精兵出战，后面布置强弩千张，自率步骑数万压阵，缓缓向前推进。公孙瓒见麹义兵少，根本不当回事，冀州刺史严纲笑着对公孙瓒道："袁绍就派这么点人马打头阵，这不是笑话吗，末将愿领兵破敌！"公孙瓒道："你胜了一定要马上回来，不可追赶！"严纲轻蔑地说道："我一个冲锋，就能把他们踩成肉泥，用得着追赶吗？"说罢，严纲当即率领骑兵出战。麹义见严纲骑兵滚滚而来，一声令下，所有士兵就地伏在大盾下面。顿时后方千张强弩齐发，利箭密密麻麻地射向严纲的骑兵。遭此打击，严纲的骑兵顿时人仰马翻，死伤无数，乱成一团。待骑兵冲到近前，麹义大喊一声，大盾下的士兵一跃而起，大叫着挥舞短刀，径直向前冲杀，麹义冲到严纲面前，奋起一刀，将严纲劈成两段。麹义率军大砍大杀，仅仅一个回合，砍下一千多颗首级，公孙瓒的骑兵大败而回。麴义须发尽立，奋不顾身冲入敌阵，左冲右突，直取公孙瓒，公孙瓒顿时阵脚大乱。袁绍见状大喜，当即摧动全军进攻，崔巨业、颜良、文丑、高干、张郃、高览奋勇争先，所向无敌，公孙瓒大军抵挡不住，大败而逃。

公孙瓒大军一直逃过界桥，这才重新结阵，布置强弓劲弩死死守住桥头。颜良、文丑率骑兵轮番猛攻，均被敌军击败。这时麴义赶到，厉声对颜良、文丑大喊道："你们真是酒囊饭袋，连一个桥头都攻不下来，还不给我退下，让我来！"说罢又率军冲杀，硬是又把公孙瓒的军队打败，公孙瓒败退回营，麴义一直追到营外，砍下公孙瓒的牙旗，这才率军返回。

公孙瓒惊魂未定，收拢残兵，当夜拔营撤走，大军走了两日，范方率骑兵四千赶到，两军合兵一处，公孙瓒这才吃了一颗定心丸。原来范方离开兖州刘岱赶来助战，不想到了界桥方知公孙瓒大败而逃，范方一路追赶，这才追上公孙瓒。范方向公孙瓒禀报兖州之事，公孙瓒大怒，命单经为兖州刺史，并设置兖州官吏。

再说赵云来投刘备，刘备大喜，命赵云掌管骑兵。刘备对赵云礼遇有加，两人关系融洽、亲密无间，相交甚深。就在公孙瓒进军冀州期间，田楷在青州率领刘备、关羽、张飞、赵云所向披靡，大破黄巾军，将乐安、齐国等地相继被收入囊中，田楷攻占了将近半个青州。刘备因功试守平原令，后领平原相。

公孙瓒兵败退回幽州，袁绍命崔巨业率军三万追击。崔巨业连战连捷，把公孙瓒围困在固安，双方在固安相持。公孙瓒召集部下商议，公孙瓒道："刘岱负我，我欲除之而后快。"公孙范道："我们与袁绍作战，不宜招惹刘岱。"范方道："我们帮刘岱消灭那么多黄巾军，刘岱却不领情，不与我们联合，不如我们把青州黄巾军驱赶到兖州，这样就算两清了。让黄巾军对付他吧。如此既可为将军出气，又能削弱刘岱，这不正是君侯希望看到的吗？"公孙瓒大喜道："此计正合我意。"公孙范问道："袁绍势大，我们该如何应付？"公孙瓒不屑一顾道：

"袁绍有什么了不起，我与袁绍胜负未分，以后鹿死谁手还不知道呢！我们可以联合黑山军共同对付袁绍。"

初平三年（192），青州刺史田楷率刘、关、张、赵等手下诸将把百万青州黄巾驱赶到兖州。袁绍命长子袁谭攻打田楷、单经，两军又在青州打得不可开交。袁谭，字显思。

崔巨业久攻固安不下，军中无粮，只得引军撤退。崔巨业在巨马水渡河，人马刚渡过一半，公孙瓒三万大军拍马赶到，马上发动攻击，斩杀袁军八千余人，崔巨业死于乱军之中。公孙瓒乘胜南下，一直打到青州平原，与田楷、单经一道来战袁谭，把袁谭打得大败，公孙瓒扳回一局。

刘虞与袁绍关系很好，认为公孙瓒过于穷兵黩武，冀州、青州皆非公孙瓒管辖之地，不许他出兵，要他率军返回幽州，公孙瓒不听。袁绍见袁谭失败而回，马上调兵遣将准备再战公孙瓒。公孙瓒信心满满，马上写信给袁术，要求袁术出兵攻打袁绍，准备与袁绍再决高下，双方剑拔弩张，一触即发。

公孙瓒与袁绍之间的事我们暂且不表，离开袁绍后的曹操又经历了什么事呢？且听下文分解。

第二回　曹孟德入主兖州，战黄巾招降百万

再说曹操当了东郡太守，严明法纪，颁布了一系列新政令，东郡面貌焕然一新。陈宫认为曹操是明主，前来投奔，曹操大喜，以陈宫为谋士。陈宫，字公台，东郡东武阳人，性情刚直，足智多谋，年少时就广交海内名士。

初平二年（191）冬天的一个晚上，曹操处理完军务，洗完脚准备睡觉，侍

从来报荀彧来投，曹操大喜，光着脚跑出去迎接。荀彧，字文若，颍川颍阴人，孝廉出身，其父荀绲，官至济南相。叔父荀爽，官至司空。荀彧年少的时候就非常有名，南阳何颙认定荀彧是"王佐之才"。董卓乱政时，荀彧弃官回家，冀州牧韩馥是荀彧的老乡，荀彧的哥哥荀谌是韩馥的谋士，于是派人来接荀彧。荀彧到了冀州，冀州已为袁绍所得，荀谌将荀彧推荐给袁绍，袁绍待荀彧为上宾。

曹操、荀彧双方坐定，曹操问道："先生为何舍弃袁本初而投奔于我？"荀彧道："普天之下既忠于大汉，又有能力匡扶汉室的只有两人，曹使君为其一、孙坚为其二，其他人都不行。然而孙坚英年早逝，现在只剩下您一个人了，所以我特来投奔。至于袁本初，他对大汉怀有二心，就算对我很好，给我待遇很高，我也绝不能助他。"曹操大喜道："知我者文若也！幽州牧刘虞，也是一心向汉，你为何不助他呢？"荀彧答道："刘虞忠于大汉之名，曹使君忠于大汉之实。董卓更立新君，盗取大汉权柄，刘虞听之任之，唯使君首倡义兵，那刘虞怎么能与使君相比！像刘虞这样人实在是太多了，庐江太守陆康也可以算是一个。依在下愚见，这种人根本不值一提。"曹操问道："董卓威凌天下，实力雄厚，你看局势会如何发展？"荀彧道："董卓残暴已经超出常理，一定会因祸乱暴毙，不会有什么作为。"曹操又问道："袁绍大胜公孙瓒，兵多将广，足下认为袁绍如何？"荀彧道："袁绍议而不决，谋而无断，做事没有原则。何进之祸、董卓之乱、反董失败都是因他而起，君不见公孙瓒的讨袁檄文吗？袁绍不可能成就大事，我也不是唯一离开袁绍的人。"曹操问道："不知道谁与你一样有眼光，现在就离开袁绍，可否让我见见他？"荀彧道："此人姓郭名嘉，谋略深远，可惜乃一酒色之徒，听说去隐居了，不知所终，很难寻访。"曹操问道："还有其他合适的人可以推荐给我吗？"荀彧道："颍川戏志才不错。"曹操大喜，握着荀彧的手说："你就是我的张良！"曹操马上任命荀彧为别部司马，这一年荀彧二十九岁。

初平三年（192）春，东郡黄巾军泛滥，曹操命夏侯惇、荀彧、陈宫镇守东武阳，以夏侯渊为骑都尉、乐进为陷阵都尉、戏志才为军师、曹洪为护军，自率大军屯兵顿丘，进剿黄巾军。于毒、眭固引军数万突然来攻东武阳，夏侯渊大惊，建议曹操回军救援。曹操道："东武阳墙高池深，且有夏侯惇、荀彧、陈宫坚守，应该没有问题，不如给他来个围魏救赵，直接进攻黄巾军的老巢，他们必定回军救援，我们趁机把他们打败。"于是曹操命夏侯渊率领骑兵火速西进，猛攻于毒大本营。

于毒闻讯大惊，连忙从东武阳撤围。曹操在半路设下埋伏，黄巾军刚刚进入埋伏圈，曹操一声令下，曹洪、乐进率军杀出，于毒大败，曹操俘敌一万。接着，曹操进军冀州内黄，打败匈奴单于的儿子於扶罗部和黄巾军眭固部。

曹操回军东武阳，问荀彧道："如今战俘很多，该如何处理？"荀彧道："精壮者可以当兵，由主公率领。其他的可由夏侯惇安排，让他们务农，增加赋税、军粮。"曹操大喜道："这才是治理黄巾的良策啊！"

再说青州黄巾军在田楷、刘备的驱赶下浩浩荡荡进入兖州，官军不能抵挡，任城相郑遂战死。兖州牧刘岱怒道："没有你公孙瓒的帮助，难道我就没有办法吗！"说罢亲自率军迎敌，济北相鲍信劝阻道："如今兖州百姓惶恐震惊，士兵毫无斗志，我们不可迎敌。我看黄巾贼寇兵眷混杂，前后相随，足有百万之众，他们没有辎重粮草，以掠夺维持生计。为今之计，不如让军队养精蓄锐，据城坚守，贼兵想战不得，想攻又不能，待其士气低落，我们选拔精锐士卒出击，方能一举打败他们。"刘岱不听，说道："我若不能退敌，任由青州黄巾军劫掠，要被公孙瓒嗤笑，叫我以后怎么做人？"说罢领兵开城出战，结果全军覆没，刘岱被杀。

陈宫对曹操道："如今兖州牧刘岱已死，兖州无主，朝廷与我们联系断绝，使君才能出众，我们兖州正缺像使君您这样的雄主，我去说服兖州官吏，你过一段时间就去接管兖州，以此为基础一统天下，这正是霸王之业啊。"曹操大喜，对陈宫道："公台如此看重我，我一定厚报于你。"

陈宫对别驾、治中道："现在天下分裂，兖州无主，曹东郡是命世之才，如果迎他为兖州牧，一定可使本州人民安宁。"鲍信也这样对他们说，他们当即同意。于是鲍信与州吏万潜等人到东郡恭迎曹操担任兖州牧，曹操命夏侯惇为东郡太守。

曹操派人辟程昱，程昱一口答应。程昱整理行装准备出发，家乡人感到奇怪，对程昱道："你不是不想当官吗？怎么言行前后不一致啊！"程昱笑而不答。曹操与程昱交谈，非常喜欢程昱，任命程昱为寿张令。不久李乾带着儿子李整、侄子李典率领数千人马来投，曹操大喜道："有了你们的帮助，我再也不必担心兖州不安定了！"

初平三年（192）入冬，曹操与鲍信合兵一处，进兵至寿张东。曹操率步骑一千多人踏勘战场，不想被黄巾军发现，黄巾军精锐尽出，来攻曹军，一下子把曹军包围，曹操率军力战，左冲右突，折兵数百，好不容易才杀出重围逃回大营。黄巾军凶悍无比，鼓噪着追击，一直追到曹操大营，在大营外挑战，曹操闭门不出。

曹军有经验的老兵少，缺乏训练的新兵多，全军惊恐万状。曹操全身披甲，亲自巡视将士，把奖赏惩罚之法公之于众，曹操对众将士大声说道："现在要是退，我们必将死无葬身之地，只有拼死一搏，打败黄巾军，我们才能活下来，到时候重重有赏！"士兵们精神为之一振。当天半夜，曹操亲率鲍信、夏侯渊、曹洪、乐进大举进攻，双方激战至天明，黄巾军渐渐不敌，稍稍撤退。曹操率军回营，发现不见鲍信。曹操命手下四向寻找，一连几天都没有找到。曹操命人用木头雕刻成鲍信的样子，亲自祭奠，将"他"安葬。曹操在鲍信墓前放声痛哭道："知我者，鲍将军也，如今鲍将军离我而去，天下之大还有谁可助我啊！"鲍信的手下无不为之动容，鲍信全军并入曹军。

深夜，曹操对夏侯渊道："如今黄巾军人多势众，正面作战不知道什么时候才能打赢。妙才，你率虎豹骑深入敌后，搅乱他们后方，务必截断他们的粮道！"夏侯渊道："末将誓死完成任务！"曹操斟满酒，敬夏侯渊道："妙才，这一仗就靠你了！"夏侯渊道："请主公放心。我要死也得死在战场上！"曹操把夏侯渊送到军营外，拥抱着夏侯渊，流着泪道："你一定得平安回来！"夏侯渊翻身上马，曹操望着夏侯渊率虎豹骑消失在夜幕中。

曹军与黄巾军连续作战数十日，黄巾军写信给曹操道："以前您在济南时拆了那么多祠堂，您的做法与我们太平道相同。您似乎懂得我们太平道的道理，怎么现在变得迷糊了呢？如今大汉气数已尽，苍天已死，黄天当立。这是天之大运，不是你能改变的。"戏志才屏退左右，对曹操道："黄巾军给你写信，说明他们一定有情况！"曹操认为戏志才说得对，命人好酒好饭伺候信使，但见信使狼吞虎咽，一扫而光。

曹操叫来信使，怒骂道："黄天当立，黄天当立，你们这些人不事生产，到处劫掠，能立得住吗？你们开口太平，闭口太平，你们追随太平道这么久了，何来天下太平？你们的先辈要是知道你们这个样子，还不被你们活活气死了，你们有什么资格在这里谈太平？有什么资格在这里谈大汉气数已尽？"信使语塞，曹操接着道："你们如果愿意投降于我，我可以既往不咎，保全你们，以前投降的黄巾军就是你们的榜样。你们如果继续与我为敌，只有死路一条。"信使悻悻而退。

戏志才对曹操道："看来妙才已经得手了，黄巾军定是粮草不济，我们可加紧进攻。"次日，曹军猛攻，黄巾军大败而走，曹操连追三十多里。夜晚，黄巾军又遣使求道："曹将军，您来当我们头领，我们奉你为主，不知可否？"曹操怒道："我岂能为黄巾？只有你们降我，听我号令，我视你们为子民，保护你们不受侵犯。"

曹操率军猛攻，黄巾军屡战屡败，一直逃至济北。黄巾军遣使求道："我们愿降于将军，不过我们还得信太平道。"曹操道："你们降我，绝不能供奉张角，否则格杀毋论。你们以后绝不能再信太平道。"使者灵机一动道："我们改名叫别的道，不知是否可以？"曹操道："至于信别的道，那就与我无关，不过你们不得公开。"使者道："我们反的是大汉朝廷，不是反将军。我们是向将军投降，不是向朝廷投降。从今往后，我们只听命于将军您一人，不听朝廷，不知可否？"曹操笑道："可以。"使者道："既然如此，我等愿降于将军，万望将军信守诺言。"曹操道："你们不必担心，我曹操不会欺负弱者，只会打击不法豪强，定会言而有信！"使者道："我等皆为无能之人，只有勇气和力气罢了，还望将军以后视我们为儿女，我等愿奉将军为尊，一切听凭将军处置。"

青州黄巾军粮草不济，饥寒交迫，终于再也坚持不住，无力再战，向曹操投降，投降的青州黄巾共有三十多万人，加上家属共有一百多万人。

夏侯渊率领虎豹骑安全返回，曹操上前一把抱着夏侯渊，激动地哭道："我以为再也见不到您了。"夏侯渊道："这一仗我打得好吗？"曹操道："没有您，我哪有今天！"

关东诸侯的事我们暂且不表，我们把目光投向长安，那么朝廷和董卓究竟又会怎么样呢？且听下文分解。

第十七章　王允诛杀董卓，李傕反攻长安

第一回　董卓西入长安，王允诛杀董卓

且说董卓将首都迁至长安，自己在洛阳对抗山东诸侯，长安朝廷事务全部委托司徒、尚书令王允处理。王允尽力维护皇帝的权威，朝廷、君臣、内外各种事务和关系全靠王允协调。王允表面上对董卓曲意奉迎，唯命是从，内心却对董卓非常不满，暗地里与司隶校尉黄琬、尚书郑泰等人密谋，想要诛杀董卓。

王允上书请求任命护羌校尉杨瓒行左将军事，执金吾士孙瑞为南阳太守，让两人带兵出武关讨伐袁术，其实想让两人讨伐董卓，事成之后再迎天子东归洛阳。董卓对此起疑，没有批准，于是王允任命士孙瑞为仆射，杨瓒为尚书。

董卓被孙坚打败，自命太师，位列诸侯王之上，率军回到长安，公卿大臣到城外迎接。董卓乘坐皇帝的车驾缓缓而来，见皇甫嵩也在其中，想要羞辱他，命御史中丞以下的官员一律跪迎。董卓见皇甫嵩低头跪着，让车驾行至皇甫嵩跟前，傲慢地说道："义真，你害不害怕？"皇甫嵩道："您以德辅佐朝廷，我高兴的日子才刚刚来呢，我有什么可怕的！如果您随意杀戮，滥施刑罚，天下人人都畏惧害怕，岂只有我一个人害怕吗！"董卓沉默了一会儿，驱车直入长安，从此对

皇甫嵩的怨恨算是过去了。

董卓一到长安，马上任命弟弟董旻为左将军，封鄠侯；侄子董璜为侍中、中军校尉，掌握兵权。董卓宗族内外全居高位，他的子孙即使还是幼儿，也男的封侯，女的封为邑君，董卓又对自己原来的部下加官进爵。董卓命三公九卿见到自己的车驾都要跪在车下通报姓名，命尚书、御史、符节三台尚书以下的朝臣都要到他府上汇报工作。

董卓又在长安以东建造郿坞供自己居住，称为"万岁坞"。郿坞城墙又高又厚，里面储存可供三十年使用的粮食。董卓对人就说："我的事情要是成功，就雄据天下。要是不成功，守在这里也足以养老了。"

董卓到郿坞巡视城堡，公卿以下百官都到横门外为他饯行。董卓搭起帐篷摆设酒宴，酒过三巡，菜过五味，董卓命人把数百诱降来的北地反叛者押到现场，在筵席前当众割下舌头，砍掉手脚，挖去眼睛，死去的放进锅里烹煮，没死的在筵席间翻滚挣扎，鬼哭狼嚎般惨叫，最后将他们全部杀死。与会的百官吓得浑身发抖，拿不住筷子，董卓边吃边看，神色自如，乐在其中。敢劝谏的大臣也都被拉下去一起处死。

关中自绿林赤眉起义后不断衰落，长安也在此期间毁于一旦。东汉时期官军与西羌在关中地区频繁交战，对经济造成极大的破坏，此时的长安不宜作为都城。董卓迁都长安，大量人员跟着涌入，关中平原的财力物力根本无法支撑。由于各地起兵反对董卓，交通阻断，朝贡断绝，长安的粮食供应出现严重的问题。董卓没有办法，诬陷关中名门大族叛逆，分批将他们诛杀，占有他们的财产。董卓认为出现经济问题是因为没有钱，只要有钱就可以解决问题，于是把市场上原来交易流通的五铢钱毁坏，再加上洛阳及长安两地的铜人等各种铜制品，一起用来铸造小钱。这种小钱制作工艺差，非常粗糙，甚至没有轮廓和文字，币值却非常高，最终导致物价飞涨，市场紊乱，一斛谷的价格疯涨到几十万钱，社会动荡不安。

董卓又让司隶校尉刘嚣抓捕"为子不孝，为臣不忠，为吏不清，为弟不顺"之人，统统处死，没收全部财产，转移百姓视线，用极端血腥恐怖的方式维持社会运转，引发大量冤案，受冤而死的人数以千计。百姓路上相遇都不敢说话，只用眼光示意。

十月，望气的官员说不久会有大臣被杀，董卓担心这事应验在自己身上。前太尉张温此时担任卫尉，与董卓不睦，董卓怨恨他，想用他顶替自己。于是董卓指使手下诬告张温与袁术勾结，下令在街市上将张温活活鞭打至死。临死前张温说道："我后悔当年不听孙文台之言，要是听了他的话，天下就不是现在这样了。"董卓只凭自己的爱恨使用酷刑，想要铲除异己就随便编一个理由将其处死。

当晚，何颙、郑泰、荀攸、侍中种辑、越骑校尉伍孚等人密商。何颙哭道："如今张伯慎不在了，我们的同道之人又少了一个，董卓残暴，我们这些人迟早要被杀死啊！难道就没有别的办法，只能坐以待毙吗？"荀攸道："我有一计，不知当不当讲？"何颙道："但说无妨。"荀攸道："董卓无道，天下人都怨恨他。董卓虽然有强大的军队支持，实际上不过是一介匹夫而已。现在我们应该刺杀他，然后据守崤山、函谷关，再以皇帝的诏令号令天下，这才是像齐桓公、晋文公那样的壮举。"郑泰道："董卓身边防卫森严，更有吕布终日伴随左右，很难有机会靠近，怎么刺杀啊？"伍孚站了起来说道："我可能有机会接近董卓，我去把他杀了！"何颙道："你一个人不能全身而退，还是另想他法吧。"伍孚大义凛然道："如能挽救大汉天下，我死有何足惜，我意已决，诸位不要多言！"

一日，伍孚到太师府拜见董卓，董卓与伍孚相谈甚欢。会谈结束，董卓亲自送伍孚出门，两人走到阁道，董卓搂着伍孚的肩膀，两人有说有笑，显得非常亲密。董卓感觉伍孚全身发抖，问道："你怎么了，身体不舒服吗？"伍孚突然从怀里摸出匕首，猛地刺向董卓胸口，董卓大惊，本能地连退几步，伍孚不依不饶，连连刺向董卓。董卓内穿重甲，伍孚异常紧张，动作僵硬，连刺几下都没刺穿，董卓本能地用手去挡，手臂连中数刀。董卓力大，赤手空拳与伍孚搏斗，好不容易扣住伍孚手腕，这才回过神来，大声叫喊道："有刺客，奉先何在！"附近的卫兵飞奔过来将伍孚制服。董卓大骂道："你想造反吗！"伍孚骂道："你不是我的君主，我不是你的臣子，何反之有？你这乱国篡主之人，罪恶滔天，今天是我的死日，所以我来诛杀奸贼，我恨不得将你在大庭广众之下车裂，以谢天下。"这时吕布执戟飞身赶到，一戟刺穿伍孚胸膛，伍孚当场毙命。

董卓怒骂吕布道："竖子，你怎么现在才到，我差一点没命了！"吕布道："我听到太师呼救马上赶过来了。"董卓怒道："你还敢跟我顶嘴！"说着拿起手戟就打，吕布重重地挨了一下。董卓再打，吕布闪身躲开，董卓更加生气了，还要再打。李肃连忙上前抱住董卓道："太师息怒，都是自家人，打不得！"李肃转头对吕布道："奉先快走，难道你真的想死吗？"吕布连忙跑开，董卓一把推开李肃，李肃摔得仰面朝天，董卓猛地将手戟掷向吕布，吕布身手敏捷，侧身一闪，手戟擦着吕布的耳朵飞过，啪的一声钉在柱子上，吕布这才逃过一劫。次日，李肃来劝吕布，吕布向董卓认错道歉，董卓的怒气这才平息。

董卓命人追查此事。何颙、荀攸被捕入狱，郑泰等人逃出长安，投奔袁术，不久郑泰因病而亡。何颙在狱中忧虑恐惧，上吊自杀。荀攸神色自若，就像什么事都没有发生一样，董卓手下也查不到证据，拿他没有办法。

再说朝中大臣只有蔡邕诚心辅佐董卓，董卓看重蔡邕的才学，对他非常客气，每逢宴会，常令蔡邕鼓琴助兴，蔡邕也有心出力。蔡邕官拜左中郎将，迁都长安后又封高阳乡侯。董卓刚愎自用，性格暴躁，很少采纳蔡邕的意见。蔡邕对从弟蔡谷道："董公性情刚烈又固执己见，终究不能成事。我想回兖州老家，但是路途太远不易到达，要不暂时逃到山东看看，你觉得怎么样？"蔡谷道："你的容貌与普通人不同，你在路上行走，来看的你人太多了，想躲起来也太难了！"于是蔡邕打消逃跑的念头。

蔡邕是董卓的宠臣，门前车水马龙，终日高朋满座。蔡邕爱好收藏，达官贵人、文人雅士纷纷将自己的藏书送给蔡邕，就这样蔡邕保护了一大批文化典籍。董卓的暴行让蔡邕感到长安气氛不对，于是蔡邕忍痛割爱，将藏书全部送给少年王粲。

董卓知道自己蛮不讲理，结怨太多，很多大臣内心不服，生怕别人再来刺杀，从此更加依赖吕布，把吕布当成贴身保镖，出入都由吕布护卫，甚至在家休息时也让吕布把守内室小门。吕布身为堂堂武将却被董卓如此使唤，不免心生烦恼。

吕布相貌英俊，长期出入董卓内室。董卓有一侍婢长相出众，性格温婉，深受董卓宠爱。吕布百无聊赖之中被她深深吸引，双眼经常在她身上游走，久而久之，两人眉来眼去，互生情愫，竟然私通。吕布担心事情败露，心中惊恐。

王允平时对吕布关爱有加，吕布对这位长者格外敬重。吕布拜访王允，王允设宴热情款待。酒过三巡，菜过五味，吕布突然对王允道："王司徒，我有一事相求，此事事关重大！"王允屏退左右，问道："将军长期在董太师身边，董太师是你义父，你求他就行了，怎么来求老夫呢？"吕布道："我不想待在义父身边，你能不能想个办法把我调走？"王允一本正经地说道："此事非同小可，将军不可乱说！"吕布扑通一声跪在王允面前，求道："王司徒，你可得救我！"王允连忙将吕布扶起，说道："奉先请起，坐下慢慢说与我听。"于是吕布将董卓用手戟打自己之事一五一十地向王允说了一遍，王允大惊，问道："真有此事？我怎么不知道！"吕布道："董太师吩咐严加保密，不可让外人知道。当时李肃也在场，若有半点虚假，天打五雷轰！"王允道："董太师也太不讲人情了，你是他的义子，怎能这样对你啊！"吕布道："义父生性暴躁，喜怒无常，我若长久在他身边，必会招来更大灾祸，到时候可能死无葬身之地啊！"王允沉思良久，说道："老夫有一计，可让将军化险为夷，不知当不当讲？"吕布道："敢问王司徒有何妙计？"王允道："刺杀董卓！"吕布大惊道："这怎么可以？"王允道："我只是随便说说的，我们是并州老乡，情急之下为将军出谋划策而已，如果将军不采纳，就当我没有说过。不过我可告诉你，如果成功，将军不但可以加官进爵，还可名留青史！"吕布道："愿闻其详。"王允道："董卓名为太师实为汉贼，普天之下，没有人不反他的。如果将军能将董贼除掉，再造大汉，那可是不世之功！"吕布道："可董卓是我义父。""你姓吕，他姓董，他怎么是你的父亲呢？你们父子只是名义上的，哪有什么骨肉亲情？况且董卓现在已是众叛亲离，你难道还认贼作父吗？你再看看，他的家人哪一个有能力？哪一个有功劳？可是他们都封侯了，官职比你还大。你在战场上出生入死，立有大功，现在不过是中郎将、都亭侯，难道他当你是义子吗？连我都为你鸣不平啊！"王允接着道："董贼要你终日护卫他，甚至歇息时也让你守护，他不是把你当将军，是把你当奴仆啊！他用手戟打你，是要你的命啊！他认你当义子，实际上是利用你啊，还望将军明察！"吕布大叫一声，摔杯于地，拔出宝剑，怒道："是可忍孰不可忍，我与董贼势不两立！"王允转身进入内室，取出诛杀董卓的计划，让吕布仔细观看，吕布跪拜道："吕某愿听您差遣！"王允道："你暂且回去，作为老夫内应，就像什么都没有发生过一样。一旦时机成熟，老夫再通知将军，我们定能成功。"吕布欣然从命。

初平三年（192）春天，长安接连下了六十多天雨。王允和士孙瑞、杨瓒等人登台祭祀，乞求上天放晴。祭祀完毕，他们商议诛杀董卓。士孙瑞对王允道：

"自去年岁末以来，不见太阳，久雨不晴，月犯执法，彗孛仍现，昼阴夜阳，雾气交侵，这种天气应尽快结束。内发者胜，机不可失，您赶快做吧。"王允大喜道："现在上天已经用反常的天气给我们警示，我们也准备了这么久，那就马上开始吧！"杨瓒道："董卓很少上朝，长期在家办公，百官都到太师府汇报工作，很难找到下手的机会啊。况且董卓爪牙密布，戒备森严，他本人力大无比，凶残毒辣，如果不采取万全之策，一旦失手，后果不堪设想。"王允道："不必多虑，老夫已安插内应，我们里应外合，定可成功！"

一切准备停当，恰逢天子大病初愈。初平三年（192）四月辛巳，朝廷百官准备在未央宫集合，恭祝天子龙体安康。清晨，吕布护送着董卓车驾大摇大摆地进入皇宫，车驾刚入北掖门，李肃执戟冲了过来，猛地刺向董卓，董卓内穿重甲，长戟没有刺入身体，整个人翻滚着摔到地上。董卓大声呼救道："奉先何在！"吕布快步赶到，将诏书扔在董卓面前，大喊一声："有诏讨贼！"董卓这才发现吕布背叛自己，大骂吕布道："你这狗东西，怎么敢这样……"吕布没等董卓说完，手执长矛猛刺董卓，长矛贯穿重甲，穿身而过，董卓顿时毙命。董卓的主簿田景和仆人上前抱住董卓尸体痛哭，吕布怒目圆睁，挥舞长矛，将他们一一刺死。吕布执矛威风凛凛地守住门口，其他人都不敢轻举妄动。

王允命人骑马带着赦免诏书，号令宫廷内外，士卒们高呼"万岁"。王允诏命皇甫嵩到郿坞杀死董卓之弟董旻，诛灭董卓三族，将他们所有财产充公，收缴金银财宝无数。

董卓尸体扔在大街上示众，董卓肥胖，尸体的油脂流到地上。守尸的官吏用灯芯点上，放在董卓肚脐眼里，一直烧到天亮，这样延续了好几天。袁氏门生把破碎的董卓尸体聚拢起来，烧成灰撒在路上。百姓无不拍手称快，在街上载歌载舞。

蔡邕到司徒王允府上拜访，两人不知不觉谈起董卓，蔡邕对董卓之死感到叹息，面露悲色，眼眶湿润，几乎要哭出来。王允勃然叱责道："董卓是国家大贼，差点倾覆汉室，你作为臣子应该一同愤恨。现在我们诛杀罪人，你怎能为董卓之死悲伤呢？"蔡邕道："我并不是为了董卓之死悲伤。董卓虽然有罪，不采纳我的意见，但还是重用我，对我也还不错，还把我当知己，我为失去一个赏识我的人而悲伤啊！"王允拍案而起，怒骂道："伯喈，你怎么老是想着自己的待遇，忘记自己的节操！这难道不是和董卓一样是逆贼吗？"王允当即命人将蔡邕收押，作为董卓的同党关入大牢，交与廷尉治罪。

蔡邕承认自己有罪，请求黥首断脚，放过自己，让自己修成汉史。不少士大夫怜悯蔡邕，为蔡邕苦苦求情，想方设法营救，均被王允拒绝。于是众人请太尉马日磾出面相求，马日磾对王允道："伯喈才华举世无双，汉朝的事知道很多，应该让他续写后汉史，完成一代大典。他的忠孝向来很有名，也没什么犯罪证据，你要是杀了他，恐怕会失人心啊！"王允道："从前汉武帝不杀司马迁，司马迁写谤书流传于后世。现在国运中衰，皇位不稳，不能让佞臣在幼主左右执笔。这样既不利于圣德，还会让我们遭受诽谤议论。"马日磾从王允府上出来，众人忙问情况怎么样，马日磾非常气愤，大声说道："我看王公大概也活不长了！好人，国家的楷模；著作，国家的盛典。灭纪废典，能够长久吗？"王允听了心里久久难平。不久，王允有点反悔，想不杀蔡邕，没有想到蔡邕却已被杀。士大夫和儒生无不为蔡邕流泪。

司徒王允诛杀董卓，一代大儒蔡邕死于非命，那么朝廷的局势能稳定下来吗？又会向哪个方向发展呢？且听下文分解。

第二回　李傕反攻长安，朱儁奉召入朝

当初孙坚从洛阳退兵，董卓命朱儁驻守洛阳。朱儁写信给山东诸侯，自己愿为内应，请求诸侯进兵。没想到各路诸侯无人理睬，各自离去。朱儁担心事情败露，被董卓手下袭击，弃官奔往荆州。于是董卓任命弘农杨懿为河南尹，驻守洛阳，朱儁率兵进攻洛阳，杨懿败走，朱儁见洛阳残破不堪，军队没有粮草，于是屯兵中牟。朱儁致书各州郡，声称董卓实力大损，请求各州郡出兵讨伐。此时山东诸侯都已退兵，开始争夺地盘，根本不把朱儁的请求放在心上，只是象征性给点兵马。唯有徐州刺史陶谦最大方，派遣三千精兵援助朱儁，陶谦上表推举朱儁为车骑将军。

董卓的女婿牛辅命李傕、郭汜率军数万屯兵河南，来防朱儁。朱儁率军攻击，结果被李、郭打败。朱儁后无援兵，自知不敌，以走为上，将军队撤回，退守各处关隘、城池。李、郭纵兵追击，一再向朱儁搦战，朱儁闭门不出。李傕、郭汜粮草不济，乘机进入陈留、颍川各县，杀男掳女，所过之处抢掠一空，再无人烟。

董卓既诛，无论大臣还是百姓都对王允交口称赞，王允录尚书事，总领朝政。王允的威望达到顶点，大臣皆以王允马首是瞻。吕布诛杀董卓有功，任奋武将军，假节，仪比三司，进封温侯，与王允共掌朝政。王允将诛杀董卓之功全部归为己有，甚至认为士孙瑞这样的人也没有什么功劳，因此没有给他封侯。荀攸终于获释出狱，重获自由，见长安如此局势，黯然弃官离开。

吕布向王允建议道："牛辅是董贼之婿，理应诛杀。其他将领只是听命于董卓，可以赦免。"王允马上采纳，于是吕布命李肃带着朝廷的诏命率军到陕县诛杀牛辅。

牛辅自董卓死后终日忧心忡忡，疑神疑鬼，成天担心部下反叛，中郎将董越

不愿归顺朝廷，率军投奔牛辅。牛辅命占卜师占卜，占卜师摇头晃脑算出一个睽卦，说道："睽卦乃离上兑下，离为火，兑为水，为水火相克之象，凶！恐有以外谋内之兆。"牛辅大惊，趁董越不备，把他杀了，吞并他的军队。另一占卜师大惊道："那个占卜师算错了。这卦分明是以内克外，应该是牛将军可以克制董将军，无咎。现在牛将军把董越杀了，没有想到这卦以这种方式应验啊！"

李肃到达陕县，牛辅不愿束手就擒，率军与李肃交战，李肃兵弱，大败，逃到弘农，吕布大怒，下令把李肃杀了。

牛辅的军队见朝廷出兵讨伐，人心浮动，有人在夜里逃走，不想被其他士兵发现，士兵大叫："有人叛乱了，有人逃走了！"结果引起兵营骚乱。牛辅大惊，以为军队全部叛乱，急忙带着几个随从背着金银珠宝翻出城墙偷偷逃走。不久，随从贪图财物，杀了牛辅，把首级送到长安，牛辅的军队四散逃亡。

再说李傕、郭汜闻知董卓死讯，满载着抢劫来的财物慌忙从陈留、颍川撤军，两人还没走到陕县，听说牛辅也死了，大惊，连忙上书请求赦免自己。

王允以前在董卓面前处处小心谨慎，董卓死后，王允开始居功自傲，有些飘飘然起来。群臣集会时再也不像以前那样和大家推心置腹，共同商讨，而是正襟危坐，面无悦色。群臣也逐渐不再推崇和拥护他了。吕布认为自己立有大功，经常自吹自擂，王允始终看不起他，认为吕布不过是一介武夫，以剑客相待，吕布非常失望。

吕布请求王允把董卓的财物赏赐给公卿、将校，王允不准。吕布多次替董卓手下将领求情，李傕、郭汜等人也多次来信请求赦免，王允原来已经答应了，后来又迟疑起来，说道："这些人无罪，只是跟着董卓罢了。现在如果认为他们是恶逆，赦免他们，那正好使他们自己疑惑起来，这不是使他们安定下来的办法。"

吕布道："您赦免他们，可让他们心安，这样军队就安稳了，不要钻牛角尖了。"
王允道："今年赦免太多人了，不能再免，要赦免也要等到明年。"有人对王允道："您如果不赦免他们，他们可能会造反啊！"王允性情刚烈，怒道："他们这些人不过是匹夫之勇，我连董卓都不怕，还会怕他们？"

王允想裁撤原来董卓的军队。有人对王允道："董卓的将校大多是凉州人，凉州人一向畏惧关东诸侯。现在如果把董卓的军队裁撤，他们必然人人自危。您可以命皇甫义真为将军，统率这支军队，让他们留在陕地，再安抚他们，然后慢慢地与关东诸侯谋划，这样就不会出事了。"王允道："不是这样的，关东举义兵的人都是我的弟子，我已遣使安抚慰问。现在如果据险驻兵陕地，虽然可以安抚凉州，但会引起关东诸侯起疑，这怎么可以！"

以前，董卓的军队作恶多端，百姓恨之入骨，此时百姓之间流传谣言："要杀尽凉州人！"于是董卓的军队恐惧骚动，关中的董卓旧部听说要裁军，便都拥兵自守，互相转告道："蔡伯喈只因与董公交好，却株连获罪。现在不赦免我们，又想裁军，今天裁军，明天我们就为鱼肉，任人宰割了！"王允获悉情况，连忙把胡轸召来，原意是让胡轸和李傕、郭汜等人解释清楚，结果却摆着脸对胡轸道："关东这些鼠辈究竟想干什么，你去把他们叫来！"王允素来对胡轸不好，胡轸得令，根本没去找李傕、郭汜，而是赶往关东，召集本部人马，准备夺取长安。

李傕、郭汜等人在陕县迟迟得不到赦免，全军将士惶惶不安。李傕、郭汜召集众将商议，李傕道："如今董公、牛辅相继死亡，徐荣、段煨、胡轸投靠朝廷。我们如何是好？"郭汜道："大家不要担心，听说朝廷明年会赦免我们。"这时有人站起来道："他们不会赦免我们，你看蔡中郎就知道了，他是天下公认的大好人，举世无双的名士，根本没有犯过罪，只不过得到董公一点点好处，现在受株连而死，我们与蔡伯喈相比，那可是罪大恶极。别的暂且不说，你看看我们最近在陈留、颍川杀了多少人？抢了多少东西？朝廷怎么可能赦免我们！"大家认为有道理。李傕道："既然朝廷不赦免我们，我担心各位受到牵连，我们不如就地解散，大家各奔前程，不知各位意下如何？"众将连声叫好。这时，贾诩站了出来，劝阻道："不可！"贾诩，字文和，武威姑臧人，贾谊的后代，年轻时名士阎忠认为贾诩与众不同，说他有张良、陈平那样的智慧，贾诩早年被举为孝廉，后来在牛辅军中任职。李傕问道："为何？"贾诩道："听说长安正在商议，打算把凉州人斩尽杀绝，将军如果抛弃部众单独行动，一个亭长就能把您抓住。将军不如带领军队向西，沿途收拢士兵，进攻长安，为董公报仇。如果有幸成功，那就可以遵奉天子的命令征服天下，如果不能成功，那时再逃走也不迟！"大家认为贾诩说得对，李傕等人马上采纳。

李傕、郭汜对部下道："京师的人不赦免我们，我们要以死相拼，如果打下长安就能得到了天下。如果打不下长安，我们就抢劫三辅的妇女、财物，往西回到故乡，还可以多活一段时间。"大家认为对，于是共同盟誓。当晚，李傕问计于方士，方士设坛焚香祷告，装神弄鬼地折腾一番，对众将道："我刚与上天相通，古时就有谶语'代汉者，当涂高也'，依在下看'涂'即途也，'当涂高者'阙也。傕同阙，另外极高之人谓之傕。依谶语之意，代汉之人非李将军莫属！"李傕大喜，重赏方士，众将推举李傕为首领，率领数千军队直奔长安。

王允感到事态严重，慌忙派遣胡轸、徐荣迎战，两军在新丰相遇。胡轸本是西凉人，与李傕、郭汜友好，双方刚一交战，胡轸反戈一击，徐荣腹背受敌，死于乱军之中。李傕、郭汜继续前进，一路收罗散兵，到达长安时已有十万部众，这时又有董卓旧将樊稠、李蒙、王方等人前来投奔，叛军一下子把长安围得水泄不通。长安城高池深，易守难攻，叛军连攻几天毫无进展。

郭汜自执武艺高强，向来不服吕布，命部下在城北搦战，郭汜部下齐声大喊道："吕布匹夫，你这个败类，郭将军在城外等着，有种你就出来，与郭将军决一死战，不要当缩头乌龟！"吕布在城头上听得真切，大喊道："你们把军队暂且后撤，我愿与郭将军一决高下！"郭汜命令军队后撤五百步，率一百亲兵相迎。吕布命令打开城门，放下吊桥，自率一百亲兵出城。两人策马而出，斗了十余回合，吕布一矛刺中郭汜大腿，郭汜鲜血直流，伏在马背上拼命逃回，吕布来追，郭汜的亲兵连忙上前截住，救下郭汜。吕布率军回城。

叛军一连攻打十余日，初平三年（192）六月初一，吕布的部下见叛军势大，发动叛乱，打开城门迎接叛军入城，长安防御顿时土崩瓦解。吕布连忙策马来到青琐门外，对着王允大喊道："王司徒，城已破，您赶快跟我走吧！"王允拒绝道："得到神灵保佑，使国家安定，这是我的愿望，不然我就以身殉国。现在天子年幼，只能依靠我来辅佐，国家遭受如此灾难，如果抛弃天子，只顾自己逃命，我不忍心啊！你出城以后，要拜托关东诸公，一定要以国家和天子为念！"吕布率军冲出长安，过武关奔往关东。太常种拂、太仆鲁旭、大鸿胪周奂、城门校尉崔烈、越骑校尉王颀等大批文臣武将战死，官吏民众死者万余人。

六月初二，小皇帝刘协、司徒王允逃到宣平城楼内，李傕、郭汜率兵尾随而来，将宣平城楼包围。王允以皇帝的名义下诏大赦天下，封李傕、郭汜、樊稠为将军。李傕、郭汜依然不肯退兵，命士兵大喊道："让王允出来！"皇帝刘协、司徒王允来到城楼上，李傕、郭汜连忙下马，叩头参拜。刘协壮了壮胆子问道："你们目无王法，作乱京城，到底打算干什么？"李傕道："董太师对陛下忠心耿耿，无缘无故遭人杀害，我们不敢造反，只想替太师讨回公道，等到捉拿处决凶手，我们愿意接受审判。"王允没有别的办法，向刘协行了最后的君臣大礼，独自走下城楼，叛军一拥而上将王允抓住，打入大牢。

经此一乱，朝廷大批反对董卓的官员被叛军杀死，李傕自命将军掌控朝廷。六月初七，李傕下令诛杀司徒王允、司隶校尉黄琬全族。上至皇帝、下至百姓无不为王允之死感伤哀痛。李傕、郭汜大军在长安城内胡作非为，任意抢掠，尸骨堆积如山。

没过几日，斥候来报，一支大军从西边滚滚而来，李傕大惊，连忙命人打探，原来董卓深感军队损失巨大，光凭自己的力量无力抵抗东方诸侯，于是派人与西凉联系，许以高官厚禄，劝说韩遂、马腾共同对抗山东诸侯。韩遂、马腾见天下大乱，也想依靠董卓起兵，于是爽快地答应了。他们率军到达长安，没想到董卓已死。李傕大喜，以朝廷的名义任命韩遂为镇西将军，遣还凉州，任命马腾为征西将军，驻军郿县。两人大喜，连忙领命谢恩。马腾的势力就这样轻而易举地进入关中。马腾，字寿成，扶风茂陵人，身长八尺有余，面鼻雄异，为人贤良忠厚，乃伏波将军马援之后。

七月十三日，朝廷任命太尉马日磾为太傅，录尚书事。八月，派马日磾为正使、太仆赵岐为副使，持符节慰问安抚天下，任命车骑将军皇甫嵩为太尉。

李傕、郭汜对贾诩非常感激，想任命贾诩为左冯翊，还要给他封侯，贾诩坚决推辞道："我出的不过是救命之计，哪有什么功劳啊！"李傕等人又任命贾诩为尚书仆射，贾诩道："尚书仆射是百官的师长，是天下的榜样，我贾诩一向没有什么名望，难以服人。就算我可以贪享虚荣，对国家又有什么好处呢？"于是改任尚书，掌管选拔人才。李傕等人亲近贾诩，内心却很忌惮。

九月，朝廷任命李傕为车骑将军，开府，领司隶校尉，假节，封池阳侯。郭汜为后将军，封美阳侯，樊稠为右将军，封万年侯，三人开始共同执掌朝政。朝廷又封张济为镇东将军，平阳侯，领兵驻扎在弘农。甲申，任命光禄大夫杨彪为司空，录尚书事。冬十二月，太尉皇甫嵩免职。朝廷任命光禄大夫周忠为太尉，参录尚书事。

马日磾、赵岐到了关东，持节慰问荆州刺史刘表，晓以大义，刘表愿听命于朝廷，不与袁术相争。十月，刘表派使者诸葛玄入朝进贡。李傕大喜，召集群臣商议，郭汜道："刘表也太不像话了，荆州那么大，贡品才这么一点点，这也算进贡吗？"贾诩道："现在我们最缺的是天下各州牧、刺史、太守对我们的承认。自从刘表赴任荆州，从来没有和我们作对，还除掉孙坚，这是首功。现在又是第一个向朝廷进贡的刺史。朝廷应该对他重奖，让其他人争相仿效，如此有利于天下安定！"李傕认为贾诩说得对，派黄门侍郎钟繇拜刘表为镇南将军、荆州牧，封成武侯，允许设置长史、司马、从事中郎，开府仪同三公；又派左中郎将祝耽授予符节，督交、扬、益三州军事。

再说陶谦获悉李傕、郭汜在长安作乱成功，马上联络琅琊相阴德、东海相刘馗、彭城相汲廉、北海相孔融、沛相袁忠、泰山太守应劭、汝南太守徐璆、前九江太守服虔、博士郑玄等人共同推举朱儁为太师，传檄州牧，共讨李傕，以迎天子。

李傕得到檄文，忙召太尉周忠、尚书贾诩商议。周忠，字嘉谋，庐江舒县人，父周景，官至太尉。周忠道："朱儁是我大汉名臣，对朝廷忠心耿耿，不像袁绍、袁术之流心怀异志。我们可以召他入朝为官，为我所用。如此一来，他们就再也找不到像朱儁这样有名的人出来号令天下。他们必定群龙无首，无法反抗朝廷。"贾诩认为周忠说得对，于是李傕用天子诏书征召朱儁入朝。

朱儁召集部下商议，所有人都反对入朝。朱儁苦笑道："现在推举我的人没有实力，只有陶谦是刺史。袁绍、袁术、曹操、刘表、公孙瓒这些有实力的人都没有推举我，我怎么有能力讨伐李傕、郭汜，迎奉天子呢？"部下问道："车骑将军您有什么打算？""既然是天子诏命，我应当不等车子来就要去。李傕、郭汜只是奸乱小人，樊稠更是平庸无用之人，他们没有什么远大的谋略，势力又相差不大，他们内部必定会出现变乱。我等他们内部出现问题，再采取行动，何愁大事不成！"于是朱儁辞谢陶谦，奉诏入京，任太仆，初平四年（193），代周忠任太尉，录尚书事。陶谦讨伐李傕、郭汜的计划因此落空，各路诸侯再也没有人进攻李傕、郭汜了。

朝廷的事我们暂且不表，不妨把目光投向关东诸侯，关东诸侯之间又会发生什么事呢？且听下文分解。

第十八章　曹孟德大破袁术，太史慈义救孔融

第一回　马日䃅调解诸侯，曹孟德大破袁术

且说吕布带着数百人逃出长安，经武关来到南阳投奔袁术。吕布向袁术献上董卓首级，袁术大喜，马上设下祭坛，用董卓首级祭祀族人。袁术奉吕布为上宾。

自从孙坚死后，刘表与袁术交恶，两家征战不断。荆州沃野千里，兵源充足，粮草丰富，刘表很快恢复实力，在与袁术的争斗中逐渐占据上风。袁术在南阳挥霍无度，不事生产，粮食供应出了问题。

袁术的粮草不能满足吕布。吕布仗着自己杀了董卓，对袁氏有恩，十分骄恣，放纵部下抄掠。袁术大怒，对吕布的态度大变，认为吕布是祸害，不肯接纳，吕布只得投奔河内太守张杨。

再说公孙瓒的使者来到南阳，要求袁术一起攻打袁绍，袁术与刘表作战已落下风，没有能力帮助公孙瓒，于是对使者道："这样吧，我让徐州陶恭祖出兵攻打袁绍。"于是袁术给陶谦写信，陶谦见曹操正与青州黄巾军鏖战，兖州空虚，收信后当即进军兖州，屯兵发干，与公孙瓒联合。公孙瓒见来了帮手，命田楷驻守青州，又命刘备屯兵在高唐接应，自己起兵三万，率兖州刺史单经、勃海太守

公孙范、大将范方向冀州进发，与袁绍大军在龙凑激战，双方杀得难解难分。

太傅马日䃅持节到南阳慰问袁术，宣扬天子的恩德，拜袁术为左将军、封阳翟侯，要求袁术与刘表息兵，到朝廷进贡，袁术同意与刘表停战。于是袁术、刘表双方撤军。马日䃅非常高兴，回到洛阳。

话说曹操收服百万青州黄巾军，袁绍大喜，马上命令曹操进攻陶谦，曹操率领军队到发干攻打陶谦，陶谦不敌，仓皇逃走。曹操转而准备攻打公孙瓒，公孙瓒大惊，连忙下令撤退。袁绍命令全军大举进攻，在龙凑大胜公孙瓒，斩杀单经、范方。袁军乘胜追击，与公孙瓒、田楷、刘备争夺青州。

治中从事毛玠向曹操建议道："现今国家分裂，君主流离，民众失业，饥饿流亡。公家没有能维持一年的储备，百姓没有安定的心思，这种状况难以持久。袁绍、刘表虽然兵民众多，力量强盛，却都没有长远考虑，没有树立基础、建设根本。用兵之事合乎正义才能取胜，保守权位需要财力。眼下应当拥戴天子，号令那些不肯臣服的人，致力于农耕，积蓄军用物资，如此霸王之业可成。"曹操当即采纳，大喜道："我现在收服这么多黄巾军，正好可以安排他们从事农业，生产粮食，增加收入，此乃根本。"曹操任命毛玠为幕府功曹。

曹操收留百万青州降军，为养活他们伤透脑筋。曹操拜访陈留太守张邈，对张邈道："青州黄巾军已被我降服，我要养活他们，还请使君助我。""你让我怎么助你？我们兖州每两三个人就要多养一个人，我们粮食也不多，前段时间李催、郭汜劫掠陈留，我损失很大，哪有这个能力啊！""您向来喜欢接济需要帮助的人。""我的确乐于助人，但我助的都是名士，至少也得是安分守己之人。可他们是黄巾军，是盗贼，是杀人不眨眼的魔鬼，他们有百万之众，你让我如何相助？恕我爱莫能助。""他们也是人，只是不慎误入歧途，我们应有仁爱之心，给他们一条活路，让他们重新做人。""他们把鲍信杀了，鲍信是我们最好的朋友，听说你当时信誓旦旦，立志要为鲍信报仇，难道你忘记了吗？""鲍信之仇我不敢忘。如今我已降服百万黄巾，善待鲍信家人，足以告慰鲍信在天之灵。""你最爱法治，我大汉有律法、律令，当按律法、律令处理，该怎么样就得怎么样。""法律是和平时期用的，现在社会动乱，应该另当别论。我要的是社会长治久安，让他们以后再也不会造反！""你既然到我这里，你是否还有什么别的想法？""李催、郭汜劫掠陈留，留下大片无人区，有大量的土地没人耕种，我想分给他们屯田，想向您借粮，帮助他们度过这个冬天，等有收成，我再还您，以后他们生活安定，让他们交赋税。如此才是万全之策。"张邈很不高兴，说道："黄巾军没有能力掠夺我们的土地财产，我们却将土地奉送给他们，请问曹兖州，这与投降黄巾军有何两样？"曹操反问道："请问您有什么办法？"张邈说不出话，曹操生气道："既然这样，就听我的，我俩不要再争了！"

曹操挑选青州黄巾精锐收编为军队，这就是历史上赫赫有名的"青州兵"，再把余下的青州降军安置到兖州各郡县，勒令郡县为他们提供一切所需，郡县官员和百姓苦不堪言。曹操设置专门的机构管理降军，为他们提供粮食、农具、种子、各种用品，让他们从事农业生产、兴修水利、修筑城墙。青州黄巾军终于长舒一口气，从此踏上新的历程。

袁术与刘表争斗失利，不能向荆州方向发展，如今双方罢兵，于是有心到中原争雄。袁术听说陶谦败走，公孙瓒在龙凑败于袁绍，马上召集部下商议，袁术道："公孙伯圭败于袁绍，陶恭祖败于曹操，如果我不出兵相助，他们就死定了，不知各位有何高见？"纪灵劝谏道："我们与刘表打了这么久，急需休整。如果我们出兵，刘表势必乘虚而入。"袁术道："我们已与刘表罢战，你大可放心。"张勋道："公孙瓒、陶谦败局已定，眼下不宜出兵。"袁术见手下纷纷反对，顿时没了主意。兖州刺史金尚建议道："他们说的都不对，明公完全可以出兵。袁绍在远方与公孙瓒争斗，分身无术，明公一旦出兵，袁绍腹背受敌，首尾不能皆顾，此乃其一。在下得到情报，冀州牧壶寿已经联合魏郡官吏和军队准备攻打袁绍，壶寿得到公孙瓒支持，到时候冀州一定内乱不止，此乃其二。现在曹操将百万青州黄巾军安置在郡县，兖州上下怨声载道，苦不堪言，他们已有背叛之意，只要您出兵相助，登高一乎，兖州郡县一定纷纷响应，此乃其三。请问明公您还有什么可以担心的呢？"袁术当即决定出兵攻打袁绍、曹操。金尚，字元休，京兆人。刘岱死后，朝廷任命金尚担任兖州刺史，金尚到了兖州，发现曹操早已入主兖州，于是向曹操说明来意，出示朝廷任命文书和印信，要求曹操让位，曹操不肯，把金尚赶跑。金尚不能上任，也不愿回去复命，于是到南阳投奔袁术，请求袁术帮忙，一心想要夺取兖州。

马日磾听说袁绍与公孙瓒争夺冀州大打出手，派遣赵岐为双方调解。初平四年（193）初，袁绍、曹操听说赵岐来了，亲自率军到在百里外迎接，赵岐入驻袁绍大营，宣扬天子恩德，提议袁绍与公孙瓒和解罢兵。袁绍连年征战，将士疲惫，粮草不足，也有罢兵之意，于是应允。

赵岐马上写信给公孙瓒，说明利害得失，公孙瓒与袁绍争斗明显处于下风，收信后非常高兴，连忙给袁绍回信道："赵太仆具有周公、召公那样的德望，奉王命来征求我们意见，宣扬朝廷的恩典，要我们和睦相处，真是拨云见日啊，有什么比这更令人高兴的呢？以前贾复、寇恂也曾发生士卒之争，打算相互攻击，遇到光武帝调解，两人同时觐见光武帝刘秀，最后同乘一辆车出来，当时的人都认为他们很光荣。我只是边远鄙陋之人，能够与将军共结友好，这确实是我的心愿啊！"于是袁绍与公孙瓒双方各自撤兵，赵岐与袁绍相约到洛阳共迎天子。

曹操辞别赵岐、袁绍，返回兖州，早有曹仁率一千兵马前来投奔。曹仁，字子孝，乃曹操从弟，好弓马打猎，东汉末年，天下大乱，曹仁集结上千青年，周旋于淮、泗之间，所向无敌。曹操大喜，握着曹仁的手道："子孝啊，我一直盼着你早日能来，你现在来了，实在太好了！"曹操当即任命曹仁为别部司马，行厉锋校尉。曹操设宴为曹仁接风洗尘，酒过三巡，菜过五味，忽有斥候来报，袁术起兵五万，直奔陈留，曹操连忙遣使向袁绍求助。袁绍怒道："公路不是刘表对手，竟敢问鼎中原，我一定要好好教训他。"于是马上谋划对付袁术。

袁术领兵进入陈留，命荡寇将军刘祥为前部，屯兵匡亭，自率主力屯兵封丘，两军互为掎角之势。袁术一边联系黑山军首领张燕和匈奴於扶罗等人前来助战，一边催促陶谦共同进兵兖州。金尚派遣使者联络兖州郡县共同举事，顿时兖州震动。

曹操大怒，命夏侯惇、荀彧镇守兖州，以夏侯渊、乐进、李乾、曹仁为将军，起兵五万来战袁术。曹操率军在匡亭猛攻刘祥，原来安置在这一带的青州黄巾闻风而动，趁机与曹操联合，袁绍又派精兵一万相助，刘祥支撑不住，袁术连忙率军救援。早有青州黄巾密探报于曹操，曹操命曹仁多插旌旗虚张声势，自率大军在半路设伏拦截，袁术大军刚进入伏击圈，只听一通鼓响，曹军蜂拥而出，一下子把袁术打得大败，袁术退保封丘。曹军马上追到封丘城下，伺机攻城。刘祥闻知袁术大军已败，只得率部突围，曹仁一路追杀，将刘祥斩落马下。

袁绍遣使拜见刘表，要求刘表进攻袁术，刘表欣然同意。刘表大军乘虚突袭南阳，南阳百姓纷纷响应，刘表大军长驱直入，势如破竹，一举攻下宛城，切断袁术的粮道。

袁术闻讯大惊失色，趁曹操的包围圈没有合拢，连忙弃城逃走。袁术逃到襄邑据城固守。这时曹军追到太寿，命人挖开河渠，引水灌城，袁术无可奈何，慌忙逃到宁陵。曹操不依不饶地一路追击，袁术无心恋战，一直逃到九江。

袁术的事暂且不表，那么处于袁术敌对阵营的袁绍情况又是怎么样呢？且听下文分解。

第二回　袁绍大破黄巾军，张邈交好吕奉先

且说公孙瓒与黑山军关系很好，双方都想利用对方消灭袁绍。公孙瓒与袁绍刚刚罢兵，马上对助战的黑山军将领道："孤已听从朝廷调解，与袁绍罢兵，袁绍下一步必然攻打你们，你们好自为之。不过袁绍后方空虚，你们可相机行事，我会暗中支援你们。"

袁绍引军而回，在薄落津大摆宴席庆祝胜利。袁绍与手下开怀畅饮，突然邺城官员来报："魏郡的军队反叛，与黑山贼于毒勾结，于毒率军数万来攻邺城，魏郡的军队里应外合，邺城沦陷，魏郡太守栗成阵亡。"袁绍手下家眷大都在邺城，听到消息惊慌失色，有的人哭了起来，只有袁绍镇定自若，面不改色。次日，袁绍启程赶往邺城。

魏郡的军队为什么反叛呢？此事说来话长。当初长安朝廷得到韩馥死讯，任命壶寿为冀州牧。壶寿到了邺城，出示任命文书和印信，袁绍不理，将他驱逐出境。壶寿见袁绍长期在外征战，冀州上下并不完全认可袁绍，于是暗中联络韩馥旧部和黄巾军一起对付袁绍，没想到事情进展非常顺利，竟然一下子就把邺城占了。

袁绍大军到了斥丘，于毒部将陶升前来投奔，陶升将袁军家眷送来。袁绍喜出望外，任命陶升为建义中郎将。原来陶升久闻袁绍威名，一心想来投奔。于毒率军进攻邺城，陶升一马当先从邺城西门攻入，马上紧闭城门，不让别的黄巾军进入，陶升连夜用车将袁绍以及手下的家眷护送至斥丘，恭候袁绍大军到来。

袁绍大军到了邺城，将城池团团围住，向邺城发动猛攻。六月，袁军攻入邺城，壶寿和于毒率军突围而出。袁绍重新占领邺城，命董昭兼任魏郡太守。袁绍率军追击壶寿和于毒，一直追到朝歌鹿场山苍岩谷，于毒凭险固守，袁绍大军连攻五日，大破黑山军，斩杀于毒和壶寿。袁绍率军继续清剿其他黄巾军。

董昭刚兼任魏郡太守，郡内大乱，黄巾军数以万计，根本无法控制，董昭派遣使者与他们往来，厚待他们，让他们心安，双方进行买卖贸易。接着，董昭暗中找机会挑拨离间，制造矛盾，于是黄巾军相互攻打，自相残杀。董昭趁机发兵征讨，大获全胜，魏郡遂平。

再说吕布投奔张杨，李傕高价悬赏缉拿吕布，张杨的将领都在打吕布的主意。吕布内心害怕，对张杨道："我与您同乡，眼下杀掉我，您的功劳未必很大。不如将我活着献出去，可以得到李傕的封爵和宠幸。"张杨笑道："温侯说得很有道理。"张杨的部下以为张杨要捉拿吕布，也就不打吕布主意了。张杨私下对吕布道："我不会把您送给李傕、郭汜，请放心。"吕布仍然内心不安，终日忧心忡忡。吕布心想，袁绍不听朝廷号令，实力强劲，投奔袁绍一定最为安全可靠。于是留书一封，直奔冀州。

袁绍攻打常山黑山军，双方互有胜负，相持不下。袁绍听说吕布来投，大喜道："孤得奉先，正可谓如虎添翼，何愁天下不定！"于是亲自到营寨外迎接，当晚，袁绍设宴为吕布接风洗尘。

次日，袁绍与吕布到阵前观战，袁绍见部下拼死冲杀，扬扬得意地对吕布道："您看孤的军队怎么样？"吕布道："久闻将军威名，您的军队不同凡响，对付贼寇绰绰有余，一定可以打败他们！"袁绍非常开心，接着说道："孤的军队打败了公孙瓒，是天下首屈一指的精锐，用它平定天下易如反掌。"吕布不服道："我的军队才是天下首屈一指的精锐。"袁绍显得有点不高兴，用马鞭指着黄巾军，对吕布道："你的军队也可以打败他们吗？"吕布笑道："当然可以！"袁绍嘲笑道："你才这么一点人马，怎么能够打败他们呢？"吕布道："兵在于精而不在于多，我的部下身经百战，能以一敌百，区区黄巾何足挂齿！"袁绍嗤笑道："孤已经损失三千人马，要想彻底打败他们还要损失更大。"吕布道："明公不妨让我来帮你打，如果我打胜了，你给我的部下十倍军饷，再给我三千士卒。如此您稳赚不赔。"袁绍道："军中无戏言。""愿立军令状！""你需要什么帮助？""您每日杀牛宰羊好好伺候着，给我准备弓箭兵器，让您的军队为我压阵助威！"

次日，两军列阵相对，吕布跨上赤兔马，全身披挂，率领张辽、高顺、成廉、魏越等一百余骑出阵，远远地绕着黑山军军阵飞奔。吕布等人弯弓怒射，黑山军无不应弦而倒。黑山军不服，命骑兵来进攻，吕军策马就退，边退边回身放箭，吕军马快，黑山军追不上。黑山军撤退，吕军又追着放箭。如此这般，吕布可以凭借快马硬弓攻击黑山军，黑山军却攻击不到吕布。吕布每天出击三四次，每次都能砍下很多首级。如此一连十多日，黑山军上下惊恐，一哄而散，趁着夜色逃之夭夭，吕布手下无一伤亡。

吕布请求袁绍履约，袁绍不答应，吕布很生气，放纵部下劫掠。袁绍认为吕布是个祸害，上下都很忌惮他。吕布察觉到袁绍的变化，请求回洛阳。郭图暗中对袁绍道："吕布太厉害了，您如果不用他，绝对不能让他走，否则后患无穷。"

袁绍命吕布领司隶校尉，派三十精壮甲士护送，当晚吕布从外面回到营帐，见他们正襟危坐，满脸杀气，顿时心生疑惑。于是命人伪装成自己在帐中弹琴，深夜，袁绍甲士实在熬不住了，于是和衣而睡，待他们鼾声响起，吕布换上小兵的衣服蹑手蹑脚走出帐外，袁绍甲士丝毫没有察觉。三更时分，帐中琴声停歇，不久传来阵阵鼾声，袁绍甲士摸进吕布帐中，对着吕布睡觉的地方乱砍一通，扭头回去复命。次日一早，袁绍打听吕布的消息，知道吕布还活着，大惊，马上命令关闭城门，不想吕布早已率军出城。袁绍派兵追赶，士兵没有一个敢靠近吕布，于是吕布全身而退。

再说曹操大胜袁术，率军返回兖州，途经豫州梁国，下令设置摸金校尉、发丘中郎将，将梁王等贵族的大墓盗窃一空，曹操用盗来的珍宝财物换取军粮接济军队。曹操大军回到兖州，驻扎在济阴定陶。将军王朗拜见曹操，向曹操推荐于禁道："都伯于禁有大将之才，曹兖州可以用他。"曹操马上召见，与于禁交谈，于禁通晓军事，对答如流，曹操大喜，拜于禁为军司马。

吕布离开袁绍，往西而去，陈留太守张邈听闻吕布来了，马上遣使相迎。张邈设宴热情款待吕布，送给吕布很多钱财粮食，分手时两人握住对方手臂发誓结为好友，要一起干一番大事业，吕布大受感动，吕布又到河内投奔张杨。袁绍听说张邈与吕布交好，大怒，写信要曹操把张邈杀了，曹操不同意。

吕布与张邈的事暂且不表，公孙瓒已与袁绍罢兵，公孙瓒和同门师弟刘备的情况又是怎么样呢？且听下文分解。

第三回　公孙瓒污杀刘虞，太史慈义救孔融

再说公孙瓒与袁绍罢兵，自己率军回到蓟县，从此不敢再与袁绍争夺冀州。公孙瓒与刘虞同处一城，两人关系紧张。公孙瓒只好在城池东南另筑小城自守。

刘虞怕公孙瓒不好控制，稍稍削减物资供应。公孙瓒勃然大怒，干脆违反命令，抢劫百姓，还把刘虞准备赏赐给游牧民族的物品抢了。刘虞是文官，根本控制不了公孙瓒，于是上奏朝廷，控诉公孙瓒劫掠的罪行。公孙瓒也上表告发刘虞克扣钱粮，二人的奏书不断地送往朝廷，互相诋毁，朝廷只能和稀泥，根本无力处理。

刘虞几次邀请公孙瓒议事，公孙瓒都称病推托，于是刘虞密谋征讨。刘虞把想法告诉东曹掾魏攸，魏攸道："如今天下人都伸长脖子把您当作希望，谋臣武

士总不能没有吧？公孙瓒的文武才干足堪使用，虽有小过，理应容忍。"刘虞这才作罢。后来魏攸去世，于是刘虞又想攻打公孙瓒。

初平四年（193）冬，刘虞亲率大军三万人攻打公孙瓒。从事程绪摘掉头盔上前劝阻道："公孙瓒虽有罪过，但罪名不明确。明公不先告诫而动兵，不利于国家。再说胜败难料，不如让军队驻扎下来，向他显示武力，公孙瓒必定悔过谢罪，这才是所谓的不战而使人屈服的办法啊！"刘虞认为程绪临战阻碍他的计划，把他杀了，刘虞告诫手下道："你们不要伤害别人，只杀一个公孙瓒就可以了。"刘虞的从事公孙纪与公孙瓒同姓，公孙瓒对他特别友好。公孙纪得知刘虞计划，连夜报告公孙瓒，公孙瓒的军队分散在外头，慌乱之间害怕自己不能幸免，赶紧下令挖开城墙打算逃走。

刘虞攻进公孙瓒小城，公孙瓒的军队列阵抵抗，刘虞根本不会打仗，进攻良久毫无进展。刘虞手下建议道："现在风向对我军有利，君侯可放火烧房，公孙瓒的军队必然败退。"刘虞爱民如子，对手下道："把房子烧了，百姓无处安身，我不忍啊！"于是严令不得点火烧房。公孙瓒见部下扛住刘虞的进攻，大喜，马上招募数百精锐敢死勇士反击。公孙瓒见风向突变，对自己有利，马上下令顺风放火烧房，大火烧向刘虞的军队，公孙瓒乘机率军径直冲杀，刘虞抵挡不住，大败而逃。公孙瓒率军追赶，把刘虞围困在居庸，仅用三日便攻破城池，将刘虞和老婆孩子抓回蓟县，把州里的官员和贤士杀个精光。

这时天子派使者段训到幽州宣旨，命刘虞督率六州事务，给刘虞增加封邑；拜公孙瓒为前将军，封易侯，假节，督率幽、并、青、冀四州。公孙瓒诬陷刘虞打算称帝，胁迫段训在街市上斩杀刘虞，公孙瓒上表段训为幽州刺史。刘虞很得人心，恩义遍布北部州郡，百姓无不痛哭流涕。

公孙瓒与袁绍罢兵，此时的青州百废待兴，民生凋敝。平原相刘备外御盗寇，内丰财施，勤政爱民，大得人心，士人争相归附，平原国的境况一天比一天好转。

平原有一豪强名叫刘平，看不起刘备，以居刘备之下为耻，于是派一门客行刺刘备。刺客来到官衙，准备寻找机会行刺，不想与刘备撞了个正着，刘备见其一表人才，身材魁梧，以为刺客投奔自己，于是拉着他的手嘘寒问暖，刺客不忍下手。刘备又宴请刺客，与他同席而坐，同簋而食，待他甚厚。刺客认定刘备是好人，不想好人死于自己剑下，于是实言相告，飘然离开平原。

赵云的兄长去世，回家奔丧，遂向刘备告辞。刘备与关羽、张飞送了赵云三十里，赵云道："送君千里终有一别，还请三位留步！"刘备握着赵云的手道："将军乃世之虎将，我怕你这一去不会再回来了，说不定今天就是永别，我不忍啊，就让我多送你一程吧。"刘备一行又送赵云二十里，赵云扭转马头行礼道："前方就是袁绍地界，赵云就此别过。"刘备取出行囊赠与赵云道："令兄去世，我本当前往祭拜，无奈军务在身，在此深表歉意。我们相交甚欢，这是我的一点心意，烦请将军收下。"赵云见里面全是金银财宝，拒绝道："如此厚礼可使不得啊！""我在军中用不着这些，你带上吧，你是至孝之人，为兄长打理后事，孝敬父母都用得着。我不在你身边，你的事我就帮不上忙了，只能略表心意，你就不要推辞了。"赵云感激道："赵云承蒙将军厚爱，决不忘记将军恩德，决不做有违德操的事！"说完眼圈一红，扭转马头直奔常山。

当初董卓欲置孔融于死地，把孔融派到青州北海国任国相，北海乱成一团，朝不保夕。孔融品德高尚，才智超群，到任后修复城池，推崇教育，设立学校，提拔贤才，彰显儒士，以儒家的理念治理北海，虽然政绩乏善可陈，却干了不少好事。

一日，孔融问说手下道："我们这里有什么特殊的人才值得褒奖？"手下回禀道："非大儒郑玄郑康成莫属。"孔融大喜道："真没想到郑公是这里的人。"于是亲自到高密拜访郑玄，以很高规格对他褒奖，上奏朝廷在高密县特别设立一个"郑公乡"。另一手下道："现在是乱世，当褒奖太史慈这样的义士，可他并非本国人。"孔融道："我从来没有听说过太史慈，不知道他有什么地方值得褒奖？"于是手下就给孔融讲起太史慈的义举。

太史慈，字子义，东莱黄县人。身长七尺七寸，美须髯，弓马娴熟，箭法如神，有万夫不当之勇，具有大将之才。太史慈自幼好学，长大后在东莱郡担任奏曹史。当时东莱与本州之间有嫌隙纠纷，是非曲直朝廷不能分辨，因纠纷的判决多以先让有司知道的一方较为有利。此时本州的奏章已送出多日，东莱太守担心落后不利，于是命年仅二十一岁的太史慈奔赴洛阳递送奏章，要求务必赶在青州的奏章到达以前送达。太史慈快马加鞭、日夜兼程赶到洛阳，刚到公车府门前，恰好遇见本州官吏正在通报，等待上交奏章，太史慈上前问道："你到朝廷通章吗？"州吏道："是的。"太史慈又问道："奏章在哪里？""在车上。""奏章的签署之处有不对的地方吗？能否拿来看一下。"州吏以为太史慈是公车府的办事人员，连忙取出奏章交给太史慈。谁知太史慈拿过奏章，浏览片刻，转身从怀中取出小刀，咔咔几下就把奏章毁了。州吏大声高呼道："有人毁我奏章！"太史慈一把捂住州吏的口鼻，将他塞入车里，轻声说道："要是你没把奏章给我，我也不能毁坏，我有罪，你一样也有罪。与其坐而待毙，不如我们马上逃亡，至少可以保住性命，不会遭受刑罚。"州吏疑惑地问道："你是何人？为何要毁我奏章？""我乃东莱人氏。"州吏这才如梦方醒，问道："你为本郡毁坏我的奏章，已经成功了，怎么也要逃亡？""我受本郡派遣，只是负责将我郡奏章先行送到，再来监视你们的州章是否已经到了。我的所作所为太过激烈，虽然对本郡有利，如今即使回去，恐怕也会遭受谴责刑罚，不如一起逃走。"州吏信以为真，与太史慈一道马上逃出洛阳。不久，太史慈又偷偷返回洛阳，交了郡里奏章，完成使命。

孔融听到这里，忍不住好奇地问道："后来呢？"手下接着说道："后来本州刺史知道此事，另遣官吏前往洛阳，有司认为事先已经得了郡章，朝廷已经作出决定，现在的奏章内容与以前作出的决定有矛盾，不再受理，于是本州刺史吃了大亏，太史慈由此知名。但他却为本州刺史忌恨，为了免受无妄之灾，太史慈避居辽东。"孔融听了哈哈大笑道："真是奇人，真是义士啊！"于是多次派人送去粮食和礼品慰问太史慈的母亲，对太史慈家人特别关照。

管亥率黄巾军侵扰北海，孔融出兵驻守都昌县，黄巾军将都昌围住。太史慈刚从辽东回来，母亲说道："你与孔北海从未见过面，孔北海一直很体恤我，胜过故交老友。如今他受贼兵围困，你应当救助他。"太史慈独自一人步行来到都昌，见黄巾军的包围圈还不是很严密，于是伺机在夜里摸黑进城。太史慈拜见孔融，对孔融道："使君对我家有恩，今奉母亲之命特来帐前效力，现在城外黄巾不多，请使君把军队交给我，我愿率军破敌。"孔融不听，对太史慈道："城里军队不多，恐怕不是黄巾军的对手，我们应该等待外援。"孔融左盼右盼，外面的救兵一个也没有来，城外的黄巾却军一日比一日多，外面的包围也一日比一日紧，孔融因此失去破敌良机。

孔融想向平原相刘备求救，城里人都说没有办法冲出去，太史慈主动请命，孔融道："如今贼兵包围很紧密，大家都说出不去，难道出城实际上并不是很难吗？"太史慈道："过去您尽心优待我母亲，我母亲感激您的恩遇，让我解决您的困难。我母亲认为我有可取的地方，对您一定会有所帮助。现在大家都说出不去，如果我也出不去，这难道不是违背府君爱护照顾我家的本义吗？不是违背我老母亲命我前来的本意吗？现在事情十分急迫了，希望您不要再犹豫！"孔融这才同意太史慈的请求。

天亮时分，太史慈命人打开城门，背着弓带上箭囊径直骑马出城，身后两骑兵各背一箭靶跟着。城外的黄巾军连忙派步骑远远地跟着。太史慈策马来到城下壕沟，插好箭靶，一切准备就绪，当即跃出壕沟射靶，射完后径直回城。第二日又是这样，城外的黄巾军有的站起来，有的照常躺着睡觉。太史慈策再插好靶，射完后又径直回城。到了第三日早晨，太史慈又出城，这时所有的黄巾军都躺着，没有人站起来了。于是太史慈策马加鞭，冲向包围圈。等到黄巾军明白过来，太史慈已经突围而出。黄巾军精骑连忙追赶，太史慈弯弓搭箭，左右开弓，追兵无不应弦而倒，太史慈一口气射杀十多人，黄巾军胆战心惊，不敢再追。

太史慈拜见平原相刘备，游说道："我太史慈乃东莱粗鄙之人，与孔北海没有骨肉之亲，也不是同乡，只是因为相互仰慕，志趣相投而友好，有分灾共患之情义。如今管亥暴乱，北海被围，孤立无援，危在旦夕。使君有仁义之名，能够救人于危难之中，孔北海极为仰慕，正伸长脖子仰望着您，命我冒着白刃之险突出重围，从万死之中将自己托付给您，只有您才能救他的命。"刘备正色回答道："孔北海还知道这世间有我刘备啊！"当即率精兵三千跟随太史慈救援孔融，黄巾军见救兵来了，便撤围而去。孔融请刘备入城，设宴感谢刘备一行，孔融与刘备相谈甚欢，此后两人交好。

于是孔融更加尊重太史慈，说道："你就是我的年少朋友！"事情结束后，太史慈回家禀告母亲，母亲道："我很高兴你能以这样的方式报答孔北海。"

幽州公孙瓒、青州刘备、孔融之事我们暂且不表，单表退居淮南的袁术，那么袁术在淮南究竟又会经历什么事呢？且听下文分解。

第十九章　张子纲纵论徐州，孙伯符淮南投军

第一回　袁公路退居淮南，张子纲纵论徐州

且说袁术损失惨重，带着残兵败将退到九江寿春来投陈瑀。陈瑀，字公玮，下邳淮浦人，乃前太尉陈球之子。袁术出征曹操前，扬州刺史陈温病死，袁术表陈瑀代领扬州刺史，以寿春为治所。袁绍命袁遗为扬州刺史来争扬州，结果被陈瑀打败。陈瑀见袁术惨败，认为跟着袁术没有前途，于是起了异心，想改换门庭投靠袁绍，不让袁术入城。袁术无计可施，不由得长叹一声道："难道我袁术就要死在这里吗！"不久斥候来报，曹操已经撤军返回，袁术这才长舒一口气。

袁术没有办法，引兵向东来到西曲阳，不久，孙贲率部前来会合，袁术大喜，连忙命孙贲到阴陵攻打九江太守周昂。当初周昂在阳城被孙坚打败，袁绍任命周昂为九江太守。孙贲一下子击败周昂，恭恭敬敬地把袁术迎入阴陵。袁术派人好言好语恭维陈瑀，陈瑀被袁术灌了迷魂汤，没有进攻袁术。袁术在阴陵收集残部，不久吴景等人率军来投，袁术实力慢慢恢复，于是命孙贲进攻寿春，吴景攻打丹阳。

孙贲攻陷寿春，陈瑀败走，逃往下邳。吴景率军渡过长江攻打丹阳，丹阳太守周昕是周昂之兄，听命于袁绍，吴景初战不利，于是招来百姓，发布命令道：

"凡是敢归顺周昕者全部处死，不得赦免！"周昕闻讯长叹一声："我没有什么恩德，百姓有什么罪啊！"于是解散军队，回到老家会稽，吴景就这样占领了丹阳。袁术命吴景为丹阳太守。

袁术率军进入寿春，自领扬州牧，任命张勋、桥蕤为大将。袁术将惨败于曹操的原因归咎于陶谦没有及时出兵共同攻打曹操，而是坐山观虎斗，企图从中渔利，于是怨恨陶谦，自己兼称徐州伯，袁术、陶谦同盟破裂。

太傅马日磾执节来到寿春慰问袁术，袁术道："你怎么又来了，你来干什么？"马日磾道："左将军，公孙瓒和袁绍、曹操已经接受朝廷调停，双方已休兵停战。请您不要再和袁绍、曹操、刘表他们争斗。"袁术道："上次你到南阳调停，让我和刘表停战，我停战了，结果刘表偷袭南阳，你自己说说看，你调停有用吗？你如果能让刘表退出南阳，将南阳还给我，我就听你调解。"马日磾无言以对。

且说孙策在曲阿守墓日久，辞别祖茂，举家北渡长江迁到广陵江都。孙策胸有大志，忠心汉室，日夜谋划振兴大汉之策，时刻关注时局的发展变化，奔波于徐、扬之间，广交豪杰名士。

广陵名士张纮，字子纲，母丧守制在家，孙策、孙河带着厚礼登门拜访。张纮请孙策入内，双方坐定，张纮命人奉上香茶。张纮道："我居丧守制期间不走亲、不访友、不结交。"孙策道："您真不愧是名士，恪守儒家的规矩，我受母亲教诲，也懂孔孟之道，我现在也在守制，按理应该像您一样。我之所以四处结交名士，是因为我身负家仇，心系社稷，想趁守制期间谋划复兴大汉之策，绝不允许那些心怀异志的小人扰乱朝廷，分裂国家。"张纮道："家庭事小，社稷事大，你这样也没有违反儒家的规矩。"

孙策问道："听说大将军何进、太尉朱儁、司空荀爽都想辟您为掾，您都一一拒绝，可有此事？"张纮笑道："是的，何进只不过是杀猪宰狗之徒，这种人能够辅佐吗？荀爽是博学德高之士，可是朝政之事全部取决于董卓，你说能辅佐吗？朱儁是少有的豪杰，可他愚忠，要是早就起兵反对董卓，董卓焉能自保？朱儁现在受制于李傕、郭汜这样的豺狼，你说能辅佐吗？"

孙策问道："徐州牧陶恭祖大破徐州黄巾，以陈登为典农校尉，推行屯田，招纳流民，恢复生产，立有大功。如今徐州安定，民丰兵强，郑玄、许劭这样的名士都到徐州避难。听说陶徐州多次请你为官，您怎么也谢绝啊？"张纮道："陶谦年事已高，不讲原则，贪图虚名，自高自大，任人不明，专信曹宏这样的奸佞小人，为了自己的利益常常会干出令人意想不到的事。这样的人根本不值得我辅佐。""陶徐州待人彬彬有礼，表面上看起来为人很好，怎么会是这样的人呢？""当今评价人最准的是许子将，当初，许子将刚到徐州，陶恭祖以礼相待，十分周到，想辟为幕僚。许子将内心不安，婉言拒绝。不久，许子将私下告诉门生道：'陶恭祖表面上好名，内心却不是真的。他对我虽好，但这种情况不能长久，不如走吧。'依我看许子将以后定会离开徐州。""您对徐州的情况最了解，不知还有谁拒绝陶徐州？""拒绝辅佐陶谦的人实在太多了，有彭城的张昭、琅琊的赵昱……""你说的赵昱难道就是现在的广陵太守？难道他也拒绝辅佐陶徐州？""是的，陶谦数次派人辟他，赵昱忠直，皆托辞不去，曹宏建议把他抓起来，施以刑罚，陶谦当即采纳。赵昱无奈，不得不出来当官。至于张昭，根本不理会陶谦、曹宏那一套，陶谦大怒，认为张昭藐视他，把他关入大牢，准备把他杀了，多亏好友赵昱相救，张昭这才幸免于难。现在我正好以母丧守制为由拒绝，否则恐怕我也难以幸免。""为何陶徐州要如此对待张昭？""张昭有经天纬地之才，乃徐州名士之首，要是得到他的辅佐，定可安邦定国。所以曹宏建议陶谦要么用张昭，要么把他杀了，绝不能让张昭为别人所用。""原来如此，那么陈登呢？""陈登是个全才，但与张昭相比，就像一个是月亮，一个是太阳，差得远呢！""您与张昭并称二张，当可与张昭并驾齐驱！""这是别人抬举我，我怎么能与张昭相比？我受之有愧啊！要是与王朗、赵昱相比，我自认可以并驾齐驱。"

孙策问张纮道："我有一事不明，想请教您，为何陶恭祖迎我到江都？"张纮道："你知道吗，陶恭祖所做的一切全是为了利益。他脚踩两只船，甚至是多只船。当初诸侯讨伐董卓，陶恭祖两面讨好，两面不得罪。看到你父亲把董卓打败了，于是想着法子对你家巴结示好，还不是为了从中渔利？山东联军解散后，陶谦认为令尊打败董卓，董卓实力大损，风光不再，觉得有机可乘，马上跳出来支持朱儁再去讨伐董卓，我看也是出于这种考虑。自从朱儁投奔长安朝廷，刘表受封荆州牧，陶恭祖马上转变立场，派人到长安纳贡称臣，结果得偿所愿，李傕封陶恭祖为徐州牧，加安东将军、封溧阳侯！陶恭祖根本就没有政治立场，只想着保住自己的地位，得到更大的利益。所以他表面上礼贤下士，内心根本不是这样。我认为他一定对你另有所图，你要留意。"孙策道："我感到陶公任人不明，徐州百姓也这样认为。我看下邳国相笮融，就是一个不合格的官员，不知您有何高见？"张纮道："你说的对，笮融生性残暴，贪婪无比，只因与陶恭祖同乡，得以占据高位。他还在水路上私设关卡收税，经常把粮食和贡品据为己有，中饱私囊，每年获利上亿。笮融积聚大量钱财，根本不用于民生，而是大建寺院和佛塔，广招和尚、尼姑，终日在寺院里念经诵佛，不事生产。还要求百姓每日诵读佛经，对信佛者一律免除徭役。这与儒家思想格格不入，真是异类。笮融如此胡闹，陶恭祖却听之任之。"

孙策问道："现在陶恭祖踌躇满志，徐州军队进入青州、兖州，您认为结果会怎么样？"张纮道："去年陶恭祖出兵兖州，结果被曹操和袁绍赶了回来，按理说应该长点记性。可如今又在曹宏的建议下听命于袁术，把一切抛到脑后，又进兵兖州，陶恭祖这是在犯错，绝不会有什么好结果。你看下邳人阙宣聚众数千，自称天子，他却与阙宣联合，光想着或许可以得到一些利益。如此没有原则、没有大节，凭着并不出众的军力，到处投机取巧，到处想占便宜，你说会有好结果吗？"孙策深深一拜，对张纮道："听君一席话，胜读十年书。陶恭祖也在联系我，请我到他手下任职，现在我知道应该怎么做了。"就这样孙策与张纮成为朋友，孙策对张纮非常尊敬，屡屡向张纮请教。

过了两个月，孙策又拜访张纮，孙策道："如今汉室衰微，天下动荡不安，英雄豪杰都拥兵图谋私利，没有扶危救乱之人。先父与袁氏共同讨伐董卓，功业尚未成功，却被黄祖害死，我虽然愚笨幼稚，自以为还是有微小的志向，想从袁术那里讨还先父旧部，再到丹阳投奔舅父吴景，收集流散的部众，然后东据吴会，报仇雪恨，成为护卫朝廷的外藩，您认为怎么样？"张纮道："我才疏学浅，又在居丧守制。哪有什么好的策略啊！"孙策道："您高名远扬，远近之人都仰慕您，内心归向您，我已经策划这件事良久，想请您为我决断，为什么不深思熟虑后再直言相告呢？我对您可是高山仰止啊！如果我微小的志向得到伸展，血海深仇得报，这就是您的功勋，也是我孙策的内心期望啊！"孙策说着涕泪俱下，恭敬与期待的神态丝毫没有改变。张纮见孙策的忠义豪壮发自内心，言辞慷慨激昂，被他的志向和言语感动，于是说道："以前周朝衰落，齐、晋两国使它复兴，让王室恢复安宁，诸侯重新朝贡。如今您继承先父未竟的志向和事业，又有骁勇威武的名声，如果投奔丹阳，并在吴会地区收集兵马，那么荆州、扬州就可以统一了，也就可以杀敌报仇了。你南据长江，树立威德，诛除群秽，匡扶汉室，这样功业可与齐桓公、晋文公比肩，怎么只做个朝廷的外藩就满足了呢？如今世道混乱，朝廷多难，如果您功成事立，我就与志同道合的朋友一起南渡长江帮助您。"孙策大喜道："您的建议与我的想法完全相同。"孙策掏出地图，放在案上摊开，对张纮道："请看我的方案！"张纮仔细看着，不时地点头叫好，对孙策道："我再帮你完善一下。"孙策大喜道："我不日就要离开江都，去实现您给我的规划，我与您具有永远牢固的情分，我想把我的母亲和年幼的弟弟托付给您。"张纮道："孙郎请放心，一切有我。"孙策道："如此，我没有后顾之忧，马上可以出发了。"

正是：江东孙策自多才，未出早有雄略来。欲知孙策究竟能否讨还先父旧部，孙策投军又会发生什么事情，且听下文分解。

第二回　孙伯符淮南投军，吕子衡得遇英主

初平四年（193）孙策守制刚满，便带着孙河到寿春投奔袁术。孙策恭恭敬敬地对袁术说道："当初家父从长沙北上，与明使君在南阳相会，共同盟誓结为好友，一起讨伐董卓，建立不世之功，可惜功业尚未完成就不幸遇难。现在我守制已满，感谢您对先父旧日的恩典，现在我来投奔。请您将家父的旧部给我，我要为父报仇，在明公手下建立一番事业，希望您能体察我的真诚。"袁术见孙策长相英俊，言辞得当，内心非常喜欢，可如今孙坚的军队已被自己吞并，自己败给曹操，手下人马不多，于是不愿交还孙坚旧部，遂将孙策安排在驿馆暂住。

孙策闲来无事，在街上闲逛。忽见一人容貌不凡，对人彬彬有礼，举止高雅得体。孙策认定此人与众不同，于是上前攀谈。原来此人姓吕名范，字子衡，汝南细阳人，因躲避战乱来到寿春。吕范年轻时为县吏，同县刘氏长得十分漂亮，家中富有，吕范向她求婚。刘母嫌弃吕范，不同意这门婚事，刘氏道："我看吕子衡哪里会是永远贫穷的人啊？"其母见女儿心意已决，于是就让两人拜堂成亲。

孙策与吕范越聊越投机，两人相见恨晚，孙策请吕范一道到酒肆开怀畅饮，纵论天下，不知不觉聊到深夜。

次日，吕范携带重礼拜见孙策，孙策设宴相待，对他推心置腹，大谈自己的理想抱负，吕范被孙策折服。过了三日，吕范带着一百多名门客前来投奔，孙策大为惊奇，对吕范道："我现在孤身一人，势单力薄，自己也没有安稳，我没有办法养活你们啊！我听说袁术想用你，你为何不投奔？"吕范跪着道："在下阅人无数，认定您是大英雄，我决意投奔，就是为了与您一起实现宏大的理想，我什么都不在乎。从今以后，我唯您马首是瞻，前面就是刀山火海，我也愿意跟着您，决不后悔，还望主公不弃！"孙策大喜，双手将吕范扶起，对吕范道："大丈夫在世，岂能苟且偷生，随波逐流？当以建功立业为己任！子衡，从今往后，我们有饭同吃，有衣同穿，共创大业，岂不快哉！"

袁术使了一个缓兵之计，对孙策道："令尊旧部是举世无双的精锐之师，优秀的军队需要优秀的统帅，你年纪尚小，目前还没有带过兵，孤放心不下。不如这样，你舅父吴景是丹阳太守，丹阳是出精兵的地方，你先去那里募集兵勇，看看你能不能带好兵，能不能当好将军，如果这些都没有问题，孤再把军队交给你。否则一下子就把军队交给你，你又不能好好统领，这样不但会害了军队，也会害了你，孤要对军队负责，也要对你负责。"孙策道："如此甚好，明公考虑得太周到了，我愿听从明公的安排。"袁术见孙策言语举止得体、能屈能伸，大有过人之处，心想此人定要为我所用，如此方为上策。

孙策、吕范、孙河一行来到丹阳见过吴景。吴景大喜，连忙命手下为孙策招兵。再说陶谦听说袁术兼称徐州伯，大怒，从此与袁术反目成仇。陶谦见孙策投奔袁术，下令把孙策家小软禁起来。治中从事曹宏乘机道："我看外地人都不可靠，主公宜早作打算。"陶谦马上采纳，大肆收捕外地人，外地人纷纷逃离。张纮马上差人报于孙策。孙策大惊，带着孙河、吕范营救家小。

吕范乘船来到江都，刚到码头就被抓住，县令认为吕范不是本地口音，于是把他关入大牢。陶谦认为吕范是袁术派来的探子，下令对吕范严刑拷打。孙河连忙来向张纮求助，张纮道："我已谋划多时，这是我的锦囊妙计，内附江都地图和大牢图纸，你们只需依计行事，我会派人暗中接应，定可完成使命。"

过了三日，吕范的门客突然明目张胆地猛攻江都县衙，光天化日之下从大牢里救出吕范，乘车冲出县城，沿着长江往上游一路狂奔，县令大怒，急命手下追赶，吕范一行一口气跑了二十多里，早有大船候着，众人登船而去，追兵望着长江无可奈何，门客对着追兵喊道："你们中了我们的调虎离山之计了。"就在此时，江都县衙火起，县令连忙命人灭火。孙河马上与其他门客驾车直奔孙策家门，把看守绑了，从容不迫地将孙策家小接上车，直出县城南门，江边码头早有大船候着，众人乘船平安南渡长江，孙策将家小安顿在曲阿。

话说庐江太守陆康忠于朝廷，当初朝廷迁都长安，交通断绝，陆康冒险派人进贡。董卓大喜，封陆康为忠义将军。陆康见袁术占据九江，驱车来到寿春谒见。袁术大喜，设宴盛情款待陆康。袁术的礼数极为周到，频频举杯向陆康敬酒致意，宾主双方开怀畅饮。酒足饭饱，袁术问道："今日饭菜还合季宁口味吗？"陆康谢道："卑职从未吃过如此佳肴，今日方知世上还有如此美妙的口腹之乐。"袁术哈哈一笑道："这不过是一顿便饭罢了。"陆康一行起身告辞，陆康身后的小孩向袁术跪拜告别，不想怀里掉出两个鲜绿蜜橘，骨碌碌滚到袁术脚下，小孩连忙弯腰捡起，陆康不好意思地对袁术道："犬子陆绩，年幼无知，还望将军海涵。"袁术笑道："陆郎来我家做客，走的时候还要怀藏主人的橘子吗？我看你胸前鼓鼓的，不会把我的银碗玉碟也顺走吧！"陆康的脸一下子红了，银须颤抖，连忙致歉道："实在对不起，都是我教子无方，太宠小儿，以后一定好好管教，还望将军恕罪！"陆绩一脸天真，又从怀里掏出一个大橘，仰头对袁术道："没有别的了，这么好的蜜橘我从没吃过，我母亲喜欢吃橘，我要带回去给她尝尝。"说着把橘子一个一个放入怀中，袁术惊奇不已，称赞道："真没想到你小小年纪就懂得孝顺母亲，太难得了。"转头对手下道："快去准备两筐蜜橘，给陆太守送去。"这一年，陆绩年方六岁。

陆康回到驿馆整理行装，对陆议道："你在宴席上怎么一言不发？"陆议道："今日盛宴，山珍海味、美酒琼浆味道虽好，可不一定好吃啊。"陆康大奇，问道："何出此言？"陆议道："吃人家的嘴软，拿人家的手短。我看袁将军一定有求于您。"陆议，字伯言，后改名陆逊，年方十一，父母早亡，从小依附陆康，乃陆康之兄陆纡的孙子。陆纡，官至城门校尉。

陆康出了驿馆，袁术亲自恭送陆康，对陆康道："季宁啊，我的大军初到扬州，粮食紧张，你先借我三万斛，明年我就还上。"陆康道："我回去准备便是。"

陆康回到庐江，对陆逊道："你带陆绩马上回吴县老家，陆绩就托付给你了。"陆逊问道："这是为何？"陆康道："我与袁公路必有一战。"陆逊问道："可以避免吗？"陆康道："我忠于朝廷，袁公路是叛逆，我不可能听命于他，他岂能容我？"陆逊问道："叔公你这趟寿春之行应该不仅仅是拜访袁将军吧？"陆康道："机灵鬼，叔公是去一探虚实。"陆康当即下令加固城池，筹集粮草，整军备战。

袁术见陆康准备了很多粮草，于是派人来催，陆康严词拒绝。袁术大怒，命孙贲攻打庐江。孙贲势如破竹，节节胜利，一下子打到庐江治所舒县。陆康德高望重，奋力固守，手下士兵休假外出的，闻讯全都返回庐江，乘夜爬城墙进城帮助防守。袁术在南阳不得民心，庐江百姓担心庐江落入袁术之手，倾尽全力协助陆康守城，加上陆康早就有了准备，孙贲久攻不下。袁术大怒，命刘勋攻打庐江，免去孙贲豫州刺史一职，命孙贲为丹阳都尉，行征虏将军，协助吴景攻打丹阳山越。

吴景帮助孙策招兵千人，孙策带着新兵返回寿春。孙策刚刚走到泾县，山贼首领祖郎率领部众呼啸而出，一下子把孙策人马冲得七零八落，四下逃散，孙策、吕范、孙河好不容易突围而出，新招士兵剩下不到一半。吴景大怒，与孙贲、孙策、吕范一起统兵攻打祖郎，把祖郎打得大败而逃。

兴平元年（194），孙策带着几百人马回到寿春，马上着手操练兵马，袁术见孙策把部队训练得有模有样，这才把孙坚旧部一千多人还给孙策。

马日磾持节又来慰问袁术，哀求道："忠义将军陆康可是有德之人，与你无冤无仇，与袁绍、曹操、刘表他们也没有关联，请你不要攻打庐江。"袁术道："孤爱打谁就打谁，你管得着吗！"马日磾道："你是朝廷命官，朝廷给你加官进爵，你应当遵奉朝廷命令。"袁术道："朝廷给我官爵，不过是想约束我，烦死了。我看这官位和爵位不要也罢。"马日磾道："这是朝廷对您的恩典。"袁术道："李傕、郭汜那些人什么德行，自己都管不好自己，怎能代表朝廷？我看这样的朝廷不要也罢！"马日磾见袁术不听，只得返回驿馆。

马日磾心中恼怒，掾属华歆建议道："我看袁公路不会听命于朝廷，不如我们走吧。"华歆，字子鱼，平原高唐人。马日磾道："现在刘表、袁绍、公孙瓒、曹操、陶谦都已听命于朝廷，我一定要让袁公路也效忠朝廷，这样才能不辱使命。"华歆道："听说乌程侯孙坚之子孙策也在寿春，此人年轻有为，人望很高。他与袁术那些人不一样。"马日磾马上召见孙策。孙策与朱治恭恭敬敬地前往驿馆，拜见太傅马日磾。马日磾与孙策交谈，孙策对答如流，态度诚恳。马日磾见孙策对朝廷忠心耿耿，非常喜欢，对孙策道："你父孙坚为朝廷立下汗马功劳，受封乌程侯，你是嫡长子，才华卓著，乌程侯的爵位就由你继承，切不可断了祭祀，我这就向朝廷上表。"孙策跪谢道："多谢马太傅申明大义，微臣之弟孙权聪慧异常，微臣恳求马太傅让孙权袭爵。"马日磾以为自己听错了，问道："你说你想把爵位让给弟弟继承？"孙策斩钉截铁地说道："是的。"马日磾心想，天下竟有如此之人，这么高的爵位别人都抢着继承，而他却让给弟弟，于是向孙策解释道："现在天下受封县侯的没几个，爵位只能一个人继承，你把爵位让与你弟弟，你就不能继承了，你可清楚？"孙策道："在下当然知道，大丈夫应当自己建功立业获取爵位，怎么能依靠继承获得富贵！"马日磾叹道："老夫阅人无数，面对利益如此谦让我还是第一次看到。如果天下人都像你一样，不计较个人得失，整个天下就太平了。"马日磾马上征召孙策，表孙策为怀义校尉。孙策大喜，对马日磾道："太傅在寿春人地两生，这是叔父朱治，孝廉出身，常年跟随我父亲出生入死，屡立战功，您如果不嫌弃，就让他带着我的亲兵跟随左右，不但可以保护您的安全，还可以协助您工作。如果有什么事，也可随时征调我的兵马，我孙策万死不辞！"马日磾大喜，留朱治在身边任掾属。

一日，朱治发现一亲兵形迹可疑，于是暗中调查，不查不知道，一查吓一跳，亲兵竟被袁术收买，将马太傅的一言一行全部向袁术汇报。孙策震怒，亲兵慌忙逃入袁术大营，孙策派兵闯营搜查，把亲兵从马厩里拖出，就地斩首。孙策提着亲兵首级拜见袁术，孙策道："末将带兵无方，手下士兵违反军纪，没有来得及禀明明公，我就先斩后奏，特来向明公请罪！"袁术道："士兵违反军纪当然要处罚，你该怎么做就怎么做吧。"

孙策声誉日隆，军中将领敬畏孙策。袁术麾下大将桥蕤、张勋等人与孙策交好。一时之间，蒋钦、周泰、陈武、凌操等人纷纷投奔孙策。蒋钦，字公奕，九江寿春人。周泰，字幼平，九江下蔡人。陈武，字子烈，庐江松滋人。凌操，吴郡余杭人。就连袁术的儿子袁耀也非常佩服孙策，老是在袁术面前讲孙策的好话。袁术常常叹息道："如果我的儿子像孙策一样，我就算死也没有遗憾了。"就这样，孙策在袁术军中站稳了脚跟。

孙策投军之事暂且不表，就在孙策投军不久后，曹操出兵攻打陶谦，他们之间究竟会发生什么事呢？且听下文分解。

第二十章　曹孟德征讨陶谦，吕奉先袭取兖州

第一回　陶恭祖截杀曹嵩，曹孟德屠戮徐州

当初董卓进京乱政，曹操在陈留起兵，曹嵩举家迁往徐州琅玡躲避战乱，陶谦与曹嵩向来相安无事。没想到刘岱战死，曹操就任兖州牧，兖州与徐州相邻，陶谦与公孙瓒、袁术为结为联盟，袁绍与曹操、刘表结为联盟。两个联盟互为对手，战争不断。曹嵩在琅玡居住，相当于陶谦手上的人质，曹操有苦难言。

徐州下邳人阙宣，聚众数千，自称天子，陶谦却与他联合，趁曹操与袁术大战，兖州空虚，陶谦举兵进入兖州，攻取泰山华、费两县，劫掠任城等地。不久陶谦杀死阙宣，吞并他的地盘和军队，豪取兖州大片土地。曹操对陶谦一再忍让，生怕引起战争。

曹操打败了袁术，兖州的形势稳步向好，日趋安定，于是曹操写信请父亲曹嵩前来兖州团聚，并命泰山太守应劭接应。曹嵩一百多辆车队浩浩荡荡离开琅玡，早有探子将曹嵩的动向报于陶谦，陶谦急命都尉张闿率数千轻骑拦截抓捕。

曹嵩一行途经华县入住驿馆，张闿捷足先登拍马赶到，曹操之弟曹德误以为应劭前来迎接，马上开门相迎，张闿一刀砍死曹德，带着大批士兵蜂拥而入，把

曹嵩一家杀个精光，并将所有辎重财物洗劫一空。

应劭带着军队赶到驿馆，看到横七竖八的尸首惊呆了，一面命令手下收殓曹嵩等人的遗体，一面差人向曹操报丧。手下人对应劭道："曹兖州为人严厉，出了如此大事，一定会责罚您。您还是想想退路吧！"应劭怕被追责，弃官逃往冀州投奔袁绍。

曹操闻知父亲死讯，大哭一场，将全家几十口安葬。曹操给袁绍写信道："如今家门不幸，家父被害，这一切全是陶谦所为，请您允许我讨伐陶谦，以报杀父之仇！"袁绍当即同意曹操出兵，派朱灵率领三营（6000人）将士前来助战。曹操召集家中妻小道："如果我遭遇不幸，你们就去投靠张邈，他会帮助你们的。"

初平四年（193）秋，曹操将一切安排妥当，全军缟素，以"为父报仇"之名誓师，出兵徐州讨伐陶谦。曹操命朱灵在泰山华县以袁绍的名义大张旗鼓，声称要攻打陶谦，又命夏侯渊率领本部人马多置旌旗，打着曹操的旗号，冒用曹操的名义，号称精兵五万，鼓噪着杀奔泰山。陶谦不屑一顾，亲自坐镇泰山，调兵遣将，加紧备战，等待曹操来攻。

曹操以曹仁为先锋，亲率大军偃旗息鼓，昼伏夜出，经豫州急奔广戚。广戚位于微山湖以南，陶谦主力尽在泰山，根本无法救援。曹操命于禁攻打广戚，于禁组织有序，攻势凶猛，顺利拿下广戚，升任陷陈都尉。接着曹军攻破留县，曹操命曹仁率军五千渡过泗水伺机而动，自率大军将彭城团团围住，日夜攻打。陶谦得到消息大吃一惊，没想到曹操不走泰山道而走亢父道，自己中了声东击西之计，以前的迎战准备全部白费。糜竺建议道："曹操进攻徐州，兖州兵力空虚，不如我们直接攻打兖州。"陶谦道："彭城是徐州必救之地，绝不可丢！"于是率军回援。

曹操连日进攻彭城不下，见陶谦来救，于是分兵与陶谦隔着泗水对峙。陶谦命令吕由多设旗帜，虚张声势吸引曹军注意。自己偷偷在下游渡河，挥军来到彭城城下，向曹军发动进攻，彭城守军在城头看得真切，大喜，乘机从城内杀出，与陶谦一道夹击曹军，曹军陷入了苦战。

过了数日，曹仁趁着夜色从背后突袭吕由，吕由仓促应战，被曹仁斩落马下，吕由全军覆灭。曹仁在陶谦后方耀武扬威，所向无敌，将陶谦粮道切断。陶谦粮草供应不上，人心惶惶，只得转攻为守。

曹操命乐进全力攻打陶谦大营，乐进奋力冲杀，破营而入，于禁、李乾随后杀入，陶军抵挡不住，只得弃营逃走。陶军好不容易撤到泗水，士兵争抢船只竞相渡河，自相残杀，乱成一团。曹军随后赶到，列阵冲杀，把陶军赶下泗水，淹死者不计其数，曹宏死于乱军之中。陶谦残部刚过泗水，曹仁又率军截住厮杀。陶谦大败，带着残兵败将退守东海郯城，惶惶不可终日，无奈之下连忙到兖州抽调军队回援。

曹军猛攻彭城，彭城守军见陶谦大败，丧失斗志，士气低落，不久彭城被曹军攻克。曹操率军入城，安顿好军队，对曹洪道："我军连日奋战，将士们都累了，你去找些美女供大家消遣消遣。"曹洪心领神会，马上命手下搜寻，当晚向曹操献上一位绝色美女，曹操大喜，迫不及待地又当起了新郎，此女史称"环夫人"，生子曹冲。曹操对手下道："攻打彭城死了这么多兄弟，我们不能让他们的鲜血白流，要为他们报仇！"于是下令屠城，顿时彭城成了人间地狱。接着，曹操攻下傅阳，又如法炮制，曹军所到之处鸡犬不留。当初讨伐董卓，来自洛阳等地的流民依附陶谦，大都安置在这一带，一下子被曹军杀得精光，数十万人被曹军驱赶到泗水淹死，尸体阻塞了河道，河水都不能流动。

陶谦军队纷纷赶到郯城，陶谦这才松了一口气，不久，曹操率军来攻，陶谦据城固守，曹操久攻不下。曹操率领大军转攻开阳。开阳守将臧霸早已做好防备，曹操无法攻克。臧霸，字宣高，泰山华县人。于是曹操命令李乾向北进军，与朱灵、夏侯渊联合，一举攻下兖州费、华等地，兖州全境终于全归曹操。

曹操放弃开阳南下，转攻下邳国，下邳国相笮融如惊弓之鸟，根本没有抵抗，带领手下官吏、军队和部众男女共一万多人仓皇逃跑。曹军轻松拿下取虑、睢陵、夏丘三县，所过之处，人畜一概不留。

曹操又来攻打郯城，陶谦见败局已定，根本无力扭转战局，思前想后到处寻找援军，袁术已被曹操打残，并与自己翻脸，根本不可能救助自己，放眼周围只能拜托公孙瓒了，于是连忙写信向青州田楷求救。

郯城在曹军长期围困下无力坚持，不料曹军粮尽，无法继续围困攻打。兴平元年（194）二月，斥候来报，田楷、刘备率军来救陶谦，于是曹操下令全军撤回兖州。徐州经此一役元气大伤，损失惨重，风光不再。

陶谦恭迎田楷、刘备全军进城，大摆宴席款待田楷、刘备一行。过了数日，田楷向陶谦告辞道："如今曹军已退，我得返回青州。"陶谦苦苦哀求田楷留下来帮助自己，田楷道："袁绍对青州虎视眈眈，我的兵马不能长期离开，否则青州不保，还望陶徐州明察！"陶谦道："要是将军走了，曹操定会再来徐州，徐州无法保全，我只有一死了之啊！"田楷道："如今没有别的办法，不如这样，我让平原相刘备留下来帮助你，刘备文武全才，定能不辱使命！"

刘备原有步骑一千余人，后来掳掠饥民数千作为自己的军队，陶谦请刘备驻军小沛，给刘备增拨丹阳兵四千，又表刘备为豫州刺史，刘备实力大增。刘备命关羽、张飞日夜操练军队，自己广结豫州、徐州名士，不久名士陈群来投，刘备与陈群交谈，惊叹陈群的才能，任命陈群为别驾。陈群，字长文，颍川许县人，官宦子弟。不久，刘备纳甘姓姑娘为妾，史称"甘夫人"。

再说笮融带领部众一路诵经念佛南下广陵，广陵太守赵昱设宴盛情款待。笮融见广陵物阜民丰，不禁心动。过了数日，笮融回请，赵昱欣然赴宴，就在酒酣耳热之际，笮融趁赵昱不备，一剑刺向赵昱胸膛，赵昱当即身亡。笮融手下立即亮出兵器，砍杀广陵官吏，刹那间把广陵官吏杀得一干二净。笮融率众掳掠广陵，一把火把广陵烧光，笮融率众满载财物南下，到秣陵投靠薛礼。

曹操大获全胜回到兖州，早有夏侯惇、荀彧、张邈相迎，曹操上前一把抱住张邈道："真没有想到我们还能活着见面。"两人相拥而泣。

袁绍派使者向曹操祝贺，使者道："袁公派兵助您打败陶谦，你得帮袁公一个忙。陈留太守张邈与袁公作对，去年还和吕布共立誓言，送给吕布很多钱财粮食，两人声称要干一番大事，你把他杀了。"曹操拒绝道："张邈向来喜欢结交名士，如今只与吕布友好，就这样把他杀了，岂不是让天下人嗤笑？"

曹操勒令郡县提供粮草，军粮刚刚得到补充，兴平元年（194）四月，曹操再度进攻徐州，曹军如入无人之境，不费吹灰之力先拔五城，接着曹军攻城略地，一直打到琅玡国、东海郡，所到之处鸡犬不留。那么曹操能够顺利地将徐州收入囊中吗？且听下文分解。

第二回　陶谦临终托后事，刘备受荐领徐州

曹军再次包围郯城，制造攻城器械准备强攻。刘备见曹操如此屠城，杀戮百姓，忍无可忍，联合徐州将领曹豹向曹操下战书道："我与曹兖州素无冲突，然而你疯狂屠杀手无寸铁的百姓，如恶魔现世，是可忍，孰不可忍？我在郯东列阵等着你，愿与你决一死战，你有本事就冲我来，不要屠杀无辜百姓，我就是战死也在所不惜，只是不忍心看到徐州百姓再受伤害。"曹操收到战书不屑一顾，回

信道："好，我明日必来与你一决高下！"

次日曹操如约而至，曹、刘两军列阵相对，刘备出阵对曹操喊道："曹兖州，鄙人刘备，在此奉劝您不要滥杀无辜，体恤徐州百姓，就此撤回兖州，在下可不与你交战。"曹操策马而出，对刘备喊道："我与老贼陶谦有杀父之仇，一定要报仇雪恨，陶谦老贼非死不可！只要把陶谦交出来，我就马上撤回兖州，我要在亡父坟前亲手杀了他，以祭先父在天之灵！如果没有人把陶谦交出来，那就只有我自己亲自动手了，休怪我无情！任何人如果继续助纣为虐，与我为敌，我定然不饶。我看你与此事本来无关，与我无冤无仇，你还是离开吧，不要蹚这浑水了。"刘备道："陶徐州可能有做得不对的地方，但也不至于要杀令尊，如今兵荒马乱，凶手可能另有其人，您也许误会陶徐州了。您要找真正的杀父仇人报仇，否则罪犯可能逍遥法外，还望曹公三思而行。"曹操道："冤有头，债有主，陶谦脱不了干系，你不要认为陶谦身居高位，有兵、有粮、有地盘就可以为所欲为，就可以把责任推给别人，我曹操心里明白得很。"刘备道："您与陶徐州有个人恩怨，这与徐州百姓何干？我劝您不要滥杀无辜的百姓！您有丧父之痛，我很理解您的心情，但人死不能复生，希望您与陶徐州商量着用其他方式解决，切勿蹂躏徐州百姓！"曹操道："你自己没有实力，我奉劝你不要在这里为人强出头，我可以让你体面地离开徐州。你不要在我面前假惺惺地开口百姓闭口百姓，你要是真的为了百姓着想，你应该把陶谦交给我，我马上就撤军。你如果还执迷不悟，你就划个道道出来，我们见个高低。"刘备道："既然如此，我就恭敬不如从命，我们就来单挑吧！"

刘备回头示意，关羽提矛策马出阵，大喊道："关羽在此，谁敢与我一决高下！"曹操对手下将领道："你们谁可出战？"话音未落，曹仁拍马而出，直奔关羽，两人在阵前你来我往，大战二十回合不分胜负。曹操担心曹仁有失，也顾不了许多，说道："谁可助子孝？"曹洪道："我去也！"飞马来助曹仁。两人与关羽又战了十余回合，仍不分胜负。张飞恐关羽有失，大喊一声："我去助云长！"说着执矛策马来助关羽，截住曹洪厮杀。曹操看得心惊，回头望着于禁、乐进。两人扬鞭出阵来战关、张。关、张以二敌四，又大战三十回合不分胜负。曹操道："关、张武艺高强，实力不可小觑！"身后的李乾、李典呐喊前去助战，关、张以二敌六，又战了二十回合，刘备担心关、张有失，连忙鸣金招两人回阵，曹操也将众将召回。

曹操催动大军向刘备发动进攻，刘备率军相迎，双方大战一场，刘备被曹军打得大败而逃。曹操说道："这就是没有实力替人强出头的下场！"陶谦已经没有能力守住郯城，打算逃回老家丹阳自保。

曹操踌躇满志，打算抓住陶谦，将整个徐州收入囊中。忽然，荀彧差人急报："陈留太守张邈反叛，恭迎吕布入主兖州，兖州全境响应。"曹操大惊，连忙问道："元让还好吗？""夏侯惇将军没事。""只要元让还在，我就放心了。"于是曹操马上率军急速回救兖州。

刘备闻知曹操撤军，命关羽、张飞收拾残部，自己四下安抚百姓，组织民众恢复生产。刘备深受徐州各阶层的喜欢和拥戴。

陶谦遭到曹操两次打击，徐州六郡已有五郡遭受战火，生灵涂炭，唯一没有遭受战火的广陵也遭到笮融劫掠。徐州已今非昔比，只是一只待宰的羔羊，放眼徐州，已经无人能够支撑残局。陶谦此后一病不起，临终前对别驾麋竺道："非刘备不能安定徐州。"年底，陶谦病死。

麋竺率徐州官员到小沛拜见刘备，请求刘备统领徐州。麋竺，字子仲，东海朐县人，雍容大方，敦厚文雅，擅骑射。麋竺是徐州富商，祖上世代经营垦殖，养有僮仆、食客近万人。糜竺恭恭敬敬地劝刘备道："鄙人谨遵陶徐州遗命，率徐州官员恭请使君受领徐州。"刘备内心大喜，马上召集部下商议，众人纷纷向刘备道贺，从事陈群劝阻道："徐州是块大肥肉，谁都想吃。依我看，我们实力不够，吃不了。如今袁术已逐渐恢复元气，实力强大，如果我们东进徐州，一定会与袁术争斗。即使将军现在得到徐州，最终恐怕不会有圆满的结局。"刘备认为陈群说得对，不敢接受，于是召见糜竺一行，刘备深深向糜竺行了一礼道："刘备我才疏学浅，无德无能，徐州正值危难之际，我实在难堪大任。更何况任命官员需要朝廷诏命，岂能私相授受！"糜竺与众官员悻悻而回。

糜竺召集官员商议，陈登道："孔北海与刘使君友善，孔北海乃天下首屈一指的文士，何不请孔北海相劝？"糜竺当即派人恭请孔融，孔融欣然而来。下邳陈登和北海孔融来劝刘备。陈登，字元龙，下邳淮浦人，为人爽朗，性格沉静，智谋过人，博览群书，学识渊博。陈登孝廉出身，乃徐州典农校尉，主管农业生产，成绩斐然。陈登道："现在汉室衰微，海内倾覆，建立功业成就大事就在今日。以前徐州殷实富裕，户口百万，现在虽然大不如前，想委屈使君您主持徐州大事。"刘备道："袁术近在寿春，此君四世五公，海内所归，你们可以把徐州托付给袁术。"陈登道："袁公路骄横自负，不是治乱之主。现在我们准备为使君您提供步骑十万，做得好可以匡扶君主，救济百姓，成五霸之业。做得不好也可以割据一方，保境安民，建立功勋，载入史册。如果使君您不肯应允，我陈登不敢再听命于使君您了。"北海相孔融劝道："袁公路岂是忧国忘家的人？他不过是冢中枯骨，何足挂齿？今日之事，百姓拥护的是有能力的人，上天给你你不要，将来后悔就来不及了。"刘备遂领徐州。

刘备对孔融道："我才疏学浅，您是一代大儒，您可得帮我。"孔融笑道："您要是没有能力，我们怎么会推举您呢？"孔融叫过身后一文雅之士对刘备说道：

"此人名叫孙乾，字公祐，是郑玄推荐到青州的名士，如今在我手下任职，如果您不嫌弃，我让他留下来助您。"刘备见孙乾举止儒雅，心中欢喜，对孔融道："郑老师他老人家乃恩师卢植同窗好友，才华横溢，既是他推举的，那一定是人才，多蒙先生相助，我在此谢过，以后定当厚报。"刘备马上任命孙乾为从事。孔融盘桓数日，向刘备告辞，刘备恭送孔融，表孔融为青州刺史。

刘备就任徐州牧的事暂且不表，那么曹操匆忙撤军回救兖州，这究竟是怎么回事呢？且听下文分解。

第三回　吕奉先袭取兖州，荀文若力保三城

话说兖州发生内乱，张邈迎吕布入主兖州，此事说来话长，还得先从陈宫和边让说起。

陈宫是边让最好的朋友。边让被捕入狱以后，陈宫向曹操苦苦求情道："边让是与孔融齐名的文士，天下罕有，请主公念在我对您忠心耿耿、竭尽全力辅佐的分上，给我一个人情，留边让一条生路，我愿将主公给我的赏赐全部献给主公。"曹操道："边让侮辱我也就罢了，他是反对我的大政方针，蛊惑人心，罪不可赦！如今兖州大局初定，能有这样的局面实在难得，绝不允许有人在关键的时候反对我。"于是下令把边让处死。与边让同时处死的还有一批名士，兖州上下人心惶惶。

陈宫抱着边让的尸首痛哭流涕，这些被曹操处死的名士全是陈宫的朋友。于是陈宫有了反曹之心。陈宫心想，我让你当上兖州牧，你却让我蒙羞，我要让你当不成兖州牧！

曹操征讨陶谦，陈宫留守东郡，便与张超、从事中郎许汜、王楷等人密谋叛

乱。大事议定，陈宫、张超到陈留游说张邈。

陈宫对张邈道："听说袁本初想让曹孟德取您的项上人头，可有此事？"张邈道："的确如此，不过曹孟德是我好友，我对他有恩，他是不会这样做的，我的地位稳如泰山。"陈宫道："我认为不对，他一定会这样做，只是没到时候而已。"张邈惊问道："何以见得？"陈宫道："曹操不修品行，德行极差，为了达到目的不择手段。吕伯奢举他为孝廉，是他父亲的故交，这样的人都被曹操杀了，你对他那么一点恩情，难道他就不会杀你吗？前段时间，他杀边让，边让可是闻名天下的名士，您与他相比，名望可谓是半斤对八两。边让都敢杀，难道就不敢杀您吗！"张邈大惊，起身对陈宫行了一礼，问道："我该当如何？"陈宫道："目前您有两条路可走，一是像应劭那样远走他乡。二是反对曹操，自己当兖州牧。"张邈道："应邵那样我不想学，曹操在兖州做了很多大事，我怎么可以反对他呢？"陈宫道："曹操主政兖州以来，战事四起，百姓负担沉重，兖州上下一片怨言，这样的人怎么不能反呢？此其一也。曹操诛杀兖州境内大批像边让这样的名士，实行法家统治，与儒家思想格格不入，兖州的名士和官员人人自危，此其二也。曹操以报父仇之名东征陶谦，一路杀人如麻，视生命如草芥，试问这与董卓、李傕、郭汜之流有什么区别？这样的人主政兖州，是兖州的耻辱，此其三也。曹操视黄巾军为子女，为黄巾军谋取土地财产，与青州黄巾军同流合污，是青州黄巾军的代言人，此其四也。张使君您是有德之士，你怎能允许这样的人在兖州作威作福？"张邈拍案而起，怒道："是可忍，孰不可忍！"陈宫道："当今英雄豪杰四起，天下分崩离析，您凭借千里之众统治四战之地，抚剑四顾，也可称得上人中豪杰，却反而受制于人，您不觉得有损身份吗？现在兖州的军队东征，境内空虚，吕布是位骁将，善于打仗，勇往直前，我们如果暂且将他迎来，共同占据兖州，静观天下形势，等到时事变了，一样可以做出一番大事业！"张邈握着陈宫的手道："公台之言有理，不须再多言。曹操黑白颠倒，夺我地盘，把那么多黄巾战俘安置在陈留，置我陈留百姓于水深火热之中，陈留上下无不深受其难。所以我张邈早就打算反了，只是不告诉你罢了。我与吕布早有联系，吕布手下的将领早已暗中为我训练军队！"陈宫道："使君您德高望重，又事先谋划，理应救兖州于水火，只要登高一呼，您定可取代曹操成为兖州之主。"张邈道："我只是不满曹操的做法罢了，如果我成了兖州之主，天下人还以为我贪图权势，觊觎兖州大位，岂不是让天下人嗤笑吗！"陈宫道："既然如此，我们迎温侯吕布为兖州之主！如果吕布可以辅佐，我们就辅佐他，如果不能辅佐，我们再尊使君您为兖州之主。"张邈听从陈宫的意见，马上给吕布写信，又请豫州刺史郭贡前来相助。陈宫又游说兖州其他郡国官员，兖州上下苦曹操久矣，都表示愿意反曹。

曹操征讨陶谦，命荀彧主持兖州留守事务。陈宫暗中迎吕布担任兖州牧，吕布到达兖州，张邈派刘翊至济阴鄄城拜见荀彧，刘翊道："温侯吕布将军率军帮助曹兖州进攻陶谦，请您尽快提供军粮。"众人疑惑不解，荀彧知道张邈要反叛，立即部署军队防守，调动军队保护曹操家小，急召东郡太守夏侯惇前来救援。夏侯惇率军离开濮阳，轻装赶往鄄城，路上正遇吕布军队，双方展开激战，吕布败走，夏侯惇刚刚赶到鄄城，当晚鄄城将领和主要官吏一同谋反。夏侯惇当即将他们诛杀，鄄城局势这才稳定下来。吕布见濮阳空虚，乘机占领濮阳，缴获大量军用物资。

不久，豫州刺史郭贡率军数万来到鄄城城下，有谣言说郭贡与吕布合谋，准备攻城，顿时鄄城军民惊慌失措。郭贡要求会见荀彧，荀彧准备出城，夏侯惇劝阻道："你是一州主持，出城必有危险，不能去啊！"荀彧道："郭贡与张邈、吕布并不是什么老交情，如今来得这样迅速，一定还未定好策略，趁他尚未定好策略说服他，即便不能帮助我们，也可使他保持中立。如果先疑心，郭贡一怒之下打定主意，投到敌人那边，那就不好办了。"于是荀彧出城会见郭贡。郭贡见荀彧神色自若，并无恐惧之心，认为鄄城不易攻取，于是率军离去。

张邈、陈宫振臂高呼，与吕布共同反曹，兖州郡县纷纷响应。只有鄄城、东阿、范县三县没动。荀彧从战俘口中获悉陈宫将要攻打东阿，氾嶷将要攻打范县，官吏和百姓都非常害怕，荀彧对程昱道："现在兖州反了，只有三城得以保全。如今陈宫带重兵奔往东阿，我们除非与他们交心，让他们与我们同心协力，否则三城必动。您威望高，如果现在回去游说，一定可以成功！"程昱连忙启程。

程昱途经范县，游说县令靳允道："听说吕布抓住您的母亲和妻子儿女，这是孝子不能容忍的！现在天下大乱，群雄并起，一定会有能够平息天下动乱的命世之人出现，曹公就是这样的人，他就是明主。得明主者昌，失明主者亡，陈宫背叛曹公，迎接吕布入主兖州，四周郡县纷纷响应，似乎有作为，然而依您的观察，吕布是什么样的人啊？吕布粗暴而无亲和力，刚直而又无礼，只不过是匹夫罢了，陈宫等人现在形势好，只不过是表面上能够聚合得起来而已，根本不能奉他为主。吕布兵马虽多，最终必将失败，曹公智略不世出，乃上天所授！你要固守范县，我则守住东阿，一定可以建立田单那样的大功。你是选择曹公还是跟着吕布作恶，我希望您好好考虑！"靳允流涕道："我不敢有二心。"这时氾嶷已到范县，靳允马上召来相见，氾嶷一到，刀斧手四向冲出，将他就地砍死，靳允马上勒兵守城。

程昱又派遣骑兵断绝仓亭津，陈宫兵到，却不能渡河。程昱来到东阿，东阿令枣祗已率吏民据城坚守，又有兖州从事薛悌与程昱共同谋划，终于守住东阿。

吕布与张邈、陈宫商议，吕布问道："鄄城城高池深，异常坚固，可有破城之法？"陈宫道："可使人诈降，待我们攻城时里应外合，如此鄄城可破。"吕布大喜，到司马赵宠的军队挑选精壮敢死之士五十人，以张林为头领，准备行动。张邈军中一什长来到吕布面前，大声道："如此重要的事怎么少得了我呢？"吕布见他形貌魁梧，顿生好感，对什长道："壮士，敢问你是何人？"那人道："在下典韦，陈留己吾人。"吕布又问道："你有什么本领？"这时正有七八个士兵树立牙门大旗，旗很大很重，旗杆又高，这几个人怎么都树不起来。典韦对吕布道："看我的。"说着屏退众人，大步而上，一下子就把旗树了起来。吕布赞道："好大的力气，就差你了！"

当晚，张林等人杀死濮阳监狱看守，打开牢房大门，救出濮阳令丁全，逃出濮阳。吕布派人反复搜寻，丁全与张林躲在树林中得免，丁全问众人道："为何救我？"众人道："我们不满张邈恭迎吕布入主兖州，想去投奔曹公，可惜无法出城，所以半夜劫了大牢，放出罪犯，制造混乱，趁机逃走。"丁全大喜道："你们跟着我，我们先去鄄城。"就这样，丁全带着他们成功进入鄄城。张林一到鄄城，到处煽风点火，宣称吕布势大，所向无敌，搅得鄄城大乱，人心惶惶。

张林见时机成熟，向城外射出箭书。当晚皓月当空，三更时分，张林带领敢死之士摸进夏侯惇住所，将夏侯惇擒住，绑成一团，挟为人质。夏侯惇手下震惊惶恐，欲一同反叛，张林大喜，当即把他们安排在外围据守。典韦见张林走远，轻声地对夏侯惇道："使君莫怕，在下来投曹公，必会见机行事，力保使君平安。"

这时谣言四起，军中大乱，很多人准备献城投降。夏侯惇的部将韩浩挺身而出，振臂高呼，一边命令军队守住城门、营门，一边把将领召集起来，命他们分头安定部众，不准任何人擅自行动，整个军队这才慢慢稳定下来。

四更时分，韩浩率军包围夏侯惇住所，张林大喊："夏侯将军在我手上，你们给我老老实实退后，否则我一刀把他砍成两段。"韩浩厉声喊道："你们这些叛徒，居然敢将夏侯将军挟持为人质，难道你们不想活了？我受命讨伐叛贼，难道会因为一个夏侯将军放过你们吗？"接着韩浩哭着跪在地上拜别道："夏侯将军，国法如此，我不得不这样做！"于是下令军队进攻。典韦大喜，大喊一声，挥舞双戟杀死夏侯惇身边的看守，一戟劈断绳索，奋不顾身地挡在夏侯惇身前，死死护住夏侯惇，夏侯惇顺势捡起武器与典韦一起杀敌。众人见典韦已反，夏侯惇获救，连忙跪在地上叩头求饶道："都是我们的错，求你给我们路费，让我们回老家吧。"韩浩当即下令将他们全部杀死。

夏侯惇问典韦道："壮士，您为何救我？""我出身贫寒，空有一身本事却无用武之地。曹公唯才是举，不问出身，我早就有心投奔。恰逢吕布、张邈欲以诈降之计夺取鄄城，我自告奋勇参加，实则想坏了他们的奸计，乘机前来投奔。碰巧将军被擒，我自当出手相救。"夏侯惇大喜，问道："你现居何职？""什长而已。"夏侯惇道："从现在开始，你为百人将，在我帐前效力！"

五更时分，吕布大军队到达鄄城。夏侯惇命人将张林首级高高挂起。吕布见计谋已经失败，于是下令强攻，鄄城将士众志成城，吕布不能攻克，引军退回濮阳。

荀彧等人保住兖州三城，那么曹操回军兖州后会发生什么呢？且听下文分解。

第二十一章　曹孟德大战濮阳，吕奉先败走兖州

第一回　曹孟德大战濮阳，夏侯惇担土筑坝

且说曹操率军回救兖州。兖州正面临严重的饥荒，百姓食不果腹，度日艰难。曹洪在前开路，快速占据东平、范县，火速抢粮接济军队，曹军顺利回到鄄城。荀彧拜见曹操，说道："我终于把您盼来了，如今兖州危急，这可如何是好啊？"曹操道："我看吕布是无能之辈，吕布得了兖州，如果马上占据东平，切断亢父、泰山的要道，断绝我军归路，利用险要的地势来对抗我，我怎么能顺利回到鄄城呢？吕布要是这样做，我们必死无疑。如今吕布反而回军驻守濮阳，我看吕布不可能有多大作为，没有什么可怕。"荀彧等人这才松了一口气。

曹操命夏侯惇为前锋前往濮阳进攻吕布，夏侯惇行至半路，突遇吕布部将高顺、张辽、宋宪，夏侯惇当即率军猛攻，双方激战半晌，忽然，一支流矢射中夏侯惇左眼，夏侯惇血流满面，眼睛上的利箭随着马匹颠簸晃动，夏侯惇疼痛难忍，双手抓住箭杆，一咬牙，一下子把箭拔出，顿时痛得惨叫一声，从马上掉了下来，众人连忙扶起，护送夏侯惇边战边退。高顺、张辽、宋宪不依不饶，一路追杀。夏侯惇见难以脱身，忍痛翻身上马，继续指挥作战。高顺率军冲到夏侯惇跟前，

眼看夏侯惇性命难保，典韦大喊着舍命杀了过来，挥舞双戟死死挡在夏侯惇面前，典韦双戟势大力沉，上下翻飞，高顺的军队无法靠近。

就在千钧一发之际，曹仁率军赶到，高顺、张辽暗忖占不到便宜，于是引军撤退。曹仁护着夏侯惇回到大营，军医为夏侯惇摘除眼球。夏侯惇对着铜镜看着自己的模样，顿时怒火中烧，大叫一声，猛地摔镜于地。夏侯惇合眼躺下休息，痛得怎么也睡不着，迷迷糊糊听到有人在帐外议论："盲夏侯真难看！"夏侯惇大怒，翻身而起，拔出宝剑冲出帐外大喊道："谁说的，我斩了你！我斩了你……"一下子晕了过去。

曹操闻讯赶来探望，夏侯惇捶胸顿足哭道："我要报仇，我要再战！"曹操安慰道："元让，你先到后方好好养伤，前方的战事你就不要再操心了。等你伤好以后，后方的事全部托付给你！"夏侯惇叫过典韦，对曹操道："此人忠勇可嘉，胆大心细，不善言辞，能以一敌百，对我有两次救命之恩，您把他带在身边吧！"

曹操来到濮阳城下，濮阳坚固，曹军连续攻了一个多月毫无进展。濮阳大姓田氏给曹操写信道："曹公您亲自提兵前来，吕布迟早要被您打败，我愿为内应，三日后三更时分我打开东门，以举火为号，望您率军前来，我安排家兵在官衙等候，我们围攻吕布住所。一举将他擒获，如此濮阳可定！"三日后夜晚，曹操依约率军在东门外静候，但见城头火光闪烁，城门缓缓打开，曹操大喜，率领大军冲入东门，一把火将东门烧了。

曹操率军来到濮阳官衙，但见四周空无一人，曹军轻轻推开官衙大门，只听一声哨响，顿时四面八方箭如雨下，曹军成片成片倒下。曹操连忙命令军队迎战，只听城中杀声四起，四周顿时灯火通明，吕布骑着赤兔马率领大军迎面冲杀过来。曹操方知中计，连忙率军急撤。吕布军队四向截击，曹军乱成一团。这时吕军两骑飞奔而来，一矛将曹操挑落马下，两人见曹操身穿重甲，全身装备远非一般人可比，于是用长矛抵住曹操脖子，厉声问道："曹操在哪里？"曹操指前面那人说道："骑黄马逃走的便是。"两个人放开曹操，连忙去追。

曹操策马来到东门，大火熊熊燃烧挡住去路，胯下战马踌躇不前，曹操用力挥鞭策马，马儿嘶鸣着向前冲，瞬间飞过数道火墙，突然城门横梁燃烧着掉了下来，曹操赶紧勒住马头，横梁火苗呼呼乱蹿，擦着马头砸落在地，曹操战马受惊，一下子将曹操掀落马下，曹操重重地摔在地上，左手按在燃烧的城门上，顿时青烟直冒，吱吱作响。曹操动弹不得，命悬一线，大呼"救命"。司马楼异听到呼救声拍马赶到，将曹操扶起，扶上战马，猛抽一鞭，曹操终于冲出火墙，突围而出，逃出濮阳。

吕布率军冲出濮阳，突入曹营，吕军大喊道："曹操已死，你们快快投降！"青州军大惊，乱成一团，四下逃散。曹操强忍疼痛，装作一副毫发无伤的样子出现在众人面前，将士们欢呼雀跃，曹操号令全军反击，奋力将吕布击退。

戏志才向曹操建议道："濮阳难攻，我们不如先将附近的敌人肃清。"曹操当即采纳，命令于禁率军攻破城南两座营寨。过了两日，曹操率乐进等人趁着夜色偷袭吕布别部，不料对方已有防备，曹操率军强攻，好不容易将他们击溃。曹操正准备撤军，忽然身后出现吕布大军。原来陈宫在濮阳城头巡夜，忽有士兵禀报，刚才城外大批战马嘶鸣，往西而去。陈宫心生疑虑，马上唤醒吕布道："前两日曹操攻破我军城南大营，曹军今夜一定偷袭我军别部。"吕布大惊，问道："我该如何应对？""将军应亲率大军救援，将偷袭的曹军一举歼灭！"吕布当即采纳，马上率军救援。曹、吕两军激战，吕布的别部趁机返回进攻曹军。吕布亲自冲锋陷阵，将曹军三面围住，不给曹军喘息之机，一波接着一波进攻，两军自清晨一直打到太阳偏西，双方连续冲杀交战数十回合，曹军伤亡惨重，相持不下，形势危急。

曹操见将士们连续奋战，筋疲力尽，大声喊道："现在大敌当前，愿意当敢死之士者，重重有赏！"典韦挺身而出，大声道："末将典韦愿意！"曹操大喜，命人取过酒囊，倒了一碗酒恭恭敬敬地端给典韦，说道："壮士，请先饮了这碗酒！"典韦双手接过，一饮而尽，曹操道："现在你就是敢死队队长，这些敢死之士全部由你指挥。"

典韦命令每人身穿两层盔铠，不执盾牌，只持长矛撩戟。吕布大军来攻，曹军西面告急，典韦率敢死之士快速赶到，挡在阵前。战场箭如雨下，典韦连看都不看，对敢死之士喊道："敌人杀到距我们十步再告诉我。"不久，敢死之士喊道："已经十步了。"典韦又道："相距五步再告诉我。"那些敢死之士见敌人已到面前，大为惊惶，赶紧喊道："敌人已经到了！"典韦大喊一声："你们给我让开！"噌地一跃而起，手执十多支小铁戟，一支一支奋力掷过去，对面的敌人无不应声而倒，吕军大惊，连忙后撤。

天色已晚，伸手不见五指，曹操率军偷偷绕过吕布军队，溜回营寨。当晚，曹操提升典韦为都尉，命他率领亲兵数百，在自己大帐周围警卫。一日曹操酒后编了一则顺口溜："帐下壮士有典君，提一双戟八十斤。冲锋陷阵浑不怕，万夫不当世之英。"于是全军上下都知道典韦了。典韦离开张邈短短几个月，凭着勇猛成功逆袭，成为曹操得力干将。

典韦性格忠厚谨慎，经常白天在曹操身边侍立，夜晚就在大帐附近歇息，很少回到自己住处，典韦喜好酒食，吃喝都是别人的两倍，每次曹操赐他酒食，典韦总是纵情吃喝，曹操认为典韦豪壮。典韦强壮威武，带领的士兵又都是百里挑一的精兵，每次作战，总是最先攻陷敌阵。

曹操失了兖州，向袁绍求救，袁绍召集手下谋士商议，许攸道："孟德与我们联盟，以前帮助我们对付袁术和陶谦，为我们出了大力，理应支援。"谋士纪逢道："吕布是主公的死敌，主公对张邈欲诛之而后快。如果让他们在兖州得手，以后必为我们的大敌，还望主公决断。"袁绍觉得许攸、纪逢说得有理，正要下令出兵增援，沮授劝阻道："主公且慢，您派朱灵率三营将士支援曹操攻打陶谦，至今未归，听说朱灵赖在曹操那里不肯回来，主公如果再去支援，恐怕不妥，还请主公三思。我们是否可以用别的方式帮助曹操，例如给他一些粮草、盔甲等军需物资，面子上过得去就行了。要不就让他的家小当人质，让曹操当你的下属，我们再出兵相助也不迟。"袁绍认为沮授说得也对，原来朱灵在攻打陶谦时立有大功，打完陶谦，曹操要将朱灵他们全部礼送回冀州。朱灵却对手下道："我阅人无数，从来没有见过像曹公这样办事的，曹公真是明主啊！我们现在碰上真的明主，还要投奔谁呢？"于是要求留下来，朱灵手下将士也都仰慕曹操，全部留了下来。田丰道："曹操得到了我们的大将朱灵，现在正与吕布争东郡，我听说东郡太守夏侯惇瞎了一只眼睛，我们可以趁机任命自己人担任东郡太守，东郡与冀州相邻，如果东郡成了我们的地盘，我看朱灵之事算是两清了。"袁绍道："诸位看看，谁担任东郡太守合适？这个人一定得是我们的人，而且各方都会认可，这样都会卖他面子，战火不会烧到冀州。孤希望兖州长期动乱下去，曹操和吕布张邈双方势力都得削弱。"逢纪道："我看青州刺史臧洪合适，臧洪与张氏一族关系密切，当初在酸枣会盟，就是由他致誓词，臧洪与曹操的关系也不错。最重要的是主公对他有恩，一路提拔，让他担任青州刺史。臧洪在青州施政有方，政绩卓越，深得百姓拥护。这样的任命曹操一定没有理由反对。"袁绍内心对臧洪有点忌惮，一直想免去臧洪青州刺史一职，于是马上任命臧洪为东郡太守，曹操敢怒不敢言。

有人向袁绍举报道："董昭的弟弟董访在张邈军中任职，万一董昭通敌，我们可就死无葬身之地了。"袁绍道："既然是这样，先把董昭抓起来审问，一旦有罪，定斩不饶！"董昭得到消息连夜逃走，途经河内被河内太守张杨留下，张杨任命董昭为骑都尉。

曹操在濮阳城下与吕布相持一百多天，全国蝗虫四起，很多地方出现人吃人现象，谷一斛涨到五十余万钱，曹操无粮，于是下令撤军回到鄄城。

丁夫人见曹操回府，大喜，率家小到大门外迎接，曹操见到家人，旅途的疲劳顿时烟消云散。晚上，丁夫人设宴欢迎曹操，一家人刚刚入席，忽然门人来报，荀彧夫人来借粮，丁夫人离席告辞，爽朗而出，不一会儿，丁夫人微笑而回。曹操见家人只吃两口就不吃了，不免好奇，问长子曹昂道："你怎么不吃啊？"曹昂道："孩儿在吃饭前吃了很多。"曹操问二儿子曹丕道："你呢？"曹丕道："孩儿吃过了。"曹丕两眼直溜溜地盯着面前饭菜。曹操对曹丕道："你坐到为父这里来。"曹丕来到曹操身边，曹操夹起一块肉送给曹丕，曹丕大喜，有如狼啃。曹操问道："你明明没有吃饱，怎么骗我啊？"曹丕怯生生地说道："是主母让我这样说的，我还想吃。"曹操责问丁夫人道："你是怎么当主母的，心胸这么狭小，怎么能这样对待庶子，他也是你我的小孩啊！"丁夫人硬生生地顶了回去，说道："家里的事我说了算。"曹操怒道："我才是一家之主！"卞夫人连忙跪着说道："夫君息怒，夫人做得没错，贱妾服她。"曹操道："你就是太好商量了，受到欺负也不说。"丁夫人冷笑道："你就是偏心。"曹操反问道："你要是对他们好一点，我会偏心吗？"曹昂连忙跪在曹操面前，求道："父亲，莫怪妈妈，家里已经没有粮食了。"曹操道："当真？"曹昂道："千真万确！"曹丕告状道："主母把粮食都给别人了。"曹操离席而去，打着灯笼来到后房，揭开瓮盖，见瓮内全是粮食，质问道："这不是粮食吗？"曹昂道："只有上面浅浅的一层是粮食，下面全是糠。"曹操探手一摸，果如曹昂所言。曹昂哭道："刚才荀夫人来借粮，母亲把最后一点粮食也给了她，母亲就是不会拒绝，谁来借粮都答应，还把家里值钱的东西全都偷偷拿去换粮，自己的嫁妆和金银首饰一件也没留下，还装出一副家里粮食很多的样子，却让我们只吃半饱。"曹操无言以对，回到席上，流着眼泪对丁夫人道："我在外面打仗，出生入死，很难！你支撑着这个家，比我还难，你做得对，是我错怪你了。"丁夫人把头别过去，不理曹操。曹丕问道："我们明天还有饭吃吗？"曹操道："明天我让子廉叔叔请客，我们到他家去吃好吃的。"

深夜，曹操感到事态严重，翻来覆去睡不着，起身点灯，挥毫写道：

谣俗词

瓮中无斗储，发箧无尺缯。

友来从我贷，不知所以应。

次日，曹操下令，士卒只留一半，其他人暂回原籍待命。

曹操忧心忡忡地问夏侯惇道："今年蝗灾，颗粒无收，我们该怎么办？"夏侯惇道："没有办法，我也只能死马当活马医了。"夏侯惇将曹操带到太寿水边，曹操见大片水稻长势喜人，大为惊奇，问道："怎么兖州也能种水稻？"夏侯惇道："今年蝗灾，眼看就要颗粒无收，枣祗提出改种水稻试试，只是担心没有足够的水源。"荀彧道："当时夏侯将军受伤回到后方，马上命令截断太寿水做了一个大水库，还身先士卒亲自担土筑坝，又与枣祗率将士与百姓共同种植水稻。现在水稻长势喜人，但愿能有一个好收成。"曹操大喜道："真是天无绝人之路啊！"曹操转头对夏侯惇道："我看你就是我的萧何，我们今年一定可以渡过难关！"夏侯惇道："但愿老天帮忙！"

曹操来到东阿，握着程昱的手道："要不是你们尽心尽力，我连去的地方都没有啊！"当晚，袁绍的谋士许攸求见，曹操连忙将许攸迎入，曹操问道："老朋友，您给我带来什么好消息啊？"许攸道："孟德兄，袁公听说您与吕布相持不下，让我来告诉您，如果有困难，您可以投奔他，袁公愿与您连和，不过您得把家小送到邺城居住，袁公自会派兵助您对付吕布。"曹操大喜道："袁公到底还是我的兄弟，如此兖州可定！"于是马上答应。

程昱知道后急忙拜见曹操，程昱道："窃闻将军欲与袁绍联手，想把家小送到邺城，真有这样的事吗？"曹操道："是的。"程昱劝谏道："我猜测将军怕是临事糊涂了，不然为什么考虑得这么不深呢！袁绍占据燕、赵之地，有吞并天下的野心，可他智谋不够。将军自己考虑一下，您能做他的下属吗？将军以龙虎之威，可以当他的韩信、彭越吗？如今兖州虽然残破，但还有三城控制在您手中，能战的兵士不下万人，凭借将军的神武，再加上荀彧和我们这些人，一定可以收服并统治兖州，一定可以成就霸王之业，望将军重新考虑！"曹操马上放弃原来的打算，表程昱为东平相，屯于范县，又命枣祗为谋士，留在身边，专管农业。

荀彧向曹操建议道："如今当务之急是向朝廷派遣使者，向朝廷表达我们的忠心，取得朝廷承认。"曹操马上采纳，派人求见河内太守张杨，想借道前往长安，张杨不同意。董昭劝道："虽然袁绍与曹操联盟，但他们肯定不会长久。如今曹操势力虽弱，可他却是真英雄。使君应该寻找机会与他结交，现在正好有借路这个机缘，将军最好允许他的使者通过，将他的奏章上呈朝廷，并上表推荐他，如果事情成功，就可以深交了。"张杨马上采纳。董昭还以曹操的名义写信给李傕、郭汜，依照他们权势轻重，分别致以问候。张杨也派使者拜见曹操，曹操赠送张杨犬马金帛，于是曹操与长安朝廷有了联系。

李傕、郭汜接见曹操使者，认为关东诸侯想另立皇帝，如今曹操虽然派遣使者表示效忠，但并不是真心诚意。李、郭二人商议，要把曹操使者扣在长安。黄门侍郎钟繇向李、郭建议道："如今天下英雄一同崛起，各自冒用朝廷的名义独断专行。唯有曹操心向王室。假如朝廷拒不接受他的忠诚，会使将来打算效仿的人失望。"李傕、郭汜于是盛情款待曹操的使者，给予丰厚的赏赐。那么兖州的事态下一步究竟会怎么发展呢？且听下文分解。

第二回　曹孟德割发代首，吕奉先败走兖州

再说曹操从濮阳退兵，吕布缺粮更为严重，带着军队离开濮阳进入济阴郡乘氏县。吕军饥肠辘辘，到处劫掠，乘氏李进举兵迎击，将吕布击败，吕布向东退到山阳郡，曹操乘机收回濮阳。夏侯惇种植水稻喜获丰收，曹军终于渡过蝗灾。

李乾在乘氏和山阳很有威望，曹操让他到各县策反，各县纷纷表示愿意抛弃吕布跟从曹操。吕布别驾薛兰、治中李封率军抓住李乾，劝说李乾一起叛乱，李乾严词拒绝，薛兰、李封恼羞成怒，杀死李乾。曹操让李乾的儿子李整继承李乾的部队。

兴平二年（195）春，曹操见吕布和兖州其他军队无粮，军心涣散，以曹洪、于禁、曹仁、李整、乐进为将领，亲率军队大举进攻。曹操命曹仁攻打句阳，于禁攻打离狐，自己进军定陶。曹仁来到句阳城下，吕布部将刘何对部下道："如今饥饿难忍，还不如战死来得痛快！"于是率军出城迎战。曹仁率部猛攻，生擒刘何，攻克句阳。于禁也成功攻克离狐。曹操围攻定陶，济阴太守吴资一面死守一面向吕布求救，曹操不能攻克。吕布率军来救，曹、吕两军在定陶城下大战一场，吕布败走。曹操扬言不攻下定陶绝不收兵，佯装继续猛攻，突然率军来攻巨野。巨野守将李封、薛兰惊慌失措，连忙向吕布求救。曹操把李整、李典叫到面

前，对李整道："现在我把军队交给你，由你指挥攻城，你一定要为父报仇！"李整、李典得令大喜，率军拼死进攻，终于攻入巨野，李整斩杀薛兰、李典斩杀李封。吕布大军刚走到半路，听说巨野已破，率军返回山阳。

曹操回军乘氏，召集部下商议，曹操道："如今吕布败局已定，徐州牧陶谦已死，刘备继任徐州牧，我打算趁机夺取徐州，再回军消灭吕布，不知各位意下如何？"荀彧劝阻道："当年汉高祖保守关中，光武帝占据河内，都是先巩固基础以控制天下，这样进可以制胜，退可以固守，所以虽有困难曲折却最终完成大业。将军本来就凭兖州起事，平定山东祸乱，百姓无不心悦诚服。况且兖州横跨黄河、济水，是天下要冲，现虽残破，但还可以自保，此地就是将军您的关中、河内，必须先稳定住。如今我们已击杀李封、薛兰，如果分兵东击陈宫，陈宫必定不敢西顾，我们乘机组织军队收割麦子，节约粮食，储备谷物，就可以一举打垮吕布。然后向南联合扬州刘繇，共讨袁术，控制淮水、泗水一带。如果舍弃吕布东攻徐州，多留守兵则攻城不够，少留守兵就会征百姓守城，百姓不能打柴拾草。要是吕布乘机侵夺劫掠，民心必将恐惧，只有鄄城、范、卫三处可以保全，其余的地方都不为我们所有，这样等于失去兖州。要是徐州攻不下来，将军安身于何处？何况陶谦虽死，徐州也不易攻破。徐州鉴于往年的失败，必将因畏惧而紧密联合，内外相应。现东方都已收麦，必会坚壁清野以防将军；将军久攻不下，抢掠又无收获，不出十天，十万人马尚未开战自己已先困乏了。以前讨伐徐州，明公以暴力惩罚，徐州子弟想到父兄被杀的耻辱，必定会誓死奋战，没有投降之心，即使能攻下徐州，还是不能占有。天下确实有舍这取那的，以大换小是可以的，以平安换危险也是可以的；权衡一时的形势，不顾忌根基不稳固一样是可以的。现今三者无一有利，希望将军仔细权衡。"曹操马上采纳，放弃进攻徐州的企图。

曹操率军经过麦田，见麦子即将成熟，下令道："所有人经过麦田都要保护好麦子，凡有践踏者，一律处死！"军中骑马的收到命令都牵马而行，用手护着麦子，生怕出现意外。曹操缓缓而行，突然，身旁飞出一只大鸟，扑哧着、尖叫着冲入天空，曹操胯下战马受惊，一下子闯入麦田，曹操好不容易把马控制住，却把麦子踩坏了一大片。曹操招来主簿问道："如今我的马踩坏了麦子，该当何罪啊？"主簿道："依《春秋》之义，自古刑法不罚尊者。"曹操道："我自己制定的法律自己违反，如何统率属下？但我身为一军之帅，在完成任务前不能死，你还是对我施刑吧！"主簿愕然道："小人岂敢定主公之罪！"曹操道："既如此，不如以发代首！"说着取下发簪，散开头发，拔出宝剑，准备割发。主簿急忙劝道："身体发肤，受之父母，不可毁伤，望主公明察！"曹操迟疑了一下，挥剑割下一截头发扔在地上，命人拿着头发传令三军道："曹将军之马踩踏麦子，本当斩首，如今割发代首，望三军将士引以为戒！"曹军顿时军纪肃然，没有人敢不遵命的。不久，小麦成熟，曹操命令军队收割小麦作为军资。

陈宫对吕布道："曹军势强，我们无粮打不过他，现在他们到处抢收小麦，如果让他得逞，曹军更盛，我们就无路可走了，望主公明察！"吕布问道："有什么办法可破曹操？"陈宫道："现在曹军分散割麦，我已经探得曹操驻地，不如乘机偷袭，擒住曹操，然后四向进攻，各个击破，如此大事可成，胜负在此一举！"吕布大喜，与陈宫一起率军万余昼伏夜出来攻曹军。

曹操正在帐中议事，忽然，一精瘦中年人策马来报："吕布大军来了，离此不到二十里。"曹操问道："你是何人，因何助我？"那人道："我叫张甲，本为青州黄巾军司马，如今就在附近屯田，曹公对我等恩重如山，竭尽所能让我等有条生路，我等愿为曹公耳目，特来禀报，请曹公尽早提防！"曹操马上命人给他奖励。张甲道："曹公快去应敌去吧，我已在路上通知其他人赶来增援，听候曹公差遣。"

此时曹操大营人马不足一千，营寨也不坚固，难以防守。曹操手下无不面无血色，手足无措。曹操站了起来又坐下，坐下又站起来。曹操道："现在我军兵力分散，吕布会把我们各个击破，不知如何是好！"戏志才道："曹公莫慌，我看吕布虽然勇猛无比，可他胆小如鼠，不知道我们底细，我们应当主动出击。"曹操道："我看只能如此了。"曹操立即对荀彧道："你快去把能找的老人、妇女，什么都行，全部找来！"荀彧道一脸疑惑道："主公您这是？"曹操跺着脚大叫道："快去！"曹操又对戏志才道："你率杂役快去准备武器铠甲，多设旗帜！"曹操又转头对亲兵道："你们四向而出，快去传我将令，收拢各地军队，火速赶来增援，违令者，斩！"曹操又把张甲叫来，说道："凡是你叫来的人，一律由你指挥，协助守营，快去！"曹操大步走出营帐，带着所有军队出营迎敌。

曹操、曹洪、典韦等人在大营西边大堤南侧树林埋伏停当。过了一会儿，只见远方烟尘滚滚，吕布率领大队人马呼啸而来，吕布策马来到附近，曹操、曹洪、典韦等人紧握武器，静气屏声准备放手一搏，只听见吕布对手下道："此处树林宽广幽深，曹操狡诈多端，我看曹操一定会在这里埋伏，我们可不能中了他的圈套。"曹操与众将大急。又听见陈宫道："我们既然快到曹操驻地，应该马上突袭，将军怎么现在还前怕狼后怕虎呢？"又听见吕布道："曹操很会用兵，我们还是小心为妙，你们先在这里待命，我亲自到曹营一探究竟！"吕布猛叫一声："卫队跟我走。"一队骑兵呼啸而过，马蹄声越来越远。

再说荀彧将所有的妇女、老人全部征来，张甲也率众前来增援。戏志才等人早已经将甲胄、武器准备停当，众人手忙脚乱地把自己武装起来，荀彧、戏志才、张甲连忙把他们赶到营栅内侧站立。吕布策马而来，远远地望着曹营，但见曹营旗帜鲜明，营栅内密密麻麻地站满了人，手执武器严阵以待，吕布心想曹操已经有了防备，于是率领卫队返回，吕布对部下道："他们已有防备，我军太疲劳了，不如明日再战。"陈宫怒道："战机稍纵即逝，怎能如此用兵！"吕布不听，引军往南后退十余里安营扎寨，曹操侥幸躲过一劫。

次日一早，吕布又率军前来，曹军一夜之间不知道增加了多少倍。曹操将军队一半埋伏在堤内，另一半在堤外轻装列阵。吕军越来越近，曹操命令堤外军队挑战，两军顿时厮杀在一起。曹操一声令下，堤内的士兵弓弩齐发，吕军阵形大乱，曹操大喜，马上率领伏兵从堤内杀出，从侧面猛攻吕军，吕布大败而逃。曹操率军一路掩杀，一直追到吕布大营这才收兵，曹洪缴获吕布的战鼓。吕布在大营内心神不定，斥候不断来报，曹军从四面八方汇聚而来，吕布当夜率军退走。

次日，曹操对部下道："吕布已成为惊弓之鸟，不足为惧！"于是马上率军进攻定陶，吴资部下见吕布战败，军无斗志，不愿再为吴资卖命，纷纷出城投降，曹操终于攻下定陶，斩杀吴资。曹操再次引兵攻打吕布，吕布败走，率军逃往徐州。曹操分兵攻打各县，各县纷纷收复，兖州大局已定。八月，曹操率于禁、乐进将张超等人包围在雍丘，命军队日夜攻城。

曹操攻打雍丘的事暂且不表，此时公孙瓒等其他诸侯的情况又是怎么样呢？且听下文分解。

第三回　袁绍再战公孙瓒，吕布投奔刘玄德

再说公孙瓒杀了刘虞，完全占有幽州之地，野心越来越大。此前有童谣说："燕南陲，赵北际，中间刚好大如砺，惟有此中可避世。"公孙瓒自认为说的就是易

这个地方，于是搬迁到这里，大兴土木营建易京。公孙瓒在易京四周挖了十层壕沟，大修营垒，修筑高大土丘，每个土丘高达五六丈，再在土丘上盖起高楼，位于中间的土丘最高，高达十丈，公孙瓒自己住里面。公孙瓒在易京筑有高楼数十座，面临易河，直通辽海。

公孙瓒一改刘虞旧政，对幽州官员和百姓不记优点，只记缺点，将各地官员尽数更换，对少数民族更是炫耀武力，动不动就刀兵相向。

刘虞的从事渔阳人鲜于辅感念刘虞恩德，登高一呼，联合州里的军队，要为刘虞报仇。鲜于辅认为燕国阎柔一向有信义，推举阎柔为乌桓司马。阎柔招募胡汉数万，与公孙瓒任命的渔阳太守邹丹战于潞北，斩杀邹丹军队首级四千多级。

刘和原来被袁术扣留，后来乘看守松懈之时逃离，到邺城投奔袁绍，没想到又被袁绍扣留。乌桓峭王感念刘虞恩德，率领七千乌桓鲜卑骑兵，和鲜于辅一起南下迎接刘和。袁绍大喜，派兵护送刘和前往幽州，专门派人训练乌桓军队，授以战法，乌桓实力大增。

兴平元年（194）夏，发生大蝗灾，谷价昂贵，出现人吃人的现象。公孙瓒仗着自己的才干和势力，不爱惜百姓，州里有德之士名声超过他的，必定加上罪名杀害，有一点小仇必定报复。公孙瓒还常常对人说道："做官的都是命中注定享受富贵，不用感谢别人。"因此他所宠爱的，大多是商贩之类。公孙瓒所到之处欺凌弱小，百姓怨恨。于是代郡、广阳、上谷、右北平等地百姓杀死公孙瓒任命的官吏，与鲜于辅、刘和军队联合，反对公孙瓒军队多达十万之众，公孙瓒不能战胜。

袁绍乘机派麹义进兵幽州。麹义与鲜于辅、阎柔联合，率军与公孙瓒在鲍丘大战，大败公孙瓒，斩首二万余级。公孙瓒只得退往易京，坚守不出。

公孙瓒怕出意外，于是居住在高台上，用铁门封住，斥退左右，男人七岁以上不许进入，只让姬妾相伴左右，所有公文书信都用绳子吊上去。命令周围的女人练习大嗓门，声音可以传出数百步，用来传达他的命令。

麹义久攻易京不下，鲜于辅、阎柔无粮先后离开。公孙瓒军队在易京内屯田种粮，逐渐得以自给。麹义与公孙瓒相持一年多，最后粮尽，士卒饥饿困乏，只得撤退。公孙瓒乘机率军追击，麹义大败，公孙瓒尽得袁军车辆辎重，麹义带着数千人马返回邺城。

麹义自恃有功，向来骄傲放纵，对袁绍粮草供应不足耿耿于怀，为袁绍所不容，袁绍召麹义议事，麹义刚入袁府，两边刀斧手蜂拥而出，将麹义砍死，一代骁将没有死于战场，却死于上司之手。

公孙瓒打败麹义后不断疏远宾客，对谁也不信任，谋臣、猛将逐渐生出二心，纷纷离他而去。此后公孙瓒很少再去作战，有人问他原因，公孙瓒道："以前我在塞外驱逐叛胡，在孟津扫荡黄巾，那个时候，我认为天下稍作指挥就可平定。到了今天，战事还是方兴未艾，看来不是我能解决的，不如罢兵耕田，救济荒年。兵法上说百楼不攻，如今我各营楼橹连绵千里，积蓄谷物三百万斛，这些粮食足以等到天下变化了。"

且说刘备领受徐州一直内心不安，陈登建议道："我们可以请求袁绍认可。"刘备道："曹操与袁绍同盟，曹操之所以攻打徐州，本意是想夺取徐州。我们一直与袁绍为敌，袁绍会同意吗？""一定会同意的。""何以见得？""虽然我们与袁绍是敌对双方，但徐州并没有与袁绍打过仗，此乃其一。如果曹操得了徐州，实力马上增强，这是袁绍不愿意看到的。袁术与袁绍有矛盾，要是袁术得了徐州，袁绍是绝对不会同意的，此乃其二。如果我们请求袁绍认可，说明我们尊他为盟主，袁绍一定也想化敌为友，增强自己的力量，此乃其三。"于是刘备派遣简雍出使邺城。简雍，字宪和，涿郡人，年少时便与刘备相识，后来跟随刘备奔走，常作为说客，往来使命，擅于辩论、议事。简雍到邺城拜见袁绍，简雍道："上天降下灾难，大祸降临徐州，陶徐州不幸殒逝，如今本州生民无主，唯恐奸雄乘隙入主徐州，耽误盟主，为盟主您留下祸事忧患。所以徐州上下共同迎奉平原相刘备刘府君为本州之主，让百姓知道他们永远有依靠。现在战乱四起，我们没有时间解下战甲，谨遣下吏向您报告。"袁绍道："刘玄德弘雅有信义，现在徐州人民乐意拥戴他，确实符合名望啊！"于是刘备终于放心上任了，刘备在陈登、糜竺等人的悉心辅佐下治理徐州，徐州慢慢地好了起来。

谋士田丰向袁绍建议道："主公既已允许刘备就任徐州牧，何不施以小恩小惠拉拢，如此刘备感念将军恩德，必能为将军所用。此后我们出兵青州，刘备必定不会相救，如此青州可定，公孙瓒可定！"袁绍大喜，马上依计而行，命其子袁谭率颜良、文丑出兵再与田楷争夺青州。

吕布率军进入徐州，差秦宜禄拜见刘备，秦宜禄道："我家主公欲诛曹操，可惜功亏一篑没有成功，如今欲来投奔，还望收留。"刘备大喜，安排秦宜禄到驿馆歇息，连忙召集手下人商议，关羽道："吕布乃是虎狼之人，不讲仁义，不可收留！"刘备道："吕布、陈宫袭击兖州，迫使曹贼退兵，我们才有今天，应该感谢他们才对啊！"张飞道："吕布那厮谁都不愿收留，我看还是不要收留为妙！"陈登道："关羽、张飞两位将军说得都对，吕布以前开府仪同三司，受封温侯，岂肯屈居明公之下？请明公三思！"刘备力排众议道："吕布是曹操的敌人，曹操也是我们的敌人，如今吕布落难来投，我们应该以礼相待，引他为援。如此我方实力大增，徐州方可平安。如果有人远道来投，我们不接纳，以后谁还会投奔我们啊！"刘备召来秦宜禄道："你回去告诉温侯，我明日到大营相迎！"

次日，刘备率领关羽、张飞、陈登、简雍、孙乾携带牛、酒、粮食前往吕布军营，吕布率众将士在大营外恭恭敬敬相迎。吕布道："我与您都是边地之人，我看关东联军起兵想要诛杀董卓，后来我把董卓杀了，可是关东诸侯都不肯收留我，甚至还想杀我，真令我心寒！如今只有您容得下我，肯收留我，我吕布愿效犬马之劳，为您征战天下。"刘备大喜道："如此徐州平安了。"刘备命吕布驻军小沛。

吕布请刘备进入内室，让刘备坐在榻边，对妻妾道："这位是徐州牧刘玄德，他是我的小弟，你们快过来参见。"妻妾们连忙嘻嘻哈哈地过来向刘备行礼，一小妾转身问吕布道："夫君，您给我说说，是您弟官大，还是您官大？"吕布大笑道："当然是我官大。"吕布命人取来酒菜，对刘备道："小弟，我们一起入席。"刘备与吕布年龄相仿，见吕布言语不合常理，内心有点不高兴，外表却与原来一样。席毕，刘备命简雍、孙乾好生安置吕布的军队，自己率关、张等人告辞回营。

刘备与吕布之事暂且不表，单表孙策在袁术手下的遭遇，那么孙策究竟经历了什么呢？且听下文分解。

第二十二章　刘正礼占据江东，孙伯符过江自立

第一回　孙伯符怀才不遇，刘正礼占据江东

袁术对孙策道："现在九江贼寇很多，很多地方还不在我手里，我派了很多军队征讨都无功而返。你如能将他们荡平，我就命你为九江太守。"孙策大喜，当即出兵征讨。孙策屡设奇谋，很快荡平山贼，袁术却任命陈纪为九江太守。

一日，袁术正在议事，忽闻故人诸葛玄前来拜访，袁术大喜，马上中断议事，将诸葛玄迎入，设宴盛情款待，席间袁术问道："你不是在刘景升手下当官吗，怎么有空来看我啊？"诸葛玄哽咽道："刘景升命我出使朝廷，完事后我回琅玡办理兄长诸葛珪后事，抚养兄长遗孤。不料曹贼入寇徐州，我受兵灾阻隔不能返回。后来曹贼纵兵劫掠琅玡，我诸葛家族死伤无数，人丁大减，我与两个侄子幸免于难。我们只好背井离乡，四向逃难。""你下一步有何打算？""我原为刘景升掾属，准备再到荆州相投。"袁术道："刘表那厮胸无大志，喜欢空谈，不识人才，跟着他哪里会有什么好结果啊！你才华卓著，今天既然到了我这里，不如留下吧。最近豫章太守周术新故，你就暂时担任豫章太守，不知意下如何？""既如此，恭敬不如从命。"诸葛玄谢过袁术，往南昌走马上任。

马日䃅持节慰问袁术，袁术道："你老拿着破竹竿在我面前晃来晃去，烦不烦啊！"马日䃅道："此乃节，代表天子，代表朝廷。任何人见到节就像见到天子一样。"袁术嬉笑道："你拿过来给我看看，这节有什么特别的地方？"马日䃅怒道："这节岂能随意给人观看？"袁术离席，慢慢地走了过去，一把把节夺了过去，说道："你怎么这么小气，看看都不行吗？"朱治连忙上前护着马日䃅，说道："马太傅可是代表天子，理应受到尊重，这节比他的生命还重要，还望明公归还。"袁术道："无他，我拿来瞧瞧罢了，又有何妨？"马日䃅怒道："节你也敢抢，你目无天子，不会有好下场！"袁术哈哈大笑道："不就一根破节吗，我先玩两天再还给你。"当晚袁术持节大封手下，手下皆大欢喜。

过了几日，马日䃅前来索节，袁术拿出一根崭新的竹竿说道："马太傅，你那根节太旧了，我给你做了新的。"马日䃅气得浑身发抖，胡子都竖了起来，怒道："我要原来的节！"说完口吐鲜血，气得晕了过去，朱治连忙把马日䃅扶回驿馆歇息。朱治道："马太傅，这里不是您待的地方，我看您还是走吧。""你说的对，我得离开这里，这段时间孙策和你对朝廷的忠心我都看见了，你们最好也离开这里。现在我表你为吴郡都尉，你去上任吧！我是不能完成使命了，你要把我的使命带到吴郡，宣扬天子的圣德。"朱治领命，拜谢马太傅，奔往吴郡上任。

朝廷任命刘繇为扬州刺史，刘繇，字正礼，东莱牟平人，汉室宗亲，乃已故兖州刺史刘岱之弟。刘繇来到寿春，想把治所放在这里。刘繇拜见马日䃅，马日䃅道："袁术根本不听朝廷。你不宜在此开府，还是另选其他地方吧。"于是刘繇拜见袁术，说要到曲阿开府。袁术对刘繇以礼相待，命丹阳太守吴景、丹阳都尉孙贲把刘繇护送到曲阿，吴景、孙贲出人出钱，帮助刘繇顺利开府。不久，许劭等名士从徐州前来投奔。

袁术见刘勋久攻庐江不下，欲将军队撤回寿春。孙策劝谏道："庐江已攻了这么久，应该唾手可得，明公不可半途而废！"袁术道："伯符，我把刘勋召回，你去攻打庐江，要是半年内拿下庐江，我命你为庐江太守。"孙策兴奋道："此话当真？""绝无戏言！"

孙策率程普、黄盖、韩当带着本部人马进军庐江，围攻舒县。周瑜听说孙策的部队来了，马上前来拜访。孙策大喜，将周瑜迎入大帐，设宴款待，酒过三巡，周瑜问道："伯符可有把握拿下舒城？"孙策道："不出三月，我必拿下。我现在担心拿下以后无法处理，如今城内无粮，那么多人要吃饭，粮食无法保障啊。"周瑜道："这个好办，我家有粮。"孙策道："袁公已经许我庐江太守，以后我当太守，你当长史，这样我们两个又可以在一起了。"周瑜道："如此甚好，不过小弟有一事相求，不知当不当讲。"孙策道："但说无妨！"周瑜道："陆康是有德之人，威望很高，深得百姓爱戴，还望孙兄不要伤他性命。"孙策沉吟片刻，说道："我多次拜访陆康老匹夫，这个死家伙竟然避而不见，我本欲诛之而后快。既然贤弟这么说，我就留他一条老命，等到破城之日，礼送出境便是。"周瑜深深一拜，说道："如此庐江可定，我先回家为你准备粮食，以供兄长随时调用。"

不久，深夜大雾，孙策命人摸至城下，悄无声息地架起云梯，众将士攻入舒县，城中守军食不果腹，很快无力支撑，全军投降。五更时分，孙策命人撞开官衙大门，带人径直入内，孙策对病榻上的陆康说道："陆太守，庐江我已经取了，你守了这么长时间，也算不容易。我不为难你，送你回老家吧！"陆康怒道："我身为朝廷命官，当为朝廷效命，誓与庐江共存亡。你们这些叛贼，我只要还有一口气，我就要与你打到底！"孙策道："你还好意思说你是朝廷命官，主辱臣死！董卓改立皇帝你干了什么？董卓把持朝政你干了什么？李傕把持朝廷你又干了什么？你有什么资格跟我说你是朝廷命官，你不过是一个自守之贼罢了。"陆康气得浑身发抖，怒道："人人都听命于朝廷，天下就会太平，你们不听朝廷就是反贼！"

孙策道："朝廷受权臣操控摆弄，如果人人都拥护天子，权臣哪敢如此？天下自会太平。我反对董卓这样的人，这才是真正维护大汉王朝。你们口口声声说听命于朝廷，不如说是听命于董卓、李傕这样的奸臣，这是为虎作伥！"陆康气得一下子晕了过去，孙策连忙命人把他救醒，让医生好生医治。陆康醒后召来族人道："舒城已破，本来我以为我们都要战死，如今孙伯符不杀我们，已经是不幸中的万幸。你们赶快走吧，免得再生意外。"族人道："要走我们一起走！"陆康道："我身为朝廷命官，没有朝廷的命令，绝不离开庐江半步。"一个月后陆康病故。

孙策正准备在庐江大展宏图，袁术却任命刘勋为庐江太守，孙策心灰意冷，来向周瑜辞别，孙策道："袁公食言，改立太守，愚兄这次没有办法让你当我的长史了。此地不是我想待的地方，我想自立门户。"周瑜道："你是有德之人，舒县百姓无不对你交口称赞，说你英武仁德，以后你到什么地方我就到什么地方，我为你准备的粮草都在，你什么时候要用，提前说一声。"

扬州刺史刘繇听说孙策攻下庐江，心中发慌，连忙召集部下商议，许劭道："袁术下一个目标必定是我们，我们不能坐以待毙，不如先发制人，拿下丹阳，如此扬州才有转机。"刘繇马上采纳。

曲阿局势一下子紧张起来，孙权发现大门附近增加了暗哨，自己出门时有人盯梢，于是马上来找祖茂。祖茂大急，让孙权马上准备行装，自己当夜前往钱唐告知朱治。朱治火速带兵赶往曲阿，将吴夫人、孙权等人护送至丹阳，朱治对丹阳太守吴景道："曲阿可能有变，我担心刘繇进攻丹阳，还望使君早做准备。"吴景不以为意。

朱治拜见孙策，孙策道："袁公两次许我太守之位，却都言而无信，我想离开自立。"朱治道："袁公路不能长久，我们在他手下绝非长远之计。你不如找个机会离开，我们到江东发展。"孙策道："我早有此意。"朱治道："既然如此，我先回钱唐联络故旧，只要你大军一动，我马上响应，先为您拿下一片安身之地。"

刘繇命樊能、张英率军突袭丹阳，吴景、孙贲根本没有提防，大败，只得西渡长江，退到九江郡。刘繇初战告捷，命樊能、于麋西渡长江，屯兵横江津，张英屯当利口，樊能、张英率领水军，守住长江。袁术大怒，任命惠衢为扬州刺史，吴景为督军中郎将，与孙贲一起屯兵历阳，领兵攻打樊能、张英。吴景、孙贲不能取胜。

刘繇将豫章太守周术的死讯上报朝廷，朝廷任命朱儁之子朱皓为豫章太守，朱皓到了南昌，发现袁术已任命诸葛玄为太守，朱皓出示朝廷的任命文书和印信，要求上任，诸葛玄不予理睬，将他驱逐出境。朱皓无奈，只好向刘繇求援，刘繇马上出兵豫章。诸葛玄战败，带着侄子诸葛亮、诸葛均等人前往荆州投奔刘表。刘繇占据长江以南的吴郡、会稽、丹阳、豫章四郡，朝廷任命刘繇为扬州牧、振武将军。

马日磾想要离开寿春，袁术却将他扣留。袁术想任命马日磾为军师，却被马日磾严词拒绝，兴平元年（194）年底，太傅马日磾在袁术的羞辱下吐血而亡。面对淮南如此局面，孙策何去何从呢？且听下文分解。

第二回　周瑜借兵助孙策，孙策芦苇过长江

兴平二年（195），吴景、孙贲久攻樊能、张英不能取胜。孙策拜见袁术，说道："家父对江东多有恩义，末将愿率本部人马进军江东，在当地招募士卒，助您平定天下，谋成大业。"袁术知道孙策对自己不满，说道："如今刘繇已成气候，

更有长江天堑作为屏障，要取江东绝非易事，现在徐州刘备实力不行，我想与刘备争夺徐州。只要得到徐州，我就可以争霸中原。"孙策道："樊能、张英已经打到我们家门口了，如果我军攻打徐州，刘备必与刘繇联合，这样我们腹背受敌，两线作战，恐难取胜。不如先取江东，解除江东的威胁，然后再图徐州，如此方为上策。"纪灵道："伯符言之有理，还望主公定夺。"于是袁术只得暂时放弃争夺徐州。孙策怕袁术不同意，对袁术道："末将愿以传国玉玺为质，请明公让我进军江东。"袁术大喜道："此话当真？"孙策道："绝无戏言！"孙策双手奉上传国玉玺，袁术双手小心接过，两眼放光，仔细端详，爱不释手，心想："我得传国玉玺，真乃天意啊！"孙策见袁术只顾把玩传国玉玺，又道："请明公准我平定江东！"袁术这才反应过来，忙道："孙策听令，你率本部人马进军江东，你要是能把江东拿下，江东就归你了！"孙策连忙谢过，转身准备离去，袁术叫住孙策道："不过你要是把本部人马弄没了，这传国玉玺就归我了。"孙策道："一切全凭明公处置。"袁术大喜，表孙策为折冲校尉，行殄寇将军，孙策领命，大喜而出，马上修书一封，快马送给周瑜。

纪灵对袁术道："孙策此去恐怕不会回来了，还请主公收回成命！"袁术笑道："这个你不用担心，孙策从哪里出去就会从哪里回来。现在的年轻人就是不知天高地厚，爱说大话，我那么多部队都不能打败樊能、张英，孙策仅凭这点人马，纵有天大的本事，也不可能渡过长江。依我看，谋取江东绝非易事，至少需要五万人马。过不了多久，孙策把军队折腾完了，就回来求我了，这传国玉玺也就归我了！我把不属于自己的土地许给孙策，对我没有任何损失，却换来如此重宝，这是天下人做梦都想不到啊！"

孙策带着父亲旧部一千多人，马数十匹，宾客数百人大张旗鼓出发。孙策来到历阳，与督军中郎将吴景和孙贲等人会合。吴景大喜，当晚设宴盛情款待孙策，吴景问道："孙郎到此可是助我破敌吗？""是的，但不完全是这样，明公已许我江东之地，我想成为江东之主，还望舅父助我一臂之力。"吴景摇了摇头，叹道："我们过不了长江，这江东之地没法取啊！""为何过不了长江？"吴景命人取来地图，秉烛比画着对孙策道："如今樊能、张英、于麋在长江西岸构筑横江津、当利口两大堡垒，进可攻退可守，我攻了一年不能成功。樊能、张英又在其中设置水寨，屯驻大量水军，他们纵横长江，我们不是对手，根本无法过江。""依您之见，如何才能过江？""大规模建立水军，增兵五万……"

次日，吴景、孙贲带领孙策等人踏勘战场，但见横江津、当利口三面高垒，一面临水。孙策心道："如此堡垒，易守难攻，难怪舅父久攻不下！"众人登上战舰偷窥敌军水寨，战舰行至江中，但见敌军水寨战船密布，旗帜鲜明。程普道："我们就是打下堡垒，只要他们水军退回江东，我军还是过不了长江，这可如何是好啊！"众将对着水寨指指点点，不想被敌军发现，但见敌军水寨洞开，鼓声阵阵，冲出数艘战船，扬帆荡桨飞速奔来，吴景连忙命人调转船头快速离开。

众人回到营寨，吴景道："敌军实力强劲，更有堡垒依托，我们实难取胜，能防住他们就算很好了！"孙策道："可否切断敌人的粮道？""他们有水军护送粮草，我们无能为力啊！""我们为什么不建立水军？"吴景叹了一口气道："他们经常来进攻，把我们的船只全部击毁，水军建不起来啊，没有水军，这长江过不去啊！"

孙策一边命蒋钦、周泰等人四处收集船只，一边命工匠日夜赶造战船，自己终日在长江边徘徊，苦思破敌之策。孙策望着滚滚长江水，愁眉紧锁，长吁短叹，忽见上游来了一支船队，船首站着一位高大壮实的英俊青年，那不就是周瑜吗！原来周瑜探望从父丹阳太守周尚，忽然收到孙策书信。周瑜马上向周尚借兵，周尚二话不说，当即点了五百兵马交给周瑜，周瑜又把家里的粮食武器装船运到历阳来助孙策。孙策连忙登船，高兴地拥抱着周瑜，大喜道："你来了，事就成了！"

散落各地的孙坚旧部听说孙策要回江东，大喜，从四面八方纷纷赶来投靠，孙策的部众一下子上升到五六千人。

孙策大军在历阳日久，战事毫无进展，孙策的姑母问儿子偏将军徐琨道："你们怎么还不过江？"徐琨道："要打下横江、当利，造好战船，我们才能过江。"姑母来找孙策，说道："你再不过江，万一敌人水军来攻，我们这几艘战船还不够他们塞牙缝呢，如此我军更为不利。为今之计，我们要马上过江！"孙策道："可我就这几条船过不去啊！"姑母道："不就是过江吗，这个简单，我有办法！"孙策大喜道："还请姑母教我。"姑母道："你爸爸、伯父、叔父小时候常到富春江里玩。我看着他们玩水游泳，也很想玩。于是我用芦苇捆绑成筏，站在上面，在江里划来划去，漂到很远很远的地方，跨越富春江易如反掌。"孙策瞪大眼睛问道："可有此事？"姑母道："千真万确，请到江边，我做给你看。"

孙策、周瑜将姑母带到隐蔽之处，姑母割了芦苇，三下五除二，一下子就绑成芦苇筏。姑母拿起竹竿往水里轻轻一点，身子一下子飞了上去，但见姑母左划右撑，芦苇筏轻轻地飘向江中。不一会儿，姑母将筏撑回。孙策亲自登筏一试身手，大喜道："如此我无忧了。"

孙策恭请徐琨率军两千偷偷来到上游二十里外听姑母调遣，赶制芦苇筏。过了五日，孙策领着黄盖、周瑜拜见吴景、孙贲。孙策将计划全盘托出，吴景大喜道："真没有想到你有如此妙计，我当依计而行。"孙策道："舅父、大哥，我明日半夜渡江。待我横渡长江，攻其必救，等到樊能、张英撤退时你们一举夺取横江、当利，如此大事可成！"吴景道："我当全力配合。"孙策道："我让公瑾、公覆率军一千留下来助你，我们到江东再会！"

次日，风静波平，孙策召集全军誓师道："我们要渡过长江，横扫江东，诸君当同心协力，有进无退，凡立战功者，必有重赏！"孙策手下大部分是江东人，已经多年没有回家，早就盼望着能打回老家，顿时欢声雷动。孙策请偏将军徐琨为副将，命程普、韩当为先登校尉，孙辅为扬武校尉，蒋钦为别部司马，率领五千人马过江。当夜，孙策大军饱餐一顿，借着月光乘坐芦苇筏横渡长江。三更时分，孙策全军到达对岸。孙策命人将芦苇筏安置停当，率军悄无声息地进入牛渚，牛渚守军睡梦中稀里糊涂成了俘虏。孙策尽得粮谷、武器。徐琨、程普大喜道："有这么多军资，我军无忧了。"

孙辅对孙策道："我们据守牛渚，樊能、张英必然来攻，如此破敌易如反掌！"孙辅，字国仪，乃孙贲之弟。孙策道："不完全这样，只有当他们认为牛渚空虚才会进攻。否则他们很可能按兵不动。如果那样，他们依然可以纵横长江。舅父、伯阳他们还是无法过江。"于是孙策命孙辅率军八百镇守牛渚，自己马上挥军进攻秣陵。

笮融屯兵秣陵城南山上，孙策大军刚到，笮融欺孙策兵少，设坛焚香求佛祈祷，事毕，笮融一万大军高喊："佛祖保佑，战无不胜！佛祖保佑，战无不胜……"下山来攻孙策。两军列阵相对，孙策见笮融大军喊声震天，声势浩大，回头道："你们谁愿领兵破敌？"韩当、蒋钦、凌操请战道："末将愿往！"孙策当即命三人率军一千打头阵，三人率军攻击，仅仅一个回合，砍下笮融军队五百多颗首级。笮融大惊，连忙鸣金而回。三人率军去追，笮融命弓弩手射住阵脚，孙军无法前进，孙策只得鸣金收兵。

孙策命韩当、蒋钦与笮融对峙，自率大军渡河来取秣陵。秣陵守将薛礼，原为徐州彭城相，受陶谦所迫，离开徐州来到秣陵，后来归附刘繇。薛礼闭门不出，孙策命程普、周泰、凌操、陈武率军猛攻，薛礼支撑不住，率军突围逃跑。

樊能听说孙策攻打秣陵，这才知道牛渚已失，大惊，急召于麋、张英商议。

于麋献计道："如今孙策主力远在秣陵，牛渚空虚，不如我们率军偷袭。一旦偷袭成功，孙策后无援军粮草，我们攻孙策于后，笮融、薛礼攻孙策于前，孙策必为我军所擒！"樊能大喜，当即调集水军来攻牛渚，孙辅拼死守营，牛渚危在旦夕。

孙策得报大喜，次日率军回救。当夜，孙策命徐琨将芦苇筏顺流放下，漂至樊能、张英水军舰队附近，徐琨下令放火烧筏，顿时火光冲天，樊能、张英的舰船瞬间被大火吞灭，大火很快烧到樊能、张英大营。孙策大喜，一马当先杀入敌营，正遇张英，张英慌忙应战，孙策一矛将张英刺落马下。于麋回马就走，韩当弯弓搭箭，一箭射中于麋后背，于麋落荒而逃。孙策大军四处冲杀，孙辅趁机从牛渚奋力杀出，双方内外夹击。樊能大败，带着少量随从突出重围，登船逃走，不知所终。孙策大获全胜，俘敌一万多人。

再说樊能军队撤了七成，吴景、孙贲、黄盖、周瑜马上发动进攻，不费吹灰之力攻下横江、当利，尽俘敌军。不久，吴景等人率军渡过长江与孙策会合。正是：芦苇结筏过长江，牛渚故纵歼敌忙。孙策挥军入江东，展翅高飞任翱翔。那

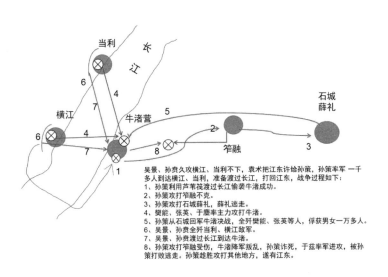

吴景、孙贲久攻横江、当利不下，袁术把江东许给孙策，孙策率军一千多人到达横江、当利，准备渡过长江，打回江东，战争过程如下：
1、孙策利用芦苇筏渡过长江偷袭牛渚成功。
2、孙策攻打笮融不克。
3、孙策攻打石城薛礼，薛礼逃走。
4、樊能、张英、于麋率主力攻牛渚。
5、孙策从石城回军牛渚决战，全歼樊能、张英等人，俘获男女一万多人。
6、吴景、孙贲全歼当利、横江敌军。
7、吴景、孙贲渡过长江到达牛渚。
8、孙策攻打笮融受伤，牛渚降军叛乱，孙策诈死，于兹率军进攻，被孙策打败逃走。孙策趁胜攻打其他地方，遂有江东。

孙策过江示意图

么下一步等待孙策的将会是什么呢？且听下文分解。

第三回　朱君理大破许贡，太史慈单挑孙策

且说孙策全军渡过长江，孙策命黄盖率军进攻笮融，笮融凭险死守。黄盖身先士卒，披甲执兵，冒着箭雨进攻，战斗异常激烈。孙策、周瑜带着战鼓前去助战，笮融看得真切，暗中调来大批弓弩手，对着孙策、周瑜一通劲射。孙策见利箭密密麻麻射来，大叫一声："不好。"飞身护住周瑜，不想自己却被利箭射中大腿，孙策痛得大叫一声摔倒在地，众人连忙用盾牌护住，将孙策救回。

孙策不能走路，亲兵把孙策送回牛渚医治。笮融见状笑道："孙郎不过如此。"牛渚降军认为有机可乘，当夜反叛。吴景、孙贲整军镇压，战至天明，终于平定叛乱。

孙策心生一计，把周瑜、程普叫到身边，附在耳边轻声说："如此如此。"孙策将叫来众将，有气无力地说道："我伤重不能视事，如有不测，全军由程普指挥，以周瑜为谋主。"接着两眼一闭，死了过去，众将大哭。程普命令道："如今主公伤重而亡，我准备收集船只撤回江西，为了不影响军心，我们秘不发丧，断不可让敌人知晓。"叛军很快报告笮融，笮融大喜道："佛祖真的显灵了！"笮融见孙策大军拔营回撤，马上派于兹率军四千来追。于兹刚追十里，韩当率步骑五百相迎，于兹见孙军全身缟素，下令全军进攻，韩当抵挡不住，连忙引军撤退。于兹哪肯善罢甘休，大喊道："佛祖保佑，不要让他们跑掉！"连忙下令追赶，于兹一口气追了十里，忽闻一通鼓响，韩当率军返身冲杀过来。于兹大惊，正准备迎战，猛见身后伏兵四起，后有程普、周瑜，左有孙贲，右有黄盖，一下

子把于兹围住，于兹率军左冲右突，折军大半，好不容易杀出重围，逃回大营。孙策亲自来到于兹营外，命士兵喊道："孙郎究竟怎么样？"于兹得知孙策还活着，连夜逃走。笮融连忙命人深沟高垒、缮治守备，拼命死守，不再出战。孙策见地势险要，很难攻克，于是引兵攻下梅陵、湖孰、江乘。

孙策命孙河到广陵请张纮过江，张纮大喜，带着整个家族一百多人前来投奔。张纮一行刚到长江江心，早有吕范率战船候着，吕范将张纮迎至主船，吕范道："主公经常说起您，他在大营等着您呢！"张纮道："徐州这两年变故太多，我早就想过江了。"船到江乘码头，孙策亲自登船将张纮迎至大帐，设宴为张纮接风洗尘，张纮举杯敬孙策道："没想到我们别后不到两年，主公竟有如此气象，真不简单啊！"孙策举杯回敬道："子纲兄，以后不要叫我主公，我们是忘年之友。我全赖周瑜、吕范和您这样的朋友鼎力相助，还有程普、韩当、黄盖、蒋钦这样的猛将舍命拼杀才有今天啊。"席毕，孙策表张纮为正议校尉。

再说朱治返回钱唐，秘密联络故旧准备起事。朱治获悉孙策渡过长江，大喜，马上在钱唐起兵响应。朱治率军向吴县进发，吴郡太守许贡闻讯大惊，点了三千兵马来战朱治。朱、许两军在由拳相遇，朱治当即发动猛攻，把许贡打得大败，许贡南逃依附山贼严白虎。朱治率军攻入吴县，暂领太守事。

笮融见孙策主力东进，这才长舒一口气。笮融害怕孙策再来进攻，决定离开此地。笮融故技重演，备好酒席，请薛礼赴宴，乘机又把薛礼杀了，笮融吞并薛礼的军队和财产，率军前往南昌投奔豫章太守朱皓，孙策不战而得秣陵。

东莱太史慈与刘繇有旧，闻知刘繇就任扬州牧，不远千里渡过长江投奔。刘繇大喜，将太史慈留在身边。有人建议刘繇任命太史慈为大将，领兵迎战孙策，刘繇捻着长须笑道："我若用子义为将，许子将必会笑我不懂用人。"

孙策大军到曲阿城外十里扎营，刘繇紧闭城门，坚守不出。一日孙策与黄盖、韩当、宋谦等十三人策马来到神亭，早有探子报与刘繇道："神亭有人指指点点，孙策好像就在里面，他们定是在窥探城中虚实。"太史慈请战道："请明公给我一队人马，我去把他们擒来。"刘繇道："神亭情况不明，当心中了埋伏，不如你先去打探一下再定。"

太史慈带了一员银盔小将策马来到神亭，大叫道："谁是孙策？"孙策策马向前，行了一礼道："在下江东孙策，请问将军高姓大名？"太史慈道："我是东莱太史慈，特来取你小命！"孙策笑道："就凭你们两个，竟然敢说取我性命，这不是笑话吗！"说时迟那时快，太史慈策马向前，不等孙策说完，呼地一矛刺向孙策，孙策用矛一挡，太史慈刺了个空，两人震得虎口发麻。太史慈回马又冲杀过来，两马交错，双方举矛便刺，两人侧身一闪，躲过对方的进攻。太史慈策马就跑，孙策催马就追，孙策身后诸将这才反应过来，连忙跟着追赶。

太史慈见孙策追来，对着孙策就是一箭，孙策看见太史慈取弓，已经有了防备，猛一低头，利箭擦着孙策的头盔嗖地飞过，孙策惊出一身冷汗，暗叫道："好险！"孙策手下诸将大惊，大叫道："主公勿追，让我等对付他！"孙策道："此人武艺了得，我定要将他擒来。"太史慈心想："这家伙有那么多帮手，想要生擒是不可能了，看来只能用绝招把他射杀。"太史慈过了一个山弯，马上拉满弓，见孙策战马刚露出马头，嗖的一声又放一箭，孙策见战马过弯，下意识地把身躯贴在马背上，利箭擦着孙策后背飞过，孙策不由得打了一个寒战，暗叫道："危险！"太史慈见"马头杀"不成，心里大急。马上又拉满弓对着孙策准备放箭，忽见山弯又露出马头，太史慈故技重演，又放一箭，利箭正中宋谦胸口。宋谦连人带马摔落在地，后面的将士躲避不及，纷纷绊倒，等他们重新上马，孙策、太史慈早已跑得无影无踪。

太史慈见孙策马快，离自己越来越近，一下子拔出三支利箭，对着孙策嗖嗖嗖连放三箭，这三支箭呈品字形向孙策袭来，孙策躲过上面一箭，又闪过左边一箭，大叫一声，直挺挺地伏在马背上一动不动，太史慈大喜，长舒一口气，松开缰绳，放慢速度，冷笑一声，说道："小子，不知天高地厚，竟敢跟我斗！"孙策战马来到身后，太史慈刚想上前擒拿，只见孙策蓦然起身，挺矛就刺，太史慈猝不及防，连忙挥弓挡矛，啪的一声将孙策长矛格开，顺势用弓猛击战马屁股，战马腾空飞奔。孙策不依不饶，连刺几矛，太史慈慌里慌张，连连抵挡，只听咔嚓一声，太史慈硬弓折断。原来孙策眼看第三支箭飞来，实在没有办法躲闪，干脆用头一顶，这箭喈的一声射中头盔，弹落地下，孙策幸得头盔保护毫发无损。孙策假装中箭，太史慈对箭法极为自信，果然上当。孙策举矛照着太史慈身躯猛刺，太史慈连忙侧身闪过，将断弓照着孙策猛扔过去，孙策把脸一侧，断弓擦着鼻子飞过。太史慈乘机操起长矛，一个回马枪刺向孙策胸口，孙策用力举矛一挡，护住身体，太史慈刺了个空，孙策回手一矛，也被太史慈挡了。不一会儿两马齐头狂奔，两人你一矛我一矛相互刺着、相互格挡着、相互躲闪着，就这样不停地厮杀，谁也奈何不了谁。

刘繇在城头见太史慈与人缠斗，马上派兵出城接应。孙策望见太史慈的救兵来了，大急。太史慈举矛刺向孙策，孙策卖了一个破绽，长矛刺到身前才猛地闪过，手中长矛顺势刺向太史慈战马。太史慈战马哀鸣着跑了几步倒在地下，孙策回马连连猛刺太史慈，太史慈在地上翻滚着，躲闪着，突然用手臂格开长矛，孙策长矛刺入地下，太史慈连忙双手抓住，奋力猛拉，孙策整个人从马上腾空飞起，摔到太史慈身上，孙策对着太史慈面门轰地一拳，把太史慈打得仰面朝天。孙策骑在太史慈身上，眼疾手快，拔下太史慈背后手戟，太史慈也不示弱，一把扯下孙策头盔。孙策举戟频频猛刺，太史慈狼狈不堪，慌忙用头盔连连抵挡。忽然，远方传来一声："孙策狗贼，休得伤我太史将军，快来吃我一矛！"孙策猛一抬头，见银盔小将策马挺矛冲杀过来。孙策连忙放开太史慈，翻身上马，与战银盔小将战成一团。刘繇军队忙将太史慈救下，太史慈意欲再战，却见孙策身后诸将赶到，孙策大军正源源不断地涌来。于是双方罢战收兵。

孙策大汗淋漓回到大帐，手下连忙拜见孙策，孙策一边卸甲一边对众人道："今日一战真是痛快！"先登校尉韩当劝谏道："将军您是我们全军的核心，我们全都依靠您，您怎么能不听大家劝告，孤身犯险呢？"孙策道："你们多虑了，我从来没有遇到过强劲的对手呢，今日总算遇到了，岂不快哉！"正义校尉张纮正色劝谏道："主将的职责是出谋划策，三军命运全依托于他，绝对不可轻率行动，您怎么能轻身与区区小寇近身搏斗呢？希望您珍重上天授予您的才干，符合天下的愿望，不要让全军上下为您的安危担惊受怕。"周瑜也劝道："兄长当以全军为念，总揽全军大事，其他问题，交给我们就是，这样才能百战百胜。"孙策道："你们说得对，我当改之。"

孙策两次遇险，那么下一步孙策会做什么呢？且听下文分解。

第二十三章　孙策礼聘张子布，袁雄义荐吕子明

第一回　刘繇弃军走豫章，孙策礼聘张子布

且说孙策率军将曲阿包围，刘繇不敢出战，孙策率军猛攻，曲阿已是囊中之物。孙策命陈宝到九江阜陵，将自己和部下的所有家小全部接来。张纮对孙策道："听说张子布就在长江南岸结庐而居。"孙策大喜道："我早就听您说起过他，我要亲自拜访。"张昭，字子布，徐州彭城人，曹操征讨徐州时南渡长江躲避战乱。

次日，雨后放晴，孙策沐浴焚香，备好厚礼，与周瑜、张纮、吕范、孙河一起拜访张昭。孙策一行一路问讯，来到长江边的茅庐。孙河叩门求见，不一会儿，一位儒雅少年出来行了一礼，恭请众人入内。孙策一行穿过修竹，来到堂前，只见大堂正中挂着一幅《姜太公钓鱼图》，两边是一副对联，上联是"手持鱼竿钓渭水"，下联是"腹有经纶平天下"。少年命小童煮茶相待，孙策道："我要找张子布张先生。"那少年道："非常不巧，家父三天前到吴县访友去了。"孙策道："原来您是子布之子，失敬失敬，不知小弟如何称呼？"那少年道："在下张承，字仲嗣。"孙策道："听说令尊乃徐州第一名士，志向远大，满腹经纶，有经天纬地之才，书法更是世上一绝，不知能否让我欣赏一下令尊的大作？"张承道：

"那些都是别人的奉迎之辞，不可全信。至于书法更是芦菔青菜，各有所爱。喜欢的就说好，不喜欢的就说不好，称不上一绝。既然诸位想看，那就随我来吧。"

张承请孙策一行来到书房，但见里面挂满了条幅字画。众人仔细端详，但见字体结构严谨，雄浑有力，张纮道："我看这书法可与蔡伯喈一争高下。"周瑜道："这书法太好了，我听说书如其人，可从书法上看出一个人的性格、品行、修养。"孙策道："让我来猜猜看，这书法不落俗套，不附风雅，刚劲有力，自成一体，说明先生性格刚强，为人正直。"张承道："家父的性格果如先生所言。"孙策问道："可有文章？"张承从柜中翻出一堆文稿，献与孙策道："这是家父学习《左传》《论语》随手写的心得，还没有来得及整理。"孙策边看边赞道："此等大儒，满腹经纶，见识非凡，真可谓奇才啊。"孙策问道："令尊的润格多少，我欲求字。"张承道："很多人向家父求字，无论他们开多高的价格，家父就是不答应。可是有些人向家父求字，家父一文钱都不要，就看您是否与他有缘。"

临行，孙策奉上厚礼，张承道："家父有命，我家不收礼，还请如数带回。"孙策道："在下想拜令尊为师，这是学生孝敬老师的。"张承将孙策送至门外，孙策道："我看你们住的地方也该换一下了。这样吧，我先去物色一下，给你们找个上好的房子，让你们可以安心做学问。"说完，孙策解下腰间的玉佩，从怀中掏出名刺一起递给张承，说道："可凭这两样东西到曲阿找我。"张承双手接过，深深地鞠了一躬，惊道："不知孙将军屈尊到此，我……"孙策连忙止住张承道："好了，不必多礼！"过了几日，张昭回家，张承说起孙策拜访之事，张昭道："定是子纲搞的鬼。"张承道："依我看，孙策这人很好，值得深交，我喜欢他。"

孙策召来众将道："我们连日攻打曲阿，刘繇负隅顽抗，不如这样，我们围三阙一，刘繇定会伺机突围而走。"程普道："如此甚好，我们在城外预先设下埋伏，只要刘繇一出来，我们将他一网打尽，生擒刘繇，如此江东可定！"孙策道："不行，刘繇是朝廷命官，为官清廉，深得百姓喜爱，我们一不能伤他，二不能抓他。"程普不解地问道："这是为何？"孙策道："我忠于朝廷，要是把刘繇抓住反而不好办，杀他有损我的名声，放了又得罪袁公。面对这个烫手山芋，还不如不抓。我看刘繇有德无能，留着这样的对手对我们没什么坏处。"程普叹道："主公想得这么全面，想得这么长远了，这是我们这些武将所不及的啊！"孙策道："现在天下大乱，我只要他的军队、地盘、百姓。"

刘繇见曲阿守不住，准备逃往会稽。许劭劝道："会稽富实，孙策下一步必然来攻，现在吴郡大部分地区都已落入孙策之手，到会稽只能走海路，我看不可前往。我们不如去豫章，豫章北连豫壤，西接荆州，人口众多，一郡顶好几个郡。若能收合吏民，遣使进贡朝廷，然后与曹兖州相通，您受王命，曹孟德、刘景升一定会帮助您。就算袁公路这样的豺狼，又能把你怎么样！"刘繇听了不由得叹了一口气道："我看只能这样了。"

刘繇抛下大军，半夜偷偷打开城门，钳马衔枚，在太史慈的保护下带着小量人马逃出曲阿。刘繇一行来到丹徒，坐船逆长江而上，船队行至芜湖。太史慈见刘繇已经安全，遂向刘繇告辞道："如今丹阳郡局势危急，已经很难挽回，就让我担任丹阳太守吧！"说完径直下船，遁入芜湖，跑到山中，自称丹阳太守。刘繇到达豫章，在彭泽招兵买马。

孙策得了曲阿，发布文告，晓谕各县："刘繇、笮融的同党和部下来投降的，一概不问；愿意从军的，可以从军，免除全家赋税徭役；不愿从军的，绝不勉强。"文告发布后，归附者从四面八方涌来，用了不长时间，孙策征得士兵两万，战马一千多匹。

一开始，百姓听说孙策兵到，都胆战心惊，魂飞魄散，避之不及，官长们也往往丢弃城池，伏于草莽之中。后来，人们渐渐发现，孙策大军严守军令，从不掳掠百姓。于是百姓十分喜悦，争着用牛、酒犒劳军队。

张纮、吕范、孙河再次恭请张昭，张昭问张纮道："孙策究竟是什么样的人，值得你举家倾心相投？""伯符是少年英雄，天资聪慧，谋略深远，学识非同一般，实乃世所罕见，此乃其一。伯符为人热情大度、慷慨大方、好交名士，对人更是推心置腹，悉心相委，天下名士都乐为其用，手下人都愿效死力，此乃其二。伯符军纪严明、赏罚分明，敢想敢干，做事绝不拖泥带水，此乃其三。依愚兄之见，伯符实乃一代雄主，跟着这样的人一定有前途！""可伯符是袁术的手下，依愚弟之见，袁术这样的人根本不值得辅佐。"张纮笑道："伯符与袁术完全不一样。现在伯符名义上还是袁术的部下，实际上已经开始自立了，岂会久居于袁术之下！袁术的地盘大部分都是孙氏一族打下的，如今伯符已开始自己打天下，开创大业，转眼之间拥有江东两郡，这样的英雄难道不值得辅佐吗？"张昭问道："你意思是建议我投奔？""当然！"

张昭来到曲阿，孙策早就率领孙权和部下在城外相迎。孙策将张昭扶上车，亲自将张昭引入城中。孙策将张昭迎进自己住所，请张昭上座，以礼相待。孙策问道："我自渡江以来，攻无不克，战无不胜，我准备尽取江东之地，不知您有什么建议？"张昭道："将军应与江东豪强联合，争取豪强支持，利用豪强的力量壮大自己，这样才能立于不败之地。如果再多施仁义，多给百姓恩惠，大力发展农业，让百姓安居乐业，则江东可定。"孙策问道："我的实力不够，想扩大实力，请问有什么好办法？"张昭道："实力强弱不仅取决于军力，还取决于拥有多少百姓，百姓越多，实力自然就越强。现在中原战乱不断，徐州惨遭曹贼屠戮，百姓流离失所。如果将军敞开大门，广纳四方之士，各地百姓就会如过江之鲫，纷纷前来投奔。将军再给他们优惠条件，让他们在江东安家落户，如此不但可以增加税收，增强实力，更能让流民生存，有利于社会的稳定和发展。此乃一举多得。一旦将军手下人多粮多，何愁大事不成？"孙策道："如此重要的事，我也早有想法，您能否帮助我全盘谋划？""不过，招民安民需要大量的粮食和金钱。""这样吧，我本来准备马上攻打会稽，我把粮草让出来，请您帮我先做这件事，不知您意下如何？""既然如此，在下可以一试！"孙策道："我正要干一番大事业，对士人和贤人特别敬重，我对您的待遇不能低。"于是命张昭为校尉，将张昭的住处安排在自己旁边，以便于自己可以随时请教，孙策用老师和朋友的礼仪对待张昭，张昭就这样进入孙策阵营。孙策命孙权拜张昭为师，张昭悉心教导孙权，孙权学业大进。那么孙策还发现了什么人才呢？且听下文分解。

第二回　袁雄义荐吕子明，孙策厚赏众将士

话说校尉袁雄拜见孙策，袁雄道："前几日有一士兵与上司相争，把上司给杀了，如今就在末将家中，末将代他自首，请主公示下。"孙策道："为严明军纪，依律当斩！"袁雄道："此人乃邓当的外甥，邓当手下有精兵五百……"孙策道："谁的外甥都一样，军法面前一视同仁。对了，他是邓当的外甥，邓当自己怎么不来求情？""邓当认为杀人偿命，天经地义。""他倒是个实在人。"袁雄跪地求道："末将认为将军不能杀他，他绝不能死，所以冒昧相求，斗胆请主公法外开恩！"孙策一脸严肃道："邓当是你的部下，我知道你护着他，但军法无情。"袁雄道："此人非同小可，日后定是大将之材，前途不可限量，请主公一定要重用他。"孙策奇道："你怎么知道他是大将之才？"袁雄道："此人名叫吕蒙，人很聪明，特别勇猛，主公不妨一见，再作定夺。"

吕蒙，汝南富陂人。当初孙策讨伐九江山贼，吕蒙尚未成年就南渡淮河，依附姐夫邓当。邓当进军攻打山贼，猛然发现吕蒙偷偷跟着，大惊，厉声呵叱，让他回营，吕蒙根本不理睬，跟着军队参加战斗。邓当获胜回营，吕蒙从腰间取下两颗首级，嘭的一声放在邓当案上，要求记功领赏。邓当忙将此事告诉岳母，岳母非常生气，拿棍子要打吕蒙，吕蒙道："现在这样贫贱的日子实在是难以生活下去。我外出打仗，说不定可以获得功劳，赢得富贵。不入虎穴，焉得虎子！"其母见全家度日艰难，如此世道也没有别的办法谋生，也就饶了他。既然岳母同意，邓当无奈，就让他当个小兵，给他一口饭吃。吕蒙的上司是个兵痞，屡屡刁难，经常羞辱道："你这小子毛都没有长齐，能有什么能耐？你不是拿肉喂虎吗？"吕蒙非常生气，常与上司顶撞，上司见吕蒙打仗屡有斩获，拿他没有办法。

最近上司当众欺负吕蒙，吕蒙不服，两人发生争持，上司侮辱吕蒙母亲，吕蒙是个孝子，大怒，当即拔刀相向，吕蒙身单力薄，不是上司对手。吕蒙见难以取胜，大叫一声："姐夫，助我，刺他后背！"上司大惊，猛一回头，背后根本没人，说时迟那时快，吕蒙急步上前，一刀将他砍死，逃到袁雄家躲避。

袁雄把吕蒙带到孙策大帐，孙策见是一个乳臭未干的瘦小青年，问道："有人向我推荐，说您以后能当将军，请问您有什么能耐？"吕蒙道："老子不到十六岁就上阵杀敌，取人首级了。"孙策愕然，接着又问道："您有什么特长？"吕蒙道："阴袭！"孙策没听清楚，问道："什么？"吕蒙解释道："暗中偷袭！"孙策道："你怎么会这招，这不是下三烂吗？"吕蒙道："老子学孙将军的，打不过就使阴招，暗中偷袭。"孙策道："我什么时候暗中偷袭了？"吕蒙道："渡过长江之战便是，将军专门攻击敌人想不到的地方，一击就置敌人于死地，这不是使阴招吗？"孙策问道："你认字吗？"吕蒙答道："老子不识得。"孙策道："你可有字？"吕蒙道："有啊。我身上的痣多着呢，要不脱下衣服给你看。"

孙策道："我说的是名字的字。"吕蒙道："老子年纪尚小，还没想好起什么字呢。"孙策哈哈一笑道："干脆你就字子明吧，不能再懵里懵懂了。"吕蒙大喜道："多谢将军不杀之恩！"

孙策将吕蒙留在左右，罚他终日学习，不得离开大帐半步，吕蒙很生气，怒道："逼得老子整天读书写字，老子受够了。老子是玩刀弄枪的，一看书就头痛，这比要老子的命还难受，还不如给老子一刀，让老子死了来得痛快！"众将听了哈哈大笑。孙策的士兵听了，都说吕蒙受到了最严厉的惩罚，生不如死，都说孙策处置得好，吕蒙罪有应得。

周瑜对吕蒙道："子明，你还不知道啊，孙将军是把你当将军培养！"吕蒙奇道："将军不是整天排兵布阵、操练军队、上战场打仗吗？怎么还要读书写字啊，这不成书生了吗？"众将又是一阵哄笑。

孙策大摆宴席庆功，赏赐众将士，授程普、韩当、吕范士兵二千、马五十匹。其余部下各有封赏。孙策对周瑜道："我现在的兵力夺取会稽、平定山越已经足够了。我把你的兵马全部补齐，您带回去交还从父，请转告从父，让他到江东就任丹阳太守，你的从父就是我的从父。"孙策对吴景、孙贲说："舅父、大哥，你们请回吧，劳烦你们向袁公禀报江东的事情。江东之地，我取定了！"周瑜、吴景、孙贲等人领兵回去复命。那么孙策下一步又会干什么呢？且听下文分解。

第三回　黄盖威严震石城，朱治知恩举孙权

孙策命吕范为湖孰相镇守湖孰，命黄盖镇守石城，自率大军轻松拿下毗陵、无锡。孙策大军来到吴县，孙策见所有道路打扫得干干净净，朱治率领部下在城

外恭恭敬敬地候着，孙策大喜，与朱治并肩入城。孙策进入官衙，朱治恭请孙策上座，禀道："吴郡我已替主公取下，恭请主公就任吴郡太守。"孙策道："朱叔叔，我看吴郡太守之位还是由您担任最合适。"朱治推辞道："吴郡乃扬州第一郡，理应由您担任太守，更何况您还没有担任太守，我怎么能担任太守呢？"

当晚，朱治宴请孙策、吴夫人全家。酒过三巡，吴夫人道："君理啊，你是知道的，策儿是吴郡人氏，依大汉规矩，不能当吴郡太守。你是我夫旧部，德才皆备，沉稳老练，能断大事，对我家有恩，策儿早就和我商量过了，我看这吴郡太守之位非你莫属，你就不要推辞了！"孙策恭恭敬敬地说道："吴郡是我立足江东的基石，如此重担得由朱叔叔您来承担，万望朱叔叔不要推辞！"朱治起身谢道："既然如此，那就恭敬不如从命。"吴夫人道："君理啊，策儿与我商量过，你看一下，这吴郡哪个县你喜欢一点，就作为你的食邑，这个事现在还不能对外公开，我们私下可以先这样做。"朱治扑通一声跪在吴夫人面前，流着泪道："这可万万使不得啊，这不合规矩。我朱治此生遇到主公，处处得到主公提携，那是我的福分。如今少主公年轻有为，智勇天下无双，对我信赖有加，此生能当太守我就完全知足了，不要再另行封赏了，更何况我没有儿子。我这一辈子，得到孙家的恩惠已经够多了，我怎么报答都报答不完啊！"吴夫人急忙将朱治扶起，说道："君理，我说话是算数的，这事策儿记着，一定会兑现的。"孙策道："母亲说得对，孩儿理应这样做。"吴夫人接着说道："君理，你的家事我可得管一管。你膝下无子，我看你妹妹的儿子施然不错，人也聪明，不如这样，你把他过继过来，等你老了也可享受天伦之乐。"朱治大喜道："多谢吴夫人成全。"

次日，孙策、朱治、孙河备好厚礼，到吴县顾家拜访，顾家大喜，迎孙策一行入内。双方茶叙片刻，顾综问道："你们大驾光临鄙舍，不知有何贵干？"朱治开门见山道："我家主公孙伯符乃孙文台之子，欲尽取江东之地，想请您相助。"

顾综道："老夫年纪大了，我儿顾雍年轻有为，现为娄县令，就让他投奔你们吧。"
孙策大喜道："有你们顾家支持，我平定江东指日可待！"于是命顾雍为曲阿令。
顾雍，字元叹。当年蔡邕避祸，流亡于吴会之地，长期住在顾家，顾雍拜蔡邕为
师，深得蔡邕喜欢。蔡邕见其才思敏捷，心静专一，学业日进，特别看重他，对
他道："您一定可以成就大事，现在我把我的名字送给您。"因"雍"与"邕"
同音，将其名改为"雍"。顾雍的才能经常被蔡邕赞叹，故取字"元叹"。顾雍
弱冠就任合肥长，后来转任娄县令。

朱治问孙策道："山贼严白虎实力强劲，部众过万，更有许贡相助，我们是
否应该进兵讨伐？"孙策笑道："这些山贼胸无大志，就凭这一点便可将他们擒
获，我现在考虑的是进军会稽。"

且说石城贼寇众多，官吏难以管束。黄盖赴任后当即任命两个掾史，分别主
管各部门，黄盖教导两个人道："我这县令没有什么才能，只凭军功得以当官，
不是因为文职而出名。如今贼寇未平，我常有军务在身，我把所有的公文处理事
务全托付给你们两位，你们应当监督检查各个部门，发现并纠正他们的错误，在
职责范围内办理各项事务。若有蒙骗奸诈行为，我是不会用鞭杖处罚你们的，你
们应当尽力尽心，当好榜样，不要把他们带坏了。"开始时两个掾史畏惧黄盖威
严，早晚尽恭职守，时间长了，这些吏员认为黄盖不看文书，渐渐荒疏公务。黄
盖不满他们松懈懒散，时而有所省察，便把县内所有官吏请来，设酒相待。席间，
黄盖拿出他们违法乱纪的事例诘问，两名掾史无话可说，叩头谢罪。黄盖道："我
以前告诫过你们，我不会以鞭杖惩罚你们，这绝不是骗你们的。"黄盖大喊一声：
"来人，将他们拉出去斩首！"不一会儿，属下将两人的首级呈上。全县官吏震
惊畏惧，无不尽心办事，顿时石城大治。

孙策率军来到钱唐，命令丹阳官员以羊酒为礼召请施然。施然一到，孙策亲

自主持仪式，将施然改姓为朱，自此施然就成了朱然，孙策更以厚礼相贺，朱治中年得子，大喜，大摆宴席庆贺。孙策对朱治道："我看朱然与我弟仲谋同年，不如让他陪仲谋读书吧。"朱然跪下磕头谢恩道："能够得到吴夫人教诲，犬子前程可期，如此我无忧了。"孙策连忙将朱治扶起，朱治双眼湿润道："主公对我如此恩宠，我愿率军渡过浙江，踏平会稽！就算血洒沙场，我也万死不辞！"孙策握着朱治的手，说道："带兵征战，沙场争锋，开疆扩土，这是我们小辈应该干的，如今吴郡全境尚未平定，更有严白虎等山贼为非作歹，还请您回镇吴县，以防意外。"朱治回到吴县，马上举孙权为孝廉，任命孙权为阳羡县长。

孙策已经得了丹阳、吴郡，江东之事我们暂且不表，接下来单表西边的益州，那么益州刘焉又会怎样呢？且听下文分解。

第二十四章　李郭长安互攻，曹操智迎天子

第一回　刘焉割据益州，张鲁雄据汉中

且说刘焉见天下大乱，起了异心。董扶乘机劝道："刘益州何不乘机自立？"刘焉道："我实力不够，该当如何？""五斗米道反对朝廷，我们何不加以利用？"刘焉大喜，极力推行宽容恩惠的政策，下令安抚收容反叛之人。

当年张角发动黄巾起义，张脩在汉中响应。汉中太守苏固将张脩击败，张脩退到巴郡。张脩见刘焉招降，马上率"五斗米道"叛军来降，自此益州安宁。

天师张衡之子张鲁，字公祺。张衡死后，天师道大权落入张脩之手。张鲁的母亲是五斗米道著名的巫婆，传说能与鬼道相通。张母样貌标致，驻颜有术，虽半老徐娘，然风韵犹存。刘焉经常求神问卜，张母受命为刘焉设坛请神作法，两人遂有往来。刘焉见她漂亮，舞姿豪放，两眼顾盼生辉，不禁春心复萌，心有念想，不能自持。此后刘焉无论大事小事，都要请她求神祷告，双方一来二去，也就熟了。刘焉屡屡向张母求欢，张母人在屋檐下，不得不低头，为了五斗米道的利益，半推半就之间遂了刘焉心愿。张母精通房中术，年老的刘焉仿佛一下子又变成年轻人，自此欲罢不能。张母此后可以旁若无人地自由出入刘府，刘焉爱屋

及乌，对张鲁另眼相看，刘焉身边的人则嗤之以鼻。

这时天下大乱，诸侯讨伐董卓，朝廷变故频繁。南阳、三辅数万人进入益州，刘焉尽收其众，编成东州兵。

董扶向刘焉献计道："主公想自立，应与朝廷断绝往来，守住关隘，然后诛尽豪强，闭户自立，这样一来益州不就是您的了吗？"刘焉心动，问道："我该如何？"董扶对刘焉耳语道："汉中乃进出益州的门户，我们只需如此如此，大事马上可定。"刘焉当即同意，命张鲁为督义司马、张修为别部司马，率五斗米道教徒进军汉中。张鲁、张修打败汉中官军，杀死汉中太守苏固。张鲁大摆酒宴庆功，在宴席上袭杀张修，夺回五斗米道领导权，断绝斜谷、剑阁，杀死汉使，占据汉中。

刘焉上书朝廷，推说米贼断道，不能与朝廷相通。接着寻找借口诛杀益州豪强王咸、李权等十余人，以立威名。犍为太守任岐和贾龙起兵进攻刘焉，刘焉率东州兵相迎，大败任岐、贾龙，将两人斩杀。刘焉见时机基本成熟，造乘舆车具千乘，出行服饰皆与皇帝相同。镇南将军、荆州牧刘表向朝廷上书举报刘焉想在益州当皇帝，朝廷命刘表处理。

春正月十三日，朝廷大赦天下，改元兴平。这年是兴平元年（194），正月十六日，皇帝刘协加冠，正式亲政。二月初五，追谥皇妣王氏为灵怀皇后。

刘焉称病，派人到长安召儿子刘范、刘诞、刘璋探望。侍中马宇、谏议大夫种邵与益州牧刘焉的长子、左中郎将刘范商议，马宇道："如今天子亲政，李傕、郭汜掌控朝廷，为祸天下。我们应效仿王允刺杀董卓，将李傕、郭汜除掉。然后还政于皇帝，再以皇帝的名义号令天下，如此天下可定！"种邵道："长安到处是李傕、郭汜的人，我们没有军队，可有办法诛杀李傕、郭汜？"马宇对刘范道："你父乃益州牧，如能引为外援，则大事可定！"刘范道："我父生病，朝廷已经同意我弟刘璋前往益州探望,可乘机让他劝说我父出兵,可益州到长安交通不便,不知什么时候大军才能到达,不如同时联络马腾作为外援。"三人议定,暗中联络马腾,让马腾突袭长安,派奉车都尉刘璋联络刘焉。三人分头准备,作为内应,伺机除掉李傕、郭汜。

兴平元年(194)三月,马腾依约起兵,往长安进发。不想诛杀李傕之事泄密,马宇等人只好逃往槐里。李傕命樊稠领兵进攻马腾,两军在长平观大战数日,难分胜负。校尉孙肇奉刘焉之命率军赶到,来助马腾。韩遂闻知马腾起兵,也带兵前来,为李傕、马腾调解。樊稠见对方人多势众,自知难以取胜,于是欣然接受韩遂调解。双方正欲撤兵离去,不想李傕闻知马腾来了援军,派郭汜和侄子李利率军助战。樊稠见来了强援,马上反悔,向马腾进攻,于是双方重新开打。韩遂见樊稠出尔反尔,大怒,与马腾合兵一处,来战樊稠、郭汜。双方连战数日,韩遂、马腾、孙肇战败逃走。

樊稠率军一直追到陈仓,双方列阵相对,韩遂喊道:"樊将军,我有话对你说。"樊稠骑马出阵,与韩遂相对,韩遂道:"天地反复不可预知,我们相互争斗并不是为了私人恩怨,都是为了王室之事。你我都是凉州人,现在虽然有小的意见分歧,但大方向是一致的。你不要再追了,由此往西马上就要进入凉州,再追对你没有什么好处,不如我们交个朋友,就此好言好语告别。今后我们万一有合适的时候还可以再次相见!"樊稠心里认同韩遂的观点,两人让双方军队退后,骑马并肩而行,相谈甚欢。于是樊稠下令撤军,李利不服,命手下快马来追,只见马腾身边闪出一员白马小将,策马抡刀,呼呼两下,斩落两人,其他人大惊,不敢上前,樊稠叱责道:"休得再追,这是将令!"马腾喊道:"庞德速回,不要再理他们。"于是韩遂、马腾退回凉州。庞德,字令明,南安狟道人。不久,李傕派人前来讲和,改任马腾为安狄将军,韩遂为安降将军。

樊稠引军一路劫掠，满载而归，大军路过槐里，斩杀马宇、刘范，樊稠回军长安，又将刘焉次子刘诞杀死。

刘焉闻知两子命丧黄泉，顿时晕了过去，众人连忙将他救起。一日夜晚，狂风大作，阴云密布，转眼间电闪雷鸣，随着一声霹雳，刘焉的益州官衙遭受雷击引发大火，火势越烧越旺，顷刻之间吞噬整个官衙，刘焉的车驾仪仗全部化为灰烬，接着大火漫延到绵竹百姓家。刘焉惊恐万状，心道："灾难已经降临了，难道这是上天对我的惩罚吗？是不是我不应该有称帝之心？"刘焉将治所迁往成都，不久背部生痈疽而亡。

益州权臣赵韪见刘璋温厚，联合其他官员上表刘璋为益州刺史。朝廷下诏任命刘璋为监军使者，兼任益州牧。刘璋，字季玉，耳根软，自己没有主意，遇事不能明断，易听别人话，由此益州局势变得动荡不安。

刘表见益州政权更迭，认为有机可乘，命荆州别驾刘阖策反刘璋部将沈弥、娄发、甘宁。三人发动叛乱，刘璋任命赵韪为征东中郎将，将他们击败，甘宁率残部逃亡到荆州南阳。甘宁，字兴霸，巴郡临江人。

赵韪对刘焉处理五斗米道的政策极为不满，如今刘璋上位，赵韪认为机会来了，劝谏刘璋道："五斗道张鲁在汉中很有威望，与黄巾军同流合污，此人非我同类，主公应采取行动，否则后患无穷。"其他官员纷纷随声附议。于是刘璋命张鲁到成都议事，乘机想把张鲁除掉，不想信道之人将消息透漏给张鲁，张鲁不接受命令。赵韪见计谋不成功，对刘璋道："五斗米道乃黄巾余孽，断不可容，望主公速做决断！"于是刘璋下令杀死张母及张鲁家室，捕杀五斗米道信徒。张鲁闻讯大哭一场，反叛刘璋。刘璋命庞羲等人率军攻打，全被张鲁打败，张鲁自此雄据汉中。

张鲁用五斗米道教化民众，自己号称"师君"。前来学道的人，开始都称作"鬼卒"。接受道教并深信不疑的人，称为"祭酒"。祭酒各自统领部众，部众多的称为治头大祭酒。对入道者教导他们诚信不欺诈，对生病的人要求他们自我反省是否犯错。众祭酒都建造义舍，内有义米和义肉悬挂其中，过路人依照自己的饭量吃饱，如果拿得过多，鬼道就会让他生病。入道者如果犯了法，先原谅三次，再犯就要用刑法惩治。张鲁辖区不设置县令、县长，全都由祭酒治理，无论百姓还是夷人都认为很方便，欣然接受。张鲁以政教合一的方式统治汉中，为社会治理提供新的模式。

刘璋性情宽缓柔和，没有威仪谋略，东州人经常侵扰当地百姓，刘璋没有能力禁止，政令有很多缺失，益州百姓颇有怨言。赵韪素得人心，加上刘璋委以重任，赵韪想乘着民怨图谋反叛刘璋，于是用重金贿赂荆州刘表，向刘表求和，暗中联络益州豪强，与他们同时起兵，一起攻打刘璋。蜀郡、广汉、犍为三郡纷纷响应，刘璋连忙逃入成都据城坚守。东州军畏惧赵韪，皆同心协力帮助刘璋，与赵韪叛军殊死作战，终于大败叛军。赵韪无奈，只得退守江州（今重庆），东州军蜂拥而至，围住江州攻打。赵韪部将庞乐、李异见大势已去，于是倒戈一击，攻打赵韪，将赵韪斩首，刘璋就这样平定内乱。

益州刘璋、汉中张鲁的事暂且不表，单表长安朝廷乱局，那么长安朝廷又会发生什么大事呢？且听下文分解。

第二回　李郭长安互攻，天子艰难度日

再说樊稠率军回到长安，李傕私下问李利道："为何此次战果不佳？"李利愤然道："依我看樊稠与韩遂关系非同一般，这仗没办法打，战果能大吗？"李

催惊问道："此话怎讲？"于是李利将樊稠与韩遂阵前私下交谈之事添油加醋说了一遍。李催从此对樊稠起疑，但表面上装作什么都没发生一样。

李催让朝廷同意樊稠、郭汜与自己一样开府，与三公合为六府，这下子出了大问题。他们都参与选拔举荐官吏，李催、郭汜、樊稠为自己提名人选争执不下，互不相让，要是有一项不同意就大发脾气。于是，只好依照次序任用他们推荐的人选，先从李催推荐的开始，其次是郭汜，再次是樊稠，而三公推举的人才，根本没有任用的机会。三人开始互相猜忌，争权夺利，由此矛盾逐步加深，他们手下也经常打起来。只有贾诩有能力为他们调解，三人虽心中不和，但表面上还过得去。

李催三人不重视生产，放纵手下劫掠，三辅地区民众饥饿贫困，开始大规模逃亡，不到两年时间，三辅几乎没有人烟。不久，全国发生大蝗灾，三辅大旱，出现严重的饥荒。这下子长安出现严重的治安问题，盗贼根本管制不住，光天化日之下抢劫经常发生。李催、郭汜、樊稠的手下经常打得不可开交，三人无奈，只好把长安划分成三个区域，每人各守一个块。不久，三人部下又为了争地盘相互争斗。三人不能控制部下，他们的子弟更是横行不法，侵害百姓。这时一斛谷涨到五十万钱，一斛豆麦要二十万钱，出现了严重的人吃人现象，尸骨随处丢弃。

皇帝刘协派侍御史侯汶拿出京城太仓米豆，为饥民施舍糜粥，可是每日饿死的饥民仍然没有减少。皇帝怀疑赈济弄虚作假，于是亲自在御座前量取米豆试着熬制糜粥，结果知道糜粥无论质量和数量都不对，刘协派侍中刘艾责问管事人。于是尚书令以下都到禁中官署省中内阁认错，奏请拘捕侯汶考查核实。皇帝下诏道："不忍侯汶受狱官审理，杖刑五十即可。"从此以后，长安的饥民大多得到救济。然而其他地方的百姓就没这么幸运了，只能选择逃亡。

以前董卓掌权，虽然残暴，喜欢滥杀无辜，至少对皇帝刘协还不错。到了李催这三人掌权，情况就进一步恶化了，他们自身没有文化，素质极差，对朝政更是一窍不通，也根本不把皇帝放在眼里，刘协的日子变得异常艰难，东汉朝廷威望进一步下降。

当初迁都到长安，后宫的人衣服都没有。李催三人当政，刘协想把皇宫仓库的杂缯分给大家，可李催不同意，说道："有那么多衣服，还为他们做什么衣服？"刘协下诏卖掉一百匹御马，又由御府大司农拿出杂缯两万匹卖掉，想用这些钱赐给公卿以下的文武百官和贫困不能自保之人。李催道："我的仓库也没有什么东西。"于是用车把这些东西统统拉到军营，贾诩道："这是皇帝的意思，不能抗命。"李催根本不听。

兴平二年（195）二月，长安无粮，樊稠、李蒙提出率军东出函谷关，要求李催给他补充兵员，弥补与韩遂、马腾作战的损失。李催早就怀疑樊稠有异志，于是设宴请樊稠、李蒙议事，命外甥骑都尉胡封在宴会上将两人刺死，趁机吞并他们的军队。

郭汜感到不安，担心李催也会除掉自己，于是两人在长安城内相互攻打，李催请宣义将军贾诩帮助自己。皇帝刘协派使者调解，两人根本不听。

四月，刘协立贵人伏氏为皇后，任命其父伏完为执金吾。以董承之女为贵人。

安西将军杨定也害怕李催谋害自己，遂与郭汜合谋，准备劫持皇帝刘协到自己营中，不想计划泄漏，于是李催抢先派侄子李暹领兵数千，带了三辆车来抢天子、皇后。李暹对皇帝道："李将军命你马上移居到他家。"太尉杨彪怒道："自古以来帝王没有住在臣子家里的。各位做事要上顺天意，怎么能这样！"李暹不容分辩道："李将军主意已定！"士卒一拥而上，将皇帝塞进一辆车，将伏皇后塞进另一辆车，将贾诩、左灵塞进第三辆车。就这样，李催把皇帝刘协、皇后劫持到自己营中。太尉杨彪和朱儁等人见皇帝被劫，徒步跟着刘协到了李傕大营。乱兵乘机闯入宫内，抢劫宫女财物，把宫廷里的金帛、车辇、器物、服饰统统搬走，将宫殿官署一把火烧光。杨定见计划泄漏，担心李傕诛杀自己，连忙领兵投奔郭汜，郭汜实力大增。

皇帝刘协命太尉杨彪和朱儁等十多人劝说郭汜，让他与李傕和解。郭汜不肯，把朱儁、杨彪等人扣为人质。朱儁性格刚烈，一气之下暴病而亡。杨彪对郭汜道："将军您懂得人世间的道理，一人劫持天子，一人扣押公卿，怎么能够这样啊！"郭汜大怒，抽出钢刀架在杨彪脖子上，要杀杨彪。杨彪道："你这样不服从朝廷，我难道还想求生吗！"身边的人连忙上前劝解，郭汜这才作罢。

郭汜见李傕的将领张苞也对李傕不满，于是游说张苞反叛，张苞愿为内应。郭汜率军攻打李傕，张苞乘机发难，郭汜连连得手，箭都射到了皇帝跟前，还射穿李傕的耳朵。眼看李傕就要死于非命，李傕手下大将杨奉拼死杀出，将郭汜军队击退，李傕这才幸免于难。张苞转投郭汜，郭汜力量进一步增强。

李傕感到皇帝在营中不安全，当天就将皇帝刘协、伏皇后、宋贵人三人强行转移到北坞，并派重兵看守，断绝皇帝内外联系。不久李傕想把皇帝迁到池阳黄白城，君臣都害怕起来，司徒赵温劝了李傕大半天，李傕这才作罢。

皇帝刘协和大臣被李傕劫持，经常食不果腹，刘协发怒，想要斥责李傕，侍中杨琦连忙劝道："李傕乃边鄙之人。如今知道自己大逆不道，经常闷闷不乐，我担心李傕铤而走险，如果这样，陛下的生命也会受到威胁，不如先忍下这口气，不要有怪罪他的样子，这样才能不激化矛盾。"皇帝马上采纳，加封李傕为大司马。

朝廷派谒者仆射皇甫郦劝和李傕、郭汜。皇甫郦先去劝说郭汜，郭汜答应了。又到李傕那里，李傕不听，怒道："郭汜只不过是个盗马贼，怎敢和我一样！我一定要杀了他。你看我的用兵韬略，你看我的军队，够不够收拾郭汜？郭汜劫持公卿，做出这样的事，你怎么还想帮助他！"皇甫郦道："将军您也知道，董公如此强大，结果被吕布一下子刺杀了，这就是有勇无谋的结果。如今郭汜扣押公卿，可将军胁迫君主，谁轻谁重？就是杨奉这样的黄巾头目，都知道将军的所作所为不对。"李傕大怒，赶走皇甫郦，刚过了一会儿，李傕后悔，连忙命令虎贲王昌追杀，王昌假装没追上，皇甫郦这才得以幸免。

六月，杨奉手下骑都尉徐晃向杨奉建议道："李傕无道，实力今非昔比，我们何不伺机诛杀李傕，救出皇帝，保护皇帝东归洛阳，只有这样朝廷才能正常运转。"杨奉认为徐晃说的对，于是马上着手准备。徐晃，字公明，河东杨县人。不久事情败露，李傕要杀杨奉，杨奉率部叛逃，李傕的势力进一步削弱。

不久张济带兵从弘农赶来劝和，皇帝刘协也派使者反复劝说，李傕问计于贾诩，贾诩道："本来我们实力比郭汜强，数月之间，叛我者甚多，双方实力此消彼长，虽然我方实力依然占优。现在天子和镇东将军张济都希望我们和解，将军要是不同意，万一张济与郭汜联合，我们就不好办了，不如将军来个顺水推舟，大家重新和好，如此方为上策。"于是李傕、郭汜二人议和，打算交换儿子为质。李傕的妻子疼爱儿子，和约没有谈成。

李傕手下的羌胡人不断地到刘协住所附近转悠，在大门外窥探，问道："皇帝住在这里面吗？李大人答应把宫女赏赐给我们，如今她们都在什么地方？"刘协心里不安，派侍中刘艾拜见宣义将军贾诩，刘艾道："以前您对国家忠心耿耿，恪尽职守，因此得到提升，享受荣宠。如今羌人与胡人满大街都是，我担心天子会有不测，请您想个办法，救天子于水火！"贾诩欣然领命。不久，贾诩大摆酒宴，热情款待羌胡首领，许诺给他们封赏，让他们先回老家候着。贾诩就这样把羌胡人打发走了，李傕势力大减。李傕无奈，同意以女儿为质达成和解。

张济想接皇帝刘协到弘农，刘协也有此意。贾诩顺着李傕的思路劝说道："现在皇帝虽在将军手上，可郭汜他们已经不听将军，将军扣留皇帝有什么用呢？更何况长安没有粮食，我们自己都没有粮食吃，百姓都逃难去了，我们还要供应皇帝那么多人吃饭，这也太难了，不合算！现在皇宫也烧了，皇帝也没有地方待了，总不能让他待在军中吧，我看不如让他到弘农算了！"于是李傕同意皇帝刘协离开长安。那么皇帝刘协东归洛阳之路会顺利吗？且听下文分解。

第三回　天子东归历险，诸侯冷眼旁观

兴平二年（195）七月，张济、郭汜、杨定、杨奉、董承护送天子车驾启程东归。皇帝刘协拜张济为骠骑将军，郭汜为车骑将军，杨定为后将军，杨奉为兴义将军，董承为安集将军，均为列侯。朝廷向各地派出使者，要求各路诸侯前来勤王。

郭汜暗忖，自己劫持公卿，坏事做绝，跟着天子到了洛阳不可能有好结果，于是起了异心，处处作梗，天子东归困难。郭汜想把皇帝转移到自己的封地，担心遭到反对不好意思开口，于是想把皇帝转移到郿县。郿县在长安以西，就在郭汜封地美阳旁边，没想到还是遭到杨定、杨奉、董承等人严词拒绝，皇帝刘协也不同意。郭汜动起歪脑筋，准备动用武力。侍中种辑等人恰好在郭汜营中，获知此事连忙密报杨定、董承、杨奉，让他们率军到新丰会合。

半夜三更，郭汜挥军作乱，放火焚烧学舍威逼皇帝刘协，杨定、董承早有准备，马上带兵护送皇帝刘协车驾向杨奉军营转移。郭汜率军阻挡，董承保护皇帝车驾先走，杨奉挥军断后。郭汜大怒，马上进攻杨奉，两军刚一交战，郭汜忽闻阵后杀声震天，顿感阵后大乱，原来杨定率军杀了过来，两杨联手合战郭汜，斩首五千余级，郭汜大败，逃回长安找李傕帮忙。

十月，皇帝车驾走到华阴，宁辑将军段煨连忙请贾诩商议，自从天子离开长安，贾诩离开李傕投在同乡段煨帐下效力。贾诩道："天子落魄至此，将军应全力接济，以尽臣子之道。"段煨备好服饰车马，恭请皇帝到营中歇息。以前段煨和杨定有隔阂，段煨见杨定手执长矛，怒目而视，心中惊慌，迎驾时不敢下马，只在马上作揖。侍中种辑素与杨定亲密，乘机对皇帝刘协道："段煨想造反。"刘协问道："段煨来迎，怎能说他造反？"种辑道："段煨迎不至界，拜不下马，脸色大变，必有异心。"太尉杨彪辩解道："段煨根本不会造反，我敢拿人头担保。车驾可以入住他的军营。"董承、杨定又造谣道："郭汜率领七百骑兵已进入段煨军营。"刘协信以为真，于是露宿在外。次日，杨定率军攻打段煨军营，贾诩建议道："他们是王师，我们不可争斗。"段煨只守不攻。杨定军队打累了，贾诩建议段煨送出饭菜供百官和皇帝食用。双方就这样一连打了十多天。

郭汜回到长安与李傕商议，李傕后悔放天子东归，于是两人一拍即合，想把皇帝劫回长安。李、郭当即以救援段煨为借口出兵追赶，郭汜一到华阴，马上率军截住杨定厮杀，杨定不敌，匆忙逃奔荆州。张济与杨奉、董承不和，于是联合李、郭两人一起追赶皇帝车驾，十一月庚午，三人终于在弘农东涧追上，当即率军冲杀，杨、董不敌，边战边退，死死保护皇帝车驾。众大臣与卫士奋不顾身、视死如归、用血肉之躯抵挡追兵，光禄勋邓泉，卫尉士孙瑞，廷尉宣播，大长秋苗祀，侍中朱展，校尉魏桀、沮俊先后为保护皇帝战死，士兵死伤更是数不胜数。天子只能在曹阳露宿，女眷辎重全都丢弃，皇帝御用器物、符契、简策、法典、图籍也丢个精光。

这时袁绍得到天子东归消息，召集手下商议。沮授道："将军生于世家，以忠义匡济天下。如今天子流离失所，宗庙毁坏。州郡牧守以兴义兵为名，行兼并之实，没有一人起来保卫天子，抚宁百姓。如今将军初定州城，应该早迎大驾，在邺城建都，挟天子以令诸侯，蓄兵马以讨不臣。那时，还有谁能抵御！"郭图、淳于琼反对道："汉室衰微已经很久了，今天要重新振兴谈何容易！况且当前英雄各据州郡，士众数以万计，正所谓'秦失其鹿，先得者王'。如果我们把天子迎到自己身边，那么动不动就得上表请示。服从命令就失去权力，不服从就有抗拒诏命的罪名，这不是好办法。"沮授跺着脚劝告袁绍道："迎天子不仅符合道义，更是符合当前需要的重大决策。如果我们不先下手，一定会有人抢在前头。取胜在于不失时机，成功在于敏捷神速，还望将军明察。"袁绍不听。

董承、杨奉被叛军截住去路，无路可走，于是假装向李傕等人求和。杨奉原为黄巾白波部将领，暗中派使者走小路到河东找黄巾军白波部求助。白波头领李乐、韩暹、胡才原本与杨奉相识，使者对他们和南匈奴右贤王去卑晓以大义，他们当即率领数千骑兵赶来救驾。李乐、韩暹半夜发动袭击，李傕、郭汜、张济猝不及防，匆忙应战，董承、杨奉趁机率军杀出，里外夹击，把李傕、郭汜、张济打得大败，斩首数千级。皇帝的车驾乘机冲出，终于又启驾前行。十二月庚辰，胡才、杨奉、韩暹、去卑负责断后。董承、李乐负责在皇帝车驾左右护卫，车驾继续逃往东方。

不久，李傕等人重整军队追赶，皇帝车驾速度慢，又被追上，李傕连续攻杀四十多里，杨奉、韩暹等人大败，死伤无数，少府田芬、大司农张义等人战死，众人好不容易逃到陕，这才安营守卫。经历此番磨难，虎贲羽林卫士所剩不满百人，前方陕县又是张济地盘，大家无路可走，都有离去之意。董承、杨奉连夜商议，眼前只剩一条生路可走，那就是渡过黄河逃到河东郡。于是杨奉命李乐准备船只，李乐好不容易找了几条小船，马上举火示意，众人连忙拥着皇帝步行出营，跌跌撞撞来到黄河边，没想到河岸是悬崖，高达十几丈，人下不去。众人没有别的办法，无奈之下只好壮着胆子用绢把皇帝系着缒下去，然后再缒其他达官贵人。

普通人就没那么幸运了，有的从岸边往下爬，有的从上面跳下去，死伤不知其数。到了下面，大家乱成一团，不听号令，争着往船上爬，根本无法禁止，董承用戈乱砍，船舱里剁下的手指头多得可用手捧起来，顿时痛哭声、喊叫声响成一片。李傕等人这才发现有人渡河，于是连忙派兵来追，船夫只得开船，留下的人很多淹死冻死，没死的全被李傕俘虏。

皇帝、皇后、宋贵人、杨彪、董承、伏完等几十人抵达黄河北岸，来到大阳，皇帝住在百姓家里，百官饥饿难忍，恰好河内太守张杨带着数千人进贡粮饷，大家这才松了一口气。张杨建议刘协迁往洛阳，众将都不同意，于是皇帝坐着牛车到达安邑，并在安邑定都。河东太守王邑奉献布帛，刘协全部都分给公卿以下百官。刘协封王邑为列侯，拜胡才为征东将军，张杨为安国将军，全都假节、开府。其他带兵的小头目，也争相要求封官，以至刻印都来不及，于是就用锥子刻画。有人带酒肉来天子这里吃喝，皇帝又派太仆韩融到弘农，向李傕、郭汜等人求和。李傕这才归还皇帝的车驾、器物、服饰，放回公卿百官，归还一些宫女家眷。

消息传到九江寿春，袁术大喜，召集部属商议，袁术道："如今汉室衰微，海内鼎沸，我们袁家四代都是朝中重臣，百姓都愿归附我。我想秉承天意，顺应民心，现在登基称帝，不知诸位意下如何？"众人面面相觑，谁也不敢说什么，主簿阎象道："当年周人自其始祖后稷直到文王，积德累功，三分天下已有其二，他们还是小心翼翼地做殷商的臣子。明公您虽然累世高官厚禄，恐怕还比不上姬氏家族那样昌盛；眼下汉室虽然衰微，似乎也不能与残暴无道的殷纣王相提并论吧！"袁术哑口无言，非常恼怒。

前太尉张延之子张范避乱扬州，袁术久闻其名，派人召见张范，张范推托生病，派其弟张承拜见袁术。袁术问道："从前周天子衰败，出现齐桓公、晋文公。秦朝政治混乱，汉朝接替秦朝取得政权。现在我凭借广阔的土地，众多的士人和百姓，想效仿齐桓公、汉高祖，不知是否可以？"张承道："所有的一切取决于德行而不在于人数。要是施行德政，符合天下人的需要，即使是普通百姓，也可以成为霸主天子。如果僭越犯上，违背时势而动，必遭大家抛弃。"袁术听了很不高兴。

刘协一到河东，马上下诏书令吕布迎驾。诏书到了徐州，吕布派遣使者上书谢罪，声称军队没有粮食，无法勤王。于是朝廷任命吕布为平东将军，封平陶侯（后文仍称温侯）。

正月癸酉，皇帝大赦天下，改元建安，这一年是建安元年（196）。

春天，皇帝手下诸将争权夺利，韩暹攻打董承，董承无奈，只得投奔张杨，张杨派董承到洛阳修缮宫殿。

太仆赵岐来到荆州，责问刘表道："天子命你勤王的诏书收到了吗？""收到了。"赵岐怒道："荆州离天子最近，你身居高位，为何不勤王？"刘表面红耳赤，说不出话来，赵岐道："过去的事我不追究了，现在洛阳残破，董承正在修理宫殿，你快去帮忙！"刘表心不甘情不愿地派兵往洛阳运了一些物资。

就在天子东归之时，曹操究竟在干些什么呢？他对天子又是什么态度呢？且听下文分解。

第四回　枣祗献计屯田，曹操智迎天子

兴平二年（195）八月，曹操率于禁、乐进将雍丘包围，命军队日夜攻城。张超对部下道："现在雍丘危如累卵，也许只有臧洪会来救我。"部下道："袁绍与曹操关系密切，臧洪为袁绍重用，难道他会自毁前程前来送死？"张超道："子源是天下首屈一指的义士，绝不会背弃自己的原则。只可能受袁绍约束，来

不及救我罢了。"

臧洪听说张超被围，危在旦夕，光着脚大哭，想要率军救援，于是请求袁绍给他增加军队，袁绍严词拒绝。臧洪怨恨袁绍，宣布与袁绍断绝关系，东郡独立。袁绍大怒，亲自率军攻打东武阳。

张邈听说张超被围，于是告别吕布，到淮南向袁术求援，张邈还没有走到半路，就被部下所杀。

十月，天子封曹操为兖州牧。

十二月，雍丘无粮，乐进率军突入城内，雍丘城防崩溃，张超自杀，曹操灭张邈、张超三族。曹操用两年时间终于重新将兖州置于自己的掌控之下。

曹操任命夏侯惇为陈留、济阴太守，建武将军，封高安乡侯。任命曹洪为鹰扬校尉，迁为扬武中郎将。

曹操率军东略陈地，建安元年（196）正月，曹军到达豫州陈国武平，陈国相袁嗣（袁术所置）投降。曹操召集手下人商议，曹操道："我想迎天子，不知各位意下如何？"曹洪道："韩暹、杨奉现在与张杨联合，我们不可能很快将他们制伏。以前我们攻打徐州功亏一篑，如今兖州已定，我们应该乘机把徐州收入囊中，此乃上策，否则徐州可能会被袁术抢走。"众将纷纷附议。荀彧道："以前晋文公奉迎周襄王，诸侯像影子一样随从。汉高祖东伐项羽，为楚义帝穿丧服，令天下人真心归附。自从天子流亡，将军您首兴义兵，只因山东一带纷扰战乱，没能远赴长安保驾，您还是分派将领冒险与朝廷联系。虽然您在外面抵御乱贼，心中却无时不思念王室，这是将军匡扶天下的夙愿。如今天子想要回到洛阳，可洛阳一片荒芜，忠义之士应该有保护朝廷的想法。我们应该利用这个时机，奉迎天子以顺民望，这是大顺；秉持最大的公心使天下豪杰归服，这是大谋略；匡扶并弘扬正义来招收才智出众的人，这是大德。如果这样，天下虽有不服从的人，必定不能成为大患，这是很明显的。韩暹、杨奉怎么敢作乱为害！此事如果不及时定下来，一旦全国各地的人都产生奉迎天子的想法，以后我们即使想这样做也来不及了。"程昱也赞同荀彧的意见，曹操马上采纳，命曹洪率军迎接皇帝刘协。卫将军董承和袁术部将苌奴凭险据守，曹洪不能通过。

二月，曹操以于禁为折冲校尉、乐进为先登校尉，曹仁统率骑兵，亲率大军进入汝南、颍川两郡，屯兵版梁。此地黄巾军首领何仪、刘辟、黄邵、阿曼各有部众数万，他们先响应袁术，后依附孙坚。何仪、刘辟、黄邵、何曼等人见曹军来了，急忙聚在一起商议，黄邵道："曹操大军初来乍到，人困马乏，不如我们今晚就去劫营，如此一战可定。"众首领当即同意。三更时分，众首领率军杀入曹军大营，曹军大乱。于禁严令部下不得慌张乱跑，全军向自己靠拢，然后列阵而出，迎着黄邵冲杀过去，将黄邵斩落马下，黄邵所部投降。接着于禁率军进入其他营寨大战，何仪、刘辟等人见势不妙，摸黑撤退。曹操升于禁为平虏校尉。

何仪、刘辟、何曼等人商议道："如今黄邵已死，我军实力大损，如此下去，我们迟早为曹操所破，不如趁早投降。"三人议定，派使者向曹操乞降。曹操马上同意，悉数收纳汝南、颍川两郡黄巾军，占领许县。曹操派人出使河东，天子拜曹操为建德将军。

曹操召集部下商议，枣祗向曹操建议道："我军缴获大量耕牛、农具，依在下愚见，我们应该组织屯田，此乃长远之计。"韩浩也赞同枣祗的建议。曹操大喜，当即采纳，对手下道："自战乱以来，很多地方缺乏粮谷。那么多军队同时起事，都没有整年的打算，饥饿时就去抢夺，吃饱了就扔掉多余的粮食，军队因此分崩流离。天灾时，袁绍在河北的军队采食桑椹充饥，袁术在江淮一带到江河里摸蚌蛤度日，百姓就人吃人，州里一片萧条。我看定国之术在于强兵足食，秦人把农业放在首位而得天下，汉帝武因屯田而定西域，这些都是前辈的好方法。

为今之计应当未雨绸缪，大力发展农业，这才是万全之策。"于是曹操发布屯田令，设置田官，任命任峻为典农中郎将、枣祗为屯田都尉，与韩浩一起招募百姓，在许县一带屯田。

任峻、枣祗、韩浩收集荒芜的无主土地，召集流民，又命投降的黄巾军一起屯田，是为民屯，命令军队一边戍守一边屯田，是为军屯。屯田以四十人至六十人为一营，下发耕牛、农具、种子，以营为单位组织农业生产。凡有收成，由官方提供耕牛的交四留六，不提供耕牛的交三留七。此后，曹操粮食往往比其他诸侯丰足。

董昭跟随张杨到安邑拜谒皇帝刘协，朝廷任命董昭为议郎。董昭认为杨奉兵马最强，却没有外部力量支援，得知曹操在许县，就以曹操的名义写信给杨奉道："末将久闻将军大名，仰慕将军高义，想与将军赤诚相交。现在将军把天子从艰难困苦中解救出来，准备返回旧都，翼佐之功没有人能与将军您相比，这是多么美好啊！现在群凶扰乱华夏，四海未宁，朝廷和天子的权威极度重要，我们的责任在于维护和辅佐。重建王朝的秩序必须依靠众位贤士，这确实不是一个人能够独立完成的，就像心腹与四肢相互依赖相互支持，一个物件不存在，那就有缺损了。将军您应当作为京城内的主要力量，我作为外部的援军。现在我有军粮，您有军队，我们互通有无，互相接济，我愿与将军您同生死、共患难。"杨奉接到来信非常高兴，对众将道："曹兖州的军队就驻扎在许县，他有兵有粮，这是皇帝可以依靠仰仗的。"六月，众臣一同上表，举荐曹操为镇东将军，继承父亲曹嵩的费亭侯爵位，董昭调任符节令。

董承将洛阳的宫殿修缮了一小部分，张杨认为这是自己的功劳，所以就用"杨"字来给宫殿命名，命名为"杨安殿"。于是张杨派人沿途预备好粮食，请求皇帝东归，七月，皇帝回到洛阳，入住已故宦官赵忠家，八月辛丑入住杨安殿。

张杨见诸将不齐心，尔虞我诈，相互争斗，洛阳没有百姓和粮食，于是决定不在洛阳久留。张杨对诸将道："天子应该是天下人的天子，人人都有保护的责任，朝廷内自有公卿大臣，我应该抵御外患。"于是返回野王。杨奉也离开洛阳，驻扎在梁。于是朝廷封张杨为大司马，韩暹为大将军、兼任司隶校尉，杨奉为车骑将军，全都授予符节斧钺。韩暹和董承留在京中守卫皇宫。

这时洛阳残破，宫室烧尽，公卿百官亲自斩除荆棘，居住在断垣残壁之间。各州郡各拥强兵，不理朝廷，朝贡断绝。朝廷官员饥乏，尚书郎以下自己外出觅食充饥，有的饿死在墙壁间，有的被兵士杀死分而食之。

韩暹居功自傲，为所欲为，扰乱政事，董承深感忧虑，密召兖州牧曹操进京，想以曹操制衡韩暹。曹操领命，带着军队和粮食进入洛阳，将贡品、粮食献给皇帝和公卿大臣。皇帝和群臣终于吃了一顿饱饭。

曹操率军进入杨安殿，参拜皇帝刘协，曹操奏道："微臣兖州牧曹操勤王来迟，请陛下恕罪。"刘协道："爱卿能来勤王，是我大汉之福，何言来迟？"曹操奏道："微臣早就备好贡品要来勤王，可那韩暹百般阻拦，微臣故而来迟。"刘协问道："可有此事？"董承奏道："都是韩暹下的命令。"曹操奏道："现在洛阳破落成这个样子，南宫才修复这么一点点，这些身居高位的将军却将陛下扔在这里，让陛下和众大臣在此受苦，对陛下不闻不问，微臣认为应该严肃处理杨奉、韩暹、张杨他们！"刘协道："他们都是护驾有功之臣。此事以后不得再提。"韩暹听到消息，见洛阳城内到处都是曹军，内心惊恐，生怕曹操加害自己，连部队都来不及带，单骑逃往梁县投奔杨奉。

曹操见洛阳已成一片废墟，想起当年何进、袁绍谋诛宦官之事，内心感慨万千，不禁泪水涟涟，挥毫赋诗一首：

薤露行

惟汉二十世，所任诚不良。

沐猴而冠带，知小而谋强。

犹豫不敢断，因狩执君王。

白虹为贯日，己亦先受殃。

贼臣持国柄，杀主灭宇京。

荡覆帝基业，宗庙以燔丧。

播越西迁移，号泣而且行。

瞻彼洛城郭，微子为哀伤。

　　曹操带领军队清理大将军府，欲将军队驻扎于此。不久部下来报，大将军府内竟然有人居住生活。曹操大奇，连忙前去一探究竟。曹操走进断壁残垣，只见士兵围住一妇女和一小孩，两人吓得瑟瑟发抖。曹操迈步上前，那妇人扑通一声跪在曹操面前，怯生生道："您可是典军校尉曹孟德？"曹操惊问道："你是何人，怎么认得我？"那妇人道："我乃大将军何进之媳，何咸之妻尹氏。"曹操问道："这小孩是？"尹氏道："此乃我子何晏。"原来何进被杀，树倒猢狲散，众人纷纷离开大将军府，尹氏一直留在府内。后来洛阳被毁，尹氏在府内自己种粮种菜，过着与世隔绝的生活。尹氏是出了名的大美女，以前曹操出入大将军府，偶遇尹氏都要停下脚步，直到尹氏走远，仍不忍离去。袁绍打趣道："你怎么敢打大将军儿媳的主意？"曹操哈哈一笑，说道："非也，我停下脚步只是听从内心召唤。"曹操将尹氏带回军营，当晚让她梳妆打扮，纳为小妾，史称"尹夫人"。曹操收何晏为养子。

　　八月十八，镇东将军曹操假节钺，自领司隶校尉、录尚书事。朝廷封卫将军董承为辅国将军，伏完等十三人为列侯，赠沮儁为弘农太守，皇帝身边的人皆大欢喜。

曹操召董昭商议，曹操问道："我现在应该怎么办？请您教我！"董昭道："将军兴义兵诛暴乱，入京朝拜天子，辅翼王室，此乃五伯之功。但下面的将领各怀异心，未必服从您，如今您留在这里匡扶辅佐天子，情势对您不利，最好转移圣驾到许县。然而朝廷流亡迁徙之后刚刚回到旧京，远近之人都在踮着脚期待着，希望很快能够安定下来。现在又一次迁移圣驾，不能让众人满意。做非常之事，才有非常之功，希望将军权衡，采取最有利的方案。"曹操道："这正是我的本意。但杨奉就在梁县，离得很近，听说他的军队非常精良，会不会成为我的负担？"董昭道："杨奉缺少援助，将会归顺。镇东将军、费亭侯的事情都是杨奉确定的，我听说他写信命令约束自己的士兵，足以看出他是可信之人，将军应该派遣使者送上优厚的礼物，答谢他的好意，以安其心。就说'京城缺乏粮食，想将圣驾暂时移到鲁阳，鲁阳离许县近，运输较为容易，如此就没有缺粮之忧了'。杨奉为人勇猛却缺少思虑，一定不会怀疑，等到双方使者有了往来，就可以定计了。杨奉有什么本事成为将军的负担呢？"曹操大喜，一拍大腿说道："好！"立即遣使拜见杨奉，奉上重金厚礼，甜言蜜语，杨奉果然轻信，放松警惕。

曹操上奏道："微臣带来的粮食快要吃完了，洛阳残破无粮，陛下不可在此长期居住。微臣今年攻克陈国、汝南、颍川三郡，招纳流民从事农业生产，今年种了春小麦，现已大获丰收，收粮百万斛，不如临时移驾到鲁阳，那里离许县近，运输粮食更为方便。待微臣将洛阳重新整修，您再迁回，不知陛下意下如何？"司徒赵温道："曹将军所言甚是，请陛下定夺。"侍中台崇、尚书冯硕等人力谏道："陛下历经千难万险，这才回到洛阳，这里有汉室宗庙，岂能再移驾到其他地方。陛下，断不可听曹操、赵温之言啊！"太尉杨彪、司空张喜也赞同台崇之言，朝臣分成两派争执不下。曹操大怒，当即诬陷台崇、冯硕乃韩暹余党，下令将两人斩首示众，皇帝刘协与公卿大臣没有更好的办法，只得同意移驾鲁阳。

八月二十七日，曹操带着皇帝刘协离开洛阳，杨奉一面吩咐手下准备迎驾，一面派出使者打探皇帝行程。不久，使者回报，皇帝车驾出辕辕关径直向东而去，杨奉对着地图查看，猛地大叫一声："我们中计了，曹操他们是去许县，不是鲁阳！"都亭侯徐晃连忙向杨奉建议道："既然皇帝跟曹孟德走了，不如我们投奔曹孟德，这样可以继续为陛下分忧，也不违背我们的初衷。"杨奉听从徐晃的建议，马上整军出发。韩暹匆忙从外面赶了回来，拦住杨奉道："如果不将皇帝车驾截回，我等以后哪里还有什么地位啊！"于是杨奉命徐晃等人镇守梁县，自己与韩暹连忙率兵追赶。

杨奉、韩暹追至阳城，忽见前方山高谷深，两人挥鞭急进，大部人马刚刚进入山谷，只听一通鼓响，曹军伏兵四起，截住杨、韩厮杀，把杨、韩打得大败而逃。

杨奉没能截住皇帝，不想空手而归，领兵到定陵抄掠骚扰。曹操见梁县空虚，命令曹仁、乐进率军进攻。徐晃见曹军来了，遣使向曹仁求降，曹仁大喜，命徐晃里应外合，曹军一下子攻下梁县。杨奉听说大本营被抄，无家可归，无奈之下率军投奔袁术，在扬州、徐州一带肆意作恶。

建安元年（196）九月，曹操把皇帝刘协迎到许县，马上大兴土木建造皇宫，依规给公卿大臣发放俸禄，大汉朝廷终于又安定下来了。曹操成功地将都城迁到了许县，从此许县也叫许都。

刘协大摆筵席庆祝，曹操道："这里是我的地盘，我曹操可确保陛下和各位大臣安全。从今以后，不再遭受董卓、李傕那时的苦难。以后我要扫平天下，让天下重归一统。"曹操与百官一起举杯向刘协道贺，曹操猛见杨彪神情严肃，似乎不高兴，仔细一看，宴会的主角是刘协，百官都围着刘协转。曹操心里一惊，心想："要是有人想谋害我，我岂能保全性命？"曹操越想越怕，于是借上厕所之机离开。

不久，太尉杨彪、司空张喜被曹操免去官职，刘协命曹操为大将军，封武平侯，曹操从此掌控朝廷大权。曹操命夏侯惇为河南尹，荀彧为侍中、兼任尚书令，程昱为侍中，曹洪为谏议大夫。从此荀彧居中执重、折节下士、坐不累席，深得曹操和刘协喜爱。

曹操得意忘形，以皇帝的名义下诏书给袁绍，责备袁绍土地广、军队多，却一味拉帮结派，没出兵援救天子，擅自攻打他人。袁绍收诏书后浑身不自在，连忙上书辩解。曹操上表刘协，任命袁绍为太尉，封邺侯。袁绍很不高兴，耻于居曹操之下，上书朝廷辞让，不接受太尉之职。曹操感到害怕，将大将军之位让出，自为司空，行车骑将军事。

曹操以皇帝刘协的名义下令：如今大汉朝廷已迁都于许，各地官员应恪尽职守、报效朝廷。各路诸侯应放下纷争，投靠朝廷。不久李通率部投奔。李通，字文达，江夏平春人，闻名于江、汝之间。曹操大喜，任命李通为振威中郎将，屯驻汝南郡西界。

刘表接到朝廷诏令，派使者入朝进贡，又与袁绍互相联络，治中邓羲劝道："您要么效忠朝廷，要么与袁绍结盟，怎么可以脚踩两条船呢？这样会引来灾祸啊！"刘表道："对内我不失进贡纳奉之职，对外我不违背盟主，这是天下之大义啊！你怎么唯独对此事感到奇怪呢？"邓羲非常生气，不久便称病隐退。

曹操问荀彧道："谁可代替您为我谋划？"荀彧道："荀攸、钟繇可以，不过荀攸是我的从子。"曹操大喜道："荀攸我听说过，钟繇我早就认得。"于是命钟繇为侍中。曹操给荀攸写信道："现在天下大乱，正是智士劳心之时，而您却在观望天下的变化，您不觉得待得太久了吗？"于是下令征召荀攸为汝南太守。荀攸离开荆州，投奔曹操。荀攸一到许都，曹操马上改任荀攸为尚书。不久曹操召见荀攸，两人相谈甚欢。曹操非常高兴，对荀彧、钟繇道："公达可不是一般人，我能和他一起商议国家大事，天下还有什么可以担忧的呢！"于是任命荀攸为军师。

许都的事暂且不表，就在曹操迎接天子之时，一直令曹操念念不忘的徐州究竟又会发生什么呢？且听下文分解。

鲸吞江东

翦灭群雄

第二十五章　三诸侯争夺徐州，孙伯符智取会稽

第一回　袁术攻打刘备，吕布袭取徐州

再说吴景、孙贲领兵而回，向袁术尽述江东之事，袁术大喜道："如今孤再无后顾之忧，终于可以向徐州用兵了。"当晚，刘勋对袁术道："丹阳太守周尚私下借兵给周瑜，周瑜领兵帮助孙策，请主公多加防范。"袁术马上采纳，命从弟袁胤为丹阳太守。

袁术听说周瑜能领兵打仗，马上召见周瑜。袁术见周瑜学识渊博，见识非凡，非常喜欢，对周瑜道："孤听说您是不可多得的将才，助孙策打败刘繇，今日一见果然名不虚传，你就在我手下当将领吧！"周瑜心想："我内心已许孙策，孙策都要离开袁术，我岂能重蹈覆辙？我要是在袁术手下当将领，以后就难以脱身了。为今之计，我得找一个能够快速离开袁术去找孙策的地方去做官。"于是周瑜向袁术行了一个大礼道："多谢明公厚爱，明公手下人才济济，兵多将广，周某年少，才疏学浅，岂敢与明公手下将军并列，不如让我当居巢令吧。一来居巢与我家乡相邻，我可以照顾家中老母。二来明公可以考察我，如果我的确有能力，那时明公再提拔我也不迟。"袁术听了很开心，当即同意。

建安元年（196）春，袁术一切准备停当，以纪灵为大将、张勋为前锋，杨弘、桥蕤、吴景、孙贲、孙香为将军，命袁涣、阎象、李丰运输粮草，亲率五万大军进攻徐州。各地告急文书如雪片一般飞向下邳，刘备召集部下商议，刘备道："袁术来攻徐州，我想出兵抵抗，不知各位意下如何？"陈群劝阻道："不可，将军出兵对抗袁术，吕布一定会袭击后方，如此，我们危矣，此乃下策！不如命吕布前去御敌，待双方疲惫之时，我们再去攻打袁术，这样最为稳妥，此乃上策。我们凭城固守，先保证自己不败，待袁术粮尽而退，我们再乘机出击，可保一战而胜，此乃中策。"刘备道："君子待人以诚，我待吕布不薄，吕布一定不会背叛我的。如果吕布真的会背叛我，我怎能把他调到阵前作战？"刘备没有采纳陈群的意见，命张飞镇守下邳，自己与关羽率军两万来战袁术。袁、刘两军在盱眙打了一仗，张勋、吴景、孙贲、孙香轮番攻打刘备，刘备不敌，退到淮阴石亭防守，双方打了一个多月，互有胜负。

袁术见刘备很难对付，心生一计，写信给吕布道："平东将军温侯阁下：昔日董卓作乱，破坏王室，祸害我的家人，我在关东起兵，没有把董卓杀掉。将军您诛杀董卓，还把他的首级送来，为我报了大仇，洗刷耻辱，使我扬眉吐气，这是您的第一件大功。以前我的将领金元休进攻兖州，刚到封丘，就被曹操打败，金元休逃走，几乎全军覆灭。将军您攻破兖州，我又扬眉吐气，这是第二件大功。袁术我有生以来从未听说过天下有刘备这个人，刘备举兵与我对抗，我凭借将军您的威名才能打败刘备，这是第三件大功。将军您对袁术有三大功劳，我虽然不聪明，也愿意将生死交给将军。将军您连年征战，军粮缺乏，我现在送来二十万斛米，在道路上恭候您的到来，我并不只是送这点粮食就完了，还会源源不断地再给您送粮食。不管是兵器战具还是其他物资，您尽管开口，我唯命是从！"吕布收到书信大喜，于是率军水路并进，直奔下邳。

话说下邳相、中郎将曹豹对徐州牧刘备不服，见刘备、关羽在外作战，独留张飞镇守下邳，于是乘机密谋作乱。张飞大惊，决定先下手为强，马上率军攻打曹豹，曹豹不敌，想要逃走，张飞拍马赶上，与曹豹交战不到十个回合，一矛将曹豹刺落马下。下邳城内军队相互攻伐，乱作一团。

再说吕布在离下邳四十里处扎营，入夜，忽闻司马章诳求见，吕布忙将章诳迎入。章诳道："张飞把曹豹杀了，下邳城中各路军队互不信任。中郎将许耽有丹阳兵一千，屯驻在白门楼，听闻将军您向东而来，全军上下都很兴奋，请将军挥军攻击，我们愿为内应，恭迎将军进城。"原来中郎将许耽见张飞勇猛，估计自己不能取胜，于是隐忍不发，如今听说吕布来了，连忙派章诳向吕布求援。

吕布大喜，下令连夜进军下邳。凌晨时分，吕军到达下邳城下，许耽连忙打开城门，恭迎吕布进城。张飞在睡梦中忽闻喊杀声四起，连忙翻身而起，但见吕军如潮水一般涌来，张飞来不及披挂，策马提矛仓促应战，被吕布打得大败。张飞带着随从拼死杀出南门，来投刘备。

张飞一见到刘备，跪地痛哭道："下邳已被吕布袭占，我对不起主公，你就处罚我吧！"关羽问道："嫂嫂在哪里？"张飞哭道："主公家小都在下邳，不知死活。"关羽跺着脚道："你怎么能把下邳丢了，没有粮草，我等如何安身啊！"刘备扶起张飞道："益德请起，我们马上把下邳夺回来。"陈群劝阻道："不可，当下我们应该速去广陵，确保广陵平安。"刘备不听。

刘、关、张马上撤退，直奔下邳，袁术闻知吕布得手，立即率军追杀，刘备大败。袁术大胜一阵，召集众将商议，袁术道："孤欲得徐州，想进攻下邳，不知各位意下如何？"张勋道："不可，主公用计让吕布袭取下邳，现在进军于理不合。如果我们进攻下邳，刘备、吕布可能马上又会联合起来，一个刘备就很难对付了，再加上吕布，我们不好办啊！徐州唯独广陵尚未经历战火，物茂财丰，不如我们先取广陵。如今吕布取了下邳，肯定与刘备水火不容，一旦他们相互攻杀，到时候我们再相机而动，岂不妙哉！"袁术大喜，马上采纳。

刘备大军刚到下邳，士兵的家眷都在城内，于是纷纷离开，转投吕布，刘备见军队四散离去，长叹一声，率军奔往广陵。刘备来到广陵，没有想到广陵已被袁术占领。刘备军中无粮，忍饥挨饿，硬着头皮进攻袁术，又被袁术打得大败，刘备只得率军逃到海西。

刘备无粮，士兵自相残杀，以人为食。刘备垂头丧气，流着眼泪对孙乾道："你去恳求吕布收留，这种局面不能再继续下去了。"刘备又对陈群道："我后悔没听您的建议，遭此大败，落到这般田地，这一切都是我的错啊！"

过了三日，糜竺、糜芳带着两千多人运来粮食，糜竺对刘备道："我们兄弟俩的全部家人、奴仆、财产都在这里了，请您笑纳。"刘备道："这可如何使得啊！"糜竺又道："我听说您的夫人被吕布扣压，您生活起居不能没人料理，我把妹妹也带来了，您要是看得上，就让她留在身边，让她为您洗衣做饭，叠被铺床。"刘备大喜，马上娶为夫人，史称"糜夫人"。糜竺道："既然您娶了我家小妹，从此我们两家合为一家，这些粮草、奴仆、财产就是嫁妆。我俩今日正式投奔您，您就是我们的主公，我们任凭主公驱使！"刘备有了糜家资助，精神为之一振，马上脱离绝境。将士们听说糜竺来投，士气大振。

吕布得了下邳，马上派秦宜禄向袁术索要粮食，袁术推托道："如今我也粮食不够，秋后定给将军送来！"秦宜禄回禀吕布，吕布大为不快。

孙乾到下邳求见吕布，质问吕布道："刘徐州待你不薄，在你最困难的时候收留你，让你有安身之所，你为何占领下邳？"吕布辩解道："情况不是你说的这样，不是我要取下邳，是别人请求我救下邳百姓，我为下邳百姓着想，把它取了，请问有何不可？孙乾道："这不可能！"吕布当即叫来许耽，对孙乾道："是许将军请我入驻下邳。"孙乾问道："可有此事？"许耽道："是的，是我干的。"吕布对许耽道："有人叫我把下邳还给刘备，你同意吗？"许耽道："不可，刘备何德何能，我等不服！"吕布对孙乾道："你听到了吧。"孙乾马上改口，对吕布道："将军功勋卓著，天下无人不服，您得徐州，实乃天经地义，是我错怪将军了。我主刘玄德一直仰慕将军，愿跟随将军共抗曹操，永保徐州平安。"吕布道："我与刘玄德无冤无仇，曹操、袁术才是徐州的敌人。只要刘玄德愿意投奔，永居我下，我愿以礼相待。"孙乾返回海西复命。

吕布召集部下商议，高顺道："刘备不会久居人下，刘备一到，我们应该马上把他杀了，以绝后患！"陈宫道："不可，我们已夺其地，于理不合。他若来投，又把他杀了，岂不是让天下人嗤笑？"吕布认为陈宫说得对，对众将道："我看这样，先等刘备来了再说，如果刘备不服，不愿居我之下，我当诛之，如能为我所用，我当用之。一切听我号令，以我捏碎杯子为号！"

刘备率军来到下邳城下驻扎，命张飞守住大营，自己率关羽、孙乾、糜竺、糜芳进城拜见吕布。刘备一行来到府衙，但见吕布威风凛凛端坐大堂。刘备低着头，恭恭敬敬地来到吕布面前，跪地叩拜道："末将刘备特来投奔主公，请主公相允！"吕布问道："刘玄德，你可是真心投奔？"刘备伏在地上道："刘备我真心来投，万望主公不要怀疑。这是徐州牧的印信，现在献给主公，请主公收下。"孙乾将一漆制木盒献给吕布，吕布徐徐打开，见是徐州牧金印，两眼放光，连忙接过放在案上。刘备接着道："这是徐州地图和户籍。"糜竺、糜芳恭恭敬敬地将徐州地图和户籍献给吕布，吕布大喜，对刘备道："贤弟请起！"刘备慢慢地站起身来，对吕布道："刘备才疏学浅，无德无能，自从署理徐州以来，虽竭尽全力，但治理无方，徐州官员颇有怨言，心中不服，刘备自当辞去徐州牧。温侯诛杀董卓，武功盖世，英姿勃发，乃当世英雄，徐州上下皆有意请您就任徐州牧，刘备我虽不贤能，但知道这是民心所向，不敢违逆，我当顺潮流而动，推举您担任徐州牧。"吕布内心欢喜，装模作样推辞道："没有朝廷的命令，这怎么行啊！"刘备道："温侯有功于汉室，乃朝廷柱石，当一个州牧怎么说都屈才了。可眼下只有您有能力保徐州平安，不让曹操、袁术染指，万望将军以徐州百姓为念，屈尊就任徐州牧！"吕布大喜，在一片欢呼声中正式就任徐州牧。

吕布设宴款待刘备，酒过三巡，侍者上菜时将一满是裂纹的玉杯送到吕布案上，吕布心里明白，手下人一切准备停当，请吕布捏碎杯子，众人一拥而上把刘备杀了。吕布拿起玉杯，屏后的伏兵手握刀剑，准备行动。吕布对刘备已有好感，下不了手，又见关羽腰胯宝剑，威风凛凛地站在刘备身后，吕布将玉杯拿在手里把玩了一会儿，重新放回案上。不久，中郎将许耽向吕布敬酒，趁机用手指不断敲打着自己的杯子，示意吕布下手，吕布将玉杯子用力捏在掌中，问刘备道："贤弟你想担任什么职务？"刘备起身，恭恭敬敬地行了一礼道："刘备我既已投奔主公，一切全凭主公安排，我唯命是从，绝无二话。"吕布对刘备道："下邳官员对你颇为不满，不如你就屯兵小沛吧。"刘备连忙跪地谢恩道："主公英明，明察秋毫，我刘备定会竭尽全力为主公守好小沛！"吕布将玉杯轻轻放回案上，上前将刘备扶起，说道："贤弟不必多礼。"不久，高顺站了起来，一手端着杯子，一手猛指杯口，示意吕布下手。吕布对侍从道："高将军定是没酒了，快去添酒。"高顺只得坐下。吕布见侍者上菜，将玉杯轻轻地放在托盘上，侍者躬身而退。席毕，吕布以刺史之礼将刘备送至泗水河边，刘备率军奔往小沛赴任。

徐州易主之事暂且不表，就在曹操迎接天子之时，袁绍等人又在干什么呢？且听下文分解。

第二回　吕布辕门射戟，袁绍怒杀臧洪

再说袁绍在东武阳久攻臧洪不下，逢纪见袁术攻打刘备，乘机向袁绍建议道："如今徐州大乱，曹操主力奔往西南，正是我们向青州用兵的大好时机，将军切莫错过。"袁绍大喜道："此乃天助我也，我要毕其功于一役。"于是命张郃、高览到青州增援袁谭。袁谭率军猛攻田楷，田楷不敌，带着残部逃往幽州。

接着，袁谭进攻北海孔融，双方从春天一直打到夏天，最后孔融仅剩士兵数百，流矢像雨点一般射来，城内已是短兵相接，孔融仍然凭案读书，谈笑自若。战至夜晚，北海陷落，孔融带着少量随从逃奔山东，妻儿皆被袁谭俘虏。不久袁谭曜兵海隅，袁绍尽得青州之地。袁家素来宽厚，百姓为袁谭的胜利感到欣喜，刘备举袁谭为茂才。

建安元年（196）六月的一个夜晚，吕布睡得正香，忽闻府衙外人声嘈杂，接着有人进攻府衙大门。吕布大惊失色，翻身而起，来不及穿衣，拉着妻妾儿女逃命。吕布一家人逃到厕所边上，见四向无人，顺着厕所拐角，贴着墙壁逃了出去。吕布逃到高顺军营，高顺问道："将军您猜到是谁造反吗？"吕布道："像是河内那小子口音。"高顺道："那就是郝萌了！"

再说郝萌攻打府衙，府衙大门坚固，吕布亲兵拼死抵挡，硬生生地将叛军挡在门外。次日清晨，高顺率军攻打郝萌，郝萌部将曹性见吕布援军来了，马上反叛，率部与郝萌对攻，郝萌大怒，一剑刺入曹性腹部，曹性忍着剧痛挥刀反击，一刀将郝萌右臂砍断，郝萌鲜血直喷，抽身逃跑，没跑几步，正遇高顺，高顺大喊一声，一刀砍下郝萌首级，郝萌部下全部弃械投降。

高顺用床舆把曹性抬到吕布面前，吕布问道："郝萌为何反我？"曹性道："郝萌听了袁术的阴谋。"吕布又问："还有谁参与造反？""公台也参与了密谋。"

陈宫的脸一下子红了，吕布不想追查陈宫，对曹性道："公台不会负我，你休得胡言乱语。"曹性道："郝萌常常用反叛的事情询问我，我说吕将军是大将，有神灵相护，断不可攻击，没想到郝萌狂妄迷惑，不听我言。"吕布褒奖道："您是勇士！"于是命人细心妥善照顾。过了三个月，曹性痊愈，吕布命曹性统领郝萌的军队。吕布的亲戚魏续建议道："将军可得多留个心眼，防止手下反叛。"吕布认为魏续说得对，明知高顺忠心耿耿，却命高顺将军队交给魏续统领。

袁术得了广陵，命吴景为广陵太守，自率大军返回寿春。袁术见吕布接纳刘备，担心吕布攻打自己，长史杨弘献计道："将军的公子尚未婚配，听闻吕布有一女，我们可与吕布结成姻亲，吕布自然不会进攻主公。"袁术大喜，命韩胤为使者，向吕布求亲，韩胤到了徐州，对吕布道："我家主公有一子，年少有为，尚未娶亲。听闻将军之女年已及笄，待字闺中。特命我来求亲，望将军应允！"吕布初得徐州，局势不稳，也想引袁术为外援，于是马上答应。韩胤回报袁术，袁术大喜道："刘玄德实力大减。如今奉先与孤结亲，孤现在攻打刘备，奉先一定不会插手。"

建安元年（196）十月，袁术以纪灵为主将，雷薄、陈兰为副将，率领步骑三万来攻小沛。袁军在小沛城外安营扎寨，当晚刘、关、张率军出城偷袭，不想纪灵早有提防，把刘备打得大败。刘备撤回城中，袁军围住小沛攻打，刘军凭城死守，小沛岌岌可危，刘备星夜差人向吕布求救。

吕布召集部下商议，众将道："将军一直有除掉刘备的想法，如今将军之女已许配袁家公子，正好可以借袁公路之手除掉刘玄德，如此岂非遂了您的心愿？"吕布道："并非如此，我们实力不如公路，公路如果占领小沛，就会联合北面泰山一带的军队，我们就会被袁公路包围，就算两家结了亲，袁公路下一步还会对付我们。我虽然想除掉刘玄德，但刘备是我的屏障，唇亡齿寒的道理你们应该明白，我不能不救啊！"于是率领步兵千人、骑兵二百，飞速赶往小沛。

纪灵听说吕布来了，马上下令收兵，不敢再攻。吕布在小沛西南扎下营寨，差人请纪灵、雷薄、陈兰到军中饮酒。酒过三巡，菜过五味，吕布道："袁公路送给我许多粮食，是我吕布的朋友。刘玄德是我吕布的贤弟。一边是朋友，另一边是兄弟，手心手背都是肉，你们两家相争，任何一家败了，我都会很伤心。我生性不喜欢看别人争斗，只喜欢替别人解除纷争，所以特来给你们两家调解。"纪灵道："敢问将军如何调解？"吕布命人在辕门外竖起一支长戟，对纪灵道："诸位看我射长戟的小枝，如果一箭射中，诸君听我调解，立即停止进攻，离开这里。如果射不中，你们可以留下，与刘备决一死战，双方无论谁输谁赢都与我无关。"纪灵心道："长戟离此百步开外，小枝很难看清，怎么可能射中？不如买他一个面子。"于是纪灵对吕布道："既然温侯出面调解，一切全凭温侯做主。"吕布道："既然将军应允，我差人去请刘备，让他也来饮酒，听我调解。"纪灵道："如此甚好。"不一会儿，刘备、张飞策马来到，吕布请刘备入席，原原本本地把调解之法向刘备说了一遍。刘备心里暗暗骂道："这厮根本不想帮我，简直是瞎扯淡，要是早知如此，何必向他求援，算了算了，我也没有别的办法，干脆走一步算一步吧。"于是刘备强装笑颜道："末将全凭温侯做主！"

吕布命雷薄、张飞一左一右离长戟十步外观看。纪灵洋洋得意地看着刘备，刘备额头渗出细汗，紧张地望着吕布。吕布用眼瞟了一眼旌旗，但见旌旗纹丝不动，只见吕布取出宝弓，搭上利箭，分腿沉胯，缓缓引满弓弦，对着长戟一箭射去，利箭划出一道弧线呼啸着向前飞去，只听当的一声，张飞大喊道："射中了！射中了！"纪灵等人大惊，说道："将军天威！"吕布哈哈大笑道："这是上天让你们两家罢兵！"说完一手拉着纪灵，一手拉着刘备重新入席，次日三方又欢聚一堂，纪灵引军退兵。

不久，刘备旧部纷纷来投，一下子聚集一万多人。吕布见刘备势力不断壮大，担心对徐州有威胁，于是亲率大军偷袭，刘备毫无防备，被吕布打得大败而逃，奔往许都投奔曹操。

再说袁绍在东武阳围攻臧洪已逾一载，袁绍命陈琳给臧洪写信，劝他投降。臧洪回信严词拒绝，袁绍见劝降不成，增兵急攻。东武阳内无粮食，外无救兵，臧洪知道最后的时刻快要到了，于是把部下叫来，说道："袁绍无道，对汉室江山图谋不轨，不救我以前的主公，我为大义而死，死有所值。你们没必要跟着我一起死，赶快带着家小逃命去吧。"城中将士和百姓泪流满面道："您与袁本初并无仇恨，如今因为朝廷和故主，才到这种地步，我们怎能弃您而去！"于是没有人离开臧洪。一开始大家还可以抓老鼠、煮皮革吃，后来什么都被吃光了，只剩下三升米，主簿想分几次熬粥给臧洪吃，臧洪道："我独自吃有什么用！"于是让人煮成稀粥让大家分着喝，最后又把爱妾杀了分给将士充饥。将士们都失声痛哭，不能抬头仰视。最后袁绍大军攻破城池，城中男女七八千人互相枕着大腿死在一起，没有一个叛逃。

袁绍命人用布幔隔离出一块空地，大会诸将，把臧洪押至跟前，袁绍问道："你为何要背叛我？现在服了没有？"臧洪饿得站都站不起来，坐在地上，张开双腿，眼睛瞪着袁绍道："你们袁家四世五公，可谓国恩浩荡。现在汉室衰弱，你们没有辅翼之意，反而趁机想达到不可告人的目的，残杀忠良之士，以立自己的淫威。我亲眼看见将军称呼张陈留为'兄'，那么，我的府君张超将军你也应称为'弟'，你不能同心协力，为国家除害，反而拥兵在旁，看着别人把他斩尽杀绝。只可惜我臧洪力量不够，不能亲手杀了你们为天下报仇，哪来的服不服？"袁绍本来喜欢臧洪，想让他屈服，然后赦免，见他如此态度，知道不能为己所用，于是下令把臧洪杀了。

臧洪有个老乡叫陈容，深得臧洪信赖，在臧洪手下担任郡丞，当时东武阳还没被攻破，臧洪派陈容出城，不想被袁军截住。臧洪在法场时袁绍命陈容在一旁观看，陈容见袁绍要杀臧洪，连忙上前求情，袁绍不答应，让人把他拉出去，陈容大喊道："我不能与子源将军同日生，愿与子源将军同日死！"于是袁绍下令把陈容推出去斩首。袁绍身边人对臧洪、陈容之死无不表示惋惜，私下道："怎么能一日杀二烈士呢！"

各路诸侯在中原、徐州等地为争夺地盘打得不可开交，那么孙策究竟在干什么呢？且听下文分解。

第三回　孙策瓦缸过浙江，张子布广纳流民

且说孙策率军到了钱唐，饮马浙江，早有斥候报与会稽太守王朗。王朗本名王严，字景兴，东海郡郯县人，师从杨赐，通晓经籍，由徐州刺史陶谦举为茂才，拜徐州治中从事，后升任会稽太守。王朗召集部下人商议，功曹虞翻闻讯穿着丧服匆忙赶到府衙，边走边换上官服入内。虞翻，字仲翔，会稽余姚人，善使长矛，精通经学，兼通医术，文武全才。虞翻对王朗道："孙策兵强，王使君应该避开孙策方为上策。"大将周昕道："会稽有浙江天堑，孙策过江绝非易事。只要使君亲率大军坚守，谅他孙策也无能为力。"王朗道："周将军所言甚是，我身为汉臣，理当保境安民。"虞翻道："周将军这是误导使君，使君应该把他斩了！刘繇有长江天堑，更有张英、樊能水军相助，结果孙策过了长江，赶走刘繇。请问浙江天堑能与长江天堑相提并论吗？会稽的军队能与刘繇的军队相比吗？还请使君三思而行！"周昕道："王使君，仲翔妖言惑众，长别人志气灭自己威风。请问仲翔，你得了孙策什么好处，竟然为他说话！"虞翻道："你不要血口喷人，

我算过卦了，此去凶多吉少！"王朗道："两位不要再争，我意已决，我要与孙策决一死战。东部都尉全柔听令，你为先登，明日启程北上迎敌，我自率大军随后就到。"

全柔率军到了浙江，直接渡江投奔孙策，孙策大喜，任命全柔为丹阳都尉。王朗大惊失色，连忙进军固陵，与孙策隔着浙江对峙，孙策征集船只，几次渡江作战都没有成功。孙静闻讯，率领家人前来助战，孙静建议道："王朗凭险要和城池固守，我们很难迅速破敌。往南几十里有一地方叫'查渎'，这是通向会稽的要道，可从那里直插王朗后方，我愿率军为前锋，攻其不备，出其不意，一举将他打败。"孙策大喜，马上采纳。孙策假装发布命令道："近日阴雨连连，水质浑浊，士兵喝了肚子痛，赶快备置大瓦缸数百口澄清，以供饮用。"军队备好了大瓦缸，入夜，孙策命程普留守，多插旗帜，遍地点起火堆迷惑王朗。自己与孙静率军抬着瓦缸逆流而上来到查渎，全军将士坐进瓦缸，偷偷渡过浙江。孙策率军袭占高迁屯，缴获大量粮草辎重，切断王朗粮道。王朗闻讯大惊，连忙命周昕率军来攻。孙策列阵与周昕对战，周昕临阵被斩，余下的将士全部投降。

王朗闻讯手足无措，虞翻劝道："我知明公必败，早已备好船只，请您不要犹豫，赶紧登船逃走吧，否则孙策大军一到，您就要成为俘虏了。"王朗无奈，连忙登船逃走。船队刚到入海口，虞翻想开船北上广陵，王朗道："广陵已被袁术大军占了，我们不能自投罗网！"于是下令船队南行。船队一路漂泊来到东冶（今福州），东冶县长商升下令关闭城门，不准王朗入内。王朗气得差点晕过去，虞翻单骑入城游说，商升终于同意接纳王朗。王朗对虞翻道："你服丧未满，家中还有老母，还是回家去吧。"于是虞翻拜别王朗独自返回山阴。

话分两头，孙策向山阴进军，行至高迁亭，前锋凌操来报："前方有位小将名唤董袭率军两百前来投奔。"孙策上前问道："你怎么知道我会路过此地？"

董袭恭恭敬敬地行礼，说道："末将早就听闻将军威名，可惜无缘相见。如今将军来取会稽，末将料定将军会途经此地，三日前就到此地恭候将军了。"董袭，字元代，会稽余姚人，身长八尺，武力过人。孙策非常喜欢董袭，拉着他的手道："你是本地人，对本地熟悉，你就暂时担任门下贼曹吧。"董袭大喜道："末将愿为将军牵马引路，直取会稽。"

孙策顺利攻取山阴，自领会稽太守。孙策差人晓谕各县，命各县官吏来投。孙策考核县令县长，举太末长贺齐为孝廉。贺齐，字公苗，会稽山阴人，多次打败山贼，平定叛乱。孙策将上虞令免了，命顾雍担任上虞令。不久，孙策听闻虞翻返回家乡，恭请虞翻担任功曹。

山阴山贼黄龙罗、周勃纠集几千人马反对孙策，孙策与董袭带兵讨伐，孙策暗忖，这里群山连绵，比以前攻打笮融难多了。没想到董袭作战勇猛，奋勇向前，斩杀黄龙罗、周勃，大破山贼。孙策大喜，任命董袭为别部司马，授兵一千。

张昭派人来报："袁术、刘备、吕布在徐州争斗，大量百姓渡过长江前来投奔，如今粮食供应困难，接收难民能力有限。望主公示下！"孙策回复道："子布，我们应该敞开胸怀，竭尽所能全力收留难民，让他们有条生路，创造一切条件让他们在江东安家落户，这些事由您全权负责。粮食不够可以向豪强暂借，你再以我的名义调用吴郡、会稽、丹阳三郡粮草，我们全力接济难民，如此一定可以渡过难关。我再写信给广陵太守吴景，让他协助更多难民南渡谋生。"张昭收信大喜，说道："孙伯符真是明主啊！"于是每天派船到江北接收难民，徐州百姓闻讯，带着家产，扶老携幼，就像潮水一般纷纷涌向江东，张昭对南渡百姓一一悉心安置，张昭制订一系列政策，让他们安居乐业。徐州百姓对张昭感恩戴德，赞美之词溢于言表，甚至只知张昭不知孙策，士大夫也经常写信赞美张昭，将所有功劳全归于张昭。张昭想把这事隐藏起来不宣扬，却担心孙策怀疑有私情，如果公开宣扬又感觉不合适，于是内心不安。孙策听了哈哈大笑，根本不当一回事，说道："当年管仲为齐国国相，齐桓公开口仲父，闭口仲父，而他则称霸诸侯，为天下所尊崇。如今子布贤明，我能重用，他的功名难道不为我所有吗？"张昭闻讯很高兴，说道："主公胸怀坦荡，任人不疑，对部下推心置腹，能遇到这样的明主死而无憾啊！"

张纮对孙策道："现在王朗占据东冶，与商升一起反对将军，请将军早日派兵讨伐。"孙策道："我以前把俘获的郡守放了，东冶路远，谅他也翻不起什么波浪。"张纮道："不可，会稽是将军的根本，如果不拿下东冶，将军一定如芒在背，怎能放心在外征战？此乃其一。王朗颇有治声，善于蛊惑人心，对百姓有恩，将军如果不把他拿住，恐怕会稽永不安宁，到时候可能横生枝节，此乃其二。王朗是徐州名士，品德高尚，善于治理地方，如能为将军所用，将军必定如虎添翼，此乃其三。"孙策马上采纳，命永宁县长韩晏任南部都尉，出兵讨伐商升，命贺齐为永宁县长。

南部都尉韩晏攻打商升，商升人多势众，韩宴战败。孙策又命贺齐为南部都尉，率军挺进东冶。商升知道贺齐的威名，自知不是对手，于是派人请求订立盟约。贺齐晓以祸福利害，商升派人送上印绶，走出城池请求投降。叛军头领张雅、詹强不愿投降，从背后偷放冷箭，商升中箭身亡。张雅自称无上将军，詹强自称会稽太守，叛军依仗人多势众继续抗拒贺齐。贺齐兵少无力征讨，于是驻军不前。张雅与女婿何雄争夺权势，不和睦，贺齐便令山越人从中挑拨，于是两人相互猜忌对立，各自拥兵图谋对方。次年贺齐领兵进讨，把张雅打得大败，詹强党羽震慑恐惧，率众投降，贺齐下令屠城。贺齐俘获王朗，恭恭敬敬地将王朗送到山阴，虞翻、孙策、张纮、张昭纷纷劝说王朗归顺，王朗一一拒绝，孙策仍对王朗以礼相待。

孙策平定会稽全境，遣使到许都朝见，进献贡品。孙策想上表叔父孙静为奋武校尉，委以重任。孙静辞谢道："我留恋故乡，不喜欢在外当官。"孙策尊重孙静的选择，请他镇守家乡。贺齐向孙策建议道："东冶地盘太大，远离山阴，不好管理。"孙策将东冶一分为四，新设建安、汉兴、南平三县。

孙策平定会稽全境暂且不表，那么远在几千里外的朝廷和曹操下一步又将会干些什么呢？且听下文分解。

第二十六章　曹孟德初征张绣，袁公路僭号称帝

第一回　曹孟德初征张绣，猛典韦力战身亡

话说刘备到许都投奔曹操，曹操召集部下商议，程昱道："刘备是英雄，有称霸天下的志向，主公应该把他杀了，以绝后患。"荀彧道："仲德言之有理。"

曹操又召郭嘉相问，郭嘉，字奉孝，颍川阳翟人。当初曹操在许县一带屯田，谋士戏志才病故，曹操非常伤心，写信给荀彧道："我现在没有能够商议大事的人，汝南、颍川多奇士，请问谁可接替戏志才？"荀彧回信道："颍川阳翟酒色之徒郭嘉有大才，请主公留意。"曹操马上召见郭嘉，曹操道："听说你以前投奔袁绍，为何离开？"郭嘉道："聪明的人要小心地衡量主人，如果百举百全则功名可立。袁绍只欲效仿周公礼贤下士，却不知道怎么用人。思虑很多却缺乏要领，喜欢谋划而没有决断，要与他共同拯救天下危难，建立霸王之业，实在太难了！"曹操与郭嘉纵论天下大事，郭嘉对答如流，见解精辟。曹操道："使我成就大业的人，一定就是这个人了。"郭嘉从曹操大帐出来，也高兴地说道："这才是我的主公啊！"于是郭嘉成为曹操谋士。郭嘉马上发表不同意见，说道："曹公您提剑起义兵是为民除暴，以诚心和信义来招天下俊杰都还怕他们不来，如今刘备有英雄之名，

因为穷途末路前来投奔，如果把他杀了，就给您加上杀害贤人的名声，那么智士就会产生怀疑，改变主意，另择明主，到时您和谁一起平定天下呢？如果为了消除一个人带来的后患，丧失天下人对您的期望，这才是导致危亡的关键所在，不可不明察啊！"曹操笑道："我知道其中道理了。"于是曹操以客礼厚待刘备，以天子的名义任命刘备为豫州牧，镇东将军，封宜城亭侯。曹操向刘备提供粮草，命刘备到小沛收集兵马对付吕布。刘备向曹操推荐孔融，曹操任命孔融为将作大匠，不久迁少府。

郭嘉后来又对曹操道："刘备有雄才，甚得民心，张飞、关羽皆是万人敌，为他效死命，以在下愚见，刘备不会久居人下，他的想法不可预测。古人云：'一日放跑了敌人，好几世都成为后患。'应该尽早想方法。"曹操认为眼下正是招揽英雄之时，应该真诚待人，没有听从郭嘉的意见。

再说骠骑将军张济军中无粮，带兵离开陕县，到南阳一带掠夺。张济率军攻打穰城，穰城城墙高大坚固，一时攻不下来，张济亲自到城下指挥作战，不料被流矢射中头部，坠马而亡。众将认为建忠将军、宣威侯张绣很讲义气，作战勇猛，一致推举张绣统领军队，张绣乃张济从子。张绣命全军退出穰城，将张济掩埋。荆州官员闻知张济死讯，纷纷向刘表祝贺，刘表道："张济乃骠骑将军，因穷途末路来到荆州，我作为主人如此无礼，并非我的本意，我只接受吊唁，不接受祝贺。"

张绣对众将道："我军之所以无立足之地，就是因为没有足智多谋的谋士，如果我们能请贾诩为谋主，我军定能转危为安。"于是张绣派使者前往段煨大营恭迎贾诩。张绣手下私下议论道："贾先生大材，岂是我们能请到的？"

使者来到华阴，向贾诩说明来意，不想贾诩一口应允。贾诩临行，有人问道："段煨将军待你这么好，处处敬服，为何还要离去？"贾诩道："段忠明虽与我同郡，但生性多疑，内心对我有所顾忌，担心我夺了部队，虽然待遇优厚，却不可依靠，时间久了一定会被他所害。而我此时离开，他一定很高兴。他指望我联系外援，一定会善待我的家人。张绣现在正缺谋士，也很愿意得到我，这样我和家人都能得到保全。"贾诩走后，段煨果然善待贾诩家人。

不久，刘表派人送来粮食招纳张绣军队，张绣部下纷纷投奔刘表。贾诩来到张绣大营，张绣大喜，对他执子孙礼。张绣问计道："我军当下该当如何？"贾诩道："军队无粮就散，眼下当务之急是让军队有饭吃，现在刘表招纳将军的部下，为今之计应主动接受招纳，率军投奔刘表，否则刘表一步一步把您的部下招走，那就不好办了。如果主公不弃，在下愿找刘表商议。"张绣马上采纳。贾诩来到襄阳拜见刘表，刘表以客礼接待贾诩。贾诩道："建忠将军、宣威侯张绣欲来相投，望明公接纳！"刘表大喜道："如果张绣来投，我定善待他。"贾诩道："还请将军把原来的部众归还给他。"刘表欣然同意。刘表召集部下商议，部下议论纷纷，莫衷一是，刘表不能控制，刘表整整商议了十日，这才对贾诩道："你我约定之事已成，命张绣屯兵宛城。"贾诩回报张绣道："今日之事已成。依我愚见，刘表在和平时有三公之才，但他看不到时代的变化，性格多疑没有决断，不可能有所作为。"张绣就这样成为刘表藩属，雄据南阳，为刘表镇守荆州北部。

曹操手下建议道："如今张绣与刘表联合，屯兵南阳，主公宜趁他立足未稳，先行攻取。"曹操马上采纳，上奏皇帝刘协，刘协大喜道："我最痛恨李催、郭汜、张济这帮人，爱卿出兵讨伐，正合朕意！"

建安二年（197）正月，司空曹操以曹洪为副将，曹仁、乐进为正副先锋，于禁为平虏校尉，亲率大军三万南征张绣，曹洪指挥大军连战连捷，占领舞阳、舞阴、叶县、堵阳、博望，曹军饮马淯水，曹操大喜，升曹洪为厉锋将军，封国明亭侯。张绣问贾诩道："曹军来势汹汹，势如破竹，我们应该怎么办？"贾诩道："曹操以天子的名义来攻，将军应当投降。"于是张绣向曹操送上降书。曹操狂喜，命令大军快速来到宛城，张绣率军出城相迎，曹操轻蔑地对张绣道："你在前面为我引路！"曹操进入宛城。

次日夜晚，曹操在城外大营设宴庆贺，曹操、张绣手下将领悉数到齐。曹操道："孤听说宛城有饺饵，为张仲景所创，此乃名副其实的美食，外面是面皮，里面是羊肉馅，放在热水里煮熟，加点葱花，撒点胡椒粉，美味无穷，吃了全身发热，可以御寒，调和阴阳。孤今天特地请名厨专门做了饺饵，你们吃个痛快。"众人无不对饺饵赞不绝口。酒过三巡，菜过五味，曹操向诸将依次敬酒，曹操每到一处，典韦都手持利斧，寸步不离地跟在身后。曹操来到张绣等人面前，典韦目光如炬，死死盯着张绣，张绣吓得手脚发抖，低着头，颤抖着把酒一饮而尽，始终不敢正视曹操，唯独胡车儿镇定从容，谈笑自如，与曹操多次碰杯，曹操对胡车儿颇有好感。宴会终于结束，张绣等人如释重负，匆匆回城。

曹操听说张济遗孀邹夫人相貌漂亮，于是派兵来取，士兵闯进张绣家中，将邹夫人强行带走，邹夫人流着眼泪回头望着张绣，喊道："将军，救我！"张绣心如刀绞，双手捏着拳头砸墙，直到鲜血淋漓。曹操见到邹夫人非常喜欢，春心萌动，当晚强纳邹夫人为妾。

曹操听说张绣因此恨他，让人暗中设计除掉张绣。手下人献计道："张绣部将胡车儿勇冠三军，骁勇矫健，如能为曹公所用，大事一定可成。"曹操大喜，亲自召胡车儿商议，胡车儿满口答应，曹操亲手赏赐大量黄金给胡车儿。

胡车儿抱着一堆黄金回到宛城，一五一十地报告张绣，张绣大惊失色，无奈之下来找贾诩，张绣道："曹贼不但霸占我婶婶，还欲置我于死地，我一忍再忍，忍无可忍，只得反了，请先生教我。"贾诩道："真没想曹操如此不讲礼义，如此无德。事情发展到这般地步，都是听了我的主意的缘故。我当竭尽全力为将军排忧解难。"贾诩思索良久，附在张绣耳边道："将军只需如此如此，定可大功告成。"

张绣派人拜见曹操道："我军既降曹公，应该让出宛城。我军准备腾出驻地，恭请您的军队迁入，如此方能表达我们的诚意。"曹操听了很高兴，当即同意。于是张绣率军出城，来到曹营门口，张绣差人请求道："我的军队要到城外驻地，需要经过大营，恳求曹公放行。"曹操回复道："可以。"张绣率军刚刚进入曹军大营，不想却被督军拦住，督军训斥道："军队经过大营，岂能穿甲戴胄，全副武装？还不把甲胄给我脱下！"张绣连忙解释道："我们车辆少，转移驻地运输的物资又多又重，脱甲胄太麻烦了，恳请穿戴甲胄通过。"督军不肯，双方争执不下，曹操闻讯，差人让督军放行，张绣就这样全军进入曹营。

张绣见时机成熟，一声令下，突然对曹军发起攻击。张绣大军在曹营内左冲右突，势不可挡，曹军毫无防备，被张绣打得四散而逃。张绣亲自率军攻打曹操，典韦对曹操道："主公快走，我来断后！"典韦率领亲随在营门外拼死抵抗，典韦手下无不以一当十，张绣的军队越来越多，典韦舞动长戟，左刺右挑，有时一戟下去，就有十多支矛折断，张绣的士兵始终无法近身。张绣命令军队从其他营门迂回，攻了进去，在营内到处搜寻曹操，曹操早已不知去向，张绣一无所获，连忙带着骑兵追赶。

张绣的士兵绕到典韦背后，前后夹击，典韦手下一个一个倒下，典韦身中数十刀，长戟折了，便捡起钢刀继续拼杀，士兵用长矛连续不断地刺他，典韦一边躲闪一边抵抗，一个士兵从背后用矛猛刺，典韦口喷鲜血，回手一刀，砍断长矛，一把把他抓了过来，用胳膊挟住脖子，奋力一甩，顿时颈部折断而亡。接着典韦大喊一声，翻滚着杀入敌阵，与敌近身搏杀，只见典韦钢刀上下翻飞，对面的人一片一片倒下……典韦浑身上下插满了长矛、利箭，终于力竭而亡。

且说曹操从后门逃走，带着亲随杀出一条血路，一路狂奔二十里，好不容易摆脱追兵，曹操的战马"绝影"嘶鸣着不走，曹操下马，这才发现"绝影"的后腿和面颊中箭无数，不能再跑。曹操忽感左臂疼痛，猛然发现已中利箭，血流不止。曹操命人下马歇息，大儿子曹昂刚下马，忽然一头栽倒在地，无法站立，原来曹昂身中数箭，小腿已折。曹操刚喝了两口水，不想追兵又起，连忙下令逃跑。曹昂流着泪道："父亲，孩儿实在跑不动了，您骑我的马走吧！"说完命人牵过战马献于曹操，曹昂大声喊道："所有人跟我抵挡追兵！"曹操流着泪，嘶哑对曹昂道："要走大家一起走！"曹昂行了一礼，哭道："父亲，典韦将军不在，孩儿理应为您断后，请您多多保重。照顾好自己和母亲！孩儿不能尽孝了。"曹昂用矛撑地，单脚站了起来，一把把曹丕抱上马，对曹丕道："侍奉父亲的事就拜托你了，以后一定要为我报仇！"说完，曹昂大声对亲兵喊道："快扶父亲上马！"亲兵七手八脚把曹操推上马，用力一鞭，战马驮着曹操飞奔而去。曹昂命人把自己扶着，倚靠大树，命手下结成雁形战阵，弯弓搭箭，连射数人，追兵随后杀到，曹昂、曹操侄子曹安民力战而亡……

曹操向东跑了两百多里，逃到舞阴，命人医治箭伤，好不容易聚拢几千人，这才稍稍心安。欲知后事如何，且听下文分解。

第二回　荀彧论四胜袁绍，郭嘉献十胜十败

于禁率几百士兵结成军阵撤退，一路上不断有士兵负伤战死，又有士兵不断加入，军阵始终没有离散。张绣军队追势稍缓，于禁便整编队伍，保持阵形，擂

着战鼓不紧不慢地向后撤退。军队快到舞阴，遇到十多个剥光衣服的伤兵，于禁追问原因，伤兵道："被青州兵抢劫了。"曹操对青州兵一向很宽容，所以军纪不好，但没想到竟然乘机抢掠。于禁大怒，对部众道："青州兵也属曹公统辖，难道他们还要再当黄巾贼寇吗？"于是领兵讨伐，正遇一群青州兵抢劫归来，于禁率军解除他们武装，列举他们罪状，将其首领一一斩杀。青州兵当即跑到曹操那里告状，说于禁反了。于禁到达舞阴，马上设立营寨，有人劝道："青州兵已向曹公告状，赶快到曹公那里说明情况吧！"于禁道："现在敌人还在后面，说不定什么时候就到了，不事先做好防备，如何抵抗敌人？况且曹公英明智慧，诋毁攻讦又有何用？"等到壕沟营垒建好，于禁这才拜见曹操，一五一十地向曹操汇报，曹操高兴地夸赞道："淯水大败，我的情况异常危急。你在混乱中约束兵马，教训暴徒，坚固营垒，有不可动摇的节操，即使古代名将，又有谁能超过你啊！"曹操根据于禁前后战功，封于禁为益寿亭侯。

曹操对部下道："近日我不断反思，我降服了张绣，错在没有向他索要人质，这才导致此次惨败，诸位看着，今后我不会再这样失败了。

李通听说曹操大败，连夜从汝南率军赶到舞阴，曹操大喜，握着李通的手道："有文达在，我无忧了。"张绣大军追到舞阴，曹操整军出战，双方列阵相对，曹操道："谁愿为先登？"李通出马，大声对曹操说道："末将愿领兵破敌！"李通率军擂鼓而出，猛攻张绣。张绣军队连日作战，将疲兵惫，被李通击败，曹操马上率军掩杀，把张绣打得大败。张绣引军退到穰城，又与刘表联盟。曹操拜李通为裨将军，封建功侯，分出汝南两县给李通，任命李通为阳安都尉。

曹操派人找回长子曹昂、侄子曹安民和典韦的尸首。命人将典韦尸首清洗干净，精心装殓，曹操带着众将来到灵前隆重祭奠，曹操哭祭道："我失典君，实乃痛哉，我定要诛杀张绣，为君报仇！"曹操对众将道："我失爱子、侄子都没有哭，可如今在典君灵前，我怎么忍都忍不住，情不自禁地哭了。"曹操派人将典韦的灵柩送回故乡襄邑安葬，任命典韦的儿子典满为郎中。曹操下令班师，将曹昂、曹安民灵柩运回许都。

曹操刚回到家，丁夫人冲了过来，厉声喊道："你还我儿子！"曹操默然无语，丁夫人哭道："你这好色之徒，是你害死我儿，我今天跟你拼了！"说着拿起扫帚就往曹操身上猛打，曹操纹丝不动，哭道："是我对不住夫人，你就把我打死算了，让我去陪我儿吧。"众妾和丫鬟连忙七手八脚地将丁夫人抱住，求道："夫人，人死不能复生，还请夫人饶过夫君，要是把夫君也打死了，岂不是没人为公子报仇了吗？还请夫人节哀顺变！"曹操道："我定不负夫人，日后定为他们报仇。"

过了半个月，曹操突然大发脾气，将案上的文书扔得满地狼藉。大家吓得不敢上前，钟繇对荀彧道："曹公发怒是不是因为宛城之败？荀令君，您去劝一下吧！"荀彧道："以曹公之聪慧英明，必定不会追责过去的战事，应该另有原因。"

荀彧来问曹操道："明公因何而怒？"曹操把袁绍的书信递给荀彧。当初曹操迎奉天子，袁绍内心不服，不听朝廷号令，现已吞并河朔地区。袁绍见曹操宛城大败，于是写信羞辱。荀彧阅毕，说道："袁绍也太傲慢无礼了，不就宛城战败吗？至于要这样羞辱明公吗！"曹操怒道："是可忍，孰不可忍！我想讨伐这个不义之人，可是力量不够。"荀彧道："自古以来较量胜负的人，如果真有才能，即使当时弱小也必然会变得强大，如果不是那样，即使强大也会变弱小。刘邦的成功和项羽的灭亡，就完全能够看出这个道理。现在和明公您争夺天下的，只有袁绍而已。袁绍看起来宽容但内心却嫉贤妒能，任用人才但又怀疑他们的忠心，您英明通达，用人不拘一格，只要有才能就适合地任用，这是在度量上胜过他。袁绍办事迟疑犹豫，总是错失时机，而您能决断大事，随机应变不拘泥于陈规，这是在谋略上胜过他。袁绍治军纪律松弛，不制定法规，士兵虽多，实际上很难发挥作用，而您法令严明，赏罚必行，士兵虽少，但都争着拼死作战，这是在用兵上胜过他。袁绍凭借他的家世、资历，一举一动装出很聪明的样子，用这些来博取名誉，所以那些没有真才实学但喜欢虚名的人都归附他，而您以仁义待人，对人推心置腹，不图虚名，自身谨慎俭朴，但对有功劳的人从不吝啬，所以天下忠诚正直务实的人士都愿意为您所用，这是在德行上胜过他。用这四个方面的优势来辅佐天子，匡扶正义而讨伐叛逆之人，有谁敢不服从？袁绍虽然现在很强大，但又能怎么样？"曹操听了很高兴。

曹操又召来郭嘉相问。曹操道："袁本初拥有冀州这么大地盘，青州、并州都听命于他，可谓地广兵强，可他却多次做出对天子不恭敬的事情。我打算征讨他，你看我能战胜他吗？"郭嘉道："刘邦、项羽的实力并不对等，您是知道的。刘邦只能以智取胜，项羽虽然强大，最终还是被擒。我私下估计，袁绍有十败，明公您有十胜，袁绍虽然兵强，不会有什么作为。袁绍礼仪过于繁多，明公您在政治格局和规矩上顺其自然，这是您在"道"上胜他，一胜。袁绍逆行倒施，明公您奉天子、顺民意来统率天下，这是您在"义"上胜他，二胜。汉朝末年施政的失策就是过于宽松，袁绍又再以宽来救宽，所以不可能改造治理好国家；而明公您用严厉来纠正宽松，使全国上下知道国家的法制，这是您在"治"上胜他，三胜。袁绍对人表面宽容而内心嫉妒，用了别人还怀疑人家，所信任的只是自家的亲戚子弟；明公您表面平易简约而内心机敏英明，用人不疑，只要有才能就行，也不分什么亲疏，这是您在"度"上胜他，四胜。袁绍谋划虽多但难以做出决断，遇事反应迟钝，常常落后一手；明公您一旦确定计划就去实行，随机应变，这是您在"谋"上胜他，五胜。袁绍凭着祖上几代人积累的资本，高谈阔论，沽名钓誉，喜好浮华的士人大多归附他；明公您以真心待人，以诚行事，不搞那些浮华不实的东西，以节俭来作为下属的表率，对有功的人无所吝啬，士人中的忠诚、正直、有远见并且有诚意的人都愿意为您所用，这是您在"德"上胜他，六胜。袁绍看见别人饥寒，脸上就现出怜悯顾念的神色，但对于那些他看不见的大事，就不加考虑，这不过是"妇人之仁"罢了；明公您对于眼前的小事，有时会有所忽略，但是对于大事，只要与天下百姓有关，就施加恩惠，并全都高过大家的期望，虽然有您眼睛所看不到的事，但是您考虑得很周到，没有不救助的，这是您在"仁"上胜他，七胜。袁绍的大臣之间互相争权夺利，不惜进谗言，相互欺骗扰乱；明公您用道来统御下属，谗言不会产生，这是您在"明"上胜他，八胜。袁绍不能分辨是非对错；明公您对于对的就尊敬地推崇采纳，错的就以法律来纠正，这是您在"文"上胜他，九胜。袁绍喜欢虚张声势，不知道兵法的精要；明公您以少胜多，用兵如神，军人依仗您，敌人畏惧您，这是您在"武"上胜他，十胜。"曹操听了非常开心，笑着对郭嘉道："真像你说的那样吗？我何德何能，怎么担当得起啊！"曹操当即任命郭嘉为司空军祭酒。

曹操回许都不久，忽闻袁术已在寿春称帝，曹操简直不敢相信自己的耳朵，那么袁术称帝又是怎么回事？其他诸侯又是什么反应呢？且听下文分解。

第三回　袁公路僭号称帝，曹孟德号令诸侯

话说袁术早就想当皇帝了，认为谶语："代汉者，当涂高也。"指的就是自己，"涂"即途也，意为路途，自己名术，字公路，"术"的本义是指城邑中的道路，无论名和字正好与路途相应，"当涂高"就应该指的是自己。另外当涂县又在自己的辖区内，"当涂高"也可以理解为当涂的最高首脑，也正好与自己相应。如今袁术得了传国玉玺，于是在寿春大建宫殿，准备登基称帝。孙策听到消息，马

上给袁术写信，劝他不要当皇帝，自己会像过去一样奉他为尊，就像什么都没发生。如若不然，自己乃大汉之臣，理当一刀两断。袁术不以为然。

不久袁术请河内人张鲀卜卦，张鲀对袁术道："将军您有当皇帝的命！"袁术大喜，自谓袁姓出自于陈，陈是舜之后，以土承火，正好符合五德相生相克的运转之数。

建安二年（197）二月，袁术在寿春称帝，自称"仲家"，任命九江太守为淮南尹，广置公卿朝臣，在南北郊祭祀天地。

曹操闻知袁术称帝，召集部下商议，曹操道："如今袁术大逆不道，公然称帝，我想出兵讨伐，不知有何良策？"荀彧道："如今我们讨伐张绣新败，损失巨大，士气低落，明公不宜出兵。袁术称帝触犯众怒，明公可以居中调度，以天子的名义诏令各路诸侯讨伐，同样可以打败袁术。"曹操大喜道："此计正合我意。"程昱道："袁术可恶，袁绍早就与朝廷离心背德，不听朝廷诏令，也有不臣之心。如果要讨伐袁术，一定要先稳住袁绍，如此才无后顾之忧。"郭嘉道："袁绍目光短浅，与袁术不和，我们讨伐袁术，袁绍一定不会帮袁术。"曹操道："我有办法了，我们把能给袁绍的一次性给足，满足他的欲望，让他听命于朝廷，出兵攻打袁术。"于是曹操命将作大匠孔融前往邺城，袁绍听说孔融来了，亲自出城相迎，孔融以天子诏命袁绍为大将军，兼督冀、青、幽、并四州，赐给皇帝用的弓矢节钺、虎贲百人。袁绍大喜，接受诏命，当即表示支持朝廷，上表谢恩。孔融对袁绍道："如今袁术大逆不道，已在九江称帝，大将军与袁公路是兄弟，请大将军与他划清界限！"袁绍斩钉截铁道："孤与公路虽为兄弟，但他公然僭越称帝，孤与公路不共戴天，一刀两断！"孔融立即下第二道诏令道："陛下命大将军调动兵马讨伐袁术。"袁绍道："孤自会讨伐袁术那小子。"袁绍表陈瑀为吴郡太守，命陈瑀率军讨伐袁术。袁绍又命刘表讨伐袁术。袁绍自己坐镇邺城，调动军队进攻公孙瓒。

孙策闻知袁术称帝，马上与袁术断绝一切关系，命徐琨为丹阳太守、吕范为宛陵县令，驱逐丹阳太守袁胤，收回丹阳郡。孙策又写信给广陵太守吴景、九江太守孙贲、汝南太守孙香，晓之以理，请他们返回江东。吴景弃官南渡长江到达吴郡，孙贲连家小都不带就返回江东。袁术怒道："孙策不听仲家的号令，众爱卿有何良策？"刘勋道："孙策打着明上的旗号打下江东，明上何不多刻官印，派人分封江东豪强诸帅，江东必然不战自乱，到时候明上再命一上将挥师江东，江东可一战而定。眼下当务之急是截住孙香，不让他返回江东，明上可许以高官厚禄，让他为我所用。"袁术大喜，马上依计而行。

吴景回到江东，孙策命吴景为丹阳太守、徐琨为督军中郎将。荀彧对曹操道："孙策与袁术绝交，江东之地已不属于袁术，袁术实力大减。"孔融对曹操道："孙策去年进贡的财物比刘表还多，可命孙策为朝廷效力。"曹操马上派议郎王誧出使江东。

五月初十，议郎王誧奉天子诏，命孙策为明汉将军，袭乌程侯，兼任会稽太守，吴景为丹阳太守、扬武将军，孙策领旨谢恩。王誧又下诏道："原左将军袁术修建王宫，设置公卿，像天子那样在郊外祭祀天地，犯下叛逆大罪。吕布上表说您忠于朝廷，准备讨伐袁术，为国尽忠。朝廷命你与温侯吕布、安东将军陈瑀同心协力，共讨袁术。"孙策欣然接受诏命。

建安二年（197）五月，袁术派韩胤出使徐州，想引吕布为外援。韩胤笑着对吕布道："如今袁公已建号称帝，在下奉旨迎娶将军之女，以后将军之女就是太子妃了，可喜可贺啊！"吕布马上同意，当即置办嫁妆，派人将女儿送了过去。沛相陈珪听闻此事，担心袁术与吕布联合，成为朝廷心腹大患，于是劝说吕布道："曹公已经奉迎天子，辅赞国政，声威盖世，曹公将要征伐四海，将军您应该与他协同，以图泰山那样的安稳。现在将军却与袁术结亲，必定背负不义之名，危如累卵！"陈珪，字汉瑜，下邳淮浦人，故太尉陈球之侄，陈登之父。吕布马上醒悟过来，对陈珪道："幸亏有您提醒，否则要出大事了。"于是连忙派人追赶，将女儿截了回来，与袁术断绝婚约，吕布又把韩胤扣下，用囚车押到许都，朝廷下令将韩胤枭首示众。

陈珪对吕布道："将军可派我儿陈登出使许都，以表拥护朝廷之心。"吕布沉思良久，左右权衡，没有采纳。过了三日，朝廷派奉车都尉王则来到徐州，诏命吕布为左将军，命吕布讨伐袁术、杨奉。王则带来曹操的书信，曹操在信中对吕布大加赞赏，声言对袭取兖州既往不咎。吕布如释重负，大喜道："如此，我无忧了。"于是命陈登带着奏章前往许都谢恩，为自己求取徐州牧。

曹操召见陈登，陈登尽述徐州之事，对曹操道："吕布有勇无谋，作出决断很轻率，曹公宜尽早图之。"曹操道："吕布狼子野心，实难久养，要不是你，我不能知道他的情况。"于是将陈珪的秩提升为中二千石，命陈登为广陵太守。曹操设宴款待陈登，频频举杯向陈登敬酒，陈登喜形于色，却不进食，曹操问道："元龙何故不动筷子，这饭菜不合你的胃口吗？"陈登起身致歉道："实不相瞒，我胸中烦闷，腹胀如鼓，吃不下东西。"曹操安慰道："无妨，你一定会好起来的，不过你面色发紫，一定要好好调养。"临别时曹操握着陈登的手道："东方的事情就拜托你了。"曹操命陈登暗中集结部众作为内应。

陈登返回徐州向吕布复命，吕布拔出小戟，边砍桌子边骂陈登道："你父劝我协助曹公，与公路断绝亲事，如今我求的东西一无所得，你们父子两人却受重用，我被你们出卖了！你告诉我，曹公究竟说了什么？"陈登面不改色，慢慢地开导道："陈登我一见曹公就说：'对待将军就像饲养猛虎一样，要让它吃饱肉，吃不饱就要咬人。'曹公却说：'不是您这个说法。对待将军就像养鹰，饿时为我所用，饱时就飞走了。'他的原话就是这样。"吕布这才消除怒气。

孙策命吕范、徐逸率军渡过长江进攻广陵，自己率军渡过浙江随后跟进。不久朱治派人来报："陈瑀派遣都尉万演等人秘密南渡长江，带着三十余颗印绶给吴郡严白虎、王晟，丹阳郡宣城、泾县、陵阳、黟县、歙县以及山贼首领祖郎等人，指使他们为内应，等孙将军北渡长江，暗中夺取郡县。江防巡逻部队已抓住他们，听候将军发落。"孙策大吃一惊，连忙写信命吕范相机而动。

再说吕范北渡长江势如破竹，节节胜利，准备与吕布和陈瑀的军队会合。吕范接到孙策书信，率军快速北上渡过淮河，突然到海西袭击陈瑀，陈瑀不知道自己的事情已经败露，根本没有提防，被吕范打得大败，大将陈牧被吕范临阵斩首。吕范俘获陈瑀的妻子儿女、大小官吏和士卒四千多人。陈瑀单骑逃往冀州投奔袁绍，袁绍任命陈瑀为故安都尉。吕范率军南渡长江，返回吴郡，孙策不再关心讨伐袁术之事。

再说吕布悔婚，袁术大怒，见孙策回军江东，马上以张勋为主将、桥蕤为副将，联合韩暹、杨奉，率军三万，分七路进攻吕布。吕布担心抵挡不住，对陈珪道："我听了你的话，今日惹来袁术大军，该怎么办？"陈珪道："韩暹、杨奉和袁术不过是仓促联合起来的军队罢了，谋划不是平时就确定好的，他们不会互相支持，我儿陈登估计他们好比用绳子绑在一起的鸡，不能同时蹲在一个木架上，建议您用离间计瓦解他们。"吕布马上采纳，给韩暹、杨奉写信道："二位将军有大功于朝廷，应该把你们的功劳写在竹帛之上，流传万世。如今袁术大逆不道，我们大家应当同心协力讨伐诛灭，怎么你们反过来与贼臣一起，到徐州攻击我吕布呢？我吕布有诛杀董卓之功，与两位将军一样都是朝廷的有功之臣，我们应该联合起来，一起攻打袁术，再次为天下建立不世之功，这种时机绝不可失去啊！"吕布将信封好，命秦宜禄携信来找杨奉、韩暹。

秦宜禄策马来到袁军大营，拜见韩暹、杨奉。杨奉仔细看了书信，对韩暹道："温侯言之有理！"秦宜禄趁机道："不如两位将军与我家主公结盟，待打败袁术那厮，我家主公愿把缴获的军资和粮草悉数相送。"韩暹道："既然奉先如此慷慨，我们愿率军来投，听候奉先差遣！"秦宜禄道："我家主公五日后前来攻打大营，两位将军可为内应，如此大事可成！"

吕布率军来攻张勋，大军刚刚接近张勋军营，韩暹、杨奉同时倒戈，杨奉率军砍下袁军十几个将领首级，打开营门迎接吕布。韩暹在营内放起一把大火，把营帐烧了。张勋还没有反应过来，吕布已率高顺、张辽、魏续杀入大营。张勋、桥蕤大败，落荒而逃，手下的士兵不是被杀就是落水淹死，袁军几乎全军覆没。吕布、韩暹、杨奉水陆并进，一直追击到钟离，一路纵兵抢掠，满载财物引军而回。

袁术亲率五千军队来追，吕布率军渡过淮河到达北岸，袁军在淮河南岸炫耀武力。吕布写信讥笑袁术道："足下您自恃军队强大，常说手下有猛将和勇士，一直想吞并我，却每次都被我打败！我吕布虽然不够勇武，却能独步淮南。足下只能在寿春鼠窜，却没有人敢出头，请问您的猛将勇士全到哪里去了？足下喜欢用大话欺骗世人，世人哪有全部被您骗倒的？古来交兵，使用离间计多的是啊，又不是我吕布所独创。我们隔得不远，有什么事互相之间很快就会知晓，怎么您就不知道此计呢！"袁术看了书信，气得口吐鲜血，一下子晕了过去，手下连忙将袁术救醒。吕布的骑兵在淮河北岸讥笑而去，袁术只得下令撤军，返回寿春。曹操下令嘉奖吕布。那么袁术下一步又会如何呢？且听下文分解。

第二十七章　刘玄德计除杨韩，曹孟德再征张绣

第一回　曹孟德征讨袁术，刘玄德计除杨韩

建安二年（197）五月，江淮一带发生严重的蝗灾，袁术对此不闻不问，照样奢侈荒淫，挥霍无度。袁术不顾百姓死活，依然出兵徐州。袁术的士兵食不果腹，饥饿不堪。江淮一带民不聊生，许多地方荒无人烟，出现人吃人现象。

袁术被吕布打败后无粮可用，见陈国富庶，向陈王刘宠、国相骆俊借粮，刘宠、骆俊不给，袁术大怒，派刺客张闿把两人杀死。张闿是杀死曹嵩的凶手，后逃亡投奔袁术。九月，袁术率军占领陈国，将陈国粮食洗劫一空。许都受到袁术的严重威胁，曹操震怒，亲率大军征讨袁术。袁术顿时慌了神，命张勋为主将、桥蕤为副将，率李丰、梁纲、乐就在蕲阳抵挡曹操，自己匆匆渡过淮河，溜回寿春。

曹操大军到了陈国，刚刚安营扎寨，手下来报："营外有一壮汉自称'许褚'，带着人马前来投奔。"曹操大喜道："这是我的老乡，谯县第一勇士，我当亲自相迎！"曹操连忙招呼曹仁等人一同迎接。曹操远远望见壮汉带着人马在营门外候着，曹操大声喊道："来的可是仲康？"只见那壮汉单膝跪下，回道："末将许褚，特来投奔！"曹操快步上前扶起许褚，问道："你怎么认得我曹操？"许

褚反问道："我们谯县哪个不认识明公您啊！"曹操听了倍感亲切，对许褚道："既是老乡，我们应该共图大业！"说着与许褚并肩入营。曹操将许褚介绍给众将道："这是我的同乡，他就是我的樊哙！"当晚曹操大摆宴席为许褚接风洗尘。曹操认为许褚强壮，命许褚为都尉，引入宿卫，与许褚同行的侠客，皆为虎贲卫士。

许褚，字仲康，谯国谯县人。身高八尺多，腰阔十围，相貌勇武刚毅，勇力绝人。东汉末年，许褚聚集几千人，建立堡垒，坚壁清野抵抗贼寇。汝南、葛陵贼寇一万多人围攻堡垒，许褚人少抵抗不住，力战疲极，兵器和弩箭都用光了，许褚就让男女老少把大石头堆放在堡垒四边角落。等到贼寇攻上来，许褚搬起石头砸去，贼寇非死即伤，不敢进攻。不久粮食快吃光了，许褚假装和贼寇讲和，用牛和贼寇交换粮食，贼寇同意，用车运来粮食，许褚命人将牛赶过去，取回粮食。贼寇牵牛回走，没想到牛不愿意，贼寇挥鞭猛抽，牛发疯般乱跑，根本控制不住。许褚走到阵前，一手拽住牛尾，把牛倒拉行走一百多步。贼寇大惊，就连牛也不敢要了，马上撤走。此后淮水、汝水、陈国、梁国一带贼寇，听到许褚大名，无不畏惧，胆战心惊。

曹操率军来到蕲阳，将城池团团围住。张勋命梁纲守北门、乐就守东门、桥蕤守西门、李丰守南门，自己居中指挥。曹操挥军日夜攻打，连攻一个多月，乐进终于攻入北门，正遇梁纲率军反击，乐进大盾短刀，拼死前冲，当场斩杀梁纲，梁纲部下四向逃散。张勋得知城破，连忙与李丰率军杀出南门逃往寿春。桥蕤、乐就来不及逃走，被曹军活捉，曹操当众将桥蕤、乐就斩首。乐进因功获封广昌亭侯。

曹操整顿军队，正准备进兵寿春，不想曹洪差人求救。原来张绣与曹操在舞阴交战失利，引军退到穰城，再次与刘表联盟，南阳、章陵两郡各县又投靠张绣。曹操大怒，派曹洪征讨。张绣在贾诩的辅佐下用兵灵活多变，曹洪非但占不到半点便宜，还屡屡被张绣击败，曹洪率军退回叶县固守。张绣引军攻城，刘表又派兵助战，曹洪处境危急，只得向曹操求救。

建安二年（197）十一月，曹操只得率军再次征讨张绣。曹军到达叶县，向张绣、刘表军队发动猛攻，曹洪趁机从城内杀出，曹军内外夹击，张绣不敌，引军退回穰城。

曹操率军到达淯水，为阵亡将士设祭，曹操想起曹昂、典韦，痛哭不止。接着，曹操再次占领宛城，命曹仁突袭湖阳，曹仁生擒湖阳刘表守将邓济。又命曹洪占领舞阴，彻底解除南阳方向对许都的威胁。建安三年（198）正月，曹操返回许都。

曹操一到许都，马上指使手下诬告前太尉杨彪与袁术私通，犯大逆不道之罪，将杨彪逮捕下狱。原来杨彪处处维护皇帝刘协，曹操很不喜欢。杨彪夫人袁氏是袁安的曾孙女，与袁术同族，曹操想借此发难，置杨彪于死地。

将作大匠孔融闻讯，来不及换上朝服，匆忙求见曹操，孔融道："杨家四代都有清高的品德，受到天下人仰慕。根据《周书》，父子兄弟，有罪都互不牵连，何况将勾结袁术之罪扣到杨彪头上！"曹操推托道："这是天子的意思。"孔融怒道："假如周成王要杀死召公，周公能说不知道吗？如今天下士人之所以仰慕明公，是因为您聪明仁智，辅弼汉朝，举荐正直之士，斥退邪妄之人，致使四方和乐。如今却要杀害无辜，那么海内旁观侧听之人，谁不会离散而去呢？我孔融是堂堂男子汉，明天便拂袖而去，不再来朝。"曹操没有办法，只好命令许都令满宠审问杨彪，孔融和尚书令荀彧嘱咐满宠道："只能听杨彪口供，不得用刑拷打！"满宠根本不理睬，照样严刑拷问，荀彧、孔融极为愤慨。过了几日，满宠拜见曹操道："杨彪受尽刑罚，没有供出什么罪行，此人全国闻名，如果没有确凿的证据把他杀了，必会大失民心，我为您惋惜啊。"曹操当天就下令赦免杨彪。荀彧、孔融这才明白满宠的用意，于是对满宠更加亲近。

自从迁都许都，皇帝刘协守着虚位，毫无权力可言，皇宫的值宿警卫侍从人员没有一个不是曹操的党羽和姻亲密戚，刘协很不开心。议郎赵彦等人暗中对刘协道："如今朝廷威望逐渐恢复，各地已有朝贡，陛下早已亲政，应逐步掌控朝廷大权，不可事事皆决于曹公。"刘协认为赵彦说得对。枣祗自朝廷迁至许都后担任羽林监，终日宿卫宫中，探得消息当即向曹操汇报。曹操闻讯大怒，下令把赵彦杀了，其余不和曹操一条心的人也惨遭诛戮。曹操进殿拜见刘协，刘协极端愤怒，说道："你如果能够辅佐朕，你就好好待朕；否则希望你施予恩泽，把朕抛弃！"曹操大惊失色，汗流浃背，磕头求出。曹操惶恐不安，急召夏侯惇商议，此后曹操对刘协控制更加严厉，所有进出皇宫的物品都要严格检查。

再说韩暹、杨奉投了吕布，吕布命两人驻军下邳。下邳同样遭受蝗灾，韩暹、杨奉缺粮，纵兵到徐州与扬州交界地带抢掠百姓，军队仍然饥饿不堪。韩暹、杨奉无奈，便向吕布告辞，打算到荆州投靠刘表，吕布大怒，不允许他们离开。杨奉知道刘备与吕布有仇，于是暗中与刘备联络，想与刘备一起进攻吕布。刘备马上同意，杨奉率军来到小沛，刘备请杨奉进城，设宴盛情款待。酒至半酣，刘备掷杯于地，刀斧手大杀而出，将杨奉一行诛杀干净。二更时分，刘备、关羽、张飞率军夜袭，杨奉军队群龙无首、非死即降。

孙乾对刘备道："我们既已杀了杨奉，应该马上攻打韩暹，夺取下邳。"刘备道："我们即使攻下下邳，恐怕也守不住。至于韩暹，不需要我们出手，只要略施小计，同样可以摆平。"于是刘备给吕布写信道："左将军温侯吕奉先阁下：杨奉、韩暹欲联合末将攻打将军。末将不敢忘记将军收留之恩，假装答应他们，乘机把杨奉杀了，现将首级献给将军。末将一直仰望将军天威，想与将军重新修好，恳请将军应允。请将军务必提防韩暹，免生意外。"刘备差人将书信送给吕布，献上杨奉首级，吕布大怒，亲自率军攻打韩暹，韩暹自知不是吕布对手，慌忙带着十多名亲兵逃往并州，途中被杼秋县令张宣所杀。吕布将刘备家小送还刘备。刘备的手下无不对刘备佩服得五体投地。

刘备与吕布的事情暂且不表，那么曹操还干了什么呢？且听下文分解。

第二回　曹操三征张绣，贾诩再破曹操

曹操派谒者仆射裴茂出使关西，用诏命令段煨讨伐李傕、郭汜。四月，段煨率军攻打李傕，把李傕杀死，传首许都，夷三族。曹操大喜，命段煨为安南将军，领北地太守，封閿乡侯。郭汜被部将伍习所杀。胡才、李乐留在河东，胡才被仇人杀死，李乐自己病死。

建安三年（198）三月，曹操起兵三征张绣，荀攸劝道："张绣与刘表相互依赖才强大，但张绣的军队是游军，依靠刘表供给粮草，一旦刘表没有能力供应，他们势必分离，我们不如暂缓出兵，静待其变，就能诱使张绣来降，如果急着攻打，他们势必相互救援。"曹操没有听从，对荀攸道："南阳离许都太近，对许都威胁太大，卧榻之侧，岂容他人酣睡！"曹操率军包围穰城，日夜攻打，张绣危急，连忙向刘表求救。刘表召集部下商议，蒯良道："袁本初是我们同盟，我们应向他求援。只要本初出兵进攻曹操，曹军必退！"蒯越献计道："曹操兵强，如果硬碰硬与曹军对攻，我们没有取胜的把握。曹操远道而来，粮草补给困难，我们可以断其粮道，曹操无粮必退，到时候我们乘机进攻，定可大获全胜！"刘表马上采纳，一面遣使向袁绍求助，一面差人将计谋告知张绣。刘表外松内紧，暗中谋划进攻曹军。

袁绍每次接到诏书，总担心对自己不利，这才知道拥有天子的重要性，于是

想让天子再次迁都，靠近自己，袁绍派人对曹操道："许都低洼潮湿，洛阳残缺被毁，应当把都城迁到鄄城。"曹操不答应，袁绍非常生气。田丰向袁绍建议道："既然迁都的计策不采纳，我们最好早点谋取许县，接来天子，然后假托天子诏令，向全国发号施令，这是最好的办法。不这样做，我们最终必为他人擒获，那时后悔也没有用了。"正说话间，荆州刘表遣使求见，使者道："曹贼进攻南阳，我主请大将军出兵相助。"田丰道："曹操主力尽在荆州，眼下许都空虚，正是进军许都的最佳时机，主公千万不要错过啊。"袁绍对使者道："你回去告诉刘景升，请他放心，我绝不允许曹操胡作非为，马上与他决个高低！"正好冀州有逃兵投奔曹操，透露田丰劝说袁绍袭击许都，曹操久攻穰城不下，于是有了撤军念头。

五月，刘表命黄祖为副将、蔡瑁为先登、蒯越押运粮草，亲率大军以迅雷不及掩耳之势攻占安众，截断曹操的退路和粮道。曹操大惊，分兵来攻刘表，刘表据险自守，曹军不能取胜，顿时陷入进退两难之地。曹操对荀攸道："现在我后悔没有采纳您的建议，导致这样不利的结果。"荀彧写信问曹操道："要不要派夏侯惇、夏侯渊、李通接应？"曹操回信道："我到安众，必破刘表、张绣！你们不必为我担心。"

曹操处境窘迫，只得从穰城撤军，张绣闻知刘表出兵，顺势率军追杀，曹军狼狈不堪，只能滚动着缓慢向后撤退，一日只能后退几里，曹操好不容易到了安众。刘表、张绣前后夹击，曹军险象环生，士气低落。曹仁在附近征战，听说曹操撤军，押解三千多俘虏与曹操会合。曹仁先让部下押着俘虏让将士们观看，然后跳上高台喊道："刘表、张绣的军队没什么了不起，如今野外作战，他们不是我们的对手，大家不要担心，有我曹仁在，定叫张绣、刘表有来无回！"将士们群情激奋，心中阴霾一扫而光，曹操对曹仁大加赞赏。

荀攸对曹操道："只要刘表在安众一日不走，我们就不能过河。否则半渡而击，我军必败。我在荆州待了好几年，附近的地形我熟悉，往北有一小道，山路崎岖，艰险难行，您可以偷偷派人填平低洼的道路，开凿险峻之处，再在险要之处挖地道，如此车辆可以通过，大军畅行无阻。"曹操大喜，命人夜里偷偷出营，神不知鬼不觉地去修路。

田丰催促袁绍道："刘表已经出手了，我们赶紧攻打许都吧！"袁绍想要进军许都，专心对付曹操，又怕公孙瓒从背后偷袭，于是对田丰道："我们长期攻打公孙瓒，要是转攻曹操，公孙瓒必定与曹操联合，乘机进攻我们，如果这样，我们腹背受敌，那就不好办了。我看应该先与公孙瓒联合，稳住公孙瓒。"田丰道："公孙瓒实力不强，我们何惧之有？机不可失，时不再来！"袁绍不采纳，袁绍写信给公孙瓒，想与公孙瓒结束战争状态，解开过去的仇怨，化敌为友，互相联合。

曹军修路月余，终于大功告成，乘着月黑风高，曹操命令全军收集行装，将车辆辎重抬到小路上，偷偷逃走。次日一早，刘表、张绣发现曹营空无一人，连忙率军顺着车辙追赶，贾诩劝阻道："曹军不可追，追必败！"张绣不听，匆忙说道："再不追，曹操就跑了！"刘表、张绣追了二十多里，忽闻一通鼓响，山岙里杀出一队人马拦住去路，为首之人正是曹操，曹操对着刘表喊道："景升兄，曹某在此恭候多时了！"曹操一声令下，顿时山上伏兵尽出，檑木滚石纷纷落下，刘表军队死伤无数，乱成一团。刘表大惊失色，方知中了埋伏，马上传令后队变成前队，急忙回撤。曹操挥动令旗，曹仁、许褚率领虎贲之士呐喊着冲杀过来，黄祖、蔡瑁慌忙率军应战，双方刚一交手，黄祖、蔡瑁自知不敌，两人交替掩护，且战且退。刘表、张绣退了不到五里，于禁、乐进率军从斜刺里杀了出来，截住退路。张绣率军拼命冲杀突围，不想连连受阻，死活冲不出去。刘表、张绣被曹军死死困住，曹军反复进攻冲杀，刘表眼见自己的部下纷纷战死，不由得仰天长叹一声道："天不佑我，我命休矣！"突然，曹军后方尘土飞扬，校尉文聘拍马赶到，从背后猛攻曹军，于禁、乐进首尾不能兼顾。张绣大喜，带着死士拼死搏杀，于禁、乐进不敌，只得率军退却，张绣、刘表这才冲出重围。文聘，字仲业，南阳宛人。

张绣连忙谢过文聘，文聘道："不用谢我，应谢军师贾文和。"原来张绣走后，贾诩担心会出意外，集合所有守营将士前去接应，贾诩刚出大营，正遇刘表部将文聘，文聘问道："先生您到哪里去啊？"贾诩道："我料定张绣、刘景升此去凶险，前去接应。"文聘道："上阵打仗哪能劳烦先生，还是让末将去吧。"于是文聘回营又带上二千将士一同前往，不想正遇于禁、乐进拦截刘表、张绣，于是文聘从阵后发动进攻，这才帮张绣、刘表解了围。

刘表、张绣大败而回，贾诩上前劝道："你们赶紧再追，一定可以获胜。"刘表道："曹贼已退，荆州平安，再追无益，我退兵了。"说带着残部缓缓离开。张绣对贾诩道："我不听您的建议才落到这般地步，现在败了，为何还要再追？"贾诩道："形势起了变化，来不及解释，赶快去吧！"张绣二话不说，收集散兵残卒，忍着饥饿，再度追击。黄昏时分，张绣终于赶上曹军，当即一通冲杀，将曹军后卫部队打得大败，接着一把火把曹军的辎重粮草烧了。曹操大怒，亲自率军来战，张绣见好就收，引军而回。

张绣大胜而回，向贾诩请教道："我用精兵追曹操败退之军，您说必败。我用残兵追击曹操胜利之师，您说必胜，果然如您所言，我想请教一下，这是为何？"贾诩道："这个道理很好理解。将军您虽然善于用兵，但绝非曹公的对手。曹军刚撤退，必然提防将军追击，所以一定会亲自带领精锐断后，所以我军必败。曹操已破将军，必然认定我军不会再追赶，因此全力撤退，一定会用其他将领担任后卫，后卫军队必定麻痹大意，疏于防范，他们哪里是将军您的对手啊？所以您用败兵追赶必胜！"张绣心服口服道："能有先生这样的高人相助，我可以高枕无忧了。"于是张绣不论大事小事都问贾诩，一切全凭贾诩决断，对贾诩言听计从，深信不疑。

再说袁绍书信到了易京，公孙瓒召集部下商议。长史太原人关靖道："留得青山在，不怕没柴烧，我看可以同意。如此一来袁军从易京撤围，对我们有利。"公孙瓒道："如今四方龙争虎斗，显然没有人能年复一年地坐在孤的城下相守，袁绍能把孤怎么样！"于是置之不理，反而增强防备。袁绍无奈，于是大举向公孙瓒进攻，进攻曹操的计划就此落空。

就在曹操攻打张绣之时，吕布突然攻打刘备，那么这究竟是怎么回事呢？且听下文分解。

第三回　高顺大胜夏侯惇，吕布小沛破刘备

七月，曹操回到许都，命部队在城外驻扎休整，自己入朝处理政务。荀彧问道："我有一事不明，您料定一定可以打败刘表、张绣，这是为何？"曹操道："敌人只是阻止我回军，我军处于死地，置之死地而后生，我由此得知必胜。"荀彧叹道："能在危局中大败刘表，反败为胜，曹公真是神人啊！"曹操问道："其他地方情况怎么样了？"荀彧道："吕布趁您攻打张绣，出兵偷袭刘备，如今小沛被围，情况危急！"曹操马上命夏侯惇救援刘备。吕布为什么攻打刘备呢？此事还得从吕布送还刘备家小开始说起。

话说吕布送还刘备家小，从下邳回军彭城，陈宫怒气冲冲道："你这小子，怎么能将妻儿还给刘备？刘备听命于曹操，不听命于我们，我们没了人质，拿什

么要挟他？以后刘备无所顾忌了。"于是吕布有了悔意。

袁术想引吕布为外援，作为自己的屏障，写信给吕布道："曹操是我们共同敌人，刘备投靠曹操，是曹操的爪牙，也是我们敌人。将军取了徐州，刘备最恨将军，将军怎能与刘备交好呢？现在我也是皇帝，你不要听命许县朝廷，我们应该联合起来。将军不妨趁曹操主力讨伐张绣之际，先把刘备拿下以绝后患，如此方为上策。"吕布寻思袁术败于曹操，实力大减，不可能威胁到自己，于是决定投靠袁术，听从袁术之命。

建安三年（198）春，吕布派人携重金到河内买马，不想被刘备的部队抢了。吕布大怒，于是以高顺为先登，自率张辽、侯成、宋宪等人突袭刘备，把刘备打得大败，刘备退入小沛。吕布大军将小沛团团围住，连攻数月，小沛危急，刘备苦苦支撑。

夏侯惇统领精兵一万来救刘备，早有斥候飞报吕布，吕布命令高顺、张辽率军迎击。两人刚走二十余里，张辽对高顺道："我们人少，很难战胜，不如今夜就去劫营，说不定可以一战而胜！"高顺当即采纳，于是两人急行军八十里，趁着夜色找到夏侯惇大营。曹军连日长途跋涉，疲惫不堪，此地离小沛尚远，根本没有防备。高顺率军杀入大营，结成战阵横冲直撞，往来冲杀，锐不可当，把夏侯惇打得大败，接着放了一把大火，把辎重粮草烧个精光。夏侯惇无力再战，只得撤军而回。

刘备闻知夏侯惇兵败，深感事态严重，急忙召集部下商议，刘备道："如今城内粮草将尽，为之奈何？"关羽道："依末将愚见，应该突围。"陈群道："主公的家眷都在城内，如果突围，恐难保全，不如死守待援。如今曹公已回许都，一定会想办法解小沛之围。"孙乾道："要是曹操能来援助，我们当然不必担心。

关键是曹操的手下都想借机除掉我们，我担心曹操也有这种想法，借吕布之手不声不响地把我们灭掉，如此我们危矣！"刘备道："为今之计，只能坚守，别无他法。"

夏侯惇向曹操请罪，曹操对夏侯惇好言安慰。曹操心道："我已出兵救过刘备，也算对得起他，可向天下人交代了。"过了许久，曹操召集部下商议，曹操道："如今元让败于吕布，吕布不好对付。天下各地可以用兵的地方太多，袁绍正在围攻公孙瓒，要是袁绍除掉公孙瓒，下一个目标必定是我们，孤与袁绍必有一战，不如乘机偷袭冀州，不知各位意下如何？"郭嘉劝阻道："袁绍北击公孙瓒，我们正好可以东取吕布。不先取吕布，如果袁绍与我们为敌，吕布成为袁绍的帮手，那我们就麻烦了。"荀彧也劝道："您如果不先打败吕布，黄河以北不易谋取啊！"曹操这才改变主意，对部下道："我意已决，下一步征讨吕布！"曹操又道："我最担心袁绍侵扰关中，勾结羌人、胡人作乱，南面引诱蜀汉，这样我仅凭兖、豫两州对抗天下六分之五的力量，该怎么办呢？"荀彧道："自天子从长安东归，匈奴进入关中，到处劫掠。后来韩遂、马腾也进入关中，他们在关中大打出手，相互争斗，现在关中大大小小的首领有数十个，没有人能将他们统一起来，眼下韩遂、马腾实力最强。他们看到山东争战，必定拥兵自保。如果用恩惠招抚他们，派使者联络，并与他们讲和，即使不能保持长久的安定，也足以使他们在您平定山东前不会发生变故。西边的事情可以托付给钟繇，这样您就没有后顾之忧了。"曹操马上召见钟繇，问道："我想让您坐镇关中，您有何良策？"钟繇道："我奉皇命，以身正治之，纵横捭阖，以利诱之齐之，定能有所成就。只不过朝廷规矩繁多，处处掣肘，不好临机决断，现在正是多事之秋，宜一切从简，还望明公恩准！"曹操大喜，命钟繇以侍中的身份兼领司隶校尉，持节督关中诸军，将关中一切事务委托给他，特别授予不受朝廷制度约束的权力。

曹操将一切事情安排停当，亲率大军三万，以荀攸、郭嘉为军师，任峻押运粮草，带着于禁、乐进、曹仁、徐晃、许褚等大将前往小沛攻打吕布，可是刘备再也支撑不住了。

九月，吕布命高顺猛攻小沛东门，守城将士坚守不住，高顺成功突入城内。刘备在关羽、张飞保护下带着少数兵马逃出小沛。吕布大获全胜，不但俘虏别驾陈群等一大批官员，就连刘备的家小也无一幸免。

吕布回军彭城，此前不服吕布的臧霸、孙观、吴敦、尹礼等人惊恐万状，马上派人向吕布进献财物，依附吕布。

曹操征讨吕布之事暂且不表，就在吕布大破刘备之时，江东孙策又在忙些什么，经历什么危险呢？且听下文分解。

第二十八章　孙策降服太史慈，周瑜鲁肃投孙策

第一回　程德谋救主有功，孙伯符义释祖郎

再说孙策北渡浙江，来到吴郡，朱治早在江边恭候，朱治道："主公帐下的将领都立了大功，末将却在治民，实在于心不安啊！"孙策大笑道："没有吴郡提供粮草，我岂能这么顺利拿下会稽？你的功劳不比别人小，现在吴郡多地未平，你的困难我心知肚明。"朱治道："如今会稽已平，轮到我平定严白虎了。"孙策道："我想请你办一件要紧之事，你心思缜密，只有你办，我才放心。"朱治问道："何事？"孙策道："我们江东水网纵横，利于水军作战。有了水军，进可攻，退可守，既可立于不败之地，又可开疆拓土，我想请你建造战船，大办水军。"朱治道："主公深谋远虑，目光长远，末将马上筹划。"孙策道："你需要什么尽管开口，我会全力提供，一定要把水军建得天下无双，如此江东才能基业永固。"

孙策来到曲阿，命张昭为长史，抚军中郎将，与张昭升堂拜母，两人好像是旧时的朋友一样亲密。孙策将文武军政大事一概委托张昭，张昭内心不安，说道："主公如此重用在下，在下诚惶诚恐，生怕有负主公重托。"孙策道："孤知你

是栋梁之才，才堪大用，对我忠心不二。你能做主的事尽管做主，不必请示。你拿捏不准的事，我与你共同商议。"

吕范从广陵返回吴郡，与孙策合兵一处，孙策率军直奔乌程国，早有乌程国相率部相迎，国相道："欣闻将军亲临封国，我等已备好粮草，特为将军牵马引路。"

严白虎闻知孙策大军来了，急召部下商议，严白虎之弟严舆道："孙策势大，我们不可与其相争，不如向他求和，暂时过了这一关再说。"严白虎马上采纳，派严舆向孙策求和，孙策不同意，对严舆道："这里是我的封地，我的大军不可能永远待在这里，要是我的大军走了，你们又造反，我该怎么办？你们只能投降，我保证你们安全，再根据你们的能力量才而用，这样对大家都有好处。"严舆大怒道："我向你求和是看得起你，我兄弟手下足有万人，还有别的宗帅也与我相通，听我号令。我只要凭险据守，想要自保绰绰有余，我承诺与你相安无事已是最大让步，岂能投降于你，任你宰割？"孙策怒道："你有万人有什么了不起，你们只不过是山贼罢了，我不费吹灰之力就能把你们灭了！"严舆是严白虎的头号战将，英勇善战，气呼呼道："既然你这么厉害，别人也把你吹得神乎其神，我倒想见识见识。"孙策唰地拔出宝剑劈向严舆坐席，一剑将坐席劈成两段，严舆惊得跳了起来，冒出一身冷汗，马上恢复平静，说道："我一见兵器就这样。"孙策道："我听说你坐着能凌空跳起，杀人速度非同寻常，故来一试。"严舆大怒道："你怎能如此无礼！"孙策厉声道："你要是能赢得了我，我准你求和。如果我赢了，你们得投降！"严舆不屑一顾道："大丈夫一言既出，驷马难追！"两人策马对阵，程普急道："主公不可，让我先来会一会他！"孙策道："放心吧，这厮无能！"孙策提矛策马对着严舆冲了过去，严舆毫不示弱，当即提枪来战。双方刚一交手，孙策猛感对方力大无穷，双手震得虎口发麻，心想："好家伙，还真有两下子，我给你来点别的。"双方调转马头，又迎面冲杀起来，孙策掏出小戟对着严舆呼的一声猛掷过去，严舆躲避不及，正中脑门，扑通一声摔到地上，脑浆迸裂而死。程普问道："主公怎么知道能战胜他？"孙策道："刚才用剑劈他坐席，那是试他的反应速度，这厮反应迟钝，我就知道用什么方法破他了。"

严舆亲兵回报严白虎，消息一传十、十传百，不到三天尽人皆知，严白虎军心浮动。孙策率军进攻，一鼓作气攻下山寨，严白虎带着残部和许贡一起逃往余杭，投奔许昭，剩下的全部投降。程普请求领兵进攻许昭，孙策道："许昭对以前的上司吴郡太守盛宪有情义，对待朋友很真诚，这才是大丈夫，我不忍相害。"因此没有将他们赶尽杀绝。

诸将向孙策建议道："吴郡既平，袁术新败，主公应该进攻袁术。"孙策道："袁术曾是我的上司，虽然以前对我处处限制，毕竟我们合作了很久，况且他的部将与我关系很好，我不忍心下手。不如暂时由他去吧，让他充当屏障。我们可趁众诸侯相互争斗无暇南顾之机，着手肃清境内其他势力，招纳江北流民，培源固本，增强实力，此乃上策！"

孙策率军来到丹阳郡讨伐山贼祖郎。孙策对孙权道："你在后方镇守宣城，军中将领任你挑选。"孙权大喜道："我选周泰。"孙策吩咐周泰道："幼平，仲谋就交给你了，你要保护好我弟弟。"周泰道："主公放心，我周泰愿用自己的性命捍卫他。"孙策道："这样我就放心了。"孙策命吕范、黄盖、韩当、蒋钦、董袭、孙辅、徐琨率本部人马分头攻打各个山寨，自己与程普居中调度策应。

祖郎长期在泾县一带活动，自从孙策与袁术决裂，袁术册封祖郎，祖郎乘机招兵买马，实力大增，丹阳太守吴景兵少，对他无可奈何。祖郎一伙闻知孙策大军到了丹阳，部下纷纷劝道："大帅何不前去投奔？"祖郎道："这里是我世居之地，群山连绵，我与孙策到处周旋，他能奈我何！"正说话间，忽有小贼来报：
"孙策大军七路来袭。"众人大惊失色，祖郎镇定自若道："你们怕什么？到处
都有我的耳目，孙策的一举一动我了如指掌。你们给我听着，给我紧守关隘，我
先跟他玩躲猫猫，待时机成熟再战。"孙策大军攻击各个山寨，祖郎凭险坚守，
孙策收效甚微。

宣城的耳目禀报祖郎道："孙权驻军宣城，不足千人。不事军务，不修工事，
整日忙于政务，我们有机可乘。"祖郎大喜道："真乃天助我也。"于是率领
八千山贼来取宣城。

拂晓时分，三千山贼突然蜂拥杀入宣城，孙权刚刚上马，山贼随后杀到，孙
权身边士卒难以抵挡，四向逃散。山贼杀到孙权身后，钢刀频频刺到孙权身旁，
有的已经砍到马鞍上，孙权只得拼命抵挡躲闪，眼见就要死于非命。周泰大喊一
声，奋然而起，挺身跃入敌阵，手挥钢刀疯狂砍杀山贼，一直杀到孙权身边，用
身体死死挡在孙权前面。周泰一口气连斩数名山贼，山贼挥刀纷纷砍向周泰，周
泰毫不畏惧，用血肉之躯硬扛，顿时身中数刀，骨肉横飞，伤痕累累，鲜血直流。
周泰强忍疼痛，与山贼拼杀，死战不退。徐盛、潘璋见周泰如此勇猛，领兵上前
与周泰并肩作战，奋力将山贼杀退，孙权这才转危为安。周泰见孙权脱险，松了
一口气，一头栽倒在地。

不久山贼又整军来攻，徐盛、潘璋拼死击退山贼，艰难守住宣城。徐盛，字
文向，琅玡莒人，因躲避兵祸流亡到吴郡，应召加入孙策军队。潘璋，字文珪，
东郡发干人，孙权担任阳羡县长后一直跟随孙权。

孙策探得祖郎率众山贼直奔宣城，大惊，忙命各部围剿，自率一千人马火速
救援。孙策行至宣城二十里外山谷，忽然，前面一军截住去路，为首之人正是贼
首祖郎。祖郎大喊一声，山贼从山谷两边呼啸而出，一下子把孙策的人马冲得七

零八落，截成数段。孙策左冲右突不能脱身，一山贼挥刀猛砍孙策，孙策闪身躲过，利刃砍穿马鞍，孙策战马受伤，顿时不受控制，乱踢乱踏，狂跑不止，一子下把孙策掀落马下。众山贼欲擒拿孙策，孙策霍地翻身而起，手中长矛挥舞得像风车一样，瞬间杀死多名山贼，山贼无法近前。孙策边战边退，护着战马退到巨石前，山贼上前一个，孙策就刺死一个，上来一双，孙策就刺死一双，众山贼大惊，不敢近前。山贼越聚越多，将孙策团团围住。山贼见奈何不了孙策，忙道："快去调弓弩手来，射死他！"孙策大惊，想要上马，山贼马上攻了上来，孙策上马不得。双方就这样僵持着。突然远方传来一声大喊："勿伤我主！"只见程普带着一骑杀了进来，程普手中长矛左刺右挑，山贼纷纷避让。程普来到孙策跟前，把枪杆递给孙策，孙策连忙抓住，程普用力一挑，孙策飞身上马。程普调转马头，护送着孙策杀出重围。

孙权命人清洗周泰尸体，众人解开周泰的铠甲，但见周泰身中十二刀，骨头外露，血肉模糊，孙权抱着周泰放声痛哭。恰逢名医华佗到此，见周泰仍在流血，华佗道："周将军还活着，或许可救！"孙权跪在华佗面前含泪求道："您一定要治好幼平，多少钱我都无所谓。"华佗道："这不是钱的问题，周将军不顾生死，保护主公，着实令人佩服，我当全力以赴，助他渡过难关。"华佗当即取出银针，对着周泰猛扎下去，周泰啊的一声，吐出一口鲜血，活了过来。华佗命人将周泰抬入内室，喂周泰喝下麻沸散，为周泰止血、接骨、飞针走线，将周泰伤口缝得严严密密。经过数月治疗，周泰终于康健如初，孙策感激周泰之恩，命周泰为春谷长。孙权让华佗戴着大红花，骑着高头白马，一路鸣锣开道，将华佗礼送回家，华佗自此名满天下，这是后话。

且说孙策收集残兵，清点人数，部队死伤过半，孙策叹了一口气，对程普道："真没有想到，山贼也会用计，这次我吃大亏了。"程普道："山贼利用您护弟心切，设下圈套等您来钻，真是可恨！"正在说话间，祖郎的人马又追了上来，孙策和程普列阵相迎，边战边退，祖郎不依不饶，死死咬住孙军不放。

突然，祖郎阵后喊杀声大起，原来丹阳太守吴景赶来救援，正与祖郎后部战成一团。孙策大喜，与程普一起率军冲入祖郎军中，大砍大杀。山贼腹背受敌，一下子溃不成军，祖郎连忙率军逃跑，孙策穷追不舍。祖郎和众山贼跑了两百多里，逃至陵阳，累得筋疲力尽，忽见前面一军迎面而来，为首一将乃是孙辅。祖郎大惊，回头欲走，孙辅率军一顿冲杀，将祖郎活捉。山贼见祖郎被擒，纷纷跪地投降。

孙辅将祖郎押至孙策大营，孙策问道："你是何人？"祖郎道："败军之将'泾县大帅'祖郎是也。"孙策道："为何要当山贼？"祖郎道："为了吃饭活命罢了。"孙策亲自为祖郎松绑，命人取来饭菜伺候，祖郎饥饿难忍，坐在地上便吃。饭饱，孙策见祖郎衣衫破烂，命人取来自己的衣服给祖郎穿了。孙策道："你袭击我，用刀砍我的马鞍，我不记仇。现在我正创建军队，建立大业，唯才是用。我不仅对你这样，对天下人都一样。现在我正缺人手，在我这里做事体面，饭管够，跟着我干不必担惊受怕，还能光宗耀祖。我看你是一条好汉，你愿意跟我一起干吗？"祖郎痛哭流涕，连忙叩头谢道："在下愚昧无知，自高自大，冒犯了将军，既然将军让在下有改过自新的机会，在下愿效犬马之劳，从今往后绝不反悔！"孙策命祖郎为帐下贼曹，专门负责安抚攻打山贼。孙策对祖郎道："以后捉拿山贼之事全交给你了，你去招抚他们，选精干之士从军，其他人交给我弟孙权，安排他们务农，专事生产，务必使他们每个人生活都有着落，不能再为山贼，祸害一方。如有不从者，你再率兵剿灭。"祖郎大喜道："这正是我最想做的。"不久，祖郎手下的山贼皆来投奔。

孙策降服了祖郎，那么下一步又会干什么呢？且听下文分解。

第二回　孙策降服太史慈，子义一箭定麻保

再说太史慈独自一人逃到丹阳，自命丹阳太守，治所设在泾县，得到刘繇的认可和支持，为山越依附，不到两年时间，竟得丹阳西南六县。

孙策率军进攻太史慈，连战连捷，包围泾县。孙策召集部下商议道："我欲得太史慈，不知有何良策？"黄盖献计道："末将倒有一计，我们三面攻打泾县，只留南面不攻，太史慈一定往西南方向逃跑，到豫章投奔刘繇，我们可在路上设伏，一举将他拿下。"祖郎道："末将素知泾县地理，此去豫章，虽可走西南，但道路艰险难行。依末将之见，太史慈必定取道长江，再到豫章。"孙策问道："为何？""泾县西边有一小径可通长江，此路地图上没有，外人根本不知道，末将料定太史慈必从此路通过。我愿在此设伏，那贼定然可擒。"孙策大喜道："就依祖郎之言，我要布下天罗地网，叫他插翅难飞。"

孙策一切布置停当，日夜攻打泾县，太史慈坚守不住，只得突围而出，孙军马上追赶。太史慈率军逃往西南，绕了一大圈往西而去。太史慈面对围追堵截连闯数关，一路狂奔三十多里到达勇里。太史慈亲随尽失，人困马乏，见后无追兵，不由得松开缰绳放慢脚步。忽闻一声哨响，路边伏兵飞跃而出，一拥而上，将太史慈连人带马扑倒在地。祖郎从一旁闪出，大大咧咧骂道："好你个狗贼胚，以前老是攻打本帅，没想到今日落到本帅手里，真是苍天有眼啊！"祖郎将太史慈绑得结结实实，一路奚落，押回孙策大营。

孙策早已设下盛宴，焦急地等待太史慈的消息，忽闻太史慈押到，孙策大喜，连忙出来相迎，孙策叱责祖郎道："子义最讲信义，我与子义神交已久，我让你去请子义，你倒好，怎么将子义绑着呢！"说着亲自上前替太史慈松绑，孙策笑着问道："子义，你还记得神亭大战吗？如果你当时抓住我，你会加害于我吗？"

太史慈一脸严肃地说道："这个真不好说。"孙策笑道："你说的可是大实话。"
孙策一把抓着太史慈手腕，将太史慈牵入大帐，请太史慈上座，孙策亲自为太史
慈斟满酒，行了一礼，说道："我听闻将军以前夺州章，请刘玄德出兵救孔文举，
这些都是忠烈仁义之举，你真是天下智士啊，令我十分仰慕。可惜你所托付非人，
刘繇是无能之辈，不肯重用将军。在下想与将军这样的仁义之士共创大业，不知
将军意下如何？"太史慈连忙跪拜行礼道："末将不才，愿为将军效命。"孙策
连忙将太史慈扶起，说道："子义不必多礼，所谓'射钩斩祛'，古人尚且不以
为嫌。我已是你的知己好友，你不需要担心今后会有不如意的事了。我想请将军
担任门下督，不知将军意下如何？"太史慈大喜，连忙拜谢道："末将全凭主公
差遣！"孙策双手把太史慈扶起道："来！子义，我们一起痛饮，一醉方休！"
说完请众将一起入席，孙策将太史慈一一引荐给众将。众将频频举杯向孙策和太
史慈敬酒，众人觥筹交错直至深夜，孙策和太史慈不知不觉喝到大醉。

　　次日，孙策问太史慈道："我想请教子义，我下一步该如何行动？"太史慈道：
"败军之将不值得和您讨论战事。"孙策道："以前韩信问计于广武君，如今孙
策我有疑难问题想请教你这样的仁者，你为什么要推辞呢？"太史慈道："我的
军队刚败，如今士卒离心，倘若散去，实难再集结；我打算宣扬您的恩德，安抚
召集他们。我恐不合您的意。"孙策跪谢道："这正是我内心所希望的啊！"太
史慈连忙将孙策扶起道："主公何必行如此重礼，折煞我了。"太史慈向孙策告
辞，孙策道："希望你明日正午回来。"

　　众将对孙策道："将军怎么把太史慈放了，太史慈一定不会回来了！"孙策道：
"太史子义乃青州名士，以信义为先，他绝不会欺骗我的！"众将不信。次日，
孙策遍请诸将，预置酒食宴席，立一华竿以观竿影。时间一点点流逝，竿影越来
越短，众将议论纷纷，忽闻马蹄声越来越近，太史慈带着一千人马如约而至，太

史慈来到孙策面前，下马行礼道："我来迟了吗？"孙策一看竿影，恰是正午，上前握住太史慈的手，大喜道："时间正好，以后你就参与军机要务！"

孙策进军麻保，将山贼团团围住，一山贼首领在城头阁楼之上怒骂挑斗，众将怒不可遏，太史慈见那厮左手扶在阁楼横梁上，笑着对众人道："这家伙这么猖狂，看我射他左手。"说着引弓射去，一箭将那首领左手射穿，牢牢地钉在横梁上。众山贼慌忙举着盾牌护住，将他救下。城下的士兵见状无不拍手叫好。城里的山贼大惊，商议道："孙策大军太厉害了，不如我们逃走吧。"众贼议定，三更时分逃遁而去。孙策又征讨丹阳各县山贼，太史慈、祖郎骑着高头大马在前面开道，大家都认为两人很荣耀，不久孙策尽得丹阳郡全境。

吕范与孙策下棋，吕范道："如今将军的事业日渐壮大，军队不断增多，可我们的法令制度还不完善，军纪也不够好，我愿暂时兼任都督，辅佐将军处理。"孙策道："你已经是士大夫了，统领很多军队，可以在外建功立业，怎能再委屈担任这种小职务呢？你不知道这可是很繁琐细致的吗？""不是这样的，我之所以远离故乡把身家性命托付给您，不是为了封妻荫子，而是为了成就一番事业。这就好像与您一起乘船渡海，一旦有一件事情做得不牢靠，那就全部都会受到牵连而失败，这也是为我自己打算，不只是为了将军才这样。"孙策笑了笑，不知道该如何回答。吕范从孙策那里出来，策马来到幕府说道："我已当都督了！"孙策听了摇了摇头，会心一笑，于是委任吕范为都督，把一大堆事务委托给他，军中由此安宁和睦，法令大行，军纪肃然。

就在孙策平定丹阳反叛势力的时候，好友周瑜给孙策来信，那么周瑜这几年经历了什么呢？且听下文分解。

第三回　周瑜鲁肃投孙策，太史子义探豫章

周瑜差人来信道："弟闻兄已得江东三郡，如今我已经变卖家产，欲来投奔。"孙策收信大喜，马上回信道："我到长江恭候你的到来！"

再说周瑜当了居巢令，深得民众拥护，建安二年（197），江淮发生大蝗灾，袁术无道，不闻不问，百姓生活在水深火热之中。周瑜见百姓无粮，将自己家里的粮食拿出来赈济灾民，可是饥民太多，周瑜实在没有办法应付，主簿建议道："我听说东城县有一贤人名叫鲁肃，家富，不治家业，乐善好施，把家里的土地标价出卖，将钱货大量送人，以救济穷人、结交名士为要务，深得当地人爱戴，您何不向他求助试试？"于是周瑜携厚礼带着数百人特意来到四百里外的鲁肃家拜访，周瑜向鲁肃求道："居巢百姓遭受蝗灾，今欲向您借粮赈灾，明年如数奉还，不知可否？"鲁肃毫不推辞，把周瑜带到囤粮之地，说道："我家已送出很多大米，现在还剩两大囷，每囷三千斛，我送你一囷便是。"周瑜将粮食运回，居巢百姓因此渡过难关，周瑜名动庐江。唐代诗人周昙赋诗赞鲁肃道："轻财重义见英奇，圣主贤臣是所依。公瑾窘饥求子敬，一言才起数船归。"

周瑜由此与鲁肃相识。鲁肃，字子敬，临淮东城人，身材高大魁梧，容貌超群出众，年轻时就有壮节，好奇谋妙计。时值天下大乱，鲁肃学习击剑骑射，招募少年讲武习兵，静观时局的变化。周瑜佩服鲁肃的德行和才华，主动与他相交，两人遂成好友，建立了牢不可破的友谊。

周瑜对鲁肃道："如今袁术无道，不能长久。江东孙策品德高尚，谋略深远，智勇双全，为人大气，与我意气相投，且有结义之亲，日夜盼望着我前去相助，等这里的百姓渡过蝗灾，我要去投奔，不知您是否愿意与我一同前往？"鲁肃问道："你认为曹操怎么样？"周瑜道："我的从父在许都担任朝廷要职，传话回

来说：'曹操对皇帝表面上还不错，让皇帝过着养尊处优的生活，其实全部权力都由曹操掌控，皇帝只不过是他手上的一颗棋子而已，大汉朝廷只不过是摆设罢了。'他说曹操是汉贼，与董卓无异，日后定然代汉自立。"鲁肃道："既然如此，我跟你走！"

周瑜见居巢百姓渡过难关，于是变卖家产，集合族人准备投奔孙策。袁术久闻鲁肃大名，命鲁肃为东城长，鲁肃认为袁术没有纲纪，不能成事，于是婉言拒绝。鲁肃号召部属道："朝廷丧失法度秩序，盗匪敌寇强横暴戾，淮泗之间已非繁育生息的好地方，我听说江东沃野万里，民富兵强，可以避乱，你们愿意跟随我一起投奔江东，静观时局变化吗？"部属纷纷表示愿意相随，于是鲁肃带着族人和部属三百多人启程投奔孙策。鲁肃让老弱幼小的先行，让强壮的断后。官府得到消息连忙派兵追赶，鲁肃等人缓缓而行，弯弓搭箭严阵以待，鲁肃对追兵喊道："你们这些男子汉大丈夫，应该明白当前的时势大局。如今天下兵荒马乱，你们就算把我们追回去也得不到赏赐，不追也不会受到惩罚，你们为何要对我们苦苦相逼呢？"说着鲁肃命人竖起一面大盾，引弓连放三箭，利箭全部贯穿大盾。追兵面面相觑，认为鲁肃说得有道理，暗忖不能制住他们，于是调头而回。

鲁肃来到居巢，与周瑜会合。众人登船启航，船行一日，来到长江，只见江中早有战船候着，为首旗舰一面杏黄大旗随风招展，大旗中间绣着一个大大的"孙"字。周瑜大喜，命人升起"周"字大旗，直奔旗舰而去，旗舰马上迎了上来，两船刚一相交，周瑜马上跳上孙策大船，两人高兴地抱成一团，孙策道："我天天想着你，盼你早日过来助我，现在你终于来了，太好了！"周瑜道："这几年我不断听到您的好消息，我都高兴坏了，现在我带着全家相投，从今往后，我们不再分离。"孙策连忙上前拜见周瑜母亲，将她引入自己的大船。周瑜对孙策道："我为您带来了一位非常特别的朋友，他的德行和才能令我佩服。"孙策大喜道：

"来得正好，我这里很缺人才。"周瑜引鲁肃拜见孙策，孙策握着鲁肃的手道："公瑾的朋友就是我的朋友，你来投奔实在太好了。"孙策下令扬帆起航，孙策、周瑜、鲁肃三人一路喝着酒、唱着歌来到曲阿。正是："破产移家事亦难，佐吴从此霸江山。豪杰只为功勋立，青史留名人人赞！"这些是建安三年（198）初的事情。

孙策回到曲阿，授周瑜为建威中郎将，授兵二千，马五十匹，升吕范为征虏中郎将，升太史慈为折冲中郎将，授兵二千。太史慈坚辞不受，对孙策道："我寸功未立，受之有愧。"孙策好劝歹劝，太史慈这才答应收下一部分军队。

孙策把周瑜的住所安排在自家旁边，两家亲如一家，孙策经常给周瑜赏赐，恩宠无人能比，手下人都对孙策有意见。于是孙策专门下令道："周公瑾英隽异才，与我有总角之好，骨肉之情。以前在丹阳，公瑾不但给我军队，还用船给我送来粮食，帮助我成就大业，论德论功，我所做的这点事远远不足以回报。"于是众将不再议论。周瑜有恩于庐江，在庐江威望很高，孙策命周瑜镇守牛渚，后来又领春谷县长。于是九江、庐江大批百姓过江投奔周瑜。

孙策惊叹鲁肃的才能，命鲁肃在帐下任职。孙策见张昭将各项事务打理得井井有条，对张昭大加赞扬。朱治向孙策汇报道："末将已按主公吩咐，大造战船，已经在南湖、太湖操练水军，请主公示下。"孙策来到太湖，与朱治登上楼船，共同检阅水军。孙策一声令下，顿时战鼓擂动，号角齐鸣，喊声震天，千桨入水，百船齐出，旌旗翻飞，行进有序。孙策看了非常高兴，对朱治道："我要让所有的士兵轮番上船训练。"朱治道："主公的意思是要把所有的军队都变成水军？"孙策道："是的，我的军队上船就能水战，登陆就能步战。有了水军，我要征讨刘表、黄祖，以报杀父之仇。"

再说扬州牧刘繇逃到豫章，听说笮融投奔豫章太守朱皓，又故伎重演，把朱皓杀了，取代朱皓统领豫章事务。刘繇大怒，马上召集各县兵马共同讨伐，不想被笮融打败。刘繇再次召集各县兵马进攻，终于把笮融打败，笮融逃入山林，被当地百姓所杀。笮融手下的佛教徒散落各地，把佛教传到四面八方。后来，扬州牧刘繇在豫章暴病而亡，上万士卒没有归属。

孙策闻讯对太史慈道："刘正礼是清廉德高之人，以前指责我替袁术攻打庐江，其实事出有因，非我本意。先父手下几千人马全在袁公路那里，我违心听命于袁术，替他攻打庐江，这才讨回一千多旧部，以当时的形势，我不得不为啊！袁术后来僭越称帝，我早就与他一刀两断。我认为这笔账应该算在袁术头上，不应算在我头上。如今刘正礼去世，我很遗憾不能在他活着的时候和他一起辩论这些事。现在他的儿子在豫章，不知华子鱼待他如何？刘正礼的部众依附他没有？你是刘正礼的老乡，以前又在他那里任职，不知是否愿去看望他的儿子，把我的意思讲给他的部众听，他的部众愿意来的就让他们跟你一起来，不愿意来的就对他们进行安抚。你再观察一下华子鱼统领豫章郡的状况，看看庐陵、鄱阳的民众是否拥护他。你这次要带多少兵马，一切全由你自己决定。"太史慈道："太史慈我有不能赦免的罪过，将军您的度量可比齐桓公、晋文公，对待我的礼遇超过我的期望。古代贤人对有恩于自己的人以死相报，希望为保全节操而牺牲生命，至死不改。我此番前去不宜带太多兵马，几十人足够了。"于是孙策亲自在昌门为太史慈饯行，孙策握着太史慈的手道："何时能回来？"太史慈道："不超过六十日。"

太史慈刚走，孙策部下议论纷纷。有人道："太史子义一定西投黄祖，转道回归北方，不会再回来了。"也有人道："子义与华歆同州，华歆可能会留住他，帮自己出谋划策。"大家都认为派太史慈西去是失策。孙策道："你们的话都不对，子义除了我，还能归附谁？我已经判断很清楚了。子义虽然有胆量和勇烈，但不是肆意横行无所顾忌之人，他的内心有着士人的谋略，志向完全符合经史道义准则，特别看重自己的承诺，一旦把诚心交给知己好友，就会始终不渝，大家不要再担忧了。"

太史慈来到豫章，祭完刘繇，对刘繇之子刘基道："我来吊唁前特意见过孙伯符，伯符让我代他向您问好。伯符是有德讲礼明义之人，过去的是非曲直让他过去吧，如果有什么困难，伯符愿意帮您解决。"太史慈登门拜见华歆，见百姓聚集在府衙门前，把府衙大门围得水泄不通，华歆只得差人将太史慈从后门迎入，太史慈问道："百姓整天围于府前，所为何事？"华歆道："他们欲拥立我为扬州刺史。"太史慈问道："您是有德之人，何不受之？"华歆道："没有朝廷诏命，我岂能接受？"太史慈道："面对如此局面，您将如何自处？"华歆道："我要上报朝廷，全凭朝廷定夺。"太史慈奔走于豫章各地，见过各路将领，宣扬孙策的美德，刘繇手下将领都说愿意跟随孙策。

太史慈如期从豫章返回江东，对孙策道："华子鱼德行虽好，却非谋略之才，也没有什么规划打算，能守住自己的地盘就不错了。现在丹杨人杨僮芝占据庐陵，假称自己接受朝廷诏令担任太守。鄱阳的民帅建立自己的武装守卫辖界，不接受华子鱼委任的官吏。就连离他很近的海昏县上缭，向他们征调一个人都做不到。华子鱼面对这些刁民束手无策，无可奈何。"孙策拍掌大笑，真是天助我也，于是有了吞并豫章的想法。孙策的手下无不佩服孙策的识人之明。

江东孙策的事情暂且不表，那么吕布大破刘备后，曹操又会怎么应对呢？且听下文分解。

第二十九章　吕布命殒白门楼，曹孟德平定徐州

第一回　刘玄德智退臧霸，陈元龙力助曹操

再说刘备从小沛成功突围，往西而去，众人刚走到梁国，正遇曹操大军，刘备马上前去会合，曹操好言安慰，请刘备与自己同乘一车东征吕布。

曹军刚到彭城，陈宫向吕布建议道："我们以逸待劳，应该马上出城进攻，这样无往不胜！"吕布道："不如等曹军全到，再把他们赶下泗水淹死。"曹军全部到了，吕布见曹军兵强马壮，阵容严整，心中起了一丝怯意。吕布出城来战曹操，曹、吕两军列阵相对。高顺率领着敢死之士冲向曹军，曹操命乐进率部相迎，双方打得难解难分，曹操担心乐进有失，命许褚率虎贲之士加入战局，吕布见高顺没有胜机，亲自率军进攻，曹操命于禁、徐晃加入战局，两军在城下大战，曹军人多势众，吕军渐渐处于下风，战至黄昏，双方鸣金收兵。吕布见难以击败曹操，坚守不出。

裨将军徐晃对曹操道："吕布不敢出战，请主公给我一支兵马，先去敲掉彭城附近的军队。"曹操称赞道："徐公明想到我没有想到的事。"于是马上拨给徐晃步骑五千，徐晃领军而去，迫降吕布将领赵庶、李邹，清扫周围吕布势力，

彭城成为一座孤城。

吕布见曹军日夜攻城，心中大急，连忙命秦宜禄潜出彭城求见臧霸、孙观、吴敦、尹礼，秦宜禄道："曹军攻打彭城，温侯命你们出兵相助，你们攻击曹军于外，温侯攻击曹军于内，如此内外夹攻，曹军定然可破！"臧霸等人领命，起兵二万，直奔彭城。

曹操闻讯大惊，连忙召集部下商议。刘备道："末将不才，愿为明公劝退臧霸。"曹操问道："可有把握？""臧霸以前是我部下，与我向来相安无事，却与吕布争斗不断，明公不妨让我一试。"

刘备直奔臧霸大营，问臧霸道"将军何故起兵前往彭城？""我等依附吕奉先，如今奉先身处绝境，派人相求，我等奉命相助！""你的死期快要到了，你怎么不知道啊？"臧霸大惊道："玄德何出此言？""吕布乃虎狼之人，毫无信义可言，您怎么可以救助这样的人啊？"臧霸行了一礼道："请刘将军教我。"刘备道："您难道不知道我与吕布之间的恩恩怨怨吗？当初吕布走投无路，是我收留他，他却恩将仇报，在我迎战袁术时偷袭下邳，欲置我于死地。后来我屈身依附于他，他又多次攻打我，请问您怎么能依附这种反复无常的小人呢？"臧霸道："吕布太厉害了，我没有办法才出此下策啊！"刘备接着说道："请问吕布何尝对徐州有恩？何尝对您有恩？吕布去年还到莒县攻打您，您难道忘记了吗？您怎么好坏不分，仇将恩报呢！"臧霸倒吸一口冷气道："听您这么一说，我似乎不应该出兵助他。"刘备道："如果您帮助吕布打败曹操，吕布下一步就要对付您，他绝不允许周围有强大的军队存在，把您收拾了，徐州才完全属于他。这个您想到了没有？"臧霸起身对刘备行了一个大礼，说道："哎呀，我真的没有考虑这么多！"刘备道："如今曹公奉天子诏征讨吕布，您助吕布就是反对朝廷，人人都可诛杀您，还望您仔细斟酌！"臧霸问道："我该当如何？""您归顺朝廷，帮助曹公攻打吕布，建功立业，这是上策。您撤军而回，两不相帮，明哲保身，这是中策。您帮助吕布，引火烧身，实乃下策！"臧霸哭道："玄德啊，不是我不想建功立业，曹贼在徐州杀了那么多人，我若委身于他，心里实在过不了这道坎啊！您委身于他，难道就过得了吗？您有何脸见徐州父老乡亲啊！您到了九泉之下有脸面见陶徐州吗？"刘备眼眶湿润，向臧霸告辞，臧霸领军而回。

建安三年（198）十月，吕布见彭城很快不保，命高顺、魏续为先锋，彭城相侯谐断后，自率宋宪，侯成居中，保护官员和妻小冲出东门，逃往下邳。张飞见吕布大军逃走，率军来追，彭城相侯谐率军死死挡住。张飞直冲侯谐中军，不到十个回合，侯谐部下死伤大半，侯谐见势不妙，慌忙回马就逃，张飞策马来追，一把把侯谐抓了过来，扔在地上，身后的士兵一拥而上，将侯谐绑了，张飞引军而回。

曹操又命刘备、曹仁、于禁、徐晃追赶吕布，自率乐进等人进入彭城，将彭城百姓杀得一干二净。刘备得胜回军彭城，目睹惨状，惊问曹操道："明公为何屠城？"曹操道："孤以前在这里杀了那么多人，他们恨孤，不可能与孤同心。"刘备黯然不语。

吕布大军到了下邳，急派秦宜禄向袁术求救。吕布大军休整不到三日，斥候匆匆来报，曹操带着曹仁、于禁、乐进、关羽、许褚率步骑五千直奔下邳，吕布大喜道："真是天助我也！"亲率高顺、成廉、侯成引军迎击。曹、吕两军在野外相遇，吕布命高顺率领着敢死之士直取曹操中军，乐进、许褚率军相迎，双方顿时战在一起。吕布见乐进勇猛异常，取出宝弓一箭射中乐进，乐进负伤而走。吕布亲率骑兵来取曹操，曹仁率骑兵相迎，曹操兵少，渐渐不敌。吕布冲至曹操面前，挺矛直刺，曹操连忙躲闪，关羽从侧面直扑吕布，大喊一声："关羽在此，休伤曹公！"吕布只得放弃曹操来战关羽，双方举矛互刺，你来我往，互不相让，曹操乘机脱险。关羽、吕布斗了半晌，谁也奈何不了谁。忽然南方来了一军杀向吕军后阵，为首一将正是广陵太守陈登，吕军顿时大乱。曹操大喜，抓住时机发起反击，吕军腹背受敌，转眼之间由胜转败。吕布连忙抛下关羽，率军突围而出，逃回下邳。成廉想要逃走，却被于禁截住，左冲右突皆不得脱，被于禁生擒。

陈登拜见曹操，陈登道："末将率军五千前来助战！"曹操高兴地握着陈登的手道："元龙，你来得正好，要是没有你及时相救，真不知道会是什么结果。"陈登道："末将愿为先登，为明公攻取下邳。"曹操大喜道："有你相助，吕布指日可诛！"

当晚曹操设宴庆功。曹操问关羽道："今日云长舍命相救，想要什么封赏？"关羽道："末将不要封赏，只求打败吕布后把秦宜禄的老婆赐给我。"曹操哈哈大笑道："送的是别人的老婆，又不是自己的老婆，依你便是。"曹操向陈登敬酒，陈登一饮而尽，大口吃肉，曹操道："元龙面色红润，容光焕发，好像完全换了一个人。"陈登起身谢道："谢曹公关心，前段日子，神医华佗为我诊疗，说我脸色发紫，爱吃生鱼生贝，定是胃里有虫，结成毒疮所致。华佗为我开了汤药，我服了以后,吐出三升虫子,虫子头是红色的,身体还会蠕动,后来我的病就好了。"曹操大奇，问道："是不是救治江东周泰的那个神医？""正是！""如此神医，定要为我所用。""华佗行踪飘忽，很难找。他说我的病不能根治，三年后定会复发，一定要再找他医治，否则会有生命之忧，我也为如何找他犯愁啊。""我老患头风，痛起来真要命。""华佗善治各种疑难杂症，找他就对了。"曹操当即下令，求访华佗。

曹军全部到达下邳，将城池团团围住，曹操写信劝降道："如今你已被我死死围住，只要你肯投降于我，我可以不计较过去的事情。"吕布召集部下商议，想要投降，陈宫坚决不同意，说道："曹军远道而来，不能持久，将军如果率步骑驻守城外，我率领其余人马在城内把守。曹操如果向将军进攻，我率军从后面进攻曹军；要是曹军来攻城，将军就从外面救援。用不了一个月，曹军粮食全部用尽，到时候我们再发起进攻，定可一战而胜。"于是吕布拒绝曹操招降，派许汜、王楷和心腹之人潜出下邳，向九江袁术、河内张杨求援。

河内太守张杨一向与吕布友好，见吕布相求，无奈路途太远，实力不够，于是率军出驻野王县东市，遥作声势。夏侯惇率军与张杨对峙，张杨无可奈何。建安三年（198）十一月，夏侯惇派使者游说张杨部将杨丑，使者道："吕布与袁术都是反贼，张杨过去有大功于朝廷，如今不识时务，却与吕布联合，他的死期很快就要到了，您是明白人，不如投奔曹公，我们共创大业。"杨丑认为使者说得对，于是杀了张杨，夏侯惇命杨丑统率张杨的军队。

且说秦宜禄到达九江向袁术求救，袁术叹道："仲家没有粮草，无力救援啊！"秦宜禄道："我主危在旦夕，您不出兵相救，我无法回去交差啊！"袁术道："既如此，你就留在寿春吧。"

许汜、王楷再次向袁术求救，袁术推托道："吕布不把女儿嫁给朕的儿子，理当失败，为什么还要来通报呢？"许汜道："明上如果不救，就是自取灭亡，要是我主吕布败了，明上也就败了。明上不想想，这世上谁还会与明上联合？要是曹操来攻，明上能挡得住吗？明上，出兵救温侯就是救明上自己啊！"袁术硬着头皮起兵三万前往下邳，在下邳与九江交界之处驻扎。

曹操久攻下邳不下，连忙召部下商议，曹操道："孤原来想招降吕布，可惜没有成功，如今粮草将尽，士卒疲惫，袁术又出兵相助，很多人都建议撤军，不知各位意下如何？"众将士纷纷赞同，荀攸站了起来，劝道："吕布有勇无谋，现在每战必败，锐气已失。三军打仗以将为主，如今主将意志衰退，军队自然没了斗志。陈宫虽有智谋，实施起来却很迟缓，现在正好乘吕布锐气未复，陈宫的计策还没实施，我们加紧进攻，一定可以打败吕布。"郭嘉也劝谏道："我完全赞同荀公达的意见，主公坚决不能撤军！"曹操道："请问这是何道理啊？"郭嘉道："以前项羽七十余战未曾败北，一次失败而身死国亡，其根本原因是依仗勇力而无谋略。如今吕布每战必败，气衰力尽，内外失守。吕布的威力不及项羽，穷困衰败超过项羽，如果乘胜攻打，吕布必定一战可擒。另外主公可以研究一下袁绍攻打公孙瓒，袁绍打了那么多次，打了那么久，为何一直没有把公孙瓒消灭，就是因为没有坚持下去，半途而废。主公应当引以为戒！我们困难，吕布更加困难，我们要一鼓作气拿下徐州，如此方为上策。"曹操站了起来，坚定地说道："孤意已决，众将听令，不拿下徐州绝不退兵！"曹操问道："我军无粮，该当如何？"荀攸道："主公可催夏侯惇筹集粮草，命任峻速速运来。另外，江东孙策在张昭的辅佐下民富粮足，今年向朝廷进贡的财物比去年增加了一倍，孙策有粮，主公可向孙策暂借。我军多管齐下，定可渡过难关。"曹操问道："孤本来只准备消灭吕布，如今袁术出兵相助，好比烧了一桌菜，却来了两桌客人，该如何应对？"郭嘉道："袁术与吕布恩恩怨怨，纠缠不清，袁术对吕布恩大于怨；吕布对袁术，怨大于恩。两人矛盾重重，各怀心思，袁术只是做做样子罢了，不可能全力救援吕布。"荀攸道："主公可命江东孙策在后方牵制袁术，袁术定然不敢进攻我军。"曹操大喜道："好！孤这就命刘璋、孙策攻打袁术、刘表。"

　　曹操能否从江东借到粮食，袁术能否拯救吕布？吕布的命运又将是如何呢？且听下文分解。

第二回　曹操水灌下邳城，吕布命殒白门楼

且说曹操的使者来到曲阿，拜孙策为讨逆将军，改封吴侯，孙策连忙叩头谢恩。使者诏命孙策进攻袁术、刘表，向孙策借粮。孙策道："请曹公放心，我当奉朝廷命令！"

孙策召来虞翻道："如今朝廷加封，我想派使者向朝廷谢恩。我以前在寿春拜见马太傅，得以与中原的士大夫相会，他们都说东方人多才，遗憾的是学问不渊博，在讲述和议论方面赶不上他们。我不赞同他们的说法！你学问渊博、见多识广，我准备让你去一趟许都，与朝中士大夫相见，让他们见识一下我江东才子的风范，破一破中原人士的谣言。"虞翻道："我如今已遇明主，是您家中的宝物，如果拿出来给别人看，倘若别人把我截留，那您就会损失贤良的辅佐之人。在下不想离开明公，我看还是不去为妙。您还是派张子纲去吧。"孙策道："我担心子纲不能让那些小儿辈张口结舌啊！"虞翻道："主公您这就不清楚了。'彧彧其文，馥馥其芬。出自幽阻，升于毡茵。允瑰允丽，惟淑惟珍。安安文枕，贰彼弁冠。冠御于昼，枕式于昏。代作充用，荣己宁身。兴寝有节，适性和神。'这是张子纲随手写出的文章，可谓江东第一文士，我看子纲一到许都，定为曹公和孔文举的座上宾，那些小辈只怕是拿着文章排着长队恭恭敬敬地求子纲点评指导，哪里还敢故意刁难！更何况张子纲心向主公，谋略出众，老辣执重，派他出使朝廷，定能在庙堂之上为我们争取利益，我们不会吃亏！"孙策大喜，于是命张纮奉奏章出使许都，张纮来到朝廷，少府孔融问道："孙伯符是什么样的人啊？"张纮道："我主才能谋略超绝特异，平定三郡就像狂风吹过，草木扑倒一样。他对朝廷忠诚恭敬，心向汉室。"皇帝刘协大喜，孔融与张纮交好。

荀攸、郭嘉向曹操建议道"下邳地势低洼，我们可在城外深挖壕沟，筑堤包围，

再引泗水、沂水灌城，如此下邳不攻自破。"曹操马上采纳，下令军队日夜开挖壕沟。管粮草的小吏偷偷对曹操道："军粮很快就要没有了。"曹操问道："我们应该怎么办？"小吏道："依下官之见，眼下只能以小斛分粮，等军粮足够之时再恢复大斛。""好，就按你的意见办。""士兵有意见怎么办？""现在别无他法，粮草应该很快就要到了，士兵真的闹起来，我自有办法。"果不其然，军中士兵怨声载道，都说饿着肚子挖沟，曹公欺人太甚，此地不留爷，自有留爷处，纷纷准备离开。曹操唤来小吏道："你只有一死，才能平息众怒，不然这事没有办法解决。"小吏连忙跪地求道："我没有罪啊！"曹操道："我当然知道。但不杀你，军中恐会生变。你死后，你的家人我会帮你养活，你不必担心。"小吏想要分辩，曹操大呼一声，刽子手快步上前，将小吏拉出帐外砍了，曹操命人将小吏首级高悬营外示众，发布公告道："此贼暗中用小斛代替大斛，私吞粮草，中饱私囊，现已伏法。"曹操马上命人改用大斛分粮，军中士兵无不拍手称快。

曹操为了军粮一筹莫展，忽报孙策运粮船队经长江，过邗沟、淮河、泗水，已到城下，曹操大喜道："真是天助我也，如此我无忧了。"陈宫在城头望见曹军忙着从江东大船上卸粮，大叫一声，猛地吐了一口鲜血，晕了过去。吕布连忙命人把他救起，陈宫颤抖着对吕布道："曹贼得到孙策帮助，我们不好办了，您赶快率军冲出去，截断曹操粮道，逼曹操退兵，这是唯一的办法。如果您再不行动，等到曹军把壕沟全部挖好，恐怕您就出不去了。"吕布马上采纳，吕布刚回到家，妻子哭道："从前曹操对陈公台那么好，公台仍然丢下曹操投靠我们。现在将军对待公台怎能与曹操相比，您如果丢下我和儿女出征，一旦发生变故，我难道还能是将军您的妻子吗？"吕布听了唉声叹气，只好作罢。陈宫大怒，对吕布道："你不听我的建议，却听信妇人之言，你将死无葬身之地！如果听我之言，就算下邳城破，城里的人都死了，至少将军你还能活着，还有机会东山再起！"

吕布眼见壕沟快要合拢，缺口越来越小，大急，心想一定是自己不嫁女儿，袁术才不肯发兵救援，于是吕布用丝绵将女儿裹住，绑到马上，与高顺一道，率军一千，乘夜护送女儿偷偷出城，吕布刚到缺口，曹军弓弩齐发，吕布不能通过，只得退回城中。吕布自此终日闷闷不乐。

孙策命水军沿长江逆流而上，来到牛渚，在江面上耀武扬威，威逼历阳，袁术得到消息大吃一惊，顾不了吕布，连忙把军队调到阜陵、历阳。孙军见袁军来了，也不作战，又往往上游方向奔去，袁术派兵沿江跟着。曹操见袁术撤军返回，大喜道："现在没有人可救吕布了。"

包围下邳的壕沟全部挖成。曹操命人构筑堤坝，开挖水渠，引来泗水、沂水灌城。江水改道流向下邳，下邳四周水位一天一天缓慢上涨，城内人心惶惶。

吕布与以前判若两人，不能驾驭部下，无论谁向他提建议，表面上全都答应。众将各怀心思，相互猜忌。部将侯成以前受到吕布责备，心怀不满。侯成与宋宪、魏续等人商议道："下邳无法坚守，要是城破，曹操必定屠城，我们都得死。不如我们造反，将吕布和下邳献给曹公，我们不但可保性命，还可享受荣华富贵，更能保全下邳百姓。"众人议定，于是将陈宫、高顺拿下，率军到白门楼进攻吕布。吕布见众将反叛，攻势猛烈，对亲兵和众将道："你们不要打了，来把我的头砍下，献给曹操吧！"众将害怕吕布英武，不敢上前，吕布神色恍惚，走下楼来，众将士一拥而上，将吕布绑得结结实实，押着吕布，打开城门，蹚水出城，来投曹操。曹军涌入下邳，吕布全军被俘，刘备将妻儿救出。

曹操命令将堤坝挖开，下邳之水尽退，刘备引曹操进入下邳。刘备劝谏道："侯成将下邳献给明公，还望明公保全百姓。"曹操道："既然玄德相求，孤当依你。"曹操命刘备出榜安民。关羽对曹操道："明公您答应过我，要将秦宜禄之妻赏赐给我，切不要忘记啊！"曹操奇道："我都已经答应了，云长怎么又提此事？"

建安三年（198）十二月，癸酉，曹操端坐下邳官衙，武将、谋士分列左右。众人将吕布、陈宫押到曹操面前，曹操趾高气扬地对陈宫道："公台，您平时自称智谋和计策充足有余，今天怎么会变成这样啊？"陈宫回头瞪了吕布一眼，说道："只因此人不听我的建议，这才导致现在的局面。如果当初采纳我的建议，未必会被抓住。"曹操笑道："今天的事情该怎么讲呢？"陈宫道："为臣不忠，为子不孝，我只有一死了之。"曹操道："您真想这样做，那您的老母该怎么办呢？"陈宫昂着头道："我听说以孝治天下的人不会伤害别人的父母，老母的死活，决定权在于您。"曹操又道："那您的妻子儿女又该怎么办呢？"陈宫道："我听说施行仁政治理天下的人不会灭绝别人的子嗣，妻子儿女的死活，也在于您。"曹操不再说话，陈宫厉声道："请让我出去受死，以明军法，何需多言！"曹操站了起来，泪水在眼眶里打转，哽咽道："孤就这样不值得你辅佐吗？你为何要这样对孤。孤求你留下来！"陈宫不屑一顾，急步而出，挡都挡不住，曹操流泪痛哭，目送陈宫出去，陈宫连头都不回，昂然奔赴刑场，引颈就戮。众将士见陈宫如此，无不落泪。陈宫死后，曹操下令供养他的母亲到老，安排他的女儿婚嫁，对待他的家属像原来一样优厚，这是后话。

过了一会儿，曹操抹去眼泪，平静如初。吕布上前搭讪道："明公，您怎么瘦了？"曹操哈哈一笑，说道："孤之所以消瘦，还不是因为你吗！"吕布道："你们把我捆得太紧了，稍稍松开一点吧。"曹操道："捆绑猛虎不得不捆紧点啊。"吕布道："齐桓公包容管仲的射钩之仇，任命管仲为丞相，成就一代霸业。如今明公担心的不过是吕布，现在吕布我降服了，如此全天下都不值得担忧了。明公您率领步兵，让吕布我率领骑兵，天下何愁不定！"曹操点头赞同。吕布求刘备道："玄德兄，您为座上宾，我为阶下囚，您能不能为我说句话？"曹操笑了笑，说道："你向玄德求情，怎么不直接向我求情呢？"说着命人为吕布松绑。

刘备上前阻止道："不可！"曹操问道："为何？"刘备道："难道明公不知道吕布怎么侍奉丁原、董卓吗？"曹操一惊，点头赞同。吕布大骂刘备道："你这大耳贼，居心叵测，最不可信！"曹操命左右将吕布推出，缢死于白门楼。

高顺被押到曹操面前，曹操道："你呢，还有什么话说？""我愿追随主公去死。"曹操命人将高顺推出去斩首，又将吕布、陈宫、高顺的首级送到许都，献给皇帝刘协。

曹操大宴三军，与将士饮酒作乐，酒毕，曹操回去歇息，半醉半醒之间想起关羽的话，心道："秦宜禄之妻难道有什么特别的地方，令关羽如此念念不忘？"于是命人将秦宜禄之妻杜氏带了上来。但见杜氏样貌出众，端庄大方，言谈举止称心得体，曹操顿时春心萌动，精神百倍，多日的军旅劳顿抛到九霄云外，当晚纳她为妾。杜氏道："夫君既然喜欢贱妾，还望善待我的前夫。"曹操道："这有何难？让他当铚县县长吧。"杜氏又道："贱妾舍不得我儿秦朗。"曹操道："我收为养子，让他陪在你身边便是。"关羽深感不安。

曹操召陈群担任西曹掾属，陈群向曹操推荐广陵人陈矫、丹阳人戴乾，曹操一一录用。陈登向曹操告辞，曹操封陈登为伏波将军，陈登建议道："明公何不马上渡过长江，一举荡平江东？"曹操道："孤要干的事情实在太多了，中原的事还没有解决，怎么顾得了江东？这些事全部交给你了。"

曹操命车胄为徐州刺史，镇守下邳，表张飞为中郎将。曹操率领大军奔往徐州北部，大军刚到琅玡国，鲁相张辽率军前来投奔，曹操大喜，任命张辽为中郎将，赐关内侯。

臧霸听说吕布被杀，曹操往北而来，连忙跑到朋友家避祸，曹操点名悬赏捉拿臧霸，朋友将臧霸带到曹操大营。曹操与臧霸交谈，对臧霸非常赏识，命臧霸将手下将领一一找来。曹操分割琅玡国、东海郡，增设城阳、利城、昌虑郡。命臧霸为琅琊相，吴敦为利城太守，尹礼为东莞太守，孙观北海为太守，孙康为城阳太守，划出青、徐二州交界之地托付给臧霸管辖。

就在曹操平定徐州不久，袁绍打败了公孙瓒，将公孙瓒的首级送到许都。那么，这究竟是怎么回事呢？且听下文分解。

第三十章　袁绍攻灭公孙瓒，刘备反曹占徐州

第一回　袁绍攻灭公孙瓒，袁术穷途投袁绍

再说袁绍大举进攻公孙瓒，袁军势不可挡，节节胜利，一直攻到易京。公孙瓒准备率领精锐骑兵出城，沿着西山切断袁军退路，长史关靖劝阻道："如今我军将士无不怀有离散之心，之所以还能坚守，是因为家少都在这里，有赖将军主持大局。我们继续坚守，拖延时日，或许能使袁绍知难而退。如果将军舍弃他们，率军出城，后方无人做主，易京陷落便指日可待了。"关靖没有什么才能，善于讨好公孙瓒，深得公孙瓒的信赖，于是公孙瓒放弃出城打算。田楷怒道："凭着守城就想取得胜利，就想得到天下，这难道不是笑话吗？"公孙瓒没有办法，只好派儿子公孙续向黑山军求援。袁绍大军不断进攻，步步紧逼，公孙瓒的军队日趋困窘，于是向后退却，连筑三层营垒加强防御。

一日，公孙瓒做了一梦，梦见蓟城崩塌，解梦人说这是失败之兆。公孙瓒大惊，派密使送书信告诉儿子："袁氏的进攻如同神鬼一般，他们的战鼓号角在大地上奏响，他们的将士架着梯子冲到我楼上，挥舞着兵刃厮杀，日落月升一天天过去，我没有任何凭借和依赖。飞鸟无处可栖身只好投入人的怀抱，湍急的水流

会漫上高坡，你要拼命求告张燕，飞奔前去告急。父子天然之情，无须言语也会有所感应。请火速带五千铁骑到北边的低湿地带，点火为号，我会从城内杀出，振奋军威，在那里决一死战，不然，我死之后，天下虽大，没有你的立足之地。"不料信使被袁绍巡逻队抓获，袁绍得信大喜，欲将信件付之一炬，田丰连忙阻止道："主公，我们可以将计就计，利用此信大破敌军！"于是，田丰将信略加修改，派一能言善辩之人送给公孙续。

建安四年（199），张燕和公孙续率十万大军分三路来救公孙瓒。

入夜，公孙瓒见北边火光闪动，马上率兵出城。刚到约定地点，但见前方铁骑整整齐齐地候着，公孙瓒大喜，连忙上前打招呼，没想到铁骑迎面冲杀过来，公孙瓒大惊，连忙喊道："我是公孙瓒，不是袁军，你们不要误会！"铁骑越来越近，火光中，公孙瓒猛然认出前方大将正是颜良，公孙瓒惊呼道："是袁军！"急命军队迎战。颜良率军一番冲杀，把公孙瓒打得大败。公孙瓒好不容易稳住阵脚，只听一通鼓响，左有张郃，右有淳于琼，后有文丑大杀而出，一下子把公孙瓒的军队围在中央，袁军从四面八方不断地发起攻击，公孙瓒仰天长叹道："吾命休矣！"突然，袁军背后乱成一团，原来田楷率军从易京疯狂杀出，直扑袁军包围圈，田楷勇猛无比，杀入重围，奋不顾身地将公孙瓒救出。公孙瓒经此大败，损失惨重，再也无力出战。接着，袁绍命众将士在易京外围设伏，又把张燕和公孙续的援军打得大败而逃。

袁绍久攻易京不下，田丰建议道："易京防守严密，我军进攻难以取得成效。孙子云：'攻其无备，出其不意。'我们可以挖掘地道，从地下进攻易京，如此公孙伯圭防无可防，易京防御定会土崩瓦解！"袁绍大喜，马上分兵挖掘地道，将地道一直挖到城楼下，挖空城楼下方地基，再用木柱将城楼顶住，估计挖到一半以上，便放火烧掉所有木柱，城楼立刻倒塌，袁军顺势攻入。袁绍见此法奏效，得意地对部下道："曹操有荀彧、荀攸，孤有田丰！"

建安四年（199）三月，袁军一步一步不断逼近易京中心，终于突入内城，公孙瓒自知必死无疑，将妻子、儿女、姐妹全部缢死，然后引火自焚，袁绍催促士兵登上高台上杀死公孙瓒。关靖悔恨道："之前要不是我阻止将军出城，未必没有希望。我听说君子让别人陷入危难之中，自己必定与他共赴危难，怎么可以独自逃生呢？"于是提矛上马，与田楷一道率军冲入袁绍军中，关靖被袁军乱箭射死，田楷力战而亡。不久公孙续被匈奴屠各部所杀，公孙瓒的势力就此消亡。

袁绍终于打败了公孙瓒，拥有冀、幽、并、青四州，兵力达数十万，于是越发骄横，根本不把朝廷放在眼里。主簿耿包知道袁绍的想法，暗中写文章鼓吹道："汉室衰微到尽头了，袁氏是黄帝的后人，理应顺承天意称帝。"袁绍大喜，将耿包的文章给部下观看，想得到部下拥护，没想到大家一致认为耿包妖言惑众、狂妄无道，应该斩首。袁绍没有办法，声称自己不想称帝，把耿包杀了为自己开脱。

袁术刚称帝不久，在寿春城头偶遇一绝色美女，袁术对她一见倾心，千方百计想把她搞到手，此女史称冯氏。冯氏出身高贵，是前司隶校尉冯方之女，因为战乱到扬州避祸。袁术对冯氏特别恩宠，其他妻妾心生妒忌，于是对她说道："明上很欣赏有志向和气节的女人，您应该经常在他面前哭哭啼啼，装出很忧愁的样子，这样明上定会对您更加敬重。"冯氏自视甚高，认为她们说得对，一见到袁术就流泪，袁术果然对她越发怜惜。一日袁术上殿处理朝政，众妻妾见冯氏独自一人行走，大家一拥而上，七手八脚将她绞死，把她的尸体悬挂在厕所梁上。袁术下朝，以为冯氏不得志自杀，下令将她厚葬。袁术妻妾多达数百，她们争风吃醋，明争暗斗，闹得不可开交，袁术根本管不住，弄得心力交瘁。

袁术骄傲放纵，荒淫奢侈，挥霍无度，他的妻妾没一个不是身穿华服，吃着美食佳肴的。袁术的宫室富丽堂皇，收藏着各种各样奇珍异宝。就这样，袁术很快就把巨额财产挥霍一空，无法自立。

建安四年（199）夏，袁术烧掉宫室，到灊山投奔部下陈简、雷薄。袁术不修政德，不顾百姓死活，对待部下向来自尊自大，根本不会体恤部下。陈简、雷薄拒绝接纳，袁术在灊山苦苦求了三天，袁军无粮，士卒纷纷逃离。

袁术不知道应该去那里，张勋劝道："明上，为今之计，您应该赶紧把帝号去掉，投奔孙伯符，向他认个错，伯符定会接纳我们。"袁术道："仲家过去一向压制伯符，仲家的土地全是孙氏打下来的，事到如今，仲家有何脸面去见伯符啊。"儿子袁耀道："伯符向来对您尊敬有加，在您称帝后虽然与我们断绝关系，但仍对我们网开一面，手下留情，并没有真正攻打我们，现在您手上还有两郡，这就是您的资本，如果您愿意屈就，将两郡送给他，凭他的为人，您一定还会有好的结果。"袁术道："可仲家认为天下应该姓袁，岂可投奔于他？要投也要投袁本初。"张勋道："袁本初拥有四州之地，我们区区两郡对他来说算什么啊？您与袁绍向来不和，您去投奔，这不是自取其辱吗？"袁术道："天命既然不归仲家，那么一定归他！"

于是袁术去掉帝号，写信给袁绍道："天命离开汉室已经很久，政权已经旁落。如今天下群雄角逐，分割疆土，这同周朝末年的七国争雄没什么区别，只有强大的一方才能吞并天下。我袁氏禀受天命应当统治天下，符命祥瑞已经很明显了。现在您拥有四州之地，户口达百万之众，论势力谁都不可能同您争强，论地位谁都不可能比您更高。曹操虽然想扶助衰微的朝廷，难道能够将断掉的天命重新接上，将已经灭亡的朝廷重新振兴吗？我恭敬地将天命送给您，希望您使它振兴。"袁绍完全赞同袁术的看法，于是同意接纳袁术。袁术留孙香镇守寿春，自率大军投奔袁绍。袁绍命青州刺史袁谭派兵接应。

袁术投奔袁绍的事暂且不表，刘备跟随曹操到了许都以后的命运又是如何呢？且听下文分解。

第二回　曹刘煮酒论英雄，种辑联刘图曹操

话说刘备到了许都，跟着曹操在重兵的簇拥下来到皇宫，曹操上奏刘备之功，建议封刘备为左将军，刘协马上照准。刘协道："朕听说你自称出身皇族，不知祖上是谁啊？"刘备道："我父刘弘早亡。祖父刘雄被举为孝廉，官至东郡范令，先祖可追溯到景帝刘启，景帝生子刘胜，封中山靖王，刘胜之子刘贞受封陆城侯……"刘协大喜，连忙命宗正取来族谱查验，宗正查阅一番奏道："左将军与陛下血缘关系已经很远了。若论辈分，左将军与益州牧刘璋、荆州牧刘表相当，均为景帝之后，他们是同辈。"刘协道："按辈分朕当称呼左将军什么？"宗正道："左将军比陛下高一辈，陛下应称左将军为皇叔。"刘协感慨道："朕没想到皇叔这样的栋梁之才竟游离于宗室之外。"于是命宗正将刘备加入皇室族谱。

曹操对刘备越来越欣赏，礼遇一天比一天重，出行时让刘备与自己同乘一辆车，就座时让刘备与他同坐一张席，两人的亲密程度无人可比，曹操对刘备言听计从。刘备在许都享受高官厚禄，过着富足惬意的生活，与达官贵人交往甚密。

一日，刘备、关羽、张飞三人在街上行走，关羽暗中对刘备道："好像有人跟踪我们。"刘备道："许都各方势力错综复杂，不知道谁会这样。"三人来到一家文房店，那人也跟了过来，刘备在店里徜徉良久，问这问那。次日曹操命人送来上好的砚台、笔墨、纸张，刘备连忙道谢。关羽道："看来是曹公派人盯着我们，曹公对我们不放心啊。"刘备道："许都对我们来说并不安全，以后一定

要多加小心！"

刘备见许都凶险，便闭门谢客，在后园种瓜种菜，一日曹操差人请刘备赴宴，刘备欣然前往。宾主双方坐定，酒至半酣，天空乌云密布，狂风始作，刘备红着脖子结结巴巴说道："我看这天气就像吕布，反复无常，说变就变，没有定数。"曹操站了起来，得意扬扬说道："我看吕布打仗就像是一阵狂风，来得快，去得也快；胜得快，败得也快。可现在他随风消失得无影无踪了，痛快！"刘备道："要说打仗，我还是佩服明公，疾如闪电，摧枯拉朽，势不可挡。想那吕布遇到明公，不管刮什么风，明公都能稳如泰山，巍然不动。明公真是大英雄啊！"曹操脸色微红，俯过身去，眯着眼看着刘备道："使君看天下还有谁称得上英雄？"刘备站了起来说道："荆州刘表，带甲十万，天下名士纷纷投奔，刘表可称得上英雄！"曹操摇了摇头，说道："刘表胸无大志，只是一个自守之贼罢了，不是什么英雄！"刘备道："江东猛虎孙坚之子孙策，部下都愿为他效死命，所向无敌，人称霸王再世，可称得上英雄！"曹操道："江东只不过是偏远之地，也没有什么厉害的人才，他没有遇到像样的对手，算不上英雄！他的父亲孙文台，能把董卓打得大败，倒是个大英雄，可惜他已经离世多年了。"刘备刚要说张绣，可一想不合适，话到嘴边又忍住了，改口说道："袁绍四世三公，门生故吏遍天下，如今拥有四州之地，兵强马壮，可称得上英雄！"曹操指了指天，说道："袁绍好谋无断，就像这天气，乌云密布，就是下不来雨，不是英雄！"刘备坐了下来，夹起一块肉，望着曹操，问道："天下除了明公是大英雄，再也没有人称得上是大英雄了。"曹操也坐了下来，说道："有！此人胸怀大志，腹有良谋，不屈不挠，藏而不露，他的主公相继身死，而他却平安无事，这样的人也是大英雄！"曹操顿了一下，俯过身去对刘备道："我说的这个大英雄就是使君您啊！"接着以用手指指着自己与刘备，说道："天下就我们两个是大英雄，其他人根本不值一提！"刘备大惊，吓得筷子和肉都掉落到地下，恰好一道闪电划过，雷声大作，刘备连忙俯身捡起筷子，说道："这一声响雷，也太厉害了，把我的筷子都震掉了。"曹操笑道："男子汉大丈夫也怕雷吗？"刘备道："圣人说'迅雷和狂风都会令人色变'。这话的确有道理。"刘备将掉筷子的原因轻描淡写地掩饰过去，从此曹操对刘备不再疑心。

刘备回到府上，慌忙对关、张道："我看曹操对我有戒心，许都不能久留，否则我们就是池中之鱼。以后一定要隐藏锋芒，小心应对！"张飞道："曹公要将夏侯渊的从女许配给我，不知如何是好？"刘备道："你答应便是。"张飞道："好，我这就去下聘礼。"刘备道："如此可以麻痹曹操。"

西北送来大批骏马，曹操让文武百官挑选。刘备相中一匹白马，纵马试着跑了一圈，旁边一人对刘备道："我胯下这匹黑旋风，脚力非凡，你敢与我比试吗？"刘备笑道："有何不敢！"那人扬鞭而去，刘备策马就追，两人一口气跑出城外十里，那人回头对刘备道："左将军是否知道有人每日盯着你的行踪？"刘备道："天子脚下，不必多疑。"那人道："现在这里就我们两人，没有人知道我们谈话，你尽管放心。"刘备道："你有什么话吗？"那人道："现在许都到处是曹操的人，大汉的权力掌握在曹操一人手里，天子是笼中之鸟，曹操就是那个拎着鸟笼的人，毫无疑问，曹操实际上就是另一个董卓，只不过比董卓手段高明一点罢了。"刘备道："这个我也有所察觉。"那人道："现在大汉如大厦将倾，如果这种情况延续下去，大汉天下迟早要改姓'曹'，左将军既为汉室宗亲，还望您能以天下苍生为念，挽救大汉江山于既倒，成就中兴大汉之伟业。"刘备道："我刘备愿为大汉赴汤蹈火。"那人道："我是长水校尉种辑，想仿效王允刺杀董卓，准备刺杀曹操。只要刺杀成功，吞并曹操的军队，天下可重归我大汉。左将军您可是天下的大英雄，更有关羽、张飞这样的万人敌辅佐。不知道是否愿意相助？"

刘备道："我与曹操不是一路人，你大可放心。但是你说的事太难了，就算刺杀成功，天下还有袁绍，怎么能够太平？我们有能力打败袁绍吗？要是没有曹操，天下会不会更加混乱？我看现在还没有更好的解决办法啊！"种辑道："此事只能往前走，走一步算一步，认为对的就要坚持，绝不能坐以待毙。"刘备道："可有天子旨意？"种辑道："如今天子周围全是曹操的人，一举一动尽在曹贼掌控之中。天子虽有心除贼，可无能为力。前段日子，天子将诏书放在衣带里秘密带出宫，诏命天下有识之士诛杀曹贼。"刘备道："既有天子诏书，我当为天子效力。"种辑道："如此左将军就是我的同盟。"刘备道："如果有什么万全之策，我定当效劳！"种辑道："如果左将军不想救大汉，想要升官发财，大可向曹操告密。"刘备拔出宝剑，在手指上割了一道口子，顿时鲜血直流，刘备跪在地上对天发誓道："苍天为证，我愿歃血盟誓，为死亡的徐州百姓报仇，不除曹贼，我誓不为人。"种辑道："如此，我们一同共除曹贼，匡扶天下！"刘备道："当务之急是掌控军队。"种辑道："我愿助将军一臂之力！"那么种辑真的能帮助刘备掌控军队吗？袁绍既已灭亡公孙瓒，下一步又作何打算呢？且听下文分解。

第三回　袁绍图谋攻许都，刘备反曹占徐州

且说袁绍打算出兵攻打曹操，沮授劝阻道："大军连年征战，百姓疲劳不堪，仓库无积粮，赋税劳役繁重，这是国家最大的忧患啊！现在应该先派使者向皇帝纳贡示好，着力恢复农业生产，让百姓和军队歇口气。如果这个办法行不通，就上表弹劾曹操阻拦我们的尊王之路，然后进兵屯驻黎阳，逐渐谋取黄河以南地区，兴造舟船，修缮兵器，分别派遣精锐骑兵，抄袭对方地界，让他不得安宁，而我

方可以安逸舒适。如此只需三年时间，可以安心坐而定天下。"审配、郭图道："兵法上说：'兵力超过敌人十倍就可以包围它，超过五倍就可以攻击它。力量相当就可以作战。'如今凭借明公的英明神武，统领河朔强大的兵力，攻伐曹操易如反掌。现在不攻取，以后就难对付了！"沮授道："消除祸乱，诛灭暴逆，称之为义兵；仗恃兵多势强而一意孤行，称之为骄兵。义兵所向无敌，骄兵必先失败。曹操迎奉天子，在许都建造皇宫。如今我们举兵向南进攻，实乃违背大义。克敌制胜在于谋略，并不在于兵力强弱。曹操的法令已经施行，军队精锐，绝不是公孙瓒这样的坐以待毙之人！如今放弃万全之策，发动无名之师，我为明公担心啊！"郭图等人道："武王伐纣，不能说不义，要想进攻曹操还怕找不到理由吗？怎么能说进攻曹操师出无名呢？况且明公的军队勇猛威武而臣下得力，将士们士气正盛，人人都想驰骋沙场，如不及时早定大业，这就是谋划的失误。上天赐予有利的机会若不及时抓住，反而会遭受祸害。这就是越国之所以称霸，吴国之所以亡国的原因啊！监军沮授的计策，主要在于四平八稳，却没看到随着时运的推移，事物也在变化啊！"袁绍采纳郭图等人的建议。于是以审配、逢纪主管军务，田丰、荀谌、许攸为谋主，颜良、文丑为统兵将领，挑选精锐军队十万人、战马一万匹，准备进攻许都。

曹操得到消息，连忙召集文武大臣商议，孔融道："袁绍地广兵强，田丰、许攸都是智谋之士，为袁绍谋划；审配、逢纪，都是尽忠之臣，为他管理政务；颜良、文丑勇冠三军，为袁绍统领军队。我们恐怕很难打败他。"众大臣都异口同声地附和，荀彧道："袁绍兵马虽多却法令不严。田丰刚直而犯上，许攸贪婪而不检点；审配专横而无谋略，逢纪独断专行而刚愎自用，这两个人留守袁绍后方，如果许攸的家属犯了法，他们必定不会放任，得不到放任，许攸必定会因此而叛变。颜良、文丑不过是匹夫之勇，一战就可擒获他们。"曹操道："我了解袁绍，此人志大才疏，色厉内荏，妒忌刻薄，缺乏威严，虽兵多但指挥不当，将领骄横而政令不能统一。土地虽然广阔，粮食虽然丰裕，正好可以作为礼物献给我们。"众大臣内心稍稍放宽。

孔融对曹操道："原会稽太守王景兴已到朝廷。"曹操大喜，马上召见王朗。当初朝廷的使者王誧回到许都，向曹操禀报道："听闻原会稽太守王朗对朝廷忠心耿耿，无论孙策、张昭、张纮如何软硬兼施，始终不愿为孙策效命，这样的人才实在难得啊！"曹操马上上表朝廷举荐王朗，朝廷下诏征王朗入朝为官。孙策将王朗从曲阿礼送至丹徒，王朗乘船离去，不想各地战乱，王朗走了一年多时间才到许都。曹操问王朗道："江东的情况你最清楚，请问孙策依靠什么走到今天这种地步啊？"王朗道："孙策勇冠一世，有俊才大志。张子布是百姓敬仰的人，把孙策当君主一样全力辅佐。周公瑾是江淮之杰，攘臂成为他的将领。孙策谋而有成，只是在具体规划上不细致，他定会成为天下大贼，并不只是鸡鸣狗盗而已，望明公尽早图之，否则必为后患。"曹操道："如今要做的事实在是太多了，当下最要紧的是袁绍，江东的事我顾不上，只得寄希望于陈元龙了。"于是曹操命王朗为谏议大夫，参司空军事。

众人正在商议，忽有紧急军情送到，曹操拆开一看，只见上面写道："袁术已去掉帝号，刚刚率军离开九江，投奔袁绍去了！"曹操道："既然袁术投奔袁绍，我当亲率大军拦截。"车骑将军董承连忙劝谏道："不可！要是袁绍打过来怎么办？许都守不住啊！"曹操问道："不知董将军有何高见？"董承道："依末将之见，曹公应当坐镇许都，专心对付袁绍。至于袁术，可派左将军刘玄德拦截。"刘备也对曹操道："袁术如果投奔袁绍，必过徐州，末将对徐州熟悉，愿为明公分忧，刘备我一定能把袁术擒来，献与明公。"曹操大喜道："既然这样，命刘玄德为主将，朱灵为副将，路招同行，率军二万拦截袁术。"董昭知道后马上求见曹操，劝谏道："刘备志向远大，又有关羽、张飞为羽翼，我看刘备一定另有所图！"曹操道："我已经答应了。"

刘备向曹操要了虎符，即刻率军启程前往徐州。刘备刚走二十余里，种辑早在前面恭候，种辑道："左将军可别忘记以前的盟誓。"刘备抽出一支利箭，一下子折断，说道："如有背盟，有如此箭！"种辑上前说道："这是皇帝的尚方宝剑，可先斩后奏，请左将军相机行事。"刘备道："我一定不负圣恩！"

刘备大军走了十日，程昱、郭嘉拜见曹操，程昱道："主公以前没有图谋刘备，我确实赶不上你的心胸开阔，但现在让刘备带重兵，刘备必生二心啊！"郭嘉道："主公放走刘玄德，必生祸乱！"曹操后悔，连忙派人去追，可哪里赶得上。

刘备大军走了半个月，来到东海国，正遇纪灵率先头部队奔往青州。刘备、朱灵率军猛攻，关羽将纪灵斩落马下，纪灵军队四向逃散。刘备对朱灵、路招道："两位将军，曹公要面对袁绍大军，压力很大，你们先返回许都帮助曹公，顺便把纪灵首级一同献上。袁术残部我一个人就能应付，等我灭了袁术，马上回许都复命！"朱灵、路招领命，率本部人马返回许都。刘备率军继续追赶袁术，一直追到九江郡界，刘备见朱灵、路招已经走远，马上率军返回。

刘备大军行至铚县，张飞来找铚县长秦宜禄，张飞游说道："曹贼霸占你的妻子，你竟然为曹贼效命，还在这里当县令，世上怎么还有这么没血性的人啊！"秦宜禄内心悔恨，说道："将军想要我干什么？"张飞道："左将军想请你共图大事，一起反对曹操！"秦宜禄道："我与曹贼不共戴天！"于是跟随张飞来投刘备。秦宜禄刚走不远，马上反悔，离张飞而去，张飞大怒，飞马上前，一矛将他刺落马下。

刘备返回下邳，徐州刺史车胄将刘备迎入城内，刘备至官衙坐定，关羽、张飞一下子把车胄擒住，车胄道："左将军，您这是为何？"刘备道："保境安民是你分内之责，你有负皇恩，差一点放袁术进入青州。我要将你革职查办，以儆效尤。"车胄分辩道："我是封疆大吏，受命于曹公，没有曹公之命，谁也不能将我革职。"刘备怒道："我奉皇帝诏命，有尚方宝剑在此，不听号令者，斩！"刀斧手一拥而上，将车胄推出去斩了。刘备马上出榜安民，命糜芳、糜竺、简雍分赴徐州各地，劝说各郡县反叛曹操。

刘备命孙乾出使冀州，孙乾对袁绍道："曹贼劫持天子，人人得而诛之。左将军刘玄德反曹，占据徐州，望大将军以天下苍生为念，共伐曹贼。"袁绍道："左将军真是英雄，见识非凡，孤自当率领大军与曹贼决一雌雄，请左将军放心。"孙乾道："如今左将军势单力薄，还望大将军垂怜相助。左将军反曹之心坚如磐石，愿与大将军盟好，永结同心，共图大业，还望大将军不弃。"袁绍大喜，派骑兵四千支援刘备，从此袁、刘两家结盟。东海国昌豨见刘备反叛曹操，马上起兵响应，徐州各郡县百姓一直对曹操恨之入骨，纷纷来投刘备。刘备一下子拥有数万部众，声威浩大。刘备命关羽镇守下邳，代理太守一职。自己率军屯驻小沛。

袁刘结盟的事暂且不表，那么曹操得知刘备反叛会有什么反应？曹操阵营的力量又会有什么变化呢？且听下文分解。

第四回　张绣投奔曹操，丁氏怒回娘家

曹操得知刘备占据徐州，顿时头痛发作，晕了过去，众人忙请太医医治，太医又是针灸又是汤药，折腾了大半天，曹操这才缓过气来。曹操问荀彧道："谁可攻打袁术？"荀彧道："严象文武全才，可堪大任。"于是曹操命严象为督军、

御史中丞，兼扬州刺史，统兵前往扬州征讨袁术。曹操命长史刘岱、中郎将王忠率军两万讨伐刘备，不想被刘备打得大败。

秋八月，曹操身体刚刚痊愈，自率大军进兵黎阳。曹操命臧霸、吴敦、孙观率军进入青州，三人不负曹操重托，大破齐、北海、东安袁军。曹操命于禁率军驻守黄河。九月，曹操分兵防守官渡，自己回到许都。曹操入朝上奏皇帝刘协，向诸侯广发天子诏令，命令他们支持朝廷，共伐袁绍。

袁绍派使者招揽张绣，写信给贾诩想要结盟。使者对张绣道："曹贼挟持天子，藐视朝廷，如今大将军袁本初欲亲率大军讨伐。将军与曹贼有仇，大将军仰慕您的才华，想与将军联手，为将军报仇雪恨。"张绣道："太好了，这正是我的愿望，请问贾军师意下如何？"贾诩站起来，对使者道："请回去向袁本初转达我们的歉意，兄弟都不能相容，岂能容纳天下优秀人才？"张绣惊恐道："军师您是不是糊涂了？"慌忙屏退使者和左右，问道："军师此话怎讲，如今我们投靠袁本初，正好可以消灭曹贼，岂不快矣！"贾诩道："绝不能投靠袁绍！"张绣问道："我们不投靠袁绍，请问我们要归附谁？"贾诩道："不如归顺曹公。"张绣更加惊恐，问道："袁绍强大，曹操弱小，我又和曹操结仇，为什么还要归顺曹操？"贾诩道："这正是我们应该归附曹操的原因。曹操以天子的名义号令天下，这是应当归顺的第一个原因。袁绍势力强盛，我们这么少的军队归附，必定不会看重。曹操兵力弱小，得到我们这样一支军队必然高兴，这是应该归顺的第二个原因。大凡有志向称霸天下的人，一定会放弃个人恩怨，向天下人显示恩德，这是应该归附的第三个原因。希望将军不要迟疑！"张绣站了起来，不停地走来走去。张绣道："可我与曹操有深仇大恨！我的婶婶没有了，他的嫡子和侄子也没有了。"贾诩道："将军啊，您难道没有看到曹操已把兖州反叛官员全部重新起用了吗？"张绣道："难道真的没有别的选择吗？"贾诩道："袁本初最终必然败于曹操之手，这是最好的选择！"张绣道："既如此，我把我的头交给您了！"于是张绣采纳贾诩的建议，写信给曹操，要求投奔朝廷。曹操收信大喜，马上找荀彧商议。荀彧道："恭喜明公又得一员猛将！"

建安四年（199）十一月，张绣率部到许都投奔曹操，曹操亲自出城十里相迎。曹操向张绣行礼道："孤真没想到你会来投，实在太好了！"曹操马上任命张绣为扬武将军。曹操拉着贾诩的手道："让我的信义重于天下的人就是您了！"曹操上表贾诩为执金吾，封为都亭侯，升任冀州牧。由于冀州还没平定，留贾诩为参司空军事。曹操安排张绣、贾诩在驿馆歇息。

曹操刚回到府上，丁夫人道："夫君，您对我说过，要为昂儿报仇？"曹操道："我记得，可张绣投奔于我，是我的部下，我不能再报仇了！"次日，丁夫人召来曹洪，为曹洪斟满酒，说道："如今张绣就在许都，子廉叔叔，您知道应该做什么吗？"曹洪一饮而尽，掷杯于地，拔剑道："我时时刻刻记得我的誓言，主公碍于面子下不了手，就让我干吧，我要将他碎尸万段，将他首级献于曹昂墓前祭奠！"曹洪回府，召来家丁，一路喧嚣直奔驿馆。贾诩在街上见势不妙，忙叫随从火速报与张绣，自己直奔司空府。

曹洪来到驿馆，大叫道："张绣，你要是男子汉，你就出来，我要为曹昂报仇！"曹洪率家丁杀入驿馆。张绣毫不含糊，提着长矛守住馆舍大门，大叫道："张绣在此，有种就与我决一死战！"曹洪催促家丁上前，张绣挥舞长矛上来一个就刺死一个。曹洪大怒，亲自挥动长刀来战张绣，双方打得不可开交。

贾诩跑到司空府，守门的小吏把贾诩拦住，不让贾诩入内，贾诩大叫道："曹公，你要诛杀张绣，就先诛杀我贾诩吧！"曹操听到声音，连忙出来，贾诩上气不接下气地说明情况，曹操翻身上马，叫来随从，直奔驿馆。

曹操赶到驿馆，见曹洪与张绣战成一团，厉声叱责道："子廉，还不给我退下！"曹洪怎肯罢手，兀自打个不停。曹操大喊一声："给我停下！"许褚用刀格开两人，张绣道："曹公是来取我性命吗？"曹操转身挥着马鞭朝曹洪劈头盖脸打过去，骂道："你这呆货，我的命令都不听，绑了！"众人一拥而上，将曹洪绑得结结实实，曹洪大叫道："张绣，你这个狗娘养的，我就是要为少主公报仇！"曹操怒道："把他关起来，罚俸半年！"许褚把曹洪押了下去，曹操握着张绣的手，含着眼泪对张绣道："幸好你没事，你要是有事，叫我怎么向天下人交代啊！"

曹操进入张绣房间，见张绣女儿缩在墙角，吓得瑟瑟发抖，曹操走过去将她轻轻扶起，安慰道："你不要怕，从今以后，再也不会有这样的事情发生。"曹操问张绣道："令爱是否已婚嫁？"张绣道："未曾许配人家。"曹操恭恭敬敬地对张绣道："我有一子名唤曹均，非常顽劣，我看令爱漂亮贤惠，我想为我儿曹均求亲，娶令爱为妻，请令爱管教我儿，不知阁下意下如何？"张绣不知所措。曹操见贾诩和荀彧两人上气不接下气地赶到驿馆，连忙对两人道："你们两位来得正好，我想为我儿曹均求娶张将军的女儿。文和、文若，我请你俩做媒，不知两位意下如何？"贾诩大喜，对曹操道："这杯喜酒我喝定了。"贾诩转身对张绣道："曹公这么好的人家，别人想要高攀都攀不上，如今他来求亲，您就别犹豫了，您就答应吧！"张绣这才反应过来，连忙对曹操道："既然曹公相求，又有荀令君和贾先生做媒，末将恭敬不如从命！"曹操大喜，拉着张绣的手道："既如此，我明日来下聘礼，三日后就来娶亲，我要宴请满朝文武百官，把婚礼办得热热闹闹的，不知道亲家意下如何？"张绣道："一切悉听尊便。"

曹操回到府上，丁夫人号啕不止，哭骂道："你这个天杀的，世上良家女子多得是，你怎么偏偏要以仇人的女儿为媳，与杀子仇人做亲家，把世上不能干的事都干了，我不同意！"曹操无可奈何，只得好言安慰丁夫人，丁夫人道："是你杀了我儿子，你都不怀念他了！"接着又是不加节制地哭闹，别人劝都劝不住。曹操大怒，把丁夫人送回娘家，想让她屈服。

三日后曹操大摆宴席，为曹均举办婚礼，文武百官纷纷前来道贺，曹操强装笑颜走完所有仪式，独自回房歇息，喃喃自语道："昂儿，为父对不起你啊！"两行眼泪不由自主地流了下来。深夜，曹操辗转反侧难以入睡，起身叫来侍从道："现在天寒，把我的锦袍送与曹洪，千万不要让他在牢里挨冻。"

贾诩来见张绣，说道："您放心吧，您现在安全了。"张绣道："多谢您为我日夜操劳。"贾诩突然跪拜道："多谢您对我的知遇之恩，如今我们都已经投在曹公帐下效力，以后都是曹公手下，我们的君臣之谊到此结束，在下恭祝将军喜得明主！"张绣慌忙扶起贾诩，跪在贾诩面前，说道："先生，您折煞我了，我一直把您当作老师，要不是您，我这支军队可能早就不存在了，我也可能早就不在人世，正是有您，我张绣才是堂堂男子汉，傲立于天地之间！"贾诩道："我这里尚有最后一策献与将军，可保将军一生平安。"张绣道："还请先生明示！"贾诩道："将军以后要低调做人，超然于权力和利益之外，一切唯曹公之命是从！"张绣问道："何也？"贾诩道："曹公多疑，曹公的嫡子因将军和我而亡，丁夫人也被遣送回家了，正可谓妻离子亡。怨恨你我的人实在太多了，我们能在乱世苟活，非常不容易，将军一定要收起血性！"张绣道："我谨记先生的话，日后还望先生多多教诲！"贾诩连忙止住，说道："曹公最担心别人拉帮结派，在下以前犯下滔天大罪，内心一直深深自责，就算死一百次也不能抵消我的罪行。此后我将深居简出，谨言慎行，独来独往，还望将军见谅，还望将军成全！"贾诩返身飘然而去，张绣跪送贾诩离开，张绣含着热泪说道："先生高人，您的每一句话张绣都记下了，祝先生鹏程万里，大展宏图！"

十二月，曹操与张绣一同到达官渡，与袁军对峙。袁、曹两军对峙的情况暂且不表，让我们把视线转向袁术和孙策，袁术的结局究竟怎样？孙策又干了什么呢？且听下文分解。

第三十一章　袁术寿春吐血亡，孙策沙羡破黄祖

第一回　袁术寿春吐血亡，孙策设计逐刘勋

再说袁术被刘备击败，北上投奔袁绍不成，只得返回寿春。建安四年（199）六月，袁术一行到达江亭，离寿春尚有八十余里，袁术问部下还有多少东西，部下回复道："金银财宝还有不少，厨房仅有麦屑三十斛。"当时正值盛夏，袁术想喝点蜜浆消暑解渴，却连蜜都没有。袁术坐在竹床上叹气道："我袁术怎么会到这种地步啊！"于是郁积成疾，猛然倒在竹床上，吐血而亡。

袁术余部抬着袁术棺材到了寿春，袁术的妻子儿女和部下商议，大将张勋道："当下应投孙策！"长史杨弘、大将陆勉等人纷纷表示赞同，袁胤道："孙策受命于曹操，投奔孙策就是投奔曹操，我以为我们还是要实现先公的凤愿，投奔袁绍。"杨弘道："投奔袁绍谈何容易，先公都做不到，我们怎么能做到？"双方争执不下，不知道何去何从，只好在寿春停留。不久，忽闻扬州刺史严象率军来攻，袁胤道："我们快点跑吧，不跑就来不及了。"众人大惊，不敢留在寿春，于是命征南将军、九江太守孙香断后，张勋等人率军往南逃跑，投奔孙策。

刘晔向庐江太守刘勋建议道："如今袁术已死，军心涣散，毫无斗志，刘使

君您既已归顺曹公，何不乘机兼并他的军队？"刘勋当即采纳，于是率军拦截。刘晔，字子扬，淮南成德人，乃光武帝刘秀之子阜陵王刘延的后代。当初许劭在扬州避难，对刘晔大加赞赏，称刘晔有佐世之才。刘晔是当地豪强，时值曹操派使者到扬州，刘晔马上拜见使者，表示归顺朝廷，接着击杀淮南最大的豪强郑宝，兼并郑宝手下精锐数千。刘晔见刘勋归顺曹操，于是率部投奔。

袁术余部走了五日，被刘勋军队拦住，刘勋向袁军发动进攻，袁军饥饿不堪，士气低落，无力作战，张勋、杨弘、陆勉战死，袁胤率军投降，所有财物全为刘勋所得。前东海相徐璆趁机盗得传国玉玺，直奔许都，献与朝廷，朝廷任命徐璆为太常。

严象率军攻打寿春，孙香想把寿春献给孙策，于是奋力坚守，拼死抵抗。袁术死后树倒猢狲散，张勋等人战败身亡的消息相继传来，孙香部下垂头丧气、无心恋战。再加上寿春城内无粮，将士忍饥挨饿，无力坚守，纷纷逃亡。最后严象大军攻入寿春，孙香战败被俘，被严象斩首示众。

孙策命周瑜为中护军，领江夏太守，准备亲率大军讨伐荆州刘表。孙策听说袁术余部来投，却被刘勋截击，大怒，马上决定先打庐江。周瑜道："刘勋刚得袁术余部，现有精兵数万，实力不可小觑，还望主公小心！"孙策道："刘勋志大才疏，没有什么本事，只要略施小计，定可将他打败。"于是孙策给刘勋写信道："末将向来仰慕刘使君，如今使君尽得袁公余部，实力强劲，为荆、扬各郡之冠，我愿奉您为尊，推举您接替刘繇担任扬州牧。末将受命于曹公，希望能与使君交好，还望您多多指教。上缭宗帅林立，钱粮甚多，豫章太守华子鱼管不住，您德高望重，有实力，是否也该管一管上缭？还望刘使君斟酌。"孙策派谋士陈瑞携厚礼拜见刘勋，刘勋大喜，将孙策书信交给手下将领传阅，众将纷纷向他道贺。

不久，刘勋从弟刘偕来信道："弟奉兄之命到豫章购粮，华子鱼命官吏陪弟到海昏上缭购粮三万斛，可我到此已有月余，他们不愿售粮，弟仅得粮几千斛，望兄亲自率兵袭击上缭宗帅，夺取粮食，以解庐江之饥。"刘勋马上召集部下商议，刘勋道："我想率军到海昏上缭筹粮，不知各位意下如何？"刘晔劝道："不可！上缭虽小，但城坚池深，易守难攻，不是我们一下子可以攻克的。我军在外疲于作战，庐江空虚。要是孙策乘虚偷袭，庐江不能坚守。将军您向前进攻又受制于敌人，想要撤退又没有地方可去。"刘勋无可奈何地对刘晔道："我庐江粮食本来不多，后来您带了几千人马相投，如今我又收留袁术部众，我实在无粮可用，如果不去筹粮，军队很快就会散啊！"刘晔道："如果您一定要出兵，灾祸现在就会到来啊！"刘勋反问："我不出兵，可有别的办法吗？"刘晔说不出话来，刘勋道："为今之计只有尽快筹粮，然后回军皖城，别无他法！"于是刘勋偷偷进兵海昏、上缭。没想到上缭宗帅还是打探到刘勋动向，马上将粮食埋藏，避入山林，刘勋大军一无所获，刘勋大怒，亲自率军攻打海昏上缭，无奈上缭城池坚固，一时攻不下来。

孙策见刘勋中计，大喜，率军逆流而上来取庐江。孙策命孙贲、程普、太史慈率军八千进军彭泽，拦截刘勋。自己与周瑜率军两万，直奔皖城。孙策大军来到城下，皖城守军大惊，一边紧闭城门坚守，一边派人向刘勋求援。刘勋闻讯大惊，连忙率军回救，刘勋军队刚到彭泽，不想中了程普、孙贲、太史慈埋伏，三人把刘勋打得大败，刘勋从彭泽湖逃往寻阳。

程普把俘虏押到皖城城下，皖城守军见刘勋已败，无心恋战。孙策乘机发动猛攻，孙辅先登入城，皖城守军不敌，全军投降，孙策尽得刘勋妻子儿女。袁术妻子儿女见孙策大军来了，大喜，马上归顺。孙策尽得袁术手下各种工匠、仪仗乐队以及部众二万余人。孙策善待袁术妻小，任命袁术之子袁耀为郎中，对贤能者一一任用。孙策见降军有很多是庐江本地人，陈武也是庐江人，于是挑选精锐由陈武统领。

入夜，寂静的皖城传来阵阵琴声，琴声平和舒缓。周瑜道："真没想到此地竟然有人抚琴，不如我们以琴会友。"孙策道："既有琴声，定有高士，我们正好可以探个究竟。"于是命孙河准备厚礼，去寻琴声。孙策一行来到一处深宅大院，孙河上前叩门，琴声戛然而止，须臾，出来一老汉，孙河说明来意，老汉热情地将孙策、周瑜迎入家门，宾主双方坐定，老汉自我介绍道："老朽乔公，因战乱避居于皖城。"孙策道："听闻您的琴声，我们想以琴会友。"乔公问道："你们也通音律？""阁下可曾听闻'曲有误，周郎顾'？这位便是周郎！"周瑜连忙道："这位便是鼎鼎大名的江东孙策孙伯符！"乔公连忙上前行礼，说道："真没想到孙郎、周郎到此，老朽有眼不识泰山。"周瑜道："您用琴声把我俩引到这里，我看您一定是抚琴高手！"乔公道："实不相瞒，刚才不是我，是我的两个孩子弹琴。"孙策道："可否请来一见。"乔公道："恭敬不如从命。"忽闻后房传来一阵衣带玉佩叮当声，一股清香沁人心脾，烛光摇曳之中，两位国色天香的女子轻撩珠帘，款款而来。乔公道："这是我的两个女儿，大的叫大乔，小的叫小乔，刚才就是她俩抚琴。"乔公让女儿见过贵宾，大乔、小乔走到孙策、周瑜面前，道了一个万福。乔公又命女儿为贵宾奉上香茶，点上熏香，顿时芳香四溢，让人心旷神怡，倍感温馨。

不一会儿，乔公备好酒宴请两人入席，命大乔、小乔抚琴助兴，一曲终了，周瑜喜道："刚才弹的可是《鹿鸣》，真没想到你俩琴技如此出类拔萃！"大乔、小乔连忙低头道谢，周瑜道："你俩抚琴，我来唱一曲。"两人窃窃私语一番，一曲《凤求凰》飘然而出，周瑜吟唱道："有一美人兮，见之不忘。一日不见兮，思之如狂。凤飞翱翔兮，四海求凰。无奈佳人兮，不在东墙。将琴代语兮，聊写衷肠。何时见许兮，慰我彷徨。愿言配德兮，携手相将。不得于飞兮，使我沦亡。"

周瑜唱着唱着舞了起来，一曲终了，周瑜问道："两位可知此曲的含义？"小乔秋波闪动道："小女愚钝，略知一二。"周瑜技痒，说道："在下不才，也应景奏上一曲，还望两位姑娘指教。"两位姑娘起身恭请周瑜入座，周瑜弹奏一曲《关雎》，小乔道："此曲虽然简单，没想到周郎琴艺如此高深，弹得如此婉转动听，让人如痴如醉，我等自愧不如，还望多多赐教！"周瑜起身行礼道："姑娘过奖了。"乔公道："公瑾可否弹奏一曲代表您志向和情操的曲子？"周瑜起身道："那就恭敬不如从命！"周瑜正了正身子，轻扶琴弦，一曲《文王操》恢弘而出，乔公细细品味，说道："此曲磅礴雄伟，堪称一绝。蔡伯喈几年前就不在人世了，我以为世间再也没有人能弹出如此美妙的音乐，没有想到我今生能在皖城听到，实乃大幸啊！"周瑜道："蔡伯喈先生避难经过我家，见我爱琴，曾经对我指导一二。"乔公喜道："难怪你的琴艺如此高超！"当晚，乔公数度添酒回灯，孙策、周瑜尽兴而归。

次日，孙策问周瑜道："乔家两个女儿哪一个更出色？""小乔略胜一筹。"孙策命虞翻前去提亲。虞翻来到乔家，乔公早就将庭院打扫得干干净净，虞翻道："我受人之托，特来做媒。"乔公问道："不知昨晚哪位才俊看中我家女儿？"虞翻道："孙郎看中了你家大乔，周郎看中了小乔。"乔公应允道："太好了，这真是双喜临门啊！"孙策对周瑜道："乔公与两个女儿流离失所，鲦有我们俩人为婿，应该高兴坏了。"

有人向孙策禀报，说是发现稀罕之物，大家都不认得。孙策过去一看，方知是袁术的仪仗乐器，于是随手把玩一番，对周瑜道："公瑾精通音律，这些全归你了，我再把演奏的人凑齐，你随时可以欣赏雅乐。"周瑜连忙推辞道："这是帝王专用之物，在下不敢僭越，还请主公自用。"孙策哈哈一笑，说道："这些东西你最懂，给懂行的人享用才对，这叫物尽其用，你就不要推辞了。"程普对此很有意见，对孙策道："您对周公瑾太偏心了，我等不服。"孙策哈哈一笑，说道："我岂止对他偏心？我对程公你也偏心，我有样东西要给你，接住！"孙策呼地将一把宝剑掷给程普，程普眼疾手快，单手接住，程普抽出宝剑，只见寒气逼人，锋利无比，程普爱不释手，喜道："好剑，好剑！"孙策道："这是我特意从龙渊订做的宝剑，当年我到寿春投奔袁公，特将此剑作为礼物奉送，袁公爱不释手，视如珍宝，如今物归原主，现在我转送给你。"程普大喜而去。

孙策表汝南人李术为庐江太守，拨给三千兵马镇守皖城，把俘获人员全部迁到吴郡，自率周瑜、程普、韩当、董袭、周泰、陈武等人来到寻阳攻打刘勋。刘勋苦苦坚守，很快粮尽，只得率部突围，逃到江夏西塞，刘勋一边命人筑起堡垒防守，一边差人向江夏太守黄祖求救。那么黄祖会出兵相救吗？刘勋的命运究竟如何？且听下文分解。

第二回　孙策沙羡破黄祖，虞翻南昌说华歆

江夏太守黄祖召集部下商议，黄祖道："刘勋逃入江夏，我们该当如何？"大将张硕道："刘勋把庐江丢了，依末将之见不如任他自生自灭。"大将苏飞道："孙策兵强马壮，我们应该将刘勋部众吞并，再将刘勋首级献与孙策，这样不但可以增强我们的实力，还可讨好孙策，如此两全其美。否则可能引火烧身。"大将陈就道："你们都不对，末将认为孙策下一步一定会攻打我们，如今刘勋到了我们的地盘，我们应该与他联合，共同对付孙策。现在最关键的是赶紧请刘荆州出兵相助，如此方能确保江夏平安。"黄祖大喜道："就依陈将军所言。"苏飞道："万一孙策来攻，我们抵挡不住啊，还请黄使君三思！"黄祖道："怕什么，

想当年孙坚那么厉害，把董卓都打败了，可他却死在我手里，现在孙策能与当年的孙坚相提并论吗？孙策要是敢踏进江夏半步，我定要叫他有来无回！"于是黄祖命长子黄射率水军五千人援助刘勋。

孙策大军水陆并进来到西塞，刘勋与黄射水军联手来战孙策，黄射见孙策水军强盛，心中胆怯，对刘勋道："刘使君你先上，我跟在你后面。"于是刘勋命令水军驾船而出。双方刚一交战，孙策水军弓弩齐发，刘勋水军士卒头都不敢抬起来。董袭、凌操率战船横冲直撞，刘勋船只四向逃散，凌操左手小盾、右手钢刀冒死跳过船帮，带领士兵发疯般地冲击砍杀，刘勋的士卒有的被杀，有的跳水逃亡，剩下的连忙跪在船上举手投降。黄射见孙策水军勇猛无敌，自知不是对手，连忙率军逃离。刘勋大惊，急令撤退，孙策催军猛进，尽俘刘勋军队和战船。刘勋与刘晔带着几百人逃走，北上投奔曹操，曹操封刘勋为列侯。

黄射回报黄祖道："孙策水军比我想像的还要强大，我们应该马上调集所有兵马，凭城坚守，如此方能不败，还望父亲赶紧着手准备。"正说话间，刘表派侄子刘虎、南阳人韩晞率领五百战船、五千水军、五千重甲长矛军前来助战。黄祖连忙到城外迎接，握着刘虎的手道："刘将军来了，我无忧了！"刘虎道："末将率领荆州敢死之士前来助战，一切全听黄将军调遣，我倒要看看究竟是江东的死士厉害，还是我的荆州死士厉害。"黄祖大喜，马上为刘虎、韩晞摆宴接风洗尘。

孙策、程普、周瑜率领水军先头部队逆流而上，来到沙羡以北江面。董袭和凌操率水军护送孙贲、太史慈、周泰、陈武登岸来到沙羡城下，黄祖命韩晞率重甲长矛军出战。双方列好军阵，周泰、陈武率军发动冲击，韩晞毫不含糊，催动军队相迎，双方刚战五个回合，周泰、陈武不敌，死伤无数。孙贲见攻击受挫，大怒，亲自率江东重甲死士出战，双方又是五个回合，江东精锐伤者无数。孙策、周瑜在楼船上看得真切，周瑜道："依末将之见，这仗不能这样打下去。"孙策连忙鸣金收兵，军队缓慢向后收缩，往船上撤退。韩晞大喜，催动军队来追，太史慈率弓弩手断后，弓箭如雨点般地射向长矛军，长矛军前进不得。黄祖看得真切，命人吹响号角，挥舞令旗，刘虎马上率领水军从上游呐喊着杀了过来，孙策忙命凌操迎敌。凌操率艨艟战舰拼死挡住刘虎，直至岸上的军队全部登船，这才领军而回。刘虎、韩晞向黄祖复命，黄祖在城上看得真切，大喜道："两位将军神勇，江东孙策不是我军的对手！"

孙策到沙羡下游三十里安营扎寨，召集众将商议，说道："这次初战无功而返，黄祖军队精锐，远非以前的对手可比，众将有何良策？"程普安慰道："主公勿忧，待我大军一到，自然可胜黄祖。"周瑜道："依末将之见，黄祖水军尽是小船，我们的战船远远优于黄祖，江东水军训练有素，尤善水战，我看应该智取，把黄祖的军队诱到江中一举消灭。"孙策马上命黄盖暗中率军了解周围地理水文，自己与周瑜日夜谋划。

建安四年（199）十二月八日，孙策率军移驻沙羡城下，黄祖亲率水陆大军挑战，孙策凭营坚守，黄祖只得收兵。次日黄祖大军又来挑战，孙策对孙辅道："你率两千老弱军队出战，只许败不许胜，这是将令，不得违背！"孙辅领命而去，果然大败而回，孙策连夜将军队后撤十里安营扎寨。第三日，黄祖大军又来挑战，孙策命周泰率两千老弱水军、孙贲率两千老弱步军出战，依旧大败而回，当晚孙策命令军队后撤十里安营扎寨，孙军士兵怨声载道，埋怨道："天天打败仗，天天撤退，天天修营寨，什么时候是尽头啊？还不如早点回家过年。"孙策见状传令道："如今我军水土不服，军队连战连败，现军粮将尽，明日我们返回江东。"早有探子报于黄祖，黄祖笑道："我江夏岂是说来就能来，说走就能走的吗！众将听令，你们速去整顿兵马，明日我要率军追赶，一定要把江东大军一网打尽！"

十二月十一日清早，黄祖率领大军水陆并进来攻孙策，但见孙策大营已经拆除，黄盖正率军往船上搬运辎重物资。孙策水军见黄祖大军来了，连忙起碇，抛下黄盖逃跑。黄盖顾不了许多，带着军队拔腿就逃。黄祖大喜，命韩晞率长矛军追赶黄盖，其他人全部登船来追孙策。

黄盖率军跑了三里，整军与韩晞作战，双方刚战两个回合，黄盖又下令逃跑，这样反复几次，黄盖军队逃入芦苇丛，转眼间不见踪影，韩晞顿时犹豫起来，只听芦苇丛内传来声音："我们赶紧把多余的东西全部扔掉，再不扔掉就跑不掉了，不得有误！"韩晞马上下令长矛军冲入芦苇丛，没追多远，但见衣甲遍地，物品四散，财宝无数，韩晞部下大喜，到处争抢财物。韩晞拼命追到前面，忽见一条河流挡住去路，黄盖军队登上战船，飘然而去。韩晞跺着脚骂道："有种你就不要逃跑！"黄盖大笑道："你中计了！"忽然芦苇丛四向火起，火光冲天，长矛军捂着口鼻四向乱窜，韩晞急命全军撤退，好不容易带着残兵败将退出芦苇丛，程普、韩当早就率军在外候着。只见韩当一声令下，顿时箭如雨下，韩晞死于乱箭之中。程普率领骑兵往来冲杀，五千荆州死士无一漏网。

再说黄祖率领水军追赶孙策，一口气顺流追了二十里，忽见下游来个一支舰队，为首巨舰"孙"字大旗迎风招展，正是孙策的楼船，只听楼船鼓声阵阵，号角嘶鸣，江东水军马上掉转船头，摆开阵势来迎黄祖。黄祖窃喜，命刘虎为先登，率领水军迎着江东船只撞了过去，双方马上战成一团。双方战了半个时辰，忽闻一通鼓响，芦苇荡里闪出一军，全是艨艟战舰，为首两将乃是周瑜、陈武。周、陈挥军杀向黄祖后部，黄祖毫不在意，命黄射率军挡住。战不多时，又是一通鼓响，左有孙贲、吕范，右有孙辅、蒋钦率军来战，黄祖面露难色，命苏飞率军挡住左边，张硕率军挡住右边，双方大战一个时辰不分胜负。不久黄盖又率军赶来助战，孙策命太史慈、周泰、董袭、凌操、孙权加入战团，双方又战一个时辰，孙军终于占据上风，将黄祖大军围困在长江中央。

孙策在楼船上挥动令旗，命众将四面围攻，将黄祖水军一步一步压缩包围。黄祖将战船排列成环形阵势，自己居中指挥，全军上下拼死抵抗，孙军无法攻入。

黄昏时分，孙策决定火攻。孙军在上风侧让开一个缺口，邓当、吕蒙当即率领满载芦苇的战船往里冲杀，双方相距不到一百步，邓当一声令下，各船浇上火油，一齐放火，火船燃烧着冲向黄祖水军，刘虎大惊，命人用长矛将火船顶住。邓当、吕蒙见进攻受阻，带领敢死队冒着烈火跳上敌船，一通乱砍把长矛兵杀个精光，大火呼地一下把敌船烧着了。刘虎大怒，命令弓弩手对着邓当、吕蒙怒射，邓当大惊，连忙挡在吕蒙身前，不幸身中数箭，邓当强忍剧痛将吕蒙推入长江，自己挥刀连砍数人，力竭而亡。吕蒙落水后用刀割开重甲，游至外面获救。

黄祖水军被烈火烧得乱成一团，士卒纷纷跳水求生。孙策亲自擂鼓助战，孙军借着火势发动猛攻，黄祖水军无法抵抗，战船连片起火。黄祖急命刘虎率军突围，刘虎奋勇搏杀，勇猛无比，衣甲起火仍死战不退，凌操调来弓弩手，对着刘虎一通猛射，刘虎中箭身亡。黄祖不甘束手就擒，不断组织军队突围，都被孙策水军死死困住，功亏一篑。

突然风向突变，大火烧向孙策水军。陈就乘机驾着火船拼死冲出，孙策水军担心烧着自己，纷纷避让，黄祖、黄谢等人带着十几艘战船跟随火船突围而出。黄祖水军见主帅逃走，一下子乱了阵脚，孙策催动大军进攻，战至次日辰时，黄祖水军悉数被歼。

黄祖等人驾着战船逃至沙羡城下，但见城头插满孙策旗帜。原来程普、韩当杀了韩晞，穿了荆州衣甲来到城下，守城将士难辨真伪，打开城门放入城中，程普、韩当尽俘沙羡军民、黄祖家小。黄祖不敢停留，连忙往上游方向逃走。

孙策大获全胜，上奏皇帝刘协道："臣讨黄祖，以十二月八日到祖所屯沙羡县。刘表遣将助祖，臣以十一日平旦率众将同时俱进。臣身跨马擽陈，手击急鼓，以齐战势。吏士奋激，踊跃百倍，心精意果，各竞用命。越渡重堑，迅疾若飞。火放上风，兵激烟下，弓弩并发，流矢雨集，日加辰时，祖乃溃烂。锋刃所截，焱火所焚，前无生寇，惟祖迸走。获其妻息男女七人，斩虎、韩晞已下二万余级，其赴水溺者一万余口，船六千余艘，财物山积。虽表未禽，祖宿狡猾，为表腹心，出作爪牙，表之鸱张，以祖气息，而祖家属部曲，扫地无余，表孤特之虏，成鬼行尸。诚皆圣朝神武远振，臣讨有罪，得效微勤。"

且说孙策进入沙羡，召集部下商议道："如今黄祖逃之夭夭，我欲扫平江夏，再取长沙、零陵、桂阳、武陵，尽取江表之地，不知各位意下如何？"张昭道："如此甚好，我马上调运粮草，全力保障供应。"黄盖建议道："先公有恩于荆南，故旧遍地，主公可多加联络，邀他们为内应，待大军一到，内外夹击，如此江南可定！"程普建议道："依末将之见，当下主公应尽收袁术残部，北定江淮，然后争霸中原。至于那些南蛮之地，根本不值一提……"

众人正在议论，忽然朱治的信使闯了进来，信使道："广陵太守陈登治军一万，日夜操练水师，矛头直指江东。"孙策道："陈登对我江东虎视眈眈，吕布覆灭以后，屡次派人携带印绶巨金潜入各地，暗中联络官员、豪强、山贼，到处煽风点火、挑拨离间、封官许愿。陈登用心险恶，意欲乱我江东，是可忍，孰不可忍，我欲除之而后快。"孙策问孙权道："仲谋，不知你意下如何？"孙权道："愚弟年幼，只知读书，军略实非所长。"孙策笑道："这些都是你的部属将领，但说无妨。"孙权道："庐江我们才占了一部分，却有那么多俘虏、百姓等着处理，我认为安抚百姓，巩固已有战果，此乃当务之急。豫章是我们嘴边的肉，宜马上吞下，然后慢慢消化。"孙策道："不知公瑾有何良策？"周瑜道："我赞成您的战略，现在曹公正与袁绍争锋，无力南顾，此乃向西进军的大好时机，不但符合朝廷的旨意，又可为主公报仇，还可以开疆扩土，实乃一箭双雕之举。可是我们后方空虚，吴郡虽有长江天险，但水军全被您带到荆州，万一战火漫延到吴郡，朱太守恐难守住！我们一定要先解决广陵之敌，在长江以北布防，确保吴郡安全，如此才无后顾之忧，进则可攻，退则可守。不如由小弟领兵在西，您领兵回吴，等您解决广陵之敌，我们一同西进。"孙策道："就依仲谋、公瑾之言。"

孙策暗中派孙河到长沙联络桓阶，自率大军水陆并进直奔豫章。太史慈向孙策建议道："主公可派能言善辩之人游说华子鱼，如此可不战而得豫章，此乃上策。"孙策马上派虞翻游说华歆。虞翻策马来到南昌，对华歆道："子鱼兄，我听说您的名气在中原地区与会稽王府君（王朗）齐名，为全国民众所推崇，我虽在东部边陲，也常怀敬仰之心。"华歆谦道："我哪里赶得上王会稽啊！"虞翻道："豫章城里的军需物资、粮草、兵器、将士民众的勇敢程度与会稽相比谁更强？"华歆道："那是赶不上的。"虞翻这才对华歆道："讨逆将军谋略过人，用兵如神，之前赶走刘扬州，这是您亲眼看到了的，后来往南平定我的家乡会稽，这也是您听说了的，如今您要守这孤城，物资粮草又不足，我为足下担忧啊！"华歆道："我华歆久在江表，常想北归。孙会稽要是来了，那我就走！"虞翻回报孙策，孙策马上进军南昌。

豫章陷入一片恐慌，有的官员请求到郊外迎接，华歆发出教令道："不能这样。"孙策继续进军，有的官员请求出兵，华歆也不听从。等到孙策来到，府衙官吏全跑到华歆那里，请求华歆躲避。华歆笑道："今天孙策自己前来，为什么要慌忙躲避呢？"不久，门人报告："孙将军到了。"华歆换成平民衣服，请孙策入内相见，孙策一进门就对华歆道："府君您德高望重，名气大，远近的人都来归附您。我孙策年幼，应该对您行晚辈礼。"说完便向华歆行跪拜礼，华歆忙将孙策扶起，请孙策近前坐下相商，两人一直谈到深夜，孙策这才起身告辞。恪守大义的人听说此事，都由衷地佩服，对华歆赞叹不已。孙策对华歆执晚辈礼，奉华歆为上宾。

孙策来到刘繇家祭拜，见其家清贫，知其清廉，大为感动。刘繇之子刘基年方十六，自甘清贫，将葬礼所收财物全部退还，孙策由衷地感叹，当即决定供养刘繇家小。刘繇部下无不对孙策之举大加赞赏，纷纷前来投奔，孙策将刘繇的势力尽收囊中。

王朗闻知此事，感慨万千，致信孙策道："刘正礼以前初到扬州，不能安顿好自己，有赖你们为他四处奔波，得以渡过长江到达治所，这才有了安身的地方。入境的礼遇，感激之情、结交之心我相信始终存在。后来因为袁术，你们的关系渐渐变得不太和谐，以至于将盟友变成仇敌。但是究其本心，他实在不乐意这样做。后来他安定下来，常常想作出改变，重新与你家恢复友好。可是一旦分离，诚挚的心意就不容易表达，而他还没有来得及这样做却突然去世了，实在令人遗憾伤心啊！我得知您以忠厚回报薄情，以仁德报答怨恨，抚养遗孤，哀悼亡灵，怜惜活着的人，抛弃过去的猜忌，保护幼小的孤儿，确实是深恩厚义、美名厚实啊！正礼的长子，很有志气节操，想必有不同常人之处。您声势威赫，执掌刑罚，如能对他施恩加惠，岂不是更好吗？"

孙策将豫章郡分为豫章和庐陵两郡，命孙贲为豫章太守、孙辅为庐陵太守，命太史慈为建昌都尉，分海昏建昌周围六县由太史慈镇守，命吕范平定鄱阳、程普镇守石城，众将领命而去。孙策命周瑜和黄盖留守巴丘，吩咐两人道："我先回军安顿好后方，马上来取荆南四郡。你们可要训练好军队等着我！"张昭向孙策建议道："别部司马邓当已故，吕子明英勇，可让子明接替邓当统领旧部。"孙策马上采纳，把一切安排妥当，自率水军回吴。

曹操收到孙策奏折，内心五味杂陈，想不到孙策一下子变得强大无比，势力已经进入荆州，自己没有办法制约。令人高兴的是孙策大破黄祖，刘表实力大减。

曹操召来张纮，了解孙策家族的情况，决定安抚笼络孙策，于是命扬州刺史严象举孙权为茂才，请孙权、孙翊到许都任职，让儿子曹彰嫁迎娶孙贲的女儿，命曹仁的女儿嫁给孙策的弟弟孙匡。使者来到孙策的治所丹徒，孙策道："两家联姻，可以！目前江东正缺人才，我的家人到许都任职之事就免了吧！"使者道："您将弟弟送到许都，曹公定会以礼相待，您如果缺少人才，朝廷也会派得力的人相帮……"孙策打断使者的话，说道："与曹家联姻，怎么还要这么多规矩、这么多条件？微臣以为两家联姻最重要的是双方相互认可，相互信任。如果不是这样，我看没有必要联姻，你看袁绍、袁术两兄弟的事就知道了。"使者没有办法，只好原话回复曹操，曹操长叹一口气，喊道："猘儿难与争锋也！"还是决定与孙家联姻，两家的亲事就算定下来了。

就在孙策大胜黄祖、轻取豫章之时，许都朝廷正在酝酿一场大风暴，那么这究竟是怎么回事呢？且听下文分解。

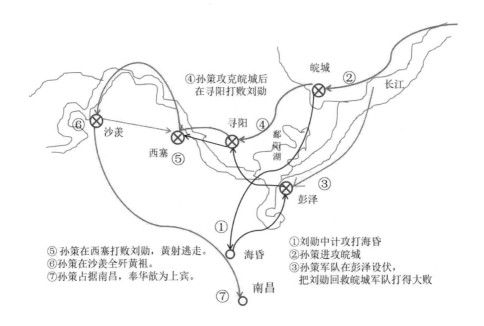

孙策西征刘勋黄祖示意图

第三十二章 刘备投奔袁绍，孙策遇刺身亡

第一回 曹操诛杀董承，乐进擒获关羽

话说车骑将军董承见曹操长期不在许都,暗喜,召来偏将军王服商议,董承道:"如今天子已成年亲政,可曹操专权,皇权旁落。王将军您身为大汉之臣,忠于王室,不知能否为大汉诛杀曹贼？""我们就这么一点军队，做不到啊！""以前郭汜以区区几百兵力击败李傕数万人马。如今徐州刘备与我同心，袁绍对曹操不服，现在就看您与我是否同心了！以前吕不韦有了子楚得以富贵，我和您也能如此。"王服连忙推辞道："我还是担心兵力不足。""若能诛杀曹操，我们就能得到他的兵马，难道还不够吗？"王服又问："京师可有帮手？""长水校尉种辑、议郎吴硕都是我的心腹。"王服最后问道："陛下的意见如何，可有诏书？""现在皇宫里里外外到处都是曹操的人，进出皇宫的物品都要层层检查。陛下如同笼中之鸟，心有不甘，特将诛杀曹贼的诏书秘密放在衣带里送给我，命我联系天下英雄完成此事。"王服道："既然如此，我跟着你干！"

建安四年（199）十二月，曹操亲率大军到官渡抵抗袁绍，许都空虚，于是董承与王服、种辑、昭信将军吴子兰日夜谋划诛杀曹操。不想许都到处都是曹操

耳目，事情很快泄露，曹操急忙从官渡赶回。建安五年（200）正月，曹操将董承、王服、种辑、吴子兰处死，夷三族。曹操、曹洪带兵进入皇宫，曹操对皇帝刘协道："请陛下把董贵人交给微臣处置。"刘协道："她可是朕的爱妃。"曹操道："董承要谋害微臣，她是董承之女，有牵连，还望陛下以国事为重！"士卒将董贵人从寝宫拖了出来，董贵人挣扎着哭喊道："陛下，您救救臣妾吧！"刘协跪在曹操面前，哭道："董贵人已有身孕，求曹公饶恕。"曹操指着刘协的鼻子骂道："我从洛阳把你们解救出来，好生伺候你们，供你们吃、供你们穿、供你们住，让你们锦衣玉食，我真没想到，我在前方与敌人拼命，你们却在后方想取我性命，是可忍，孰不可忍！"曹洪命人将董贵人拉出去绞死。

伏皇后吓得瑟瑟发抖，抱住刘协，曹操跪拜道："皇子刘冯聪明伶俐，可封为南阳王。"刘协这才松了一口气，知道自己的性命不会受到伤害，含泪说道："准奏！"事后伏皇后写信给父亲伏完道："曹贼带兵闯进皇宫，杀了董贵人，陛下和我的性命全捏在曹贼手里。还望父亲仿效董承，伺机诛杀曹贼。"伏完捧着书信浑身颤抖，手足无措，整夜不眠，连忙将信烧了，根本不敢刺杀曹操。

曹操召集部下商议道："我欲亲征徐州刘备，不知各位意下如何？"众将纷纷劝说道："与您争天下的是袁绍，如今袁绍正要来攻，而您却东征刘备，假如袁绍从背后袭击，我们该怎么办？"曹操道："刘备是人中豪杰，现在不除掉，将来必成心腹大患。袁绍虽然胸有大志，但对形势判断迟钝，定然不会马上出兵。"曹操问荀彧道："文若，你的看法呢？"荀彧红着眼睛一言不发，郭嘉站了起来说道："在下赞成东征，现在要征讨刘备的原因，与以前征讨吕布的原因完全一样。"于是曹操决定抽调官渡精兵攻打徐州。

早有朝廷官员暗中将曹操的决定报于袁绍和刘备，田丰对袁绍道："同您争夺天下的是曹操，曹操现在到东边攻打刘备，依在下愚见，双方交战不可能很快结束。军队要根据时机出动，现在出兵正当其时！主公应调动全军袭击曹操，只要大军一去就能平定。"袁绍推托道："我的小儿子生病了，我哪里还有心思出兵啊！"田丰举着拐杖敲击地面道："天哪，完了！好不容易赶上这样的好时机，竟然因为小孩生病丧失了，可惜呵！"袁绍非常恼怒，从此疏远田丰。

曹操以郭嘉为谋士，乐进为先登，徐晃、许褚为将军，董昭、任峻运送粮草，亲率两万步军、五千骑兵急奔小沛。孙乾对刘备道："曹贼大军已动，我们应该赶快调集兵马粮草，与曹贼决一死战。只要我们守住城池，到时候袁绍必定攻打曹操，如此我们可一战而胜！"刘备笑道："曹贼远在官渡，怎么可能攻打我们？要是袁绍出兵进攻曹操，曹操不就完蛋了吗？肯定不是曹操本人亲来，定是其他将领冒用曹操之名吓唬我们，我们万万不可上当。我们正好可以利用袁曹相争无暇顾及徐州之机，大力发展壮大自己，这才是上策！"于是刘备不加理睬。过了三日，又有斥候来报，曹军有大量骑兵，离小沛不到一百二十里。刘备心里纳闷："怎么来得这样快？来的可能是精锐之师啊！"还是没做准备。又过了一日，斥候来报，曹操大军离小沛不足五十里，刘备大惊，率亲兵数十人趁着夜色偷探曹营，刘备命人抓了几个俘虏，当即严加审问，方知曹操带了虎豹骑同行。刘备马上返回小沛，连夜整军备战。次日中午，曹操率领骑兵来到小沛城下，刘备不敢出城迎敌，曹操命人在城下喊话道："将士们，刘备反叛朝廷，一定没有好下场。现在曹公亲征，赦免你们的过错，欢迎你们回来，你们的家小都在等着你们呢！"刘备的大部分精兵原本就是曹操部下，家小全在曹操手里，一见到曹操就有投奔之心。刘备担心有变，不敢守城，当晚悄悄打开北门逃跑，不想还是惊动了曹军。曹操连忙率军追赶，刘备急命张飞、夏侯博断后，张飞率军死死挡住曹军。许褚挥军进攻，被张飞击败，乐进不给张飞喘息之机，马上接着进攻，又被张飞打败。

徐晃拍马赶到，与许褚、乐进联手三面进攻，张飞支撑不住，大败而走，夏侯博被许褚生擒。曹操率军一路追杀，刘备的军队纷纷倒戈投降。刘备见大势已去，长叹一声，带着小数人马逃遁而去，妻妾儿女全被曹军俘虏。

曹操马上进军下邳，攻破城池，曹军把关羽和二十多名亲兵围困在白门楼。曹操命人喊话："关将军，曹公有令，只要你投降，既往不咎，保全您的性命。"关羽喊道："我关羽岂是贪生怕死之徒，我早已将生死置之度外，有本事就来与我大战三百回合！"

曹操召集众将道："关云长是难得的虎将，孤想擒他，不知道谁能担此重任！"先登乐进大声道："末将愿将关羽擒来，献于主公！"曹操道："关羽人高马大，武艺高强，你身材矮小，恐怕不是对手，不要逞强了！我看还是让许褚去吧。"许褚连忙请战道："末将愿往！"乐进一把将许褚推开，笑着对曹操道："打仗难道是比身高吗？"曹操道："不是。"乐进道："既然不是比身高，我乐进身经百战，每战必为先登，罕有对手，又有何惧，请主公成全！"曹操道："文谦，你一直跟着我东征西讨，我不忍心啊！"乐进道："主公放心，我自有办法！"

乐进精挑虎贲之士一百，皆着重甲，授以攻防之法，略加操练，乐进大呼一声："跟我上！"说着一手持着大盾护身，一手拿着短刀缓缓杀上白门楼。曹操当即亲擂战鼓为乐进壮行。乐进刚一登楼，身后虎贲猛地将乐进推向关羽，关羽挥剑连连刺向乐进，乐进低身举着大盾挡住，举刀连攻关羽下盘，逼得关羽连连后退。虎贲之士疯狂涌入白门楼，双方顿时战成一团。众人举着盾牌将关羽逼住，乐进欺身而上，与关羽对攻。四周虎贲趁机专攻关羽下盘，把关羽双脚钩住，虎贲当即飞身而上，将关羽扑倒在地，众人一拥而上，将关羽擒住绑了。

曹操请刘备、关羽家小立于大帐两旁，乐进把关羽押至大帐，曹操上前替关羽松绑，安慰道："云长快来见过家人。"关羽妻子连忙上前仔细打量关羽，对曹操道："云长无恙，多谢曹公手下留情，否则我们只能相见于地下了。"关羽投降曹操，曹操设宴为关羽压惊。曹操又进军东海，打败昌豨，徐州遂平。曹操命董昭为徐州牧，拜乐进为讨寇校尉，马上回军官渡。

袁绍见曹操前往徐州，只派少量军队攻打黄河北岸的延津，于禁凭垒坚守，袁军无功而返。曹操回到官渡，命于禁、乐进率步骑五千攻打袁绍别部，从延津西南沿黄河一直打到汲县、获嘉两县，连烧袁军营垒三十多处，斩首、俘获袁军几千人，降服何茂、王摩等将领二十多人。曹操又派于禁率军屯驻原武，击破袁绍另一营寨，曹操升于禁为裨将军，后来又调于禁到官渡。

曹操在徐州大胜刘备，那么刘备究竟会逃到哪里呢？且听下文分解。

第二回　刘备投奔袁绍，陈琳檄文讨曹

再说刘备大败，往北一路逃到青州来投袁谭，袁谭大喜，连忙写信给袁绍。不久张飞等人带着残兵败将陆续来投。袁绍命袁谭一路护送刘备到达冀州，袁绍亲自出邺城二百里迎接。袁绍以上宾之礼厚待刘备，袁绍道："我早就想攻打曹贼，如今左将军来了，我马上出兵，为左将军报仇。"

袁绍回到邺城，马上召集部下商议，袁绍道："孤欲进兵许都，与曹贼决一死战，不知各位意下如何？"田丰认为出兵时机已失，眼下不宜出兵，劝阻道："不可！如今曹操已回军官渡，许都不再空虚。曹操擅长用兵，变化无常，兵马虽少，不可轻视，我们不如作长期打算。将军凭借山河之固，拥有四州人马，外结英豪，内修农耕备战，然后挑选精锐，分为奇兵，趁敌人空虚轮番出战，骚扰黄河南面。敌人援救右边，我就攻其左边；敌人援救左边，我就攻其右边，如此

敌人疲于奔命，人民不能安于本业。我们还没有疲劳，对方已经困乏了，用不了三年，坐着就可战胜敌人。现在放弃庙胜之策，想通过一场战争决定成败。要是不能如愿，后悔就来不及了。"袁绍问沮授道："您有什么不同见解？"沮授道："在下完全赞同田丰的看法，还望主公采纳。"袁绍又问刘备道："不知左将军有何高见？"刘备道："如今曹操挟持天子，诛杀异己，光天化日之下杀害车骑将军董承和董贵人，就是董卓、李傕、郭汜之流也干不出此等事情。曹贼敢冒天下之大不韪，人人得而诛之，如果明公还不讨伐，恐怕有负众望，到时候还有谁愿意跟随大将军您呢？"袁绍认为刘备说得有道理，田丰怒道："刘备小儿，你把徐州丢了好几次，还把主公的四千精骑损失殆尽，你根本没有头脑，不知进退，不配在主公面前献策！主公您怎么能信他，难道想把冀州也丢了吗？还望主公明察！"袁绍认为田丰让自己在刘备面前丢了面子，非常生气，田丰又不顾袁绍颜面反复劝阻，袁绍怒道："以前你反复劝我攻打曹操，如今我要攻打曹操了，你又劝我不要打了，你怎么老是跟我唱反调，你这是败坏军心！"于是下令把田丰推出去斩首，刘备和沮授等人连忙为田丰求情，袁绍对田丰道："等我胜了曹操，再回来收拾你！"于是把田丰关入大牢。

建安五年（200）二月，袁绍命陈琳写檄文讨伐曹操，陈琳将事先准备好的《为袁绍檄豫州》呈上，袁绍看后大喜，当即发布四方，昭告天下，全文如下：

左将军领豫州刺史、郡国相守：盖闻明主图危以制变，忠臣虑难以立权。是以有非常之人，然后有非常之事；有非常之事，然后立非常之功。夫非常者，故非常人所拟也。曩者强秦弱主，赵高执柄，专制朝权，威福由己。时人迫胁，莫敢正言，终有望夷之败。祖宗焚灭，污辱至今，永为世鉴。及臻吕后季年，产、禄专政，内兼二军，外统梁、赵，擅断万机，决事省禁，下凌上替，海内寒心。于是绛侯、朱虚兴兵奋怒，诛夷逆暴，尊立太宗，故能王道兴隆，光明显融，此则大臣立权之明表也。

司空曹操祖父，中常侍腾，与左悺、徐璜并作妖孽，饕餮放横，伤化虐民。父嵩，乞丐携养，因赃假位，舆金辇璧，输货权门，窃盗鼎司，倾覆重器。操赘阉遗丑，本无懿德，僄狡锋协，好乱乐祸。幕府董统鹰扬，扫除凶逆。续遇董卓侵官暴国，于是提剑挥鼓，发命东夏，收罗英雄，弃瑕取用。故遂与操同谘合谋，授以裨师，谓其鹰犬之才，爪牙可任。至乃愚佻短略，轻进易退，伤夷折衄，数丧师徒。幕府辄复分兵命锐，修完补辑，表行东郡、领兖州刺史，被以虎文，奖蹙威柄，冀获秦师一克之报。而操遂承资拔扈，肆行凶忒，割剥元元，残贤害善。故九江太守边让，英才俊伟，天下知名，直言正色，论不阿谄，身首被枭悬之诛，妻孥受灰灭之咎。自是士林愤痛，民怨弥重，一夫奋臂，举州同声，故躬破于徐方，地夺于吕布，彷徨东裔，蹢据无所。幕府惟强干弱枝之义，且不登叛人之党，故复援旌擐甲，席卷起征，金鼓响振，布众奔沮。拯其死亡之患，复其方伯之位，则幕府无德于兖土之民，而有大造于操也。

后会鸾驾反旆，群虏寇攻。时冀州方有北鄙之警，匪遑离局，故使从事中郎徐勋就发遣操，使缮修郊庙，翊卫幼主。操便放志专行，胁迁当御省禁，卑侮王室，败法乱纪，坐领三台，专制朝政，爵赏由心，刑戮在口，所爱光五宗，所恶灭三族，群谈者受显诛，腹议者蒙隐戮，百僚钳口，道路以目，尚书记朝会，公卿充员品而已。故太尉杨彪，典历二司，享国极位。操因缘眦睚，被以非罪，榜楚参并，五毒备至，触情任忒，不顾宪纲。又议郎赵彦，忠谏直言，议有可纳，是以圣朝含听，改容加饰。操欲迷夺时明，杜绝言路，擅收立杀，不俟报闻。又梁孝王，先帝母昆，坟陵尊显，桑梓松柏，犹宜肃恭，而操帅将吏士，亲临发掘，破棺裸尸，掠取金宝，至令圣朝流涕，士民伤怀。操又特置发丘中郎将、摸金校尉，所遇隳突，无骸不露。身处三公之位，而行桀虏之态，污国虐民，毒施人鬼。

加其细政苛惨，科防互设，罾缴充蹊，坑阱塞路，举手挂网罗，动足触机陷，是以兖豫有无聊之民，帝都有吁嗟之怨。历观载籍，无道之臣贪残酷烈，于操为甚。

幕府方诘外奸，未及整训，加绪含容，冀可弥缝。而操豺狼野心，潜包祸谋，乃欲摧挠栋梁，孤弱汉室，除灭忠正，专为枭雄。往者伐鼓北征公孙瓒，强寇桀逆，拒围一年。操因其未破，阴交书命，外助王师，内相掩袭，故引兵造河，方舟北济。会其行人发露，瓒亦枭夷，故使锋芒挫缩，厥图不果。尔乃大军过荡西山，屠各、左校，皆束手奉质，争为前登，犬羊残丑，消沦山谷。于是操师震慑，晨夜遁逃，屯据敖仓，阻河为固，欲以螳螂之斧，御隆车之隧。幕府奉汉威灵，折冲宇宙，长戟百万，胡骑千群，奋中黄、育、获之士，骋良弓劲弩之势，并州越太行，青州涉济漯。大军泛黄河而角其前，荆州下宛、叶而掎其后，雷霆虎步，并集虏庭，若举炎火以炳飞蓬，覆沧海以沃熛炭，有何不灭者哉？又操军吏士，其可战者，皆出自幽冀，或故营部曲，咸怨旷思归，流涕北顾。其余兖豫之民，及吕布、张扬之遗众，覆亡迫胁，权时苟从，各被创痍，人为雠敌。若回旆方徂，登高冈而击鼓吹，扬素挥以启降路，必土崩瓦解，不俟血刃。

方今汉室陵迟，纲维弛绝。圣朝无一介之辅，股肱无折冲之势，方畿之内，简练之臣皆垂头拓翼，莫所凭恃。虽有忠义之佐，胁于暴虐之臣，焉能展其节？又操持部曲精兵七百，围守宫阙，外托宿卫，内实拘执，惧其篡逆之萌，因斯而作。此乃忠臣肝脑涂地之秋，烈士立功之会，可不勖哉！操又矫命称制，遣使发兵，恐边远州郡过听给与，强寇弱主，违众旅叛，举以丧名，为天下笑，则明哲不敢也。即日幽、并、青、冀四州并进。书到，荆州便勒见兵，与建忠将军协同声势；州郡各整戎马，罗落境界，举师扬威，并匡社稷，则非常之功，于是乎著。其得操首者，封五千户侯，赏钱五千万。部曲偏裨将校诸吏降者，勿有所问。广宣恩信，班扬符赏，布告天下，咸使知圣朝有拘逼之难。如律令。

郭图等人暗中向袁绍弹劾道："沮授统领内外军队，威震三军，如果任由沮授逐渐强大，将军用什么来控制他？沮授统兵在外，不宜参与内部事务。"于是袁绍开始怀疑沮授，把沮授的监军权一分为三，让沮授和郭图、淳于琼各领一军。

眼看袁绍大军就要出发，沮授召集族人，把财产全部分给大家，沮授之弟沮宗不解，说道："曹公的军队打不赢我们，您怕什么呢？"沮授道："以曹兖州的明智与策略，又挟持天子作为资本，我军虽然打败公孙瓒，将士们的确已经很疲惫了，可是将领们和主公都很骄傲奢侈，我军此战必败啊！"

建安五年（200）二月，袁绍进兵黎阳，命颜良为大将，淳于琼、郭图为副将，渡过黄河，攻打白马。沮授劝阻道："颜良性格急躁，气量狭小，虽然骁勇却不能独当一面，不可担此重任。"袁绍不听。

就在袁绍进军黎阳，颜良进攻白马之时，江东孙策回师吴郡后会干什么呢？且听下文分解。

第三回　桓阶策反张羡，孙策遇刺身亡

且说广陵太守陈登赏罚严明，深得百姓拥戴。海盗薛州率万余户海盗投奔，陈登将他们组织起来日夜操练，又命工匠建造战船，意欲渡江来攻吴郡。再说孙策回军江东，命孙权统率水军渡过长江，一举消灭广陵水军，斩杀薛州，陈登败走。孙权又沿运河北上进攻广陵，陈登急命功曹陈矫向曹操告急求救，孙权势如破竹，连战连胜，吴郡之危遂解。

扬州刺史严象在九江、庐江一带招纳袁术旧部，庐江太守李术率军突袭，严象被李术抓获，李术写信向吴侯孙策请示。孙策回复道："严象杀了我的族兄孙

香，不可饶恕，当斩！"李术当即领命，将严象就地斩首。

再说孙策派使者到长沙联络桓阶，桓阶大喜道："吴侯威震江东，意在江表，我受孙破虏将军提携之恩，定当厚报。我要把长沙献于吴侯！"于是恒阶拜见长沙太守张羡，桓阶道："举大事而不以道义为基础没有不失败的。所以齐桓公率领诸侯尊崇周天子，晋文公驱逐太叔姬子带又收留周襄王。如今袁绍违背这个道理，刘荆州却响应袁绍，这是自取其祸，走向灭亡。明府您一定要深明大义，明辨是非，保全福运，远离灾祸，绝不能和他们同流合污！"张羡问道："我该怎么办？""曹公虽弱，但他仗义而起，拯救朝廷于危难之中，奉王命讨伐有罪之人，谁敢不服？""您说的对。""如果我们联合四郡保三江等待朝廷大军到来，作为朝廷的内应，不是可以吗？""我们实力不够，岂能自保？"桓阶道："吴侯孙策，据有江东之地，兵精粮足，极善用兵，百战百胜，孙氏心向朝廷，前有孙破虏将军大败董卓，后有孙讨逆将军绝交袁术，助曹公平定吕布。孙策与刘表、黄祖更有杀父之仇，已奉朝廷之命尽歼黄祖大军，令刘表元气大伤。如今孙氏与曹公联姻，结为盟好，下一步必然矛头西指，直取刘表。将军可东联孙策，投在孙策帐下，与孙策共伐刘表，江东之地再加上我们荆南四郡，刘表岂是对手？我们可一战而胜，如此荆州可定，天下可定！"张羡大喜道："好！"于是一边联合荆南三郡举兵对抗刘表，一边派使者拜见孙策。孙策大喜，对使者道："你回去告诉张太守，我马上进军荆州。只要我们联合，擒拿刘表、黄祖指日可待。"

孙权一直打到匡琦，将匡琦包围。曹操答应陈矫的请求，决定派兵增援陈登。陈登急中生智，命人偷偷在城外十里建立营寨，命士兵准备薪柴，两捆一堆，每堆相距十步，排列得整整齐齐，到了半夜，士兵一起点火，远处清晰可见，广陵的军队和百姓登上城头上欢呼雀跃，孙权手下听到动静，连忙报于孙权，孙权出营查看，但见远处火光闪动，似有大军前来增援，孙权大惊，急命军队撤退。陈登整兵来追，打败孙权，孙权败退回到吴郡。

曹操召见张纮，问道："孙家已与曹家联姻，本来应该西攻刘表，可孙策却杀了扬州刺史严象，如今又来攻打广陵，这是为何？"张纮道："曹公既与孙氏联姻，应当尊重双方的疆界，严象一心图谋庐江，陈登想要吞并江东，还派人到江东到处渗透策反，令伯符寝食难安，这实在不是同盟之间应该发生的事情啊，还望曹公明察！换位思考一下，明公您要是伯符，您能安安心心攻打荆州刘景升吗？"曹操马上采纳，忍痛将陈登降为东城令，把长江附近的广陵官员、兵马全部撤出，以安孙策之心。孙策大喜，马上设置官吏，派兵驻守。

孙策在丹徒集合大军，声称要攻打许都，奉迎皇帝刘协。曹操大惊，连忙叫来张纮，指着张纮的鼻子大骂道："孤把长江以北的大片土地让给孙策，可他竟然得寸进尺，要袭击许都，这叫孤如何是好，孤被你骗了！"张纮连忙解释道："曹公息怒，吴侯如果真的准备袭击许都，他怎么会公开说出来，让您知道？"曹操转念一想，说道："你说的没错。"张纮道："吴侯用兵向来隐真示假，声东击西。这是麻痹刘表，何况周瑜的军队远在巴丘，吴侯一定不会攻打许都，而是攻打刘表，请明公放心！"曹操大喜道："这小子，差点把孤骗了，现在孤放心了。"

曹操召来郭嘉相问，郭嘉道："孙策刚刚吞并江东，诛杀的都是英雄豪杰，这些英雄豪杰能让人效死力。但孙策轻率，不善于防备，虽有百万之众，和一个人独行于中原没什么两样。如果有刺客伏击，孙策不过是一个人独自对付罢了。依在下之见，孙策必死于匹夫之手。"

当初，原吴郡太守盛宪因病无法视事，推荐吴郡都尉许贡继任，朱治接替许贡任吴郡都尉。许贡上任后恩将仇报，迫害盛宪。名士高岱感念盛宪之恩，挺身而出，舍身保护盛宪，安排盛宪藏匿于许昭家中，盛宪这才化险为夷，远走他乡。高岱，字孔文，吴郡人，担任吴郡计吏，深得盛宪喜爱，盛宪举高岱为孝廉。于是许贡对高岱怀恨在心，想诛之而后快。高岱很孝顺，许贡命人抓住高岱母亲，想引出高岱加以杀害。高岱在朋友的帮助下机智脱险，逃到会稽余姚隐居。孙策率军平定江东，许贡被朱治击败，投奔山贼严白虎，后来严白虎被孙策打败，与许贡一道投奔余杭许昭，许贡失势后闷闷不乐，暗中与孙策作对，寻找机会东山再起。

孙策久闻高岱大名，想与高岱相见，命会稽丞陆昭事先拜访，自己虚心等待，孙策听说高岱精通《左传》，于是预先品读，想跟高岱谈论一番。许贡知道后心生一计，找人对孙策道："高岱认为您英武有余，文采不足，根本瞧不起您。您向他请教《左传》，他一定会说：'不知道，不懂！'"孙策不以为意。那人又对高岱说道："孙策为人，最不喜欢别人超过自己。如果问你《左传》，你就说不知道，这才合他心意。如果跟他讲论争辩，那就危险了！"高岱认为有道理。后来，孙策和高岱相见，孙策果然问起《左传》，高岱连连回答不知道，不懂得。孙策大怒，以为高岱依恃才能，轻慢自己，把他关了起来。高岱的朋友托人向孙策求情，请求孙策把他放了，孙策当即同意。次日，孙策登上高楼，看见远近密密麻麻坐满儒生，孙策问道："这些人来此干什么啊？"左右道："他们为高岱请愿，要求释放高岱。"高岱的朋友望见孙策，在楼下大声呼喊道："释放高岱！释放高岱！"其他人马上呼应，场面极为浩大。孙策顿时变色，陡然改变主意，下令杀了高岱。后来有人告诉孙策高岱的为人，孙策这才知道上了当。盛宪闻知高岱死讯，写文章大骂孙策，在江东广为流传。

陈登意欲吞并江东，与许贡互有联系。许贡认为机会来了，暗中谋划反对孙策，许贡给许都上书道："孙策骁勇，与西楚霸王项羽相似。朝廷宜外示荣宠，召在京师；不可使居外镇，以绝后患。"使者赍书渡江，被江防将士抓个正着，孙策观书大怒，召来许贡议事，问道："你表面上恭恭敬敬，为何暗地里却要反对我？"许贡道："将军威震江东，我怎么会反对君侯您呢？"孙策将许贡奏折怒掷于地，斥道："有奏书为证，你还有什么话说！"许贡浑身发抖，瘫坐地上，孙策道："在我的治下，你可以置身事外不与我合作，但绝不允许反对我。"孙策下令将许贡处死。

孙策在城楼上召集将领和宾客开会，忽闻仙乐飘飘，清香扑鼻，不久，一队信道之人前呼后拥抬着一位老道缓缓而来，只见那老道鹤发童颜，身穿盛装，神态安详，手捧红色小盒子，不停地为信众赐福，洒符水。众将和宾客大喊："那是于吉老神仙！"说着头也不回地跑下城楼跪拜迎接，掌管礼仪的官吏大声呵斥也不能禁止。孙策大怒，当即下令抓捕于吉入狱。众将联名上书苦苦相求，孙策不允。信道之人连忙向吴夫人求救，吴夫人大惊道："我也信道，策儿怎能做出这种事！"于是连忙赶来求情道："于老先生经常来赐福，经常帮助军队医治护理将士，不能杀他。"孙策道："此人怪异荒诞，迷乱人心，使众将不顾君臣之礼，弃我而去，却对他顶礼膜拜，不能不除。"吴夫人道："他是有道之人，深得百姓尊敬。何况朝廷有法律，按照礼制不应受刑罚。"孙策道："他与我争民众，我岂能容他？更何况张角就是他的徒弟，能培养出如此反叛妖徒，岂可饶恕！说不定还会出现第二个张角。"于是下令处死于吉。于吉临死前诅咒道："杀我之人不会有好下场！"百姓无不为于吉之死落泪。

许贡死后，许贡的小儿子与两个门客潜入民间，发誓要为许贡报仇。孙策大军云集丹徒，三人秘密打探孙策行踪，准备行刺。孙策闲来无事，经常带着亲兵外出打猎。一日孙策撞见一头大麋，麋鹿受惊，奋蹄窜入江边草丛，孙策一行人分头去追。孙策马快，一下子把随从甩得远远的，跑着跑着麋鹿没了踪迹，孙策不由得放慢脚步细细搜寻。忽然近处飞来三支冷箭，一箭正中孙策面门，两箭射中战马，草丛中蓦地窜出三人，对着孙策冲杀过来，孙策连忙拉弓射箭，一人应弦而倒。孙策忍着剧痛双腿一夹，骏马对着两人冲了过去，两人举矛便刺，孙策挥弓挡开，顺势用弓弦套住一人脖子，将他拖倒在地，那人拼命挣扎。另一人跟在孙策马后用矛乱刺，孙策人马连中数矛。孙策忍痛奋力一甩，连人带弓将那人甩了出去，那人顿时毙命。孙策伤重，血流满面，眼前一片血色，恍惚之间拔剑边战边逃，孙策胯下战马受伤，不能飞奔，刺客武艺高强，在马后紧紧追杀，孙策连连格开刺客长矛，可惜剑短矛长，狼狈不堪。孙策回过神来，大声呼救："有刺客！"不一会儿，亲兵从四面八方跑了过来，众人上前抓住刺客，问道："你是何人？"刺客道："我等是许贡太守的门客，在此跟踪多日，特为主人报仇，如今死而无憾！"众人大怒，将刺客杀死，剁成肉泥。

孙策身负重伤，众人忙将孙策送至吴县，吴夫人、朱治请来名医为孙策医治。孙策问医生道："我的伤能治好吗？"医生安慰道："君侯需要静养百日，不能乱动，不能发怒，如此方可痊愈。"吴夫人问医生道："我儿能治好吗？"医生叹道："脑浆都流出来了，就是华佗来了也没有办法，我担心吴侯不久于人世！"

孙策多日高烧不退，头大如斗，神色一天比一天差，自知来日无多，对吴夫人、妻妾道："我长期在外征战，很少顾家，是你们在家日夜操劳，让我安心于外，我恐怕不久于人世，实在对不起你们。"吴夫人、妻妾早已哭成一团。孙策抱着儿子孙绍叹道："我不能看着你长大成才，心中有悔啊。你要听祖母、母亲、叔父的话。"孙绍道："阿爸，您一定会好起来的，我要骑在你的脖子上到街上玩，长大了也要像你一样上阵杀敌。"孙策顿时控制不住，眼泪忍不住流了出来。

建安五年（200）四月四日，张昭召群僚到孙策榻前，孙策对张昭等人道："中国方乱，夫以吴、越之众，三江之固，足以观成败。公等善相吾弟！"张昭认为孙翊勇猛果断，颇有孙策风范，群僚也纷纷推荐孙翊，张昭对孙策道："君侯放心，我们一定尽心辅佐孙翊。"孙策强行坐了起来，叫过孙权，咳了一声，说道：

"你们应辅佐仲谋！"说着命人取来印绶，亲自将印绶邓重地放在孙权手上，说道："举江东之众，决机于两陈之间，与天下争衡，卿不如我；举贤任能，各尽其心，以保江东，我不如卿。"张昭率领群僚跪拜道："我们定当尽心辅佐！"孙策屏退众人，对张昭道："如果仲谋不能胜任大事，您就自己取代他，我把整个江东托付给您了。即使不能成功，您再慢慢地向西归顺中原，这样也没有什么可以担忧了。"张昭跪地失声痛哭道："主公对我有知遇之恩，我理应竭尽所能全力辅佐，虽万死而不辞！"孙策道："这样我就放心了。"孙策命张昭退下，对孙权道："你要像对待哥哥一样对待公瑾。"孙权点头应允，孙策又道："我答应过三军将士的，你都要一一兑现。江东人才匮乏，我孙氏要与众英豪共江山，如此三军将士用命，方可立于不败之地。"孙权流着泪，哽咽着道："哥哥的吩咐我都记住了。"孙策道："如此我放心了，这副担子就交给你了！"当晚，孙策壮志未酬，带着遗憾离世，时年二十六岁。后人有诗赞道："独战东南地，人称小霸王。运筹如虎踞，决策似鹰扬。威镇三江靖，名闻四海香。英年留憾事，孙权继荣光。"

次日，张昭率领群僚拥立孙权，孙权掌管江东军政大权。孙权命张昭为长史，命周瑜、程普、吕范火速回军。张昭向朝廷上奏，表孙权为会稽太守，袭吴侯。孙权悲伤过度没有过问政事，张昭道："作为继承人，重要的是继承先辈遗业，使之昌盛兴隆，建成伟大的功业，如今天下鼎沸，群盗满山，主公您怎么能卧床哀伤，像常人那样放纵个人的感情呢？"于是亲自将孙权扶上马，侍卫随后列队而出，这才使众人有归宿感。

江东孙策已薨，江东之事暂且不表，远在官渡的曹操再无后之忧，那么曹操下一步究竟会采取什么行动呢？且听下文分解。

决战官渡
统一北方

第三十三章　关羽白马斩颜良，曹操官渡破袁绍

第一回　关羽白马斩颜良，曹军延津诛文丑

曹操收到张昭的奏章，大喜道："这下孤再也没有心头之病了。"于是召集部下商议，曹操道："孤欲派兵讨伐江东，不知可否？"侍御史张纮劝谏道："乘人丧事而用兵，有违传统道义。如果攻而不胜，会使两方结仇，丢弃往日盟好，不如借此机会厚待孙氏。依在下愚见，明公要是出兵江东，最高兴的一定是袁绍，袁绍一定会乘机来攻许都。"曹操从其言，命孙权为讨虏将军，领会稽太守。曹操后悔将广陵太守陈登调离，把大片广陵土地让给江东。陈登到东城上任不到一年，旧病复发，派人四处寻找华佗不得，无人能治其病，溘然长逝，这是后话。

颜良围住白马攻了三个月，东郡太守刘延苦苦支撑，求救信如雪片一般飞到官渡，曹操召集谋臣商议，曹操问道："我担心刘延守不住，想去增援，不知刘表那边有什么消息？"郭嘉道："我刚得到消息，周瑜军队从巴丘回军吴郡，刘表大军直奔长沙。"曹操大喜道："真是天助孤也，如此再也没有什么力量让孤分心了。"于是亲自率军救援白马。

话说关羽投降曹操，深得曹操器重，官拜偏将军。曹操认为关羽为人豪壮，非常欣赏，对关羽礼遇极为隆重。曹操赐关羽豪宅三座，美女、良马、奴仆若干，凡是想得到的物品应有尽有。曹操每有宴请，总少不了关羽，每当关羽到来，曹操总是亲到门口相迎，关羽离开，曹操又到门口相送。于禁、乐进、曹仁等人颇有怨言，曹操解释道："关羽熟读《春秋》，是懂礼的忠义之士，颇有古风，孤岂能怠慢？"不久曹操与关羽交谈，隐隐约约感觉关羽似乎没有长久留下来的打算，曹操召来张辽，对张辽道："您与关羽有交情，可否试探一下他的想法？"张辽来问关羽道："曹公待你不薄，给你那么多赏赐，为何不置办一些田产？"关羽道："我深知曹公对我恩重如山，可我受刘将军之恩在先，发誓要与他生死与共，我不能背叛旧主啊！可惜我认识曹公太迟了。我要是知道刘将军的消息，我终究要去投奔的，购置田产又有何用？"张辽问道："你可有刘将军的消息？"关羽叹道："我多方打听，一直杳无音信，我想他要是还在人世间，最有可能投奔袁绍。"张辽道："曹公对你这么好，远胜刘将军，你怎能忍心离开？"关羽道："这也是我的为难之处，我既受曹公大恩，定当立大功相报，然后再离去。"张辽左右为难，想向曹操报告，却又担心曹操杀害关羽。如果不报告，又不符合道义。张辽左思右想，叹息道："曹公是我的君父。关羽只不过是我的兄弟罢了。"于是一五一十地向曹操报告。曹操叹道："事君不忘其本，关羽真是天下义士啊！要是孤的手下也都这么忠心就好了。"

再说曹操北上救援东郡太守刘延。荀攸向曹操献计道："如果我们直接救援白马，袁绍的军队与颜良隔河相望，必定来救颜良，我军兵少不能抵挡，依在下愚见，必须分散敌人兵力。您先领兵到延津，做出要北渡黄河袭击敌人后路的态势，袁绍必会分兵应战。那时我军以轻骑兵偷袭白马，攻其不备，就可以活捉颜良了。"曹操马上采纳。曹军在延津大张旗鼓准备渡河，袁绍果然中计，亲自率军来到延津，与曹操大军隔河对峙。

当晚，曹操命张辽、关羽为先登，亲率大军悄然出发。天将亮，颜良睡得正香，却被随从从睡梦中摇醒，颜良怒道："何事！"斥候急忙上前禀报："曹军离白马不足十里。"颜良大惊失色，翻身而起，来不及披挂就匆忙钻出大帐，命令手下鸣号集结，准备紧守营寨。郭图、淳于琼匆匆赶来问明情况，郭图道："将军乃袁公帐下首席战将，怎能龟缩在大营里面？如此曹军一到，白马守军一下子就逃走了，将军几个月的心血岂不是白费了吗？不如趁对方远道而来，人困马乏，立足未稳，率精锐逆击，定可一战而胜。"淳于琼道："不可，如今敌情不明，将军应坚守营寨，万一出现不利的情况，袁公自会增援我们。白马军民如果逃走，我军不战而得到白马，也不失为战功一件。"郭图道："你们如此胆小怕事，我必禀明袁公，让袁公惩治你们。"颜良忌惮郭图，于是改口道："就依郭公则所言。"

袁军刚布置完大营防守，马上改变策略，颜良命郭图留守大营，自率精锐出营迎敌，顿时全军一片大乱。

张辽、关羽策马越过山坡，只见颜良军队源源不断地开出大营。关羽望见颜良麾盖，大喜，用马鞭指着，对张辽道："颜良就那里，我们正好可以进攻。"张辽道："我们人少，曹公马上就要到了，请示曹公后再说。"关羽道："我看颜良阵形稀疏，还未列好军阵，应该马上偷袭。"张辽道："不可！""机不可失，我先去取颜良首级！"说着，关羽策马而出。张辽急道："云长切莫轻敌！"

关羽身躯紧贴马背，策马冲下山坡。关羽刚到袁军阵前，士兵上前阻拦，关羽大叫道："有紧急军情！"说着跃马而过。关羽直奔颜良，颜良亲兵上前拦阻，关羽随手一矛，将他刺翻在地。袁军大惊，急喊："保护将军！"没等颜良和亲随反应过来，关羽拍马杀到，挺矛直刺颜良，颜良躲避不及，正中胸膛，轰然倒地。关羽策马回头，大喝一声，挥矛攻击颜良随从，随从大惊，急忙后退。关羽侧身弯腰，一剑砍下颜良首级，悬于马鞍之后，挥舞长矛，杀入袁军阵中，左冲右突，袁军上下无人能挡，关羽毫发无损，全身而退。

关羽来到山坡上，将颜良首级掷于曹操马前，禀报道："颜良已诛，请明公吩咐！"曹操大喜，称赞关羽道："云长于万军之中取上将首级如探囊取物，真是神人啊！"曹操命人将颜良首级高高挂起，马上下令进攻。袁军将士大骇，淳于琼、郭图大败，白马之围遂解。正是："荀攸妙计救白马，声东击西人人夸。关公单骑斩颜良，留得美名天下扬。"

次日，袁绍听闻曹军往东北而去，马上下令渡过黄河，占领延津南。曹操命白马太守刘延与当地百姓沿着黄河向西南迁移。曹军走了两日，驻扎在南阪下，曹操命斥候登高观察敌情。袁绍听说曹操来了，马上派文丑、刘备率军来攻。斥候向曹操报告道："袁军五六百骑兵过来了。"过了一会儿，又报告道："骑兵逐渐增多，步兵不计其数。"曹操道："不要再报告了。"于是命令骑兵解下马鞍，放开战马在林中隐蔽。这时，从白马运来的辎重物资都在路上。众将认为敌人骑兵很多，不如退回营寨坚守。荀攸道："正好可以用来引诱敌人，我们为何要退呢？"曹操与荀攸相视而笑。袁绍大将文丑与刘备带着五六千骑兵先后赶到。众将道："应该马上迎敌了。"曹操道："还不到时候。"过了一会儿，袁军骑兵散开，直奔辎重物资，拉上物资就走。曹操道："可以了。"于是命众将士全部上马，曹操和张辽、关羽、徐晃率六百骑兵飞驰而出，向袁军发起冲击，文丑军队乱成一团，根本无法组织有效抵抗，曹军一番冲杀，袁军大败，文丑死于乱军之中，刘备率领残部返回，向袁绍请罪。袁绍大怒，又派两将率军来战，张辽、关羽、徐晃纵马而出，又将袁军打败，关羽、徐晃各擒一将而回。

曹操率军返回官渡，拜徐晃为偏将军。曹操知道关羽必然离去，依旧表关羽为汉寿亭侯，对关羽重加赏赐。

袁绍初战失利，损兵折将，那么袁绍下一步究竟会采取什么行动呢？且听下文分解。

第二回　曹仁大破刘备，徐晃大败韩猛

且说袁绍连战连败，痛失多员大将，袁军上下震惊，袁绍道："以后你们要是遇到关羽，切不可轻敌，用强弓劲弩即可。凡诛关羽者，封万户侯！"骑都尉崔琰劝阻道："如今天子在许都，百姓的愿望是支持顺从朝廷的一方，我们不如固守边界，向天子进贡述职，安定辖区。"袁绍不听，命令军队占领白马。沮授劝道："我军士兵虽多，勇猛不如曹军。曹军粮谷缺少，物资不如我军丰厚。曹军的优势在于速战速决，我们的优势在于持久战。我军应该长期对峙，拖延时间。"袁绍没有听从，命令全军渡过黄河。沮授上船时叹息道："主上志骄意满，部下追求功利，悠悠黄河水，我还能渡过黄河吗？"于是借口有病向袁绍辞行，袁绍不同意，对沮授更加恼火，就把他的军队划给郭图指挥。袁绍大军过了黄河，连接营寨稳步向前推进，七月，袁军前锋到达武阳。

曹操听说程昱只有七百人马镇守鄄城，准备给程昱增兵二千，程昱不肯要，回绝道："袁绍拥兵十万，自以为所向无前，如今见我兵力薄弱，一定瞧不上，不会来攻。如果给我增兵，袁绍大军不可不攻，进攻必然攻克，那就白白损失您和我两处兵力，请您不要有顾虑！"曹操叹道："现在人人都说自己兵力不够，唯独程昱说兵力够了，他的胆量真是古今罕有啊！"袁绍听说程昱兵少，果然没有派兵进攻鄄城。

袁绍派使者来见刘表，使者道："我主征讨曹贼，请刘荆州直捣许都。我们南北夹击，曹贼一战可擒。"刘表对使者道："请袁公放心，我收到檄文后一直整军备战，我愿尊奉盟主之命，为盟主赴汤蹈火，万死不辞！"使者高兴而回。

汝南乃袁绍老家，袁氏门生故吏遍布各县，大都拥兵自守，不听朝廷号令。汝南黄巾首领刘辟见袁曹大战，起兵响应袁绍反叛曹操，攻占郡县。

袁绍派使者来到阳安招纳李通，封李通为征南将军，刘表也派使者拉拢，李通的妻子劝道："朗陵县长赵俨把我伯父杀了，曹操有什么值得留恋的？"李通道："那是因为你伯父犯法，赵俨只是依照曹公法令行事。"李通的叔父劝道："袁绍许你高官厚禄，曹操只给你一个小小的都尉，辖区只不过区区两县，不如投奔袁绍。"李通道："曹公英明智慧，一定能平定天下。袁绍必将被曹公打败，高官厚禄又有何用！"李通伯父一本正经道："现在周围各县都投靠袁绍了，您力单势孤，独自镇守，你的死期马上就要到了，赶紧投靠袁绍吧！"李通勃然大怒道："袁绍虽强，却统率无方，最终仍要被俘。我即便是死也不会有二心，如果周围各县投靠袁绍，我就出兵征讨！"李通说着，猛地拔出宝剑，一剑砍断案几，怒斥道："你们再在这里胡说八道，扰乱军心，如同此案！"李通当即将袁绍的使者斩首，将使者首级和袁绍印绶送给曹操，奋然出兵讨伐周围各县。

曹操对汝南局势忧心忡忡，于是任命满宠为汝南太守。满宠招募五百忠勇之士，连续攻下二十多个壁垒。满宠设宴邀请各路首领商议，引诱他们投降，在宴席上连杀十多人，其余首领慑于威势，不敢轻举妄动，汝南局势这才趋于稳定。

刘备向袁绍建议道："如今曹贼后方不稳，刘辟可为明公所用，明公可派遣精兵强将支援，如此曹贼首尾难顾，方可一战而胜！"袁绍大喜，命刘备率军一万前往汝南。刘备刚走一日，郭图道："刘玄德乃当世英雄，主公您要多一个心眼。"袁绍后悔，将刘备军队一分为二，分出五千让韩猛率领，命韩猛袭击许都，切断曹军西道。刘备深感兵马不够，此去凶多吉少，于是对赵云道："子龙，你就不要去了，这些钱你拿着，请你为我暗中招募训练士卒。"当初刘备投奔袁绍刚到邺城，赵云闻讯马上又来投奔，刘备与赵云同床共寝。赵云领命，当即返回常山招募兵马。

八月，袁绍连接营寨逐步推进，依靠沙丘安营扎寨，军营长达数十里。曹操也分开阵营与袁军对抗。袁曹两军交战，袁军势强，曹操失利，退回营垒坚守。袁军建起箭楼，堆起土山，居高临下，用弓箭射击曹军。曹军惊恐，在营垒内走路都得用盾牌护着。于禁命令士兵举着盾牌，日夜堆起土山，建造投石车，攻击袁绍箭楼，把箭楼全都打坏，袁绍大怒，下令强攻于禁，于禁奋力作战，守住土山，曹军士气大振。袁军见到投石车，心中胆寒，称之为"霹雳车"。

袁绍故技重演，把对付公孙瓒的那一套使了出来，命士卒挖地道通向曹营，准备偷袭曹军。曹操听到军营地下有声音，命人设置地听，在营内挖长沟截断，斩杀挖地道的袁军。曹操也如法炮制，命人挖地道袭击袁军，双方战事僵持，难分高下，士卒疲惫不堪。

曹操的谋士徐他见军情不利，想要谋害曹操，投奔袁绍。徐他经常暗怀利刃，出入曹操营帐，许褚常在曹操身边，徐他无机可乘。等到许褚轮休，徐他召集十几个死士，准备行刺。许褚回到住处歇息，忽感心跳不安，马上返回曹操营帐。徐他等人涌入曹操大帐，猛见许褚在旁，顿时脸色大变，惊慌失措，扭头就走。许褚大为诧异，快步上前，拦住徐他，徐他以为事情败露，掏出利刃对着许褚猛刺，许褚眼疾手快，一把扣住徐他手腕，徐他大呼："还不动手！"身后十多个刺客蜂拥而上。许褚夺过利刃，一刀刺入徐他胸膛，将徐他拎起，掷向刺客，刺客连退几步，许褚拔剑上前连砍数人。曹操大呼："有刺客！"侍卫飞速赶到，将刺客一网打尽。从此曹操更加亲近许褚，无论出入都带许褚同行。

任峻向官渡运送粮草，加派部队押运，布下重阵保卫。任峻以一千辆车为一部，列成十路方阵，并行前进，向官渡进发。韩猛频繁出没于许都至官渡之间，闻风而至，一日数次劫粮，均被任峻击退。韩猛如饿狼般跟着任峻，寻找机会下手。督军校尉夏侯渊闻知任峻遇到险情，当即点了兵马赶来相助，夏侯渊猛攻韩猛，韩猛不敌，撤至鸡洛山，任峻将粮草安全运到官渡。

刘备到汝南与刘辟会师，两军合二为一，声势浩大，攻城略地，所向披靡。曹操召集部下商议对策，唯独不见关羽，曹操差人去请，军士来到关羽营帐，见关羽案几上留有书信一封，用印绶压着，上书"曹公亲启"。军士将关羽书信呈给曹操，只见关羽写道："关羽感谢曹公知遇之恩，但是我心已许左将军刘备，不敢忘记旧日之义，如今前去相投，关羽泣拜。"原来关羽闻知刘备到了汝南，趁着黑夜率领亲兵快马加鞭返回许都。曹洪道："关羽一定还没走远，请主公赶快派兵追赶，一定可以追上。"曹操道："这是各为其主，不要追了。"

关羽到了许都，将曹操赏赐的所有财物全都封存，护送刘备、张飞和自己的家小直奔汝南。曹操闻讯感叹道："关云长不留恋高位，不贪图财富，一心为主，真君子也！孤要是早点遇见他，该多好啊！孤手下的将领要是有关羽这样的节操，该多好啊！"

关羽一路风尘仆仆来到汝南，见一支大军迎面而来，一面杏黄大旗迎风飘扬，旗上绣着一个大大的"刘"字，为首一将正是刘备。关羽策马前奔，来到刘备面前，翻身下马恭恭敬敬地行礼道："主公，末将回来了！"刘备见是关羽，连忙下马，紧紧地抱住关羽，大喜道："云长来了，真是太好了！"关羽道："自打分别以后，末将每时每刻都想回到您的身边！"刘备道："我也时时刻刻想着你啊！如今你斩了颜良，可谓是名动天下，我一直盼着你回来，我们共创大业。"关羽道："嫂嫂就在后面。"刘备喜出望外，连忙来见妻儿。甘夫人喜极而泣道：

447

"妾身以为今生再也见不到夫君了。"糜夫人道："这次多亏了关将军，妾身得以平安返回。"刘备叫来妻子儿女，忽然跪在关羽面前，刘备道："感谢将军让我全家团圆！"关羽手足无措，连忙扶起刘备道："主公如此大礼，这可使不得，这些都是关羽应该做的，我做的一切远远不能报答主公对我的恩情。"

刘备、刘辟率军向许都方向进攻，瀍强的黄巾旧将祝臂起兵响应，各地百姓惶恐不安。曹操急忙召集部下商议，荀攸道："汝南是袁绍老家，袁绍影响力强大，可谓一呼百应。如今刘备在汝南与反叛势力勾结，意欲对我军南北夹击。我们腹背受敌，明公不可不防啊！"曹仁道："南方地区认为您正与袁绍相持到危急关头，肯定不能援救，刘备又率强兵压境，所以他们背叛在所难免。不过，刘备统领袁绍士兵不久，还不能得心应手，况且军队人数不多，实力有限。如果我们立刻进攻，一定可以击破刘备。"曹操大喜，命曹仁、史涣率五千虎豹骑进攻刘备。又命曹洪、徐晃进攻瀍强祝臂。

曹仁突袭刘备，刘备不能控制部下，兵败溃逃。曹仁再接再厉，攻破刘辟大营，将刘辟斩落马下，收复叛变诸县。曹洪、徐晃大破祝臂，曹操后方转危为安。接着，曹仁在鸡洛山大败韩猛。

且说公孙瓒死后，鲜于辅为属下官民推举，代行太守之事。鲜于辅任命好友田豫为长史。鲜于辅不知道应该归附袁绍还是曹操，于是召田豫相问。田豫，字国让，渔阳雍奴人。田豫道："最终能够安定天下的一定是曹操，应该赶紧投奔。"鲜于辅马上采纳，当即归附朝廷，曹操任命鲜于辅为建忠将军，都督幽州六郡军务。鲜于辅见袁曹两军相持于官渡，到官渡拜见曹操，曹操大喜，拜鲜于辅为左度辽将军，封昌乡亭侯，命他还镇幽州，督幽州六郡。阎柔遣使拜见曹操，曹操封阎柔为护乌桓校尉。

且说钟繇持节到了长安，关中共有武装力量数十股，尤以马腾、韩遂势力最强，他们争斗不断，百姓苦不堪言。钟繇马上写信给马腾、韩遂，向他们陈说利害，两人同意归附朝廷，各派一子入朝侍奉天子，关中形势渐渐趋于稳定，钟繇见官渡战事吃紧，连忙送来战马二千匹。曹操高兴地说道："关西形势稳定，我西边无忧了。"

刘备带着残兵败将返回袁营，向袁绍请罪，袁绍对刘备好言安慰。刘备深感袁绍将帅无能，已生去意。不久，刘备对袁绍道："当下曹仁已经回军，依末将愚见，我们应该再次出兵汝南，同时劝说刘表共同出兵许都，如此曹操腹背受敌，顾此失彼，曹贼定然可擒。"袁绍勉强同意。刘备命张飞为先登，自己与关羽、赵云率本部人马离开袁绍。

沮授对袁绍道："主公您怎么能让刘玄德离开呢？他连家小都带走了，以后不会回来了。"袁绍笑道："我兵多将广，也不差这点人马，就算他走了，也一样可以打败曹操。要是能让刘表出兵攻打许都，也不失为上策。"

刘备刚刚进入汝南，早有刘辟部将龚都相迎，刘备大喜，又在汝南占据地盘。刘备派孙乾到襄阳拜见刘表。孙乾带着袁绍的书信哀求道："我军与曹贼鏖战于官渡，如今许都空虚，还望镇南将军与左将军一道攻打许都，如此曹贼可擒。"刘表道："你先回去告诉刘备，我一定会出兵攻打许都。"孙乾高兴而回。

刘表召集部下商议，还想静观其变，从事中郎南阳人韩嵩、别驾刘先劝刘表道："现在豪杰并争，两雄相持。天下的关键在您身上。若想有所作为，趁着他们疲惫时起兵，这是可行的办法；如果不想这样，一定得选择一个适合的跟从。怎么能够拥有十万大军，别人要求援助而不去援救，见到贤明的人又不愿归顺，坐观他人的成败呢？这样双方的怨恨一定集中到您身上，恐怕您不可能保持中立。曹操善于用兵，而且贤明杰出的人大多投奔曹操，一定能击败袁绍，然后调动军队攻向长江、汉水一带，恐怕将军也抵抗不了。眼下最好的办法，不如带着整个荆州归顺曹操，曹操必然看重感激将军，您可以长久地享有福禄，传给后代，这是万分完善的计策。"蒯越也这么劝刘表。这时江夏太守黄祖来信道："末将在长江以南平叛，他们都假托朝廷之名反对主公。如果主公归顺曹操，我这仗岂不是白打了？我浴血奋战有何意义？曹操实乃汉贼，多次入侵荆州，与主公兵戎相见，现在袁曹两雄相争，正是主公用兵之时，末将请求先从长沙撤军，与主公一道领兵进攻许都，如此曹贼一战可擒。"蒯越道："如今黄祖大军在荆南占尽优势，如果撤军，岂非前功尽弃，劳而无功？您一旦失去荆南四郡，有何实力傲视群雄，还望主公明察！"刘表马上采纳，对王粲道："你替我写信给黄祖，告诉他不平定荆南四郡决不收兵！"

刘表不知道应该帮曹操还是帮袁绍，于是对韩嵩道："袁本初四世三公，占据四州之地，兵精粮足，实力雄厚。曹孟德善于用兵，拥戴天子定都许县。我以为这天下谁能平定实难预料。不如你替我出使许都一探虚实，到时候再定也不迟。"韩嵩道："以曹公的贤明，一定能够实现统一天下的心愿。将军如果想归顺曹操，派我去可以；如果犹豫不决，我到京师，天子送给我一个官职，我的推辞没被同意，那我就成了天子的大臣、将军过去的部下。在天子身边就要为天子尽忠，不再为您献身了，希望您重新考虑。"刘表认为韩嵩害怕出使，强迫他去。韩嵩到了许都，天子果然任命韩嵩为侍中、零陵太守。韩嵩返回荆州，极力称赞天子和曹操的恩德，劝说刘表遣子入朝。刘表大怒，认为韩嵩怀有二心，辱骂韩嵩，准备把他杀了。韩嵩面不改色，慢慢讲述临走时说过的话。刘表的妻子蔡氏知道韩嵩贤德，劝阻刘表。刘表怒火中烧，下令拷问韩嵩的随行人员，把好几个随行人员活活打死。刘表得知韩嵩没有其他意图，依然将他囚禁。刘表最终没有下定决心进攻曹操，而是坐山观虎斗，袁曹两家都不相帮。

曹操军粮将尽，荀攸道："袁绍的运粮车早晚要来，押送军粮的是将军韩猛，此人有勇无谋，可一击而胜！"曹操问道："可派谁去？"荀攸道："徐晃可以。"曹操命徐晃、史涣率五千人马前去劫粮。徐晃、史涣走了两日，在必经之路上设下埋伏，韩猛押送几千车军粮如约而至，徐晃、史涣突然出击，截住韩猛厮杀，韩猛猝不及防，被徐晃打得大败。徐晃、史涣命人将一部分粮草运往曹营，运不走的一把火烧光。韩猛逃回袁绍大营请罪，袁绍大怒，命左右将韩猛推出去斩首。袁绍急命后方筹集粮草，派淳于琼率军一万押运。

曹操军粮不足，写信给荀彧，提出想回许都，引诱袁军深入。荀彧回信道："眼下军粮虽少，先退的一方必定被动。您以少量兵力就地坚守，扼住敌人咽喉，使其不能前进已有半年。敌人的底细您已摸得一清二楚，敌人的锐气已经枯竭，局面必将有所变化，这正是使用奇谋的良机，不可失去啊！"曹操马上采纳，放弃撤回许都的想法。

荀彧连忙找夏侯惇、夏侯渊商议，荀彧道："我看还是先把许都的粮食运到官渡救急吧。"夏侯渊道："许都无粮，百官没有饭吃，朝廷心慌，怎么办啊？"荀彧道："官渡无粮，更要出大事！"荀彧又对夏侯惇道："元让，请你快去筹粮吧！"夏侯惇道："我先把家里的粮食全部拿出来，运送到前线去。眼下南方各地不平安，西方根本没有什么人口，北方正在打仗，当下只有东边的兖州可能有粮，我马上想办法筹粮。"正在说话间，忽报中郎将、离狐太守李典率领族人和部曲前来送粮，三人大喜，马上出迎，荀彧握着李典的手道："你可解了我军的燃眉之急啊！"

十月，曹操问计于贾诩道："我与袁绍打了这么久，为何不能取胜？"贾诩道："您的明智胜过袁绍，武勇胜过袁绍，任用人才胜过袁绍，对事务的决断胜过袁绍，有这四个方面的优势而半年没有平定袁绍，是考虑万无一失的缘故。必须看准时机果断出击，很快就能将其平定。"曹操大喜道："好。"

夏侯渊、任峻和李典督运粮草到了官渡，曹操半开玩笑对夏侯渊道："再过半个月，我就能破袁绍，我就不劳烦你们了。"那么曹操真能破袁绍吗？且听下文分解。

第三回　许攸暗献奇谋，曹操偷袭乌巢

袁曹两军疲乏，许攸向袁绍献计道："曹操兵少，集中全力抵抗我军，许都防备空虚。应派一支轻装军队，星夜行动，暗中偷袭，如果攻陷许都，则曹操可擒。假如许都守军没有溃败，可令曹操首尾不能兼顾，疲于奔命，如此可以将他击败。"袁绍以前派出的军队都被曹操消灭，于是没有同意，对许攸道："我一定要先捉住曹操，再攻打许都。"许攸道："我们很快没有粮食了，曹军粮草同样缺乏，主公可派兵截断曹操粮道，曹操无粮，我们也能一战而胜。"袁绍道："你放心，我们粮草比曹操多，淳于琼差人来报，明日可将粮食运到乌巢，后日就可启程运往各部大营，不出三日，我军再也不用担心无粮了。"沮授道："我军粮食从大老远运过来，实属不易，主公可派蒋奇再率一军，在运粮车队外围加强防守，以防曹操偷袭。"袁绍哂笑道："不必多此一举。"

次日，袁绍收到审配举报密信道："许攸贪赃，家人犯法，已经全被关押，还望主公将许子远逮捕，交由在下审理。"袁绍大怒，正欲派人捉拿许攸，沮授劝道："许攸虽有缺点，贪得无厌，但他智谋超群，瑕不掩瑜。现在正是用人之时，还望主公三思。"袁绍犹豫不决，袁绍的手下偷偷告知许攸，许攸深感志向不能实现，没有安身之处，长叹一声，当夜摸黑逃离袁绍大营，投奔曹操。

许攸行至曹军大营，却被值守军士扣住，许攸道："我乃曹公旧交许攸许子远，特来拜会旧友，还望通报。"军士道："曹公已经歇息，您可先行休息，容我明日再报。"许攸道："实不相瞒，我从袁军大营过来。"军士大惊，连忙报与曹操。

曹操解衣脱鞋准备睡觉，听说许攸来了，光着脚跑到大营门口迎接，曹操道："什么风把您吹来了？"许攸道："袁绍不听我的意见，还要害我，您胸怀宽广，善于听取别人的意见，特来相投！"曹操大喜，握着许攸的手，拍着他的手掌笑着说道："子远，您来了，孤的大事就成了！"许攸笑道："您能给我什么待遇啊？"曹操道："既是老友，理当厚待，您要是愿意待在我身边，就当孤的谋主。要是不喜欢待在孤身边，出则为郡守，入则为卿大夫。不知子远意下如何？"许攸大喜道："如此我当效死力！"

曹操将许攸迎入大帐，双方坐定，许攸道："袁军势大，您用什么来对付？现在您的军粮还有多少？"曹操哈哈大笑道："还可支撑一年。"许攸笑道："不是这样的，请换一种说法！"曹操又道："可以支撑半年。"许攸怒道："足下是不想打败袁氏吗？怎么就不对老朋友说实话呢？"曹操笑道："之前的话都是开玩笑，其实只够吃一个月，这可怎么办啊？"许攸道："您孤军独守，外无救援，粮谷吃完就是危急之日。如今袁绍有粮草辎重车辆万乘，就屯放在乌巢，守卫的军队没有严密防备。现在用轻兵袭击，出其不意，烧掉粮草辎重，不出三日，袁军就会自行溃败！"曹操大喜，向许攸行了一礼，说道："孤一定不会忘记您。"曹操命人送许攸下去歇息，厚待许攸。

曹操急召部下商议，曹操道："此乃千载难逢之机，孤欲马上出兵袭击乌巢。"众将面面相觑道："许子远之言不一定可信，主公可先派斥候侦察，核实情况后出兵！"曹操道："许攸就在营中，怎会不可信？"荀攸、贾诩道："事不宜迟，主公应该马上出兵！"曹操当即命曹洪、荀攸、贾诩等人镇守大营，亲率五千精锐步骑出发，曹洪道："主公出击，大营可能守不住啊！"曹操道："哪有什么万全之策，守不住也得想办法给我守住！"

曹操命兵士衔枚，用布缠住马口，每人抱着一束柴薪，打着袁军旗号，走小路直奔乌巢。曹军刚走十里，袁军岗哨盘问道："你们去什么地方？"曹军回道："袁公担心曹操抄略我们后军，特意派我们增加防备。"袁军信以为真，曹军一路蒙混过关，天亮前赶到乌巢。淳于琼见曹军兵少，在营外摆开阵势迎战。曹操发动猛攻，淳于琼抵挡不住，将军队撤回营寨坚守，曹操当即进攻营寨。

曹操走后，曹洪忙召荀攸、贾诩商议，曹洪道："明日袁绍必定进攻大营，为之奈何？"荀攸推开地图，对曹洪道："可命附近的军队增援。"曹洪道："虎符被曹公带走，如何调兵？"荀攸道："将军不妨派人说明原委。"曹洪道："只能死马当活马医了。"贾诩道："危难之时顾不了这么多了，我愿修书一封给张绣，求他出兵相助，但愿他能卖我脸面。"曹洪道："我看只能如此了。"贾诩当即写信道："形势危急，望公率全军速来增援，否则你我来世相见！"

次日一早，袁绍听闻曹操袭击乌巢，对袁谭道："就算曹操破了淳于琼，我们乘机攻下他的大本营，曹操一定无处可归！"袁绍马上召集部下商议，宁国中郎将张郃道："曹操兵精，一定能破淳于琼，若淳于琼兵败，将军您就全完了，事不迟疑，应当赶紧带兵救援。"郭图道："张将军的计谋不对，不如攻击曹操大本营。曹操大本营危急，一定会回军救援，如此乌巢不救自解。"张郃怒道："曹贼营寨坚固，一定攻不下来，要是淳于琼将军被擒，我们都要成为俘虏！"双方争执不休，谁也说服不了谁，沮授怒道："不能再争了，我们没有时间了，再争下去一切就全完了，还请大将军定夺！"袁绍最后道："就依两位所言，孤既要救乌巢，又要拿下曹操大本营。"于是命蒋奇率轻骑救援乌巢，命张郃、高览率重兵进攻曹操大本营。张郃，字儁乂，河间鄚人。

张郃、高览率军猛攻，喊杀之声不绝于耳，攻势一浪高过一浪。曹洪兵少，左支右绌，拼死抵抗，曹操大营危在旦夕，险象环生。袁绍得意洋洋道："我定叫曹操无家可归。"荀攸对曹洪道："将军，不如我们突围吧，我们已经尽力了。"曹洪怒道："当尊主公之命，就是死，我也绝不离开！"说着曹洪亲自率领随从上前防守，袁军攻势越来越急，士卒已冲杀至曹洪跟前，曹洪挥剑连斩数人，眼见曹营就要不保，忽然，箭楼上的士兵大叫："援军来了！"但见袁军后方一阵大乱，张绣带着四千精兵从天而降。

张绣一马当先，提矛直取张郃，张郃正在阵后指挥，见张绣精骑滚滚而来，慌忙逃跑躲避。张绣率军穷追不舍，张郃狼狈不堪，险象环生。高览正在阵前指挥进攻，连忙回军来助张郃，高览截住张绣厮杀，张郃这才脱险。张郃、高览联手来战张绣，张绣全无惧色，不顾生死，挥军猛攻，袁军不能阻挡，如潮水般地退去。张绣冲至曹军大本营门口，曹洪、贾诩连忙将张绣迎入，张绣问道："我来迟否？"曹洪大喜道："来得正好！"荀攸长舒一口气道："我们终于平安了！"

曹军猛攻乌巢，连攻多时毫无进展，曹操命人取来柴薪，堆放在乌巢大营外，曹军到处放火，又向乌巢大营投掷火把，顿时乌巢军粮火起。袁军惊乱，淳于琼一边抵抗曹军，一边分兵救火，左支右绌。忽然斥候来报，袁绍派遣精骑来救，曹操左右慌忙劝道："敌人骑兵越来越近，请曹公分兵抵抗。"曹操怒道："等敌人到了背后，再报告！"曹军上下惊恐。曹操唤来乐进，喊道："文谦，由你率领敢死队进攻，务必拿下乌巢！"乐进领命，左手大盾、右手钢刀，对敢死之士喊道："攻不下乌巢，死！攻下乌巢，生！全军有进无退，违令者斩！"乐进带领敢死队殊死搏杀，反复冲击，当先突入乌巢，曹操大军随后杀入。淳于琼急忙率军来战乐进，乐进奋起一刀，将淳于琼砍翻在地，曹军一拥而上，将淳于琼绑得严严实实。乐进、许褚在乌巢内左冲右突，势不可挡，连斩督将眭元进、骑督韩莒子、吕威璜、赵叡，淳于琼全军覆灭，曹操俘敌一千，放火将袁军粮草悉数点燃。

曹军刚刚获胜，来不及喘息，蒋奇拍马赶到，当即向曹军发动进攻。蒋奇初战不利，眼见乌巢火光冲天，粮草不保，淳于琼全军覆灭，料想自己不能取胜，于是无心恋战，回军官渡向袁绍复命。那么官渡之战的最后结局究竟怎么呢？且听下文分解。

第四回　张郃阵前投曹军，曹操官渡破袁绍

再说张郃重整军队进攻曹操大本营，曹洪有张绣相助，袁军劳而无功。淳于琼失败的消息传来，郭图因为自己的计谋失败感到惭愧，担心袁绍惩罚自己，于是在袁绍面前诬陷道："儁乂埋怨主公没有采纳他的计谋，对乌巢失败非常高兴。我看定是儁乂故意进攻不力，才使曹营久攻不下。"袁绍大怒，要将张郃、高览治罪。

消息传到张郃、高览耳里，两人惊恐，众将皆怕受到责罚，无所适从。张郃大怒，将钢盔猛掷于地，命全军停止进攻，差人向曹洪求降。曹洪担心有诈，不敢接受，对使者道："我怎么知道两位将军是否真降？"使者回报张郃，张郃命令军队烧掉攻橹，亲至曹军大营门口，掷剑于地，曹洪放张郃入内，张郃道："末将来降，请将军恩准！"曹洪问道："为何？"张郃简单地叙述投降的原因。曹洪问荀攸道："公达，您认为可信吗？"荀攸道："张儁乂的计谋得不到实施，心怀愤怒，担心受到袁绍责罚，将军有什么可以怀疑的呢？"曹洪这才同意受降。

张郃命全军放下武器，卸下甲胄，进入曹营。

曹操率军回营，听说张郃、高览已降，大喜，马上请两人相见。曹操握着张郃、高览的手好言安抚，令两人心安，曹操对两人道："你们来投，就像微子去殷，韩信归汉。"于是拜张郃、高览为偏将军，封都亭侯，两人大喜，连忙谢恩。

曹洪、贾诩、张绣拜见曹操，曹洪道："末将四处求援，却无虎符，只有张绣领兵来救。"曹操问张绣道："你知道没有虎符擅自出动军队的结局吗？"张绣跪拜道："末将知道，唯有一死，更何况末将的大营被袁军占了。"曹洪跪地求情道："若无张绣支援，您今天恐怕回不了大营，我们只有来世相见，还望主公法外开恩！"曹操扶起张绣，赞道："您能舍生取义，临机而动，保孤大营平安，今日你为首功！"曹操当即升张绣为破羌将军。众人心中的石头终于落地，从此曹洪与张绣尽释前嫌。

曹操命人将淳于琼押至面前，曹操笑着问道："你也是西园八校尉之一，跟随袁本初，会想到有今天吗？"淳于琼不屑一顾道："胜负在于天意，何必问这种问题？"曹操大怒，命人割下他的鼻子，淳于琼鲜血直流，大骂不止。曹操下令把他放回袁军大营，许攸劝谏道"明日他到铜镜前一照，那就不会忘记仇人了。"曹操当即下令把他杀了。曹操下令将乌巢一千多俘虏割去鼻子，杀掉八百，由活下来的俘虏把尸体运回袁绍大营。

袁绍、袁谭见张郃、高览率军投降，大营空虚，担心曹军来攻，连忙换上平民衣服，带着八百亲随北渡黄河，逃往黎阳。入夜，乌巢俘虏返回，他们满脸是血，形如鬼魅，绘声绘色地哭诉曹军强悍、凶残。这时北风呼啸，如同鬼哭狼嚎。袁军惊恐万状，军心动摇，大量士卒纷纷逃跑。

次日，曹操见时机成熟，命令全军出击。曹军以排山倒海之势攻击袁军。袁军没了主帅，军无斗志，丢弃营寨望风而逃。曹军跟在袁军后面一路掩杀，袁军被濮水、黄河阻挡，溺死者不计其数。

沮授逃到黄河边等候渡船，曹军蜂拥而至，一拥而上将他擒住，沮授向对岸大喊："我沮授不降，只是被曹军抓住而已。"众人将沮授押到曹操面前，曹操与沮授有旧，说道："我们不在一个地方，所以相互隔绝，没想到今日才得到你。"沮授道："袁冀州谋略失误，最后失败。我智谋有限，自然被擒。"曹操道："本初没有谋略，不能采纳你的计策。眼下时局动乱已超过一纪（一纪为十二年），国家还没安定，我想与你一起谋划。"沮授道："我叔父、母亲、弟弟的性命全在袁氏手里，您如果为了我好，就快点把我杀了，这才是我的福气。"曹操感叹道："孤要是早点得到您，天下就不足为虑了。"曹操将沮授赦免，厚待沮授。

来不及渡河的袁军全被曹军俘获，曹操无粮，下令将他们全部坑杀，先后被杀的达七八万之多。从此以后，袁绍一蹶不振，胜利的天平向曹操倾斜，袁绍的威胁自此解除。

曹操缴获袁绍全部辎重物资和图书珍宝。曹军在袁绍大帐发现很多官员和将领写给袁绍的信件，手下人对曹操道："他们暗通袁绍，这下子可对照信件抓人。"曹操命人将信件装好，堆成一堆，下令一把火烧掉，手下人连忙上前劝阻，曹操道："袁本初强大，孤都不能自保，更何况大家！"

曹操大获全胜回到许都，上表皇帝刘协，下令大赏三军，谋臣武将依功封赏，封荀彧为万岁亭侯，食邑一千户。于禁因功晋升偏将军，张辽、李典为裨将军，封任峻为都亭侯，食邑三百户，升任长水校尉。

夏侯惇、夏侯渊、曹洪拜见曹操，夏侯惇道："宫中不可无后，家中不可无妻，小弟恳请主公将丁夫人接回。"曹操道："我正有此意。"曹操命夏侯渊、丁夫人兄弟先去劝和，丁大哥对丁夫人道："如今孟德打败本初，他可是以后的皇帝。"夏侯渊道："自打夫人走后，兄长无日不在想您！"丁夫人道："我只要我儿，只想为我儿报仇！"过了三日，曹操带着厚礼驱车来到丁家，丁大哥忙将曹操迎入。丁夫人正在织布，早有丫鬟报于丁夫人道："曹公来了。"丁夫人头也不抬，继续织布。曹操轻轻地走了过来，用手抚摸着丁夫人后背，柔声道："不要再生气了，是我不对，车在外面，跟我一起回家吧！"丁夫人不理睬，别过头去，泪如雨下，一言不发。曹操站立良久，退到屋外，惆怅道："难道就不能挽回吗？"丁氏还是不理睬，只是大哭。曹操叹了一口气道："这可就真的是诀别了！"曹操对丁大哥道："是我对不起她，别让她守着，让她改嫁吧。"丁家不敢。

官渡之战暂且不表，袁绍和曹操下一步有什么行动呢？且听下文分解。

第三十四章　刘玄德投奔刘表，鲁子敬献榻上策

第一回　黄祖长沙击张羡，曹操仓亭破袁绍

且说袁绍一口气逃到黎阳，蒋义渠恭恭敬敬地将袁绍迎入大帐，让出营帐给袁绍居住，袁绍惊魂未定，抓住蒋义渠的手道："孤把性命托付给你了，你代我发布命令吧。"蒋义渠当即发号施令，命令全军向黎阳靠拢。袁绍收拢残兵败将，顶着严寒返回邺城，袁军将士一路捶胸顿足，号哭道："假如田丰在此，不至于败成这样啊！"听者无不动容。

袁绍兵败的消息传到邺城，狱卒特意为田丰送来上好的酒菜，对田丰道："您太厉害了，袁公要是采纳您的建议，何至如此啊！这下子袁公回来，一定会重用您。"田丰道："袁公表面宽厚，内心猜忌，不相信我的忠诚。我多次说真话冒犯，如果袁公得胜，一高兴，一定能赦免我，我就可以保全。如今袁公打了败仗，心中怨恨，内心的猜忌怨恨一定会发作，这下子我不能活命了。"

袁绍一回到邺城，逢纪马上进谗言道："田丰听说您败退，拍手大笑，正为预言成真而欢喜呢！"袁绍怒道："我没有采纳他的意见，果然被他耻笑。"于是下令杀了田丰，冀州人无不对田丰之死感到悲伤。

话说长沙太守张羡起兵反对刘表，零陵、桂阳、武陵三郡响应。刘表命黄祖为大将，调动南阳、南郡、江夏三郡兵马攻打长沙。长沙太守一面上表朝廷请求支援，一面向江东孙策求助。不想曹操忙于官渡大战无暇南顾，孙策遇刺身亡，江东政权陷入多事之秋，无力西顾。荆南四郡只得独自对付刘表。

黄祖进兵下隽，下隽告急，张羡率军支援。刘表的从子刘磐镇守攸县，见黄祖提兵杀来，大喜，召中郎将黄忠商议，黄忠献计道："我们兵力不多，不可轻举妄动，不如向张羡示好，暂时置身事外，使其麻痹。"刘磐当即采纳。黄忠，字汉升，南阳人。一晃就是数月，黄祖与张羡久战不下。黄忠向刘磐建议道："依末将之见，张羡已经非常疲惫，我们可以袭击临湘，切断他的粮道，如此黄将军可一战而胜，此乃上策。"刘磐马上进兵临湘，张羡之子张怿一面率军抵抗，一面差人向张羡求救。张羡大惊，急忙回军救援，黄祖趁机占领下隽，挥军尾随追击，张羡大败，只得固守临湘。

黄祖追到临湘，与刘磐合兵一处，两人围住临湘攻打，临湘城池坚固，黄祖久攻不下。年底，张羡病故，众人推举其子张怿继任长沙太守。张怿听闻曹军官渡大胜，急派使者潜出临湘，出使许都。使者拜见曹操，请求出兵荆州，曹操当即答应。

建安六年（201）三月，曹操召集部下商议，曹操道："如今官渡大胜，袁本初不足为患。刘景升大军正在攻打荆南四郡，北部空虚，孤想乘虚进攻江汉之地，荡平刘表！"荀彧劝谏道："袁绍刚败，人心惶惶，如不乘机平定，一旦我军离开兖州、豫州，远征江汉，如果袁绍收罗纠集打败的部众，乘虚而出，那么您的大事就坏了。"于是曹操放弃攻打刘表的念头。

夏侯惇建议道："现在黄河北部的东郡还在袁本初手里，我们还没有全据兖州。不如在小麦成熟前进兵东郡，我方获胜后马上有粮食可用，如此可保粮草无虞。"

曹操大喜道："元让之言正合孤意。"次日，曹操上表天子，自率大军进攻东郡。

曹操命曹洪率军一万进攻东武阳，袁军守将连忙向袁绍求救。袁绍大怒，亲率大军八万来战曹洪。曹洪急忙率军东渡黄河撤退，袁绍哪肯善罢甘休，率军五万渡过黄河追赶。曹洪且战且退，袁绍不知不觉追了五十余里。

且说沮授被俘后成为曹操谋士，曹操待他甚厚，可沮授身在曹营，心向袁绍，一直想逃回河北老家。沮授跟随曹操出征，趁人不备，逃离曹营来投袁绍。曹操大怒，派兵一路追杀。沮授身中数箭，逃至袁绍大营，袁军忙将沮授救起，扶至袁绍大帐，沮授奄奄一息道："主公，我回来了。"袁绍大喜道："你回来就好！"沮授道："主公，您中计了，曹洪只是诱敌，曹贼已率大军直奔仓亭，想要切断您的粮道，置您于死地，请您尽快退兵！"袁绍惊问道："你怎么知道？"沮授断断续续道："您再不走就来不及了。"说完头一弯，再也没有醒来。

袁绍急命全军撤退，大军刚走二十里，左有徐晃、右有于禁迎面截住厮杀。两军大战半晌，曹洪拍马赶到，两军前后夹击，袁绍急欲摆脱曹军纠缠，命蒋奇率军断后，自率大军脱离战阵，直奔仓亭。袁军狂奔二十里，饥饿难忍，袁绍下令埋锅造饭，袁军没吃几口，张绣、张郃率精骑来袭，袁军连忙列阵应战，双方大战半日，袁军终于杀退曹军，袁绍好不容易到了仓亭，早有曹操、曹仁、乐进、许褚候着。曹操大声喊道："逆贼，仓亭已被孤取了，还不快快下马投降，孤可饶你一命！"袁绍故作镇定道："曹贼，今日孤要与你决一死战！"曹操大笑道："你拿什么与孤决战？"说罢命全军进攻，曹袁两军战了一个时辰，袁军渐渐不敌。袁尚率水军驾船渡过黄河前来接应，大喊道："父亲，快上船！"袁绍道："孤是主帅，不走！"袁谭命令随从架起袁绍，七手八脚抬上渡船，自率本部人马断后，拼死挡住曹军。袁尚将众人送到对岸，又来接应袁谭。袁谭命令弓弩手交替掩护，渡河而去。此战袁军大败，折兵近半，大将蒋奇战死。

袁绍无力与曹操争锋，在仓亭北岸凭河固守，忽闻冀州城邑纷纷反叛，投靠曹操，袁绍大惊失色，身体一弯，瘫倒在地。手下人连忙将袁绍救起，袁绍草草地安排众将镇守东郡，自己带着残兵败将返回冀州平叛。曹操乘机渡过黄河，攻打东郡。曹军连战连捷，九月，东武阳城破，曹操尽取东郡之地。曹操踌躇满志，正欲进军冀州，忽然，夏侯惇差人来报，大将蔡阳被关羽斩杀，汝南危急，许都震动，那么这究竟是怎么回事呢？且听下文分解。

第二回　关云长力斩蔡阳，刘玄德投奔刘表

话说刘备再次率军来到汝南，率关羽、张飞、赵云、龚都四向进攻，连战连捷，军队日渐壮大，忠于袁绍的势力纷纷投奔刘备麾下，汝南太守满宠不能抵挡。曹操命蔡阳为大将，领兵讨伐刘备。蔡阳到了汝南，阳安都尉李通建议道："刘备善于用兵，更有关、张为羽翼，将军可固守南顿、汝阳、征羌、召陵一线，控制住袁绍的老家汝阳，就算刘备有天大的本事，也不可能危及许都。到时候曹公南下增援，方可与刘备一决雌雄。"蔡阳笑道："刘备是乌合之众，部下大都为黄巾旧部，不足为惧。要是一味地固守，任由刘备坐大，羽翼丰满，到时候更不好办。"李通劝谏道："曹公主力不在，我军宜守不宜攻，还望将军三思。"蔡阳怒道："曹子孝能破刘备，难道本将就不行吗？你管好自己的地盘。对付刘备，我来！"蔡阳率军攻打刘备，双方你来我往打了一年，互有胜负，难分高下。

关羽建议道："我军兵弱，切忌硬拼，不如诈败，诱敌深入，方可一战而胜。"刘备马上采纳。次日，蔡阳列阵来攻，刘备出阵相迎，双方战至黄昏，刘备佯装不敌，率军逃跑。蔡阳大喜，催动大军追赶，刘备一口气跑出五里，将部队一分

为二，自己与赵云率军往东，张飞、龚都往西。蔡阳也将部队一分为二，紧追不舍。刘备又跑了五里，再将部队一分为二，赵云领一军往左，自领一军往右，蔡阳依葫芦画瓢，分出一军去追赵云，自己紧紧咬住刘备不放。蔡阳又追了三里，部队累得上气不接下气，眼看就要追上刘备，忽闻一通鼓响，关羽率一百精骑从树林里杀出，执矛直取蔡阳，蔡阳匆忙应战，被关羽一矛刺落马下。刘备乘机率军返回，与关羽一道合攻曹军，曹军群龙无首，回头就跑，刘备、关羽从后面一路掩杀，曹军大败。接着刘备、关羽连夜来助赵云，全歼赵云身后之敌。次日，曹军慌忙撤退，张飞、龚都挥军追赶。曹军一口气逃了三十多里，忽有刘备、关羽、赵云截住去路，双方大战一场，刘备大获全胜。蔡阳的残部投奔安阳李通，李通大惊，连忙报于汝南太守满宠。满宠听说蔡阳被斩，深感事态严重，一边下令各部固守城池，一边差人向许都求援。

曹操只得下令班师回朝。曹操一回到许都，早有交州牧张津的使者候着求见。原来交州牧张津听说曹军官渡大胜，遣使入朝祝贺，进献贡品。使者拜见曹操，呈上张津书信，献上南海玳瑁两对、红珊瑚十株。曹操大喜，亲自设宴相待，酒过三巡，菜过五味，曹操问道："你到许都，走陆路还是海路？"使者道："陆路。"曹操道："路上是否平安？"使者道："谢曹公关心，小的从珠江沿水路到漓江，经灵渠到湘江，从湘江经长江再到汉水，过了襄阳经淯水就到了南阳，再坐车到许都。一路畅通无阻。"曹操问道："荆州局势如何？"使者道："长沙太守张怿战死，黄祖并其军，转而进攻武陵、桂阳、零陵，三郡无力抵抗，不战而降。如今刘表已平定荆南四郡，拓地千里，带甲十万，实力雄厚。"

次日，曹操召来荀彧道："文若，你拟一道圣旨，表彰交州牧张津，将零陵、桂阳两郡划给他。"荀彧道："依在下愚见，张津行为古怪，信奉道教，同情太平道黄巾军，经常指着自己的脑袋对人道：'我头上扎的是红巾，不是黄巾，我就不是太平道。'这样的人当州牧不合适，怎么还要表彰？"曹操道："不论张津是否适合当交州牧，关键是能不能为朝廷所用，能不能为朝廷分忧。孤将零陵、桂阳划给张津，刘表一定不给，张津定然出兵强取，如此荆、交两州交恶，荆州疲于应付，对我最为有利。"荀彧道："不知形势会不会朝着您设想的方向发展。"曹操道："张津这个人孤熟悉，以前在何进手下担任掾属，孤与他算是旧识，交情不错。孤将刘表的土地给他，这是阳谋，不是阴谋。他一定会欣然接受，就让张津去抢夺刘表的地盘吧！"

曹军在许都稍作休整，建安六年（201）十一月，曹操亲提精兵两万直奔汝南。刘备闻讯大惊，急召部下商议，糜竺道："当下只能投奔荆州刘表。"孙乾道："在下愿为左将军出使荆州，劝说刘景升接纳。"龚都道："刘表安于现状，不思进取，投他何用！"刘备道："袁本初纵有争雄之心，可惜大势已去。如今攻守之势易位，为今之计只能如此，我看没有别的办法。投奔荆州，实乃上策！"龚都道："我的部众都是本地人，他们生在这里，长在这里，不愿离开家乡。既然你要投奔刘表，我们就此别过！"刘备劝道："曹贼兵强马壮，我们不是对手。"龚都笑道："我乃太平道中人，早将生命置之度外，又有何惧！"说完愤然走出大帐。刘备急命孙乾和糜竺出使襄阳，自率大军缓缓地向荆州方向进发。

曹军到达汝南，将龚都大营团团围住，命龚都投降，龚都断然拒绝。曹操下令全军进攻，不到半月，龚都战败身死。从此汝南大定。曹操封李通为都亭侯，自己返回许都。

再说孙乾、糜竺日夜兼程来到襄阳，孙乾拜见刘表道："我主宜城亭侯刘玄德欲来投奔。"刘表犹豫不决，嘴里嘀咕道："刘玄德是左将军，地位比我镇南将军还高。"孙乾道："刘将军过虑了。我主听命于大将军袁本初，屡次冒死进军汝南，牵制曹贼，欲与大将军会师于许都。不想曹贼狡诈，大将军连战连败。

如今我主与大将军远隔千里，不能北归。将军您在荆州弘扬儒学，爱民养士，天下有识之士纷纷投奔于您。我主听闻将军乃'八顾'之一，能以德行引导他人，将军早年参加太学生运动，经历过党锢，我主早就仰慕将军，恨不得早日与将军相见，聆听将军的教诲，追随将军的步伐，为将军效命，共抗曹贼，万望勿疑。"刘表大喜道："既然这样，那就来吧。"孙乾道："我主远道而来，一切还望将军接济。"刘表道："这个你放心，我马上命沿途各地官员做好准备。"麋竺道："我主像您一样，也是有德之人，还望将军能以礼相待。"刘表道："两位勿忧，来的都是客，我当尽地主之谊。"刘表当即命伊籍前往接应。

孙乾、麋竺连忙回报刘备，刘备大喜，率部进入荆州，刘表亲自到郊外相迎，以上宾之礼相待，刘表给刘备补充兵马，命刘备屯兵新野，作为自己北面的屏障。刘备对刘表感恩戴德，千言万谢，高兴而去。

刘备到达新野，命麋竺、孙乾、简雍为左将军从事中郎，刘备在新野招贤纳士，不久徐庶来投。那么东吴的情况又是怎么样呢？且听下文分解。

第三回　鲁子敬献榻上策，孙权皖城诛李术

且说孙权刚刚即位，政权不稳，孙氏宗亲蠢蠢欲动，觊觎江东大位。周瑜从巴丘领兵赶回吴郡，向孙权行过君臣大礼，孙权大喜道："您来了，我就放心了。"周瑜来到孙策灵前，扑通一声跪倒，焚香祭拜道："孙郎才略，举世无双。振臂一挥，江东在掌。扬鞭西指，荆湘在望。壮志未酬，将士悲伤。天妒英才，折我兄长。知音不在，琴弦绝响。呜呼哀哉，我将何往！"周瑜取过古琴，慢慢地弹着《高山流水》，琴声轻柔，时而有如朋友间的倾诉，时而有如兄弟间的嬉戏，

泪水不由自主地夺眶而出。周瑜弹着弹着，拼命地拨动琴弦，忍不住号啕大哭，泪水溅落在琴上，与琴弦一起飞扬。周瑜弹着弹着，全不讲音律技法，琴声疯狂，有如脱缰野马……众人见周瑜哭着弹琴，无不落泪神伤。

孙权担心周瑜悲伤过度，送来饭菜，来劝周瑜，周瑜似乎什么都没听见，慢慢悠悠弹奏着古琴。一曲终了，吴夫人来劝周瑜，周瑜抽泣道："我心里实在难受，吃不下饭，就让我再送哥哥一程吧。"吴夫人扶着周瑜哭道："我的儿啊，家里出了这么多事了，你不能再出事了，我经受不起啊，外面那么多要紧的事等着你啊！"孙权期待地看着周瑜，周瑜起身，抹去眼泪，哽咽着对吴夫人和孙权道："母亲、主公，你们不要担心、我周瑜受讨逆将军厚恩，定当竭尽全力，力保江东平安！"

周瑜留在吴郡，与张昭一起协助孙权主持军政大事。不久，吕范、程普赶来奔丧，孙权命吕范掌管财政，命程普领兵讨伐各地反叛势力，江东政权这才慢慢稳定下来。孙权不能到会稽视事，命上虞长顾雍为会稽郡丞，代理自己管理会稽。

鲁肃回老家奔丧返回，对周瑜道："我想另投他人，特来告辞！"周瑜问道："子敬，您这是为何啊？"原来鲁肃从小失去父亲，由祖母一手抱大，对祖母极为孝顺。鲁肃到江东不久，不想祖母去世，鲁肃向孙策告辞，返回老家为祖母料理后事。不久好友刘晔来信道："当今天下豪杰蜂起，凭你的资质才干，尤其适宜当今的社会形势。现在巢湖有一豪杰，与我有旧，拥兵一万，占据富饶的地方，庐江很多人都去依附，不如你把母亲接回，投奔他吧。"鲁肃当即同意。鲁肃守制完毕，马上返回曲阿，欲将家小接回。不想周瑜已把鲁肃家小接到了吴县，于是鲁肃到吴县拜见周瑜，对周瑜说了这样的话。周瑜当即劝道："过去马援曾经对光武帝说：'当今时势，不仅君主可以选臣下，臣下也可以选择君主。'如今我主孙权亲贤贵士，纳奇录异。我听闻先哲秘论，顺应天命替代刘氏者必定兴于东南。按现在这样的情况一步一步发展下去，一定可以实现，最终定会建立帝业。依在下愚见，我们这些有识有志之士攀龙附凤正当其时。你不要听刘子扬，轻易改变立场。"鲁肃马上听从。

周瑜马上向孙权推荐鲁肃，周瑜道："鲁子敬德才皆备，深有谋略，可为主公辅佐之臣，主公应该广求像鲁肃这样的贤才以成功业，千万不可让他离开。"当晚孙权请鲁肃赴宴，席间孙权与鲁肃交谈，鲁肃对答如流，孙权内心欢喜。天色渐晚，宾客纷纷起身告退，鲁肃也告辞而出。鲁肃出了大门，没走多远，孙权差人悄悄地追了上来，轻声道："主公想单独向先生请教，请跟我来。"来人把鲁肃带到孙权内室，孙权早已准备好酒菜恭候，孙权起身对鲁肃道："刚才人多，现在就你我两人，不如我们边吃边聊。"两人合榻对饮，孙权问鲁肃道："当今汉室如大厦将倾，四方纷乱，孤继承父兄基业，希望建立齐桓公、晋文公那样的功业。既然您惠顾于孤，请问有何良策助孤成功？"鲁肃道："过去汉高祖刘邦耿耿忠心，一心想着尊崇义帝，可最后不能成功，那是因为项羽的缘故。如今的曹操，就好像是过去的项羽，将军您怎么可能成为齐桓公、晋文公呢？依我鲁肃之见，大汉朝廷已不可复兴，曹操也不可能一下子就能除掉。在下为将军筹划，惟有鼎足江东，以观天下之变。按现在天下的局势，您割据一方不会招来嫌猜忌恨。因为北方正是多事之秋，您正好趁机剿除黄祖，进伐刘表，尽力占有长江以南全部地方，然后称帝建号，进而夺取天下，建立汉高祖那样的功业！"孙权道："孤如今尽一方之力，只是希望辅佐汉室而已，你所说的非孤所能做到的。"孙权让鲁肃留在身边为宾客，对他另眼相看，极为器重。

孙权每遇大事，都请鲁肃参与谋划，鲁肃思深虑远，很快显示出过人之处。张昭认为鲁肃不够谦虚，多次在孙权面前非议、诋毁，说他年少粗疏，不可重用。孙权毫不介意，反而更加重用鲁肃。孙权亲自到鲁肃家中，赐给鲁肃母亲衣服、帷帐以及各种日用品，以显示对鲁肃重视。孙权对鲁肃的赏赐也多于其他人，鲁家一下子变得像以前一样富裕。

琅玡阳都人诸葛瑾，字子瑜，避乱于江东。孙权的姊婿曲阿弘咨见其才华出众，大为惊奇，于是向孙权推荐。孙权见诸葛瑾温厚谦和，胸怀宽广，学识非凡，让他与鲁肃一起留在身边为宾客。孙权又招募临淮人步骘、彭城人严畯进入幕府。江淮有才能的人都心向往之。

孙权想对军队进行调整，把那些统兵较少又发挥不了多少作用的将领挑选出来淘汰，把他们的军队进行合并、裁减、调整。吕蒙不甘被裁，下定决心改变命运。

吕蒙一声音不吭，带领部队严加操练，手下人道："我等很快就要解甲归田，操练有何用？"吕蒙道："当兵就得好好操练，我们练好了，成为最好的部队，主公怎能忍心裁减？你们不必在意那些闲言碎语。"士兵道："你看我们的军服破得不成样子，那里还像正规军？"吕蒙道："你们放心，我一定会让你们穿上新军服。"于是吕蒙把自己的全部家产抵押，换来钱财作为订金，赊来布匹，请裁缝为部下赶制军装。

孙权将裁减的军队集中起来检阅，命令他们一一列队走过。别的军队大都无精打采，鱼贯而过，与平民无异。最后轮到吕蒙出场，吕蒙的军队穿着崭新的绛色军服，容光焕发，气宇昂扬，阵容严整，踏着整齐的步伐，喊着嘹亮的口号来到孙权前面，吕蒙一声令下，全军马上操练起来。孙权眼前一亮，频频点头称赞。孙权不但没有削减吕蒙的军队，反而增加他的兵员。

再说张纮深得曹操赏识，曹操命张纮为九江太守，张纮眷恋孙策的恩情，想回江东复命，以生病为由固辞。孙策去世以后，曹操想让孙权内附朝廷，命张纮为会稽东部都尉，前往江东劝说孙权归附，张纮乘机回到江东。张纮拜见孙权，建议道："孙破虏将军赶走董卓，扶持汉室，功勋卓著。讨逆将军平定江东，建立大业。应该把他们的丰功伟绩记录下来，大加宣扬赞颂，彰显公义。"孙权问道："不知谁可担此重任？"张纮道："在下不才，愿抛砖引玉。"孙权道："有东部主笔，孤放心了。"张纮经多方考证，终于写成，呈交孙权，孙权读后深有触动，感慨万千道："您对我们孙家的功勋真是太了解了！"张纮这才到会稽赴任。

庐江太守李术认为孙权年幼，威望不足，于是起了异心，反叛孙权的人纷纷渡过长江投奔李术。李术见曹操官渡大胜，开始不听孙权命令，想要投靠曹操，于是大肆招兵买马，扩军备战。孙权问周瑜道："李术有反叛迹象，孤当如何应对？"周瑜道："主公不妨命他将反叛之人送来，试探一下，再作决定。"孙权当即采纳，写信给李术。李术回信道："有德之人就有人投奔，无德之人就有人反叛，这些人怎能送给你！"

孙权大怒道："孤当立即剿灭李术立威。"孙权马上写信给曹操道："扬州刺史严象是您任命的官员，李术凶恶，无视朝廷法令，把他杀了。李术如此放肆无道，应该马上把他诛灭，以此警告跟他一样凶恶的同类。我现在准备讨伐他，对上是为国家朝廷扫除凶顽之徒，对下是为您任用的将领报仇。这是天下的大义，是我早晚牵挂的大事。我一出兵，李术必定害怕，定会花言巧语向您游说求救。明公您担任辅国重任，是全国人民的希望，请求您告诉负责具体事务的官员，不要听李术之言，不要救他。"

孙权率水军一万直奔皖城。孙权的船只刚一靠岸，李术率军杀出皖城，孙军无法登陆。周瑜献计道："主公可假装与李术对峙，暗中另遣一军到下游偷偷登岸，绕至李术阵后偷袭，到时候我们前后夹击，定可大获全胜。"孙权马上采纳。

当晚，月黑风高，孙权的岳父、督军中郎将徐琨不声不响地率战船往下游漂去。二更时分，孙权命令点上火把，擂响战鼓，全军呐喊着驾船冲向岸边。李术马上命人列阵相迎，谁知孙权虚晃一枪，调转船头返身离去。李术刚要入睡，孙权又大擂战鼓挑衅，李术只得又列阵相迎，如此这般搞得李术筋疲力尽。四更时分，徐琨率军突然从背后发动攻击，李术仓促应战，全军乱成一团。孙权听到喊杀声，立即率军登岸攻击，一下子把李术打得大败，李术只得退守皖城。

李术紧闭城门坚守不出，连忙差人向扬州刺史刘馥求救。刘馥，字元颖，沛国相人。当初，刘馥在扬州避乱，说服袁术部将戚寄、秦翊带着部众和自己一起投奔曹操，深得曹操欣赏。严象死后，曹操任命刘馥为扬州刺史。刘馥单骑来到庐江合肥空城，在那里建立治所。李术的使者到了合肥，哭着跪求刘馥出兵相救。刘馥势单力薄，急忙向曹操求援。曹操马上召集手下商议，荀彧道："李术说杀严象是奉孙策之命，绝非自作主张。"众人纷纷劝曹操道："李术暗地里已经归顺明公，明公应当出兵相救。"曹操取出孙权书信给众人一一观看，曹操道："孤正忙于北方事务，无暇南顾，孙权出兵前已向朝廷报告，我应该同意。"曹操对荀彧道："你马上拟一道圣旨，命刘馥在九江、庐江大胆收拾袁术残部，孙权鼠辈定然不会干涉。牺牲一个李术，换取其他地方平安，这笔交易我们合算。"

刘馥得令，马上派出使者安抚盘踞在江淮的袁术旧部梅乾、雷绪、陈兰。自从袁术死后，他们拥兵数万，无恶不作，为害一方。使者道："李术归顺江东，孙权却要杀他，这就是归顺江东的下场。以前李术是你们同僚，他就是前车之鉴，眼下你们只有一条路可走，那就是归顺朝廷，你们何去何从，还请三思。"梅乾、雷绪等人商议良久，派使者拜见刘馥，声称愿意归顺朝廷，向朝廷称臣纳贡。刘馥马上派人好言安慰，给他们任命官职，命他们安心驻扎，遵守法纪，不得胡作非为，就这样江淮一带逐渐安定下来。

孙权长期围困皖城，城内粮食吃光，百姓将泥土搓成泥丸，吃泥丸解饥，最后孙权大军攻入皖城。孙权下令斩杀李术，屠城，将李术部下三万多人掳回吴郡。孙权任命孙河为威寇中郎将，兼庐江太守，徐琨因功受封广德侯。曹操在与孙权的首次较量中占尽上风，那么下一步将如何发展呢？且听下文分解。

第四回　孙伯阳出使许都，孙仲谋拒送质子

孙权命孙贲出使许都，孙贲到司空府拜见曹操，向卞夫人献上锦缎、吴绣，卞夫人大喜。曹操握着孙贲的手道："亲家公，我们都是一家人，我早就盼望你来我家做客。"孙贲道："江东正是多事之秋，我无法抽身啊。"曹操道："今日不谈政事。你我结亲多年，你还没见过我儿曹彰呢，来人，快去把彰儿叫来。"不一会以儿，见一少年大步而来，曹操对孙贲道："这是犬子曹彰，年方十三，还望亲家公多多教导。"曹彰上前跪拜道："岳父在上，小婿这厢有礼了。"孙贲连忙将曹彰扶起。卞夫人问道："你妻呢？"曹彰道："在后面呢。"只见一女孩飞奔而来，投入孙贲怀抱，哭道："父亲，您怎么这么久才来看我啊！女儿想死您了！"孙贲含泪道："我早就想来看你了，你在许都可好？"女儿道："一切都好，只是想念家人。"正说话间，忽闻门外一人喊道："江东的贵客来了，怎么也不通知一声啊？我不请自来，讨杯酒喝！"曹操喊道："子孝，伯阳在此，你心里那点心事我还不知道吗？"曹仁大步而来，对孙贲道："我是曹仁，我女儿可好？"孙贲道："一切安好，已生子孙泰，深得吴夫人欢喜！"曹仁大喜道："如此甚好，这样我就放心了。"忽闻雅乐响起，曹操道："请各位入席。"

次日，孙贲来到朝廷，将孙权的奏章、贡品一一呈上，再献上李术的首级。皇帝刘协、司空曹操、司徒赵温、太常徐璆、少府孔融、侍中尚书令荀彧都对孙

权赞赏有加。

孙贲献上大象一头，曹操召满朝文武观看。曹操问道："大象有多重，你们有谁知道？"众人无人能答，曹操道："你们谁能把大象重量称出来，重重有赏！"众人面面相觑，只见小童曹冲道："把象牵到船上，在船体水线上刻下记号。把象牵下，再将货物装到船上，水淹到记号时，将货物卸下，货物称重后累加就可以知道了。"曹操大喜，马上命人照办，果然称出大象重量。曹冲是曹操与环夫人的儿子，这一年年仅六岁。

曹操叫来荀彧问道："孙权上表朱治为吴郡太守，行扶义将军，以娄、由拳、无锡、毗陵四县为食邑，这是何意啊？"荀彧道："孙权想以地位和富贵收买人心，让部下效死力。"曹操道："让朱治当太守可以，可他封地比孤还多，明显不合规矩，你看怎么办？"荀彧道："现在我们管不到江东，不如做个顺水人情。"

曹操让孙贲到各地巡游，冬去春来，孙贲向曹操辞行，曹操道："你看许都如何？"孙贲道："真不愧是天子脚下，富丽堂皇，气象万千！"曹操道："如果你愿意，你就到许都任职，这事孤来安排。"孙贲犹豫片刻，辞谢道："我受吴侯之命出使许都，理当回去复命，此事还得与吴侯商议。"曹操道："既然你不愿到许都为官，这样吧，孤封你为都亭侯，以后你要为朝廷多出力、多分忧。江东的事，我就拜托你了！"孙贲大喜，连忙谢恩。曹操叫来使者，与孙贲一起来到江东。

使者到了丹徒，对孙权道："如今曹公大破袁绍，天下必将重归一统。讨虏将军年轻有为，治理有方，朝廷正缺将军这样的英才，曹公想为将军加官进爵。"孙权大喜，对使者道："多谢曹公美意，末将一定唯曹公马首是瞻。"使者道："曹公之意，请将军送子入朝。"孙权的心顿时凉了半截，马上送使者下去歇息。

孙权急召部下商议，孙贲道："曹公雄才大略，天下局势逐渐明朗，唯有曹公可一统天下。曹公用人唯贤，识时务者为俊杰，将军越早送子入朝，地位就越稳固。要是曹公灭了袁绍，您再送子入朝，恐怕一切都晚了。"张昭道："送子入朝，就会受制于曹公，不妥。可是，普天之下莫非王土，不受朝廷诏命，不送子入朝，也不妥。这可如何是好啊！"秦松道："要是不遵朝廷命令，我担心曹公一怒之下发兵江东，我们抵挡不住啊！"孙权犹豫不决，顾左右而言其他，对周瑜道："孤命人给你做了几套华服，你去试试，看看合不合身？"周瑜跪谢道："主公赏赐给我的衣服已经满满一屋了，我实在穿不了这么多啊！"孙权道："这是新款式，请许都那边裁缝做的，起来，跟我走。"

周瑜张开双臂，任由侍女更衣，孙权在一旁道："你穿什么都帅。"孙权帮周瑜整好衣服，和周瑜一起去拜见吴夫人。两人向吴夫人行过礼，孙权道："我本不想送子入朝为质，外面人多口杂，还望公瑾教我。"周瑜道："今将军继承父兄基业，兼有六郡之众，兵精粮多，将士用命，铸山为铜，煮海为盐，境内富饶，人不思乱，泛舟举帆，朝发夕到，将士英勇，所向无敌，有什么理由遭受逼迫而送子入朝为质呢？人质一入朝，您就不得不与曹操成为一体，到时候有命令和征召就不得不去。那样便受制于人，您最多不过得到一方侯印，多十几个仆人，多几辆车，多几匹马而已，岂能与南面称孤相比？依在下愚见，不能遣子入朝，我们慢慢观察时局的变化。若曹氏能以仁义正天下，将军您到时候再侍奉他也不迟。若曹操图谋暴乱，战争如同大火，曹操必将引火自焚。将军您把勇猛收敛起来，把威力隐藏起来，等待上天的安排，哪有送人质入朝的道理啊！"吴夫人大喜，对孙权道："公瑾说的对。公瑾与伯符同年，只小一月，我把他当儿子，你要把他当兄长看待。"次日，孙权召来使者道："我儿年幼，体弱多病，难以经受长途颠簸，还望曹公见谅。"江东的事暂且不表，袁绍自仓亭败后又怎么样了呢？且听下文分解。

第三十五章　曹操进兵黎阳，刘备博望大胜

第一回　袁氏兄弟不和，曹操进兵黎阳

话说袁绍有三个儿子，长子袁谭能力最强，最为聪慧；次子袁熙，字显奕；三子袁尚，字显甫。袁尚长相俊美，深得袁绍喜欢，袁绍宠爱后妻刘氏，刘氏偏爱袁尚，经常在袁绍面前说袁尚的好话，袁绍有意让袁尚继位。于是袁绍把袁谭过继给哥哥袁基为子，继承袁基家业。袁绍让袁谭改口叫自己为"叔父"，原意是袁谭不再是自己的继承人，袁谭大为恼火，袁绍担心出事，没有对外公布自己的继承人。

当初袁绍拥有冀、青、幽、并四州，袁绍任命袁谭为青州刺史，沮授劝谏道："一只兔子跑到大路上，会有上万人追逐，如果有一个人抓住，所有贪心的人就都停止了，这就是确定名分的缘故。主公啊，您应该赶紧把继承人定下来！立继承人年龄差得比较大可以立长，年龄差不多可以立德，德行也差不多可以占卜。如果不确定继承人，祸端就要开始了！"袁绍道："我想让每个孩子都拥有一州，观察他们的能力，让他们竞争。"于是又命袁熙为幽州刺史、外甥高干为并州刺史。

袁谭在平定河北、青州过程中立有大功，对部下广播恩惠，深得部下拥戴。

没想到袁谭到了青州，骄奢淫逸，不懂得创业艰难，任用非人，宠信小人，赋税收不上来，征兵也征不上来，还经常纵兵抢掠，抓壮丁，搞得青州乌烟瘴气，大失袁绍之心。

袁绍自官渡战败后生病，苍亭战败以后病情进一步加重。很多部下早就对袁绍不满，纷纷举城背叛，袁绍大怒，抱病出兵镇压。建安七年（202）五月，袁绍终于支撑不住，吐血而亡。

袁绍到死都没有公布继承人，大家都认为袁谭年长，想立袁谭。郭图、辛评与袁谭亲近，深得袁谭信任，为袁谭死党。逢纪、审配一向骄傲奢侈，袁谭很反感，两人与郭图、辛评更是矛盾重重，不可调和。审配、逢纪害怕袁谭即位后辛评、郭图陷害自己，假托袁绍遗命，拥立袁尚为继承人，表袁尚为大将军、领冀州牧，袭邺侯，掌管冀、青、幽、并四州。

袁尚一上位，母亲刘氏不等袁绍下葬，当即把袁绍的五个宠妾抓起来，众妾跪地求饶道："请夫人看在贱婢忠心服侍先主的分上，留贱婢为奴，我等愿终身侍候夫人！"刘氏笑道："你们这些狐狸精，靠着美色把我夫君迷得晕头转向，没想到也有今天！"于是下令将她们处死。刘氏担心她们死后还会迷惑袁绍，袁绍在阴间还会偏宠她们，于是命人用刀将她们脸蛋划破毁容，再涂上墨汁，剃去头发，刘氏看到她们令人作呕的样子得意洋洋。袁尚又下令把宠妾所有的亲属杀得一干二净。

袁谭赶来奔丧，逢纪率兵阻拦，说道："显甫已继承大位，我奉主公之命在此恭候。"袁谭连忙行礼，逢纪道："显思，您既已成为伯父之子，当以侄子之礼参加丧礼，不过参加葬礼的宾客太多，请将随从留在城外。"

袁绍的丧礼刚刚结束，郭图、辛评拜见袁谭，郭图道："您是主公长子，显甫得位不正，我等愿奉您为尊。"袁谭问道："可有显甫得位不正的证据？"辛评道："我向袁公身边的侍者私下打听，袁公生前并未指定袁尚那厮为继承人。"袁谭大喜道："既如此，我也可以继承。"袁谭当即与郭图、辛评结为同盟。

袁谭自号"车骑将军"，袁尚见袁谭不服，于是暗中提防袁谭，顿时邺城剑拔弩张，气氛紧张。辛评向袁谭建议道："邺城是显甫的地盘，不宜久留。将军不如领兵驻守黎阳，一则可以抵御曹操进攻，建功立业；二则可以统御军队，增强自己的实力；三则可以远离袁尚，保障自己的安全。然后将军静观局势变化，再伺机夺位。"袁谭马上采纳。

袁谭拜见袁尚道："末将愿率军前往黎阳，防范曹贼进攻。"当晚，袁尚召部下商议，审配道："黎阳乃兵家必争之地，扼守黄河要冲，曹贼欲攻冀州，必先攻取黎阳，显思愿承担如此重任，实乃冀州之福。"逢纪道："为了防止意外，我愿监督显思。"于是袁尚命袁谭为主将，逢纪为监军，出兵进驻黎阳。

建安七年（202）九月，曹操率军抵达黄河南岸，与袁谭隔河对峙。袁谭兵少，自知不是对手，连忙写信向袁尚求援，袁尚写信问逢纪，逢纪回信道："请主公放心，现在还没开战。曹军要是敢渡河来战，我军正好可以把他们赶下黄河！"于是袁尚和审配拒绝派兵支援。

曹军渡河作战，均被袁军打败。振威将军程昱收合山泽亡命之徒，得精兵数千，率军来助曹操。程昱道："末将愿为曹公分忧，请曹公示下。"曹操命程昱、稗将军李典押运军粮。程昱道："此事简单，我一定不负使命。"曹操吩咐道："仲德，切不可掉以轻心，一定不能让粮草落入袁军之手。要是遇到袁军水军，运粮船队过不来，那就改走陆路。"

程昱、李典护送运粮船队直奔曹营，不巧正遇魏郡太守高蕃率水军阻拦。李典道："以我观察，高蕃水军兵员不多，缺少铠甲，我们应该马上进攻，如此定可一战而胜。"众将面面相觑道："曹公命我们遇到水军改走陆路，曹公之命不可违！"李典道："敌人正因为有水军而轻敌。将在外，君命有所不受，应当立即攻打。"程昱认为李典说得对，两人当即决定攻击高蕃。双方船队越来越近，程昱命人换上袁军旗帜，大声喊话道："我等奉大将军之命，给你们运粮来了。"高蕃信以为真，待运粮船队靠近，李典一声令下，顿时甲兵尽出，跳上袁军战船，大砍大杀，高蕃猝不及防，被曹军打得大败而逃。程昱和李典紧追不放，一举攻入袁军水寨。曹操得到消息大喜，亲自率兵增援，攻下袁军水寨。高蕃带着残兵败将向袁谭请罪，袁谭大惊失色，亲自率军来攻，连攻数日毫无进展。逢纪厉声指责袁谭道："是你进攻不力，让曹军站稳脚跟。"袁谭大怒，一刀砍死逢纪，写信向袁尚求援道："曹军已经渡过黄河，我军兵少，铠甲残破，恐怕抵挡不住，为了冀州安危，请您马上出兵增援！"

袁尚收信大惊，本想分兵增援，却又担心部队被袁谭控制，于是命审配镇守邺城，自己率军直奔黎阳。袁尚一到黎阳，见形势严峻，并没有责备袁谭，而是与袁谭合力大战曹军。袁尚深感难以取胜，一面命并州刺史高干、河东太守郭援进攻河东，一面派使者到荆州向刘表和刘备求援。那么高干进攻河东究竟会怎么样呢？且听下文分解。

第二回　钟繇大战河东，庞德扬威平阳

话说高干、郭援得令，马上派人游说关中诸将，韩遂、马腾、南匈奴单于呼厨泉等人纷纷响应，呼厨泉首先在平阳作乱。侍中、司录校尉钟繇随即调动各路人马围攻平阳。

高干、郭援率军数万攻入河东，所过城邑纷纷沦陷。郭援一直打到绛邑，绛

邑县令贾逵率军苦苦坚守，绛邑危急，众将连忙对钟繇道："我们赶紧撤兵吧！要是绛邑城破，我们就没有退路了！"钟繇道："眼下郭援气势汹汹，袁军强盛，关中有人暗中与他来往。他们之所以没有公开背叛，不过是顾虑我的名声和威望。如果我们现在撤离，向他们示弱，这里的百姓马上倒戈相向，成为我们的仇敌。即使我们想要撤军，能回得去吗？这是未战先败啊！我看郭援刚愎自用，一定认为我军容易对付，如果我们渡过汾河扎营，等待郭援半渡时攻击，必能大胜。"

钟繇派张既游说马腾、韩遂。张既，字德容，冯翊高陵人。张既向马腾分析利害，马腾犹豫不决，问计于傅干。傅干，字彦材，乃傅燮之子。傅干道："古人有言'顺道者昌，逆德者亡'。曹公奉天子诛暴乱，法明国治，上下用命，有义必赏，无义必罚，可谓顺应大道。袁氏违背王命，驱使匈奴欺凌中国，宽而多忌，仁而无断，兵虽强，实失天下之心，可谓逆德。今将军既已侍奉有道，却不尽力，暗中心怀两端，欲坐观成败，等到双方分出胜负，使者奉旨追究罪责，第一个诛杀的恐怕就是将军您啊！"马腾心中害怕，连忙问道："我该当如何？"傅干又道："智者能转祸为福。如今曹公与袁氏相持，高干、郭援单独掌控河东，曹公虽有万全之计，也不能禁止河东不危险。只要将军诚心引兵讨伐郭援，内外夹击，势必成功。如果这样，相当于断了袁氏的臂膀，解一方之急，曹公必定以重德厚待将军。将军的功名地位，史册也无法完全记载。希望将军谨慎抉择！"马腾大喜，派遣儿子马超率精兵万余，一同带着韩遂等人的部队，浩浩荡荡来投钟繇。钟繇大喜，亲自出营相迎，握着马超的手道："你来了，我就无忧了！"当即任命马超为司隶校尉督军从事。马超，字孟起，扶风茂陵人。

郭援终于占领绛邑，于是和高干一道进兵平阳，与钟繇隔汾河对峙。郭援道："我军应该马上渡河攻打钟繇，到时候呼厨泉从平阳城内杀出，与我们一起内外夹击，钟繇定可一战而擒，如此河东可定。"高干道："听说情况有变，马超领兵到了平阳。"郭援道："马腾、韩遂早就答应与我们联合，如今应约而来，只要我们渡河，一定会伺机而动。"高干道："既如此，我们明日四更造饭，五更渡河，你为前部，我随后就到，我们要将敌军一网打尽。"

次日一早，袁军战鼓大擂，号角齐鸣，渡河来战钟繇。斥候连忙报于钟繇，众将纷纷请战道："我等愿率军拒敌。"钟繇道："战机未到，你们莫慌！"说完命人取来笔墨纸砚，气定神闲地挥毫泼墨。过了二刻，斥候再报："袁军先头部队已渡过汾河！""平阳城门大开，单于欲出城来战。"众将连忙请战，钟繇微微抬一下头，说道："全军到城下列阵！"说完又继续挥毫泼墨。又过半个时辰，斥候来报："袁军已半渡，正准备攻打我军后阵。"钟繇大笔一扔，下令道："擂鼓进攻！"

且说袁军半渡汾河，忽闻一通鼓响，马超率万余精兵猛然冲杀过来，郭援大惊，连忙推动士兵迎战。呼厨泉见郭援与马超激战，立刻率领全军冲出平阳进攻钟繇。马超身披重甲，一马当先杀入郭援军阵。郭援看得真切，急命弓弩手迎击，顿时箭如雨下，一箭射中马超小腿，马超大叫一声，翻落马下，先登庞德和侍卫连忙举着大盾护住，马超忍着剧痛对庞德道："你不要管我，赶紧冲锋！"庞德得令，跨上战马，抢起战刀，冒着箭雨，拼死杀入郭援军阵。庞德左冲右突，所向无敌，硬生生将敌阵冲垮。马超咬牙拔出利箭，顿时血流如注，马超当即割下战袍，绑住伤口，瘸着腿翻身上马，挥军冲入敌阵，疯狂斩杀袁军。袁军无路可退，只得沿着河岸四处逃窜。高干见势不妙，急命船工渡河接应。马超一声令下，大军弓弩齐发，船工不敢靠岸，只得空船返回。马超、庞德恣意砍杀袁军，将袁军杀得片甲不留，钟繇也把单于呼厨泉打败，呼厨泉撤回平阳城。高干只得带着残兵败将退回并州。

钟繇大获全胜，功曹禀报道："渡河之敌无一漏网，料那郭援已死，可是查来查去没有发现郭援，难道郭援长了翅膀，飞过汾河不成？"庞德猛然起身道：
"还有一首级在我这里。"说着从囊中摸出一物，甩在地上，对众人道："此贼
与众不同，白白胖胖，铠甲华贵，被我一刀斩了，取了首级，你们看看是不是郭
援。"侍从将首级送至钟繇案上，钟繇看了一眼，说道："正是郭援。"说完流
泪大哭，众人面面相觑，不解地问道："明公何故痛哭？"钟繇抹泪道："郭援
是我外甥。"庞德连忙上前请罪道："末将不认识郭援，不知您外甥，还望明
公恕罪。"钟繇道："郭援虽是我的外甥，却是国贼，你不但无罪，还有大功！"

过了几日，钟繇派人进城劝降，单于呼厨泉见平阳守不住，于是出城投降。
钟繇上表诸将之功，曹操拜马腾为征南将军，韩遂为征西将军，俱开府。庞德升
任中郎将，封都亭侯。

河东暂时恢回复了平静，那么刘表、刘备是否会增援袁尚呢？且听下文分解。

第三回　刘备博望大胜，李典解救元让

话分两头，再说袁尚的使者到襄阳拜见刘表，使者道："先主公向来仰慕镇
南将军，与您结为同盟，共同进退，不想却已仙逝。如今我主袁尚继承大将军之
位，辖冀、青、幽、并四州，请求与将军继续盟好，共抗曹贼。现曹贼趁我主新
丧，进攻黎阳，战况危急。还望将军念在同盟之谊进军许都，以解我主之危。"
刘表召集部下商议，蔡瑁道："要是我军进攻许都，必定与朝廷和曹公结仇。曹
公舍弃冀州转而攻打荆州，我们岂非引火烧身？"蒯越道："德珪说得对，要是
我们进攻许都，曹公定会攻打荆州，到时候吃亏的还是我们。要是我们不出兵帮
助袁尚，袁尚必败，到头来还是对我们不利。我们不援助不好，援助也不好，可

谓左右为难。为今之计可命刘备攻打许都，这样对袁尚可以交代。无论结果如何，都不会连累到我们。"刘表大喜道："异度之计正合我意。"

刘表召来刘备，刘表道："曹操攻打袁尚，我们不得不救，我给你增兵五千，为你提供粮草，你去攻打许都。"刘备道："这点兵马根本不够，末将愿为先登，为您逢山开路，遇水架桥，请明公亲征。"刘表道："不是我不想攻打许都，荆州乃四战之地，现在交州牧张津攻入零陵，我南战张津，东防孙权，北方之事只得有赖贤弟，还望贤弟不要推辞！"刘备道："末将实力不够，担心误了明公的大事。"刘表道："尽力而为便是，必要时我会提兵助你！"

刘备从新野起兵，率军往许都方向攻打，刘备连战连捷，一直攻到叶县。曹操大惊，急命夏侯惇、于禁、李典领兵两万来战刘备。曹刘两军战于叶县，刘备自感不敌，连忙派使者向刘表求援，孙乾道："以前刘景升许诺援助袁绍，都是口惠而实不至，主公不应对刘表抱有希望。"刘备道："我不将希望寄托在他身上，还能寄托在谁身上呢？"徐庶道："以我愚见，只要不危及荆州，镇南将军绝不会出兵，我们还是自己想办法吧。"不久，河东太守郭援被斩，高干撤军之事传来，刘备大惊，急召部下商议，刘备道："我军势弱，镇南将军坐观成败。如今高干、郭援已败，曹贼一定会调动兵马支援夏侯惇，我军已无胜算，不如退回新野。"张飞道："退兵乃是上策。"刘备叹道："许都近在咫尺，没想到镇南将军不出兵相助，这次出征无功而返，可惜啊！"徐庶道："主公可诱敌来追，南面有个博望坡，地势险要，我军可战而胜之，不过不知敌人会不会中计。"刘备大喜道："谋事在人，成事在天，我们不妨一试。"

夏侯惇命于禁进攻刘备。关羽领兵抵抗，不敌，率军缓缓退却。次日夏侯惇命李典进攻张飞，张飞不敌，率军缓缓退却。第三日夏侯惇亲率大军来攻，刘备不敌，引军退回营寨。第四日一早，刘备军营火起，夏侯惇大喜，马上提兵来攻，不想刘备大军不知所终，只留下一片灰烬。夏侯惇急问附近百姓，百姓道："昨晚人声嘈杂，刘贼早已跑了。"夏侯惇当即命令道："全军轻装出发，给我追！"李典连忙劝阻道："贼兵无故撤退，我看必有埋伏。南边道路狭窄，草木浓密，不可追击。"夏侯惇很不高兴，说道："你留下来守营，文则跟我走！"

黄昏时分，曹军追至博望坡，但见道路艰险难行，军队挤成一团，夏侯惇正在犹豫之间，忽闻一通鼓响，前面闪出一军截住去路，为首一将正是关羽，关羽喊道："关某在此恭候多时，你们要是马上投降，我保你不死！"夏侯惇大怒，急命部队进攻，关羽大手一挥，只听一通鼓响，顿时檑木、落石齐下，强弓劲弩齐发，曹军躲避不及，死伤无数。夏侯惇大惊，急命于禁断后，自己率军急退。不想又是一通鼓响，刘备率张飞、赵云杀出，截住曹军退路。夏侯惇率军猛冲，张飞、赵云截住厮杀，夏侯惇连冲几次无功而返，两军战至天黑，这才就地息兵。

此时正值隆冬，曹军忍饥挨冻，好不容易熬到天明。刘军从各个方向发动进攻，攻势一浪高过一浪，曹军抵挡不住。战至中午，到处都是曹军尸体，不断有曹军向刘备投降，夏侯惇见大势已去，不由得仰天长叹一声，说道："难道我要葬身于此吗？我愧对曹公重托啊！"说着就要拔剑自刎，于禁连忙上前抱住夏侯惇道："将军不可，战事风云变幻，或许还有转机！"正说话间，忽闻刘备阵后喊杀声大起，刘军阵形大乱，原来李典见夏侯惇追击刘备杳无音讯，担心出现意外，起兵前来接应。李典见刘备大军围攻夏侯惇，悄然来到刘军后方，猛然发动进攻，把刘军打得晕头转向。夏侯惇大喜，急命全军进攻。曹军内外夹击，终于击穿刘备军阵，突出重围，落荒而逃。

刘备下令追击，把曹军打得大败，刘备回军新野。那么黎阳战况又是如何呢？且听下文分解。

第三十六章　曹操初战邺城，刘表劝和两袁

第一回　曹操初战邺城，杜畿赴任河东

再说袁氏兄弟在黎阳城下与曹军苦战，郭援被斩、刘备撤军的消息相继传来，袁尚长叹一口气，预感大势不妙。曹操的攻势越来越猛，建安八年（203）二月，袁谭对袁尚道："曹军势强，我们已不可能把曹军赶下黄河，依愚兄之见，与其在城外鏖战，不如撤到城内坚守。黎阳城池坚固，曹军能奈我何？"袁尚当即采纳，命全军退入城中。不久，部将马延对袁尚道："黎阳虽易坚守，可粮草不多，如今黎阳内外断绝，我军很难持久。"陈琳道："我们龟缩在城内，万一别的地方有变，我们不就完了吗！"袁尚心神不定，遂有去意。

曹军经过周密准备，猛攻黎阳。先登乐进不断冲击黎阳外郭，袁尚、袁谭见曹军攻势凶猛，外郭危急，忙率大军出城增援。

乐进奋不顾身，拼死搏杀，破郭而入。袁谭手下大将严敬想把缺口堵上，急忙率军阻击，乐进举着大盾护住身体，挥刀直攻严敬下盘，一刀将严敬小腿砍断，严敬翻倒在地，乐进大步向前，再补一刀，严敬顿时毙命。乐进率军大杀一通，打开外郭大门，张辽精骑瞬间蜂拥而入，如入无人之境，袁军无奈，只得争相逃命。

袁尚大怒，亲自挥军来战张辽。张辽耀武扬威，锐不可当，执戟一口气挑落数员大将，直取袁尚。袁尚大惊失色，扭头就跑，袁军顿时陷入混乱。张辽策马步步逼近，挥戟欲刺袁尚，忽然传来一声："勿伤我主！"袁尚部将马延、张颛从斜刺里杀了出来，挺矛猛刺张辽，张辽侧身一闪，长矛擦着张辽铠甲划过，张辽只好来战马延、张颛。马延、张颛联手截住张辽厮杀，袁尚这才逃回城内。

曹操催动大军攻入外郭，把袁军打得大败，袁军只得退入城中坚守。袁尚、袁谭惊魂未定，当晚偷偷撤出黎阳，退回邺城。曹操占据黎阳，打开进军冀州的门户。张辽因功行中坚将军、乐进因功行游击行将军。曹操将部队一分为二，命张辽、乐进进攻阴安，自率大军直取邺城。

曹军将邺城团团围住，连攻一个多月不下。曹军粮草供应不上，曹操命令部队四处割麦充当军粮。袁谭见状向袁尚献计道："曹军割麦，兵力分散，此乃我军反击良机，望大将军马上进攻！"袁尚马上采纳，当即下令全军三更造饭，四更出击。

袁军悄悄打开城门，对曹军发动突然袭击，曹军大败，邺城之围遂解。袁军趁机攻打各地割麦曹军，连战连胜。曹操收拢部队，准备再战，郭嘉献计道："袁绍生前很爱两个儿子，却不能立长子为继承人。现有郭图、审配这样的谋臣掺和，他们一定相互不服，相互争斗，相互离间。我们攻得太急，他们就会相互扶持。我们攻势一缓和，他们争斗之心必起。主公不如南向荆州，装出攻打刘表的样子，一旦他们兄弟关系有变化，我们再攻打他们，可以不费吹灰之力一战而定。"曹操马上采纳，下令全军班师。

袁谭见曹军败退，又向袁尚献计道："眼下曹军撤退，人人想着回家，趁他们没有渡河，我军全力追赶，出其不意地发动进攻，一定可以彻底击溃曹军，此乃消灭曹军最好时机，您可不能错过啊！"袁尚不听，袁军眼睁睁地看着曹军从容撤走。曹操命贾信驻守黎阳，命张辽、乐进将阴安的民众全部迁到黄河以南。五月，曹操全军回到许都。

　　曹操一到许都，早有钟繇候着述职，曹操请钟繇一同品茗，曹操道："如今高干虽败，实力仍不可小觑，依我之见，司隶形势还是不容乐观，不知您有什么好的办法？"钟繇道："司隶太重要了，应当马上充实人口，进行盐铁专卖。"曹操道："你说得对，一来可以发展农业生产，增加国库收入，二来人口多了，可以抗衡异族，这事马上就得办。"钟繇接着道："河东太守王邑根深蒂固，威望很高，可他不是您的人，整天开口汉室、闭口汉室，我担心被别人利用，应该更换。"曹操召来荀彧，问道："关西诸将，凭借险要与精骑，征必为乱。张晟横行于崤山、渑池之间，南通刘表。卫固等人暗中与他们勾结，孤担心他们作乱。河东被山带河，四邻多变，乃当今天下之要地。你能不能给孤推荐一位像萧何、寇恂那样独当一面的人才，为我坐镇河东，协助钟繇镇守司隶？"荀彧道："杜畿勇敢、足智多谋，能随机应变，您不妨一试。"曹操拒绝道："不行，孤前两天刚刚任命杜畿为护羌校尉，执节，领西平太守。"荀彧道："啊呀曹公，他不是还没到任吗，你赶紧把他追回来！"曹操沉吟片刻，改任杜畿为河东太守，把王邑召回许都。杜畿，字伯侯，京兆杜陵人。

　　杜畿历尽艰难险阻，好不容易到了官衙，马上宣读任命文书，就任河东太守，众人纷纷前来道贺。中郎将范先和卫固不满朝廷召回王邑，范先想杀掉杜畿威慑民众，带领部下将官衙团团围住。范先带兵闯入官衙，把官吏一个接一个地抓到外面斩首。范先一口气连杀三十多人，杜畿毫无惧色，言谈得体，举止如常，神态自若。卫固以前与杜畿相识，两人有些交情，连忙上前劝阻，范先道："既然想当老虎，却厌恶吃人肉，那就已经不是虎了。现在不杀他，今后必为祸患。"

卫固道："杀他没用，徒留恶名，何况杜太守控制在我们手里。"杜畿连忙对卫、范道："你们在河东有威望，郡里的大小事务我得仰仗你们，我只是坐享其成罢了。但是国家有国家的规矩，上下级的礼节不能废。今后我们无论成败都应一同担当，每有大事应共同商议。"卫固连连称是。杜畿当即任命卫固为都督，代理郡丞，兼任功曹。任命范先统率全郡三千兵马，杜畿自己什么实权也没有。于是卫、范对杜畿道："我等愿听太守差遣！"杜畿得以正式上任。卫固、范先很高兴，虽然表面上假装服从杜畿，心里却不以为意。

那么曹操回到许都以后还有什么事情发生呢？且听下文分解。

第二回　袁氏兄弟恶斗，蒯越巧解危局

话分两头，曹操回到许都，夏侯惇向曹操请罪，曹操安慰道："你虽损兵折将，但刘备自退，许都平安，我军战略上仍达到了目的，你不必自责。元让，只有你镇守后方，我在外面征战才放心。这次我回许都，准备对荆州用兵，为你一雪前耻。"夏侯惇道："我看袁绍的儿子没什么本事，冀州不再是心腹之患。刘备虽弱，却处处与您作对，一定要尽早铲除。"曹操道："你说的对，这次我要扫平刘备。"曹操上表朝廷，广发讨伐刘表、刘备檄文，细述刘表、刘备罪状，号召各方势力共同讨伐。

建安八年（203）八月，曹操亲率大军征讨荆州。曹军在汝南平西驻扎，袁谭派使者辛毗一路追赶，求见曹操。辛毗，字佐治，颍川阳翟人，乃辛评之弟。当初，曹操久闻辛毗大名，乃辟辛毗，辛毗一直没有应命。曹操召见辛毗，问道："佐治是来投奔我吗？"辛毗道："我乃骠骑将军袁显思的使者，请求曹公出兵

冀州，攻打袁尚，救援我主。"那么，这究竟是怎么回事呢？原来不出郭嘉所料，袁氏兄弟真的打起来了。

当初曹操从邺城撤军，袁谭对袁尚道："我的部队铠甲不精，损失严重，请为我补充铠甲和兵员。"袁尚没有同意。袁谭回到住所，大怒道："我拼死抵抗曹军，显甫却这样对我，实在叫人心寒。"辛评趁机对袁谭道："把您过继给伯父，是审配出的主意，就是他陷害你。"郭图道："这次抵抗曹贼，将军出力最多，要是没有您，他袁尚岂能挡住曹军？依我看，袁尚那家伙处心积虑想要削弱您，将军您得另做打算，我看应该把袁尚除掉，自立为冀州之主。"

一日，袁尚出城，郭图率军突然袭击，想取袁尚性命，袁尚大惊，拼死杀出重围，带着随从逃回城内。审配在城头上看得真切，急忙率军出城攻打袁谭，袁谭兵少，不是审配的对手，只得率军逃跑。袁尚大怒，发誓要除掉袁谭，把来不及逃走的辛评关入大牢。从此袁谭、袁尚决裂。

袁氏兄弟你死我活争斗，袁谭战败，一直逃到南皮，别驾王修带领青州军民赶来救援，袁谭高兴地说道："保全我部队的人，就是王别驾您啊！"袁谭命令自己的军队向南皮靠拢，不想部将刘询见袁谭势单力薄，在漯阴改弦易辙，投靠袁尚，各郡纷纷仿效。

袁谭想进攻袁尚，王修劝道："兄弟之间相互攻击，这是要走向灭亡啊！"袁谭听了不高兴，但理解王修的志向节操。袁谭刚刚恢复了一些实力，于是对王修道："袁尚那厮没什么能力，我想攻打他，我一定可以战胜他，不知你有什么看法？"王修道："兄弟好比左右手，假如一个人准备同人格斗，先弄断自己的右手，说'我一定胜你'，这样行吗？您把兄弟情分都抛弃了，天下还有谁能与您亲近？最近有人挑拨离间，引起争斗，以求一朝之利，希望您捂起耳朵不要听。要是您能杀掉几个佞臣，兄弟之间定能重新亲近和睦，这样方能挡住四方敌人，横行于天下。"袁谭不听。

袁尚见曹操准备进攻刘表，大喜，亲率大军到南皮攻打袁谭，袁谭出城迎战，被袁尚打得大败，只得退到城内坚守。袁尚军队疯狂进攻，袁谭没有能力坚守，无奈之下只得放弃南皮，逃往平原。

郭图劝袁谭道："现在将军国小兵少，粮匮势弱，不能长久。将军可请曹公攻打袁尚。曹公来了，必先攻打邺城。袁尚要是回救，将军你引兵一路往西攻打，邺城以北皆可为将军所得。若袁尚兵破，他的士兵逃亡，您又可把他们聚集起来抵抗曹公。曹公远道而来，粮饷不继，必定离去。要是这样，赵国以北的地方全归我们所有，您足以与曹公分庭抗礼。"袁谭勃然大怒，大骂郭图。郭图跪地磕头，痛哭道："将军啊，袁尚可是要你的命啊，请您三思。"袁谭前思后想，只好说道："罢了，罢了，只能如此了。"袁谭问道："谁可出使？"郭图道："辛佐治可以。"袁谭把心一横，派辛毗向曹操求救。

曹操召集部下商议，众将认为袁谭、袁尚不足为虑，应先攻取刘表。荀攸道："天下正值多事之秋，刘表却稳守江、汉之地，并无四方之志。袁氏占据四州之地，带甲十万，袁绍凭借宽厚得到众人之心，假使他的两个儿子和睦相处，保住既成的功业，那么天下的灾难就不会停息，现在袁氏兄弟交恶，这样势必不会两全。二袁如果联合起来，力量就会强大，那时就不易谋取了。趁他们内讧谋取，天下就平定了，这个机会不能丢失啊！"曹操道："很好，就这么定了。"众将连忙劝阻道："您既已广发讨刘檄文，孙权也答应派兵进攻，不可爽约啊！我军到了刘表家门口，却转而进攻袁尚，许都空虚，刘表要是来攻，我们可就麻烦了。"曹操道："我军攻打吕布，刘表不来侵犯孤的领地，我与袁绍官渡大战，刘表又不来救援袁绍，刘表就是一个'自守之贼'！应该以后再谋取他。袁谭、袁尚很狡猾，应该趁他们内乱先谋取。即使袁谭心怀奸诈，不会真降我，假如我先把袁尚打败，吞并袁尚的地盘，这个利益还是很大。"于是答应出兵救援袁谭。

众将仍不死心，不停地缠着曹操，劝阻道："我们应先去平定荆州，让袁氏兄弟继续自相残杀。待我们平定荆州，然后再进兵冀州收拾袁尚也不迟。"曹操认为众将说得有道理，于是又改变主意，决定先取荆州。

且说朝廷的旨意和檄文到了江东，孙权马上响应，命留张昭、吕范、张纮镇守后方，领幕府事，亲率大军二万，水陆并进来战黄祖。孙权一路高歌猛进，势如破竹，黄祖连战连败，急忙向刘表求援。

再说刘表听闻曹操讨伐自己，大惊失色，急召部下商议对策。刘表道："看来曹贼要对我动手了。曹操攻我于北，张津攻我于南，孙权攻我于东，这是荆州灭亡之象啊！不知诸位有何良策。"蒯越献计道："我有三策可保荆州平安。张津穷兵黩武，攻我多年，交州早已民怨沸腾，精疲力竭。张津的部下早就对张津心怀不满，您不妨改变策略，收买张津的部下为您效命，如此取张津项上人头易如反掌。只要张津一死，朝廷鞭长莫及，交州必成您的地盘，此为第一策。"刘表大喜道："果真如此，南方无忧了，不知谁可担此重任？"蒯越道："零陵人赖恭可以。"刘表马上命赖恭携巨资南行桂阳。

刘表道："可曹操、孙权两路大军攻我荆州，我还是无法应付啊？"蒯越道："孙权继承江东大位，并无孙策的能力和威望，对内不足以服众，对外不足以震慑四方。我荆州乃万里之邦，大兴礼乐教化，百姓安居乐业，帮富国强，实力远在江东之上。黄将军兵精粮足，可命黄将军坚守。时间久了，孙军必定无粮自退，孙权这黄口小儿不足为惧。此乃第二策。"刘表道："黄将军镇守江夏，抵抗外敌入侵乃分内之事，这不算什么计策。黄将军忠心耿耿，老成持重，有他在，孙权休想越过江夏半步。如今曹操兵强马壮，极难对付，我该怎么办啊？"蒯越道：

"曹贼以前攻我荆州，每次都无功而返，如今有刘备坐镇新野，更有关、张这样的猛将辅佐，可给刘备足兵足粮，主公再率大军压阵，曹操想拿下荆州绝非易事，恐怕还要重蹈以前之败。"刘表道："曹操已擒吕布、破袁绍，实力大增，天下无人能敌，这第三策我看有点不靠谱啊。"蒯越道："主公莫慌，我还没讲完呢。以前曹操来犯快如闪电，如今却行动迟缓，踌躇不前，应是犹豫不决，心里想着别的事情，或许还有转机。当下我们应全力整军备战，保境安民，寸土必争，让曹操占不到便宜。待曹军疲乏之时，派一能言善辩之士游说袁氏兄弟，袁氏兄弟与曹操势若水火，到时候定会乘机攻击，曹操必定回军自救，如此荆州之危可解。只要依此三策，我荆州自保绰绰有余。"刘表大喜道："有异度在，荆州必定平安，我可以高枕无忧了。"于是马上命文聘、王威率军增援刘备，自己与蔡瑁一道率军渡过汉水，来防曹操。那么下一步将会如何发展呢？且听下文分解。

第三回　刘表劝和两袁，辛毗劝谋冀州

刘表大军启程不久，王修差人来报，袁尚、袁谭互攻，袁谭不敌，已派辛毗向曹操求救。刘表大惊道："两个贤侄不识时务，如此自相残杀，这不是自掘坟墓吗！"于是连忙请来王粲，替自己给袁谭、袁尚写信，劝他们息兵。刘表给袁谭的信写道：

"上天降下灾害，祸难大肆泛滥。当初不同种类的人匆匆结成同盟，结果朝廷动荡，伦常败坏，因此有才智和远见的人，无不痛心疾首，感伤当时的人不能相互忍让。然而我与您父亲，志同道合，虽然楚魏两地隔绝，山河遥远，但我们尽心合力，共同辅助朝廷，不让不同种类的人干扰我们的同盟，断送我们的友好，

这是我与您父亲同心的结果。可惜功业没有完成，您父亲陨落归天，贤明的后嗣继承大统，继承父亲的大业。你们在邺都摧毁威武的敌军，转身平定境内地区，虎视黄河以南，凡是加入我同盟的人，无不如影随形。何曾想到苍蝇飞上旗杆，无所顾忌地游走在你们兄弟之间，致使大腿和胳膊一分为二，胸部和后背隔断分离。我最初听说这个消息，还以为不会如此，后来得到确凿的消息，这才知道你们结怨已深，抛弃亲人投靠敌人的主张已经决定，两军的战旗在中原相交，战死者的尸体堆满城下。听到这些，我哽咽不能成声，悲痛得死去活来。

"回溯历史，从以前的三王五霸，到后来的战国，国君和臣下之间、父亲和儿子之间互相谋杀，兄弟相残，亲戚之间灭掉对方，似乎经常发生。然而有的人想成就称王的大业，有的人想奠定霸主的功绩，都是以武力夺取天下，以文德治理天下，从而谋求一代的富强。从来没有抛弃至亲，和外族亲近，动摇自己的根本，而又能在世间长久保持的。

"有才德的人纵然逃避灾难也不投奔有仇的国家，纵然与人绝交也不说对方的坏话，更何况忘掉先人的仇恨，抛弃至亲之好？这是万世之戒，是给同盟留下耻辱啊！就算是蛮夷戎狄之人也会出言谴责，何况我同一族类，能不感到痛心吗？

"打算建立功业被史书记载，打算一生保全祖宗祭祀的人，难道应该同胞手足之间互相诽谤，计较得失吗？要是袁冀州傲慢，不符合当弟弟的身份，没有悔改顺从的节操，您当哥哥的降低身份委屈自己，以匡扶大业为重。待事情完成以后，让天下人评判谁对谁错，不是道义很高的行为吗？希望您抛开种种间隙，回顾保持旧有的情义，恢复当初母子兄弟之间的亲情。我正整治统率兵马，如鹄引颈而望。"

刘表给袁尚的信写道：

"我知道造成你们兄弟反目的起因是辛评、郭图。亲人之间动用武力，连你们的父亲已经僵硬的尸骨都流血了，我听到这个消息难过得哭都哭不出来，虽然我还活着，却跟死了一样！

"现在你们兄弟二人刚刚继承父亲的大业，向前进，存在邦国倾覆的忧虑，向后退，有负先公的遗恨，现在只能以大义为要务，追求国家的安康。为什么呢？金木水火土因为能相生相克，相克之后便相和，才能被世人使用。如今袁青州性情急躁，不明是非。您器量宏大、胸襟开阔、包容他绰绰有余，应当以大容小，以优容劣，先除掉曹操，完成先公的遗恨，等大事定了以后，再讨论是非曲直，不是很好吗？

"如果全神贯注作长远打算，克己复礼，就应该振奋军队向远方挺进，共扶王室。如果迷途而不知返，做了错事又不知悔改，那么就连胡人和夷人都会嘲笑你们，更何况我们这些同盟，又怎能与您联合并力作战呢？

"我引颈期望，希望听到你们和睦的好消息。如果你们现在和平相处了，那么袁氏宗族就能与汉室同兴衰、共命运了！如果不这样，那么我们这些同盟军就永无希望了！"

袁尚、袁谭收到刘表的来信，都置之不理，刘表调解失败。

再说赖恭来到桂阳，暗中拜访张津部将区景。赖恭与区景有旧，开门见山地游说道："我听说您对张津不满，这是为何？"区景道："张津滥用武力，屡败屡战。我劝他不要连年征战，让将士喘口气，让百姓休养生息，可他非但不听，反而将我贬官，还经常当众叱责羞辱我。是可忍，孰不可忍！"赖恭道："既然这样，交州有什么值得您留恋的呢？您为何不远远走高飞，离开这蛮荒之地，回到老家桂阳，过自己想过的日子呢？"区景道："我也动过这念头，可交州与荆州交战多年，仇恨太深，何处是我的归宿啊？"赖恭道："我主刘景升雄踞荆州，立学校，修礼乐，百姓安居乐业，试问天下哪里有此等景象？如今各地名士纷纷来投，有如百川归海。我主仰慕将军，想与您交好，早已为您备好良田百顷，美宅十座，奴仆、侍女无数。特命我奉上路资百金，您何不前往投奔？"区景大喜道："刘荆州要我做什么？"赖恭道："取张津项上人头！"

三日后夜晚，区景带人潜入张津大帐，张津正秉烛读书，厌烦道："夜深了，你明日再来吧。"区景道："我有急事，明日怕是来不及了，特来这里取样东西。"张津道："何物？"区景道："你的人头！"说着手起刀落，张津顿时身首异处。区景提着张津首级，带着部众投奔赖恭和桂阳太守赵范。交州军队群龙无首，不战自退，荆州南方的危险就此消除。赖恭将张津的首级献给刘表，刘表大喜，重赏赖恭、区景。刘表命赖恭为交州刺史，吴巨为苍梧太守，刘表的势力进入交州。

且说曹操大军迟迟没有半点动静，一日曹操大宴宾客，辛毗察言观色，知道情况有了变化，于是急找郭嘉商议，郭嘉马上带着辛毗拜见曹操。郭嘉说明来意，曹操问辛毗道："袁谭可信吗？"辛毗道："明公不必询问可信还是有诈这样的问题，应当直接讨论他们的形势。两袁相互攻伐，从不认为他人会乘虚而入，只认为天下可由他们自己定夺。而今袁谭向明公求救，他的情况已经很清楚了。袁尚看见袁谭已经疲倦，却不能打败袁谭，说明袁尚也已精疲力竭。袁氏对外兵败，对内谋臣不和，互相诛杀。兄弟相互攻讦争吵，领土分裂。加上连年战争，士兵的铠甲里长满了虱子，又遇上旱灾和蝗灾，食物严重缺乏，国家无粮仓，行军打仗的士兵身上也无干粮。上有天灾，下有人祸，百姓无论是聪明还是愚蠢都知道他们会土崩瓦解。上天灭亡袁尚的时候到了。兵法上说即使是最坚固的城堡和最精锐的军队，只要没有粮食就不能坚守。现在去攻邺城，袁尚如果不回师援救，邺城就不能守住。如果回师援救，即使袁谭紧跟其后，以明公您的声威，对付穷困之敌，攻击疲惫之寇，无异于秋风扫落叶。上天把袁尚送给明公，明公不取却要攻打荆州。荆州物产丰富，百姓安居乐业，国内没有争端，明公您能有机会吗？

如今二袁不作长远考虑却自相图谋，可谓是乱透了；百姓没有吃的，行军打仗的人没有粮食，可谓是要灭亡了。早晨都不能知道晚上会变成什么样子，现在百姓都活不下去了，这时您不去安抚，还想等待来年，如果来年收成好，他们自己也知道面临危亡，从此改邪归正并修行道德，您就失去用兵的机会了。如今您应顺应袁谭的请求，安抚他，对您来说是没有比这更大的利益了。何况四方寇贼没有超过河北的。如果河北之地平定了，那么全军必然强盛，天下必然震动。"曹操大喜道："好，我马上进军邺城。我看你就不要回去了，跟着袁谭没有前途，留下来吧。"辛毗欣然接受。

十月，曹操大军到达黎阳，袁尚闻讯大惊，连忙从平原撤军返回邺城。袁谭之围遂解，大喜，马上追杀袁尚。曹操仍让袁谭担任青州刺史，让儿子曹整与袁谭的女儿定亲，以安袁谭之心。袁尚的部将吕旷、吕翔率军投奔曹操，曹操封他们为列侯，命他们屯兵东郡阳平。不久，袁谭暗中派使者给吕旷送上将军印绶，使者道："将军乃冀州名将，如今脱离袁尚那贼，委身曹贼，此非长久之计。车骑将军胸有大略，仰慕将军，想与将军共图天下，不知将军意下如何？"吕旷假装同意，接过印绶道："先主公对我有恩，我愿效犬马之劳，不知车骑将军有何吩咐？"使者道："曹贼必将攻打邺城，待曹军疲惫，将军截断他的粮道，主公亲率大军攻打曹军，如此大事可成！"吕旷道："末将愿听主公差遣！"使者高兴而回。使者一走，吕旷、吕翔兄弟一合计，派人将印绶献给曹操，曹操道："孤本就知道袁谭有些小阴谋，他想让孤打袁尚，自己趁机抢夺百姓充实军队，等到袁尚被孤打败，袁谭就用自己强大的军队攻打孤的疲惫之师。可他没想到，孤打败袁尚后实力更加强大，哪能让袁谭有机可乘啊！"

曹操见袁尚回军邺城，无机可乘，于是撤军返回许都，荀彧对曹操道："交趾太守士燮上奏，交州牧张津已死，刘表擅自任命交州官员，想把交州纳入自己的势力范围，这可如何是好？"曹操道："交州太遥远了，我们鞭长莫及，士燮一族雄据交州，长期担任要职，不如这样，让士燮掣肘赖恭。"于是曹操上表朝廷派使者出使交趾，使者宣旨道："交州断绝，南临大海，朝廷的恩泽不能到达，下面的意思受到阻隔，朝廷知道逆贼刘表遣赖恭窥视南土。交趾太守士燮忠君爱国，可堪重用，现在命你为绥南中郎将，仍领交趾太守一职，监督交州七郡，钦此！"使者赐给士燮印绶和任命文书，士燮连忙谢恩，命张旻为使到许都奉章纳贡，朝廷下诏拜士燮为安远将军，封龙度亭侯，这是后话。

建安九年（204）正月，有人向曹操建议道："上次我军在邺城功败垂成，实乃因粮草不济，明公何不筑堤堰抬高淇水水位，让淇水流入白沟。我军可由此运粮直达邺城。"曹操大喜道："如此甚好，兖州之粮可通过黄河经淇水、白沟直达邺城，如此我无粮草之忧，邺城必破。"于是曹操命令部队渡过黄河，大兴土木，建造淇水堤堰，为下一步攻打邺城做准备。那么孙权攻打荆州进展如何呢？且听下文分解。

第三十七章　孙权大破黄祖，刘备初顾茅庐

第一回　孙权大破黄祖，徐琨命殒夏口

且说黄祖退到夏口，孙权率领水军全力进攻，黄祖不敌，引水军退入水寨，闭门不出。孙权将大军驻扎在长江南岸黄鹤山下，两军隔江相望。

蒯越见曹操退兵，在刘表耳边说只要如此如此，定可击败孙权，刘表大喜，当即命军师中郎将蔡瑁和文聘、王威引军支援黄祖，自己返回襄阳坐镇，准备围歼孙军。黄祖见蔡瑁来助，大喜道："德珪亲临夏口，我无忧了。"孙权见黄祖来了帮手，马上召集部下商议，孙权道："如今曹公爽约，自己讨伐冀州去了，孤该当如何？"徐琨道："吴侯勿忧，我军独自对付荆州大军绰绰有余，不如我们先取江夏，再图长沙。"孙权当即采纳。

过了一个月，黄祖擂鼓出寨，将大小战船列于江汉之上。孙权大喜道"好家伙，终于出战了，孤要将你一网打尽。"当即尽起水军来战黄祖，周瑜连忙劝阻道："黄祖突然出战，必定有诈！"孙权道："我在江上作战，何诈之有？"周瑜道："我恐黄祖偷袭大营。"程普道："黄祖在江北，我们在江南，难道他们长了翅膀飞过来不成？"孙权道："程公之言有理。"周瑜道："兵不厌诈。"孙权问

道："公瑾可有良策？"周瑜道："可让徐将军和我引水军出战。请主公与程公、义公留重兵守营，再多派斥候四面打探，到时候相机行事，以防万一。"程普怒道："如此怎能战胜黄祖！"周瑜道："孙子云：'先为不可胜，以待敌之可胜。'以后有的是机会。"孙权道："就依公瑾所言。"

徐琨、周瑜率军来战黄祖，徐琨命董袭、凌操进攻。董袭、凌操挥动旌旗，吹响号角，擂响战鼓，杀向荆州水军，黄祖不慌不忙，边战边退，孙军尾随攻击，黄祖将孙军引入汉水。

孙权端坐大营，忽有斥候飞骑来报："长沙太守韩玄、零陵太守刘度率军一万急奔而来。"孙权大喜道："果不出公瑾所料。"当即命程普、韩当率军埋伏于营外两侧，自与周泰、潘璋、徐盛整军严阵以待。过了半个时辰，韩玄、刘度挥军杀到，猛攻孙军大营。只听一通鼓响，大营两侧弓弩齐发，荆州军纷纷中箭倒下，乱成一团。又听一通鼓响，左有程普、右有韩当率军杀出，韩玄、刘度大惊失色，急命全军后撤，孙权挥军掩杀二十余里，大胜而归。当晚，徐琨、周瑜小胜而回。

转眼到了十一月，江汉水位大降，正是用兵良机，孙权尽起水军，终日围攻夏口水寨，夏口水寨残破不堪、岌岌可危。都督苏飞向黄祖建议道："这样下去，水寨必破，我军舰船无处藏身，必为孙权所虏，不如与他们拼个你死我活。"次日，孙吴水军来攻，黄祖尽起舰船相迎。孙权一声令下，顿时号角齐鸣，鼓声震天，江东水军以排山倒海之势杀向黄祖。徐琨率董袭、凌操、陈武、吕蒙当先进攻，黄祖命都督苏飞率军相迎，两军越来越近，只听一阵巨响，成堆的战船撞在一起，顿时喊杀声、刀枪剑戟碰撞声不绝于耳。接着又是一通鼓响，周瑜率孙瑜、徐盛杀向左侧，太史慈率潘璋、祖郎杀向右侧。黄祖急命张硕率军截住周瑜，陈就率军截住太史慈厮杀。

双方战了两个时辰，黄祖渐渐不敌，孙权大喜，自率程普、韩当、周泰杀了过去。孙军见主帅参战，顿时士气高涨，疯狂进攻。吕蒙驾船直取苏飞，苏飞不敌，急令后退。徐琨下令马上追击，紧紧咬住苏飞不放。黄射、刘磐见状，连忙率军截住徐琨厮杀。凌操率军驾船急进，绕过黄射、刘磐，直取黄祖，凌操张弓搭箭，将黄祖船上的士兵纷纷射落水中，黄祖大惊，急命全军退回夏口，凌操哪肯罢休，紧追不放。黄祖大急，忽见前面来了一队锦帆船，黄祖大呼道："'锦帆贼'救我！"锦帆船急驶而来，挡在黄祖大船之后，为首一将引弓就射，一箭正中凌操面门，凌操仰面一翻，倒地而亡。那将箭无虚发，一下子射杀数人，众人大惊，有的跳水逃生，有的躲进船舱，大气不敢出。锦帆船靠了过来，士卒纷纷跳过船帮，来取凌操首级。忽见一少年拔地而起，手执大盾短刀，大呼着冲杀过去，一阵乱砍乱推，把士卒尽数砍杀，推入江中。那将大怒，引弓就射，少年一手执盾护着身躯，一手举篙一点，大船缓缓后退。那将想要跳帮来战，忽有一船赶到，伸出钩拒，钩住凌操大船，拖着往回撤退。那将大怒，欲来追赶，但见孙军战舰遮天蔽日杀来，锦帆船见势不妙，急忙往汉水上游退却。

再说荆州水军见黄祖逃走，顿时全军溃退，拼命逃回水寨。徐琨、吕蒙尾随而至，黄祖水寨大门还没来得及关闭，江东船只一拥而入。荆州水军张皇失措，纷纷弃船登岸逃命。孙军尽获荆州战船，一把火将水寨烧成灰烬。

孙权大胜而回，将凌操厚葬，命人对凌操家小重加抚恤，忽有一少年跪在孙权面前，大哭道："主公，您可得为我父报仇啊！"孙权问道："你是何人？"少年道："我乃凌操之子凌统。"周瑜问道："莫非你就是船上那位少年英雄？"凌统道："正是！"孙权连忙上前将凌统扶起，安慰道："你放心，孤定会扫平荆州，为你报仇！"东曹令史陆逊道："凌统爱好读书学习，周围的人都交口称赞。"孙权转身将凌操的印绶转交给凌统，说道："昨日之战全军都看见了，你很勇敢，武艺了得。孤命你为别部司马，行破贼都尉，继承你父亲的职位和军队。你要像父亲一样奋勇争先！"凌统连忙谢道："末将一定不负主公重托，一定要将绵帆贼碎尸万段。"凌统乃凌操之子，字公绩，年方十五。

孙权率军渡过长江，兵围夏口，黄祖、蔡瑁固守城池。孙权命令徐琨率军强攻，徐琨连攻多日不下，大急，策马到城下指挥攻城，忽然，一支流矢射中徐琨脑门，徐琨坠马而亡。孙权马上改变攻城策略，下令全军在城外堆积土山、开挖地道。夏口岌岌可危，黄祖、蔡瑁大急，急召部下商议，众人议论纷纷，苦无对策，黄祖道："难道夏口就这样完了吗？"正说话间，忽有一将飞奔来报："孙权大军已尽数登船，扬长而去。"黄祖不信，连忙来到城头观看，但见江东战船缓缓离去。黄祖大喜道："真是天不绝我啊！"那么孙权为什么撤军呢？此事说来话长，且听下文分解。

第二回　孙权回军豫章，贺齐平定山越

当初，孙权拒绝遣子入朝，曹操召扬州刺史刘馥和王朗、华歆商议。华歆道："孙氏占领豫章不久，当地百姓刁蛮，朝廷不妨许以小恩小惠，让他们为朝廷所用，反对孙权。"曹操道："子鱼之计甚妙！"王朗道："我曾在会稽东冶起兵反对孙策，对江东之事略知一二，依我愚见，江东到处是丘陵高山，山高林密，水网纵横。各地山民历来尚武，自铸兵甲，凭险据守，自为宗帅，不纳皇粮，不交赋税，与外界很少接触，过着与世隔绝的生活。如今江东孙氏欲将他们纳入统治，必会遭到抵制。明公可许诺他们不纳粮、不服役，他们必定愿为朝廷效命。您再许以官职，只要他们攻打孙氏有功，即可加官进爵，他们必会闻风而动，为

利而战。如此，孙氏不得安宁。"曹操道："要是孤一统江山，他们也不纳粮，岂非搬起石头砸自己的脚？"王朗道："您要是一统天下，天威所至，何愁几个山民？到时候您再征讨便是。"曹操大喜道："你说得对，就用此计对付孙氏！"刘馥道："江东豪强林立，我欲效法陈元龙，广播朝廷之恩，广授官爵，让豪强为朝廷所用。"曹操道："切不可像陈元龙那样大张声势，惹出战端，我现在还无力顾及江东。"刘馥道："明公说的是，微臣谨记在心。"

几年之间，刘馥在九江、庐江一带兴修芍陂、茹陂、七门、吴塘等水利工程，开展大规模屯田，数万流浪他乡的百姓纷纷迁回本土。随着人口渐长，刘馥又汇聚儒人雅士，大办学校，大兴教化，当地很快出现繁荣景象，令江东之士刮目相看。

曹操打败了袁绍，统一中国之势初显，江东暗流涌动。如今孙权出兵攻打黄祖，后方空虚，刘馥看准时机，马上派人携带印绶潜到江东各地联络豪强诸帅，到处封官许愿，挑拨离间，于是江东一下子冒出很多割据势力，他们占山为王，不纳赋税，四向进攻，造成社会动荡，成为江东的心腹大患，史称"山越"。

孙策平定豫章，境内反叛势力没有太大的举动。如今孙权攻打黄祖，豫章出粮最多，百姓颇有怨言。扬州刺史刘馥派人一搅和，许以厚利，形势马上起了变化，顷刻之间豫章尽反。豫章太守孙贲一边出兵镇压，一边向孙权求救。孙权无奈，只得放弃夏口，马上回军。

孙权到了豫章，命吕范攻打鄱阳，程普讨伐乐安，太史慈统领海昏，派韩当、周泰、吕蒙等人到难以治理的各县担任县令，自己屯兵椒丘，居中调度。

鄱阳贼寇彭虎拥兵数万，吕范水陆并进进入鄱阳，指挥董袭、凌统、步骘、蒋钦分兵讨伐。董袭作战勇猛，敌人闻风丧胆，彭虎等人一见董袭旗帜便四散逃走，董袭十天之内平定全部贼寇。董袭官拜威越校尉，迁偏将军。

刘馥的使者到会稽南部游说，不久建安、汉兴、南平等地山越起兵，洪明、洪进、苑御、吴兔、华当等人杀死官吏，起兵反叛。孙权当即命令会稽郡从各县调集兵马，由各县长官带领，向南部都尉贺齐报到，贺齐带着拼凑的五千兵马杀向叛军。

贺齐大军经过余汗，发现附近有大量山越，担心被山越截断归路，当即命令松杨县令丁蕃率部留守。丁蕃、贺齐以前是相邻两县的县令，两人平起平坐，如今丁蕃成了下级，受贺齐节制，丁蕃不服，不听将令，死活不肯留下。贺齐大怒道："我受讨虏将军之命进军建安，不听军令者，斩！"当即命左右将丁蕃推出营外斩首。顿时全军震动，军令畅通，大家都愿拼死力战。

贺齐留下一部分军队驻守余汗，多插旗帜虚张声势牵制山越，自己暗中率主力昼伏夜出到达汉兴，对洪明发动袭击，把洪明打得大败。接着贺齐一鼓作气进攻其余四将，将他们一一打败。贺齐连战连胜，将洪明临阵斩杀，洪进、吴兔、苑御、华当四将惊恐，率军向贺齐投降。贺齐乘胜进击盖竹、大谭，打败吴五、邹临，吴五、邹临率军投降。

此战贺齐斩杀山越六千余人，俘获会稽南部全部山越名将，收编精兵万余，消灭数万山越。孙权拜贺齐为平东校尉，贺齐在东冶的旗山设立南部都尉府，将建安、汉兴、南平、东冶各县置于自己的掌控之下。

且说黄祖探明孙权退兵的原委，马上命刘磐、黄射进军豫章。黄射率领几千人马顺流而下来攻柴桑，徐盛率军二百死守。黄射连攻数日，死伤千余，柴桑巍然不动。徐盛对部下道："如今敌兵多如蚂蚁，我看依靠防守是守不住的，不如我们今夜出城偷袭。"当夜，月黑风高，徐盛命令全军饱餐一顿，悄悄打开城门，摸至黄射军营，大杀而入，黄射不明虚实，仓皇应战，被徐盛打得大败而逃，引军撤回荆州。

中郎将刘磐率军数千来攻西安，太史慈引兵一千救援。两军战于西安城下，战况胶着，相持不下，刘磐亲自登上箭楼上指挥作战，黄忠急忙劝阻道："将军，高处危险！"刘磐连忙命人用大盾护住自己，对黄忠道："这下子安全了。"太史慈见持盾的人略有松懈，大盾之间露出一道缝隙，对着刘磐就是一箭，利箭穿过缝隙，正中前胸，刘磐血流如注，左右慌忙将刘磐撤下箭楼，刘磐不能作战，命令全军撤回荆州。那么荆州又发生了什么事呢？且听下文分解。

第三回　刘表招揽人才，刘备初顾茅庐

且说孙权从夏口退兵，都督苏飞向黄祖建议道："甘宁作战勇猛，射杀江东大将凌统，可委大任。"黄祖拒绝道："这锦帆贼，经常不听号令，还自以为是，这样的人怎能委以大任？"苏飞道："黄将军，您不要叫他'锦帆贼'，甘宁早就改邪归正了，您老是叫他绰号，伤他自尊。"黄祖道："大家都这样叫的，叫惯了，改不了口。"苏飞道："甘宁立功多，志向高远，这样的人才一定要尊重。"黄祖道："军人以服从命令为天则，我叫他往东，他就得往东，我叫他往西，他就得往西。这家伙居功自傲，老在我面前摆谱，没门！"

蔡瑁率军返回襄阳向刘表复命。蔡瑁建议道："江东孙权很难对付，更何况曹操。如此下去不是办法，还望主公为荆州谋划出路。"刘表马上召集部下商议，蒯良道："曹操和孙权手下人才济济，现在这么多人才避难荆州，主公何不委以大任？荆州乃万乘之邦，只要我们用好人才，虽不能开疆扩土一统天下，至少可以安身立命，立于不败之地。"刘表问道："你看谁最了解荆州人才？"蒯良道："隐士庞德公、水镜先生司马徽在荆州学馆任教多年，桃李满天下，与荆州名士交往甚密，主公何不问计于他俩？"刘表道："你为我选择良辰吉日，我要大摆

宴席，庆祝江东退兵，荆州平安，不妨请他们一同赴宴。"

吉日一到，众人纷纷向刘表祝贺，刘表大喜，请宾客入席。蒯良举杯庆贺道："镇南将军治理荆州，民丰州富，办学兴教，百姓拥护。江东内患不止，无暇自顾，穷兵黩武，百姓不附。正可谓得民心者得天下，让我们斟满美酒，举杯敬镇南将军，与镇南将军共饮，同庆荆州山河永固！"刘表大喜道："荆州之事全赖诸位尽心尽力，大家共饮，请！"

酒过三巡，菜过五味，刘备面无喜色，一言不发，时不时地叹气，刘表责怪道："今日大吉，大家共饮，玄德何故如此？"刘备道："我以前不离开马鞍，大腿上的肉都消失了。如今不再骑马，身体发胖，刚才更衣，发现大腿内侧的肉都长出来了。日子过得飞快，年老将至，头发也开始发白了，可我功业未建，膝下无子，想到这些，我忍不住地感到悲伤啊！"刘表安慰道："玄德贤弟言重了，您扬威博望，击败夏侯惇，保我荆州平安，怎能说功业未建？荆州百姓都仰赖您啊。"忽有一人起身道："玄德兄不必叹气，不妨让我外甥舞剑助兴。"只见一英俊少年脱下外衣，露出紧身短打，当众舞起剑来，众人无不击掌叫好。刘表大喜，赏他财物，少年连忙谢过。刘备内心欢喜，叫过少年，脱下外套给少年披上，吩咐道："天冷，小心着凉。"刘备转身取出一柄镶金短剑，对少年道："这是我的防身之物，配得上你的剑术，你拿着玩吧。"少年连忙谢恩。刘备笑着戏谑道："你拿了我的剑，以后可要跟在我身边，为我防身，当我儿子。"少年羞涩，答不上话来。那人见刘备喜欢少年，上前行了一礼，说道："我外甥乃罗侯寇氏之子，父母早亡，跟着我过日子。既然将军喜欢，我把他送给将军，不知将军意下如何？"刘备大喜道："如此我有后了。"当即收少年为养子，刘备将少年改名为刘封。

席毕，刘表叫过庞德公和水镜先生司马徽，刘表问道："两位可否出仕为官，助我管理荆州？"庞德公道："我俩年事已高，马上就要入土了，自己都需要别人服侍，哪里还能为官？还望另请高明。"刘表道："听说你们与荆州名士交往密切，不知何人能用？"司马徽道："荆州名士当推'卧龙''凤雏'，两人皆有经天纬地之才，得一可安荆州。"刘表急问道："'卧龙''凤雏'，我怎么没有听说过？"庞德公道："'卧龙'乃诸葛亮，'凤雏'乃庞统，这两人是荆州名士中的翘楚。"刘表道："多谢两位相告，看看有什么空缺，我一定重用他们。"

刘表送走了庞德公和司马徽，蒯良连忙来找刘表，刘表没好气地说道："你推荐的是什么隐士、名士，真是瞎扯淡。"蒯良丈二和尚摸不着头脑，说道："难道他们推荐的人不行？"刘表哑然失笑道："他们竟然推荐诸葛亮，你以后不要再瞎折腾了。"蒯良道："难道诸葛亮不行吗？"刘表道："也不是不行，还是有些见识，我对他太熟悉了。诸葛亮与我沾亲带故，是我后妻姐姐的女婿，偶尔出入我家。此人长得一表人才，又高又帅，文章也好。我让他从基层干起，先当个小吏，以后一步一步提拔，不料被他婉言谢绝。你别看诸葛亮表面上文质彬彬的，其实胸有丘壑，内心狂得很，竟敢自比管仲、乐毅，说自己的志向不能伸展。我看他是好高骛远，总想着一步登天。这样的狂妄之徒我不需要，以后休得再提。"蒯良道："将军啊，年轻人狂妄一点可以理解，我们都曾年轻过。"刘表漫不经心地说道："诸葛亮的大姐嫁给你们蒯家的蒯祺，二姐嫁给庞德公的儿子，庞统是庞德公的侄子，你们极力举荐我可以理解。"蒯良的脸唰地红了，再也不好意思再为诸葛亮说话，于是改口道："我再为您推荐一人，不知主公意下如何？"刘表道："何人？不会是亲戚吧？"蒯良道："临湘桓阶。"刘表道："我知道零陵烝阳刘巴很有才能，我推举他为茂才，屡屡请他出来做官，这家伙就是不肯来。临湘桓阶倒是未曾听闻。"蒯良道："就是帮孙吴讨回孙坚遗体的那个尚书郎！"刘表道："你这么一说，我有点想起来了，不知他有什么本事？"蒯良道："桓阶腹有良谋，听说当初张羡起兵反叛，就有桓阶的身影。这样的人才您一定要重用。如果不用，应该马上杀掉，绝不能让他遗落民间，否则会出大事。"不久，刘表召见桓阶，两人交谈片刻，刘表当即辟桓阶为从事祭酒。刘表对桓阶赞赏有加，打算把妻子的妹妹蔡氏嫁给他，可刘表胸无大志，桓阶根本看不上，于是推说已有妻室，拒不接受。一年后，桓阶称病辞官隐退，此乃后话。

再说刘备和刘封从襄阳返回，带着厚礼顺道拜访诸葛亮。两人策马来到隆中，见一草庐书声琅琅，刘备上前叩门，书声顿停，出来一英俊青年，问道："先生何事？"刘备道："我乃宜城亭侯左将军刘备，特来拜访卧龙先生。"青年恭请刘备入内歇息，奉上香茶，刘备道："敢问卧龙先生，您对当今时局有何看法？"青年道："真不巧，家兄出游去了。""请问您是？""我乃诸葛亮之弟诸葛均。""他去什么地方，何时能回来？"诸葛均道："可能是拜访朋友，也可能是去江东寻找失散多年的哥哥，少则数月，多则一年半载，没有定数。"刘备起身告辞道："令兄回来，就说刘备来过，请他移步相见。"诸葛均将刘备送出草庐，刘备策马而回，心道："看来卧龙先生投奔江东去了。"

荆州的事暂且不表，让我们把目光移向冀州，冀州又会发生什么事呢？且听下文分解。

第三十八章　曹军攻取邺城，曹操攻灭袁谭

第一回　袁尚攻打袁谭，曹操兵围邺城

建安九年（204）二月，袁尚不顾部下反对，留审配、苏由镇守邺城，自率大军直奔平原攻打袁谭。

曹操见袁尚主力攻打袁谭，大喜，挥军抵达邺城，一边堆筑土山进攻，一边开挖地道破城。审配率军顽强抵抗，曹军毫无进展。

四月，曹操留曹洪攻城，自己率军进攻毛城，毛城守将尹楷拼死抵抗，徐晃建议道："袁军作战顽强，定是心存幻想，盼望援军相救。主公何不断了他们的念想？"曹操马上采纳，命徐晃在毛城东北设伏。不久袁军从涉县来救，途经设伏之地，徐晃猛然杀出，袁军大败。徐晃乘胜追击，连破三屯，袁军败走。徐晃紧追不放，直扑涉县，县令梁岐献城投降。徐晃回军复命，曹操命人将袁军首级在城下一字排开，又让梁岐到城下喊话，尹楷大惊，当晚偷偷打开城门，率军逃遁而去。曹军占领毛城，切断袁军上党方向粮道。

接着，曹操率军进攻赵国邯郸，邯郸守将乃沮授之子沮鹄，曹操挥军猛攻，邯郸陷落，沮鹄战死。易阳令韩范担心曹军来攻，上表求降，曹操大喜，立即同

意，回军邺城。韩范见曹军撤走，又据城自守，曹操大怒，命徐晃攻打。徐晃兵临易阳，韩范闭城坚守。徐晃修书一封，射入城中，陈述利害，韩范开城投降。曹操下令屠城，徐晃劝谏道："袁氏兄弟还未打败，未归降的各城都在观望，今天您灭了易阳，明天各城都以死相守，河北势必平定无时，希望您改变主意。"曹操马上采纳，封韩范、梁岐为关内侯。

黑山军首领张燕派使者拜见曹操，请求协助攻打袁氏兄弟，曹操大喜，任命张燕为平北将军。张燕大喜，召集众将道："以前袁绍与我们为敌，老是攻打我们。如今曹公认可我们，命我为平北将军，我们报仇雪恨的时候到了，我等应竭尽全力，剿灭袁氏，为曹公效力！"众将道："我等唯将军马首是瞻！"

审配的部将冯礼写信给曹操，欲为内应，曹操大喜。冯礼打开城下小门，偷放曹军进城，不想被审配发现，审配立即命人抛下巨石，将入口堵住，进城的三百多曹军全部战死。曹操见邺城高大，防守严密，围攻效果不佳，马上调整攻城之法。五月，曹操命人毁去土山、地道，开凿壕沟，包围邺城。最初曹操让人挖得很浅，好像可以一跨而过。审配在城上看见放声大笑，对部下道："曹贼攻不进城，黔驴技穷，想要围困我们，没什么可怕！"没有派兵出来破坏。后来，曹操派人日夜开挖疏浚，用不了多长时间，挖成深二丈、宽二丈的深壕，曹操再把漳河水引入壕沟，邺城内外联系完全断绝，形势急转直下。那么袁尚如何应对呢？且听下文分解。

第二回　曹操击走袁尚，曹军攻取邺城

再说袁尚听闻曹操攻打邺城，心中大急，下令加紧攻打平原，没想到全军听

说邺城被围，军无斗志，平原久攻不下。袁尚听说邺城危急，只得撤军回救。袁谭见袁尚退兵，大喜，马上下令追击，郭图劝阻道："将军啊，我们的计谋奏效了，就把袁尚留给曹操吧，他们鹬蚌相争，将军正好可以渔翁得利！"于是袁谭下令进攻冀州各地，意欲取代袁尚。

七月，袁尚派主簿巨鹿人李孚进邺城。黄昏时分，李孚戴着武官的头巾，砍了一根木棍作为刑杖，系在马旁，带着三名骑兵，大摇大摆地到达曹军包围圈。李孚自称都督，不慌不忙从北边径直进入曹军大营，一路向东巡查，看到将士违反军纪的，轻则叱责，重则棍打。李孚神色镇定地经过曹操大帐门口，一直巡视到城南，李孚来到邺城正南的章门，又故技重演，大声责骂将士，还把他们一一绑了。然后打开营门，飞驰到城下，向城上呼喊，审配认得李孚的声音，急命守军放下绳子，把李孚一行吊入城中。围城的将士向曹操禀报，曹操没有责备，笑道："这人不但能进城，我猜还会再出来，你们可千万要注意啊！"

审配见到李孚，悲喜交加，高呼万岁。李孚道："大将军马上回救邺城，我们举火为号。你看到城外举火，马上从北门杀出。大将军从外面攻打曹营，我军内外夹攻，邺城之围必解。"审配喜道："如今城内无粮，饿死者大半，实在无法坚守。既然主公马上就到，我这就去准备。"李孚道："我马上出城回禀主公。"审配道："城外守备森严，如何出得了城？"李孚在审配的耳边道："只需如此如此，您还可节约粮食……"次日夜晚，审配把城中数千老弱召集起来，让他们手持白旗，从三个城门同时出城，向曹军投降，李孚带着三个骑兵混在其中，乘夜突围而去。

过了三日，袁尚率军一万回救邺城。曹军将领建议道："他们是归师，人人都会拼死作战，不如避开。"曹操道："袁尚如果从大路来，应当避开；如果沿着西山来，定会被我们击败。"众将不解其意。

袁尚果然沿西山而来，在滏水边举火报信，审配马上举火呼应。审配派兵从北门出击，曹操命曹洪、张辽迎战，自率乐进、徐晃、张郃、许褚来攻袁尚。曹洪、张辽把审配打败，把他逼回邺城。曹操率军攻击袁尚，张郃一马当先，奋力冲杀，边冲边喊："张郃在此，挡我者死！"袁尚急命大将马延相迎，张郃乃河北名将，马延不敌，被张郃打得大败。张郃顺势杀入袁尚军阵，把袁尚军阵冲得大乱。曹操大喜，命令全军进攻，把袁尚打得大败。

袁尚退到漳河拐弯处安营扎寨，不到半个时辰，曹军尾随而至，准备包围营寨。袁尚惊恐，急派阴夔、陈琳求见曹操，请求投降。曹操一口拒绝，加紧部署包围。袁尚无奈，乘着夜色逃走，退守滥口。曹操又催军急进，把他围困起来。袁军惊恐万状，马延、张颢临阵投降曹操。曹操大喜，命全军四面进攻。张郃杀入袁军大营，命部下齐声大喊道："袁尚在哪里，快快出来就擒！"袁尚大惊，用布蒙住脸，带着少量兵马冲出大营，逃往中山。袁军失去主帅，四向溃逃。许褚威风八面，在袁军大营左冲右突，大杀一通，忽见一人锦衣博带，怯生生地抱头逃窜，四处躲藏，许褚大奇，策马上前，探身一把拎起，那人拼命挣扎，许褚一看，见是陈琳，横放在马上，策马回营，献于曹操，许褚因功获封关内侯。

曹操缴获袁军全部物资，将袁尚的印绶、符节、斧钺、衣物陈列于邺城城下，命俘虏向城里喊话，邺城守军士气涣散。审配激励将士道："我们一定要坚守死战！曹军疲惫不堪，袁熙率领的幽州援军马上就要到了，我们还怕没有人来做主吗！"一日，曹操出营巡视部队，不想被审配发现，审配连忙调来弓弩手，待曹操靠近，审配一声令下，顿时强弩齐发，曹操的随从飞身护住曹操，纷纷中箭而亡，众侍卫连忙用大盾护住，曹操这才脱险。曹操大怒，指着城头骂道："待我破城之日，一定要烹了你！"

审配的侄子审荣防守东门，心知邺城朝不保夕，想要投降曹操。八月初二，审荣见辛毗带着士兵巡城，连忙射出箭书。辛毗得书一看，只见上面写着："我欲投奔曹公，望兄引荐，今夜三更时分，我打开东门相候，将邺城献于曹公，请您在曹公面前美言，保我全家性命和邺城百姓安全，弟审荣拜上。"辛毗与审荣交情深厚，马上向审荣举手示意，辛毗将信献给曹操，曹操大喜道："我破邺城就在今日！"当晚，审荣打开城门，曹军蜂拥杀入，审配在东南角楼上听到动静，见曹军火把宛如长龙往城内涌动，连忙命人到监狱斩杀辛评全家，自率大军与曹军作战，两军战至天明，审配被擒。

辛毗一入邺城，带兵直奔监狱去救哥哥辛评，不料还是迟了一步，辛评全家几十口被杀。辛毗抱着辛评的尸首放声痛哭，忽闻一声："来的可是辛佐治？"辛毗惊问道："你是何人？"那人道："我是崔琰。""你怎么也被关在这里？""袁氏兄弟相争，双方都想得到我。我推说有病，坚决推辞，两不相帮，因此获罪，本要被斩，幸有阴夔、陈琳相救，免于一死。"崔琰，字季珪，清河东武城人，体态雄伟，相貌俊美，美须髯，性格刚直，师从大儒郑玄。辛毗一边为崔琰打开牢门，一边问道："何人杀我兄长全家？"崔琰道："审配！"辛毗怒道："不杀审配，我誓不为人！"说着提剑来找审配。

辛毗走了片刻，正遇士卒绑着审配，押往曹操大帐。辛毗迎面拦住，对着审配的脸就是一口吐沫，骂道："奴才，你今天死定了！"审配瞪着辛毗道："狗东西，正是因为你们这些人，冀州遭受曹军蹂躏，我恨不能亲手杀死你。"辛毗大怒，挥着马鞭劈头盖脸地猛抽过去，众人连忙劝阻。

审配被押到曹操大帐，曹操道："你知道是谁打开城门的吗？"审配道："不知道。""是您的侄子审荣啊！"审配叹道："小儿不堪重任，我才落得如此下场！"曹操问道："那天我巡视围城部队，你怎么有那么多弓弩啊！"审配道："我还恨弓弩少呢！"曹操敬重审配，叹了一口气道："你效忠于袁氏，也不得不那样做。"曹操有心宽恕审配，说道："你两个儿子都在我帐下效力，难道你不想和儿子一起吗？"审配道："我是我，我儿与我何干！"审配意气壮烈，始终不说一句屈服求饶的话，辛毗在旁跪地号哭道："这个禽兽不如的东西，双手沾满我哥哥的鲜血，今天不是他死就是我亡，我跟他拼了，主公切不可饶他！"曹操还在犹豫不决，许攸怨恨审配抓捕自己家人，上前对曹操道："审配乃袁氏心腹，如不除掉，冀州永无宁日！"曹操长叹一声，下令杀死审配。

曹丕率军径直进入袁府。袁府上下早已乱成一团，刘夫人惊恐地坐于堂前，一女瑟瑟发抖，把头伏在刘夫人膝上哭泣。刘夫人见曹丕来了，对仆人道："快将我绑了。"曹丕阻止道："不必了。"曹丕指着哭泣的女子问道："这是何人？"刘夫人道："她是袁熙之妻甄氏。"刘夫人命甄氏见过曹丕，甄氏匍匐在曹丕面前，求饶道："家母年事已高，有病在身，请将军网开一面，饶过家母，妾等感激不尽，愿为奴仆，侍奉将军。"曹丕久闻甄氏貌美贤惠，连忙将她扶起，窥见甄氏国色天香、姿貌绝伦，不由得怦然心动，目不转睛地看着，半晌说不出话来。甄氏抽开双臂，躲到刘夫人身后。刘夫人见曹丕失态，魂不守舍，对甄氏道："现在有人见了你的相貌，不用担心被杀了！"不久曹丕娶甄氏为妻。

曹操亲自到袁绍墓前祭祀，年轻时的友谊、讨伐董卓的矛盾、迁都许都后的争斗一幕一幕涌上心头。曹操控制不住自己，不由得痛哭流涕。祭完袁绍，曹操安慰刘夫人，退还袁家金银财宝，赐给绸缎丝锦，发放生活费用。曹操又出安民告示，将粮草源源不断地运入邺城，邺城大定，魏郡大定。就在曹操攻占邺城之时，袁氏集团的其他人又在干些什么呢？且听下文分解。

第三回　高干假降曹操，曹操攻灭袁谭

再说袁尚逃到中山，好不容易得到喘息之机。不想袁谭趁袁尚回救邺城之机先后攻取甘陵、安平、勃海、河间四郡。袁谭听闻袁尚逃到中山，于是率军来攻，兄弟相见分外眼红，袁谭马上发动进攻，袁尚势单力薄，大败而走，逃到故安投奔幽州刺史袁熙。袁谭将袁尚残部全部收编，回军平原。

当初，袁尚回援邺城，派从事牵招到上党督办军粮。牵招听说袁尚败逃中山，马上求见并州刺史高干，牵招游说道："并州左有恒山天险，右有大河可以固守，北边有强大的胡人，将军您拥兵五万，实力强劲，可把袁尚迎过来，大家联合起来，共同应对时局变化。"高干见冀州大势不妙，担心曹操下一步攻打并州，非但不同意牵招的建议，还上表曹操请求投降。高干还想把牵招杀了，将首级献给曹操作为见面礼。牵招闻讯大惊，连忙逃出并州，不想通往幽州的道路不通，不能向袁尚复命，于是到邺城改投曹操。牵招，字子经，安平观津人，年少时与刘备为刎颈之交，后来投奔袁绍，担任冀州从事，统领乌桓突骑。

曹操收到高干降表，大喜，马上写信给高干，对高干好言安慰，仍旧让他担任原职，并任命高干的从弟高柔为菅县县令。高柔，字文惠，陈留圉县人。曹操以朝廷的名义重新任命上党太守。

曹操见邺城气象万千，冀州富饶，心道："如此富饶之地，我当居之。"九月，曹操自领冀州牧，退还兖州牧，辟牵招为从事、崔琰为别驾，封夏侯惇为伏波将军、贾诩为太中大夫，封荀攸为陵树亭侯、郭嘉为洧阳亭侯。曹操将自己的政治中心转到邺城，只在许都留少量官吏侍奉皇帝刘协。

一日，曹操笑着对崔琰道："昨天我查了冀州户籍，可得三十万大军，冀州真不愧是大州啊。"崔琰道："如今天下分崩，九州分裂，袁氏兄弟同室操戈，

冀州百姓陷于水深火热之中，死尸遍布原野而无人掩埋。如今朝廷大军进驻冀州，没有慰问民间疾苦、拯救百姓的举动，反而先计算兵员数量，唯独将此放在首位，这岂是敝州百姓对您的期望！"众宾客大惊失色，伏在地上不敢出声，曹操收敛笑容致谢道："你说得对。"曹操下令道："黄河以北遭受袁氏之难，今年不用交纳田租税赋。"接着又命令道："所谓国家，不怕国小而怕分配不均，不怕贫穷而怕民众不安定。袁氏的治理方略，就是让豪强专横放纵、飞扬跋扈，任由亲戚兼并地盘；下等平民贫困，每年都要上缴租税杂赋，变卖家财，仍然不足以活命；审配的宗族甚至藏匿罪犯，包庇逃亡叛逆。想让百姓亲近拥护我们，使军队更加强盛，这样做怎么能行呢？现在命令每亩田租收缴四升，每户缴纳布绢二匹、锦二斤就行了，其他的不准擅自收取。各郡国太守、国相要认真核查，不要让豪强有所隐藏。"这样加重地主豪强的负担，减轻底层百姓的负担，底层百姓很高兴。

许攸自恃功高，屡次轻慢曹操，每次在座，都不约束检点自己，直呼曹操小名："阿瞒，你要是没有我，得不到冀州啊！"曹操表面上嬉笑道："你说得对。"内心却很不舒服。一日，许攸出邺城东门，忽遇曹操车驾飞奔而过，溅了许攸一身泥水，许攸指着曹操车驾对左右道："曹操要是没有我，进不得此门！"于是有人向曹操告发，许攸被捕，不久被杀。

就在袁尚回救邺城期间，袁谭四处争抢地盘，收纳袁尚的残兵败将，意欲取代袁尚。如今邺城已定，曹操写信给袁谭，责备他违背誓约，要与他解除婚约。曹操命荀衍为监军校尉，都督河北事，留守邺城，自率大军进攻袁谭。荀衍，字休若，乃荀彧的三哥。

曹操大军直奔平原，袁谭大惊，连忙放弃平原，率军撤至南皮，自己屯兵龙凑。十二月，曹操进兵平原，略定附近诸县，马上率军追到龙凑，紧挨着袁军大营门口驻扎，袁谭惊恐，闭门不出，当夜逃往南皮，在清河沿岸驻守布防。曹军随后就到，两军隔河对峙。

建安十年（205）正月，忽然来了一场寒流，清河结了厚厚的冰层，曹操大喜道："我们不需渡船就可过河，这是上天要灭亡袁谭之兆。"于是当即率军攻打袁谭。曹袁两军互不相让，在冰天雪地里顶风迎雪，艰难苦战，两军战至天黑，双方伤亡都很大，谁也占不到便宜，各自收兵回营。曹军连攻数日，见袁谭拼死抵抗，初战不利，想要暂缓进攻，议郎参司空军事曹纯建议道："我们不远千里进攻敌人，实乃孤军深入，难以持久，如果不能很快打败敌人，必然丧失军威。现在袁谭暂时胜利变得骄傲大意，我军进攻受挫而变得谨慎小心。以谨慎小心的我军对阵骄傲大意的敌人，我们一定可以获胜。"曹操马上采纳，召集将士训斥道："袁谭本是败军，困兽犹斗，诸位当用尽全力，奋勇向前，违令者，斩！"

次日曹袁两军列阵再战。双方从天明一直打到中午，打得筋疲力尽，战况依然胶着，毫无进展。张绣当即上前请战道："末将愿为明公破敌！"曹操道："孤的大将轮番上阵都没成功，你能成功吗？"张绣不屑一顾道："别人视冰雪严寒为敌人，我视冰雪严寒为朋友，袁军对我来说算得了什么！"曹操不同意，说道："现在双方结成密集阵型作战，你的骑兵用不上啊。"张绣道："我率铁骑风驰电掣杀入敌阵，必然能把袁军杀得人仰马翻。"曹操道："如此你的铁骑岂不是废了？"张绣道："我的骑兵事小，全军胜负事大，一旦我将敌阵冲出缺口，明公可相机行事。"曹操壮其言。

张绣登高而呼："我凉州兵马天下无双，这点严寒算什么！现在我军进攻不利，我们要挺身而出，为曹公分忧解难，愿意跟我张绣冲锋陷阵的给我站出来！"张绣的部下全都高举武器，呼喊着站了出来，张绣喊道："你们跟着我冲锋拼杀，有进无退！"张绣一马当先，当即挥军杀向袁军。

曹操亲擂战鼓，张绣大受鼓舞，攻势一浪高过一浪。张绣拼死力战，猛冲猛打，不顾伤亡，硬生生地撕破袁军战阵。曹操大喜，命乐进、许褚随后跟进，命张辽、张郃、徐晃、李典从侧面进攻，把袁军打得大败而逃。曹军一路追杀，俘获大批袁军，袁谭带着残兵败将退入南皮。张绣部众伤亡巨大，曹操给张绣增加食邑至二千户。

曹军截断袁军粮道，将南皮团团围住，曹操命乐进、张辽、张郃、徐晃、李典、许褚四面攻城，乐进冒死奋战，从东门先登攻入城中，曹军紧跟着蜂拥而入，两军在城内大战。袁谭见大势已去，带着部下突出北门，落荒而逃。曹操急命曹纯率虎豹骑追赶，虎豹骑见袁谭身披玄甲，头戴金盔，装备奢华，紧追不舍。袁谭逃了一路，人困马乏，一不小心从马上掉了下来，袁谭强忍疼痛，支起身子，披头散发地对追兵道："喂，小子过来，我能使你富贵……"话还没说完，虎豹骑宛如闪电飞驰而过，手起刀落，袁谭人头顿时落地。谁也没有想到，袁绍最聪明的儿子袁谭，心机用尽，处处与袁尚相争，不惜投靠曹操，竟然死于曹操之手，第一个灭亡。

曹军占领南皮，当即下令把郭图等人杀了，又将袁谭、郭图等人的妻子儿女杀得一干二净。曹操颁布命令道："凡是与袁氏共同作恶的人，允许他们改过自新。"又下令百姓不得再报私仇，禁止厚葬，违反者一律严惩。

郭嘉向曹操建议道："主公应多多招募并重用青、冀、幽、并四州名士，笼络民心。"曹操马上采纳，命人将陈琳带到大帐，曹操质问道："你帮袁绍写檄文，骂孤也就罢了，怎么连孤祖父和父亲都骂了呢，是可忍孰不可忍，孤想杀了你！"陈琳战战兢兢地谢罪道："鄙人写文章忘乎所以，狂妄不羁，只图一时之快，的确考虑不周，有点过头，还望明公大人不计小人过。如今我懊悔不已，但愿我没有写过檄文。"曹操道："孤看此文，文采飞扬，可谓雄文，现流传甚广，定会传至后世，后人都知道孤被你骂得体无完肤、一文不值。"陈琳怯道："实在对不住了，请您海涵。"曹操道："孤当时正患头风，卧病不起，读了你的檄文，惊出一身冷汗，翕然而起，没想到头风一下子痊愈了。"陈琳再次道歉道："我的文章华而不实，与您相比差远了。"曹操哈哈一笑道："这样吧，孤命你为司空军谋祭酒，为我管理计室吧。"陈琳大喜，连忙叩头谢过，从此陈琳在曹操帐下任职。郭嘉道："主公此举可谓有千金买骨之效！"此后不久，李孚、王修等四州名士纷纷来投。

曹操继续在冀州攻打袁氏残留势力。命徐晃攻打青州平原叛贼。命张辽率军从勃海湾进入青州，扫荡异己势力。

四月，张燕率黑山军十万到达邺城，曹操封张燕为安国亭侯，食邑五百户，命他在邺城附近驻守，黄巾起义至此彻底结束。

曹操的事暂且不表，让我们转向江东，江东又会发生什么事呢？且听下文分解。

第三十九章　孙翊遇刺身亡，周瑜劝攻合肥

第一回　孙权诛杀盛宪，孙翊遇刺身亡

且说孙权继位后三弟孙翊不服，颇有怨言，朱治责备道："江东是孙策打下来的，孙策指定孙权继位天经地义，可谓长幼有序，合情合理。你当以孙权为尊，全力辅佐，不得违逆。"此后孙翊不敢再有怨言。孙翊，字叔弼，骁勇凶悍，果断刚烈，颇有兄长孙策的风范，由吴郡太守朱治举为孝廉。

建安八年（203），丹阳太守吴景病故，孙权任命孙翊为丹阳太守。孙权设宴为孙翊栈行，孙翊却嫌丹阳太小，看不上。朱治起身责备道："你应该知足了，当年光武帝刘秀在你这个年龄，哪有这么多土地啊？你现在手上的兵马比伯符刚领兵时多得多，要嫌地盘小，你自己去打，我来帮你！"孙翊不再言语。

孙翊一上任，自身缺点就暴露出来了。孙翊对人严厉暴躁，喜怒全写在脸上。孙翊不喜欢丹阳官吏，将他们一一罢免。朱治闻讯写信责备道："你初为太守，怎能如此意气用事！你不想想，你的大哥孙策知人善任，无论什么人都能用其所长，无论什么人都愿为他效死力。你的二哥孙权为人稳重，慧眼识才，江东英才无不甘愿效力。你舅父乃吴郡翘楚，任用的官吏都是良善之辈。你应该收敛自己，

虚心学习。如果再这样下去，迟早要出大事。"孙翊不听。

东部校尉张纮拜见孙权，说道："盛宪已回到会稽，广交名士，频发谬论，诋毁伯符。号召儒生忠于朝廷，效忠汉室。"孙权问道："当年兄长如何处理？"张纮道："对于能够与我们合作的全部量才而用，对于不合作的尽力争取，对于那些顽固不化、坚决反对我们、与我们为敌的坚决镇压！"孙权命会稽郡丞顾雍将盛宪抓捕入狱。盛宪的好友和弟子连忙逃往异地他乡，如鸟兽散。

众名士纷纷向顾雍求情，顾雍来劝盛宪。顾雍道："你想报效汉室，何必诋毁伯符？"盛宪道："是他杀害高岱，高岱是我的挚友。"顾雍道："据我所知，此乃许贡奸计。伯符已经同意不杀他了，可那帮儒生画蛇添足。"盛宪道："你无须为他辩解。谁杀高岱，天下人都知道，我就是要骂他！"顾雍道："伯符已不在人世，骂他何用？你不喜欢孙氏，何不投奔曹公？"盛宪道："他是汉贼，架空朝廷，独断专行，我恨不得除掉他。"顾雍道："你是名士，与孔融友好，何不投奔孔融，为朝廷效力？"盛宪道："大汉名存实亡，孔融只是摆设，他又不能复兴汉室，投他何用？"顾雍道："识时务者为俊杰，如果你谨言慎行，你一定会得到尊重，就像以前我们对待王朗、华歆那样，会稽是你的家乡，你可以落叶归根，平平安安度过晚年，你的家人可以保全。"盛宪不屑一顾道："都是一些没有气节的人，我岂能与他们同流合污！"顾雍叹道："你这样子，何必回会稽啊！"盛宪叹道："天下之大，已没有我容身之处了，我能去哪里啊！"顾雍对求情的人道："盛孝章幻想复兴汉室，屡出谬论，诋毁伯符，如果不改变，我也无能为力。"

众名士没有办法，只得向孔融求助。孔融大惊，急忙给曹操写信道："岁月不居，时节如流。五十之年，忽焉已至，公为始满，融又过二。海内知识，零落殆尽，惟会稽盛孝章尚存。其人困于孙氏，妻孥湮没，单子独立，孤危愁苦。若使忧能伤人，此子不得复永年矣。《春秋传》曰："诸侯有相灭亡者，桓公不能救，则桓公耻之。"今孝章实丈夫之雄也，天下谭士依以扬声，而身不免于幽执，命不期于旦夕。是吾祖不当复论损益之友，而朱穆所以绝交也。公诚能驰一介之使，加咫尺之书，则孝章可致，友道可弘也。今之少年，喜谤前辈，或能讥平孝章；孝章要为有天下大名，九牧之民所共称叹。燕君市骏马之骨，非欲以骋道里，乃当以招绝足也。惟公匡复汉室，宗社将绝，又能正之。正之之术，实须得贤。珠玉无胫而自至者，以人好之也，况贤者之有足乎？昭王筑台以尊郭隗，隗虽小才，而逢大遇，竟能发明主之至心，故乐毅自魏往，剧辛自赵往，邹衍自齐往。向使郭隗倒悬而王不解，临溺而王不拯，则士亦将高翔远引，莫有北首燕路者矣。凡所称引，自公所知，而复有云者，欲公崇笃斯义也。因表不悉。"

远在冀州的曹操收到孔融书信，叹道："孔文举对我向来傲慢，这次求我救人，从容不迫，毫无卑躬折节之语，如此好文，我不救盛孝章都感觉不好意思。"曹操连忙下令征盛宪为都尉。不想命令几经转手，再加上路途遥远，任命还没到江东，孙权已把盛宪杀了。

孙翊到山中打猎，偶遇隐士妫览、戴员。孙翊见两人学识不凡，礼聘妫览为大都督，统领丹阳兵马；礼聘戴员为郡丞，处理丹阳日常事务。谁也没有想到，妫览、戴员乃盛宪推举的孝廉，因盛宪被捕，逃匿山中，不想竟被孙翊器重。两人表面上对孙翊服服帖帖，办事得力，实则另有所图。

盛宪死后，妫览、戴员暗中痛哭，发誓要为盛宪复仇。两人见孙翊经常责备侍卫边鸿，边鸿对孙翊颇有怨言，遂将边鸿收为心腹。孙翊对边鸿种种反常表现不满，多次诘难，边鸿处境窘迫，幸得妫览、戴员从中周旋，侥幸得免。两人见各地山越风起云涌，决定放手一搏，刺杀孙翊。

孙翊召县令、县长齐聚宛陵，统一部署消灭山越之策。孙翊对夫人徐氏道："我明天要以主人身份接待地方长官，你给我占一卦，看看吉凶。"徐氏上好香，取出铜钱，往地下一扔，对孙翊道："卦象不好，必须更改日期。"孙翊道："他们来宛陵很久了，应该尽快让他们回去。"次日，孙翊大摆宴席为他们饯行，几番觥筹交错，众人尽兴，纷纷起身告辞。孙翊略带几分醉意，脚步蹒跚，把他们送到门口，宾主握手话别。眼看就要曲终人散，一切归于平静，边鸿绕至孙翊身后，拔刀猛砍孙翊后背，孙翊猛然回头，望着边鸿，边鸿抽回腰刀，连连砍杀，孙翊倒在血泊之中。孙翊平日出入都会随身带刀，这次空手送客，不想竟被边鸿行刺成功。

宛陵顿时大乱，边鸿趁乱逃入山中。徐氏出重金悬赏，半夜时分，边鸿落网，押至府衙。戴员、妫览生怕边鸿供出自己，装模作样略问几句，马上将他斩杀。众人知道边鸿乃妫览、戴员指使，唯恐实力不够，不敢轻举妄动。

妫览进入孙翊府中，把孙翊的姬妾、奴婢叫来服侍自己。妫览见徐氏貌如天仙，顿起色心，想娶徐氏。徐氏担心反抗会遭杀害，累及幼子孙松，便故意拖延道："夫君死了总是要改嫁的，但须等到本月晦日（月末），容我祭奠完毕，脱去丧服，我才依你。不然，贱妾宁死不从。"妫览一想，离晦日也没多长时间，于是当即同意。

庐江太守孙河闻知孙翊遇害，命孙韶代理自己统领部众镇守丹徒，自己带着随从赶到宛陵。孙河指责妫览、戴员道："发生这样的事，你们未能尽到职责，脱不了干系。"妫览、戴员私下商议道："孙河与孙翊血缘很远，都这样指责我们。要是讨虏将军来了，我们一家老小一个都活不成。"两人干脆一不做二不休，杀死孙河，写信给扬州刺史刘馥道："请您进兵历阳，我俩愿将丹阳献于足下。"刘馥大喜道："只要丹阳归我，曹公的大事就成了。"于是连夜调兵遣将，进军历阳。丹阳的局势究竟会向什么方向发展呢？且听下文分解。

第二回　徐氏为夫报仇，周瑜劝攻合肥

徐氏暗中派族兄徐元转告孙高、傅婴道："妫览霸占婢女姬妾，如今又来逼我。我之所以表面上答应，只不过为了稳住他，以免遭到毒手。我现在想了一计，愿两位将军能怜悯相救。"孙高、傅婴是孙翊的心腹爱将，平日孙翊对他俩特别亲近，两人涕泪俱下道："我们受府君厚恩，之所以没有立即到地下陪伴，是因为死了也没什么用，总想谋划报仇大计，只是还没有谋划出良策，不敢向夫人报告，今日夫人所说之事，正是我们日思夜想要做的。"于是两人暗中召来二十几个孙翊平时蓄养之人，徐元把徐氏之计相告，大家共同盟誓，发誓要为孙翊报仇。

到了晦日，徐氏布置好祭坛，在孙翊灵位前哭祭，祭毕，徐氏脱下丧服，薰香沐浴，对镜浓妆，换上喜服，改住别院。徐氏命人张灯结彩，布置帏帐，与人有说有笑，一点也没有悲伤的样子，府里上下都对徐氏的言行举止大惑不解。妫览派人偷偷观察，对徐氏之言深信不疑。

徐氏暗中叫来孙高、傅婴，与众婢女在别院设下埋伏，一切布置停当，差人对妫览道："现在没有凶险，已到吉时，只等府君示下。"妫览大喜，在随从的簇拥下与戴员兴致勃勃直奔别院，徐氏在别院门口笑脸相迎，道过万福，妫览喜出望外道："爱妾不必多礼。"徐氏引妫览、戴员入内，命人奉上美酒佳肴，自己返身回到内室。妫览心急，快步跟了过去，高高兴兴地把门关上，徐氏大声呼喊道："可以开始了！"孙高、傅婴从帏帐后面飞身杀出，孙高一剑刺入妫览的胸膛，傅婴抢起腰刀，一刀砍下妫览首级。徐元听到动静，马上提刀冲出，直扑戴员，戴员见势不妙，慌忙离席，徐元一个箭步追上，大喊一声，手起刀落，戴员的首级扑哧一声掉落地下。众人三下五除二，将妫览、戴员的随从杀得一干二净。

徐氏重新换上丧服，带着幼子孙松，捧着妫览、戴员的首级到孙翊墓前祭奠。

徐氏哭祭道："禀告夫君，我已诛杀恶贼，如今母子平安。我知道您的灵魂在此不远，一直守护着我们，您一定可保丹阳平安！"丹阳全军震惊，认为徐氏有神灵相助。孙高、傅婴、徐元乘机控制宛陵。

不久孙权亲提大军从椒丘赶到宛陵，尽诛妫览、戴员余党，提拔孙高、傅婴为牙门将军，其他人尽赐金帛。孙权对徐氏门庭特别表彰，以示荣耀。孙权命恭义校尉孙瑜为丹阳太守。孙瑜，字仲异，乃孙静次子，爱好读书，为人谦虚，深得部下喜爱。刘馥大军还没到历阳，听闻妫览、戴员身死，叹息道："错过如此良机，以后江东的事不好办了！"

孙权担心吴郡安危，星夜兼程赶回。孙军半夜抵达治所丹徒，孙权对部下道："听说孙韶主管防务，我要检验一下。"当即一声音令下，大军悄然展开，准备攻城。忽闻一通鼓响，城头灯火通明，人影攒动，随着一声令下，顿时箭如雨下。孙权连忙命人喊话道："我等奉命检验京城防备。"城头上的人这才停止放箭。

次日一早，孙权入城，任命孙韶为承烈校尉，正式统领孙河的军队，以曲阿、丹徒两县为食邑。孙韶，字公礼，年方十七，孙河是孙韶的伯父。

孙权大宴宾客，酒过三巡，菜过五味，诸葛瑾起身向孙权敬酒，诸葛瑾道："依在下愚见，各地山越作乱，好像都有扬州刺史刘馥的身影，我们是不是应该清除朝廷的影响？"孙权道："子瑜言之有理。"张纮建议道："清除朝廷的影响与树立您的权威同样重要。"沈友怒叱众人道："你们都是朝廷的臣子，怎能说出这种话！"突然有人道："沈友对我主不满，他要反叛。"孙权命人将沈友拉了出来，对沈友道："有人说你要谋反，你怎么解释？"沈友反问道："当今天子在许都，你心里没有天子，这算不算谋反？"孙权大怒，当即下令斩了沈友。

周瑜对孙权道："刘馥居心叵测，我们不能让他为所欲为。依在下愚见，应当攻取合肥，拿下刘馥，就像以前除掉严象一样。"孙权问道："我们以什么理由出兵合适？"张昭马上起身阻止道："不可出兵！"孙权恭恭敬敬地问道："张公请坐，请问您有什么高见？"张昭道："如今曹操灭袁术、诛吕布、走刘备、击袁绍，东征西讨，实力强劲，天下莫不能抗，我们已与曹公联盟，岂能出兵相攻？如果我们出兵合肥，岂不是引曹操南下，攻打江东？"周瑜道："我们遵从朝廷命令，响应曹操讨刘檄文，西伐刘表，扬州刺史刘馥却在背后捅刀，让我们无功而返。我们讨伐刘馥、攻取合肥天经地义！当年我们沙羡大破黄祖，陈登准备攻打江东，伯符马上回军，命主公攻打广陵，也是这个道理。"张昭道："这是明目张胆地反叛朝廷，与袁氏有何不同！袁氏不尊朝廷，现在已经完蛋了，你这是自寻死路。"孙权道："张公的话也有道理。"鲁肃道："主公的志向不是北面事奉曹操。曹操忙于平定北方，我们理应召纳袁术旧部，攻打合肥，全取扬州之地，岂能坐失良机。"孙权道："子敬的话也有道理。"张昭道："就是你们这些人，整天进谗言，鼓捣着让主公有称帝之心，你们也不看看，称帝的人哪一个还活着，这是自取灭亡！仲谋你自己想想看，以我们江东的实力，你有资格称帝吗？"诸葛瑾连忙打圆场道："我们都是主公属下，相争无益，不必多言，主公您的意见是……"孙权道："就依子瑜之言。"张昭道："依老夫愚见，我们对外应继续示好朝廷，对内扫平山越，广置郡县，发展生产，增强实力。待时机成熟，全力攻取荆州，此为上策。"孙权道："就依张公所言，陆公纪，你草拟奏章，我要上疏朝廷，写信给曹公，让曹公和朝廷处置刘馥。"

孙权的使者来到许都，奉上奏章、贡品，刘协大喜。使者道："我主讨伐刘表，不想扬州刺史刘馥从中作梗，挑拨山越作乱，令我主功败垂成。刘馥兵指丹阳，居心叵测，实为可诛，请圣上明断。"刘协问道："可有此事？"孔融道："千真万确。"刘协道："刘馥这样做事，有失体统。孔爱卿，你看应该如何处理？"孔融道："刘表朝贡断绝，实为逆贼。江东朝贡不断，可为藩属。陛下应广施恩德，表彰江东，罢免刘馥，以儆效尤！"荀彧道："此事容我禀报曹公，请曹公定夺。"

当日散朝，孔融对荀彧道："我看诸侯分立，朝廷或许还能协调一下，发挥一点作用。要是曹公一统天下，朝廷就无立足之地了。"荀彧道："诸侯早已不听朝廷了，只是利用朝廷而已，哪里还讲君君臣臣，哪里还讲大义，现在只剩下权谋和利益了。"孔融道："唯有曹公带头尊崇朝廷，朝廷才有威望，江东自然就会归附朝廷，天下方可平安。"荀彧道："你说得对，曹公太忙，到处征战，想要做得面面俱到，难啊！"

不久，曹操写信叱责刘馥，使者返回江东，孙权怒道："我知道了，这一切都是曹操搞的鬼。"江东的事暂且不表，曹操那边又发生了什么事呢？且听下文分解。

第四十章　袁尚投奔乌桓，曹操平定并州

第一回　曹操初征幽州，袁尚投奔乌桓

就在曹操攻打袁谭期间，幽州局势发生了天翻地覆的变化。

鲜于辅、阎柔举兵反叛袁氏，正式归附朝廷。王松献出涿郡雍奴、泉州、安次三城，归附曹操。其实鲜于辅、阎柔归附朝廷早有迹象，鲜于辅在官渡大战时就暗中面见曹操，如今他们见袁氏江河日下，袁尚失了邺城，袁谭被曹操打得狼狈逃窜，于是两人马上行动，举兵反袁，正式归附朝廷。王松献出三城得从曹操平定冀州的时候说起。孝廉刘放见冀州大势已定，劝说渔阳王松道："过去董卓倒行逆施，英雄并起，拥兵自立，擅自发号施令，只有曹公能够拯救危乱的局面，拥戴天子，奉诏伐罪，所向必克。袁绍、袁术那么强大，都被曹公击败。如今曹公乘胜前进，势如席卷，必将扫清黄河以北，大势已经非常明显了，早点投奔会有好处，晚了会被消灭。将军应投靠曹公，把自己的命运交给他，用丰厚的礼物与他结交。"王松马上照办。恰逢曹操在南皮讨伐袁谭，写信召唤王松投奔，刘放替王松回信答复，愿意归附曹操，献出雍奴、泉州、安次三城。

屋漏偏逢连夜雨，袁熙的大将焦触、张南趁机反叛，攻打袁尚、袁熙。袁氏

兄弟不敌，投奔辽西乌桓。于是焦触自称幽州刺史，驱使境内郡守、县令背叛袁氏，归顺曹操。焦触陈兵数万杀白马为盟，下令道："违抗者杀头！"众人头也不敢抬，一个个依次歃血结盟。轮到幽州别驾韩珩，韩珩道："我蒙受袁公父子厚恩，现在袁氏失败逃亡，我的智慧不能挽救，我的勇力不能为之而死，从道义上说，我对不住他们。如果要我向曹操北面称臣，我不能这样做！"众人惊慌失色。焦触道："做大事情，应当确立大义。事情成功与否，也不差你一人。我可以成全你。"当即同意韩珩回家。曹操封焦触、张南为列侯。

再说袁尚、袁熙逃到辽西，投奔乌桓单于蹋顿。蹋顿不但收留袁氏兄弟，还愿意出兵帮助他俩恢复疆界。为什么蹋顿如此豪爽呢？此事说来话长。当初公孙瓒对乌桓连年征战，乌桓人恨之入骨。刘虞死后，乌桓人和鲜于辅反叛公孙瓒，南下迎接刘和，袁绍派兵护送刘和前往幽州，同时派人训练乌桓军队，此后乌桓很快强大起来。袁绍封乌桓各部落酋长为单于，精选很多才貌双全、温婉贤淑的平民姑娘加以调教训练，认作女儿，把她们嫁给这些单于为妻。就这样乌桓人对袁绍感恩戴德，心甘情愿地听命于袁绍。当年袁绍与公孙瓒争雄，乌桓人毫不犹豫地站在袁绍一边，帮助袁绍打败公孙瓒。如今袁尚来投，蹋顿念及旧恩，决定厚报。

有了蹋顿的帮助，袁氏兄弟顿时来了精神，想要东山再起。袁尚派遣使者出使并州，又派能言善辩之士到处游说。袁熙旧部故安赵犊、霍奴马上起兵，杀死幽州刺史焦触和涿郡太守，两人尽得焦触和涿郡的兵马。袁尚派使者游说辽东乌桓单于苏仆延、右北平乌桓单于乌延，许以厚利，请他们相助，他们当即同意。三郡乌桓尽起精兵到犷平攻打鲜于辅，鲜于辅抵挡不住，连忙向曹操求救。

面对形势剧变，八月，曹操只得亲率大军奔往幽州。曹军攻下故安，斩杀赵犊、霍奴，袁军向东逃走。王松、刘放拜见曹操，曹操大喜，封王松为列侯，命刘放参司空军事。曹操命乐进、张郃领兵追击袁军，自率大军渡河来救犷平。三郡乌桓听说曹军来了，连忙逃到塞外，犷平之围遂解。鲜于辅拜见曹操，进献骏马良驹，曹操大喜，对鲜于辅大加赞赏。

袁军逃到雍奴，当即占领城池。乐进、张郃追到城下，围住雍奴攻打，袁军不敌，大败而走。乐进、张郃还想继续追击，曹操急命两人回军。两人拜见曹操，乐进生气道："我正想杀入右北平，主公为何命我回军？"曹操命人奉上香茶，对乐进道："文谦息怒，高干已反，战况危急，孤已命所有军队回军。孤把多余的粮草全给你，你与李典速去上党攻打高干，孤马上回军邺城。"董昭建议道："此番北征幽州，我军一直受制于粮草。我们军队可以撤离，但修运河之事必须提上议事日程。您可以事先开凿运河，连通滹沱河和泒水，再开凿运河，连通泃河口和潞水。如此引水入海，河海相连，大船可从漳水、黄河一直抵达幽州，以后北征，方可确保粮草供应无虞。"曹操马上采纳，后来运河建成，曹操将运河命名为平虏渠、泉州渠。曹操上表董昭为千秋亭侯，又转司空军师祭酒。

十月，曹操回到邺城。那么高干反叛究竟是怎么回事呢？且听下文分解。

第二回　高干反叛曹操，杜畿河东抗敌

话说袁尚的使者来到并州拜见高干，使者道："您是袁公的外甥，袁公生前待你不薄，你可记得袁公之恩？"高干道："记得。"使者道："我主欲东山再起，三郡乌桓已出兵相助，赵犊、霍奴已杀焦触，如今天下大乱，您何不乘势而起，助显甫一臂之力，建立功勋，以报袁公在天之灵？"高干道："请容我三思，我自有主张。"使者道："您还考虑什么啊？曹贼在冀州的政策你也看到了，对

豪强坚决抑制，我们与他不是一路人。只要您登高一呼，很多豪强定会跟随。您再不行动，到时候曹操坐稳冀州，那就不可能翻盘了。"高干见曹操已经东出攻打袁谭，并州已经没有压力，于是痛快地答应道："好，我马上就干！"于是高干摩拳擦掌，马上着手谋取冀州，策划反叛之事。

且说荀衍镇守邺城，忽闻手下来报："城中来了很多匈奴客商。"荀衍道："他们定是贩卖马匹，我们去买一些。"手下人道："好像不是。"荀衍大奇，寻思道："匈奴人除了做马匹生意，还能做什么？"于是身着便装带着随从一探究竟。

随从问匈奴人道："你们的骏马多少钱一匹？"匈奴人不理，随从说道："哎，你们怎么做生意的啊？"一汉人上前一把将他推开，怒道："滚开，我们不卖。"随从还想说什么，荀衍忽见周围的人有的目露凶光，有的神色紧张，有的欲拔刀相向，连忙拉回随从，说道："好马多着呢，我们走，到别处去看看。"荀衍在邺城转了一大圈，来到曹操府外，猛然发现有人暗中观察打探。荀衍当即命县尉暗中派人跟踪，一探究竟。

当晚，县尉来报，城内客栈住满并州人，他们暗藏兵器。荀衍当机立断，马上下令紧守城门，保护内城和官衙。调动军队全城搜捕，将并州人和匈奴人一网打尽。荀衍连夜审问，并州人经不起刑罚，交代了一个惊天大秘密。原来他们是高干的部队，奉高干之命伪装成商队，三五成群混入邺城潜伏，静待高干大军到来，准备里应外合，一举占领邺城，捉拿曹操家小。荀衍连忙派人向曹操汇报。

次日，荀衍召来张燕，命张燕率军在邺城外围埋伏，自己在城内整军备战。过了两日，高干大队人马前来攻城，荀衍据城防守。半夜时分，荀衍命人打开北门，并州军鱼贯而入，军队刚进一半，忽闻一通鼓响，霎时灯火通明，四面八方尽是曹军。荀衍一声令下，强弓劲弩齐发，箭如雨下，并州军抵挡不住，急忙撤退，不想吊桥早已收起。曹军滚滚而来，将入城之敌尽数歼灭。城外张燕听闻鼓响，当即杀到城下，将城下之敌一网打尽。

高干偷鸡不成蚀把米，反叛之事再也瞒不住了，马上派遣使者前往河东、弘农、荆州等地联络，自率大军进兵上党，兵围长子（上党郡治所）。上党太守奋力抵抗，高干率军急攻，长子城破，上党太守被擒。

高干的使者到达弘农拜见张晟、张琰。张晟、张琰当即谋划起兵，他们攻破弘农城，俘获了弘农太守，守住关隘，南通刘表，声势浩大。

高干的使者来到河东联络卫固、范先，卫、范当即响应。卫固拜见杜畿，想要大举征兵，杜畿给卫固出主意道："如果你们想干大事，必先争取民心，赢得百姓支持。现在公开征兵，百姓认为快要打仗了，心里害怕，兵还没有征到，百姓都先跑了。不如动用钱财，不动声色地慢慢招兵。百姓谁想赚钱，谁就会来当兵。"卫固认为杜畿说得有理，马上听从。卫、范都是豪族，马上出钱招兵。招兵的将校为了多吃空饷，大肆舞弊，多报名少招兵，如此乱哄哄地闹腾了几十天，把卫、范的钱都花了，实际上没有招到多少兵。

杜畿见卫、范两人操练兵马，又给他们出主意道："顾念家眷是人之常情，咱们手下这些将校掾吏，平时回不了家，心里都有怨言。不如让他们回家休息，有事再把他们召来。"卫、范怕违背人心，又听从劝告。两人的军队就这样被杜畿遣散了。不久，杜畿私下派人游说，悄悄组织一批支持自己的人马。

上党各县纷纷杀死官吏，投靠高干，高干控制上党全境，进兵河东，卫固下令起兵响应，没想到军队迟迟不能集结。杜畿经过几年经营，已有根基，知道周围各县支持自己。于是找个借口，带着几十骑出城，到一坚固壁垒据守，官吏百姓闻讯，纷纷出钱出粮出人，来助杜畿。卫固、范先、高干、张晟部众联手来攻壁垒，没想到壁垒里面的人越聚越多，竟达四千，叛军久攻不下，粮食吃完了就到附近抢掠，没想到百姓早已逃之夭夭，叛军一无所获。

乐进、李典从北道进入上党，突然出现在高干后方，大出高干意料，高干大惊，急忙北上迎战。乐、李与高干大战，高干连战连败，只得退守壶关，两军在壶关相持。

曹操命钟繇、夏侯惇从洛阳出兵函谷关，与弘农叛军大战。曹操以张既为议郎、参钟繇军事出使关中，征召征南将军马腾、征西将军韩遂等关中诸将攻打叛军，关中诸将欣然从命。马腾、韩遂突破两崤，进兵蠡城。先登庞德一马当先，挥军杀入张琰大营，一刀将张琰砍成两段，余下的叛军四散而逃。张既因功封武始亭侯。那么高干的结局究竟怎样呢？且听下文分解。

第三回　曹操平定并州，于禁毅斩昌豨

建安十一年（206）正月，曹操命曹丕、崔琰留守邺城，亲率大军来攻壶关。高干与乐进、李典作战就已非常吃力，听说曹操亲提大军增援，自知不是对手，顿时慌了神，于是命部将夏昭、邓升守城，自己到平阳向匈奴单于呼厨泉求救。曹操到了壶关，下令道：“破城以后，我要将敌军全部坑杀。”曹军连攻一个多月毫无进展。

再说高干到平阳游说单于呼厨泉，呼厨泉畏惧曹军，不为所动。高干不敢再回并州，仅与数骑逃往荆州，被上洛都尉王琰活捉，王琰将高干斩首，把首级用精美的木匣装好，献给曹操，曹操封王琰为列侯。曹操将高干的首级悬于壶关城下，下令军队猛攻，壶关巍然不动。曹仁劝谏道：“围攻城池必须给敌军一条生路。如今您向敌军宣示，城破后他们必死，敌人势必死守。壶关城坚粮多，攻城则士卒疲惫，伤亡很大。围困则旷日持久，不知何时能下。如今我们把军队屯于

坚城之下，强攻死守之敌，绝非良策！"曹操马上采纳，派人入城游说道："曹公攻打壶关，只是因为高干反叛。如今高干已死，你们再守无益，不如归顺朝廷。曹公仁德，愿既往不咎，赦免你们。如果你们再执迷不悟，顽抗到底，到时城破，只有死路一条。是战是降，还望你们谨慎抉择！"过了两日，夏昭、邓升举城投降，并州遂平。曹操录曹仁前后之功，封为都亭侯。

钟繇与马腾、韩遂联手进攻河东叛军，庞德勇冠三军，所向无敌，连斩张晟、卫固，马超力斩范先，其余叛军全部投降。杜畿将卫固同党赦免，命他们回家重操旧业，河东大定。

钟繇、夏侯惇、马腾、韩遂、杜畿、单于呼厨泉拜见曹操，曹操大喜，设宴盛情款待。酒过三巡，菜过五味，曹操对杜畿道："我一直为你担心，怕你控制不住河东，真没想到，到了关键时刻，你能力挽狂澜于既倒，不让叛军得逞。"杜畿谦道："我承蒙曹公厚恩，早将生死置之度外，只能与贼共舞，随机应变，相机而动，仰仗您的声威，不负您的重托，真是三生有幸啊！"曹操对单于道："你不助高干，不参加叛乱，坚守本分，不给朝廷添乱，无过就是功，很好。"单于道："我匈奴已臣服大汉，愿世代为大汉戍边。"

众人盘桓数日，纷纷向曹操告辞，曹操策马送马腾、韩遂出营。曹操道："我看天下纷乱不会持续太久，终将重归一统。你们保境安民，西御羌戎、北防胡寇、东平司隶，功不可没，朝廷会感谢你们。你们家族人才辈出，何不让更多的亲人入朝为官，让富贵永续？"马腾道："我们都是粗鄙之人，恐难胜任朝中之职。"曹操道："徐州昌豨趁我剪灭袁氏，无暇东顾，起兵叛乱。我看马超不错，不如让他当徐州刺史吧。"马腾大喜道："如此甚好，多谢曹公提携！"马超婉拒道："多谢曹公美意，马某才疏学浅，怎能出任如此要职？如今西凉、三辅未平，不如让我在父亲鞍前马后效命，建功立业，等我的才能和功业足以服众，再让我出仕不迟。"曹操道："那就先领谏议大夫吧。"

曹操送走众人，命别部司马梁习暂领并州刺史，自率大军回师邺城。梁习，字子虞，陈郡柘人。

就在曹操征讨幽、并两州期间，徐州东海昌豨反叛。青州东莱长广海贼管承，纠集部属三千多家，结伙抢劫，祸害四方。建安十一年（206）八月，曹操亲率大军抵达淳于，命于禁、臧霸征讨东海昌豨，命乐进为主将、李典、张郃为副将攻打管承。

于禁、臧霸围攻东海昌豨，两人久攻不下。曹操派夏侯渊率虎豹骑助攻，夏侯渊纵兵从侧后奇袭，连续攻陷十余座据点，和于禁一道将昌豨团团围住。昌豨和于禁有旧，到于禁大营请求投降。于禁当即将昌豨拿下，诸将认为应将昌豨交给曹操处置，于禁道："你们难道不知曹公以前的命令吗！围定后才投降的人不能赦罪。应当坚决执行法令，此乃事奉曹公的节操。昌豨虽是我的旧友，但我不能放弃节操！"于是设宴与昌豨诀别，流着泪将昌豨斩首。曹操得到消息叹道："昌豨不向我投降，而投奔于禁，这是命运啊！"于是对于禁更加器重。曹操拜夏侯渊为典军校尉，将东海郡的襄贲、郯、戚等地划归琅玡郡，撤消昌虑郡。

乐进、李典、张郃也顺利平定管承。此战李典表现出色，功不可没，曹操升李典为捕虏将军，封为都亭侯。

曹操上表皇帝刘协道："于禁、乐进、张辽武力强大，计谋周全，品性忠正，操守高洁。他们每次征战都身先士卒，勇猛顽强，无坚不摧，亲自擂动战鼓不知疲倦。他们单独领兵征讨则统率全军，抚慰将士，纪律严明，秋毫无犯，临敌决策没有失误。微臣认为应对他们论功任用，委以重任，以示荣宠。"于是曹操任命于禁为虎威将军、乐进为折冲将军、张辽为荡寇将军。徐州、青州已平，曹操的事暂且不表，江东又有什么事发生呢？且听下文分解。

第四十一章　孙权再征黄祖，刘备三顾茅庐

第一回　周瑜平定麻保，孙权再征黄祖

自从孙权返回丹徒，江东励精图治，着手巩固政权，平定山越。建安十年（205），孙权命贺齐率军平定上饶叛乱，平定后分出建平县。

建安十一年（206），麻、保两屯反叛，聚众数万，气焰嚣张，孙瑜不能取胜。孙权急召集群僚商议，张昭献计道："当年太史慈一箭定麻、保，可命太史慈出征。"孙权大喜道："就依张公之言，马上差人恭请太史慈出马。"正说话之间，使者来报："折冲中郎将、建昌都尉太史慈暴病而亡，请主公示下。"孙权大惊失色，含泪问道："子义生前有什么话？"使者道："他说：'大丈夫生于世上，应该带着三尺长剑，荣登天子阶堂。如今我的志向还没实现,怎么就要死了啊！'"孙权十分悼惜，下令将他葬于北固山，厚待其子。

孙权问道："谁可接替子义守海昏？"中护军周瑜建议道："建昌都尉府辖地与荆州相邻，非程公不能胜任。"孙权道："就依卿所言。"孙权叹道："如今太史慈不在了，看来我只能效仿兄长亲征了。"于是亲率周瑜、孙瑜出兵讨伐。

孙权大军到达保屯，周瑜指挥得当，很快打败叛军，攻占保屯。孙权大喜，

命周瑜为督，孙瑜辅之，限三个月占领麻屯，自己返回丹徒。

周瑜命凌统为先登，直奔麻屯，匪首见凌统兵少，率叛军万余来战凌统。部将张异惊恐，对凌统道："将军，对方人多，我们马上撤退吧。"凌统道："我们引诱他们，他们都不一定愿意出战，现在他们主动来战，如此良机岂可错过？"说完一边差人向周瑜求援，一边杀向叛军。周瑜得到消息连忙派陈勤先行，自己率军随后跟进。

陈勤赶到战场，见叛军将凌统围在核心攻打，陈勤马上挥兵冲杀，匪首大惊，连忙分兵来战陈勤。凌统见来了救兵，大喜，马上率军向陈勤靠拢，两军继续搏杀。过了半个时辰，周瑜、孙瑜大军杀到，将叛军围住，内外夹攻，把叛军打得大败而逃。

周瑜首战告捷，大摆宴席庆贺。酒过三巡，孙瑜命陈勤为督祭酒，以助酒兴。陈勤任性，以督祭酒身份欺压众人，不按规矩罚酒。凌统大怒，当面斥责，要把陈勤换了。陈勤大怒，训斥道："你就知道拼命，要不是我，你今天死定了，哪里还有机会喝酒？"凌统反驳道："要不是我临机出战，你哪有机会在这里庆功？"陈勤骂道："要是你父凌操不那样拼命，一定还活着。谁让他打仗不要命，你与凌操一个样子！"凌统流泪不答，众人连忙相劝，宴会一下子没了气氛，众人纷纷离席。周瑜安慰凌统道："当年讨逆将军单骑投军，也是身先士卒，出生入死，这才有将士悉心信服，这才有江东基业。公绩年少，亲贤接士，轻财重义，颇有国士之风，日后定是大将之材，今日你为首功。"凌统这才不哭，辞别周瑜，独身返回营帐。陈勤趁着酒劲，又在路上拦住凌统，变本加厉地教训。凌统大怒，对着陈勤就是一刀，陈勤伤重，几日后就去世了。

周瑜、孙瑜将麻屯围住，一切布置停当，周瑜命各部同时进攻。凌统召集部下道："我不战死，无法谢罪！"当即抱着必死之心，亲冒箭石，激励士卒，发疯般地向前攻杀，叛军哪里见过这般架势，顿时土崩瓦解。众将跟着凌统杀进麻屯，大破叛军，杀死叛军首领，俘敌一万。

凌统把自己绑了，到军正那里投案自首，孙权为他的果敢坚毅感动，让他将功赎罪。

柴桑县令星夜差人来报，黄祖见周瑜领兵征剿叛军，边境空虚，派将军郑龙率军数千进攻柴桑。周瑜大怒，当即率军救援，将来犯之敌一网打尽，活捉将军郑龙。周瑜将郑龙献于孙权，自己率军回到驻地宫亭休整，周瑜写信给孙权，要求进兵江夏，攻打黄祖。

孙权收到周瑜书信，召张昭商议，张昭坚决反对出兵。孙权问计于术士吴范。吴范，字文则，会稽上虞人。吴范道："今年讨伐我方利少，不如明年出兵，明年是戊子年（208），荆州刘表身死国亡。"孙权不听，建安十二年（207）初，孙权和周瑜率军攻打黄祖，战局异乎寻常得顺利，不想孙权母亲吴夫人病危，孙权只得匆匆撤军，掳掠江夏百姓返回吴郡。

吴夫人弥留之际召见张昭，嘱以后事，这位命运坎坷、充满传奇、极不平凡的女人终于走到生命的尽头。孙权、周瑜赶回到吴郡，将吴夫人与孙坚合葬高陵。

曹操听说周瑜很有才华，能统率大军，于是派九江蒋干密下扬州，劝说周瑜投奔自己。蒋干，字子翼，有仪容，以才智机辩著称，独步江、淮之间，没有人能与他辩论。蒋干布衣葛巾，以私人名义登门拜访周瑜。

周瑜一见蒋干，当即明白来意，周瑜道："子翼辛苦了，您大老远跑来，是为曹操当说客吗？"蒋干哈哈一笑，说道："我与足下州里乡邻，分别日久，大老远听闻您建立了盛美的功业，故来一叙阔别之情，一睹您高雅的风范。您却说我是说客，难道不是事先就怀疑别人欺诈吗？"周瑜道："我虽比不上乐官夔和乐圣师旷，但也能听出你的弦外之音。"周瑜接着道："当年，伯符、你、我三人在寿春求学，甚是投机，既是老同学来访，里面请！"两人入座，叙过茶，周瑜唤出乐队，特意为蒋干演奏，一曲终了，周瑜问道："刚才的演奏，你喜欢吗？"蒋干连连叫好，周瑜道："我可以经常聆听琴弦弹奏，欣赏音乐之美，你可知我乐队的来历？""愿闻其详。""这是袁术的乐队，现在在我手上，我常闻金玉之声，真是帝王般的享受啊！"两人开怀畅饮，回首同窗之谊，其乐融融。

过了三日，周瑜邀请蒋干参观军营，宴饮时请侍者展示服饰珍玩，周瑜道："大丈夫身处世间，遇到知己那样的明主，对外是君臣之间的大义，对内是兄弟骨肉一样的恩情，言听计从，祸福与共，即使是苏秦、张仪再生，郦食其复出，我都会抚着他们的背，挫败他们的游说，何况足下您与他们相比是后生晚辈，我又怎么会被您动摇呢？"蒋干只是微笑，终究没有开口游说。

蒋干向曹操复命，称赞周瑜雅量高致，不是言辞所能离间的，劝他放弃招降的念头。那么曹操下一步会干些什么呢？且听下文分解。

第二回　曹操谋征乌桓，田畴投奔曹营

自曹操从幽州撤军，回军平定并州，三郡乌桓乘机反扑，大破幽州，掳走汉民十余万户。曹操召集部下商议，准备北征三郡乌桓。众将纷纷劝道："袁尚只不过是四处逃亡的敌人而已，乌桓人贪财忘义，不讲亲朋交情，怎么能被袁尚利用？不妨先讨伐荆州刘表。"张辽劝谏道："许都是首都，天子所在的地方。如今您远征北方，要是刘表派刘备袭击，占领许都号令天下，那就大势去矣，悔恨都来不及了，还望主公三思。"众将纷纷附议，曹操犹豫不决。郭嘉劝道："您虽威震天下，但胡人依仗他们地处偏远，一定不会设防，我们可以攻其不备，一

定可以打败他们，消灭他们。袁绍有恩于河北民众和少数民族，袁尚兄弟还在，现在青、冀、并、幽四州民众，只是慑于声威才归附我们，我们还没有对他们施加恩惠。如果放弃乌桓而征讨刘表，袁尚就会借助乌桓的帮助，招集能为他们拼死效力的臣属，胡人一旦出动，百姓和蛮夷都会响应，乌桓单于蹋顿就会产生野心，生出非分的打算，到那时恐怕青、冀两州就不是我们所能拥有的了。刘表只不过是一个空谈客而已，知道自己的能力不能驾驭刘备，如果重用刘备就担心不能控制，如果不重用刘备就担心不为自己所用，我们现在就算远征乌桓，后方空虚，曹公也没有什么可担忧的。"曹操当即力排众议道："我意已决，我们出征乌桓！"

曹操问道："既然要出征乌桓，当以何为先？"牵招建议道："主公应当先联络田畴，如果有田畴相助，定可事半功倍。"曹操道："这样的人才，我怎么不知道啊？"牵招道："主公有所不知，田畴乃是隐士。以前田畴受幽州牧刘虞器重，受命出使西京朝廷，完成使命返回幽州，不想刘虞已被公孙瓒杀害。田畴不顾安危到刘虞坟前祭拜，不想惊动了公孙瓒，公孙瓒派人把他抓住，投入大牢。有人劝说公孙瓒道：'田畴是义士，您不能以礼相待也就罢了，反而把他关了来，恐怕会失人心。'公孙瓒这才将他释放。此后，田畴北归故乡，率领整个宗族和别处依附的数百人，扫地盟誓道：'您的仇不报，我就不再立于人世间！'田畴随即带人进入徐无山中，挑选一块偏远险峻又很平坦宽敞的地方居住下来，亲自耕种供养父母。百姓纷纷前来归附，几年间达到五千多户。田畴制定简单的法律约束百姓，人民安居乐业，到了路不拾遗的程度。北方边境地区的百姓都对他信服，乌桓、鲜卑都派遣使者送来贡物，田畴接纳抚慰他们，令他们不再侵扰。袁绍几次派遣使者招请，授予将军印，都被田畴拒绝。袁绍死后，他的儿子袁尚又去征召，田畴始终未去。最近，乌桓劫掠幽州，残害当地士大夫，田畴非常痛恨，一心谋划征讨乌桓。"曹操大喜，马上派使者征召。

使者向田畴说明来意，田畴命手下赶快整理行装。手下问道："以前袁公仰慕您，派使者五次礼聘，您都不答应，现在曹公的使者一来，您怎么生怕来不及似的，这是为什么啊？"田畴笑道："这不是你所能明白的。"

五月，曹操以郭嘉、牵招为谋士，张绣、张辽、张郃、徐晃、曹纯、韩浩、史涣为将军，率军北征三郡乌桓。曹军到达无终县，早有左度辽将军鲜于辅、护乌丸校尉阎柔候着，阎柔献上大批骏马。曹操大喜道："有你们相助，何愁大事不成！"当即命令军队就地宿营。

次日，田畴来到曹营相投，曹操当即任命田畴为司空户曹掾。曹操召见田畴，向田畴咨询，两人相谈甚欢，曹操对田畴有了初步了解。第二天曹操举田畴为茂才，任命田畴为蓨县县令，没有让他上任，而是随大军驻扎在无终县。

这时正值夏季，阴雨连绵，沿海地区地势低洼，道路泥泞难行，曹军无法前进。时间长了，乌桓人闻讯而来，乘机守住险要。就在此时，张绣在军中病故，曹操痛哭一场。那么，曹操远征乌桓，许都空虚，刘表究竟是否会出兵许都呢？且听下文分解。

第三回　刘备三顾茅庐，孔明纵论天下

再说刘备听说曹操起兵远征乌桓，大喜，连忙拜见刘表，刘备道："如今曹贼精锐尽出，远征乌桓，许都空虚，将军可直捣许都。"刘表不同意。

刘备心中不快，匆匆赶回新野，刚渡过沔水，没行几里，忽然一阵暴雨，将刘备淋成落汤鸡，刘备四处找寻躲雨之处，忽见前方有一草庐，顾不了许多，推

门入内。里面出来一小童相迎，对刘备道："我家主人刚才占了一卦，说：'如此大雨，定有真龙经过！'命我在此恭候。"刘备行了一礼，说道："左将军刘备，忽遇暴雨，请求暂避片刻。"小童道："请先生随我入内。"小童将刘备引到内室，取来干净的衣服，让刘备换上。刘备连打几个喷嚏，小童奉上姜汤，刘备顿感神清气爽。不一会儿，天空放晴，出现一道彩虹。刘备心情大好，忽闻琴声悠扬，一阵香气扑鼻而来，刘备跟着琴声、香气来到雅室，但见一老者正在弹琴，一老者正在品茗。刘备连忙上前说道："刘备在此避雨，打扰两位了。"两位老者起身，行了一礼，说道："要不是这场雨，左将军安能到此驻足停留？"刘备道："莫非两位就是庞德公和水镜先生？"弹琴的老者起身笑道："老朽庞德公。"另一位起身道："老朽司马徽。"刘备道："久闻两位高名，今日正好可以向两位请教。"司马徽道："现在这形势，荆州过不了多久，就要树倒猢狲散了，恐怕一切都无能为力了，还是不要空谈形势。"刘备道："那就给我推荐俊杰吧。"司马徽道："普通的儒生俗士，怎么识得了时务？识时务者才能称得上是俊杰，荆州只有'卧龙''凤雏'称得上俊杰。"刘备喃喃自语道："卧龙、凤雏？"司马徽道："就是诸葛孔明和庞士元。"庞德公道："'凤雏'庞统，字士元，是我的从子。他从小吏做起，已是本郡功曹，也算入仕了。依我看，只要是金子，无论在哪里，迟早都会发光的。"刘备道："我前几年拜访过诸葛亮，听说他早就到江东去了。"司马徽道："他是非常之人，不愿侍奉刘表，游历过江东，也看不上孙权，又回到隆中躬耕，你可以去找，就说是我推荐的。"刘备大喜，起身谢过司马徽道："我马上就去拜访。"庞德公道："你的衣服还没有干呢。"刘备道："不打紧，穿在身上，一下子就干了。"

刘备来到隆中草庐，叩门道："左将军刘备经水镜先生介绍特来拜访诸葛孔明先生。"过了一会儿，诸葛均出来开门，对刘备道："真不巧，家兄访友出游去了。"刘备道："请问令兄什么时候回来？"诸葛均道："他应石广元、崔州平之邀，边游玩边交流，用不了几天就会回来。"刘备道："请转告你哥，就说刘备来过了，过段时间再来拜访。"

刘备回到新野，召来徐庶问道："听说你与诸葛亮关系很好。"徐庶道："是的，他是我的好友。"刘备问道："他是什么样的人啊？"徐庶道："诸葛孔明是稀世大才，经常自比管仲、乐毅，大家都不认可，我和他交往很深，我看这种比法恰如其分。将军您是不是想见他？"刘备道："是的，你把他召来。"徐庶道："此人可以去拜访，不可委屈地招他来。将军宜屈尊移驾拜访。"刘备道："我匆匆忙忙去了两次了！"徐庶道："您应先差人送上帖子、礼物，表达仰慕之意。其次确定议题，约好时间。最后沐浴更衣，带上厚礼恭恭敬敬地前去拜访，显示您对他的重视，这样才对！"刘备大喜，派人去了三次，诸葛亮应约与刘备相见。

那日，风和日丽，隆中早已打扫一新。刘备、关羽、张飞等人一到隆中，但见一布衣青年身长八尺，容貌伟岸，一脸英气，超凡脱俗，候在路旁。刘备下马行礼，问道："您可是卧龙先生？"那人道："在下诸葛亮，字孔明，在此恭候多时。"刘备大喜道："在下涿郡刘备，久闻先生高名，两次前来拜访，未能见上先生一面。今日得见，果然气度不凡！"诸葛亮道："我乃南阳布衣，久闻将军威名，本欲登门拜访，又恐将军军务繁忙，分身乏术，不敢滋扰。今蒙将军大驾亲临，我诚惶诚恐，手足无措，还望将军海涵。"说着恭恭敬敬地将刘备一行引入草庐，请众人歇息，奉上香茶。

诸葛亮将刘备引到雅室，请刘备就座，刘备屏退左右，对诸葛亮道："刘备我戎马半生，征战无数，可如今寄人篱下，志向不能实现，想请先生为解惑。"诸葛亮道："您的志向是？"刘备道："如今汉室日益衰败，奸臣窃取皇权，皇帝蒙尘。我没有衡量自己的德行与实力，想伸张大义于天下。然而我的智慧浅薄、谋略短浅，于是屡遭失败，一直到了今天。然而我的志向还没有停息，先生高人，请问您有没有计谋可以帮助我？"诸葛亮道："董卓之乱以来，天下豪杰之士纷纷崛起，各地州郡，割据者不可胜数。曹操与袁绍相比，声名比他低，人马比他少，但是最终却战胜了袁绍，势力由弱变强，这不仅是天时的因素，更在于人的韬略谋划。当今，曹操已拥有百万之师，又用大汉皇帝的名义号令天下诸侯，如此的声势和力量，实在难以与他争斗。孙权占据江东之地，自父、兄开始，已经营三世。其地势险要而百姓归附，贤士能人都愿为他效力，所以，东吴只能作为援助的力量，而不应是夺取的对象。荆州北边凭借汉水、沔水，南通南海，东边连着吴会，西边通往巴蜀，这正是用武之地，并且它的主人不能守住，这大概是上天用来送给将军的，将军难道没有这个意思吗？益州地势非常险要，沃野千里，天府之国，当年高祖皇帝就是依靠它而成就帝业。刘璋懦弱无能，张鲁割据其北，占领汉中，人民充实，国家富裕，却不懂得爱惜。有智慧、有才能的人都盼着明君到来。将军身为汉室后裔，四海闻名，广招英雄，思贤若渴，如果能占据荆州、益州，守住险要之地，西边和诸戎交好，南边安抚夷越，对外与孙权结盟，内部政治清明，天下时局一旦有变化，就命令一上将率领荆州人马，向南阳、洛阳进军，将军则亲率益州军队出秦川。那时，百姓谁敢不热烈拥护和欢迎将军的到来？如果真能这样，将军的霸业可以成就，汉室也一定可以复兴。这就是晚生为将军谋划的粗略对策。"刘备大喜道："好！"诸葛亮转身摊开地图，用手指着，满怀激情地对刘备道："第一步，您先取荆州安身立命。第二步，占领西川，建立基业，与曹操、孙权成鼎足之势。最后，您再图谋中原，与曹操一争高下！"刘备不由得站了起来，说道："听君一席话，胜读十年书。你的谋划如醍醐灌顶，让我茅塞顿开。刘备我没什么能力和实力，一心只想复兴汉室，希望先生不要嫌弃，出山相助，时刻对我进行教诲，我们共创大业。"诸葛亮道："承蒙将军看重，多次亲临鄙舍相请，在下愚钝，愿为将军效犬马之劳，任凭将军驱使。"

诸葛亮随刘备回到新野，对刘备道："将军应尽快谋取荆州。"刘备道："刘表在我最困难的时候收留我，对我不薄，我不忍心啊！"孔明道："刘表心中早就没有汉室、没有皇帝，对于这种人，将军您理应毫不犹豫、快刀斩乱麻、光明正大地取代他。"刘备犹豫不决，孔明安慰道："面对目前的形势，将军应事先谋划，再不谋划就来不及了，至于将军什么时候取荆州，全凭时机，一切由将军做主。"刘备道："是这样吗？"孔明道："刘表坐拥荆州已十七年，早就将荆州视为个人资产。如今刘表已是风烛残年，百年以后，定会将荆州传给后代，而不是交给您这样的英雄。现在荆州到了存亡的关键时刻，将军谋取荆州，正当其时！"刘备道："有何谋取之法？"孔明道："刘表有两个儿子，长子刘琦，次子刘琮。两子根本不能和刘表相提并论，刘琦稍贤，但也是碌碌无能之辈，不能守住荆州。刘表当初认为长子刘琦相貌与自己相像，器宇轩昂，十分宠爱，要立刘琦为继承人。后来刘琮娶蔡夫人的侄女蔡氏为妻，蔡夫人因此独爱刘琮，厌恶刘琦，常在刘表面前诋毁。刘表宠爱后妻，时间长了也就想立刘琮为继承人。再加上蔡瑁极力支持刘琮，刘表的外甥张允与蔡瑁一家是姻亲，亦与刘琮友好，全力支持刘琮。于是刘表想废长立幼，立刘琮为继承人。刘琦不服，兄弟两人势若水火。要是他们兄弟相争，将军出手助刘琦成为荆州之主，刘琦一定会对将军感恩戴德，一切仰仗将军，到时候荆州就是将军的天下了。"刘备连忙起身谢过孔明，大喜道："我现在知道办法了，只要情况有变，可以立即入主荆州。不过此事绝不可对外说起。"

刘备问诸葛亮道："当下我们最紧要的是什么？"孔明道："应该马上建水军！""为何？""江汉之地，水网纵横，将军想要图谋荆州，非水军不可。"刘备道："要建水军谈何容易啊！我一来无钱财兴建；二来刘表一直提防我，不许我军渡过沔水。我担心刘表不会同意啊。"孔明道："如今黄祖大败，水军尽灭，将军可以放心大胆地向刘表要钱，就说一旦江夏有事，您可率水军增援，刘表非但不会有戒心，而且还会心花怒放，对您大加赞赏。"刘备马上到襄阳拜见刘表，刘表果然同意出钱给刘备建水军。

刘备与诸葛亮的关系一天比一天亲密，关羽、张飞等人不高兴，老是在刘备耳边嘀咕，刘备解释道："我有孔明，就好像鱼有了水，希望你们以后不要再说了。"关羽、张飞这才停止。这一年诸葛亮二十七岁。诸葛亮出山之事暂且不表，让我们再将目光转回曹操，曹操北征乌桓是否顺利？且看下文分解。

第四十二章　曹操平定乌桓，孙军斩杀黄祖

第一回　曹操平定乌桓，郭嘉命殒归途

再说曹军受阻于无终，寸步难行，曹操问计于田畴道："我本想偷袭乌桓，如今受阻于此，前进不得，现在又痛失大将，眼看乌桓已做好充分准备，不知您有何良策？"田畴道："进攻乌桓三郡有两条道路可走，目前您走的路是'滨海道'，这条路每到秋夏两季便积水难行。要说这水浅呢，这水不能通行车马；要说这水深呢，这水又不能通船只。这是长期不能解决的难题。另外还有一条路，先经过右北平原来郡治平冈县，出卢龙塞，可以直通柳城，这就是'卢龙道'。不过这条路从光武帝建武年间就已废弃，再也无人修理，不能通行已近二百年，现在依稀留有道路的痕迹，可以勉强找到道路，我们可以改走卢龙道。乌桓人以为无终是必经之路，大军不能前进，只好撤退，他们一定会放松警惕不加防备。如果我们不声不响地回军，改变进军方向，从卢龙塞谷口越过白檀险关，进入他们不设防的区域，道路又近又方便，我们出其不意发动攻击，蹋顿的头颅就可以不战而获。"曹操道："好，就按您说的办！"

七月，曹操下令撤军，在水边立起一块大木牌，亲笔写道："现在暑热难耐，

道路不能通行，暂且等到秋冬季节，再行进军。"乌桓的侦察骑兵见了，信以为真，认为曹操大军真的离开了。

曹军大踏步后撤，走了四百多里，回到冀州易县，郭嘉建议道："兵贵神速，现在千里奔袭，辎重太多了，难以抓住有利时机。一旦对方知道了，必定预先设防。不如留下辎重，轻装快速前进，出其不意地发动袭击。"曹操当即采纳。

曹操改道急进，令田畴作向导，率军上徐无山，凿山填谷，出卢龙塞，行进五百余里，穿过鲜卑部落的王庭，向东直指柳城。好事的鲜卑人将曹军动向报于乌桓人，蹋顿大惊失色，匆忙与辽西单于楼班、右北平单于能臣抵之，袁尚、袁熙等人率领数万骑兵来拒曹军。

八月，曹军离柳城还有二百里，刚刚登上白狼山，突然望见乌桓大军滚滚而来，乌桓人多势众，曹军车辆辎重都在后边，披甲的将士很少，大家都感到畏惧。曹操登上高处，但见乌桓军阵不整，疏疏朗朗，笑着对手下道："我看乌桓如此阵容，可一战而胜！"张辽道："乌桓人仓促之间没有做好应战准备，请主公勿失良机，末将愿为先登，为主公冲锋陷阵！"曹操大喜道："知我者，文远也！"曹操当即召集众将道："许褚，你带领随从护在我的身边。张郃、徐晃、曹纯、鲜于辅、阎柔，你们全听张辽号令，违令者斩！"说完将指挥令旗交于张辽，说道："文远，我在山上看你杀敌，今天就看你的了！"张辽大喜道："多谢主公信任，我定叫乌桓大军有来无回！"张辽转身对众将道："张郃与我并肩冲锋陷阵。鲜于辅攻击乌桓左翼，阎柔攻击右翼。徐晃、曹纯率军跟在我和张郃后面，作为第二梯队。众将看我的军旗，军旗到哪里，你们就杀到哪里，不得有误！"

张辽、张郃率军从山坡上飞驰而下，一马当先杀入乌桓军阵，乌桓士卒惊恐。张辽、张郃从阵前一直杀到阵后，一举击穿乌桓军阵。鲜于辅、阎柔也不甘示弱，从两翼奋勇杀入，徐晃、曹纯紧跟着张辽纵兵杀入，曹军轮番攻击，乌桓军阵大乱，彻底崩溃。蹋顿见势不妙，带着随从夺路而逃，乌桓人见主帅跑了，唯恐落后，争相逃命，挤成一团。张辽率领全军一路追击，曹军就像砍瓜切菜一般疯狂砍杀，乌桓人尸横遍野，血流成河。曹纯率虎豹骑追上蹋顿，突放一通乱箭，蹋顿中箭坠马而亡。虎豹骑截住乌桓大军退路，曹操大军随后杀到，乌桓大军投降。

曹军一直打到柳城，杀死乌桓各部王以下首领，投降的胡人与汉人达二十余万。袁尚、袁熙和辽东单于速仆丸及辽西、右北平的头领带着几千残兵败将逃往辽东，投奔公孙康。

曹操命牵招为护乌桓校尉，牵招向曹操建议道："辽东太守公孙康不服朝廷管束。您既已到了柳城，正好可以征讨，如此可一举捉拿袁氏兄弟。"鲜于辅建议道："北国天冷，不宜久留，郭奉孝已经病了，请明公早日班师！"曹操笑着对牵招道："我派使者命公孙康砍下袁尚、袁熙首级即可，无须用兵了。"九月，曹操下令回师邺城，将俘虏全数迁回。

曹操远征乌桓，大胜归来，一路豪情万丈，诗兴大发，作《步出夏门行》组诗五首，其中《观沧海》最为出名。曹操诗云：

观沧海

东临碣石，以观沧海。

水何澹澹，山岛竦峙。

树木丛生，百草丰茂。

秋风萧瑟，洪波涌起。

日月之行，若出其中；

星汉灿烂，若出其里。

幸甚至哉，歌以咏志。

与曹操豪情壮志形成强烈反差的是恶劣的气候，这时北风呼啸、天寒地冻、滴水成冰，回军途中方圆两百里都没寻到水源。曹军缺粮严重，杀了数千马匹，这才让大军勉强有点吃的。十一月，曹军好不容易进入冀州，到达易县。

再说郭嘉得病后病情日益加重，曹操心急如焚，派去探问的人一个接着一个。智谋无双的郭嘉终于不是恶劣天气和漫漫征途的对手，最后死于回军途中，时年三十八岁。郭嘉深沉通达有谋略，通晓事物情理，在曹操诸多谋士中独树一帜，深得曹操喜爱。曹、郭两人关系亲密，犹如朋友一般，经常行则同车，坐则同席。曹操长年把郭嘉带在身边，以便随时切磋，见机行事。每逢军国大事，郭嘉的计策从无失算，曹操常道："只有郭奉孝能知道我的心思。"郭嘉有很多不拘常理的行为，尤好酒色，陈群老是在曹操面前检举，曹操对此不闻不问，不仅如此，曹操还暗地里为郭嘉的行为喝彩。

曹操将郭嘉安葬在易，亲自吊丧。曹操悲痛地对荀攸等人道："你们大家和我是同辈，只有郭奉孝年纪最轻，天下战事完毕，我打算把身后的事托付给他，可他却中年早逝，这就是命啊！"说着说着，曹操不由得泪眼蒙眬，于是上表皇帝道："军师祭酒郭嘉跟随我已有十一年，每次都能提出重大建议，面临敌人能随机应变，我的决策还没确定，郭嘉的计谋已经成形了。平定天下，谋略的功劳最高。郭嘉寿短，想创建的大事还没有完成。追思郭嘉的功勋，实在让我不能忘却。可以给他增加封邑八百户，合并之前的共计一千户。"朝廷赐郭嘉谥号为贞侯，由他的儿子郭奕继承爵位。

第二回　曹孟德枉杀华佗，公孙康擒杀袁尚

　　建安十三年（208）正月，曹军回到邺城。曹操论功行赏，封曹纯为高陵亭侯，增邑三百户，拜徐晃为横野将军、张郃为平狄将军。曹操把之前谏阻北伐的人找来，众人都很害怕，担心遭到责罚。不想曹操却对他们大加赏赐，曹操道："我这次行军北伐，乃惊险之中侥幸取胜，虽然获得了成功，这是上天的庇佑，所以不能经常这样。诸君的谏阻，才是万全之策，所以我奖赏你们，以后有疑难的事情不要不敢说。"

　　曹操大摆宴席，犒赏三军。曹操兴致勃勃，不由得多喝了几杯，一觉醒来，犯了头风，当即唤来医生，服了汤药，顿感无恙。曹操叫来主簿杨修，吩咐道："我看没有华佗也没关系，身体一样康健，这样吧，留他没用，传我的话，把他杀了。"杨修道："尚书令荀文若来信求情，说'华佗医术高明，能救人命，请您宽恕'。"曹操生气道："这种人，自视医术高超，竟敢欺骗我，绝不可留。你给文若回信，让他不用担心，难道天下再也找不到这种鼠辈吗！"当即下令把华佗杀了。

　　华佗本为读书人，以行医这种方技贱业为耻。可华佗医术高超，无论走到哪里，都被奉若神明，心情舒畅，日子过得极为滋润。曹操自把华佗召来，常留身边，以解头风之苦。华佗脾气不好，被曹操呼来唤去，很不得意。华佗离家久了，很想回去看看，于是传授他人治疗头风之法，向曹操请假。华佗回家后不想返回，屡屡以妻子有病为由请求延长假期。曹操多次写信催促，又命郡县官员将华佗征送回来，可是华佗凭靠本事生活，不愿再吃侍候人的饭，就是拖着不起程。曹操大为不满，派专人查看，吩咐道："如果华佗妻子果真病了，赐他小豆四十斛，放宽假期。如果华佗说谎，立即拘捕，押他回来。"就这样，华佗被打入许

县监狱，严刑拷打后认罪。

华佗自知难逃一死，拿出一卷医书给狱吏，说道："此为《青囊书》，是我花费毕生精力所著，可以救治人命。"狱吏害怕受到牵连，不敢接受。华佗也不勉强，含泪把书烧了。华佗死后，曹操道："华佗能治我的病，就是不帮我彻底治好，留着病根，想借此提高自己的价值。就算我不杀他，他也不会为我除去病根，品行实在卑劣。"

不久，曹操爱子曹冲得了重病，曹操亲自祈求上天，请求上天保全曹冲性命，曹冲依旧不治身亡，年仅十三岁，曹操这才叹息道："我后悔杀了华佗啊，以致我儿这么年轻就死了。"曹操极为哀痛，曹丕安慰曹操。曹操道："这是我的不幸，却是你们的幸运。"曹操叫来侍者吩咐道："你去把曹冲的侍读周不疑杀了，记住，一定要神不知鬼不觉，绝不能让别人知道。"曹丕劝谏道："周不疑是神童，无权无势，没必要诛杀。"曹操训斥道："如果曹冲在倒是没关系，周不疑不是你能驾驭的。"

田畴功劳大，为人优雅谨慎，深得曹操喜欢，曹操让他族人三百多户全部迁到邺城居住，封田畴为亭侯，封邑五百户。田畴认为当初为了主君死难，率领众人逃遁，报仇的志向没有实现，反而靠它获取功名利禄，这不是自己本来的意思，于是坚决推辞。曹操赐给田畴车马、粮谷、丝帛，田畴将所有的赏赐分送给族人和旧友。曹操知道田畴心意至诚，也就没有勉强他。

再说袁尚、袁熙等人冒着风雪到达辽东投奔公孙康。袁尚勇猛有力，跟袁熙商量道："我们来了，公孙康必然见我，我上前亲手为您把他杀了，我们顺势占据辽东，扩大实力，也许还有一席之地。"

公孙康听说袁氏兄弟来投，打算抓住袁尚向朝廷邀功。于是预先在马棚里埋伏精兵，邀请袁尚、袁熙相见，袁氏兄弟暗喜，策马来到府衙。侍者打开大门，一股寒风扑面而来，两人不由得倒吸一口冷气，袁熙害怕，转身想走，袁尚一把将他抓住，轻声道："一切看我的。"两人过了辕门，但见周围阴森森的，公孙康眼露凶光、满面杀气，独自立于堂前冰雪之中。袁尚刚想上前问候，只听公孙康一声令下，顿时伏兵四起，一下子把袁氏兄弟按倒在地。袁尚连忙说道："我们诚心来投，这就是你们的待客之道吗？"公孙康怒叱道："你们袁氏一直想吞并辽东，全据幽州之地，如今穷途来投，绝非诚心，必定不怀好意！"众人将袁氏兄弟绑得结结实实，扔在结冰的地上。袁尚哀求道："我还没死呢，地上太冷，能给我们坐席垫一下吗？"公孙康笑道："您的头颅马上就要走万里路，要席子有什么用！"于是下令将两人斩首。

公孙康又如法炮制，将辽东单于速仆丸等人一一擒住斩首，把他们的部队全部吞并。公孙康命人做了两个精美的盒子，将袁氏兄弟首级装了，派使者送到邺城。曹操验过袁尚、袁熙的首级，大喜，拜公孙康为左将军，封襄平侯。至此，袁氏势力全部肃清。此后乌桓日渐衰落，逐渐退出历史舞台。

曹操部下问道："您撤军了，公孙康却砍下袁尚兄弟的首级，不远千里给您送来，这是什么缘故？"曹操道："公孙康平日惧怕袁尚，我们如果攻打太急，他们就会合力对付我们。我们撤军了，他们就会自相残杀，这就是必然的趋势啊！"

曹操命人将袁尚等人的首级悬挂在马市示众。田畴、牵招见状，在首级下设祭坛，跪在地上放声痛哭。有人劝道："你们这是为何？曹公有令，三军敢为袁尚哭祭者，斩！"田畴道："袁氏数次辟我，我怎么能忘啊！"牵招道："袁氏对我有恩，我祭他是应该的啊！"有人向曹操告发，曹操并没有责怪，反而为牵招的义气感动，推举他为茂才。这时忽有江东使者来报，江东孙权已在江夏大破刘表，那么江东究竟发生了什么事呢？且听下文分解。

第三回　甘宁投奔孙权，凌统斩杀张硕

话说都督苏飞经常向黄祖推荐甘宁，黄祖始终不肯重用，还引诱甘宁的门客投奔自己，甘宁苦不堪言，闷闷不乐。苏飞与甘宁交好，置酒邀甘宁共饮，苏飞道："兴霸，我看你独自忧闷，何故？"甘宁道："我军与孙军交锋，每战必败，我的部下一天比一天少，如此下去，我们死无葬身之地啊！"苏飞道："你说得对，我也有这种担心。我屡屡荐你，主公皆不任用。时光流逝，人生几何，你自己作长远打算吧，或许可以遇到知己。"甘宁道："我虽早有打算，不知道怎么办啊！"苏飞道："你的打算是？"甘宁道："当初我离开益州，回到祖居之地南阳，到襄阳投奔刘表。可刘表乃是文人，胸无大志，不懂军事。当时诸侯四起，我认定刘表不能成就大事，担心刘表的势力有朝一日崩溃，自己也跟着一起遭殃，于是决定离开。我听闻孙策重用贤士，开疆扩土，大破黄祖，便率部前去投奔。不想船到夏口，被黄祖大军阻拦，不能通过。时值孙策遇刺身亡，我只能委身于黄祖之下，跟着黄祖到处征战。我虽立功无数，黄祖却把我当常人对待。我很想离开，却找不到理由。我想逃走，却又担心走不脱。所以独自忧愁烦闷，不知如何是好。"苏飞道："我有办法，我推荐你为邾县县令，你到任后，自己灵活处理便是。"甘宁起身拜谢道："遇到您，我实在太幸运了。"

苏飞向黄祖建议道："邾县县令战死，甘宁勇猛，自命不凡，我看就让他镇守邾县吧。"黄祖当即同意。甘宁到达邾县，暗中招纳逃走的门客，召集愿意追随的旧部，共得数百人，当即扬帆启航，顺流而下，到柴桑投奔周瑜。周瑜大喜，亲自到码头相迎。孙权听说甘宁来投，马上来到柴桑。周瑜、吕蒙共同将甘宁推荐给孙权。

孙权大摆宴席为甘宁接风洗尘。酒过三巡，菜过五味，孙权举杯问甘宁道：

"兴霸，你有何良策教我？"甘宁起身道："如今汉室日益衰微，曹操骄横专断，最终一定会成为窃国之贼。荆州地区山陵形势有利，江河流畅通行，这就是我们西边的地势。我早已看出刘表无远见，儿子又不争气，不是能继承基业的人。您应当尽早谋划，不可落在曹操之后。图谋荆州的计划，宜先取黄祖。黄祖如今年老，昏庸至极，钱粮缺乏，身边的人都愚弄欺瞒他，而他却一味地贪图财物，侵犯下属官吏和士兵的利益。官吏和士兵心怀怨恨，战船和各种作战器具损坏了都不修整。他又不重视农耕生产，军无法纪。您现在前往攻取，必定能将他打败。一旦击败黄祖的军队，就可以击鼓西进，西据楚关，势力大增，这样就可以逐渐谋取巴蜀之地了。"孙权频频点头赞同。张昭不屑一顾，发难道："吴国自身危机四伏，如果军队西征，国内必乱。"甘宁对张昭道："国家将萧何那样的重任交给您，而您留守却担心出乱子，用什么来追慕古人呢？"孙权举起酒杯嘱咐甘宁道："兴霸，我今年就出兵征讨，如同这杯酒，我决定把它交给你了。你尽力提出作战方案和策略，让我们打败黄祖，这就是你的大功，何必计较张长史的话呢？"孙权又单独与甘宁交谈，对他特别看重，重加赏赐，视同旧臣一般。

建安十三年（208）春，孙权留张昭、吕范镇守吴郡，命周瑜为前部大督，董袭、凌统为先锋，起兵二万征讨黄祖。

凌统带着几十名壮士换上荆州衣甲乘船先行，一边探路，一边侦察，不知不觉远离大军几十里。天色将晚，凌统将船驶入汉水，手下大惊道："这里是黄祖的江防重地，此去凶险！"凌统道："你们不要慌张，他们认不出我们！"于是依旧大摇大摆地前行，将江防布置记录得一清二楚。刚行三里，忽然后面驶来一艘大船，为首一将厉声骂道："好大的胆子，你们是谁的部下，竟敢违反军令，私自驾船离营，还不给我滚回去。"原来黄祖的大将张硕巡江，见凌统船只在江中独行，追来探个究竟。凌统部下大惊，小声道："快逃！"凌统道："不要慌张，一切听我号令，我们打他一个措手不及。"说着将船停下，示意众人做好战斗准备。凌统起身喊道："将军息怒，我们只不过想打几条鱼下酒，马上回营。"张硕大骂道："敌人马上要来了，你们还打鱼，给我绑了，押回去，重打二十军棍。"说着将船靠了过来。凌统端起一筐鱼说道："将军息怒，这是孝敬您的，暂且饶我这一回吧。"说着飞身登上大船，张硕走了过来，凌统猛地抽出钢刀，一刀将张硕砍死。众人当即亮出兵刃，跳上大船，尽俘船上之敌，凌统押着大船返回大营复命。

次日一早，凌统将前方的情况一五一十地向孙权汇报。孙权大喜，命令大军日夜兼行，在黄鹤山下安营扎寨。

周瑜率领水军渡江进攻，但见黄祖水军扼守沔口，拦住水军去路，为首两艘艨艟巨舰威风凛凛，横卧江面，足有五层楼高，艨艟巨舰的后面跟着无数战船。周瑜当即命令水军进攻，两军越来越近，只听一通鼓响，艨艟巨舰中一下子冒出无数将士，用劲弩交错射击，顿时箭如雨下，孙军将士举着大盾，奋浆如飞，拼死逼近巨舰。只听巨舰号角齐鸣，后面的战船快速上前，来战孙军。孙军的战舰正在犹豫之间，巨舰闪出一群士卒，铺天盖地撒下石灰，顿时孙军士兵抱头捂眼，痛苦不堪。说时迟，那时快，巨舰上的士卒推出巨石，对着孙军的战船只呼地抛了下去，孙军战舰轰的一声四分五裂，士卒尽落水中。周瑜见巨舰防守严密，不能取胜，只得退回长江南岸水寨。

周瑜问计于甘宁道："这两艘艨艟巨舰太厉害，像个城堡，我军无法攻克，不知何物？"甘宁道："此乃黄祖的楼船，楼高三丈，外覆皮革，配有精锐之士千人，强弓劲弩千张，各种武器应有尽有，五百步内取人性命易如反掌。黄祖老儿来不及恢复水军，临时想出此法救急。"周瑜叹道："两侧江岸皆有重兵把守，楼船后面又有战船，这楼船如何攻破啊！就是动用我的宝船，恐怕也不能取胜啊！"甘宁献计道："楼船巨大无比，攻守兼备，想要攻破比登天还难。可楼船有两个致命弱点，一是无船桨不能航行，二是无碇石不能在水中固定停止。楼船用两根棕榈大缆绳拴于江中石墩固定，只要砍断大缆，楼船随波而去，黄祖的防线不攻自破。"周瑜问众将道："你们谁敢领军破敌？"偏将军董袭和破贼都尉凌统异口同声说道："末将愿往！"周瑜大喜道："你们先去准备，一切听我号令！"

数日后清早，浓雾锁江，东吴战船尽数启碇。董袭、凌统各率死士百名，身披两层铠甲，各乘一大船当先出发，从两艘楼船之间悄悄地溜了进去，不想还是惊动了楼船，顿时号角齐鸣，楼船对着两船劲射，孙军将士用大盾死死护住，奋桨如飞，冒死直奔缆绳。董袭挥刀连连猛砍，碗口粗的缆绳立断，楼船失去固定，慢悠悠地往下游漂去。不一会儿，凌统也成功得手。黄祖水军大惊，纷纷起碇来救楼船，董袭马上击鼓鸣号示意，周瑜当即擂响战鼓，带领水军从汉水两侧急进，截住黄祖水军舰船厮杀。黄祖水军无奈，只得眼睁睁地看着楼船往下游漂走。待到楼船搁浅，孙军将楼船上的人员悉数擒获，一把火把楼船烧了。

当晚孙权设宴庆功，孙权举杯对董袭、凌统道："今日宴会，归于你们砍断缆绳之功。"那么孙军能打败黄祖吗？且听下文分解。

第四回　孙军斩杀黄祖，贺齐大破山越

失去了楼船，黄祖的江防变得异常脆弱，不堪一击。周瑜命吕蒙为水军先登，当面进攻夏口水寨，自率水军随后跟进。吕蒙率军猛攻，黄祖命水军都督陈就相迎。孙权见双方激战，偷偷率军从别处登岸，直奔夏口城池。

黄祖水军遭受江东水军围攻，都督陈就节节抵抗。吕蒙大船直奔陈就旗舰，对着旗舰猛地撞了过去，乘着两船剧烈晃动，吕蒙大喊一声，手执大盾、短刀，率众跳过船帮，大砍大杀。陈就大惊，慌忙带人来战吕蒙，想把孙军赶下战船，刹那间双方短兵相接，战成一团。吕蒙年轻力壮，越战越勇，死死缠着陈就厮杀。陈就老迈，体力渐渐不支，左支右绌。吕蒙看准时机，大步上前，一刀砍下陈就首级，命人悬挂在桅杆上示众。黄祖水军见主将已死，大惊，顿时四散而逃，周瑜率军四面追击，将黄祖水军全部歼灭。

再说孙权来到夏口城下，命凌统攻打南门、周泰攻打北门、董袭攻打东门，都督苏飞率军死守，战事胶着。黄祖听说陈就被杀，周瑜、吕蒙来攻西门，大惊失色，连忙带着儿子黄射打开北门，率军突围。城里的士兵听说黄祖跑了，顿时没了斗志，凌统乘机猛攻，当先登上城头，打开城门，孙军蜂拥而入，苏飞来不及逃走，被孙军生擒。

黄祖刚出北门，正遇周泰，周泰截住黄祖、黄射厮杀。没过多久，城头出现孙军，黄祖无心恋战，连忙带着亲随突围而去，周泰将黄祖军队杀得片甲不留。吕蒙获悉黄祖逃跑，急率骑兵追赶。黄祖、黄射拼命北逃，两人体胖，战马渐渐不支，逃了不到二十里，被吕蒙骑兵赶上，吕蒙一声令下，孙军引弓怒射，黄射死于乱箭之下。黄祖连人带马身中数箭，骑士冯则快马赶上，手起刀落，咔嚓一声，黄祖顿时身首异处。

苏飞连忙托人向甘宁告急，甘宁道："就算苏飞不和我说，难道我甘宁会忘记恩情吗？"于是当即应允。

当晚，孙权大摆宴席庆功，酒过三巡，孙权举杯对吕蒙道："今日之所以大胜，源于子明斩杀了陈就。"吕蒙谦道："今日大战全赖主公统领全局，运筹帷幄，中护军周将军阵前指挥得当，兴霸谋划细致周全，更有三军将士用命，末将岂敢贪功？"孙权道："现在子明很会说话，比以前强多了，看来读书大有裨益。"

凌统有了几分醉意，怨恨甘宁杀了父亲凌操，起身对孙权道："末将愿为主公舞刀，以助酒兴。"孙权大喜道："我知道你作战勇猛，没想到你还会舞刀，快快给我舞一舞。"凌统起身，踩着醉步，抽刀舞了起来，众人连连拍手叫好。舞着舞着，凌统来到甘宁身边，目光死死盯住甘宁，钢刀呼呼生风，不离甘宁左右。甘宁惊出一身冷汗，起身对孙权道："末将能舞双戟。"说着执戟舞了起来，凌、甘两人近身而舞，凌统的钢刀不时地绕着甘宁，甘宁的双戟牢牢地护住自己，刀戟相接，铿锵作响，险象环生。众人看得眼花缭乱，手心冒汗，心惊肉跳，如痴如醉，大声叫好。吕蒙知道凌统的意图，起身对孙权道："甘宁虽然舞得不错，可是不及我吕蒙舞得巧妙。"说着一刀执盾，一手执刀，也舞了起来，吕蒙插到两人中间，硬生生地将两人分开，三人继续舞着，吕蒙时时挡在中间，拦着凌统。孙权终于看出端倪，急命三人退下。

孙权命吕蒙为横野中郎将，赐钱千万，命凌统为承烈都尉，给甘宁授兵，命甘宁屯兵当口，三人连忙跪地谢恩，唯甘宁长跪不起。孙权道："兴霸，你这是为何啊？"甘宁道："末将不要封赏，但求一事。""兴霸，这次你立了大功，站起来说话。"甘宁道："苏飞对末将有大恩，要不是苏飞，甘宁我的尸骨或许早就不在了，怎么能到您的麾下效命？我听说将军您预先做了两个盒子，准备用来装黄祖和苏飞的首级。如今苏飞论罪当死，我特向将军乞求，保全他的性命。"甘宁频频叩头，孙权犹豫再三，感其言，说道："我可以同意您的请求，万一他要是逃走，该怎么办？"甘宁血涕满面道："苏飞免去身首分裂之祸，领受您的再生之恩，赶他都不会走，哪里还会想着逃亡呢？如果真的逃走了，就用我的人头代替，放到盒子里去！"孙权扶起甘宁，赞道："兴霸，我最欣赏你这样的义士！"于是孙权当即赦免苏飞。

次日，孙权召集众将道："黄祖已死，我欲扫平荆州，不知各位意下如何？"鲁肃劝阻道："如今曹操平定乌桓，下一个目标必定是荆州。如果曹操得到荆州，接着必定要攻打我们。如果我们现在继续攻打荆州，定是鹬蚌相争，渔翁得利，这正是曹操最愿意看到的。更何况荆州地大，非一朝一夕可以拿下。即使我们得到上天的护佑，马上能够全取荆州，可将军恩泽未施，荆州吏民不附，我军实力大损，立足未稳，曹操必然来攻，如此我们安能守住？依现在的形势来看，将军应停止进攻，与荆州刘表联合，共同对抗曹操，这是最佳选择。如今将军家仇已报，不如马上退兵，伺机与刘表联和。"正说话间，忽然张昭差人来报："丹阳郡黟、歙两县豪强反叛，聚众数万，当地不能平定，请主公速做决断。"孙权当即决定屠城，下令撤军，将数万男女掳回。

原来刘馥早就与黟、歙两县地方豪强勾连。如今曹操平定四州，准备要挥兵南下。孙权主力西征黄祖，丹阳空虚。于是山越乘机起兵反对孙权。

孙权命威武中郎将贺齐、蒋钦率军两万征讨。贺齐大军一到，武强、叶乡、东阳、丰浦四乡马上投降，贺齐上表孙权在叶乡建立始新县。

歙县贼帅金奇率万户山越屯守安勒山，毛甘率万户屯守乌聊山，黟县贼帅陈仆、祖山等率两万户屯守林历山。林历山四面悬崖绝壁，高数十丈，山路危狭，手势盾牌和短刀的士兵不能通过。叛军居高临下，大军根本无法进攻。陈仆、祖山两位山越头领凭险扼守，在高处不断扔下大石头，贺齐大军久攻不下，将士们束手无策。

贺齐不愧是久经疆场的少壮勇将，亲自到四周察看地形，精选身手敏捷的壮士，特意制作了铁戈，暗中选择山越人没有防备的地方，用铁戈在险峻之处开出一条可以攀缘的通道。当夜，贺齐命人偷偷地攀爬上去，悬下布绳，让百多名壮士攀登上去。贺齐在山下整顿兵马，一切布置停当，顿时山上鼓角齐鸣，贼寇夜里听到鼓声四起，以为贺齐大军全部上去了，慌乱惊恐，不知该怎么办。那些防守险要的山越，吓得连忙逃回山寨。贺齐大军乘机向山上猛攻，一举歼灭陈仆等人，斩首七千余级，其余的山越全部投降。贺齐平定了黟、歙两县。

贺齐上表孙权，从歙县分出新定、黎阳、休阳三县，孙权当则同意，并将三县连同黟、歙、始新共六县从丹阳郡划出，成立新都郡，府治设在始新。孙权命贺齐为新都太守，加偏将军。江东的事暂且不表，那么朝廷那边又有什么事发生呢？且听下文分解。

第四十三章　曹操自命丞相，刘琦避祸江夏

第一回　曹孟德自命丞相，司马懿三拒征辟

话说司徒赵温为了讨好曹操，在曹操北征乌桓期间举荐曹丕，辟曹丕为掾属，曹操大怒，命光禄勋郗虑执节带着自己的奏章来到许都。曹操上表道："司徒赵温举荐微臣之子曹丕，并不是因为他真实的才能，请圣上罢免！"皇帝刘协问荀彧道："荀爱卿，您认为赵司徒举荐曹丕有问题吗？"荀彧奏道："子桓诗文俱佳，镇守邺城有功，赵司徒推荐合情合理，这样的人才应当重用。"郗虑道："知子莫若父，曹公说不行就不行。"太中大夫孔融道："曹子桓是曹公嫡长子，赵司徒看重举荐，此举就算略有瑕疵，可赵司徒乃德高望重的老臣，至于要罢免吗？"郗虑出示曹操符节，咆哮道："为国举贤不公，此乃天下之大忌。我代表曹公，坚决要求罢免！"郗虑，字鸿豫，山阳高平人。刘协道："这怎么可以？这不符合规矩啊。"谏议大夫曹洪从外面走了进来，大大咧咧道："这是什么狗屁规矩啊？你们有没有王法？我们曹家的人轮得到你们征辟吗！必须按曹公的意见办！"司徒赵温颤颤巍巍道："老朽七十有二，来日无多，虽身在庙堂，其实不过是个摆设。你们就不要再为老臣争吵了，就依了曹公吧。"刘协只得下旨道："免去赵

温司徒之职！"孔融大声抱怨道："这叫什么朝廷，还讲不讲理，怎么任由曹操一人说了算？要变天了！"

郗虑到邺城拜见曹操，郗虑道："孔融对您不敬。"曹操怒道："这家伙实在叫人讨厌。"曹操思虑片刻，又命郗虑执节代表自己到许都上奏道："如今赵司徒已免，有人对微臣颇有怨言，微臣请辞司空之职，以示公允，还望陛下恩准！"曹操此举，使众臣都不知所措，刘协也拿不定主意，只好同意。

朝廷陷入瘫痪，皇帝刘协和众臣六神无主，连忙派侍中刘艾到邺城拜见曹操，刘艾道："还望曹公以朝廷和天下苍生为念，官复原职。"曹操道："我既已辞官，司空我是不当了。"刘艾道："我看太尉和大将军一职一直空着，不如您就……"曹操道："不，我不当！"刘艾道："曹公啊，您功比天高，我对您佩服得五体投地，朝廷不能没有您啊，请您不要与那些见识浅薄的人一般见识，您就行行好，给朝廷指一条明路吧。"曹操道："我已辞职，不管朝廷事务，你们商量着办吧！"

刘艾回到许都，参见皇帝刘协，刘协急召众大臣商议。刘艾对郗虑道："鸿豫，你师从大儒郑玄，学问深，见识广，与曹公友善，你看应该怎么办？"郗虑道："曹公应该就任丞相！"荀彧道："这不符合旧制，如今朝廷一切皆决于曹公，没有这个必要。"郗虑道："文举、文若，你们不是很有水平吗？那我今天就跟你们说一说什么是旧制，依照高祖刘邦的古制，应当设丞相、御史大夫。如今设三公，朝廷职能分割，协调困难，办事效率低下，不利于国家大政。"孔融道："光武帝以来，丞相制度就废除了，我朝只有董卓匹夫狂妄自大，自命相国，不想没多久就一命呜呼。"郗虑怒道："文举，不得妄议朝政。"孔融怒目圆睁道："当年董卓我都不怕，我怕什么！"曹洪撸起袖子、甩开臂膀，上前一把抓住孔融道："你想打架，老子陪你。你要是敢对我哥不敬，我这就给你几个耳光。"刘艾连忙打圆场道："文举，你就少说几句，你不说话没人当你是哑巴。你要是管住自己的嘴，怎么会生出这么多事情！"刘协担心出事，忙道："退朝。"

当晚，孔融找荀彧相商，孔融道："你看出来没有，这是一出戏，早就算计好的。曹操的野心越来越大，谋取丞相之位只是第一步，他是大汉之贼。"荀彧道："如今曹公统一北方，一统天下指日可待，唯有曹公才能完成如此大业。"孔融道："文若啊！曹操不过是利用大汉朝廷，天下重归一统之日，便是曹操篡汉之时。为了汉室，还不如让这些诸侯留着。"荀彧劝道："曹公总的来说还是对朝廷有利。"孔融道："文若，你足智多谋，怎么在对待曹操这事上糊涂呢？朝廷不能同意设立丞相啊！"荀彧道："只要天下是大汉的，我们退一步又何妨？"孔融道："绝对不能这样。曹操罢免赵温是第一步，废三公，自任丞相是第二步，后面还有第三步、第四步……曹操必成汉贼，我们要警惕啊！"荀彧道："朝廷离不开曹公，也不能没有曹公。为了大汉，只能这样了。"孔融道："你不要只顾亲家，忘了朝廷。"荀彧道："文举啊，我一切皆为朝廷，绝无私心，此心天日可鉴！"

六月，朝廷废三公，置丞相。皇帝刘协命太常徐璆持节到邺城，拜曹操为丞相。曹操再三辞让，对徐璆道："孟玉，你是九卿之首，我推荐你当丞相！"徐璆坚决辞让道："孟德，都什么时候了，您就不要拿我开玩笑了，我哪有这样的能力啊，您不要折煞我了。"曹操道："孔融对我不满，你们让孔融当吧。"徐璆道："孔文举只会夸夸其谈，他能干什么啊！"曹操道："你们让谁当不关我的事，反正我不当，请回吧！"徐璆扑通一声跪倒在地，哭道："孟德啊，朝廷不能没有你啊！你不当丞相，朝廷运转不起来，你就当了吧？"曹操道："孟玉兄，你这是为何，快点起来！"说着连忙上前去扶徐璆，徐璆道："您不当丞相，我就不起来，老夫我拼了这把老骨头，今天就跪死在这里。让天下人看一看，谁是忠臣！"曹操笑道："既如此，我就勉为其难，就任丞相！"徐璆这才起来。曹操设宴盛情款待徐璆，将徐璆礼送回许都。

曹操如愿以偿当上丞相，任命崔琰为西曹掾，毛玠为东曹掾，司马朗为主簿，卢毓（卢植之子）为法曹议令史……曹操设宴招待众掾属，曹操道："今天是你们上任第一天，大喜之日，今晚你们要放开喝！"酒至半酣，曹操内急，起身到隔壁更衣。曹操坐在厕床上，满脸通红了半天，硬是拉不出来，不由得感叹道："看来我开始老了。"曹操竖起耳朵，只听崔琰道："伯达，你弟弟司马懿聪明机智，遇事果断，是个杰出的人才，你比不上他！"司马朗道："您过誉了，他根本没有你说的那么好。"崔琰道："你怎么不向丞相推荐一下？"司马朗道："一来他不想当官，二来他是我弟，我要避嫌。"曹操心道："司马朗真是一个克己奉公的人才，我得用他。"只听崔琰哈哈一笑道："如此人才遗落民间，太可惜了。"曹操一听是人才，猛一用力，顿感全身一阵畅快，匆匆整衣而回。众人见曹操一到，顿时鸦雀无声，曹操道："今日不必拘礼，来，我敬诸位一杯！你们必须开怀畅饮，尽兴而归，不得有误！"众人大喜，气氛一下子活跃起来，频频向曹操敬酒，曹操不免大醉。

众人纷纷告辞，曹操命人叫住司马朗，将司马朗引到内室品茶，曹操问道："令尊身体还好吗？"司马朗道："谢丞相关心，他老人家身体好着呢！"司马朗，字伯达，河内温县人，乃司马防长子。曹操道："你对时局有什么看法？"司马朗道："前汉末年，天下分崩离析，正是因为秦朝废除了五等爵制度，致使各郡国没有做好打仗准备。现在恢复五等爵制度已不可行，但是可以让州郡设立军队，对外可以防备入侵，对内可以威慑那些图谋不轨的人，此乃其一。如今天下大乱，百姓四处逃散，很多土地无人经营，我看应该收归国有，乘此良机恢复井田制，此乃其二。"曹操道："我看你是会独立思考的人，很好！不过此事还得从长计议，以后我会认真考虑。"曹操接着问道："你的弟弟很优秀，怎么从来没听你说起啊？"司马朗道："我有七个弟弟，他们的字都带有一个'达'字，我们八兄弟号称'司马八达'，他们都很不错，不知您指的是哪一个？"曹操道："哪一个最聪明？"司马朗道："二弟司马懿。"曹操猛然想了起来，问道："他是不是身体有问题？"司马朗连忙禀道："谢丞相关心，他的身体一直好着呢！"曹操道："你明日你安排人起草一份奏章，上表朝廷，说我要领兵出征荆州刘表。你再帮我写封信给文若，把我攻打荆州的作战计划一同送上，看看他有什么建议。"

次日一早，曹操叫来侍从，吩咐道："你们去辟司马懿，如果不来，就把他绑来见我！"那么，这究竟是怎么回事呢？此事说来话长。

司马懿，字仲达，河内温县人，乃司马防次子。司马懿自幼聪明，多大略，博学洽闻，服膺儒教。建安六年（201）初，河内郡推荐司马懿为上计掾。于是司马懿与荀彧偶有接触，荀彧知道司马懿的才能，遂向曹操推荐，曹操派人辟他到司空府任职。

司马懿在街上行走，一小吏来到司马懿面前，行了一礼，说道："恭喜恭喜，曹公已派人到府衙，要辟您为掾，太守正在驿馆招待上差吃饭，小人心急，特向您报喜，请您给点赏钱！"司马懿道："可有此事？"小吏道："千真万确！"司马懿沉吟片刻，忽然大笑起来："我要当大官了，我要当大官了。"笑着笑着，嘴角一歪，大叫一声："疼死我了。"一下子倒在地上。小吏大惊，连忙将司马懿护送回家歇息。

太守带着上差来到司马懿家探望，只见司马懿之妻张春华在床前哭哭啼啼道："夫君啊，您病了我可怎么办啊！"上差到床前行了一礼，说道："曹公想聘先生为掾，请先生随我到许都上任。"张春华抹了一把眼泪鼻涕，说道："我家夫君得了风痹，疼痛难忍，不能行走，终日要人侍候。"司马懿用双手强支身子，坐了起来，有气无力，断断续续地说道："晚生才疏学浅，承蒙曹公赏识，可我命薄，不能承受如此福分，还望上差转告曹公，晚生疼痛难忍，生活不能自理，唯恐误了曹公大事，恳请曹公另聘贤才。"太守与上差起身告辞，司马懿命人取来拐棍，由妻子扶着，一瘸一拐地将两人送至门口。曹操第一次辟司马懿以失败告终，不久传说司马懿疯了。

过了几月，正值盛夏，烈日当空，司马懿的藏书受潮，晒于院内。忽然乌云压顶，雷电交加，狂风大作，大雨倾盆而下。司马懿从床上一跃而起，飞奔而出，眼疾手快，赶紧将书收起，转身回房，卧倒在床。

张春华全身湿透，匆匆回家收书，婢女迎了上去，大喜道："主人病好了，主人病好了！""不会吧？""真的，刚才大雨，主人一下子把书收了！"张春华走到井边，大叫道："啊呀，你的肚兜怎么掉到井里了！"婢女连忙跑过来，往井里张望。张春华猛地将她推入井中，搬来重物，压在井上。过了半晌，张春华怯生生地对司马懿道："贱婢已除，外人不会知道你装病。""何必呢？大不了，我去当官。""哪有这么容易？你这是欺瞒朝廷，可要招致大祸！""你把她杀了，谁来烧水做饭？""我来！""都怪我，坚守梦想，忠于汉室，不事曹贼。"这一年司马懿年方二十三，张春华年方十三。

曹操收复东郡返回许都，问道："司马懿怎么还没到任啊？"侍从如实禀报，曹操不信，再派两个侍从前往征辟。侍从来到司马懿家拜访，见司马懿卧床不起，疯疯癫癫，略作停留，便启程返回。数日后夜晚，两蒙面盗贼翻墙跳入后院，点上火把直奔内室。盗贼撩起由帷帐，张春华大惊，卷起被褥，大呼"饶命"。盗贼拔出匕首，在司马懿眼前晃了几下，缓缓举起，张春华啊的一声把头缩进被窝。司马懿双眼圆睁，不断抽搐着，躺在床上一动不动，盗贼猛地刺向司马懿，司马懿大声惨叫，匕首在司马懿眼前停住，司马懿颤抖着说道："柜子左边抽屉有钱。"盗贼转身离去。半晌，司马懿拭去冷汗，战战兢兢地对妻子道："他们不是盗贼，是曹操派来的，再过几天，我就不用装病了。"张春华道："何以见得？"司马懿道："盗贼皆为财物，他们一不为财，二不伤我性命，定是试探我是不是真的病了，不会有错。"

过了半个月，侍从向曹操复命道："司马仲达真的得了风痹。"曹操心道："是我疑心病太重，真是太可惜了。"司马懿再次成功躲过曹操的征辟，又逍遥了几年。

曹操的侍从第三次去辟司马懿，司马懿故技重演，又装风痹，抱病不起。侍从怒道："丞相有令，如果不去，就把你押到许都！"司马懿见不能蒙混过关，内心畏惧，连忙摇手道："最近外面来了一个神医，听说能治我的病，我马上请他扎几针，只要脚腿不痛了，我就跟你走。"就这样，司马懿来到丞相府，当了文学掾。司马懿的漫漫仕途暂且不表，曹操自从回到邺城，就开始准备征讨刘表，曹操究竟做了哪些准备？荆州又发生了什么事呢？且听下文分解。

第二回　马腾入朝为官，刘琦避祸江夏

话说曹操北征乌桓大获全胜回到邺城，马上着手准备南征刘表。曹操下令开挖玄武湖，训练水军，又命张辽驻军长社，于禁驻军颍阴，乐进驻军阳翟，这三地皆属颍川，与荆州相邻。张辽、于禁、乐进三人皆为名将，谁也不服谁，互不配合。曹操担心出事，派司空主簿赵俨同时参与三支部队军务，遇到事情，从中调解，这才使他们的关系逐渐和睦。

贾诩道："您虽平定北方，威震天下，可马腾、韩遂割据一方，我担心西部不稳。要征荆州，最好先安排好他们，解决后顾之忧。"曹操马上派议郎，武始亭侯张既出使关中，张既劝说马腾道："曹公威武，袁氏已灭，很快会一统天下，将军您手握重兵，我看不一定是福啊！"马腾道："此话怎讲？"张既道："曹

公怎会允许各路诸侯存在？"马腾道："德容，依你之见，该当如何？"张既道："您不如放下军队，入朝为官。您做着高官，享着富贵，您儿子统领您的部队。这样可得朝廷信任，永保平安。"马腾犹豫不决，张既道："您有什么可以留恋的啊？打打杀杀的日子还嫌不够吗？邺城比这里好多了。朝廷不是贪图您的军队，您把军队交给儿子，还不是一样在您手里吗？"马腾年事渐高，确已厌倦军旅生涯，于是勉强同意。张既担心有变，马上上表曹操。曹操令沿途官员准备好粮草物资恭候，马腾不得已，只得上路。马腾到了邺城，曹操率两千石以上官员全部出城相迎。曹操表马腾为卫尉，以其子马超为偏将军，封都亭侯，统率马腾部曲，仍驻扎在原地。又拜其子马休为奉车都尉、马铁为骑都尉，同其余家属一道全部迁往邺城。

且说刘表在病榻上听闻曹操北征乌桓大胜而归，召来刘备道："没有采纳你的建议，我们失去绝好的机会，我后悔啊！"刘备安慰道："现在天下分崩离析，每天都发生战争，您放心，这种机会还会有的。我们如能抓住后面的机会，以后就没有遗憾了。您就安心养病吧。"刘表拉着刘备的手道："如今袁氏尽灭，曹贼平定北方，我担心荆州的安危啊，荆州北部就交给你了，你要加强战备，力保荆州平安。"刘备连连称是，刘表道："这样我就放心了。"

刘备、诸葛亮出了荆州府衙，策马回驿馆歇息，刘备刚入内室，刘琦早已候着，刘备问道："公子怎会在此？"刘琦上前行了一礼道："明日休沐，我备下薄宴，务请将军赏光。"刘备道："我受命于明公，私下结交公子不妥啊！"正说话间，门人来报："公子刘琮登门拜访。"刘备给刘琦使了一个眼色，刘琦连忙躲到屏风后面。刘琮命人奉上厚礼道："将军镇守樊城，劳苦功高，区区薄礼，聊表寸心。"刘备谢道："公子多礼了，拱卫襄阳是末将应尽之责。"刘琮道："明日休沐，我备下酒宴，蔡将军、张将军一同参加，务请将军大驾光临，不见不散。"刘备道："明日我有要务在身。"刘琮道："不打紧，我一直恭候，等您公务结束再开宴。"说完出门而去，刘备将刘琮送出驿馆。

刘备返身而回，刘琦从屏风后面闪出，对刘备道："将军您得救我。您要是不救，我就死定了。"刘备惊问道："何故？"刘琦道："父亲长病不起，刘琮想得储位，蔡瑁、张允想要除掉我。"刘备道："你们兄弟应该相互友好和睦，怎么会到这种地步啊！我看不如这样，明日你问孔明。孔明足智多谋，比我高明。"刘琦向来器重诸葛亮，大喜道："如此甚好。"

次日一早，诸葛亮拜访刘琦。刘琦将诸葛亮迎入，命人关上大门，刘琦迫不及待地问道："襄阳凶险，刘琮、蔡瑁、张允欲置我于死地，请先生相救！"诸葛亮环顾左右，说道："公子何出此言？你家乃荆州翘楚，绝不可能，不要疑神疑鬼。"刘琦请诸葛亮入内室，两人叙过茶，刘琦道："我如何才能平安，还请先生教我？"诸葛亮道："你家兄弟之事，关乎荆州未来，你们应当以和为贵。我虽为远亲，实乃外人，不可妄言。"刘琦领着诸葛亮游览后花园，一同登上高楼，刘琦道："我俩在此远眺，周围美景尽收眼底，先生高雅，岂可无酒？"说着命人取来酒菜，与诸葛亮合榻小酌。刘琦频频添酒，尽说恭维之言，孔明不知不觉有了几分醉意。刘琦给随从使了一个眼色，随从心领神会，悄悄地将楼梯搬走，退得远远的。刘琦起身向诸葛亮行了一礼，说道："现在上不着天，下不着地，话从您的口中说出，进入我的耳朵，可以告诉我了吧！"诸葛亮心里暗骂，以前都是自己算计别人，没想今日却被刘琦算计，于是也就不隐瞒了，直言道："难道您不知道春秋时期晋国申生和重耳的事吗？申生在国内危险，重耳逃亡到外面安全，这个道理最浅显不过了。"刘琦顿时领悟，诸葛亮接着说道："如今黄祖阵亡，您何不请求镇守江夏？一则可以自保避祸，二则可以建功立业。"刘琦连忙谢过诸葛亮。

次日，刘琦拜见刘表，跪在病榻前哭道："黄将军为国捐躯，江夏门户洞开，荆州危急，请您让我到江夏去吧！能为您分担一点点忧愁，我就心满意足了。"刘表大受感动，当即任命刘琦为江夏太守。刘琦大喜，领兵一万直奔江夏。刘琦走后，在蔡瑁、张允等人的拥戴下，刘表确定刘琮为继承人。那么等待刘琮的命运又是什么呢？且听下文分解。

火烧乌林
大战荆州

第四十四章　刘琮献表投降，曹操奔袭长坂

第一回　郗虑污杀孔融，刘琮献表投降

荀彧给曹操回信道："如今中原已定，荆、汉将要灭亡。您可大肆宣称从宛、叶一带进兵，实则从小道轻骑奔袭，出其不意。"曹操连叫："妙，妙，妙！"马上下令调整作战方案。郗虑道："丞相，我有一事和攻打荆州一样重要，不知当不当讲。"曹操问道："何事？"郗虑道："荆州刘表是您朝廷外面的敌人，孔融与您不是一条心，是您朝廷内部的敌人。内贼不除，朝局不稳啊！我斗胆检举孔融！"曹操早就想除掉孔融，马上指使丞相军谋祭酒路粹收集孔融的罪证。

不久，路粹上奏道："孔融从前担任北海国国相，看到天下大乱，召集徒众，准备图谋不轨。后来与孙权使者谈话，又诽谤朝廷。从前孔融与平民祢衡行为放荡，互相标榜，祢衡称赞孔融为'孔子不死'，孔融称赞祢衡是'颜回复生'。这些都是大逆不道的行为，应处以极刑。"

以前，孔融倚仗自己的才干与名望，屡次嘲笑曹操，随意发表议论，褒贬人物，多与曹操意见不合。曹操因为孔融名重天下，表面上容忍他的言行，心里却十分厌恶。当初曹操攻破邺城，大肆屠杀邺城居民，袁绍的妻女被掳掠，曹丕娶

了袁熙的妻子甄氏。孔融写信给曹操道："武王伐纣，把妲己赏赐给周公。"曹操不明白，问孔融出于何经何典。孔融回信道："按现在的事情来看，想当然而已。"曹操北讨乌桓，孔融认为没有必要，又讥笑曹操。当年饥荒战乱，曹操上表要求禁酒，孔融爱酒，多次写信给曹操，认为禁酒没有必要，言词多有傲慢无礼之处。如今曹操已经统一北方，统一天下指日可待，孔融维护大汉王朝，本想以朝廷名义掣肘曹操，不想被曹操痛下杀手。

建安十三年（208）七月，曹操亲率大军二十万攻打荆州。大军临行，曹操叫来郗虑道："鸿豫，我表你为御史大夫，到许都上任！"郗虑大喜，连忙跪谢道："请丞相放心，微臣唯丞相马首是瞻。"

郗虑一到许都，马上将孔融逮捕下狱。孔融的儿子九岁，女儿七岁，两人寄养在别人家中，忽闻孔融被捕，两人正在下棋，落子如常。旁边人说道："父亲被捕，你们怎么还这样？"哥哥道："哪里有巢毁坏了卵不破的道理呢？"主人留了肉汤，男孩渴了就喝，妹妹道："今日之祸，怎么可能久活？怎么还留恋肉的味道呢？"哥哥大哭不喝。

建安十三年八月二十九日孔融被杀，弃市，时年五十六岁。诛杀孔融家人的人来了，女孩对哥哥道："如果死者有知，得见父母，难道不是我们最大的愿望吗！"于是引颈就戮，颜色不变。时人无不为之悲伤。明白事理的人都说："曹操杀孔融，已成汉贼！"

话分两头，刘表听闻曹操大军来攻，急火攻心，一口气喘不上来，顿时晕了过去。刘琦听闻父亲病危，带着亲随日夜兼程赶回襄阳。刘琦向来仁慈孝顺，蔡瑁、张允担心刘表动了恻隐之心，改立刘琦为继承人，连忙带兵将刘琦挡在府衙门外，张允道："镇南将军命你镇守江夏，你却丢下部众，擅离职守。你这样会让主公伤心，加重主公的病情，你也太不孝顺了！"刘琦声嘶力竭地呼喊道："父亲，儿子看您来了，您就让我见一面吧。"蔡瑁拔出宝剑，怒道："主公现在谁也不见，你再不走，休怪我无情！"刘琦无奈，跪在地上连磕三个响头，涕泪俱下，哭着返回江夏，围观的人无不为之落泪。

八月，刘表背生恶疮，在痛苦中死去，镇南将军军师蔡瑁、张允、章陵太守蒯越、傅巽等人拥立刘琮继任荆州牧。

刘琮刚一上任，众人马上劝说刘琮归顺曹操，刘琮不同意，说道："现在我与各位拥有整个楚国地盘，保住先君的事业，观望天下局势的变化，为什么不可以呢？"傅巽道："反叛和归顺有重要的原则，实力足够强大才有反叛的能力，实力不行应当归顺。如今朝廷和荆州强弱已有定势，朝廷强而荆州弱。以臣子的身份抗拒天子，是叛逆；以刚接手的荆州去抵御朝廷大军，必定陷入危险；依靠刘备对抗曹操，一定会失败。这三个方面我们都不行，拿什么去对付曹操大军？将军您自己考虑一下，您比得上刘备吗？"刘琮道："我不如他。"傅巽进一步说道："如果凭刘备的能力都不足以抵挡曹公，那么即使拥有整个楚地也不能保住自己。要是刘备足以抵挡曹公，那么刘备不会屈居于将军之下。希望将军不要怀疑！"

刘琮又问王粲，王粲道："您想保住荆州也没错。当初天下大乱，豪杰并起，强弱未分，所以人人各怀其志，家家都想称王称帝，个个都想成为公侯。纵观古今成败，唯有先见之明的人能永享福祚。请将军自己估量一下，您和曹公相比，您能比得上吗？"刘琮无言以对。王粲又道："曹公乃是人中豪杰，雄才大略，智谋出世。摧毁袁绍于官渡，覆灭乌桓于白狼山，其余的枭雄蛮夷被荡平者数不胜数。今日之事，其实非常清楚。将军如果能够听从我王粲，把铠甲收起，把兵器放下，顺应天命，归顺曹公，曹公必定会重加恩德给将军。这样既保全了自己和宗族，持久地享受福祚，又传给子孙后世，这才是万全之策。王粲我遭遇战乱四处漂泊，把生命寄托在这里，承蒙将军父子敬重照顾，敢不说实话吗！"

刘琮又问蒯越，蒯越道："如今曹操统一北方，天下一统乃大势所趋，顺之则昌，逆之则亡。远有袁术自立为帝的悲惨下场，近有袁绍父子反叛朝廷覆灭的前车之鉴。望将军以荆州苍生为重，舍弃个人小利，举荆州之地归顺朝廷。曹公英明睿智，有功必赏，定会厚待将军，请不要犹豫。"刘琮无奈，犹豫再三，最终决定向曹操投降，刘琮命宋忠前往曹营敬献降表。宋忠，字仲子，南阳章陵人，东汉末年大儒，与司马徽齐名。

且说曹军攻入荆州，刘备拼死抵抗，无奈曹军势大，骑兵神出鬼没，刘备节节败退，曹军攻占宛城。曹操召集谋士武将议事，忽闻荆州使者宋忠持节求见，曹操命宋忠入内。宋忠恭恭敬敬呈上降表，曹操手舞足蹈，大喜道："刘琮降了，刘琮降了！"曹操的手下都不相信，纷纷说道："荆州幅员辽阔，我们奋战良久，才取得一点点胜利，刘琮不可能投降，一定有诈。"曹操一想也对，顿时犹豫起来，心道："难道这是刘琮要的阴谋诡计，他图的是啥？是不是引诱我快速进军？"曹操一下子没了主意，大将娄圭道："天下纷乱，各路诸侯依托皇帝的名义拥兵自重，现在刘琮以礼节归顺，一定是真诚的，不会有假。"曹操这才相信。

当晚，曹操设宴招待宋忠，曹操问起荆州之事，宋忠如实相告，曹操道："我最讨厌刘备，仲子，你回去后请刘琮从背后攻击刘备。"宋忠道："我家主公刚刚即位，军心不稳。万一刘备进攻襄阳，襄阳可就完了，还望丞相见谅。"曹操道："既然这样，我派使者游说刘琮，你回去好言安慰，我一定对刘琮以礼相待。"

使者跟随宋忠到了襄阳，刘琮急忙召集部下商议，刘琮道："刘备一直替我们守卫北方，是我们的屏障，丞相命我们攻击刘备，我于心不忍啊。"蔡瑁道："刘备是英雄，对荆州有功。万一我们攻打刘备，刘备拼死相搏，到时候鱼死网破，我们反被刘备所害。于情、于义、于理都不合。我们不必多此一举，引来战端。"刘琮认为有道理。

再说伊籍听说刘琮降曹，连忙渡江到樊城拜见刘备。刘备不信，派简雍来问刘琮，简雍问道："我们虽受一点点挫折，荆州完全可以自保，外面有谣言说您投降了，可有此事？"刘琮不敢正视，顾左右而言他。简雍责问道："这么大的事怎么不和我家主公说一声！"刘琮低头不语。简雍跺着脚道："我家主公正在调兵遣将，全力抗击曹贼，你于心何安？"刘琮自知理亏，眼泪一下子流了出来，转头对宋忠道："您到樊城走一趟，说明我的本意。"

宋忠战战兢兢拜见刘备，刘备瞪着宋忠问道："荆州投降之事是真的吗？"宋忠道："真的，我为使者。"刘备大惊，厉声责问道："如今大敌当前，我为荆州舍生忘死，抵抗曹贼，你们却要投降，你们这些人怎么这样？这是要置我于死地啊！"说着猛地抽出宝剑，架在宋忠的脖子上，怒道："今天就算把你砍了，也难以解我心头之恨。"宋忠浑身颤抖道："我乃奉命行事，奉上降表已有十多日。左将军您是英雄，对荆州有恩，荆州绝不会为难您。您来去自由，还是快点考虑如何自处吧！"刘备收回宝剑道："在临别时还要杀你们这些鼠辈，我羞为大丈夫，还不快给我滚！"

刘备赶走了宋忠，急召部下商议。伊籍道："大将文聘与我有旧，前几天奉刘琮之命撤回襄阳，多次劝谏凭江据守。我马上联络，请他为内应，我们一举拿下襄阳！"刘备道："你快回去接家小，我准备撤到江陵，其他的事都来不及了。"刘备马上命关羽统领水军到樊城，护送各部渡过沔水，其他各部交替后撤。

宋忠连滚带爬地回到襄阳复命，蔡瑁向刘琮建议道："您应尽快做好应战准备，万一刘备偷袭，我们就不好办了。"刘琮马上采纳，下令关闭城门，严防死守。刘备大军来到襄阳城下，诸葛亮建议道："我们应该马上攻取襄阳，占领荆州，据沔水抗击曹操，如此，荆州尚有转机。"刘备道："攻取襄阳谈何容易，要是我们在这里浪费时日，万一曹操追上来，一切全完了，现在走为上策。"刘备在城下喊道："我来辞行，要见荆州牧刘琮贤侄！"刘琮听说刘备来了，吓得站不起来。蔡瑁、张允登上城头，喊道："我家主公忙于公务，不便相见，请刘将军自便。"刘备道："我受先公刘景升之恩，在荆州打扰多年，在此谢过。我想告诉贤侄，只要大家一起努力，荆州可保，还望蔡将军转告。"蔡瑁道："人各有志，大家好聚好散。"刘备道："先公刘景升与曹贼不共戴天，贤侄现为荆州之主，理应继承先公遗志，抗击曹贼，保荆州平安。我真没想到，刘景升尸骨未寒，贤侄竟抛弃荆州百姓，向曹贼屈膝投降，苍天无眼，刘景升死不瞑目啊！"蔡瑁大怒，张弓搭箭对着刘备道："大耳贼，你这编席贩履之徒，再敢妄议荆州，休怪我无情！"刘备道："刘备不才，定会遵照先公遗志，与曹贼战斗到底。荆州的仁人志士们，愿意抗击曹贼的，跟我走！"说罢调头而去。刘备经过刘表的坟墓，上了一炷香，流泪而去。

刘备下令道："公祐，你快去江夏联络刘琦。益德，你为先登，逢山开路遇水架桥。子龙，你保护家小和文臣。云长，你带领水军在这里接应后面的军队和百姓过江，然后奔往江陵。我自率大军断后，我们往江陵进发，不得有误！"刘备全军走后，刘琮这才松了一口气。

九月，刘琮遣使到新野拜见曹操，曹操问道："荆州情况如何？"使者道："刘备已过襄阳，向南逃走。我家主公恭迎丞相大驾光临。"曹操大喜，急命大军全速前进，自己率领虎豹骑先行。曹操到了襄阳，刘琮早已在城外跪地恭迎，刘琮献上印绶、地图、户籍、官员名册。曹操大喜，连忙将刘琮扶起，刘琮引曹操入城。

曹操封刘琮、蔡瑁、张允、蒯越、傅巽、王粲等十五人为列侯。任命刘琮为青州刺史，蒯越为光禄勋，韩嵩为大鸿胪，刘先为尚书，其他人也都担任显要的官职，力主投降的人皆大欢喜。曹操亲自探望蔡夫人，见其家无余钱，对她厚加赏赐。

曹操端坐荆州官衙，对着官员名册一一点名，曹操问刘琮道："怎么文聘没来啊？"刘琮急忙差人传唤，不一会儿，文聘跪地叩见曹操，曹操问道："仲业怎么来得这么晚啊？"文聘道："之前我不能辅弼刘荆州一起侍奉国家，如今荆州已失，但我希望能据守汉江保全其他地方。这样我活着不负后主，死了也无愧于地下。可是我的设想不能实现，到了如今这般地步，我实在悲痛惭愧，没有颜面早早来见明公啊。"说罢，文聘控制不住自己，潸然泪下，唏嘘不止。曹操听了竟然也伤感起来，说道："仲业，你真是忠臣，孤喜欢。"当即以厚礼相待，给文聘授兵，文聘大喜，连忙跪谢道："末将愿为丞相效犬马之劳。"

过了两日，曹操设宴庆功，酒过三巡，菜过五味，曹操问道："刘备逃到哪里去了？"蔡瑁道："大耳贼已奔往江陵。""去了多久？""已近半月。""为何奔往江陵？""江陵军资多，荆州的水军在此驻扎！"曹操把酒一推，对众人道："你们继续吃，孤先去收拾刘备！"文聘道："末将熟知荆州地理，愿为向导，为丞相引路。"曹操大喜道："孤就等你这句话，我们一起进兵。"

曹操一声令下，顿时号角齐鸣，不出一刻，曹纯带着五千虎豹骑、万匹战马在校场恭候。有人对曹操道："我们这么一点人马，太少了。"曹操叫过司马朗道："你带着孤的虎符，到樊城命徐晃、满宠火速进兵，不得有误！"曹操令旗一挥，顿时万马奔腾，满城尘土。刘琮等人望着曹军呼啸而去，直打哆嗦，不发一言。老将王威冷不防地劝谏道："曹操接受将军投降，刘备逃走。曹操如今全心全意追赶刘备，一定松弛无备。曹操如此孤军深入，轻行单进，实为可乘之机。请将军拨给王威我精骑数千，我在险要之处攻击，曹操一定可擒。只要擒住曹操，我们就能威震天下，坐在荆州就能虎步天下，中原虽广，也可传檄而定，绝不止保住今天的局面而已。这是千载难逢的好机会啊！望将军不可错过。"刘琮不听。

张允对王威道："我也有一计可保荆州平安，王将军想知道吗？"王威连忙凑近张允，张允一剑将王威刺死。大声道："这就是不与主公一条心的下场！"刘琮投降曹操的事暂且不表，那么曹操究竟能否追上刘备呢？且听下文分解。

第二回　曹操奔袭长坂，鲁肃出使荆州

话说刘备奔往江陵，路上大量百姓来投，不知不觉已逾十万，辎重车辆达数千辆。刘备大军和追随者堵塞道路，前后逶迤几十里，每日仅走一二十里。麋竺大急，劝说刘备道："我军数量虽多，披甲之士很少，要是曹军来了，我们用什么抵抗？我们应该快走，早日占领江陵。"刘备道："成就大事必须以人为本，现在这么多人归附我，我怎能忍心抛弃他们，自己逃走啊？"刘备心道："曹操离我还远着呢。"

再说曹操带着虎豹骑追赶刘备。马不停蹄连追三日，飞驰三百多里，终于在当阳长坂坡追上刘备大军。曹操大喜道："这下子，刘备完蛋了！"当即抽出宝剑，下令道："传令全军，抓住刘备者，封万户侯！"

刘备端起饭碗刚要吃饭，只听远方传来一声："曹军来了，快跑！"刘备扔下饭碗说道："镇静！镇静！谁也不许捣乱，谁也不许谎报军情！"说着起身走出营帐，但见远方灰土飞扬，曹军精骑滚滚而来。刘备大惊失色，下令道："曹军来了，马上应战！"自己却顾不了许多，翻身上马，与诸葛亮等人一溜烟地逃命去了。

曹军呐喊着冲入刘备军中，随意砍杀，有如砍瓜切菜一般。刘备军队根本没

有防备，被曹军打得措手不及，全军崩溃，四散奔走，争相逃命，无奈前方道路堵塞，大军无处可逃。曹军在后面紧追不舍，远射近砍，一路掩杀，所过之处尸横遍野。

张飞听说曹军来袭，连忙整军列阵，调头来战曹军。行不多时，正遇大批溃兵和逃难百姓如潮水汹涌而来，一下子就把张飞的军队冲得七零八落，曹军随后冲入张飞战阵乱杀，张飞奋力苦战，终于将曹军击败，曹军调头而回。

张飞军队损失严重，当即收纳溃兵，重整军阵，逆着人潮来寻刘备。行不多时，曹军精骑来再次来攻，张飞拼死力战，无奈曹军越来越多，一波接着一波攻击，张飞不敌，带着二十余骑杀出重围。曹军也不追赶，调头北返，拉网捕鱼一般截杀溃兵。

刘备一行好不容易摆脱曹军的追杀，徐庶见母亲被曹军俘获，慌忙指着自己的心口向刘备辞行道："我本想与将军共图王霸大业，就是凭借这颗心。如今老母被俘，我方寸已乱，对您的大事业没什么用处了，就此向将军告辞。"说完调头投奔曹操。

天色渐晚，刘备逃过当阳桥，正遇张飞，大叫道："益德救我！"张飞道："主公先走，这里有我！"说着带着二十余骑据沮漳水断后，不久曹军蜂拥而至，张飞怒目横矛，大声喊道："我是张益德，谁来与我一决生死！"曹军见桥面木板抽掉大半，不易过桥，于是调头而回。

曹军大获全胜，俘获刘备两个女儿和全部辎重物资，截获所有百姓，曹操感叹道："虎豹骑真乃天下精锐，实在太厉害了，连我自己都不知道有这么厉害啊！"次日一早，曹操继续往江陵方向追击前进。

刘备两万大军非死即降，仅剩数十骑逃离战场。刘备走了多时，饥饿难耐，见已安全，下令生火做饭。众人垂头丧气，一言不发，刘备激励道："不要灰心，我们还活着，我们还有关羽的水军，还有刘琦的友军，一定可以东山再起！"刘备环顾四周，这才想起家小，问道："子龙呢？"有人道："赵云往北投奔曹操去了。"刘备大怒，骂道："子龙是不会抛弃我离开的！"

众人埋头吃饭，忽闻远方马蹄声越来越近，刘备连忙示意众人分散隐蔽，不一会儿，赵云一手抱着刘备的儿子刘禅，一手提剑护着刘备的夫人缓缓而来。刘备喜出望外，冲了出来，喊道："子龙，你可来了。"赵云大喜道："我终于找到你们了。"赵云翻身下马，双手将襁褓中的刘禅交给刘备，刘备激动道："我儿尚在，毫发无损！"甘夫人道："要是没有子龙保护，我今日已成刀下之鬼，见不到夫君了。"赵云含泪道："其他人都失散了，甘夫人中箭受伤，赵云我愧对主公啊！"刘备安慰道："您凭一己之力保护夫人和我儿平安，真乃神人啊！"当即任命赵云为牙门将。

且说曹操攻打荆州，可把千里之外的江东鲁肃给急坏了。鲁肃对孙权道："曹操攻打荆州，依在下愚见，我们应该帮助刘表。"孙权道："刘表与我有仇，我恨不得食其肉，寝其皮。我想乘机出兵荆州，以报杀父之仇！"鲁肃道："不可，曹操要是打下荆州，下一个目标就是我们，唇亡齿寒的道理最浅显不过了。"孙权道："话虽如此，有曹丞相收拾刘表，我乐见其成，此事容我慢慢琢磨。"

不久刘表去世，孙权与荆州再无仇恨，鲁肃劝道："荆楚之地与我们吴国邻接，顺着水流可达北方，外有长江、汉水，内有山陵阻隔，有如金城一样坚固，沃野万里，士民富足，如果占有这块地盘，就是成就帝业的资本。如今刘表刚刚去世，两个儿子素来不和，军中将领分成两派。加上刘备又是天下枭雄，与曹操有矛盾，寄居在刘表之下，刘表讨厌他的才能，不能重用。如果刘备与刘表的儿子齐心协力，上下团结，我们应该对他们安抚，与他们结为盟好。如果他们之间离心离德，我们应该做好图谋荆州的打算，成就自己的大业。我请求代表您前往荆州，向刘表的两个儿子表示慰问，慰劳他们的军队将领，劝说刘备安抚刘表的部下，同心一意，共同对付曹操，刘备一定乐于从命。如果这件事处理好了，那么天下大事就可以稳定了。现在如果不马上处理，恐怕会被曹操抢占先机。"孙权当即同意，派遣鲁肃出使荆州。

鲁肃行至夏口，听说曹操已向襄阳方向进军，马上日夜兼程前往襄阳。鲁肃一行策马到了江陵，温了黄酒，与随从一同小酌。只听一白须儒生道："荆州算是完了，听说刘琮已向曹丞相投降。"一青衫中年人道："完了就完了，关我们什么事，从此荆州无战事，天下太平！"白须儒生道："荆州完了，可这天下就要改为姓曹了，这是大逆不道啊！"一白衣商人道："我刚收到飞鸽传书，刘玄德不愿与刘琮同流合污，带着数万兵马奔往江陵，准备与刘琦一道联络荆州郡县，与曹操再决雌雄。"青衫中年人道："看来荆州还是战事不断，我等百姓何时才能平安啊……"白衣商人道："可怜我的货物，本来准备运往襄阳，现在不知该如何处置，要是大军来了，一切全完了……"鲁肃大惊，匆忙吃完饭，火速出了江陵，北上来找刘备。鲁肃找到刘备后会发生什么事情呢？且听下文分解。

第三回　张飞力拒徐晃，刘备败走江夏

刘备深知江陵不能去了，于是决定改走汉津。鲁肃到了当阳，见刘备大军已败，一路追赶，终于追上刘备。鲁肃道："吴侯命我到荆州吊丧，本欲乘机联合，共抗曹操。"刘备长叹一声道："你怎么不早来啊？你要是早来一个月，刘琮说不定就不会投降了，现在荆州完了，我的军队也完了！"鲁肃与刘备策马并行，共议天下形势，代表孙权向刘备致以殷勤之意。

　　众人到了汉津码头，胡乱吃点东西，忽见远方来了一支舰队，旗舰上挂着一个大大的"关"字，张飞喜出望外道："这下我们安全了！"刘备终于松了一口气。忽闻背后喊杀之声大起，乃是徐晃、满宠率军来追。赵云连忙对着舰队喊话，傅士仁率领十艘大船前来接应。

　　眼看徐晃大军就要杀到，只见舰船劲弩齐发，利箭如雨点般地向着曹军飞了过去。徐晃受阻，不能前进，大怒，连忙调来弓弩手对着刘备一行怒射。刘备的侍卫纷纷中箭倒地，赵云大喊一声，率领众人举着大盾护住刘备。徐晃、满宠下马，率军举着大盾短刀，低头躬身杀了过来，张飞一声令下，率领手下断后，挥刀与徐晃战成一团。

　　众人不等大船停稳，争相跳上大船。战不多时，张飞见刘备等人均已上船，且战且退，对手下大喊道："你们不要管我，快上船！"说着挥刀连连劈向徐晃、满宠，逼得徐、满不断后退。曹军从三面杀了过来，张飞见手下皆已登船。大叫道："你们保护主公，快走！"水手用篙一点，大船缓缓离开码头。张飞挥刀猛地砍向徐晃，张飞势大力沉，徐晃举盾就挡，震得手臂发麻，张飞趁机转身，纵身跳向大船，右臂挂在船舷上，徐晃大喊一声，将刀投向张飞，张飞全身一缩，左手举盾护住自己，钢刀深深插入张飞大盾。曹军举弓便射，刘军连忙用盾牌护住张飞，把张飞拉入大船。士卒将张飞大盾上的利箭拔下，一数足足有三十多支。

　　徐晃不想功亏一篑，领军蹚水来追，忽见前方一队大船迎面急驶而来，为首一将正是关羽。关羽执矛喊道："公明兄，多年不见，别来无恙？"徐晃道："我无日不思念兄弟！"关羽道："你思念我也不必如此多礼，跑到江里来迎接，江水太冷，还是我到码头接你吧。"徐晃道："无他，想摸几条鱼给你下酒而已。"关羽陡然变色，大喊一声："给我打！"顿时鼓角齐鸣，弓弩齐发，关羽率领舰队冲向徐晃，徐晃大惊，慌忙退回岸边防守。关羽指挥水军连番登岸进攻，均被曹军赶回水中，关羽无奈，只得扬帆而去。徐晃望着刘备一行顺流而下，叹道："以前听关羽说张飞是万人敌，今日一见果然如此！"满宠叹道："刘备滑如泥鳅，虽近在咫尺，却没抓到，不知何时再有这样的机会啊！"

刘备与鲁肃、诸葛亮三人站在船首，眺望着远方。鲁肃问道："刘豫州您打算去哪里啊？"刘备道："我与苍梧太守吴巨有旧，想去投奔。"鲁肃道："吴巨是平凡人，偏居于偏远州郡，要是荆州保不住，苍梧岂能保住？我看苍梧早晚也会被别人吞并，哪里值得托身啊？"刘备道："如此看来，天下之大，已无我刘备的容身之处了。"鲁肃道："孙讨虏聪明仁惠，敬重贤人，对士人以礼相待，江东英豪皆已归附，现在占据六郡，兵精粮足，完全可以成就大事，您可以投奔。在下为您打算，不如派遣心腹之人出使江东，与江东结交，同结联和之好，共建大业。"刘备大喜，对鲁肃行了一个大礼，说道："如此甚好，还望子敬谋成此事！"鲁肃道："我当尽力而为。"

鲁肃见诸葛亮也在旁边，对诸葛亮道："我是子瑜的好友，早就听说您的大名！"此后鲁肃与诸葛亮聊了一路，两人成为好友，这是后话。

三人聊了半日，忽见刘琦全身缟素，带着万余白衣白甲迎面而来。刘备将船靠岸，问道："贤侄，你去哪里？"刘琦道："听闻刘琮降曹，我要出兵讨伐！"刘备道："曹贼已得襄阳，此事还须从长计议！"

刘备恭迎刘琦上船，请诸葛亮一同商议，刘备道："如今刘琮已降，不能作为荆州之主。您是刘景升长子，在此危难之时，应当登高一呼，入主荆州。"刘琦道："我没实力啊。"刘备道："我会鼎力相助，就算是肝脑涂地也在所不惜。"刘琦大喜，起身深深一拜，感激道："一切全凭将军做主。"

刘备、刘琦领兵到达夏口，诸葛亮对刘备道："事情危急，请您派我到柴桑向孙将军求救。"刘备道："我正有此意。"于是命诸葛亮出使江东。刘备设宴为鲁肃、诸葛亮饯行，亲自将两人送上船，望着两人扬帆东去。

再说曹操、曹纯、文聘继续往江陵方向追击，攻占江陵。曹操尽得江陵军资，江陵的荆州水军悉数向曹操投降。曹操派出官员安抚江北各郡，任命新的官员，静候后续大军到来。曹操听说桓阶曾为张羡出谋划策，马上召见。曹操与桓阶交谈，对桓阶的才华感到惊奇，辟桓阶为主簿，在丞相府典领文书，参与机要。

曹操听说刘备到达夏口，欲投奔江东，连忙召集部下商议。众谋士纷纷说道："刘备投奔江东，孙权是我们的同盟，一定会把他杀了，就像公孙康杀袁尚、袁熙一样。"曹操道："如果这样，我就可以一统天下了。"程昱道："我看未必，孙权新掌大权，还没有为全国人忌惮。曹公现在天下无敌，又刚刚平定荆州，威震江南。孙权虽然有谋略，却没有能力独自抵挡丞相。刘备一向有英名，关羽、张飞又是万人敌，孙权一定会借助刘备抵抗我们。他们势均力敌最后分道扬镳，但刘备得到资助就能成就事业，孙权不可能得到刘备后把他杀了！"

曹操灵机一动，马上给豫章太守孙贲写信道："我儿曹彰与令爱已生子曹楷，一家人其乐融融。亲家公，我们好久没有相聚了，请你有空的时候到舍下一聚。江东的事，我就交给你了，你要做个榜样！"曹操把信封了，交给使者刘隐。桓阶连忙劝阻道："孙伯阳只是猛将而已，头脑简单，不可谈论大事，还望丞相三思，江东的事应与仲谋共同商议。"曹操很不高兴地对桓阶道："伯阳是我亲家，我不用他，我用谁啊？如果伯阳和国仪同心，豫章、庐陵两郡归顺，江东必将恐惧，纷纷倒戈相向，如此才能不战而胜。孙权小儿岂能螳臂当车！"刘隐到了南昌，奉诏任命孙贲为征虏将军，与孙权平级。

曹操诏命孙贲之事暂且不表，那么诸葛亮出使江东的情况究竟如何呢？且听下文分解。

第四十五章　黄公覆献计诈降，周公瑾大破曹军

第一回　孔明柴桑说孙权，鲁肃厕檐追吴侯

　　且说鲁肃出使荆州，将消息源源不断地送回柴桑，孙权坐立不安，终日与群僚商议，时刻关注荆州局势。鲁肃回到柴桑，直奔孙权大帐，孙权见鲁肃来了，命人奉上香茶，急问道："荆州情况如何？"鲁肃端起茶碗一饮而尽，说道："比想像的还要严重，刘琮已降，曹贼已得荆州。刘玄德大败，与刘琦屯兵夏口。江东危急！"孙权道："我们该如何应对？"鲁肃道："应与刘玄德联合，如此江东或可转危为安。如今我已说服刘玄德共抗曹贼，刘玄德的使者跟我同船来到柴桑，商议联合之事，不知主公意下如何。"孙权大喜道："我正有此意！"鲁肃道："使者乃是荆州首屈一指的名士，见识非凡，名唤诸葛亮，号卧龙先生，乃子瑜之弟。"孙权转身对长史诸葛瑾道："子瑜，你先安排使者到驿馆歇息，好好招待，明日一早，我要召见来使。"诸葛瑾道："使者既是我弟，我当避嫌。"孙权道："你行事谨慎，最懂我心，我信得过你！"当晚，诸葛兄弟两人推杯换盏，其乐融融。

　　次日，诸葛亮拜见孙权，呈上刘备书信，奉上厚礼，诸葛亮道："军师祭酒

诸葛亮奉宜亭侯左将军刘玄德之命拜见吴侯讨虏将军！"孙权道："卧龙先生对时局有何见解？"诸葛亮道："如今天下大乱，将军起兵占据江东，我主也在汉水以南集结兵众，与曹操并争天下。现在曹操已经铲除最大障碍，基本上平定了北方，又攻破荆州，威震四海。英雄已无用武之所，所以我主逃到这里。将军您应量力而处：如果依靠吴、越的兵力能够与曹操抗衡，不如早点和他断绝关系；如果不能抵挡，何不放下武器捆起盔甲，向曹操称臣投降！如今将军您表面上服从曹操，内心却犹豫不决，情势危急却不能决断，我看过不了几日，就要大祸临头了！"孙权笑道："假如真像你说的那样，刘备为何不投降曹操？"诸葛亮道："田横，只不过是齐国的一个壮士而已，都坚守大义不肯受辱，更何况刘豫州是王室后裔，英才盖世，许多人仰慕投奔他，就好像江河流归大海一样。如果事业不能成功，这只是天意，怎么能够再做曹操的下属呢？"孙权勃然大怒道："孤不能拿整个吴地和十万大军受别人摆布，孤意已决！"诸葛亮大喜道："将军英明，实乃上天所赐，江东之幸，岂是荆州刘琮之徒可比！"孙权问道："可是刘备新败，还能抵挡曹操吗？"诸葛亮道："刘豫州军队虽在长坂坡战败，现在失散归来的士卒和关羽的水军加起来足有精兵一万，刘琦的江夏将士不下万人。曹操的军队远道而来，已经疲惫不堪，听说他们追赶刘豫州，轻骑兵一天一夜跑了三百多里，这正是所谓'强弩之末，势不能穿鲁缟'，兵法最忌讳这种做法。况且北方人不熟悉水战。荆州的民众之所以归降曹操，不过是受兵势逼迫而已，并不是心甘情愿地归降。将军如果真能命令猛将统兵数万，与刘豫州同心协力，打败曹军就是必定的。曹军一旦打败，他们必定撤回北方，这样荆州和东吴的实力就会增强，鼎足而立的局面就形成了。成败的关键，就在于今日。"孙权听了非常高兴。

且说曹操听说孙权与刘备联合，大怒道："不知好歹的东西，竟敢与刘备同流合污，我要讨伐你！"正说话间，刘隐从豫章返回候命，曹操连忙召刘隐相问，刘隐道："伯阳得到您的任命非常开心，愿为朝廷效力，同意遣子入朝！"曹操大喜，召集部下商议，曹操道："孤欲顺流而下，攻打孙权，不知各位意下如何？"众人纷纷附和，只有贾诩委婉地劝谏道："明公以前打败袁氏，现在又收复汉水以南地区，威名远扬，军队实力已经很强大了。如果利用荆州的富饶，赏赐官兵，安抚百姓，使他们安居乐业，那就可以不劳师动众使江东臣服。"曹操道："以前孤对江东孙氏忍让，结为同盟，那是因为天下未平，北方袁氏强大无比，身后刘表实力强劲，孤万不得已出此下策。如今袁氏已灭，荆州已降，孙权要是识时务，尽到盟友本分，与孤联手除掉刘备，奉土归顺朝廷，孤让他高官得做，豪宅得住，骏马任骑，美女任选，福禄永享，泽被后世。现在他与刘备搅和在一起，这是与孤为敌，孤当一鼓作气，扫平江东，拿下孙权，除掉刘备。"于是提笔给孙权写信道："近来孤奉旨讨伐有罪之人，帅旗挥向南方，刘琮束手就擒。现在孤整顿水军八十万，准备与将军到吴地会猎！"

曹操将信端详了一会儿，感觉非常满意，随手塞入信封。侍从连忙奉上一碗大补汤，曹操刚喝了两口，主簿杨修道："益州使者张松在外面候着，请丞相接见。"杨修，字德祖，为人谦恭，博学多才，乃原太尉杨彪之子。曹操道："益州的使者怎么又来了？太烦了，不见！"原来益州牧刘璋听说曹操出兵荆州，平定汉水中部地区，马上派阴溥出使，向曹操致敬祝贺，表明归顺的意向，曹操加封刘璋为振威将军，刘璋的哥哥刘瑁为平寇将军。刘璋大喜，又命别驾蜀郡张肃出使，向曹操上表谢恩，并送给曹操三百老弱残兵和帝王专用之物，曹操封张肃为广汉太守。刘璋见曹军到达江陵，再命别驾张松为使拜见曹操，表达祝贺之意。张松，字子乔，乃张肃之弟。杨修连忙劝道："益州的使者来了好几天了，终日在外候着。他是张肃之弟，也是益州别驾，能左右益州大局，请您百忙之中接见一下。"曹操心道："张肃有威仪，容貌甚伟，能言善辩，嘴巴像涂了蜜一样，还拼命劝进，与孤谈得很开心，张松应该也差不多。"于是对杨修道："你传使者进来。"

张松带着使团大摇大摆地走了进来，向曹操献上厚礼，呈上刘璋书信和公文，张松恭恭敬敬地对曹操道："我主欣闻丞相新近得了江陵，特命张松前来恭贺，祝丞相身体安康，早日一统江山……"曹操见张松身材短小，样貌丑陋，打心眼里不喜欢，打断张松道："孤正忙于公务，客套话就免了，刘季玉派你来是不是献表请降，想要归顺朝廷？"张松道："我主的确有归顺之意，但还未到时候。"曹操道："我已东擒吕布，南灭袁术，西除李傕、郭汜，北灭袁绍，降服匈奴单于，平定乌桓。如今刘琮顺应大势归降，刘备仓皇东窜，你们归顺朝廷正当其时，切不可误了时机。否则，等我收拾完孙权，到时候大军一到，一切都晚了。"张松哈哈一笑道："丞相何故要如此小看我益州呢！益州乃天府之国，沃野千里，民富邦强，山川险要，自保绰绰有余！"曹操道："那你来江陵干什么？"张松道："如今黄巾已灭，可汉中米贼还在，他们与黄巾相差无几，我主希望朝廷免去张鲁官职，进兵汉中，我主愿与朝廷一道出兵剿灭张鲁。"曹操道："青州黄巾、黑山军都已降服于我，为我所用，我看黄巾军并非你们想象的那样，只要真心善待，可以变贼寇为良民。刘季玉应该对张鲁好一点，这样可以化干戈为玉帛……"张松道："我主与天师道张鲁结怨太深，断不能容忍张鲁。更何况张鲁一直对益州虎视眈眈……"曹操打断张松道："时候不早了，汉中张鲁之事我会好好谋划的，你先下去吧！"张松悻悻而退。

孙权收到曹操书信，连忙召集部下商议，孙权把信件给群僚传阅，群僚无不大惊失色。秦松道："豫章太守孙贲已接受朝廷'征虏将军'的任命，江东面临分裂危险，他可是孙氏族人，以我愚见，将军应早日恭迎曹操。"孙权惊恐。张昭道："曹操是豺虎一样的人，借着丞相的名义，挟天子征讨四方，动不动就以朝廷的名义发布命令。今天我们如果抗拒，显得名不正、言不顺。况且将军可以抵抗曹操的，是长江天险。现在曹操得了荆州，占有荆州土地，刘表训练的水军、艨艟数以千计，全由曹操接管。曹操将它们全部摆开，沿江直下，再加上步兵，水陆并进。这样长江天险曹操与我们共有，双方势力悬殊，不可相提并论。以我愚见，从大局出发，不如恭迎曹操。"众人纷纷附和，只有鲁肃一言不发。

孙权起身上厕所，鲁肃追到厕檐下，孙权知道鲁肃的意思，握着鲁肃的手道："你想说什么？"鲁肃道："刚才我仔细分析众人的议论，他们是贻误将军，不能与他们谋划大事。现在像我鲁肃这样的人可以迎降曹操，但将军不可以。为什么这样说呢？现在我迎接曹操，曹操一定会把我交给乡里父老评议，确定名位，还不失做一个小官，可以坐着牛车，有吏卒跟随，与士大夫们结交，一步一步也能当上州郡长官。可是将军迎接曹操，能到哪里安身呢？愿将军早定大计，不要听那些人的意见。"孙权叹息道："这些人的说法，太让孤失望了。如今你阐明的策略，正与孤想的一样，是上天将您赐给孤啊！"鲁肃劝孙权道："将军何不赶紧派人到鄱阳，把公瑾召来？"孙权当即采纳。孙权抗曹的态度非常明确，那么江东其他人是什么态度呢？且听下文分解。

第二回　朱治豫章责孙贲，周瑜主战抗曹操

且说吴郡太守朱治听说刘备大败，连忙找吕范、张纮商议，张纮道："曹操自任丞相，已诛孔融，名为汉相，实为汉贼。依我愚见，曹贼下一步定会攻打江东，我们应该马上做好准备，誓与曹贼决一雌雄。"吕范道："当年伯符孤身投

军，我诚心投奔，几年之间，开创江东基业。如今政通人和，兵强马壮，完全可以放手一战。我要力保大好江山。"朱治大喜道："我们所见略同，子纲您暂时帮我镇守吴郡。子衡，你与我马上去见讨虏将军。"

朱治、吕范当即点了兵马，奔往柴桑。两人路过豫章，听说孙贲要送子入朝，大惊。朱治急奔南昌来找孙贲。朱治见孙贲府衙挂着"征虏将军府"五个大字，急问孙贲，孙贲如实相告。朱治怒道："伯阳，您怎么这么糊涂啊！"孙贲惊讶道："朱府君，您这是从何说起？"朱治道："以前破虏将军率领义军进京讨伐董卓，声冠华夏，天下的义士都认为他很豪壮。讨逆将军继承先辈事业，初步平定江东六郡，只是因为君侯您是他的骨肉至亲，您的才能又生逢其时，所以才表奏大汉朝廷，分封大郡给您，同时还为您设置军队，统管两个郡府。您获得的荣耀超过了所有其他孙氏宗室，远近的人无不瞻仰恭敬。讨虏将军聪明神武，继承大业，招集英雄，周济世务，军队日渐强盛，事业日渐兴隆，就算以前光武帝刘秀在河北时的状况也超不过他，我看必定能够建立王霸之业，在东南顺应上天安排的运数。所以刘玄德派来心腹之人请求挽救，这是天下人都知道的事。前几天，我在东面道路上听人传言，说将军您有另外的意图，实在令人失望啊！如今曹公仗恃军队，颠覆汉室，平民百姓们不知道该归顺谁。更何况中原萧条，有的地方方圆百里杳无人烟，城邑空虚，路上饿死的人一个接着一个。士人在外叹息，妇人也在家哀怨。再加上连年用兵，饥馑不堪，从这些情况来看，曹操哪里有实力越过长江与我们相争？将军您却在这个时候背弃骨肉之情，违背万全之策，割裂同胞兄弟骨肉，投入虎狼之口，为了一个女儿，改变想法。您在如此关键问题上要是有毫厘差错，结果必会相差千里，难道这不是很可惜吗？"孙贲道："我该当如何？"朱治道："要挂'征虏将军府'牌匾可以，必须事先经过仲谋同意，仲谋才是江东之主。我看你应该向吴侯认个错，不能送子入朝！"孙贲道："我已将我儿孙邻送走了。"朱治道："走了多长时间？""已有一日。"朱治跺着脚，指着孙贲的鼻子道："你啊你……我马上去追！"孙贲见朱治走远，一口气喘不上来，一下子瘫倒在地。

孙权听说朱治来了，亲自登船相迎，将朱治引入大帐。当晚孙权设宴，请朱治上座，孙权举杯道："朱叔叔不远千里来到这里，不知有何吩咐？"朱治道："荆州之事不能在江东重演！江东基业不可丢！"孙权内心欢喜，说道："有您来了，一切就好了！"朱治道："孙贲要遣子入朝，如今我把孙邻带来了。"孙权大喜道："我正为豫章的事担忧呢，没想您把豫章摆平了，请受孤一拜！"

次日一早，张昭领着一大批幕僚要求投降，张昭道："曹军马上就要来了，将军您要早定大事，早迎曹公！不然江东生灵涂炭，一切都完了。"朱治道："江东是伯符和我等历尽艰难险阻打下来的，岂可拱手相送！"张昭道："袁绍拥有四州之地，兵强马壮，几年之间，灰飞烟灭。如今荆州已降，我们如能顺应大势，则天下归一，再无战争，此乃大汉之幸。主公上有功于江山社稷，下对得起黎民百姓，功比天高，德比地厚，到时候加官进爵，福泽后世，岂不快哉！我们一旦与曹操开战，必定生灵涂炭，望将军明察！"朱治道："袁绍虽是四世三公，却是无能之辈，实力虽强，败给曹操也在情理之中。刘表也没什么过人的才能，是我江东手下败将，他的儿子更是庸碌之徒，荆州投降也在情理之中。我江东精锐大破董卓，所向无敌，立有不世之功。自从伯符过江开创基业以来，攻必克，战必胜，何惧曹贼。要是我们投降曹操，世上还会有大汉吗？"张昭道："曹丞相用兵如神，四处征讨，如今奉朝廷之命，率军八十万，欲下江东，我们不能抗衡啊……"只听帐外传来一声："谁说不能抗衡！"只见周瑜大步走了进来，孙权大喜道："公瑾，你来了，快坐！"周瑜向孙权行过大礼，对众人道："情况不是这样的，曹操虽然托名汉相，实为汉贼。将军神武雄才，又有父兄的伟烈功业，割据江东，占地数千里，兵精粮足，英雄豪杰都乐意效力，应当横行天下，为大汉朝廷铲除邪恶的奸臣。何况现在是曹操自己前来送死，怎么可以迎降？请允许我为将军您分析一下。假使现在北方局势完全稳定，曹操无后顾之忧，可以与我们旷日持久地争夺疆土，又能与我方在水战中一争胜负，可以恭迎曹操。如今北方局势没有平安，加上马超、韩遂在函谷关以西为曹操后方之患。况且曹军舍弃鞍马，倚仗水军战船，与吴越的军队在水战中争雄，本不是他们中原人所长。现在正是严寒季节，战马缺乏草料。中原的士兵远道来到南方江湖之间，水土不服，必然会生病。以上四点，都是用兵大忌，而曹操却贸然行事，将军要擒曹操宜在今日。周瑜我请求率领精兵三万，进驻夏口，保证为您打败曹操。"孙权道："曹贼企图废除汉室自立已经很久了，他所顾忌的只是袁术、袁绍、吕布、刘表与孤而已。如今各位英雄都已灭亡，只有孤还在，孤与曹贼，势不两立。您所说的应当出击，非常符合孤的心意，这是上天把您送来帮助孤啊！"张昭、秦松等人还要说些什么，孙权猛然拔出宝剑，呼地一下砍向几案，大声说道："谁敢再说投降曹操，就与这个几案一样！"

当夜，周瑜拜见孙权，周瑜道："众人看见曹操书信，信上扬言拥有水军和步军八十万，一下子吓得魂飞魄散，不再分析研究敌人虚实，便提出投降建议，实在太草率了。根据实际情况估算，曹操率领的中原军队不会超过十五六万，他们长期在外征战，早已疲惫不堪。新收的刘表军队，最多不过七八万而已，而且这些人狐疑不定。用疲惫不堪的士卒驾驭狐疑不定的部众，人数虽多，根本不值得畏惧。只要给我五万精兵，足以制服他们，望将军不要忧虑！"孙权抚着周瑜的背说道："公瑾，您的话说到这个程度，很符合孤的心意。子布、文表这些人，各自顾及妻子儿女，心中想的都是私利，非常让孤失望，只有您和子敬与孤同心，这是上天派你们二人来辅佐我啊！五万人马一时之间难以集结，我已挑选三万精兵，战船和粮食等作战物资全部配置好了，您和子敬、程公先出发，孤会不断地给你增派军队，运送更多军用物资和粮草，作为您的后援。您如果能够把曹操打败，您就放心大胆地去做。万一战事不利，您就退回来与孤会合，孤要亲自与曹操决一死战。"

次日，孙权鸣号击鼓，三军整装待发。张昭身披甲胄迈着沉重的步伐缓缓而来，孙权有点不屑，张昭一步一步走到孙权面前，含泪跪拜道："人人都说我是投降派，其实我是真心为了将军。既然将军决意与曹操一战，请让我第一个上战场，我愿与曹操决一死战，请主公成全！"孙权大喜道："您是孤的恩师，应当留在孤身边，让孤经常向您请教才对。"张昭此后一心抗曹。

孙权命周瑜为右都督、程普为左都督，二人率领征虏中郎将吕范、横野中郎将吕蒙、中郎将韩当、丹扬都尉黄盖、承烈都尉凌统、周泰、甘宁等人起兵三万前往破敌。孙权又命鲁肃为赞军校尉，帮助周瑜出谋划策。

且说刘备大军驻扎在樊口，听说曹军水陆并进，沿江而下，急得在大帐内坐立不安，日复一日地派巡逻部队东出，在江边引颈眺望。巡逻部队望见周瑜战船，飞马报告刘备，刘备大喜，马上派孙乾、简雍慰问，两人拦住周瑜船队，孙乾道："我奉主公左将军刘玄德之命，在此恭候周将军，我家主公已备下薄宴，请周将军到江边一叙，共商破曹大计！"周瑜道："我军务在身，不便接受邀请，还望刘将军屈尊前来。"两人回报刘备，关羽生气道："周瑜小儿，目中无人，太无礼了！"张飞怒道："还没打仗，摆什么谱，你爱来就来，不来干脆我们自己吃。"刘备连忙阻止道："是我主动托身于东吴，周公瑾想让我去，如果不去，显示不出同盟的诚意。"于是跳上小船去见周瑜。

宾主双方坐定，刘备行了一礼，说道："现在抵御曹公，必须计策得当，请问周将军有何方略？"周瑜道："一切随机应变，以我之长，击敌之短，我欲和曹贼水上决战。"刘备道："要是曹公不和你在水上作战，可有他法？"周瑜道："曹贼不和我水战，无法越过长江，正合我意。"刘备道："能作战的士兵有多少？"周瑜道："三万。"刘备道："可惜啊，太少了。"周瑜道："足够了，刘豫州，您只管看我周瑜击败他们。"刘备道："能否请鲁子敬过来一叙？"周瑜道："子敬不能擅离职守，你如果想见，可以单独去见他。对了，孔明的船在后面，再过两三日就到。"诸葛亮为何不与周瑜同时启程呢？此事有点蹊跷，原来张昭见诸葛亮儒雅，特别喜欢，特意向孙权推荐道："诸葛孔明谦恭谨慎，谋略无双，实乃稀世大才，这不正是我们需要的人才吗？您一定要想办法把他留下？"孙权也有此意，于是马上召见诸葛亮，诸葛亮很有礼貌地婉言谢绝。孙权仍不死心，过了两日，特意对诸葛瑾道："您与孔明是同胞兄弟，按照礼仪，弟弟应该跟随哥哥，这叫顺从，你怎么不劝他留下来呢？如果孔明愿意留下来，我就写信向刘玄德解释，我们联盟已成，孔明有意跟随哥哥，完全符合道义。"诸葛瑾行了一礼，说道："感谢主公对诸葛亮的信任，如今我弟弟已经跟随他人，名分已定，绝无二心，他不愿留下来，正如我诸葛瑾不会离开您一样！"孙权思虑再三，最终放弃挽留诸葛亮的打算，经历此番波折，诸葛亮只好延后启程。

刘备返回江边，张飞急切地问道："情况如何？"刘备道："周公瑾非同一般。"关羽道："这下我们有希望了。"刘备叹了一口气道："太难了，但愿一切可以改变。"那么一切真的会改变吗？且听下文分解。

第三回　曹孟德战舰连环，黄公覆献计诈降

周瑜听说曹操先头部队渡过长江，到达赤壁，急忙请程普、韩当、吕蒙、凌统先行。四人与曹军作战，曹军不敌，退回长江北岸，驻军乌林。程普正想渡江进攻，周瑜赶到，下令停止，程普怒道："我们只要消灭荆州水军，曹军就过不来。"周瑜谦恭相对，笑而不语。

曹操听闻初战失利，大怒，命曹仁镇守江陵，下令全军赶往乌林。主簿杨修连忙提醒曹操道："丞相，益州的事很急，麻烦您处理一下。"曹操道："什么事这么急啊？"杨修道："小人例行公事，已拟好文书，对益州牧刘璋归顺朝廷的打算好言表彰，您在这里签名就行。张松一直在外恭候，想回益州复命，还望丞相关照。小人已拟好任命文书，您把职位填上，签名即可。"曹操沉吟片刻，说道："让张松跟随我到校场，让他看看我的军队，他应该知道怎么办。"

张松到校场见过曹操，曹操带着众将和张松绕场一周，曹操对张松道："你见过这么多军队吗？""从未见过。"曹操笑道："这只不过是我的小部分军队，也就八十万而已，你看我的军队威武吗？""阵容严整，精神饱满，前所未见，当然威武！"曹操心里很高兴，继续问道："你看我的军队装备精良吗？""铠甲坚固厚实，刀枪剑戟锋利无比，当然精良。"曹操用马鞭指着虎豹骑道："你看，那是我的虎豹骑，日行三百，快如闪电，所向披靡，斩蹋顿于白狼山，破刘备于长坂坡，你们有吗？""没有。""你们益州有什么？"张松道："我益州四面山川，雄关耸峙，道路艰险，人马难行，一夫当关，万夫莫开。只要略加守备，地上跑的全都进不来。丞相，你说这人和马是不是像天上的鸟会飞？"曹操心中不悦，说道："我手下猛将如云，谋臣如雨，我的旌旗指向哪里，我的百万大军就到哪里！我的军队攻无不克，战无不胜，无坚不摧。高山大河算什么，严

寒酷暑算什么，没有攻不破的城池，没有跨越不了的雄关。现在我挥军东进，随便挥几下马鞭就能擒拿孙权、刘备……"

曹操命人送走张松，杨修道："丞相，小的与张松接触多次，张松聪慧，精明果断，很有才华，可堪大用。"曹操道："让他当个县令吧。""丞相，县令太小了，他可是别驾，这不是污辱人吗？要么任命为掾属，留在身边重用，以示恩宠。以后我们还要谋划益州，张松对益州了如指掌，丞相正好可以时时垂问。""此人喜欢与孤抬杠，留在身边不妥。刘璋无能，还算识时务，知大体，孤看益州应该唾手可得，这天下很快就可以平定了。"杨修道："还望丞相对刘益州和张松真诚相待，倾心相交。"曹操道："我先去平定江东，江东平定了，益州也就瓜熟蒂落了。"

曹操匆匆到了乌林，召集众将责备道："你们怎么回事，以前的神武威猛都到哪里去了，如此不堪一击。"众将低着头，弱弱地说道："我军得了瘟疫。"曹操道："你们带我到对岸一探虚实。"左右护送曹操登上大船，径直向东南驶去，船到江中，但见孙刘大军云集，孙军驻扎在对岸赤壁，刘军驻扎在孙军下游，两军相隔不到十里。曹操大船继续前行，但见孙军水寨旌旗分明，战船密布，左右急忙劝道："前方危险，丞相请回！"曹操置之不理，说道："我平生东征西讨，纵横天下，什么事没见过？"曹操指着孙军水寨道："我看孙氏水军有点模样。"曹操转悠一大圈，忽见孙军水寨大门洞开，几艘战舰飞奔而来，曹操这才下令回营。曹操一下船，当即下令日夜大造战船，训练水军，依着孙军的样子建造水寨，调动各路大军向乌林集结。

周瑜命凌统率军到曹军水寨挑战，曹操环顾左右，问道："你们谁可出战？"徐晃、曹纯上前讨令道："末将愿率军破敌！"曹操大喜，命两人即刻出战。曹军擂响战鼓，徐晃、曹纯率领玄武池水军，驾着大船，呼喊着杀向孙军。凌统见曹军旌旗猎猎，衣甲鲜明，阵容整齐，威武雄壮，当即挥动令旗，命令水军后退。曹军大喜，不依不饶地追了过去。曹操对荆州诸将道："你们给我睁大眼睛看着，这是我训练的水军，学着点！"

曹军追了十箭之地，凌统擂响战鼓，挥军返身飞速冲了过来，曹军连忙放箭，凌统全然不顾，驾船对着曹军舰船狠狠地撞了过去。曹舰来不及躲避，一下子多人落水，还没等曹军反应过来，凌统带头跳过船舷，对着曹军挥刀就砍，双方顿时战成一团。曹军奋力抵抗，想把孙军赶下水，不想第二艘又撞了过来，曹军站立不稳，纷纷摔落甲板，孙军趁势而上，三下五除二，把曹军一个个砍死，一下子俘获战舰。孙军在江上恣意纵横，将曹军舰队切成数段，时而对着曹舰围攻，时而对着曹舰猛撞，时而跳过船舷搏杀，把曹军打得毫无还手之力。曹操大惊，连忙鸣金收兵，凌统不依不饶，率军来追，直到曹军全部退回水寨，这才带着俘获的战舰撤回到赤壁。

曹操脸色铁青，一言不发。主管运粮的小吏说道："有一批粮草从江陵走水路运来，三日后到达，小人担心粮草被劫，请丞相定夺。"曹操问道："不知哪位将军愿去接应？"众将无人敢答，曹操改口道："要不先在上游卸了，再用车辆运送？"小吏道："不可，陆路到处是沼泽，泥泞不堪，人马难行。要不下令运粮船队先停下，到了天黑再运！"曹操道："粮草停在半路，岂不更加危险？你忘了乌巢的事吗？夜长梦多啊！"大家谁也不敢说话，程昱道："丞相您怎么忘了，以前黎阳大战，您派李典押运粮草！"曹操问道："李典何在？"程昱道："大约离此一百多里，正赶往乌林。"曹操大喜，说道："快传将令，命李典与运粮船队会合！"

孙军获悉曹军运送粮草，周瑜当即命令吕蒙劫粮。临行，吕蒙见自己的精兵全部换成老弱残兵，不免心中纳闷。吕蒙见赞军校尉鲁肃漫步于江边，挠着头上前，大惑不解地问道："怎么我带的不是自己的军队，这是为什么？"鲁肃急奔中军大帐相问，周瑜笑道："当年子明年幼，能参透伯符过江玄机，今日何故有此一问？不要理他，让他执行便是。"

李典押送运粮船队按时抵达，曹操大喜，召李典和运粮官进见。曹操问道："听说孙军劫粮，可有此事？"运粮官道："丞相英明，料事如神，派李将军护送。孙军来了，全被我军击退。"曹操大奇，问道："你们不怕孙军战舰冲撞？"运粮官道："运粮船首尾相连，战舰来撞何惧之有。"曹操问道："孙军有没有登船厮杀？"李典道："孙军登船，异常凶猛，全被我军杀退！"曹操诧异道："你们能在船上击退孙军？"李典道："这有何难，我在船上就如平地一般。"曹操对两人道："走，带孤看看。"

李典和运粮官引曹操到了码头，但见码头热闹非凡，士卒正忙于卸粮。曹操道："全部停下，把粮食全部装回去，让运粮船首尾相连。"众人依命而行，曹操对运粮官道："你带着手下把运粮船开到水寨外面！"运粮官道："丞相您这是？""快去！"运粮官依命而行。曹操叫过曹纯道："你给我狠狠地撞！"曹纯道："丞相，您这是？""快去！"曹纯率军登舰，众人奋力划桨，对着运粮船轰的一声拦腰撞了过去，运粮船轻轻晃了一下，安然无恙。曹操面露喜色，下令道："你们把战舰首尾相连，组成战舰方阵！"

又过数日，吕范领兵到曹军水寨挑战，曹操命战舰方阵相迎。两军对垒，吕范指挥战舰四面进攻，无论孙军攻势多么凌厉，战舰方阵宛如城池，安如泰山，吕范丝毫占不到便宜，反而频频受损。吕范进攻受挫，心有不甘，于是静下心来仔细观察，吕范终于看出了端倪，当即率领敢死队跳过船帮攻杀，专砍战舰之间链接的绳索，硬生生地切下两艘战舰。吕范再次攻打，将两艘战舰就地歼灭，这才舒了一口气，罢兵返回军营。

曹操听闻战况大喜道："这下子，我找到对付孙军的办法了，我们只要多造战船，组成更多战舰方阵，踏平江东指日可待。"曹操当即发布命令道："我军战舰必须改用铁链死死相连，断不可让孙军再次砍断，违令者，斩！"

程普见吕范不能取胜，匆匆来到大帐，责问周瑜道："以前我想进军歼敌，你倒好，死活不让，现在好了，曹军越来越多，曹贼有了对付我们的办法，我们怎么办？"周瑜指着地图笑道："乌林前有大江，左有大湖，后为沼泽，实乃死地。如今曹操屯兵于此，犯了兵家大忌，正可谓前来送死，我高兴都来不及呢。我希望曹军越多越好，毕其功于一役。"程普恍然大悟，周瑜接着道："程公勿忧，这正是我的用兵之地，我定将曹军消灭于此。"

夜晚，赤壁大营琴声悠悠，黄盖对左右道："定是周都督抚琴。"左右笑道："这还要说吗，所有人谁都知道。"黄盖道："你们能听出什么吗？"左右道："只是好听，听了好入睡。"黄盖道："琴声时而忧愁，时而铿锵，定是都督在想破敌之策。"

黄盖蹑手蹑脚来到大帐，轻声对周瑜道："我听到琴声，都督是不是在想破敌之策？"周瑜离琴起身，请黄盖入座，命人奉上香茶，周瑜道："知音难求，公覆能听出弦外之音，可谓我的知音。"黄盖呷了一口茶，问道："都督可有破敌良策？"周瑜道："有一些，尚未最后确定。"黄盖道："我有一策，不知当不当讲。"周瑜命人取来酒菜，屏退左右，举杯对黄盖道："请黄将军教我。"黄盖献计道："如今敌众我寡，我们难以与敌人持久作战。我看曹军战船首尾相连，可以用火攻打败他们。"周瑜道："此计正合我意。"周瑜顿了一下，请黄盖来到沙盘前说道："此计虽可破敌，可是江上决战，江面宽广，大火一烧，敌军如果很快散开，很难全歼。最好杀入曹军水寨，曹军战船挨在一起，只需一把火，可将曹操水军全部烧光！"黄盖道："都督说得对。"周瑜道："可是曹军水寨坚固，很难攻入，无法烧船，我正为此事发愁啊！"黄盖道："不如我去诈降，诱使曹军打开水寨大门，趁其不备，冲进曹军水寨，放火烧船，如此可一战而胜！"周瑜大叫一声："好，此计可行！"周瑜转念一想，忽然对黄盖道："不行，曹军弓弩天下无双，你以身犯险，很难全身而退，我们还是另想他法吧。"黄盖慷慨激昂，请战道："我一人事小，打败曹军事大。末将愿舍身破敌，请都督不要犹豫！"周瑜含泪对着黄盖跪拜道："黄将军大义，请受周瑜一拜！"黄盖道："周都督，您快请起！"黄盖一边说着，一边手足无措地将周瑜扶起。周瑜请黄盖再次入席，两人促膝长谈，直至深夜……

黄盖给曹操写信道："黄盖我受孙氏厚恩，身为将帅，恩遇不薄。然而依我愚见，天下大事自有趋势。用江东六郡的山越抵挡中原的百万大军，这是寡不敌众，全国人民谁都能看得出来。孙军的将领官吏，无论是愚笨还是聪明，都知道此事不可为，只有周瑜、鲁肃心胸狭隘，不解其中之意。如今我想归顺朝廷，实乃根据实际情况作出的谋划。周瑜统率的军队，很容易摧毁击破。两军交战之日，黄盖我常为前部，我会见机行事，近期就来投奔，想为丞相效犬马之劳，万望恩准！"

曹操马上召集部下商议，曹操道："如今黄公覆来投，正可谓识时务者为俊杰，不知诸位有何看法？"众人纷纷说好，桓阶道："我与黄盖有一面之缘，此人忠勇可嘉，他可是孙吴猛将，待遇很高，可能有诈！"

曹操拿不定主意，忽然心生一计，次日，曹操特意召见信使宋谦，曹操不经意问了几句，忽有侍者匆匆进来，在曹操耳边轻声嘀咕一番，曹操猛然道："给我拿下，拉出去砍了。"左右一拥而上按住宋谦，把刀架在宋谦脖子上，宋谦大惊，问道："丞相，这是为何？"曹操冷笑道："你骗我，黄盖诈降！"宋谦面色不改色，从容道："黄将军仰慕丞相，诚心来投，丞相何出此言？"曹操道："刚才程德谋差人来信，说'有人诈降'，周瑜小儿这点伎俩差点把我骗了，险些酿成大错。幸好有程德谋实言相告，让我识破奸计，你有何话可说？"宋谦狂笑不止，曹操道："你笑什么？"宋谦道："我笑公覆不识人。"曹操道："何以见得？"宋谦道："程普位高权重，拉帮结派，肆意打压公覆，公覆却倾心相交，我看公覆交错朋友了，此乃其一。公覆对我说：'丞相任人唯贤，求贤若渴。'现在看来，不过是徒有虚名罢了，这是其二。"侍者又匆匆进来，对曹操耳语几句，曹操命左右放开宋谦，宋谦道："要杀就快点动手，公覆对我有恩，我甘心为他而死。"曹操赞道："我看你也是一条好汉。"宋谦道："既然程普来投曹公，黄将军就没必要来投了。"曹操道："此话怎讲？"宋谦道："程普、韩当乃是一党，程普来投，韩当必受牵连，如此军中再无能征善战的老将，此后公覆必定大受重用，飞黄腾达。"曹操对宋谦道："对不起，我手下人看错了，程普将军要来投奔，只说有人诈降，并没有说公覆诈降，让你受惊了，刚才只是戏言。"宋谦怒道："丞相怎么这样讹人呢，吓死小人了！"曹操命人取来酒食，说道："你先喝杯酒，压压惊。黄盖如果真的守信，我一定授予爵位，大加赏赐，超过以前和以后所有归顺之人。"宋谦抓了鸡腿就啃，曹操踱了过来，问道："公覆的情况怎么样？"宋谦道："实不相瞒，黄将军性格刚毅，善待士卒，处事果断，手下都乐意为他效命。可孙氏任人唯亲，重用本族人氏。黄将军虽为旧将，孝廉出身，很有才华，职位和待遇远低于孙氏一族，还低于程普、周瑜、吕范、贺齐、韩当、吕蒙、董袭，早就有了投奔之心。"曹操大喜道："你回去告诉公覆，让他快快来投。"曹操命司马朗送宋谦出营。司马朗对宋谦道："程将军来投之事切不可与任何人提起，你们切不可与程将军联系。程将军只与丞相单线联系，丞相命程将军留在周瑜身边，伺机取了周瑜首级，恭迎朝廷大军过江，如此可不战而胜！"

司马朗返回中军大帐，问曹操道："丞相，不知我们的计策会不会成功。"曹操道："如果黄盖诈降，周瑜必取程普首级。如果黄盖真降，程普必会平安。

以此可辨别黄盖是不是真降。"司马朗道："程普位高权重，周瑜敢取他首级吗？我担心不一定是这样。"曹操道："这你就不知道了，我最通人性，这人性本来就是恶的。程普向来不服周瑜，既然他们之间有嫌隙，如果黄盖诈降，周瑜必定中计。纵使周瑜能识破此计，也会装着不知道，心甘情愿地中计，借机把程普除掉。周瑜就是不取程普首级，只要把他关起来，交给孙权处理，如此折腾一番，耽误些时日，引起内部分裂，我就能制服孙军了。依我看，世上反间计最为绝妙，屡试不爽。孙氏鼠辈，怎么会料到我还有这一手呢！"曹操说完，大笑不止。

宋谦回报黄盖，黄盖与宋谦拜见周瑜。周瑜沉吟片刻，说道："程公乃我军栋梁，对主公忠心耿耿，绝不可能投靠曹贼，此乃曹贼反间计，意欲离间我军主将，以后不得再提。"黄盖道："将军所言甚是。"周瑜叫来凌统、周泰道："公绩听令，你带着部下进驻太平湖，听候公覆调遣。幼平封锁太平湖所有通道，绝不能走漏半点消息。"

黄盖精挑死士两千，与凌统进驻太平湖。黄盖命凌统将大船首尾相连，扮演曹操水军。自己带着部队日夜操练火攻之法。欲知后事如何，且听下文分解。

第四回　黄公覆演练火攻，董元代豪言请命

黄盖差人对周瑜道："我的钩拒烧没了，请赶制一批送过来，头部要精钢打造的。我的小船远远不够，请先送二百艘过来。"周瑜连忙命人备好，命宋谦率军押运，自己策马来到太平湖。周瑜见黄盖亲自擂鼓，将士们奋桨如飞，喊声震天，湖中船只往来穿梭，热闹非凡，周瑜放声呼喊道："黄将军，一切可好？"黄盖见周瑜来了，马上恭请周瑜进入大帐。

周、黄两人刚一落座，黄盖命人奉上香茶，周瑜刚呷一口，马上问道："火攻之法练得怎么样了？""我先用帆船演练，结果火势一大，大火就把船帆烧着了。没了船帆，火船只能原地打转，动弹不得，帆船不可行。"周瑜继续问道："那该怎么办呢？"黄盖兴奋道："火船在前，其他船只在后，后面的船只用钩拒推着火船往前走。想把火船推到什么地方就推到什么地方。"黄盖当即命令亲兵取来钩拒，在两侧顶着几案，缓缓地向前推进，周瑜看到演练，称赞道："此法甚妙，难怪你把钩拒都烧坏了，要精钢打造的。"周瑜接着问道："不知你要小船何用？""我分别用大船、小船演练火攻，小船可以塞入连环船下面，更易引燃敌船，火攻效果更好。"

黄盖恭请周瑜入席，两人小酌几杯，周瑜贴耳问道："从引火到火势很旺，可以点燃敌船，需要多长时间？""大约半刻。""半刻可走多少里程。""大约二里。""时间太长了，可否缩短？"黄盖笑道："我演练多次，要是缩短时间，推迟点火，大火还没有完全烧起来，火势不够旺，刚与周泰的连环船接触，就被周泰一下子扑灭了。点火时间太早，大火过了旺势，柴薪很快烧尽，同样影响火攻效果。提前半刻点火刚刚好，大火烧得旺，呼呼直响，火苗数丈，势不可挡，所向无敌！"周瑜道："好，我们就这么干！"

周瑜告别黄盖回到赤壁大营，取来沙漏，到了江边，马上下令关闭水寨大门，门侯得令，带人把大门关上锁好，周瑜一看沙漏，远没半刻，忽觉后背一阵发凉，不由得倒吸一口冷气，顿感事态严重。

周瑜恭请偏将军董袭品茗，周瑜问道："我军水寨大门洞开，怎么能让大门神不知鬼不觉地关不上？"董袭思索良久，取来笔墨纸砚，画了草图，对周瑜道："孙子云：'善守者，藏于九地之下；善攻者，动于九天之上。'这得从水下想办法，其一可用木头在水下把门顶住，让其不能关门。其二可在水下把门轴卡住，不让门转动。其三可用铁链把大门与水寨的栅栏绑在一起，再用大锁锁上，如此纵有霸王神力也关不上。要说哪一条最好，非第三条莫属。要是没了钥匙，想把大锁砸开，想把铁链砸断，就是在地上恐怕也不是一件容易的事，更何况是水下呢。"周瑜道："你水性最好，挑一批'水下蛟龙'，可否一试？"董袭好奇地问道："这有何用？"周瑜将火攻之计实言相告，周瑜道："我担心曹军一看到黄将军点火，马上关闭水寨大门，黄将军冲不进去，我的谋划全部化为泡影。"董袭道："我先回去准备，两日后请您检阅。"

董袭精挑百名善水者身穿避水衣，手拿铁链、铁锁到周瑜帐前听命，周瑜命人带上漏刻到码头观看。董袭命人乘船出了水寨，不久，只见几根竖直的芦苇漂浮到水寨大门，略过片刻，董袭道："请都督一试。"周瑜下令道："关闭大门。"门侯带着十多人登船关门，众人使出吃奶的力气，寨门怎么也关不上，门侯急得团团乱转。周瑜登船来到寨门，将芦苇拔出，不一会儿，一个个"水鬼"从水中冒了出来。

周瑜请董袭再次到中军帐置酒同饮，周瑜道："看来我们让曹军水寨关不上大门易如反掌。""不是这样的，太难了！如今天寒地冻，江水冰冷，人一下水，很快就冻僵了。我们在下游，路途太遥远。"周瑜叹道："这可怎么办啊？难道一切都要付诸东流吗！"董袭起身行了一礼，拍着胸脯请战道："这事就交给我，我愿为都督分忧！""你有把握吗？""没有！""你有什么好办法？""也没有。""那可不行！"董袭霍地站了起来，对周瑜道："我可是战功赫赫的偏将军，军中地位谁人可比？这天要是塌下来，理应先由我这个高个子顶着，我董袭不承担重任谁来承担重任？我受孙氏隆恩，就连吴夫人也曾数度召见，亲自垂问军机大事。如今大敌当前，我理当挺身而出，为吴侯和都督分忧。我每战必为前锋，从不落后，攻无不克，所向无敌，纵有千难万险，也能一一排除，请都督相信我，不要犹豫。您是都督，日理万机，总揽大局，不宜为小事分心，不宜为细节操心。这事就得由我全权处理。"周瑜感动道："既如此，那就有劳将军了。"

董袭、黄盖一切准备停当，黄盖给曹操写信道："三日后午时，我军演练攻防之术，我会乘机脱离孙氏大军来投丞相。我的船只覆盖布幔，上插牙旗，来降时我会在船头左右晃动白旗，举着火把在船首画圈，如果您看到这样的船只，那就是我黄盖的船队。我担心周瑜来追，万望丞相事先打开水寨大门，放我进来。"曹操大喜。回信道："孤先命人备下宴席，到时候孤亲自到码头迎接，与你共饮，我们共图大业！"

万事俱备，周瑜下令击鼓升帐，右都督周瑜、左都督程普端坐中央，众将分列两旁。周瑜道："曹贼暴虐，把控朝廷，为害天下，意欲吞并江东。我奉我主之命统兵讨伐，以正朝纲。现在曹贼大军聚集在对岸乌林，这正是用兵良机，众将听令！"周瑜唤过黄盖道："公覆，你为先登，率敢死之士两千，按时以诈降之名对曹操水军发动火攻，我军能否胜利全看你了。"黄盖道："请都督放心，黄盖我愿赴刀山火海，力保江东基业。"周瑜命令道："义公，你为第二路，领军四千，听我战鼓响起，对曹操水军发动第二轮进攻。兴霸，你为第三路，领军两千，跟在义公之后进攻曹军。你们三路专攻曹军水军，务必将曹操水军消灭干净。子衡为第四路，领军四千，看我将旗，到曹军营寨侧后和长江沿岸放火，乘着火势进攻曹军大营。幼平为第五路，领军两千，跟在吕范之后，听子衡节制，进攻曹营。你们两路务必将曹营、粮草烧得一干二净。子明，你为第六路，领兵三千，公绩为第七路，领兵二千，公绩受子明节制，你们须于半夜提前出发，埋伏于乌林以西三十里外小道，待曹军败退经过时火烧曹军，率军拦截。"程普实在忍不住了，对周瑜道："公瑾，他们都有仗可打，怎么没有我啊？你是不是信不过我？"周瑜道："程公，你在我身边协助指挥，我们一起领兵破敌。"程普道：

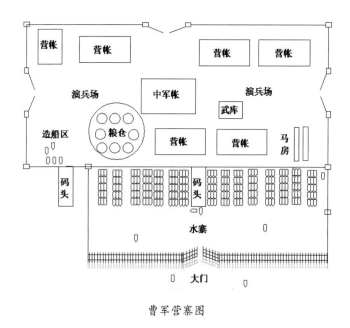

曹军营寨图

"我是将军，应当上阵杀敌！"周瑜道："左都督程公为第八路，领步骑八千，等消灭曹操水军后登岸追击。我军登岸以后，不论是谁，只要遇到程公，皆由程公指挥。"程普大喜道："好，实在是太好，我谨遵将令，愿听周都督差遣！"周瑜道："我在江中居中指挥，所有军队听我号令，我要大破曹军于乌林。程公登岸以后，我先回大营，与守营将士为众将准备庆功酒宴，静候各位佳音。诸位现在回营，马上着手准备，务求一战而胜。"程普道："众将听令，你们必须遵从周都督号令，违令者斩！"

众将领命而去，周瑜叫来鲁肃道："子敬，我军实力有限，你向刘备求助，请他率领全军提前出发，切断华容道，截断曹军归路。华容路途最远，请他明日夜间出发。"周瑜又叫过董袭、黄盖道："你俩好好协商一下，董将军什么时候进击曹军水寨大门……"

欲知后事如何，且听下文分解。

第五回　黄公覆火烧乌林，周公瑾大破曹军

过了三日，孙吴水军果然在长江操练，曹操对部下道："你们给我看好了，公覆今日来投，一有消息马上来报，我要亲自出迎。"再说黄盖准备好数十艘战舰，以荻草为引火之物，上盖柴薪，浸润膏油，用红色布幔盖住。午时刚过，周瑜水军返回东岸，黄盖脱离大军，直奔乌林。黄盖刚过江中，命人插上牙旗，扬起风帆。曹军马上报告曹操，曹操大喜道："来得正好！"马上下令道："打开水寨大门，恭迎黄将军，不得有误！"

黄盖将十几艘轻便小巧快船摆在最前面，不停地摇晃白旗。曹军见状，也摇旗相应。黄盖让前面的士兵齐声高喊道："来降了！"曹军将士都纷纷跑出营帐，踮着脚尖，伸长脖子，争相观看，指着黄盖的船只交头接耳道："黄盖来降了！"

黄盖军队越来越近，改用白旗不断画圈，黄盖战船进至距离曹军两里时，黄盖首先举起火把，在船首一圈一圈地画圈，各船纷纷效仿。黄盖大喊一声："点火！"当即将火把投入船中，转身跳入船后走舸，水手投桨入水减速，脱离火船。后面的大船飞奔而上，一左一右用钩拒推着火船奔往曹军水寨。这时东南风大作，刮得呼呼直响，一艘艘火船火势越来越大，如离弦之箭飞向曹营。曹操大惊，急呼："快，快关闭寨门，千万不能让火船进来。快，快准备迎战。快，快把大船解开，四向散开，不能让大船烧了……"

曹军门侯连忙关闭水寨大门，但费尽九牛二虎之力还是关不上，门侯大急，喊道："大门卡住了，快来人帮忙！"说着命人跳入水中检查。门侯见人下去了一直没有上来，水面不断地冒泡，连忙加派人手入水援助，没想到援助的人也杳无踪影。门侯探头贴近水面仔细察看，猛然大叫道："不好，水下有孙军，快来人！"忽然，一支利箭从水下射出，正中门侯面门，门侯一头栽入水中。

原来董袭事先派人把曹军水寨摸了个透，趁着月黑风高，浓雾弥漫，把几艘船划到曹军水寨门外，倒扣着，系上粗绳，绑上碇石，沉入水下，漂浮于江底三尺。孙军内置器械，外覆水草，权作水下暗堡。孙军又在水寨门口事先放置铁链、大锁，盖上淤泥，做好记号，悄然离去，神鬼不知。

董袭事先率军装扮成荆州军，埋伏于曹军水寨附近，见黄盖挥舞白旗，马上潜入水下暗堡，见黄盖白旗画圈，马上率军潜向水寨大门，拉出铁链、将大门与水寨木栅紧紧绑住，加上一道道大锁，再潜回暗堡换气歇息。

曹军见寨门关不上，入水检查，孙军潜了过去，一一拖入江底，锁上铁链，拴与碇石。

曹军听到门侯呼喊，连忙赶来增援。董袭仰头望去，曹军小船飞速赶来，长矛漫无目的地往水下乱捅，曹军扑通、扑通跳入水中，潜向水寨大门底部。董袭轻轻敲打船底，孙军操着硬弩潜了过去，一通劲射，曹军纷纷中箭，划出一道道血痕，挣扎着返回水面，船上的曹军连忙把伤员拉上小船。趁着曹军忙乱成一团，孙军从沉箱拉出铁链，穿过水寨底部栅栏，悄悄地用铁钩钩住曹舰船帮，孙军猛然砍断碇石绳索，沉箱突然上浮，铁链带着铁钩快速下沉，曹军船只顿时翻转倾覆，倒扣水中，曹军纷纷落水。董袭率领孙军跃出水面，挥舞利刃，把曹军杀个干净。

曹操不知道水下究竟有多少孙军，把大批荆州水军赶到水中。董袭连连猛敲船底。孙军奋然而出，与荆州水军战成一团。两军杀着杀着，江水染成了红色。董袭不知道杀了多少曹军，忽感曹军逐渐退去，董袭钻出水面，但见曹军战舰迎面飞奔而来，董袭猛然回头，黄盖的火船熊熊燃烧，浓烟滚滚，迎面飞奔而来……

曹军战舰想把火船堵在水寨门外，黄盖大喊一声，孙军擂响战鼓，两侧一下子飞出数艘大船，迎着曹军靠了过去，两军越来越近，忽然装满油膏、硫磺的瓦罐雨点般地砸向曹军。孙军把火船快速推了过去，呼的一下将曹军战舰点燃，大火瞬时把战舰吞没，曹军痛苦地挣扎着，纷纷跳水求生。孙军乘机占领水寨大门，火船鱼贯而入。

火船顶着雨点般的利箭向前直奔。连环船上的曹军大惊，不顾炙热的火焰，用竹篙、长矛死死顶住，孙军取来油罐砸了过去，再扔几支火把，一下子就把曹军烧着了，曹军痛苦地惨叫着，丢下竹篙、长矛，转身就逃。孙军乘机用钩拒长篙将火船推入曹军连环战舰下方，再往舰上扔几个油罐，曹军战舰刹那间熊熊燃烧起来。

曹操跺着脚下令："全军赶紧救火，只可前进，不得后退，违令者，斩！"曹军得令，拎着水桶发疯般地冲向战船，孙军油罐雨点般地飞了过去，曹军被熊熊大火吞灭，纷纷跳水求生。后面的曹军浑然不顾，将生死置之度外，呐喊着往前冲，用血肉之躯与烈火拼搏，将火势逐渐压了下去。

黄盖担心大火被灭，大喊道："把我们所有战船点燃，冲过去！"手下人哭着道："黄将军，没有船，我们回不去啊。"黄盖喊道："烧船，我们与曹军同归于尽！"说着举起火把，当先把自己的楼船点燃，众人当即遵命，孙军战船尽数点燃。孙军奋力操桨划船，冲入曹军，将大火烧得更旺。

黄盖大喊道："兄弟们，我们不能让曹军把火灭了，给我杀！"黄盖提起一桶水，从头浇到脚，将自己淋透，操起长矛往船上猛地一点，一马当先跳入曹军火船，与曹军战成一团。黄盖挥舞长矛，将曹军一个一个挑落水中。孙军见状，纷纷跳过船帮杀向曹军。曹军大怒，匆忙调来弓弩手，对着孙军一顿猛射。黄盖身中数箭，衣甲尽烧，强忍剧痛，一剑斩断箭杆，在船上来回滚动，压灭身上的大火，接着翻身而起，连连砍杀曹军，兀自将曹军杀退。黄盖越战越勇，所向无敌，将火船上的曹军杀得一干二净，黄盖略退几步，猛地腾空而起，跳向另一艘曹军战舰，曹军眼疾手快，对着黄盖就是一通乱箭，将黄盖射落水中……

话分两头，再说周瑜见黄盖江中点火，马上擂起战鼓，全军杀向曹军。周瑜指挥若定，韩当、甘宁一马当先，直奔曹军水寨。两人看着曹军水寨浓烟滚滚、火光冲天，大火蹿上江岸，到处蔓延，一直烧到曹军营寨、粮仓。两人率军闯进水寨，到处放箭，四向放火，顿时曹军水寨化为一片火海，烈焰冲天。此时东风大起，风助火势，曹军战船烧得噼啪作响。孙军对着火海中的曹军恣意射杀，曹军不是被烧死就是淹死。李白诗云："二龙争战决雌雄，赤壁楼船扫地空。烈火初张照云海，周瑜于此破曹公。"东坡词曰："大江东去，浪淘尽，千古风流人物。故垒西边，人道是，三国周郎赤壁。乱石穿空，惊涛拍岸，卷起千堆雪。江山如画，一时多少豪杰。遥想公瑾当年，小乔初嫁了，雄姿英发。羽扇纶巾，谈笑间，樯橹灰飞烟灭。故国神游，多情应笑我，早生华发。人生如梦，一尊还酹江月。"描写的正是周瑜火烧乌林的景象。

曹操灰头土脸，一边指挥灭火，一边指挥作战，忽闻手下来报："吕范、周泰在营寨侧后放火，军营已是一片火海，整条长江都烧着了。"曹操见局势无法挽回，含泪下令道："把所有船只、粮草统统烧掉，绝不给孙氏留下一片船板、一粒粮食！"

曹操急命于禁、张辽、徐晃、文聘率军断后，自己在乐进、许褚、曹纯、李典、张郃等人护卫下撤退。于、张、徐、文冒着大火在江岸拼死挡住孙军，韩当、甘宁连番进攻均无法登岸。忽然，一块块巨石、一个个火球划过天际，砸向曹军，原来周瑜、程普率军驾着楼船、巨舰赶到。周瑜见曹军顽强抵抗，把投石巨舰一字排开，当即发动猛攻。巨石、火球呼啸着无情地砸向曹军军阵，疯狂地翻滚着，惨无人道地碾压曹军。曹军血肉横飞，哀嚎遍地，曹军纵然是铁打的，也经受不了周瑜这般打击。曹军阵形大乱，死伤惨重，再也无力抵挡孙军，只得先争先恐后地逃命。孙军哪肯善罢甘休，程普当即率领众将登岸，纵兵尾随追杀……

曹操逃了一路，又饥又累，眼看天色将黑，下令埋锅造饭，部下道："我们仓促撤军，粮草尽失，锅也丢了。"曹操叹道："那就生火取暖，杀马充饥吧。"曹操唤来侍从道："你们快去华容、江陵传孤军令，命他们火速运粮接应，违令者斩！"曹操安排好一切，紧裹披风，靠着大树，席地而坐，一下子呼噜声响了起来。曹操刚眯了一会儿，忽闻人声音嘈杂，火光冲天，猛然惊醒，责备道："你们怎么回事，我让你们生火取暖，用得着烧这么大火吗，想把人烤死啊！"眼看着火势越来越大，曹操正要破口大骂，忽闻四面喊声震天，凌统、吕蒙率军杀了出来。曹操大惊，急命乐进、张郃、李典整军迎战，自己翻身上马，由许褚、曹纯护卫着夺路而逃。曹军被凌统、吕蒙截住厮杀，又受大火焚烧，伤亡惨重，两军战了一个时辰，程普率军赶到，孙军前后夹击，曹军大败。程普率军又掩杀了三十里，吕蒙还想再追，程普连忙阻止道："前有沼泽，路途凶险，子明勿追，就把曹军留给刘玄德和沼泽吧。"于是收兵回营。

曹军又冷又饿又累，继续往西逃命，路上到处是沼泽，泥泞不堪，骑兵无法通行。此时北风又起，曹军冻得瑟瑟发抖，缩成一团。曹操实在走不动，于是下令就地宿营。次日一早，曹操命老弱残兵割取芦苇铺填道路，众人强忍饥饿，将割下的芦苇扎成一捆捆，背入沼泽，铺填在沼泽和淤泥上，骑兵这才勉强可以通行。这时一阵狂风吹过，吹得草木沙沙作响，不知谁喊了一声："孙军追来了！"曹军大惊，纵马逃命，骑兵飞踏而过，将老弱残兵活活踏入沼泽，无一生还。

且说鲁肃到刘备大营，请求刘备截杀曹军。刘备将信将疑，心里嘀咕着："周瑜万一进攻不利，我进兵华容道，曹军必然来攻，那可是死地，我军危矣！"于是磨磨蹭蹭没走多远。刘备听闻周瑜乌林大破曹军，懊悔不已，马上进兵追赶，无奈到处泽沼，路途艰难，刘备未能截住曹操大军。

曹军一刻也不敢停留，深一脚浅一脚地往回逃命，忍饥挨饿地在寒风中逃了三百多里，好不容易逃到华容，一路上陷入沼泽出不来者、饿死者、冻死者数不胜数。曹操道："赤壁之役，死者过半。孤烧船自退，却意外让周瑜获此虚名。"忽有斥候来报，刘备截断华容道，到处截杀放火。曹操笑道："刘备啊刘备，人还是聪明的，这点和我差不多，就是反应迟了一点，行动慢了一拍。要是早点截断华容道，我们还能安心坐在这里吃饭吗？我们哪里还有命啊！"曹操下令回军江陵。刘备只截住少量掉队曹军。

　　孙军大获全胜，周瑜设宴庆贺，众人觥筹交错，开怀畅饮，热闹非凡。宴席刚散，韩当喝多了，内急，起身如厕，边哼小调边尿，忽然传来一个低沉颤抖的声音："义公。"韩当环顾四周无人，心道："怎么好像是公覆叫我，不对，黄将军战死，我定是太想念了，酒喝多了出现幻觉。"正想着忽又传来一声："义公！"韩当抖了抖身子，在厕所边的死人堆里搜寻，忽见一面目全非、须发全无之人坐在厕床上，韩当凑了过去，问道："刚才是谁叫我？"那人眼睛闪过一道光，打着寒颤断断续续地说道："我是黄盖。"韩当喜出望外，高声叫道："公覆，你还活着啊！"说着一把把黄盖抱住，黄盖小声道："痛！"韩当小心翼翼地将黄盖衣甲解开，见他中箭无数，浑身烧得体无完肤，顿时涕泪俱下，哽咽道："我到处搜寻，捞了几万具尸体，就是找不到你。"黄盖道："我也以为我死了，何况你呢！"

　　韩当命人取来干净的衣裳给黄盖换上，把黄盖抬上担架，盖上锦被，一路高呼："黄将军回来了！黄将军回来了……"韩当把黄盖护送至中军大帐，周瑜俯在黄盖身边，黄盖问道："胜了吗？""大获全胜！"黄盖道："我攻得好吗？"周瑜道："您的进攻，出其不意，雷霆万钧，举世无双！"黄盖闪过一丝微笑，说道："我能完成任务，不负将军重托，死而无憾！"周瑜一下子涌出眼泪，说道："将军神威盖世，更得天赐东风，曹军落败，樯橹灰飞烟灭，您的功勋无人能比，您就是江东的保护神！"黄盖道："冷，饿！"说着身体一弯，昏死过去。

周瑜大叫："快叫军医，准备火盘，一定要救活黄将军！"军医为黄盖取出箭头，涂上零陵蛇酯膏，经过三日三夜治疗，终于将黄盖从死神身边抢了回来。

周瑜上报黄盖功勋，黄盖受封武锋中郎将，孙权把太平湖改名为黄盖湖以示表彰。

孙氏至此完全在东南站住了脚跟。

参考文献

[晋] 陈寿撰、[南朝宋] 裴松之注：《三国志》，北京：中华书局，2011 年。

[晋] 陈寿撰、卢弼集解、钱剑夫整理：《三国志集解》，上海：上海古籍出版社，2012 年。

[晋] 陈寿撰、[南朝宋] 裴松之注、杜小龙译:《三国志裴松之注全文通译》，北京：团结出版社，2022 年。

[清] 杨晨：《三国会要》，北京：中华书局，1956 年。

[南朝宋] 范晔撰、[唐] 李贤等注：《后汉书》，北京：中华书局，2000 年。

[宋] 司马光编著：《资治通鉴》，北京：中华书局，2011 年。

易中天：《易中天中华史：三国纪》，杭州：浙江文艺出版社，2014 年。

谭其骧：《中国历史地图集》，北京：中国地图出版社，1982 年。

钱国祥:《东汉洛阳都城的空间格局复原研究》,《华夏考古》2022 年第 3 期。